रिसर्च प्रोजेक्ट करने के लिए आवश्यक मार्गदर्शन

रिसर्च प्रोजेक्ट करने के लिए आवश्यक मार्गदर्शन

द्वितीय संस्करण

ज़िना ओ'लियरी

SAGE | bhasha

Los Angeles | London | New Delhi
Singapore | Washington DC | Melbourne

Originally Published in 2013 in English by
SAGE Publications, Ltd as The Essential Guide to Doing Your Research Project, 2e

This edition published in 2017 by

SAGE | bhasha

SAGE Publications India Pvt Ltd
B1/I-1 Mohan Cooperative Industrial Area
Mathura Road, New Delhi 110 044, India
www.sagepub.in

Published by SAGE Publications India Pvt Ltd, Translation Project Coordinated by Content Respondus, Kolkata and printed at Chaman Enterprises, New Delhi.

ISBN: 978-93-515-0667-6 (PB)

Translator: Dr. Arti Smit, MA, Phd (Hindi)
SAGE Team: Sumona Kundu, Vinayak Dubey

अनुक्रमणिका

लेखिका परिचय

ज़िना ओ'लियरी शोध कार्य-प्रणाली में अंतर्राष्ट्रीय स्तर पर ख्यातिप्राप्त लेखिका हैं और निजी एवं सार्वजनिक क्षेत्र में साक्ष्य पर आधारित शोध के प्रति गहन रुचि रखती हैं। वे सिडनी विश्वविद्यालय (बिजनेस स्कूल व ग्रेजुएट स्कूल ऑफ गवर्नमेंट) तथा आस्ट्रेलिया एवं न्यूज़ीलैंड स्कूल ऑफ गवर्नमेंट के लिए शोध इकाइयों की रूपरेखा बनाती और संयोजन करती हैं। विश्व स्वास्थ्य संगठन-सहयोग केंद्र के पर्यावरण स्वास्थ्य विकास के लिए परामर्शदाता एवं शोध–समन्वयक के रूप में भी आपकी व्यापक पहचान है। आप 'रिसर्चिंग रियल वर्ल्ड प्रॉब्लम्स' और 'द सोशल साइंस जार्गन बूस्टर' की लेखिका भी हैं।

आभार

मैं सबसे पहले सिडनी विश्वविद्यालय, पश्चिमी मलेशिया के 'इन्टरनेशनल मेडिकल यूनिवर्सिटी', हाँगकाँग की पॉलिटेक्निक यूनिवर्सिटी, द यूनिवर्सिटी ऑफ वेस्टर्न सिडनी तथा आस्ट्रेलिया और न्यूज़ीलैंड के स्कूल ऑफ गवर्नेंस के स्नातक एवं स्नातकोत्तर शोध छात्रों के प्रति आभार व्यक्त करती हूँ, जिनके साथ मैंने काम किया। मुझे आशा है कि जितना आपने मुझे पढ़ाया, उतना मैं भी पढ़ा पाई होऊँगी। मैं न्यूज़ीलैंड, चीन, फ़ीजी, पलाऊ, मलेशिया, वियतनाम के उन सभी अनुसंधित्सु साथियों के प्रति भी आभारी हूँ जिनके साथ मैंने लगभग पिछले दस वर्षों तक काम किया, जिन्होंने अनुसंधान-क्षेत्र से सम्बद्ध समकालीन विषय-वस्तुओं तथा नई जानकारियों से अवगत कराया और मेरे दृष्टिकोण को व्यापकता प्रदान की। इससे मेरे शोध कार्य की नवीनता बनी रही। मैं सेज पब्लिकेशन, खासकर जय सीमैन, केटी मेत्ज्लर और ऐना होर्वई के प्रति विशेष आभारी हूँ जिनकी तीव्र अंत: दृष्टि ने इस कार्य को बेहतर रूप देने में सहयोग दिया। अंत में, मैं अपने प्यारे पालतू पिल्ले बॉसवर्थ को धन्यवाद देना चाहती हूँ, मेरे लेखन-कार्य के समय जो मेरे पैर के पास बैठा रहता और एहसास दिलाता कि दुनिया कितनी अद्भुत है! वैसे, क्या आप अपने जीवनसाथी और बच्चों का उल्लेख किए बिना अपने पालतू का नामोल्लेख कर सकते हैं? नहीं? ठीक है तो, जेम्स, स्काउट और डकोटा को हर दिन यह याद दिलाने के लिए शुक्रिया कि क्या वास्तव में मायने रखता है।

1

रिसर्च की दुनिया में छलांग

'अगर हमें मालूम होता कि हमने जो किया, वह क्या था, तो वह खोज नहीं कहलाता; कहलाता क्या?'

अल्बर्ट आइंस्टाइन

अध्याय का पूर्वावलोकन

- रिसर्च प्रोजेक्ट आरंभ करने की चुनौतियाँ
- आखिर यह रिसर्च है क्या और इसे क्यों करते हैं?
- शोध-निर्माण में तल्लीन होना
- इस दिशा में सहयोग लेना

रिसर्च प्रोजेक्ट आरंभ करने की चुनौतियाँ

यह वास्तव में बहुत रोमांचक है। अपनी शोध परियोजना को आरंभ करने का अवसर अब आपके सामने है! आपको ही इस प्रक्रिया को आगे बढ़ाना है और नई-नई विषय-वस्तुओं से मिलना है। लेकिन, मैं समझ सकती हूँ – यह थोड़ा चुनौतीपूर्ण भी हो सकता है। आख़िरकार, आप शोध-परियोजना (रिसर्च प्रोजेक्ट) के विशेषज्ञ तो नहीं! और अचानक आपको अपनी इन सारी प्रक्रियाओं को व्यवस्थित करने की ज़रूरत आ पड़ती है: विषय लेना, खोज के योग्य प्रश्न तैयार करना, नीति के साथ काम करना, साहित्य के अनुरूप काम करना, विधिवत चलने की पद्धति का विकास करना, प्रणालियों की रूपरेखा बनाना, सुसंगत प्रस्ताव बनाना, उत्तरदाताओं की तलाश करना, डेटा एकत्र करना, उसका विश्लेषण करना और उन्हें एक निश्चित समय-सीमा में लिख डालना – जो कि पूरी तरह अवास्तविक लगता है! यदि आप अपने आप से पूछते हैं कि 'मैं यह सब कैसे व्यवस्थित कर पाऊँगा?' तो आप अकेले नहीं हैं।

आप यक़ीन करें या न करें, उत्तर बिलकुल सीधा और सरल है। चाहे आप स्नातक कोर्स के अंतिम वर्ष के एक सत्र में मिले प्रोजेक्ट को पूरा कर रहे हों या पीएचडी की उपाधि के लिए – उत्तर एक ही है। आप एक समय में एक ही क़दम बढ़ाते हैं। शोधकार्य करने में एक तर्क और लय है। इस तर्क और लय को न सिर्फ़ समझने की ज़रूरत है, बल्कि थोड़े आत्मविश्वास और क्षमता के साथ इसे अमल में लाना भी ज़रूरी है।

मगर, हाँ, यह डरा भी सकता है। भले ही, आप इसे सतर्कतापूर्वक न पहचानें, शोधकार्य 'करना' आपके सीखने के सफ़र में बड़े बदलाव को दर्शाता है। इस बिंदु तक संभवत: आप ज्ञान-उपभोक्ता बने रहे हों। जानकारियाँ पहले से ही मौजूद हैं, आपको बस इसे ढूँढना है, याद रखना है, संलग्न करना है, संश्लिष्ट करना है। और जैसे ही आपमें क्षमता निर्मित होती है, आपको उसके बारे में अपने विचार व्यक्त करने होते हैं और शायद उसपर टिप्पणी भी। किंतु शोध का एक पूरा नया संसार है। आप ज्ञान-उपभोक्ता से ज्ञान-निर्माता बन जाते हैं – एक ऐसा व्यक्ति जो एक नए सत्य की खोज कर उसे प्रस्तुत करता है। और इसका अर्थ है कि आप नई क्षमताओं से युक्त होकर इस पूर्णत: नए क्षेत्र का दायित्व लेने के योग्य हो जाते हैं। यह शोधकार्य 'करने' की चुनौती है, न कि सिर्फ़ उसे जानने की।

आखिर यह रिसर्च है क्या और इसे क्यों करते हैं?

यह सोचना आसान है कि शोध की धारणा पर हमारी समझ विस्तृत है। आखिरकार, यह कुछ ऐसा है जो आप रोजमर्रा की ज़िंदगी में नियमित रूप से करते हैं। आप खोज करते हैं, जब आप निर्णय लेते हैं कि कौन-सी गाड़ी लेनी है; आप खोज करते हैं, जब आप यह निश्चित करते हैं कि किस विश्वविद्यालय में पढ़ना है। और बेशक, आप खोज करते हैं, जब किसी काम को पूरा करने के लिए कुछ चीज़ें तलाशनी होती हैं।

लेकिन यह हर रोज़ की खोज और शोध करने में स्पष्ट अंतर है जिसकी ज़िम्मेदारी आप लेने वाले हैं। लेखिका ज़ोरा नियले हर्स्टन के कथनानुसार, "शोध जिज्ञासा का औपचारिक रूप है। यह किसी प्रयोजन से, बहुत गहरे पैठकर (कुरेद-कुरेदकर) जानकारी हासिल करता है।" (हर्स्टन 1942) और निश्चित रूप से यह इसका एक हिस्सा है। वैज्ञानिक शोध औपचारिक, व्यवस्थित एवं कठिन प्रक्रियाओं की माँग करता है। लेकिन, औपचारिक जिज्ञासा भी ज़रूरी है। ऑक्सफोर्ड अंग्रेज़ी शब्दकोश (2007) के अनुसार, " शोध उपयुक्त सामग्री एवं स्रोतों के द्वारा तथ्यों को स्थापित करने और नए निष्कर्षों तक पहुँचने का माध्यम है।" अनजानी अव्यवस्थित प्रक्रियाओं द्वारा किसी तथ्य को ढूँढना खुद को उलझाना है। वैज्ञानिक शोध उन तथ्यों तक व्यवस्थित तरीक़े से पहुँचाता है, जिन्हें वृहत्त संसार नहीं जानता। ज्ञान के क्षेत्र में कुछ सहयोग करने का आपके लिए यह अच्छा अवसर है।

अगर आप इसके बारे में सोचें तो यह वाक़ई बहुत रोमांचक है। शोध (रिसर्च) के माध्यम से आप उस आवरित (छिपे हुए) ज्ञान को अनावरित (प्रकट) करने में सक्षम होंगे, जिसका वास्तविक परिवर्तन पर गहरा प्रभाव पड़ सकता है। क्योंकि अब केवल ज्ञान के लिए ज्ञान लेने में कोई समर्थ नहीं, इसपर कई तर्क दिए जा चुके हैं। बहुत कम लोग ही अपनी जिज्ञासा की तुष्टि के लिए शोधकार्य करते हैं। हम अधिक से अधिक उस ज्ञान को पाना चाहते हैं जिससे समस्याओं और मुद्दों के दबाव कम हों – दुर्भाग्यवश, विश्व में ऐसी समस्याओं और मुद्दों की कमी नहीं है।

शोध ज्ञान की आवश्यकता

मैं जानती हूँ कि आपमें से कुछ, रिसर्च प्रोजेक्ट-कार्य इसलिए करते हैं, क्योंकि यह आपकी उपाधि (डिग्री) के अंतर्गत अनिवार्य है। लेकिन इस ज़रूरत से परे हटकर, आपकी प्रेरणा उस विषय तथा स्थिति में बेहतरी के लिए होनी चाहिए। भौतिकविज्ञानी रिचर्ड फेनमैन के अनुसार, "हम मानव जाति के शुरुआती दौर में हैं। यह अकारण नहीं है कि हम समस्याओं से जूझ रहे हैं.... हमारा दायित्व है कि हम जो कर सकते हैं, करें; हम जो सीख सकते हैं, सीखें; अधिक से अधिक निदान ढूँढे और उसे आगे बढ़ाएँ।" (फेनमैन 1997)

शोधकार्य समस्याओं से भरी हमारी दुनिया को बेहतर बनाने में मदद कर सकता है। समस्याओं का होना लाज़िमी है। जैसे कि सरकार अनेक समस्याओं में उलझी है – दरअसल सरकार खुद में एक समस्या हो सकती है। पर्यावरण दबाव में है। हमारा ग्रह (वैश्विक उष्णता के कारण) एक विशाल गरम घर में बदल रहा है। यहाँ की मिट्टी में खारापन बढ़ता जा रहा है और हमारे पास पीने और अन्य ज़रूरी कामों के लिए पर्याप्त स्वच्छ-सुरक्षित पानी भी नहीं है। वास्तव में, हम वह रास्ता नहीं ढूँढ पा रहे जिससे प्रत्येक ज़रूरतमंद व्यक्ति को उसके हिस्से का धन, भोजन और दवा मिल सके। स्वास्थ्य की देखभाल और शिक्षा का प्रसार पर्याप्त से बहुत अधिक कम है; और

वैश्विक स्तर से लेकर अपने आसपास के क्षेत्रों में भी हम जातिवाद, लिंग-भेद, पूर्वग्रह या पक्षपात जैसी समस्याओं से उबर नहीं सके हैं। घरेलू हिंसा और बाल-शोषण की घटनाएँ विश्व के कोने-कोने में प्रतिदिन घटित हो रही हैं और दूसरी ओर बाल वेश्या वृत्त चलानेवाला उद्योग अरबों डॉलर कमा रहा है।

हमें आतंकवाद की धमकी से जूझना पड़ता है, साथ ही साथ उस धमकी के डर से भी। हम विषैले रसायनों – शराब, सिगरेट, कारखाने, ऑटोमोबाइल आदि से हर रोज़ नष्ट हो रहे हैं। बच्चे भूखों मर रहे हैं, कुछ युद्ध के कारण, कुछ राजनीतिक उथल-पुथल के कारण, कुछ संचार-माध्यम द्वारा गलत ख़बर परोसे जाने के कारण। इसी दौरान, विद्यालय भी – हिंसा, अफ़ीमखोरी, यौन और जातीय तनाव से जूझ रहे हैं। और इसके बाद, कार्यस्थल भी, जहाँ, 6000 से अधिक लोग प्रतिदिन कार्य-संबंधी दुर्घटनाओं व बीमारियों के शिकार होकर मरते हैं (अंतर्राष्ट्रीय श्रम संगठन 2005)। इसके अतिरिक्त उत्तरजीवी (जीवित बचे लोग) साहब के दबाव, बड़े पैमाने पर नौकरशाही अक्षमताओं, घोर विषमताओं और हजारों जिम्मेदारियों के दबाव से पिसते रहते हैं।

शोध ज्ञान की क्षमता

तो इस प्रकार की समस्याओं से उबरने में शोध की भूमिका क्या है? शोध डेटा को इकट्ठा करने की प्रक्रिया है, जिससे किसी विशेष प्रश्न का उत्तर मिल सके और ऐसा प्रश्न उस ज्ञान से संबद्ध होता है जो समस्याओं के समाधान को सुविधाजनक बना सके।

क्या शोध हमारी समस्याओं का उत्तर है? दुर्भाग्यवश, नहीं – किंतु शोध हमारी समस्याओं का समाधान ढूँढने में सहायक हो सकता है। शोध अवगत निर्णय लेने में प्रमुख भूमिका निभा सकता है। यह कोई निर्णय लेने में इस बात का केंद्र हो सकता है कि हमें क्या करना चाहिए; क्या कर सकते हैं; कैसे करें और हमने इसे कैसे पूरा किया। शोध भले ही हमारी समस्याओं का उत्तर न हो, मगर यह उन समस्याओं से उबरने के लिए (जिनसे हम जूझ रहे हैं) कुछ ज़रूरी जानकारियाँ दे सकता है। शोध हमारी मदद कर सकता है:

- *खास मुद्दों और समस्याओं को भली-भाँति समझने में* — सभी जटिलताओं, पेचीदगियों और उसके निहितार्थ सहित
- *व्यावहारिक समाधान पाने में* — दूरदृष्टि (भविष्य का अवलोकन कर पाने की क्षमता), संभावनाओं को तलाशना
- *समाधानोन्मुख कार्य करने में* — असली बदलाव को अमल में लाना
- *सफलता के मूल्यांकन में* — पता लगाना, यदि बदलाव की रणनीतियाँ कभी सफल हुई हों
- *ठोस अनुशंसा करने में* — एक खोज के विस्तार की तरह, अभ्यास, कार्यक्रम एवं नीति को प्रभावी बनाकर उपयोग में लाने की अनुशंसा

यदि आप इस बारे में सोचें, स्थानीय से लेकर वैश्विक स्तर तक सभी कार्यकलाप शोध द्वारा संभव हो सकते हैं; और होना भी चाहिए। शोध इससे अधिक ढूँढने में मुख्य कारक हो सकता है: जैसे कि हमारे चारों ओर व्याप्त वाद-विषय की जटिलताओं को समझने और उसे प्रकट करने में। यह समाधान की खोज में हमारी मदद कर सकता है। यह जरूरतों तक पहुँचने, भविष्य को समझने, ढूँढने और सार्थक उत्तर तक पहुँचने में मुख्य भूमिका निभा सकता है। यह हमें शोध की कार्यनीति के उपयोग द्वारा परिवर्तन से सीखने और क्रियान्वित करने की अनुमति भी दे सकता है। और, अंततः मूल्यांकित शोध (इवैल्यूएटिव रिसर्च) समस्या के समाधान हेतु किए जा रहे हमारे प्रयास को जाँचने और संशोधित करने में केंद्र-बिंदु हो सकता है। संक्षेप में, शोध भले ही सटीक उत्तर न हो – लेकिन निस्संदेह यह एक सशक्त साधन है जो हमें आगे बढ़ने में मदद कर सकता है।

अब, एक शोधार्थी के रूप में, आपके लिए यह याद रखना महत्वपूर्ण है कि जब आप विश्व के बच्चों को भूख से बचाना चाहते हैं, आतंकवाद की बुराई से उबारना चाहते हैं या धार्मिक उत्पीड़न को रोकना चाहते हैं, आप में से बहुत, इस स्थिति में नहीं होंगे जो आपकी शोध-प्रक्रियाओ द्वारा इन जैसी समस्याओं को पूरी तरह रेखांकित कर सकें। आम तौर पर, रिसर्च प्रोजेक्ट पर काम करते हुए आप किसी मुद्दे या उनके पहलुओं में खुद को संलग्न पाएँगे जो महत्वपूर्ण और सार्थक हो, साथ ही स्थानीय, ज़मीनी और व्यावहारिक भी। ऊपरी तौर पर भव्य और सैद्धांतिक परियोजनाओं के बजाय,

कुछ ऐसी परियोजनाओं में वास्तविक मूल्य हो सकते हैं जो कि यथार्थ और ठोस ज़रूरतों का उत्तर बन सकें। आपका लक्ष्य ज्ञान के क्षेत्र में अपनी ओर से सहयोग देने का होना चाहिए।

शोध-निर्माण में तल्लीन होना

अब जबकि आपके पास यह समझ है कि शोध क्या है और इसे करने हेतु आप क्यों प्रेरित हो सकते हैं, यह समय शोध-क्रीड़ा के दार्शनिक आधार में थोड़ा और गहरे उतरने का है। आप जानते हैं, यदि आप खुद से प्रश्न करते हैं कि 'क्या यह ज़रुरी है?' तो आप अकेले नहीं हैं। अनेक लोगों के लिए ये शब्द 'जादुई जगह' की तरह है जहाँ आप जाना नहीं चाहते। मगर, यह ज़रुरी है – शोध एक तरल रचना है जिसे सक्षम शोधार्थियों द्वारा ग्रहण कर लेना अनिवार्य है।

मात्र कुछ दशक पूर्व शोध की रचना बिना बहुत अधिक विवाद के पूरी होती थी। शोध एक तकनीकी उद्यम था जो वैज्ञानिक विधि के नियमों का अनुसरण करता था। वैज्ञानिक पड़ताल का विषय भले ही भिन्न हो – जैसे, रसायनशास्त्र, जीवविज्ञान, भौतिकी, समाजशास्त्र आदि – लेकिन शोध का उद्देश्य तर्क, पूर्व मान्यता और सामान्यत: विधिवत चलने की पद्धतियों से संयुक्त था। समाजशास्त्र उस समय वैज्ञानिक रूपावली के अंतर्गत था (प्रत्यक्षवाद) और स्वीकृत मान्यताओं के तहत काम करता था।

मगर, बीसवीं सदी के उत्तरार्ध में प्रवेश करने के बाद ज्ञान की उपज और उसके बाद शोध से संबद्ध अनेक मान्यताओं पर प्रश्न खड़े होने लगे, उनकी आलोचना होने लगी, यहाँ तक कि निंदा भी। इसका आशय यह है कि पुरातन दृष्टिकोण पर टिका एकमात्र भरोसा जो कि परिकल्पना परीक्षण के वैज्ञानिक विधि के प्रत्यक्षवादी नियम का अनुसरण करता था, स्थानांतरित होकर अधिक उत्तरवादी दृष्टिकोणवाला हो गया जो सहभागी, सहयोगी, विवेचनात्मक, किसी विशिष्ठ अध्ययन से संबधित तथा खोजपूर्ण हो सकते हैं।

सत्वशास्त्र और ज्ञान-पद्धति शास्त्र (ज्ञानवाद)

दो सशक्त शब्दों की छानबीन द्वारा इस स्थानांतरण को अधिक बेहतर तरीक़े से समझा जा सकता है, मगर जिन्हें बहुत-से छात्र टालना पसंद करेंगे। लेकिन फिर भी वे यहाँ हैं। इन दोनों शब्दों से सुपरिचित होना महत्वपूर्ण है, क्योंकि ये हमें ज्ञान की उत्पत्ति से संबद्ध तर्क-वितर्क एवं भिन्नता को समझने में मदद करते हैं और इसके फलस्वरूप आप जिस शोध प्रक्रिया में संलग्न होने वाले हैं,उसे बेहतर समझ पाएँगे।

शब्दावली

सत्वशास्त्र

क्या अस्तित्व में है? और जो अस्तित्व में है, उसे कैसे समझें और वर्गीकृत करें।

ज्ञान-पद्धति शास्त्र

हम विश्व के तर्कसंगत ज्ञान तक कैसे पहुँचे; जानने के नियम।

ठीक है, तो अब इसे विश्लेषित करें। सत्वशास्त्र का मुख्य प्रश्न यह है कि 'किस प्रकार के तत्व वास्तव में अस्तित्व में है? जबकि ज्ञान-पद्धति शास्त्र का मुख्य प्रश्न है 'अस्तित्व में होने वाले पदार्थ को अनावरित (खोजने या प्रकट) करने के नियम क्या हैं? दरअसल ये दोनों प्रश्न एक साथ ही काम करते हैं मगर इनमें एक बड़े विवाद को जन्म देने की प्रवृत्ति भी है। क्योंकि जानने के बहुत सारे नियम होते हैं (ज्ञान-पद्धति शास्त्र), इसपर अलग-अलग धारणा हो सकती है कि क्या अस्तित्व में है या क्या यथार्थ है? (सत्ववाद)

विचार करें। अनुभववादी मानते हैं कि ज्ञान वहीं तक सीमित है जहाँ तक चेतना पर्यवेक्षण करती है (उनका ज्ञान पद्धति शास्त्र)। ऐसी स्थिति उनके लिए, ऐसे किसी तत्व को जिसे (हमारी पाँचों) ज्ञानेन्द्रियों से नहीं जाना नहीं जा सकता,को अस्तित्व में मानना कठिन होता है (उनका सत्वशास्त्र)। किंतु उसे जानने का अलग तरीक़ा भी है (प्रतिस्पर्धात्मक ज्ञान-पद्धति शास्त्र) जिससे 'यथार्थ' की धारणा में अंतर आ जाता है।(वैकल्पिक सत्वशास्त्र)

उदाहरणार्थ, आस्था पर आधारित (ज्ञानेन्द्रियों से परे सत्ता) धार्मिक ज्ञान-पद्धति शास्त्र का मानना है कि ईश्वर अस्तित्व में है, भले ही उसे हम मूर्त (दैहिक) रूप में स्पर्श नहीं कर सकते। इसी प्रकार जो लोक-प्रचलन के माध्यम से जानकारी हासिल करते हैं, वे कल्पित कथा और किंवदंतियों को सच की तरह स्वीकारेंगे। हालाँकि उत्तर-आधुनिकतावादी यह प्रश्न खड़ा कर सकते हैं कि क्या कोई रास्ता है जिससे हम 'सत्य' की खोज कर सकते हैं और यह सलाह भी दे सकते हैं कि 'सत्य' एक अनिश्चित अवधारणा है जो पूरी तरह राजनीतिक है।

समाजशास्त्र के शोध की दुनिया में ज्ञान-पद्धति शास्त्र एवं सत्वशास्त्र की प्रतिस्पर्धा के बीच उत्पन्न तनाव और वाद-विवाद की यह माँग है कि शोधार्थी इसपर ध्यान दें, कि उनका रुझान किस ओर है – ज्ञान या कि सत्य की ओर। यहाँ तक कि नए शोधार्थियों को भी अपनी स्थिति पर विचारने की ज़रूरत है। उदाहरण के लिए, क्या आप 'अनुभवजन्य' ज्ञान-पद्धति शास्त्र की ओर है जो आपमें यह विश्वास जगाता है कि केवल वे तत्व, जिन्हें हम बाहरी और मूर्त रूप में माप सकते हैं, सत्य है। दूसरे शब्दों में, क्या सत्य बाह्य स्तर पर मौजूद है? और एक शोधार्थी के रूप में आपके शोध पर इससे क्या सीमा-निर्धारण होगा? या आप 'उत्तर आधुनिक' ज्ञान-पद्धति शास्त्र की ओर हैं जिसमें आपका यह विश्वास है कि लोग ज्ञान की रचना में बड़ी भूमिका निभाते हैं और सत्य वास्तव में असपष्ट, तरल, सापेक्ष है। निश्चित रूप से आप जिस मान्यता को स्वीकारेंगे, उसका प्रभाव आपके तथ्यान्वेषण पर पड़ेगा।

अच्छा, मान लें कि शिक्षा विभाग तृतीय श्रेणी के निर्धारकों की शैक्षणिक सफलता के संकेतकों की समीक्षा कर रहा है। क्या आप अनुभववादी गुट में है और समीक्षा तथा गणितीय और अंग्रेज़ी साक्षरता के पारंपरिक संकेतक को मापने के लिए तैयार हैं? या फिर आप अति उत्तर आधुनिकवादी गुट में हैं जो तृतीय श्रेणी के निर्धारकों की दुनिया की गहराई में उतरने को तैयार हैं, जहाँ अनुभव की उपलब्धि, संतुष्टि, रचना और कौशल को वास्तविक रूप में महसूस कर सकते हैं।

समाजशास्त्र के शोध के अंतर्गत जानने के अलग-अलग तरीकों के कारण बहुत बड़ा रोषपूर्ण विवाद जन्म लेता है जिसके परिणामस्वरूप अनुभववादियों एवं उत्तर आधुनिकवादियों के बीच रक्षा-संबंधी, भावात्मक और अकसर यहाँ तक कि निष्फल विभाजन हो जाता है। दोनों शिविर मानते हैं कि उनके पास तर्कसंगत जानकारियाँ हैं। दुर्भाग्यवश, इस वजह से ही उनके द्वारा साथ काम करके समग्र जानकारी तक पहुँचने की क्षमता कम हो जाती है।

पदों की प्रतिस्पर्धा

चलो, यहाँ रुकें और कुछ उन तरीकों पर नज़र डालें जिनसे हम दुनिया को बेहतर समझ सकें और यह भी कि कैसे कोई ख़ास तरीका शोध-प्रक्रिया पर प्रभाव डाल सकता है। अब, यह बेहतर होता यदि ये शब्द परस्पर विशिष्ट (खास) होते – लकिन एक दूसरे को ढंकती हुई, उनकी विभिन्न विषयों से संबधित जड़ों को देखते हुए मैं जानती हूँ कि ये भ्रामक हो सकते हैं। यहाँ मैं एक संक्षिप्त विवरण दूँगी मगर यदि आप सचमुच इन 'वादों' के जटिल पहलू में जाना चाहते हैं तो इस अध्याय के अंत में अनुशंसित पुस्तकों पर नज़र डालें।

शब्दावली

यथार्थवाद

बाहरी दुनिया का अस्तित्व अनुभूति से पूरी तरह स्वतंत्र है। दूसरे शब्दों में सत्य बाहरी दुनिया में मौजूद है, चाहे हम उसे देख और समझ सकें या नहीं।

अनुभववाद

ज्ञान वहीं सीमित है जहाँ तक हम अपनी ज्ञानेन्द्रियों से जान सकते हैं। यही वैज्ञानिक विधि की आधारशिला है।

प्रत्यक्षवाद

सभी 'वास्तविक ज्ञान' वैज्ञानिक हैं और इन्हें वैज्ञानिक विधि से अपनाना ही श्रेष्ठ है।

ये तीनों शब्द (पद) यह बताते हैं कि संसार के एकमात्र सच तक पहुँचने का उनका मार्ग अपेक्षाकृत अधिक सीधा और सरल है। शोध के संचालन में वे सलाह देते हैं कि जो भी हम जानते हैं वह संवेदी अनुभव (ज्ञानेन्द्रियों से प्राप्त अनुभव) से आता है, साथ ही वह वैज्ञानिक विधि द्वारा उत्कृष्ट तरीके से प्रस्तुत किया जाता है। ये तीनों शब्द (पद) यक़ीनन यूरोपीय ज्ञानोदय बाद शोध के निर्विवाद परिदृश्य का प्रतिनिधित्व करते हैं।

समाजशास्त्र के शोध-संसार में ज्ञान (जानने) की मान्यताएँ अधिकांशत: निहित पूर्वधारणाएँ हैं, जो यह बताती हैं कि संसार कैसे काम करता है और क्या अध्ययन करने की ज़रूरत है। समाजविज्ञानी के रूप में, साक्ष्य को ढूँढना हमारा काम है: बेहतर विक्रय का साक्ष्य; बढ़ती हुई खपत का साक्ष्य; वजन घटने का साक्ष्य; जीवन-प्रत्याशा में वृद्धि का साक्ष्य; धूम्रपान-निवारण का साक्ष्य; टेस्ट (खेल) में बेहतर अंक-गणना का साक्ष्य। हम पर्यवेक्षण करते हैं कि लोगों ने क्या किया, लोग क्या करते हैं और वे इसे कितनी बार करते हैं।

तथापि, हाल के दशकों में, देखने के नियमबद्ध तरीक़ों पर प्रश्न उठाए गए। भौतिकशास्त्री अब ब्रह्मांड में व्याप्त जटिलता और अव्यवस्था को मान्यता देने लगे हैं जिसे हम कभी अपने अधीन नहीं कर सकते। और सामाजिक दुनिया में सत्य की प्रकृति (स्वभाव) का क्या? वैसे भी यह किसका सच है? बहुत से 'उत्तर प्रत्यक्षवादी' दार्शनिक एवं शोधार्थी दोनों, जानने के इन तरीक़ों की धारणा पर प्रश्न उठा रहे हैं और प्रत्यक्षवाद के केंद्रीय सिद्धांतों की खुलकर आलोचना, विरोध और उसे अस्वीकृत कर रहे हैं।

इसके फलस्वरूप, वैकल्पिक ज्ञानवाद को स्वीकृति मिली जिसे उत्तर आधुनिकवाद या उत्तर प्रत्यक्षवादी के वैश्विक दृष्टिकोण की छत्रछाया में व्यापक रूप में वर्गीकृत किया जा सकता है। जानने के इन तरीक़ों के लिए उपर्युक्त इंगित निश्चित सत्य की जगह अव्यवस्था, जटिलता, अज्ञानता, अपूर्णता, विविधता, अनेकता, विखंडन और अनेक वास्तविकताओं को स्वीकारा गया है। ज्ञान के मार्ग, जो इस छत्रछाया के अंतर्गत आते हैं, वे हैं:

शब्दावली

सापेक्षवाद

कुछ भी सार्वभौमिक नहीं है; और सत्य, नैतिकता एवं संस्कृति जैसे तत्वों को उनके अपने सामाजिक ऐतिहासिक सामग्री के संबंधों में ही समझा जा सकता है।

सामाजिक निर्माणवाद

ज्ञान के सिद्धांत इस तथ्य पर बल देते हैं कि यह संसार मानव-निर्मित है, क्योंकि वे एक-दूसरे को परस्पर प्रभावित करते हैं और इसके विवेचन में संलग्न हैं।

आत्मवाद

आत्मवाद अनुभूति में चेतना-संबंधी तत्व को महत्व देता है और यह मानता है कि व्यक्तिगत अनुभव तथ्यात्मक ज्ञान का आधार है।

सामाजिक विज्ञान में इसका अर्थ है कि शोध विधि में ही जटिलता है। उदाहरण के लिए, हम परवरिश के गुणों का फैसला कैसे कर सकते हैं जब सहोदर की स्मृतियाँ और धारणाएँ पूरी तरह एक-दूसरे के विषम है? फिर, इसे

समझने का सबसे अच्छा तरीका क्या है? क्यों लोग तेज़ गति में होते हैं, जबकि हमारे पास जोखिम मापने के वस्तुनिष्ठ तरीक़े हैं? लोग जटिल हैं, उनके सामाजिक नियम जटिल हैं, उनकी नैतिकता तथा मूल्य और जहाँ से वे आए हैं, वे भी जटिल हैं। उत्तर आधुनिक शोधार्थी इन जटिलताओं के प्रति सच्चे बने रहने की कोशिश करते हैं,जबकि वे इसपर अब भी शोध (रिसर्च) कर रहे हैं।

परिमाणात्मक, गुणात्मक एवं मिश्रित दृष्टिकोण

शोध की सामान्य बोलचाल में हम अक्सर यथार्थवादी अनुभवजन्य दृष्टिकोण 'सत्य बाहरी दुनिया में मौजूद है' को परिमाणात्मक मानते हैं, जो एक दुर्भाग्य पूर्ण नामपत्र की तरह विभिन्न मानदंडों की धारणा को गुणात्मक डेटा के अभ्यास द्वारा अंकों के उपयोग को भ्रमित करता है। इसी तरह विविध, निर्मित, आत्मपरक सत्य एवं जटिलता की धारणा को उस दृष्टिकोण के साथ जोड़ दिया जाता है जिसे गुणात्मक कहते हैं – एक दुर्भाग्यपूर्ण शब्द (पद) जो एक बार फिर विभिन्न मानदंडों की धारणा को भ्रमित करता है, लेकिन इस समय बोले गए शब्द के संरक्षण के अभ्यास से। इसप्रकार, परिमाणात्मक और गुणात्मक पद निहितार्थ समेटे हुए हैं, जो मान्यताओं और मूल्यों की ओर इशारा करते हैं। दूसरे शब्दों में, प्रतिमान युद्धों की निरंतरता। हालाँकि मैं एक सशक्त समर्थक हूँ जो परंपरा पर आधारित शोध के तरीकों को नहीं स्वीकारती, बल्कि भली-भाँति विचारे गए शोध प्रश्न का सर्वश्रेष्ठ उत्तर देना मेरा लक्ष्य है। सचमुच, यह शोधार्थी को मिश्रित कार्यप्रणाली की ओर ले जा सकता है! मिश्रित कार्यप्रणाली ऐसा दृष्टिकोण है जो गुणात्मक और परिमाणात्मक परंपरा – दोनों की विधियों पर आधारित है और अत्यधिक कर्मठ शोधकर्ता की मांग करता है। (अध्याय 8 में परिमाणात्मक और गुणात्मक तथा मिश्रित दृष्टिकोण का समृद्ध विमर्श दिया गया है।)

मैं सोच रही थी कि दृश्य माध्यम से कैसे मैं इन प्रत्यक्षवाद और उत्तर प्रत्यक्षवाद के बीच और परिमाणात्मक और गुणात्मक के बीच के विभाजन को दर्शा सकूँ? तभी अचानक मेरे मन में आया कि दाएँ और बाएँ मस्तिष्क के विभाजन में वे बहुत ही स्मरणकारी है। जैसा कि चित्र 1.1 में दर्शाया गया है, तार्किक बायाँ मस्तिष्क निश्चितता, वस्तुनिष्ठता और नियम तथा प्रत्यक्षवाद और परिमाणात्मक के साथ संबद्ध प्रक्रियाओं को पसंद करता है जबकि इसका विरोधी दायाँ मस्तिष्क निश्चित रचना पर कम विश्वास करता है।और यह अनिश्चितता, उत्तर-प्रत्यक्षवादी गुणात्मक प्रतिमान की जटिलता एवं सापेक्षवाद के साथ अधिक सुखी है।

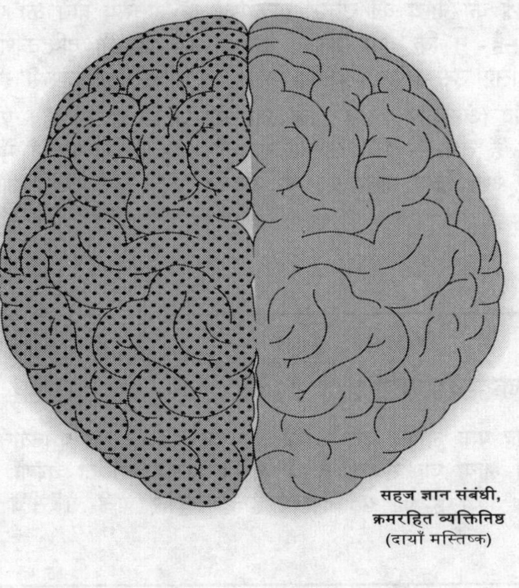

चित्र 1.1 देखने के दाएँ और बाएँ तरीके

शायद, जानने के ये अलग-अलग तरीके, न सिर्फ़ समय के साथ उदाहरणों में हुए बदलाव को दर्शा रहे, वरन इससे कुछ अधिक द्योतित कर रहे हैं। संभवत: वे ''प्रत्येक व्यक्ति की अनुभूति के अंतर्गत अधिक मौलिक विभाजन को दर्शाते हैं।

निश्चित तौर पर हममें एक से अधिक तरीकों को देखने की क्षमता है। हम मस्तिष्क के दोनों भागों का उपयोग कर सकते हैं। यहाँ तक कि हम पूरे मस्तिष्क की ओर अधिक एकीकृत दृष्टिकोण से काम कर सकते हैं। और यह निश्चित रूप से सही है। यदि हम यह मान लें कि जानने के वे दोनों तरीक़े मूल्यवान है और यह कि वे एक साथ मौजूद हो सकते हैं तो शोध-संसार के अंदर इन दोनों दृष्टिकोणों को मान्यता मिलनी चाहिए। और जैसा कि विमर्श नीचे दिया गया है, तय किया जाना चाहिए।

कर्मठ शोधकर्ता की स्थिति

निर्विवाद रूप से, शोध में विभाजन उनके बीच है, जो अव्यवस्था, जटिलता, अज्ञात एवं विविध वास्तविकताओं को स्वीकारते हैं और वे जो नहीं स्वीकारते। मगर मैं तर्क देना चाहूंगी कि यह विभाजन तय हो सकता है और होना भी चाहिए। जबकि बहुत-से शोधार्थी जानने के किसी विशेष तरीक़े से अपनी पहचान बनाने की ज़रुरत महसूस करते हैं और केवल तार्किक दृष्टिकोण की प्रणाली से जुड़ना चाहते हैं जो उनके अपने ज्ञानवाद के अंतर्गत है। यह विचारणीय है कि जानने के विभिन्न विषम और अलग-अलग तरीक़े विश्वसनीय ज्ञान का उत्पादन प्रस्तावित कर सकते हैं या नहीं। असल में मैं यह तर्क देना चाहूंगी कि अच्छे शोध को एक चिंतक के खेल की तरह देखा जाना चाहिए। यह एक रचनात्मक और रणनीतिक प्रक्रिया है जिसमें निरंतर निर्धारित करना, पुन: निर्धारित करना और निर्णय लेना शामिल है जो कि उचित विश्लेषण पूरा करने तथा विश्वसनीय निष्कर्ष को रेखांकित करने के लिए सर्वश्रेष्ठ संभव साधन के बारे में है।

कई ऐसे शोधार्थी हैं जो किसी विशेष विधिवत चलने की पद्धति पर भरोसा करते हैं, यहाँ तक कि वे केवल उसी को सही मानते हैं। दरअसल जेनेसिक ने एक नया पद (शब्द) ईज़ाद किया, 'विधिमूर्तिपूजा' – विधि और मूर्तिपूजा का संयोजन, जिसे वे चयन और बचाव के साथ अतिव्यस्तता के रूप में परिभाषित करती हैं और जो कहानी की वास्तविक स्थिति के अपवादस्वरूप है; वे विधिमूर्तिपूजा को 'दास-संबंधी आसक्ति और विधियों के प्रति समर्पण के रूप में व्याख्यायित करती हैं (2007: 48)

नवोदित शोधार्थी के रूप में यह याद रखना ज़रूरी है कि शोध का कोई 'सर्वोत्तम प्रकार' नहीं होता। शोध की खास रणनीति उसी सीमा तक अच्छी या बुरी होती हैं, जहाँ तक कि वह हाथ आए प्रश्न के साथ उपयुक्त/अनुपयुक्त सिद्ध है। अच्छे प्रश्न को जाँच की उचित प्रक्रियाओं के अनुरूप होने की ज़रूरत होती है, और यह हमेशा शोधार्थी द्वारा संचालित होता है, न कि कार्य-प्रणाली द्वारा। आप जो भी दृष्टिकोण और विधियाँ अपनाएँगे, सामने आए प्रश्न का उत्तर देने के लिए उसे तरल, लचीला और चयनशील होना ज़रूरी है।

बॉक्स 1.1, प्रणाली डब्बाबंद (असंकीर्ण) न होने के लाभ पर प्रकाश डालती है। प्रत्येक शोध की स्थिति-परिस्थिति और उसके प्रश्न विशिष्ट होते हैं तथा स्थिति-परिस्थितियों की तरह ही मान्यताओं में भी अंतर हो सकता है। यहाँ 'रणनीति यह समझना है कि आप किन मान्यताओं के अंतर्गत काम कर रहे हैं और कैसे वे आपके अध्ययन को प्रभावित कर सकते हैं।

बॉक्स 1.1

केले की खपत से संबद्ध धारणाएँ !

मेरी एक छात्रा थी जो यह पता लगाना चाहती थी कि 'धूसर' जल का पुनर्नवीनीकरण करके उसे केले-खेत की सिंचाई के उपयोग में लाया जा सकता है या नहीं। उसने इसे दो चरणों में पूरा किया। पहला चरण परिकल्पना के निर्माण से संबद्ध है जो यह बताता है कि धूसर पानी से सींचे गए केले और नगरीय जल

(जारी)

(जारी)

से सिंचित केले में कोई जैवभौतिकीय अंतर नहीं होगा। अध्ययन के इस चरण के लिए उसने (पूरी तरह उपयुक्त) प्रत्यक्षवादी मान्यता को स्वीकारा और शोध की वैज्ञानिक विधि के नियमों के अनुरूप संचालित किया, वह सम्पन्न प्रयोगशाला-आधारित अनात्मवादी वैज्ञानिक थी।

उसके दूसरे चरण में, यह खोज शामिल थी कि उपभोक्ता गुणवत्ता में कोई अंतर की परवाह किए बिना पुनर्नवीनीकरण किए गए जल से सिंचित केले खरीदेंगे या नहीं। इस चरण के अध्ययन के लिए, छात्रा ने अपनी धारणा पर गंभीर विचार किया और यह स्वीकारा कि इस विशेष प्रश्न से संबंधित उसका रुझान 'उत्तर-प्रत्यक्षवादी' क्षेत्र के अंतर्गत है। उसने अपने 'स्व' (आत्मनिष्ठता) के साथ संघर्ष किया और यह स्वीकारा कि 'सत्य' और 'यथार्थता' दो अलग-अलग चीज़ें हो सकती हैं, (बहुत-से उपभोक्ता, जो यह मान चुके कि दोनों प्रकार के केलों में कोई अंतर नहीं है, फिर भी वे पुनर्नवीनीकरण किए गए जल से सिंचित केले नहीं खरीदना चाहेंगे)। इस प्रश्न का सबसे अच्छा उत्तर देने के लिए कोई संचयित एवं परिभाषित नियम नहीं थे, लेकिन प्रक्रिया के माध्यम से अपना मार्ग चुनने और तरीकों को लचीले बनाने कीअपनी तीव्र इच्छावश वह निष्कर्ष रेखांकित कर पाई।

प्रणाली विज्ञान, प्रणालियाँ एवं साधन

एक बार जब आपने अपने काम को रूपावली-युद्ध के पार कर लिया, तब किसी शोध दृष्टिकोण के अंतर्गत उसके गठन के बारे में भी स्पष्ट होना ज़रूरी है। मैं प्रणाली विज्ञान और प्रणालियों की बात कर रही हूँ, जबकि मैं पूरी पुस्तक के भिन्न-भिन्न दृष्टिकोणों की गहराई में उतरूँगी, मैं सोचती हूँ कि प्रणाली विज्ञान और प्रणाली के अंतर को जाँचना ज़रूरी है और यह भी कि कैसे वे अध्ययन की रूपरेखा से संबद्ध है। यहाँ कुछ परिभाषाएँ दी जा रही हैं जिनसे इन मुख्य पदों का अंतर समझने में मदद मिलेगी।

शब्दावली

प्रणाली विज्ञान

प्रणाली विज्ञान एक व्यापक, स्थूल स्तर का तंत्र है जो विशेष उदाहरणसहित मान्यताओं के साथ तर्क का सिद्धांत देता है जो शोध के विभिन्न संस्थानों को वैध करता है। प्रणाली विज्ञान अध्ययन के संचालन के लिए रणनीतियाँ एवं मूल सिद्धांतों की पूर्ण शिक्षा – दोनों ही प्रदान करते हैं। यहाँ वैज्ञानिक विधि, मानव भूगोल एवं शोधक्रिया उदाहरणस्वरूप शामिल हैं। (देखें अध्याय 8 और 9)

प्रणालियाँ

सही सूक्ष्म-स्तर की तकनीक डेटा को एकत्र करने एवं उनका विश्लेषण करने में उपयोगी है। डेटा एकत्र करने की प्रणाली में साक्षात्कार, सर्वेक्षण निरीक्षण तथा निर्विघ्न विधियाँ अंतर्निहित हैं (देखें अध्याय 11 एवं 12) जबकि विश्लेषण की विधि में परिमाणात्मक एवं गुणात्मक रणनीतियाँ (जैसे विषयगत अन्वेषण) सम्मिलित है (देखें अध्याय 13 और 14)

साधन

शोध डेटा को इकट्ठा करने में उपयोगी यंत्र। जैसे-प्रश्नावली, प्रेक्षण जाँच-सूची एवं साक्षात्कार-तालिका (देखें अध्याय 11 और 12)

तार्किक प्रणाली की रूपरेखा

रिसर्च प्रोजेक्ट को संचयित करने की एक योजना जिसमें उपर्युक्त सभी शामिल हैं।

आप जैसे ही अपने शोध की योजना को विस्तार देना शुरू करेंगे,आपको उन तत्वों पर पकड़ बनानी होगी जो कि एक ओर रूपावली से संबद्ध प्रश्नों जितने विशाल हैं तो दूसरी ओर कौन, कहाँ, कब, कैसे और क्या के विशिष्ट मूलभूत प्रश्नों से संबद्ध।

छात्रों के लिए यह असामान्य (व्यवहार) नहीं है कि वे शोध के प्रणाली विज्ञान के स्तर को पार करने के बजाय सीधे अपनी शोध प्रणाली में छलांग लगाना चाहते हैं। वे डेटा के संग्रहण के लिए रणनीतियों की रूपरेखा को तेज़ी से आगे बढ़ाना चाहते हैं और यह नहीं समझ पाते कि व्यापक स्तर पर अवस्थित ढांचे को समझना, अपनाना और व्यवहार में लाना क्यों ज़रूरी है। लेकिन प्रणाली विज्ञान शोध-प्रक्रिया के लिए अत्यधिक महत्वपूर्ण है। दरअसल, यह हमें शोध की रणनीतियों के साथ और भी बहुत कुछ प्रदान करता है। शोधार्थियों के रूप में ज्ञानोत्पादन के लिए वे वस्तुत: हमें वैधता प्रदान करते हैं। वे जरिया हैं जिनसे हम बाहरी दुनिया को दिखा सकते हैं, की हम आम लोगों की तरह बेतरतीब विचार नहीं देते। हम एक शोधार्थी हैं जो भली-भाँति विचार किए हुए और कठिन प्रक्रियाओं से संबद्ध हैं। विभिन्न तार्किक प्रणालियों की स्थितियों को अपनाना (जैसा कि अध्याय 8 और 9 में बताया गया है) यह दर्शाता है कि हम ज्ञानोत्पादन से संबद्ध उत्तरदायित्व और विवाद का सामना कर चुके हैं।

फलत: विश्वसनीय शोध की रूपरेखा, डेटा संग्रहण एवं डेटा विश्लेषण की विधियों को अपनाने से कहीं अधिक की माँग करता है। ऐसी विधियाँ जो व्यापक स्तर के ढाँचे के अंदर टिकी होती हैं या तार्किक प्रणाली के साथ मिलकर काम करती है, वे शोधार्थियों को ऐसी सारगर्भित रूपरेखा प्रदान कर सकती हैं जो जाँच के उच्चतम स्तर पर भी खरा उतरने में सक्षम हो।

यात्रा में सहयोग

संभवत: अबतक आप यह अनुमान कर पाए होंगे कि शोध को 'एक यात्रा-सदृश' क्यों कहा जाता है! अभी आपने पुस्तक का पहला अध्याय भी पूरा नहीं किया और पहले से ही वहाँ सामग्री एकत्रित है जिसपर आपको विचार करने कहा जा रहा है। अभी तो आपने अपनी शोध-प्रक्रिया पर सोचना भी शुरू नहीं किया होगा! मगर, चिंता न करें ! आप अकेले नहीं हैं। इस पुस्तक का लक्ष्य आपका मार्गदर्शक बनना है। इसकी रूपरेखा आपके सहयात्री के रूप में तैयार की गई है, जिससे आपको जुडने की ज़रूरत है: प्रक्रिया और कार्यपद्धति का खाका तैयार करने में; शोध के दर्शन/तर्क द्वारा आपकी मदद करने में; उन सभी निर्णयों, जो आपकी रिसर्च प्रोजेक्ट के अनिवार्य अंग हैं, को मार्गदर्शन देने में; जब आप सुसंगत कार्यप्रणालियों तथा विधियों की तह में जाने की ज़रूरत महसूस कर रहे हों, तब आपको सही राह तक पहुँचाने में।

साथ ही, यह जान लेना भी महत्वपूर्ण है कि यह कोई व्यंजन-पुस्तिका नहीं है। यह उपायों के संग्रहों की रूपरखा नहीं है जिसका आप अंधानुकरण करें। हाँ, यह तार्किक रूप से प्रक्रिया और कार्य-प्रणालियों द्वारा तर्कसंगत कार्य कराएगा। लेकिन यह पुस्तक यह भी स्वीकारती है कि बेहतर शोध हमेशा कर्मठ शोधकर्ता पर निर्भर करता है, ऐसे शोधार्थियों के लिए यह ज़रूरी है वे विश्वसनीय तथ्यों एवं निष्कर्षों की खोज के आलोक में सभी निर्णयों को संतुलित रखें, जो अपरिहार्य चलनों द्वारा सीमित है। तो चाहे आप छोटे पैमाने पर परियोजना हाथ में ले रहे हों या एक प्रमुख शोधप्रबंध का कार्य आरंभ कर रहे हों, इस पुस्तक का प्रयोजन उस यात्रा में आपका साथ देना है जो समृद्ध खोज करने हेतु बाध्य है, ऐसी यात्रा जो न सिर्फ शोध से जुड़े प्रश्नों का निष्कर्ष खोज निकालने में आपकी मदद करेगी, बल्कि शोध की उस प्रक्रिया की खोज में भी सहायक होगी जो परियोजना प्रबंधन की कठिन चुनौतियों से संबद्ध है।

पुस्तक की संरचना

इस पुस्तक में 15 अध्याय हैं जो आपको एक तर्कसंगत राह से रिसर्च प्रोजेक्ट के संचालन के सभी पहलुओं – संकल्पना से विस्तार तक ले जाएगी। दूसरे शब्दों में, ये अध्याय अधिकांशत: शोध परियोजनाओं के संचालन हेतु अनिवार्य प्रक्रियाओं के दर्पण का काम करते हैं।

प्रारंभिक तैयारियाँ – पुस्तक के उद्देश्य का परिचय और मार्गदर्शन देने हेतु कि कैसे अधिक से अधिक काम लिया जा सके, यह अनुभाग शोध तैयार करने से पूर्व, मूलभूत कार्यों के माध्यम से ले जाएगा।

- **अध्याय 1** में आप शोध के कुछ और अधिक मूलभूत और सैद्धान्तिक पहलुओं से परिचित होंगे। साथ ही ज्ञान कैसे समझा और उत्पन्न किया जाता है, उसकी समझ इसमें शामिल हैं। समझ का यह स्तर आपके अपने शोध को स्थायी बनाने में सहयोगी सिद्ध हो सकता है।
- **अध्याय 2** व्यावहारिकता के बारे में है। इस अध्याय के अनुसार, शोधकार्य आरंभ करना कठिन और पृथक हो सकता है। इसमें प्रक्रिया के शीर्ष पर रहने की रणनीतियाँ बनाने का प्रयास किया गया है, साथ ही शोधयात्रा आरंभ करने के लिए आपको जो जानने की ज़रूरत है; शोध-प्रक्रिया को कैसे बेहतर रूप में संचालित किया जाए और कैसे सही दिशा में रखा जाए, की जानकारी को सम्मिलित किया गया है।
- **अध्याय 3** में जो भी आप जानना चाहते हैं, जानने की कला और विज्ञान के माध्यम से वर्णित है। इसमें आपके संभव, स्पष्ट रूप से व्यक्त शोध प्रश्न को परिभाषित करने की प्रक्रिया द्वारा राह दिखाई गई है, जो सीधे 'प्रणाली' पर काम करती है। यह कितना अद्भुत है, इस बारे में जब आप पूरी तरह स्पष्ट होते हैं कि आप क्या जानना चाहते हैं तब उपयुक्त प्रणाली आधारित विधि के दृष्टिकोण को सृजित करना, अपनाना, अनुकूल बनाना कितना सरल हो जाता है!
- **अध्याय 4** में समग्रता की अवधारणा शामिल है। विश्वसनीयता के पारंपरिक संकेतकों तथा 'गुणात्मक डेटा' के अधिक उपयुक्त विकल्पों से पहले यह अध्याय शोध-प्रक्रियाओ में सत्ता और राजनीति के अन्वेषण के साथ आरंभ होता है। तत्पश्चात इसमें नैतिक दायित्व एवं नैतिकता के अनुमोदन की प्रक्रियाओं पर विमर्श दिया गया है।

योजना – आगामी तीन अध्याय प्रभावशाली योजना के बारे में है।

- **अध्याय 5** में शोध-प्रस्ताव शामिल हैं जो विचार को स्पष्ट करने, अवधारणा को सुरक्षित रखने, मुखर सोच को भविष्य की कार्यवाही हेतु खाका के रूप में रख पाने और सबसे महत्वपूर्ण बात कि 'परियोजना को बेचने' का अवसर देते हैं।
- **अध्याय 6** में उन विभिन्न तरीक़ों की खोज शामिल है जिनमें साहित्य शोध की जानकारी मिलती है। मैं अक्सर अपने छात्र-छात्राओं से कहती कि वे मुझे तीन बिंदुओं पर आश्वस्त करें — कि जिन प्रश्नों का वे उत्तर (खोजना) देना चाहते हैं, वे शोध के योग्य हैं भी या नहीं; वे ज्ञान के क्षेत्र में कुछ योगदान देने के योग्य हैं या नहीं (वे खुद को बेहतर जानते हैं); तार्किक प्रणाली का उनका तरीक़ा प्रश्न का उत्तर देने हेतु सबसे अच्छा संभव तरीक़ा है या नहीं — और ऐसा करने के लिए उन्हें बहुत पढ़ने की ज़रूरत है। इस अध्याय में साहित्य के स्रोत, प्रबंधन एवं उसकी पूरी क्षमता तक उपयोग करने से संबद्ध मुद्दे शामिल हैं।
- **अध्याय 7** में आपके लिए अध्ययन की रूपरेखा इस तरह बनाई गई है कि यह प्रतिमान से गिरने के बजाय प्रश्नों से ऊपर उठता है और इसकी बनावट ऐसी रखी गई कि वह उन आधारभूत प्रश्नों की गहराई में उतारता है जो प्रणाली को आगे बढ़ाते हैं।

प्रणाली – विज्ञान सामाजिक विज्ञान के अध्ययन की रूपरेखा में पिछले लगभग 30 वर्षों में आश्चर्यजनक रूप में विविधता आई है, नए शोधार्थियों के लिए अन्वेषण के दायरे चुनौतीपूर्ण हो सकते हैं। शोध की जानकारी देनेवाली कार्यप्रणालियों का अध्याय 8 एवं 9 में विशद रूप में वर्णन है।

- **अध्याय 8** में गुणात्मक, परिमाणात्मक एवं मिश्रित कार्यप्रणालियाँ विवेचित हैं।
- **अध्याय 9** में अधिक सोद्देश्य दृष्टिकोण, जैसे कि मूल्यांकन करनेवाली, कार्योन्मुख तथा मुक्ति-संबंधी रणनीति की खोज वर्णित है।

तथ्य-संग्रह (डेटा कलेक्शन) – अगले तीन अध्याय प्रभावशाली डेटा संग्रहण पर केंद्रित है।

- **अध्याय 10** में यह दर्शाया गया है कि जिन डेटा का आप पता लगाना चाहते हैं, वे (तथ्य) 'आपके उत्तरदाताओं' के पास हैं। साथ ही, इसमें प्रबंधन, चुनौतियाँ और दृष्टांत परिभाषित एवं चयनित करने की प्रणालियाँ, मुख्य सूचना-प्रदाता तथा स्थितियाँ शामिल हैं।
- **अध्याय 11** में प्राथमिक डेटा संग्रहण, जैसे कि सर्वेक्षण एवं साक्षात्कार से सम्बद्ध सुअवसर एवं चुनौतियों पर ध्यान केंद्रित किया गया है।
- **अध्याय 12** में सहायक डेटा स्रोतों के संग्रहण एवं कार्य हेतु विकल्पों की जानकारी निहित है।
- **अध्याय 13** में परिमाणात्मक डेटा के प्रबंधन एवं विश्लेषण की मूल बातें वर्णित हैं और इसमें विविध प्रकार, माप-तुला, वर्णनात्मक एवं अनुमानित आँकड़े, सांख्यिकीय परीक्षण के चयन तथा डेटा की प्रस्तुति शामिल है।
- **अध्याय 14** में गुणात्मक डेटा पर प्रकाश डाला गया है और इसमें सामान्य गुणात्मक विश्लेषण की विधि एवं तर्क के साथ ही साथ विश्लेषण की विशिष्ट शाखाएँ, जैसे-विषय, संभाषण, संवाद, कथा-विश्लेषण, सांकेतिकता एवं व्याख्यात्मकता के बारे में बताया गया है।

लेखन – अंततः इन सबका लेखन

- **अध्याय 15** में निरंतर लेखन-प्रक्रिया का भय और एक 'संवाद' के रूप में लेखन की महत्ता पर यह दबाव कि दर्शक को वह याद रहे, इसके साथ ही तर्कसंगत रूपरेखा एवं स्पष्ट कथा-संवाद की अनिवार्यता भी शामिल हैं। इसका लक्ष्य आपको आपके लेखन द्वारा सक्रिय होने के लिए व्यावहारिक रणनीति के मेजबान के रूप में प्रस्तावित करना है। इस मायने में, वह न केवल आपकी परियोजना के गुणों को उन्नत करता है बल्कि उससे संबद्ध चुनौतियों को भी कम करता है।

इस पुस्तक का अधिक से अधिक लाभ कैसे प्राप्त करें

वस्तुतः कईएक तरीक़ों को अपनाकर इस पुस्तक का उपयोग कर सकते हैं और आप स्वयं को इन चार रणनीतियों में गोते लगाते पाएँगे:

1. **इसे भली-भाँति पढ़ें।** आप शोध-संबंधी प्रक्रियाओं एवं कार्य-पद्धतियों के साथ सुपरिचित होंगे। मैं, अपना मत दूँ तो यह बहुत ही अच्छी पुस्तक है।
2. **इसे एक संदर्भ के रूप में उपयोग करें।** जैसे-जैसे रिसर्च प्रोजेक्ट के क्षेत्र में आप अग्रसर होंगे, आपको अनिवार्य रूप से चीजों को देखने की आवश्यकता होगी। इस पुस्तक के 15 अध्यायों के अंतर्गत आपको अपने उत्तर मिलने की संभावना है और यदि उत्तर न मिल पाए तो अनुशंसित पुस्तकों के अध्ययन से आप अवश्य दिशा पा लेंगे।
3. **अपनी शोध-प्रक्रिया में इस पुस्तक को साथी मानें।** वास्तव में अब हम पुस्तक के मूल में आए हैं। जबकि प्रत्येक अध्याय आपको अनुक्रम के नए क्षेत्र से परिचय कराएगा, इसका मुख्य लक्ष्य आपको अपनी परियोजना की उस उन्नत प्रक्रिया द्वारा ले जाना है, जिसकी आपको ज़रुरत होगी। आपको अनभिज्ञता से पूर्णता तक जाने के लिए अपने ज्ञान एवं क्षमतारूपी आयुध से लैस होने की ज़रुरत होगी। जब आप इस तरह पुस्तक का उपयोग करते हैं तो अपने परियोजना कार्य के साथ ही साथ इस पुस्तक का भी क्रमशः अध्ययन करें। मैं सलाह दूँगी कि यहाँ से शुरू करें और अध्याय 15 तक क्रम से पहुँचें, जब आप वहाँ पहुँचेंगे तो आपका परियोजना-कार्य प्रस्तुतीकरण हेतु साथ-साथ ही पूरा होता जाएगा।

पाठ सारांश

- शोध, डेटा के एकत्रीकरण द्वारा ज्ञान को बढ़ाने की एक प्रक्रिया है जो किसी खास प्रश्न का उत्तर देता है। आपके पास यह अवसर है कि आप ज्ञान के नए क्षेत्र में योगदान दे सकें और संभवतः बदलाव भी ला सकें। यह, अवगत निर्णय लेने में महत्वपूर्ण उपकरण की भूमिका निभा सकता है। साथ ही, हमें क्या करना चाहिए; हम क्या कर सकते हैं; हम कैसे करेंगे और हमने इसे कैसे बेहतर रूप में किया, इन्हें निर्धारित करने में यह केंद्र हो सकता है।
- वैज्ञानिक शोध का जन्म प्रत्यक्षवाद से हुआ और उसके प्रतिमान की मान्यताओं को अपनाया गया। यह समस्त मान्यताएँ अंतर्निहित हैं: एक ज्ञेय और अज्ञेय दुनिया; प्रयोगसिद्ध और न्यूनीकारक शोध; अनात्मवादी एवं विशेषज्ञ शोधकर्ता;परिकल्पना-संचालित विधि एवं सांख्यिकीय रूप से महत्वपूर्ण, परिमाणात्मक निष्कर्ष।
- पिछले कुछ दशकों में प्रत्यक्षवाद की मान्यताओं पर प्रश्न उठाए गए। उत्तर-प्रत्यक्षवादी शोधकर्ता के मतानुसार, ऐसी दुनिया जो असपष्ट और परिवर्तनशील है; शोध, जो सहज और समग्र हो सकते हैं; शोधकर्ता जो आत्मवादी और सहयोगी हो सकते है; प्रणाली, जो प्रेरक और खोजपूर्ण हो सकती है और ऐसे निष्कर्ष, जो व्यक्तिवृत और गुणात्मक हो सकते हैं।
- उदाहरणस्वरूप मान्यताओं के अनुरूप अपनी स्थिति निर्धारण करने के बजाय कर्मठ शोधकर्ता सोच सकते हैं कि क्या विविध उदाहरणस्वरूप मान्यताओं की खोज करना संभव है जो उन विशेष शोध प्रश्नों से संबद्ध हो।
- रिसर्च प्रोजेक्ट की शुरुआत करना थोड़ा भयप्रद हो सकता है। यह पुस्तक आपकी शोधयात्रा में मार्गदर्शक के रूप में; शोध प्रक्रिया की आंतरिक और बाह्य पहलुओं के उत्तम संचालन में मदद कर सकती है।

संदर्भित पुस्तकें

इस अध्याय में कुछ कठिन सैद्धान्तिक अवधारणाएँ हैं जिन्हें आप कुछ अधिक गहराई से जानना चाहेंगे। ये हैं कुछ सुलभ राहें:

अनुभववाद

Carey, S. S. (2011) *A Beginner's Guide to Scientific Method. Belmont*, CA: Wadsworth.

जब इस बात पर आपका पक्का विश्वास है कि वैज्ञानिक विधि ही एकमात्र रास्ता है। फिर भी, 'वैज्ञानिक विधि क्या है' और 'कैसे काम करता है' – इसमें इन दोनों की अच्छी व्याख्या है।

Robinson, D. (2013) *Introducing Empiricism*. New York: Totem Books.

इसमें, हम क्या अनुभव करते हैं और यदि/कैसे विश्वास करते हैं, इनका अच्छा महत्वपूर्ण आरंभन है। इस पुस्तक में (ग्राफिक) का प्रयोग इसे और अधिक सुलभ बनाता है।

ज्ञानवाद

Audi, R. (2010) *Epistemology: A Contemporary Introduction to the Theory of Knowledge*, London: Routledge.

यह मुख्य अवधारणाओं का अच्छा व्यापक परिचय देता है–और शोध में ज्ञानवाद पर विशेष बल देता है। इसमें सटीक स्त्रोतों की वृहत्त सूची उपलब्ध है।

Martin, R. (2010); *A Beginner's Guide*. London: Oneworld Publications.

मुझे यह शुरुआती अध्याय-प्रदर्शक पसंद है। इसकी रूपरेखा इसप्रकार बनाई गई है कि आप इस बारे में सोचें कि 'ज्ञान क्या है, इसे कैसे प्राप्त करें'? और 'क्या हम इसपर भरोसा कर सकते हैं? यह बहुत सुलभ है।

सत्वशास्त्र

Conee, E. and Sider, T. (2007) *Riddles of Existence: A Guided Tour of metaphysics*. Oxford: Oxford University Press.

इस पुस्तक में हालाँकि दर्शन संबंधी बातें बहुत अधिक हैं, मगर फिर भी यह पुस्तक सत्वशास्त्र को सुलभ बनाती है। किसी शोधकर्ता के लिए यह एक सार्थक अध्याय है, जो उसे यह सोचने की चुनौती देता है कि क्या अस्तित्व में है।

Jacquette, D. (2007) *Ontology*, Montreal: McGill-Queen's Press.

यह भी उच्च दार्शनिक पुस्तक है, लेकिन यह संकल्पना की शुरुआत, जैसे कि 'होना, अस्तित्व में होना एवं तर्क' को सुगम बनाती है।

प्रतिमान

Wallerstien, I. (2001) *Unthinking Social Science: The Limits of Nineteenth-Century Paradigms*. Philadelphia: Temple University Press.

व्यक्तिगत रूप से मुझे ऐसी किसी भी पुस्तक की रूपरेखा पसंद है, जिसे आप देखें और अपने पूर्वाग्रही विचारों पर पुनर्विचार करें। यह पुस्तक इतने उत्कृष्ट रूप में तैयार की गई है कि यह विज्ञान की पारंपरिक मान्यताओं के प्रति हलचल मचा देती है। एक महत्वपूर्ण आलोचनात्मक अध्ययन!

प्रत्यक्षवाद

Schick, T. (ed.) (1999) *Readings in the philosophy of Science: From Positivism to Postmodernism*. NY: McGraw-Hill

यह एक ऐसा संकलन है जो आपको आंदोलन के माध्यम से प्रत्यक्षवाद से उत्तर आधुनिक की ओर ले जाता है। नए दृष्टांतों के उन्नयन पर एक दिलचस्प दृष्टि।

Steinmetz, G. (ed.) (2005) *The Polytechnics of Method in the Humen Sciences: Positivism and its Epistemological Others*. Durham, NC: Duke University Press

अच्छा तुलनात्मक अध्ययन। इस पुस्तक में प्रत्यक्षवाद की विविधता एवं देखने के वैकल्पिक तरीक़ों का उनकी मान्यताओं और अनुप्रयोगों द्वारा अन्वेषण किया गया है।

यथार्थवाद

Chakravartty, A. (2010) *A Metaphysics for Scientific Realism: Knowing the Unobservable*. Cambridge University Press.

सामाजिक विज्ञान में यथार्थवाद कैसे विकसित हुआ, इसपर यह एक श्रेष्ठ पुस्तक है। वैज्ञानिक ज्ञान को मजबूत आधार देने के लिए वैज्ञानिक यथार्थवाद के तर्क के साथ इस पुस्तक का समापन हुआ है।

Reschor. N. (2005) *Reason and Reality: Realism and Idealism in Pragmating Perspective*. Lanham, MD: Roman and Littlefield's

यह अध्ययन एक निबंध है जो तर्क देता कि तर्कसंगत पूछताछ एवं प्रभावी सम्प्रेषण यथार्थवादी दृष्टिकोणों द्वारा बेहतर कार्य करता है।

सापेक्षवाद

Boghossian, P. A. (2006) *Fear of Knowledge: Against Relativism and Constructivism*. Oxford: Oxford University Press.

सापेक्षवाद को भयभीत करनेवाले शत्रु की तरह देखा जा सकता है – और इस पुस्तक का लक्ष्य उस शत्रु को पराजित करना है। सापेक्षवाद और निर्माणवाद के विरुद्ध तर्क, साथ ही साथ प्रतिमान युद्ध जो जुनून पैदा कर सकता है, उसे समझने के लिए यह एक महत्वपूर्ण अध्ययन है।

Gellner, E. (1987) *Relativism and the Social Sciences*. Cambridge: Cambridge University Press.

निबंधों का एक अच्छा संग्रह, जिसमें कि दोनों – प्राकृतिक एवं मानवविज्ञान में जानने के लिए एक सांस्कृतिक यथार्थवादी दृष्टिकोण की चुनौतियाँ शामिल हैं।

सामाजिक निर्माणवाद

Berger, P.L. and Luckman, T. (1967) *The Social Construction of Reality: A Treatise in the Sociology of Knowledge*. New York: Anchor.

यह एक उत्कृष्ट कार्य है जो इस प्रस्थापना को चुनौती देता है कि 'बाहर एक ही सत्य' है। इसका तर्क यह है कि हम दुनिया को तभी समझ सकते हैं जब हम उन्हें समझें जो दुनिया को समझने की कोशिश में हैं। इससे परे ये ज्ञान के अन्वेषक उसके सर्जक भी होते हैं।

Burr, V. (2003) *Social Constructivism*. New York: Psychology Press.

एक अच्छा परिचय – सहानुभूतिपूर्ण मगर महत्वपूर्ण एवं आलोचनात्मक। मुझे पुस्तक में निहित महत्वपूर्ण अवधारणाओं की व्याख्या और स्पष्टीकरण के लिए प्रतिमानों का उपयोग पसंद आया।

आत्मवाद

Letherby, G., Scott, J. and Williams, M. (2012) *Objectivity and Subjectivity in Social Research*, London: Sage Publications.

इस पुस्तक में व्यावहारिक दृष्टिकोण द्विभाजित – वस्तुनिष्ठता और आत्मनिष्ठता का प्रतिरोध मुझे पसंद आया।

Double, R. (2006) *Metaethical Subjectivism*, Aldershot: Ashgate publishing.

यह पुस्तक आत्मवाद की सशक्तता का तर्क देती है – यह स्वीकारोक्ति की शक्ति कि सत्य, निरीक्षकों के व्यवहार या परम्पराओं पर निर्भर करता है। एक सुलभ कार्य।

2

ढाँचा खड़ा करना और कार्य आरंभ करना

आगे बढ़ने का रहस्य चलना शुरू करने में है।

मार्क ट्वेन

अध्याय का पूर्वावलोकन

- आरंभ करना
- प्रक्रिया का संचालन
- लीक पर टिकना

आरंभ करना

क्या आप जानते हैं कि मार्क ट्वेन की सलाह को और अधिक मूल्यवान कैसे बनाया जा सकता है? जबकि हमें आरंभ करने का मार्ग ज्ञात हो। शोधकार्य (रिसर्च प्रोजेक्ट) आरंभ करने को तैयार अधिकांश छात्रों को बहुत कम जानकारी है कि इसे कैसे आरंभ करें और इस मार्ग पर बढ़ने के लिए किन तत्वों की आवश्यकता होगी।

हाँ, यह तो तय है कि शोध यों ही नहीं हो जाता। शोध एक प्रक्रिया है जो योजना, पूर्व-विचार, प्रतिबद्धता एवं दृढ़ता की मांग करती है। वस्तुत: शोध एक कार्य से अधिक एक यात्रा-सदृश है और किसी यात्रा की ही तरह इसे प्रबंधित, संचालित और आरंभिक संकल्पना से लेकर अंतिम लक्ष्य तक पहुँचने की आवश्यकता होती है। अब, यह असामान्य नहीं है कि छात्र अपनी योग्यता पर स्वयं प्रश्न करें कि वे यह यात्रा सफलतापूर्वक पूरी कर पाएँगे या नहीं। आखिरकार, शोध करना एक कौशल है, जो अभी विकसित होना आरंभ ही हुआ है, इसलिए शोध के लिए मन बनाना चुनौतीपूर्ण हो सकता है। कुछ छात्र बिना किसी रणनीतिक योजना के शोध-क्षेत्र में कूद जाते हैं जबकि दूसरे, योजना के स्तर पर लंबे समय तक उलझे रहते हैं। कुछ, शुरुआत अच्छी करेंगे मगर राह में ही उत्साह खो देंगे। जैसे ही आप आगे का काम सोचना शुरू करेंगे, यह याद रखना ज़रूरी है कि सही समय पर शोधकार्य पूरा करना आपकी बौद्धिक क्षमता जाँचने से बहुत अधिक है; यह आपकी दृढ़ता और लगन की भी परीक्षा है।

जब आप अपनी यात्रा पर होंगे तब संभवत: आप ये पाएँगे कि नए ज्ञान के अर्जन हेतु यह खोज आपको आपके अनुमान से कहीं अधिक नए अनुभव का एक विशाल दायरा देती है। रिसर्च प्रोजेक्ट का संचालन आपको इनकी अनुमति देता है:

- *'समस्या पर आधारित सीख' में संलग्न हों* — 'समस्या पर आधारित सीख' की सोच यह है कि सीखने का अबसे अच्छा प्रारंभिक बिंदु समस्या पर सचमुच काम करके निदान पाना है। यहाँ सीखना 'एक पंथ दो काज' है। इससे आप न केवल उस समस्या के बारे में जान पाते हैं, जिसकी आप छानबीन कर रहे हैं, बल्कि यह भी सीखते हैं कि इस समस्या से निबटा कैसे जाए। इस तरीक़े से कि संभवत: समस्या के निदान की क्षमताओं द्वारा आप विभिन्न नई-नई चुनौतियों को पार कर पाएँगे। शोध के संचालन की प्रकृति (और इस मार्ग पर उठना-गिरना) शोध-प्रक्रिया के अंतर्गत समस्या पर आधारित सीख को लागू करती है।
- *कार्य करके सीखने में संलग्न हों* — कोल्ब (1984) 'अनुभव के परिवर्तन' द्वारा ज्ञान के सृजन के महत्व पर ज़ोर डालते हैं। उनका मत है कि अनुभवजन्य का कार्य आधारित अध्ययन इन चक्रों पर निर्भर है, जिनमें: 1. वास्तविक अनुभव में संलग्नता (ठोस प्रयोग), जिसे 2. विचारपूर्ण समीक्षा एवं मनन (कठिन निरीक्षण) द्वारा अनुसरण किए जाने की ज़रूरत है, साथ ही साथ 3. व्यापक सिद्धांत बनाना (अमूर्त अवधारणा) और 4. कार्य में सुधार लाने का प्रयास करना (सक्रिय प्रयोग) शामिल हैं। ऐसी प्रक्रियाएँ शोध-संचालन के विभिन्न पहलुओं पर लागू होती हैं। शोध 'करना' कार्य-अध्ययन के चक्रों में संलग्न होना है।
- *संपर्क कौशल में वृद्धि* —संकोची और कमज़ोर दिलवालों के लिए विश्वसनीय डेटा को इकट्ठा करना आसान काम नहीं है। यह एक प्रक्रिया है जो आपकी इस योग्यता पर बहुत अधिक निर्भर है कि आप दूसरों से संपर्क कैसे साधते हैं। चाहे वहाँ चुनौती, पहुँच पाने, साक्षात्कार आयोजित करने या प्रतिभागी प्रेक्षण में संलग्न होने की हो — संपर्क करने के कौशल को प्रोत्साहन शोध कार्य को अक्सर अतिरिक्त लाभ देता है।
- *शोध कौशल को विकसित करें* — भले ही मैं शोध-प्रणाली को लिपिबद्ध कर रही हूँ, फिर भी मैं यही कहूँगी कि अध्ययन करके आप शोध-संचालन जान सकते हैं मगर वास्तविक सीख उसे करने से ही मिलेगी। निस्संदेह शोध का संजीदा संचालन ही सिखाता है कि आप इसे कैसे करें।
- *नए ज्ञान का अर्जन* — आप कुछ ढूंढ निकालेंगे। आशा है कि आप अपने शोध-प्रश्न का उत्तर पा लेंगे। आपने नए ज्ञान का अर्जन कर लेंगे, जिससे ज्ञान के क्षेत्र में वृद्धि होगी।
- *साक्ष्य के आधार पर निर्णय लेने में संलग्न होना या उसे सुगम बनाना* — यह जानना वास्तव में अच्छा लगता है कि आपके द्वारा उजागर किए गए डेटा से सामान्य बोध और व्यावहारिक निर्णय प्रभावित होते हैं। यदि संकल्पना से विस्तार तक आपने इसे भली-भाँति प्रबंधित कर लिया तो आपका रिसर्च प्रोजेक्ट स्थिति में बदलाव लाने में सक्षम हो सकता है।
- *शैक्षणिक योग्यता पाने या उन्नत होने के लिए एक मार्ग प्रदान करें* — हालाँकि ये लक्ष्य ऊपर दिए गए उद्देश्यों जितने महान नहीं हैं, फिर भी इनसे रु-ब-रु हों, इस तरह की चीज़ें प्राय: हमारे लिए महत्वपूर्ण होती हैं।

प्रक्रिया का संचालन

शोध एक प्रक्रिया है जो एक ही समय पर कल्पना, सृजन, अनुशासन और रूपरेखा की माँग करती है और इसे शुरू से अंत तक रणनीतिक संचालन करने की ज़रूरत होती है। इसलिए आरंभ से ही प्रक्रिया से संबद्ध व्यावहारिकताओं का विचार करना ज़रूरी है। आरंभ से ही ऊर्जा और उत्साहपूर्वक तीव्र गति से काम करने के लिए यह एक अच्छा सुझाव है कि: आप अपने संस्थान, कार्यक्रम या आयोजन के स्त्रोतों और माँगों से सुपरिचित हो लें; सलाहकार प्रक्रिया से संपर्क करें और अपने कार्यभार का प्रबंधन इस तरह करें कि आपका काम भी समय पर पूरा हो जाए और आप अपने जीवन को भी सुव्यवस्थित रख सकें।

योजना को समझना

शोध प्रक्रिया द्वारा रणनीतिक तरीक़े से जाने के लिए आपको विश्वविद्यालय की आवश्यकताओं और स्त्रोतों से सुपरिचित होना होगा। अगर आप सुपरिचित नहीं होंगे, तो आप ऐसे शोध हाथ में लेने और प्रस्तुत करने में अपना बहुत समय गँवा देंगे जो पूर्वानिर्धारित दिशा-निर्देश से बाहर है और/या आप उपलब्ध स्त्रोतों के पूर्ण लाभ से वंचित रह जाएँगे।

आवश्यकताएँ

छात्रों और व्याख्याताओं के लिए समान रूप से महत्तम हताशाओं में से एक, यह होता है, जब उनका कोई अच्छा कार्य आवश्यकताओं के लिए निर्धारित सीमा के अंतर्गत नहीं आ पाता। सुनिश्चित करने के लिए सबसे अच्छा रास्ता यह है कि वे विश्वविद्यालय के शोध-संलेखों (रिसर्च प्रोटोकॉल) के अनुरूप आवश्यकताओं का शीघ्र पता लगाएं और उन्हें शोध परियोजना (रिसर्च प्रोजेक्ट) तैयार करने के दौरान ध्यान में रखें। सामान्य शोध आवश्यकताएँ यहाँ अंतर्निहित हैं:

- **समय-सीमा का पालन** — संभवत: यह आपके लिए सबसे बड़ी बाधाओं में से एक हो, किंतु इसका प्रबंधन अत्यंत महत्वपूर्ण है। विलंब से की गई प्रस्तुतियाँ अस्वीकृत हो सकती हैं या आप (शोधार्थी) अर्थदंड के भागी हो सकते हैं। कार्य आरंभ करने से पूर्व अपनी समय-सीमा को जानना, विलंब से प्रस्तुति की नीतियों से सुपरिचित होना और समय-विस्तार के क्षेत्र को जानना ज़रूरी है।
- **शब्द-सीमा के अंदर रहना** — शब्द-सीमा अध्ययन, विषय और विश्वविद्यालय के स्तर पर भिन्न-भिन्न होती है। सीमा जो भी हो, सामान्यत: यह उम्मीद की जाती है कि एक गुणवत्तापूर्ण शोधपत्र या शोधप्रबंध अपनी समय-सीमा के आसपास पूरी हो जाएगी। एक व्याख्याता के रूप में, बहुत ही कम पृष्ठों वाला शोधपत्र/प्रबंध बहुत ही निराशा देता है, मगर उतना नहीं जितना कि एक भारी-भरकम शोधपत्र/प्रबंध, जिसे ले जाने के लिए आपको हाथगाड़ी मंगाना पड़े। यह कोशिश करें कि शोधपत्र/प्रबंध प्रस्तावित शब्द-सीमा से न बहुत नीचे न बहुत ऊपर हो। कुछ व्याख्याता या संस्थान निर्धारित सीमा से बाहर के कार्य को लेकर काफ़ी सख़्त होते हैं।
- **नैतिकता-अनुमोदन की प्राप्ति** — यह ज़्यादातर उन शोधों के लिए आवश्यक है जिनमें मानव (या पशु) शामिल हैं। अगले अध्याय में इसकी पूरी चर्चा की जाएगी। प्रत्येक विश्वविद्यालय की अपनी आवश्यकताएँ, समितियाँ और ऐसे अनुमोदन की प्राप्ति हेतु निश्चित समय-सीमा होती है।
- **प्रगति विवरण/संगोष्ठी** — लंबे समय की परियोजना के लिए विश्वविद्यालय छात्रों, पर्यवेक्षकों, या दोनों के वार्षिक या अर्धवार्षिक आधार पर विवरणों की मांग करते हैं। छात्रों से यह भी अपेक्षा की जाती है कि वे नियमित रूप से आयोजित संगोष्ठियों में रहें।
- **परीक्षा की प्रक्रिया** — यह भी अध्ययन एवं विश्वविद्यालय के स्तर पर भिन्न-भिन्न होती है। कुछ शोधलेखन को श्रेणी या स्तर दिया जाता है, जबकि अन्य को साधारणतया संतोषजनक या असंतोषजनक समझा जाता है। ऊँची श्रेणी या उपाधि के लिए परीक्षा-प्रक्रिया में अधिकांशत: बाह्य परीक्षक शामिल होते हैं ताकि छात्र अपनी ओर से कुछ न कह सकें। यहाँ कार्य की मौखिक परीक्षा भी ली जा सकती है। प्रक्रिया के आरंभ में ही अपने पर्यवेक्षक से परीक्षा/परीक्षकों के मुद्दे पर विचार-विमर्श कर लेना अत्यंत महत्वपूर्ण परामर्श है। यह जानना कि क्या अपेक्षित है? बहुत ही लाभप्रद हो सकता है।
- **मौलिकता एवं साहित्यिक चोरी से (वर्जन)** — वस्तुत: सभी विश्वविद्यालयों की मौलिकता एवं साहित्यिक चोरी पर अपनी स्पष्ट नीति होती है। आप साहित्यिक चोरी में अंतर्निहित विषयों से सुपरिचित हों जो आपको उन सुनिश्चित नियमों से बाहर के खतरनाक क्षेत्र से बचने में आपकी मदद करेगा।

स्रोत

जब बात स्रोतों की आती है तब छात्र पूछने का कष्ट नहीं करते,और बाद में पाते भी नहीं। शोधार्थियों द्वारा अपने विषविद्यालय की योजनाओं का पता लगाना उनकी प्रांभिक प्राथमिकताओं की तालिका में सबसे ऊपर होना चाहिए। किसी भी श्रेष्ठ सेवा या सुविधा के बारे में ज़रा देर से जानने से अधिक निराशाजनक कुछ भी नहीं।

— बॉक्स 2.1 —

काश! मुझे यह छह महीने पहले पता होता !

परिदृश्य 1

'$1,300! क्या! तुम्हें अपने स्थानीय दौरे के लिए $1,300 मिले? आख़िर तुम्हें ये मिले कैसे?'

'सभी शोधार्थी शोध के वार्षिक खर्च को पूरा करने के लिए सहयोगस्वरूप $2,500 के हक़दार होंगे;

'तुम्हें बस एक आवेदन पत्र भर्ना होता है।'

'क्या तुम मज़ाक कर रहे हो'? मुझे कैसे नहीं पता चला?'

परिदृश्य 2

'अरे, तुम्हें फोटोकॉपी मशीन के लिए एक्सेस (पहुँच) नंबर कैसे मिले?'

'डेब्बी मुख्य कार्यालय में। विद्यालय की ओर से यह सभी शोधार्थियों को दिया जाता है।'

'वाह, क्या बात है! क्या तुम्हें पता है कि मैंने पिछले छह महीनों में फोटोकॉपी करवाने में कितना खर्च किया?'

परिदृश्य 3

'तुम कहाँ जा रहे रहे हो'?'

'क्या तुम विश्वास करोगे? मैं जिन पुस्तकों के लिए आधा शहर पार कर नेल्सन पुस्तकालय जाता हूँ, वे इस परिसर में हैं ही नहीं। '

'ओह! तुमने इंटरनेट पर अंतर-परिसर ऋण (इंटर-कैम्पस लोन) क्यों नहीं लिया? वे सीधे तुम्हारे पास पुस्तक भेजते हैं। '

'तुम मज़ाक कर रहे हो? ..... कब से?'

कुछ स्त्रोत, जिसे आप जाँचना चाहेंगे, वे हैं:

- **आवास**— क्या समर्पित साझा कार्यालयी स्थल उपलब्ध है?
- **उपकरण**— क्या दूरभाष, कंप्यूटर, प्रिन्टर और फोटोमशीन तक आपकी पहुँच है?
- **प्रक्रिया-सामग्री (सॉफ्टवेयर)**— विश्वविद्यालय द्वारा कौन-सी प्रक्रिया-सामग्री समर्थित है? क्या विश्वविद्यालय आपकी ज़रूरत की प्रक्रिया-सामग्री लेने को इच्छुक है?
- **धनराशि** — क्या वहाँ, जैसे कि फीस, किताबें, फोटोकॉपी, डाक-व्यय, उपभोग-सामग्री(काग़ज़,स्याही-कारतूस (इंक कार्तिरिज), अभिलेख का साधन(रिकॉर्डिंग मीडिया), यात्रा-व्यय, (स्थान का दौरा, सम्मेलनों में उपस्थिति एवं उपकरण (रिकॉर्डर, अभिलेख, प्रतिलिपि मशीन; कंप्यूटर, लैपटॉप, सॉफ्टवेयर आदि) खर्च के लिए सहयोग राशि उपलब्ध है?
- **पुस्तकालय की सुविधाएँ** — कौस से डेटाबेस उपलब्ध हैं? अंतर-पुस्तकालय ऋण की सुविधा होगी? क्या इंटरनेट की सुविधा है?
- **कार्यशालाएँ** — क्या विश्वविद्यालय कोई प्रणाली कार्यशाला या लेखन-मंडली प्रदान करती है?
- **सहयोगी प्रणालियाँ** — क्या वहाँ प्रश्नावली रूपरेखा, प्रतिलिपि, आंकड़ों की प्रविष्टि उपलब्ध है? क्या सांख्यिकीय सलाह उपलब्ध है?
- **सहलेखन** — क्या वहाँ कोई है जो आपके प्रस्ताव को मिलकर पूरा करने में या अंतिम मसौदे की संरचना करने में मदद करेगा? क्या कोई सम्पादन में आपकी मदद करेगा?

स्थापित होना

शोध ऐसा कार्यकलाप है जो सीखने के उन अधिकांश प्रकारों से अधिक स्वतंत्रता और स्वायतता की मांग करता है जिन्हें पहले आपने आज़माया होगा, और यह माँग करता है कि आप अध्ययन और कंप्यूटर पर काम करने में अधिक समय खर्च करें। अत: स्थापित होना, कार्य के लिए शांत स्थल, एक अच्छा विश्वसनीय कंप्यूटर और कंप्यूटर एवं उसके सॉफ्टवेयर के उपयोग में निपुणता की माँग करता है:

- **अध्यायनकक्ष/कार्यालय** — शोध-संबंधी अध्ययन के लिए एक शांतिपूर्ण सुविधाजनक स्थान की आवश्यकता होती है। शोध ऐसा क्रियाकलाप हो सकता है जहां आप दूसरों से अलग-थलग रहें और इसके लेखन हेतु आप ऐसी जगह की तलाश करें जहाँ आप सुकून के साथ अपने काम पर पूरी ऊर्जा लगा सकें।

- **कंप्यूटर** — अधिकांश छात्र पाते हैं कि शोधकार्य, आधुनिक वर्ड प्रोसेसिंग प्रोग्राम एवं विश्वसनीय इंटरनेट के उपयोग के बिना संभव नहीं है। आपको सांख्यिकी एवं/या गुणात्मक तथ्य (डेटा) प्रबंधन प्रोग्राम की भी ज़रूरत हो सकती है जिसका सिस्टम (कंप्यूटर) पर उपलब्ध होना ज़रूरी है। यह एक कंप्यूटर में भली-भाँति निवेश करने के लायक है ताकि न सिर्फ़ तात्कालिक जरूरतों पर, बल्कि शोध प्रक्रिया से गुज़रने के क्रम में ज़रूरत की सारी चीज़ें पा सकें।
- **निपुणता** — कंप्यूटर/इंटरनेट के इस युग में जब मूलभूत शब्द संसाधन (बेसिक वर्ड प्रोसेसिंग) और इंटरनेट पर खोज करने की बात आती है तो आपमें से ज़्यादातर इसमें निपुण होंगे। फिर भी, कुछ अधिक सीख लेना गलत नहीं होगा; फिर चाहे वह बड़ा दस्तावेज़-प्रबंधन करना हो, ग्राफिक्स के साथ काम करना हो, उन्नत खोज (एडवांस सर्च) करना हो और/या आपको टच टाइपिंग करना हो — इन क्षेत्रों में स्वयं को सक्षम महसूस करते हुए आप बहुत कुछ पा सकते हैं।

उचित सलाह पाना

आमतौर पर, शोध कार्य गुरु/परामर्शदाता या पर्यवेक्षक को मार्गदर्शन और सहयोग के साथ किया जाता है। बहुतों के लिए यह नया और चुनौतीपूर्ण अनुभव है। अब, मैं यह कहना चाहूंगी कि यह अनुभव बेहद लाभप्रद होगा– और प्राय: 'नहीं' की अपेक्षा यह 'होता' है मगर, कभी-कभी यह कोलाहलपूर्ण, अवसादभरा, उत्तेजक और सीधे तौर पर असंतोषजनक हो सकता है। इसलिए आरंभ से ही अपनी उम्मीदों को अनुशासित रखना और खुले, स्पष्ट तथा सुविधापूर्ण सुखकर सम्प्रेषण के साथ काम करना बेहद महत्वपूर्ण है। यदि आप पर्यवेक्षी सम्बन्धों में नए हैं तो आप इस बात से अवगत नहीं हो सकते कि ये कितने भिन्न हो सकते हैं। कुछ संबंध, छात्र-स्वायत्ता और स्वतंत्रता पर आधारित होते हैं, जबकि दूसरे सहयोगात्मक और परावलंबन पर। आप कहाँ खड़े हैं, यह जानने का एकमात्र तरीक़ा है कि छात्र और पर्यवेक्षक अपने भाव-विचार परस्पर संप्रेषित करें। यह याद रखें कि यदि आप यह जल्दी नहीं करेंगे तो आप बहुत ही भयंकर हताशा और रोष की चपेट में होंगे। बॉक्स 2.2 कुछ उम्मीदों पर प्रकाश डालता है जिसे आप अपने पर्यवेक्षक के साथ खुलकर संवाद करना चाहेंगे।

बॉक्स 2.2

उम्मीदों पर संवाद

उम्मीदें, जिसे छात्र-पर्यवेक्षक सम्बन्धों में स्पष्ट रहना ज़रूरी है, यहाँ अंतर्निहित हैं:

स्वायत्ता

- छात्र को विश्वविद्यालय के स्रोतों/जरूरतों की जानकारी देना किसकी ज़िम्मेदारी है?
- समय-सीमा कौन तय करता है?
- विषय, प्रश्न, तार्किक प्रणाली एवं सैद्धान्तिक ढाँचे के चयन में पर्यवेक्षक कितनी सलाह/दिशा डे सकते हैं?
- क्या सभी प्रारूपों/मसौदों की समीक्षा/टिपन्नी हेतु जमा करने की छात्र से अपेक्षा की जाएगी?
- क्या पर्यवेक्षक से कार्य की सभी दिशाओं को स्पष्टतया समझने की ज़रूरत है?
- क्या पर्यवेक्षक लेखन/सम्पादन में सहयोग करेंगे?
- स्वीकार्यता पर अंतिम निर्णय कौन देता है?

कार्यक्रम/योजना

- नियमित तौर पर आप (अपने पर्यवेक्षक/गुरु से) कितनी बार मिलेंगे?
- जमा किए गए शोध प्रबंधों पर प्रतिक्रिया का ज़वाब पाने के लिए अपेक्षित समय क्या होगी? क्या संगोष्ठी में प्रस्तुतियाँ आवश्यक है?

संबंध की प्रकृति

- संबंध पूर्णतया व्यावसायिक होगा या व्यावसायिक/निजी?
- क्या भावनात्मक सहयोग दिया जाएगा?
- क्या कार्य की प्रगति पर खुलकर चर्चा अपेक्षित/स्वागत-योग्य है?

अभी तक या इससे पहले आपने जो भी शैक्षिक संबंध अनुभव किए होंगे, आपका पर्यवेक्षक-छात्र संबंध उन सबसे अधिक अंतरंग होना संभावित है। एक कारण यह भी है कि यह थोड़ा विक्षुब्ध करनेवाला भी हो सकता है, क्योंकि यह बहुत ही आसमान शक्ति के बीच का संबंध है। एक ओर प्रोफ़ेसर और विशेषज्ञ तो दूसरी ओर छात्र और नौसिखिया। उद्देश्य उचित सलाह, विकास और परस्पर आदर का होना चाहिए, लेकिन जैसा कि बॉक्स 2.3 में दर्शाया गया है, यह संबंध कभी-कभी छात्रों को पर्यवेक्षक के दबाव में रहने और भयभीत होने की अनुभूति देता है।

बॉक्स 2.3

लाल स्याही की शक्ति-केट की कहानी

जब मैंने एक विश्वविद्यालय से दूसरे में तबादला लिया, मैं एक ऐसी पर्यवेक्षक को सौंपी गई जिन्हें हाल ही में पीएचडी की उपाधि मिली थी और उनके शोध की रुचि भी मेरे जैसी ही थी। हम बहुत कम बार मिले और मैं यह नहीं कह सकती कि वह समय बहुत अच्छा गुज़रा जबकि उनकी पीएचडी का क्षेत्र मेरे काम से मिलता-जुलता था। मगर हमारे नजरिए में दुनिया भर का फर्क था। और मुझे यह अनुभव हुआ कि मेरे काम करने का तरीक़ा उन्हें न सिर्फ़ अलग लग रहा था, बल्कि गलत भी लग रहा था। कोई नहीं चाहता कि उसका 'मूल्यांकन' किया जाये। इसलिए बड़ी ही घबड़ाहट के साथ मैंने अपने शोधप्रबंध के आरंभिक अध्याय उन्हें सौंपे। मुझे यह सोचकर भी नफ़रत होती थी वे उसे पढ़कर उसपर आलोचना करेंगी और इसलिए उनकी प्रतिक्रिया जानने से डरती थी।

कुछ सप्ताह बाद, मुझे वो अध्याय लौटाए गए और जितना मैंने सोचा था, यह उससे कहीं अधिक बदतर था, हर पृष्ठ लाल स्याही से रंगा था। क्रोधी और अधम लाल स्याही मानो मुझसे कह रही हो, 'मेरा तुमपर अधिकार है। मैं तुमसे अधिक शक्तिशाली हूँ, 'तुम गलत हो'। मैं भय की जगह रोष का अनुभव करने लगी थी। इस तरह की अधिकार-चेष्टा मेरे ऊपर करने की कोई ज़रूरत नहीं थी। मुझे छिद्रान्वेषी ढंग से आलोचना की नहीं, सहयोग, मार्गदर्शन, सलाह और योजना की ज़रूरत थी। अंततः, जिसकी मुझे ज़रूरत थी, वह थी एक नई पर्यवेक्षक!

इसका अर्थ यह नहीं कि आपके और पर्यवेक्षक के बीच सामंजस्यपूर्ण संबंध हो। ऐसे पर्यवेक्षक, जिनके काम करने के अलग तरीक़े से आपके ज्ञान की सीमा के विस्तार में मदद मिलती है, उनसे बहुत कुछ सीखा जा सकता है; उतना, जितना कि आपने सोचा भी न होगा। नीचे शोध-प्रबंध में दी गई अभिस्वीकृति से इसका बेहतर खुलासा होता है।

महान पर्यवेक्षक डॉ. शरमन का आभार, जिनके द्वारा निर्देशित मार्ग पर मेरा मस्तिष्क कार्य करता है। और उन्हीं के समान महान पर्यवेक्षक डॉ. हक़ीम को उन दिशा-निर्देशों के लिए मेरा आभार, जिनपर मेरे मस्तिष्क ने कभी काम नहीं किया।

कुल मिलाकर, मैं पर्यवेक्षक-छात्र के सकारात्मक सम्बन्धों को सुगम बनाने के लिए तीन रणनीतियाँ अनुशंसित करना चाहूंगी। पहला, अपने संबंधों के आरंभ में ही यह जान लें कि आपका पर्यवेक्षक आपसे क्या अपेक्षा रखता है और आप अपने पर्यवेक्षक से क्या अपेक्षा रखते हैं। दूसरा, विचारों और निराशा को खुद में क़ैद न रखें, उन्हें बाहर

निकलने दें। यदि कोई समस्या उभरे जितनी जल्दी संभव हो, अपने पर्यवेक्षक को नाराज़ या अपमानित किए बिना, उन्हें अपनी बात कहें। तीसरा, यदि आपको इस संबंध को आगे बढ़ाने का रास्ता नहीं सूझ रहा तो इस बारे में पाठ्यक्रम-समन्वयक, शोध कार्यालय और शिक्षण संस्थान के ऐसे किसी व्यक्ति से बात करें जिनपर आप भरोसा करते हो। ज़रूरी नहीं कि प्रत्येक संबंध सफल हो, मगर आपके द्वारा अपनी प्रगति को ही प्राथमिकता मिलनी चाहिए। यह याद रखना महत्वपूर्ण है कि यदि आप अपने पर्यवेक्षक के साथ स्वस्थ अंतरंग संबंध विकसित कर पाते हैं तो आपकी यह यात्रा बेहद आसान हो जाएगी।

साहित्य का उपयोग

रिसर्च प्रोजेक्ट के आरंभ में, अपने शोध विषय एवं मुख्य प्रश्न के अंतर्गत कार्य को समेटने की व्याकुलता का अनुभव होना बड़ी चुनौतियों में से एक है। यहाँ मेरी सलाह यह है कि साहित्य की ओर मुड़ें और वह भी जल्दी। हाँ, अपने पर्यवेक्षक से बात ज़रूर करें, मगर स्वतंत्र रूप से भी जानकार हों, इतने कि आप अपने विषय के विशेषज्ञ बन जाएँ। पूर्ववर्ती अध्ययन करें, प्रासंगिक अध्ययन करें, शैक्षिक अध्ययन करें। ज्वलंत मुद्दों को समझें, राजनीतिक कार्यावलियों को समझे; (अपने और पर्यवेक्षक के) ज्ञान के फासले को समझें। आप जब इन सारी चीज़ों से गुज़र चुके हों तो कल्पना करें कि आपके शोध की दिशा में संबंध और सार्थक बातचीत में आपका जुड़ाव कितना सुविधाजनक होगा!

उदाहरण के लिए, मान लें कि आप स्वास्थ्य-संवर्धन में रुचि रखते हैं; विशेषकर आपकी रुचि युवाओं के मोटापे के प्रति है, लेकिन आप इससे अधिक इस विषय पर केंद्रित नहीं हो पा रहे। अध्ययन करें! अपने क्षेत्र, अपने राज्य, अपने अपने देश में और विश्वस्तर पर युवाओं की स्थूलता पर उपलब्ध पूर्ववर्ती आँकड़े पढ़ें। स्थानीय और उससे बाहर के मीडिया कवरेज़ (इलेक्ट्रोनिक और प्रिंट मीडिया पर उपलब्ध समाचारों, तथ्यों, आंकड़ों आदि) को पढ़ें। स्थानीय, राज्यस्तरीय स्वास्थ्य-संवर्धन इकाइयाँ क्या कर रही हैं, उसके बारे में पढ़ें। जर्नल्स में युवाओं के मोटापे पर छपे शोध/आलेख पढ़ें। अब इन्हें एकत्र करें, ये आपको विषय पर केंद्रित रहने में मदद करेंगे। अपने शोध प्रश्न को स्पष्ट करने में भी आपको इनसे मदद मिलेगी।

अब नवोदित शोधकर्ताओं के लिए उपलब्ध साहित्य (जानकारियों) की कमी नहीं है। पुस्तकालयी विवरणों (डेटाबेस) की तालिका आपको किसी भी विषय की पूरी छानबीन की अनुमति देती है। और बेशक,शोध साहित्य का अद्भुत संग्रह अब इन्टरनेट पर (सर्च इंजिन का उपयोग कर) सुगमता से उपलब्ध है। दरअसल, सर्च इंजिन गूगल आपको 'गूगल स्कॉलर' (scholar.google.com) की सुविधा देता है, जिससे आप विविध विषयों में सार/तत्व, सहकर्मी के समीक्षात्मक लेख, पुस्तक, शोध प्रबंध, तकनीकी विषयों की समीक्षात्मक खोज आदि कर सकते हैं।

यदि आपने पहले इस तरह की खोज नहीं भी की होगी तो भी दिन-प्रतिदिन इन्टरनेट पर खोज करने से, इस क्षेत्र में आपकी क्षमता का स्वत: विकास हो चुका होगा। और जैसे-जैसे आप विश्वविद्यालयों के मूलभूत तथ्यों (डेटाबेस) से सुपरिचित होंगे और रणनीतिक तरीक़े से सोचना शुरू कर देंगे कि किस खोज को कितना विस्तार देना है और कितना सीमित करना है,तब आप उपयुक्त साहित्य से कुछ ही क्लिक की दूरी पर होंगे। मैं इसे यही विराम दूँगी मगर आप, प्रासंगिक साहित्य को खोजने और पाने के क़दम-दर-क़दम मार्गदर्शन के लिए अध्याय छह पर जा सकते हैं।

कार्यभार का प्रबंधन

मैं सभी छात्रों की शोध परियोजनाओं के स्तर और अध्ययन के विषय पर ध्यान दिए बगैर, एक बात पर ज़ोर डालना चाहूंगी जो है 'करने की योग्यता'। क्या यह करने के योग्य है? वास्तव में, करने की योग्यता का आकलन करना शोध की रूपरेखा की गुणवत्ता देखना-मात्र नहीं है, उससे कुछ अधिक शामिल है। इसमें उन दबावों और ज़िम्मेदारियों को देखना भी शामिल है जिन्हें व्यक्तिगत रूप में व्यवस्थित रखना ज़रूरी है। व्यावहारिक रूप में अपने कार्यभार का आकलन और प्रबंधन करना आपके लिए आवश्यक है। यदि आप ऐसे नहीं करते हैं तो समय आपके हाथ से फिसल जाएगा।

तालिका 2.1 गंट्ट तालिका

	जनवरी	फरवरी	मार्च	अप्रैल	मई	जून	जुलाई	अगस्त	सितम्बर	अक्तूबर	नवम्बर	दिसम्बर
मूलभूत कार्य	xx	xx										
साहित्य की समीक्षा		xx	xx	xx	xx	xx						
प्रणालियों को परिभाषित करना			xx	xx								
डेटा/विवरणों का संग्रह					xx	xx	xx					
प्रगति सांगोष्ठि						12th						
डेटा विश्लेषण							xx	xx	xx			
प्रथम प्रारूप लेखन		xx	xx	xx	xx	xx	xx	xx				
द्वितीय प्रारूप लेखन								xx	xx	xx		
अंतिम सांगोष्ठि											27th	
अंतिम प्रारूप लेखन										xx	xx	xx
शोधप्रबंध-जमा करना												15th

समय प्रबंधन हेतु कोई निर्धारित नियम नहीं है। आप रातभर काम कर सकते हैं, अलसुबह जग सकते हैं। कोई ऐसा जो एक साथ कई काम कर सकता है; कोई, जो एक समय में केवल एक काम कर सकता है;ऐसा भी कोई जो बिना निश्चित समय-तालिका के व्यग्र हो जाता है या ऐसा जो अधिक सहज और स्वत: स्फूर्त होता है। समय पर काम पूरा करने के लिए अपने दृष्टिकोण को पहचानना, इसकी शक्ति के साथ काम करना और इसकी कमियों को रेखांकित करना महत्वपूर्ण होगा। यदि आप योजना पर अपने तरीक़े से काम कर पाए तो बहुत ही जटिल,और कभी-कभी अंतहीन विस्तृत लगनेवाले काम के प्रबंधन में इससे मदद मिल सकती है।

एक उपयोगी उपकरण/साधन गंट्ट तालिका (gantt chart) है। जैसा कि तालिका 2.1 में दर्शाया गया है, एक गंट्ट तालिका आरंभ से अंत तक परियोजना की योजना बनाने के काम आती है। ध्यान रखें कि शोध एक तरल और लचीला अभ्यास है, जिसमें कुछ भी अप्रत्याशित रूप से शामिल हो सकता है और आपकी तालिका निरपवाद रूप से आपकी परियोजना की गतिशील प्रकृति को प्रतिबिम्बित करने के लिए ज़रूरी है। फिए, कुछ नहीं रखने से बेहतर है एक दस्तावेज़ रखना, जिसे निश्चित और संशोधित किया जा सके और जो आपको समय-सीमा के प्रति सतर्क रखेगा।

कुछ लोग स्वाभाविक रूप से स्वयं को गंट्ट तालिका के अनुरूप रख पाते हैं। ये अद्भुत जन निर्दिष्ट समय से जगने, अपनी योजना के लिए लगन से काम करने और भोजन व शौचालय जाने के लिए कम से कम अवकाश लेने में सक्षम होते हैं। और ये सप्ताह के पांचों कार्यदिवसों में ऐसा प्रबंधन रख पाते हैं। मगर, हम जैसे आम व्यक्तियों, जिनमें इतने वर्षों की औपचारिक विद्यालयी शिक्षा के कारण, विलंब से काम (शुरू कर) पूरा करने की जो क्षमता विकसित हुई है, के लिए अनुशासन के इस स्तर को मान लेना बेहद जटिल है। बजाय अनुशासित होने के ह्म 'प्रेरणा' प्रतीक्षा करते हैं। यह तबतक ठीक है, जबतक कि पर्याप्त प्रेरणा बार-बार मिल रही है, लेकिन यदि यह न मिले तो? तो आपको स्वयं को प्रेरित करने हेतु कोई मिथ्या प्रेरणादायक स्थिति बनानी होगी। कुछ चीज़ें, जिसकी आप कोशिश करना चाहेंगे:

- **अपने रिसर्च जर्नल (शोध पत्रिका) को पढ़ना/उसपर काम करना** — किसी भी शोधकर्ता के लिए रिसर्च जर्नल बहुमूल्य उपकरण होती है जो रचनात्मक प्रेरणा को अधिकृत (कैप्चर) कर लेती है और आपको प्रक्रिया की व्यवस्था में मदद करती है। आपकी जर्नल में आपके मस्तिष्क में उपजे, पर्यवेक्षण, प्रणाली और सिद्धांत की टिप्पणियाँ, प्रासंगिक संपर्क की सारणियाँ, टिप्पणियाँ/अनुस्मारक और कोई दूसरा सुझाव, चिंतनरहित लेखन, विचारों का नक्शा आदि अंतर्निहित होते हैं। अपनी शोधपत्रिका में कुछ जोड़ना या उसे साधारणतया पढ़ना आपमें फिर से रचनात्मक प्रवृत्ति जागा सकता है।
- **कम्प्यूटर पर काम करने के लिए ख़ुद पर दबाव डालें** — छोटे-मोटे कार्यों में आपकी संलग्नता, आपके बड़े काम के लिए उत्प्रेरक बन सकती है। संपादन कार्य, डेटा की छंटनी और उन्हें संदर्भित करने जैसे मस्तिष्क के लिए आसान कार्यों से प्रारंभ करने की कोशिश करें

और उन कार्यों की तरफ बढ़ने का प्रयास करें जिन्हें आप लंबे समय से टाल रहे थे। अगर आप कम्प्यूटर के पास जाएँगे ही नहीं, तो कुछ भी कैसे पूरा होगा! मगर यदि आप कम्प्यूटर पर कोई भी काम शुरू करते हैं तो आप पाएँगे कि न सिर्फ वह काम पूरा होता जाएगा,बल्कि असली काम भी साथ ही साथ पूरा होता जाएगा।

- **अपने यथार्थ या कल्पित मित्र को पत्र लिखें** — यदि आप ख़ुद को जकड़ा महसूस कर रहे हैं तो किसी को भी अनौपचारिक पत्र लिखने की कोशिश करें, जो बताएगा कि आप क्या करने की कोशिश कर रहे हैं। स्वयं को शैक्षिक लेखन से मुक्त रखना आपके स्वतंत्र स्वतंत्र सुझावों के आगमन में मदद कर सकता है।
- **सैर पर जाएँ** — कभी-कभी दिमाग को दबावमुक्त रखने हेतु सैर करना, नए सिरे से उत्पन्न विचार के बाढ़ के लिए उद्दीपन/प्रदीपन का काम कर सकता है। एक छोटा ऑडियो रिकॉर्डर आपके उन विचारों को रिकॉर्ड कर सुरक्षित रख सकता है जिसे आप अक्सर भूल जाते हैं। (इसे बिस्तर के पास रखने पर सुबह तड़के जो प्रेरणा जगती है, उसे भी रिकॉर्ड कर रख सकते हैं।

लीक पर टिकना

धैर्य और दृढ़ता उनकी चतुराई के दोगुने भार से अधिक मूल्यवान हैं।

थॉमस हेनरी हक्सले

मुझे नहीं लगता कि मैं ऐसे किसी भी पर्यवेक्षण में शामिल हुई होऊँगी जहाँ छात्र ने अपनी पूरी शोधयात्रा को कष्टदायी न बताया हो। बहुतों के लिए उनका रिसर्च प्रोजेक्ट कदाचित अबतक की सबसे बड़ी शैक्षणिक परियोजना होगी। क्षेत्र को जानना, 'नए ज्ञान' की उत्पत्ति के लिए उत्तरदायी होना, प्रणालियों की रूपरेखा बनाना, डेटा/विवरणों का संग्रह एवं विश्लेषण करना और इन सबको लिखना भयभीत करने वाली एक चुनौती हो सकती है – विशेषकर, उनके लिए जिनकी भूमिकाएँ और दायित्व व्यावहारिक जीवन में छात्रों से कहीं अधिक हैं। किन्तु शेष प्रदत्त आश्वासन, निराशा की अनुभूति, भ्रम और यहाँ तक कि अक्षमता, सामान्य और जीतने योग्य – दोनों हैं। संतुलन खोजने में सक्षम होना और संकट से निपटना शोध का एक अनिवार्य अंग है।

संतुलन को खोजना

छात्र, कर्मचारी, माता-पिता, बच्चा और सहभागी – कोई छात्र केवल नहीं होता। हम सभी को अनेक भूमिकाएँ निभानी होती है। फिर भी, कभी आसपास, कभी-कभी हम भूल जाते हैं कि हमें सभी चीज़ों को एक साथ स्संतुलित रखने की ज़रुरत है। चाहे वे असंगत ही क्यों न हो! संतुलन अनिवार्य है। यदि कोई अपने जीवन के महत्वपूर्ण क्षेत्रों को नकारता है – तो वह अपनी क्षमता तक नहीं पहुँच सकता न कार्य कर सकता है।

आप जानते हैं कि आपको अपने अध्ययन पर केंद्रित होना चाहिए, फिर भी आपको स्वयं पर दबाव महसूस हो रहा है और आपको यह एहसास होता है कि आपको अपने परिवार को पुन: प्राथमिकता देनी चाहिए तो आप संतुलन कैसे रखेंगे? जैसा कि बॉक्स 2.4 में रोशनी डाली गई है, चाहे आप काम पर हों, घर पर हों या कि विश्वविद्यालय में, अपनी जरूरतों के प्रति ईमानदार और स्पष्ट होना एक अच्छी शुरुआत है। इसके साथ ही 'ना' कहने की क्षमता आपको लंबे समय तक स्थायित्व दे सकती है।

- **काम पर** — अपने प्रबन्धक के साथ अपने अध्ययन की माँग पर विमर्श करने हेतु समय निकालने की कोशिश करें। आशा है कि वे सहायक होंगे। अगर नहीं, तो आपको पता है कि आपकी जगह कहाँ है? यदि आपका शोध काम से संबद्ध है तो यहाँ आपकी परियोजना के लिए समय व स्रोत हेतु संवाद संभव है। विशेषकर, जब आप अपने कार्यस्थल पर अपने शोध की महत्ता और संभावित लाभ की व्याख्या करेंगे।
- **घर पर** — परिवार का समर्थन अनिवार्य है, न केवल व्यावहारिक समर्थन, जो घरेलू ज़िम्मेदारियों, बच्चों की देखभाल आदि के सहयोग से आ सकता है, बल्कि भावनात्मक समर्थन भी, जो कि प्रक्रिया के दौरान काफ़ी महत्वपूर्ण सिद्ध हो सकता है। दुर्भाग्यवश, कुछ सहभागी आपकी उपलब्धि से भयभीत या ईर्ष्यालु हो सकते हैं। असमंजस की स्थिति को सुलझाना या कम से कम यह जान लेना कि आप कहाँ खड़े हैं; आपको शक्ति के मजबूत स्तर पर रख सकता है।

- **विश्वविद्यालय में** — मुझे लगता है कि सबसे अच्छी सलाह व्यावहारिक होना है, मगर अपने विचार को वैध कराने के लिए सामने रखें; अपने पर्यवेक्षक के प्रति स्पष्ट और ईमानदार रहना — आपके द्वारा वास्तविक एवं सर्वाधिक महत्वपूर्ण, प्राप्त लक्ष्य-निर्धारण करने की योग्यता हेतु आवश्यक है।

बॉक्स 2.4

अपराध-बोध के लिए समय नहीं! डकोटा की कहानी

मास्टर डिग्री करने तक मैं अपना अधिक समय यह सोचने में बिताती थी कि मैं क्या नहीं कर रही। जब मैं पढ़ रही होती थी, तब मैं अपना समय इस दिवा स्वप्न में गँवा देती थी कि मैं अपने दोस्तों; परिवार के साथ हूँ या कहीं बाहर जा रही हूँ। अनजाने में स्वयं को अधम और निष्फल बनाने में लगी रहकर यही समझती रही कि मैं काफ़ी अच्छी हूँ। जब मैं अपने दोस्तों और परिवार के साथ रहती, तब भी चीज़ें बहुत बेहतर नहीं थीं। मैं अपने समय का उचित हिस्सा उस काम के बारे में सोचने और दोषी अनुभव करने में गँवा देती थी, जो मेरी प्रतीक्षा में था।

मैंने अपनी पीएचडी शुरू करने का निर्णय तब लिया जब मेरी छोटी बेटी एक वर्ष की हुई, इसलिए मैं जानती थी कि मुझे कई काम एक साथ करने होंगे। अब मेरे पास दो बच्चे थे और मैं अपनी यह पीड़ा अभिव्यक्त करने में समय नहीं गँवा सकती थी कि मैं क्या सोचती हूँ; कि मुझे क्या करना चाहिए। इसलिए मैंने 'अपराध बोध त्यागने 'का सचेत निर्णय लिया। मैंने अपने बच्चों को उच्च गुणवत्ता वाले अंशकालिक दिवस परिचर्या में रखा, और सरलता से उसे (अपराध-बोध को) जाने दिया। और क्या आपको पता है? इस (प्रक्रिया) ने काम किया। जब बच्चे देखभाल में होते,मैं पूरी तरह अपने काम पर केंद्रित होती और खुद को उनकी चिंता का बोझ ढोने की अनुमति नहीं देती थी। जब मैं परिवार के साथ होती थी तो पूरी तरह परिवार के साथ होती। मैं पूरी तरह वहाँ रही और आनंदित हुई। अंतत: मैंने अपना शोध प्रबंध समय से पूरा कर लिया। मुझे एहसास हुआ कि क्रोध और अपराध भाव में कोई उदपादकता नहीं है।

चुनौतियों से निपटना

जानते हो? इस उम्मीद के साथ कोई बड़ी परियोजना शुरू करना कि उसमें कोई बाधा उपस्थित नहीं होगी, वास्तव मेन अयथार्थ होगा – हमारी ज़िंदगी इन चुनौतियों से भरी पड़ी है। यह महसूसना कि काम बहुत अधिक हो रहा है, खुद पर काम करना या आप जो कर रहे हैं, उसपर संदेह करना बहुत आसान है। यह जानना महत्वपूर्ण है कि आप अकेले नहीं हैं। जैसा कि बॉक्स 2.5 में दर्शाया गया है: यह जानना कि क्या अपेक्षित है; जानना कि दूसरे कैसे इसका सामना करते हैं और एक सहायक तंत्र का विस्तार तथा उपयोग कैसे आपको अपरिहार्य चुनौतीपूर्ण रास्ते से निकलने में मदद करता है:

- **प्रेरणा का ह्रास** — लंबे समय तक प्रेरित होते रहना कठिन हो सकता है। कभी-कभी बहुत ही रुचिप्रद और उत्साह से आरंभ हुई परियोजना को भी जल्द से जल्द पूरा कर आप मुक्त कर कर सकते हैं। प्रेरणा बनाए रखने में सहयोगी शोध संस्कृति का विकास बहुत आगे तक जा सकता है, चाहे वह घर का कोई सचेत/सहानुभूति पूर्ण व्यक्ति हो; हितार्थी कार्यालयी सहकर्मी हो, समर्थक मित्रों की मंडली हो या सुसंगत इंटरनेट पर संवाद समूह हो, दूसरों के साथ जुड़े रहना आपकी रुचि को बढ़ाए रख सकता है। ख़ुद को याद दिलाते रहना कि 'प्रक्रिया आनंददायी होगी' और 'समापन रेखा दिखाई देगी' मूल्यवान सिद्ध हो सकती है।
- **आत्मविश्वास की कमी** — बहुत से ऐसे व्यक्ति है ज बेहद सफल 'शिक्षण' जीवन के अंत में अपना शोध जीवन आरंभ करते हैं। ये ऐसे लोग होते हैं जो सक्षमता और सफलता के अभ्यस्त होते हैं। वैसे सामान्य तौर पर, शोधार्थी अपनी कार्यसूची स्वयं निर्धारित करते हैं; स्वतंत्र रूप से कार्य करते हैं और अपनी क्षमता के अनुरूप कार्य करने की चेष्टा करते हैं। और बस, यही से समस्या शुरू होती है। अपनी क्षमता तक काम करना आपको अपनी व्यक्तिगत सीमा तक बढ़ाता है, जिन तरीक़ों से प्राय: पूर्वगामी शिक्षण ने कभी आगे नहीं बढ़ाया

होगा। ख़ुद को एक ठग की तरह महसूसना, इसे अपनी सामर्थ्य के बाहर का सोचना और अपने काम को पर्याप्त अच्छा नहीं मानना — आप माने या न माने मगर यह भय व्यापक रूप से छात्रों में व्याप्त है। आप कैसे आगे बढ़ रहे हैं, इसका निष्पक्ष ज्ञान आपको शेष अन्य चीजों से तुलना करने में मदद कर सकता है। यदि आप अपने पर्यवेक्षक और अपने मित्रों से बात करते हैं, आप प्राय: पाएँगे कि आपसे अधिक दूसरों को आपपर भरोसा है। जिन छात्रों में आत्मविश्वास की कमी होती है, मैं उन्हें कहती हूँ कि वे सीखने की प्रक्रिया के बीच में हैं; कौशल और आत्मविश्वास समय के साथ बढ़ता जाएगा।

- **खोया हुआ महसूस करना** — शोध प्राय: व्यापक खोज से आरंभ होकर आपको एक साथ सोचने या काम करने के बिलकुल अलग-अलग तरीक़ों तक ले जा सकते हैं। इसका सकारात्मक पहलू यह है कि यह खोज निस्संदेह, खोजने के क्रम में आपके ज्ञान को बढ़ाएगा और प्राय: नई अंतर्दृष्टि की ओर ले जाएगा। हालाँकि इसका नकारात्मक पहलू यह है कि आप ख़ुद को खोया हुआ महसूस कर सकते हैं। लीक़ से हट जाना बहुत आसान है और ऐसा महसूस करना कि आप नहीं जानते कि जाना किधर है। यह विचारना कि वस्तुत: आप क्या चाहते हैं; अपने पर्यवेक्षक से सीधी और स्पष्ट बातचीत करना और यह याद रखना कि 'उत्तर सुगमता से नहीं मिलने वाले',आपको सही दिशा देंगे। आप जो भी दिशा चुनेंगे, उसके लिए आपको कुछ कठिन निर्णय लेने होंगे।
- **अव्यवस्था** — यह कहना बहुत आसान है कि 'आपको व्यवस्थित होने की ज़रूरत है'। 'नियंत्रण से बाहर' महसूसने से पहले आप ये जानते थे। ज़ाहिर है, स्वानुशासन ज़रूरी है, लेकिन इस योग्यता को अभ्यास में लाना कठिन है। यदि बाह्य अव्यवस्था के कारण आप अव्यवस्थित है, तो एक या दो सप्ताह के लिए शोधकार्य से हटकर सिर्फ अपने कार्यस्थल को स्वच्छ करें और ख़ुद को भी व्यवस्थित करें। लेकिन अगर यह बिखराव आपके मन के अंदर अधिक है और आपको ऐसा लगता है कि आपके विचार उलझ से गए हैं तो आप उपर्युक्त बातों पर अमल कर सकते हैं—-एक व्यवस्थित मेज़ और कार्यालय व्यवस्थित मन-मस्तिष्क के लिए रास्ता बना सकता है— या इन सबसे दूर चले जाएँ। कभी-कभी काम से दूर, बिताया गया अवकाश मानसिक ऊर्जा को स्फूर्त करने के लिए भी ज़रूरी होता है।
- **व्यक्तिगत संकट** — जॉन लेनन की उक्ति है, 'जब हम योजना बनाने में व्यस्त होते हैं, तभी घटित और व्यतीत हो रहा क्षण ही जीवन है।' यह बेहतर होता अगर यह दुनिया उस पल तक के लिए थम जाती, जिस पल तक आप अपने शोध में व्यस्त होते! मगर साधारणतया ऐसा होता नहीं है। चाहे वह जीवनसाथी, माता-पिता, बच्चे,काम — दरअसल किसी भी तरह का स्वांग हो, अनिवार्य रूप से शोध प्रक्रिया की जीवन के उतार-चढ़ाव से टकराहट अवश्यंभावी है। समर्थक समूहों तक पहुँचें और अपने पर्यवेक्षक से खुलकर बात करें। मेरा अनुभव यही है कि लोग सामान्यत: सहायक होते हैं। संभवत: इन सबसे महत्वपूर्ण है कि ख़ुद पर बहुत अधिक दबाव न बनाएँ। समर्थन/सहयोग लें और तब ग्लानिरहित निर्णय पर बने रहें; स्थिरचित्त होकर आराम से निर्णय ले या जबतक संकट समाप्त न हो जाए, तबतक ख़ुद के लिए खाली जगह ढूंढ लें।

बॉक्स 2.5

इसे सुगम एवं सुघड़तापूर्वक करना

PHOTO 2.1 Meme! Image © 2007 Laney Griner

मुझे लगता है, ऐसे बहुत-से कारण हैं, जिनसे मैं अपनी शोध-प्रक्रिया को बिना बहुत अधिक तनाव के, शुरू से अंत तक पूरा कर पाई। पहला यह, मैं व्यवस्थित रही। मैंने अपना समय-तालिका बनाया जो व्यवस्थित था। इनमें संतुलन था क्योंकि मेरी योजना में ऐसा कुछ भी शामिल नहीं था जो मुझे मेरी अन्य प्रतिबद्धताओं से दूर ले जाये। और मैंने सुनिश्चित किया था कि मेरे पर्यवेक्षक मेरी योजना को पूर्ण करने योग्य समझें। इस तरह मैंने न सिर्फ़ अपने कार्य-जीवन की चुनौतियों का ईमानदारी से आकलन किया बल्कि एक विशेषज्ञ की तरह शोधकार्य को उसके अंतिम चरण तक ईमानदारी से आँका।

दूसरा कारण यह था कि मैं तनाव की बोझिलता को निकल जाने देती थी। जब भी मैं ख़ुद को थोड़ा व्यग्र महसूस करती थी, मैं ख़ुद को यह आश्वासन देती थी कि 'यह बीत जाएगा'। साथ ही मैं इसी समय जलद से जल्द अपने लिए आश्वासन और समर्थन तलाश लेती थी

और इस तरह खुद को लंबे समय तक तनावग्रस्त रहने से बचा लेती थी। लोग ज़्यादातर ऐसा नहीं करते, क्यों ? पता नहीं– मेरे बहुत से मित्र तनाव का सामना करने के बजाय उसके दलदल में धँसते जाते हैं।

इसलिए यही मेरी सलाह है। जानें कि आप कहाँ जाना चाहते हैं; यह सुनिश्चित करे कि आपके पर्यवेक्षक आपकी योजना को पूर्ण करने योग्य समझें; व्यवस्थित हों और समर्थन प्राप्त करें – जब भी इसकी ज़रूरत हो। मैं नहीं मानती कि यह उतना भी कठिन है जितना कि लोग अपने दिमाग में बिठा लेते हैं। यह करने योग्य है।

पाठ सारांश

- शोध एक प्रक्रिया है जिसे सक्रिय रूप से प्रबंधित करने करने की ज़रूरत है। अपनी प्रारम्भिक योजनाओं में रणनीतिज्ञ होना, व्यवस्थित और तैयार होना और शोध के लिए मानसिक जगह बनाना प्रक्रिया के महत्वपूर्ण अंश है।
- ऐसे शोध-निर्माण के लिए जो विश्वविद्यालय के दिशा-निर्देशों के अंतर्गत हैं, आपको अपने विश्वविद्यालय की जरूरतों से सुपरिचित होना होगा। यह आपको सभी स्रोतों तक पहुँचने की अनुमति देगा और शोध-प्रक्रिया तक रास्ता बनाएगा।
- सही सलाह पाना चुनौतीपूर्ण हो सकता है। बेहतर संपर्क बनाना और पर्यवेक्षक से स्पष्ट अपेक्षाएँ रखना अनिवार्य है। आरंभ से ही साहित्य से जुड़ने के लिए तैयार रहें ताकि आप अपने विषय के शीर्ष पर हो सकें।
- शोध-संचालन आपके सामने कुछ वास्तविक चुनौतियाँ खड़ी कर सकता है। गंट्टतालिका का उपयोग करना और अनुशासन एवं प्रेरणा — दोनों के साथ काम करना आपको कार्यभार एवं समय-तालिका के प्रबंधन में मदद कर सकता है, मगर यह याद रखना भी ज़रूरी है कि स्वहित के लिए संतुलित कितना महत्वपूर्ण है।
- शोध-प्रक्रिया शायद ही आसान ही और सीधी यात्रा हो। प्राय: इसमें आत्मविश्वास और प्रेरणा से सम्बद्ध चुनौतियाँ होती है। और यह जीवन के उतार-चढ़ाव से टकराता है। यह जानना कि आप अकेले नहीं हैं और आपके लिए समर्थन है, आपको आगे बढ़ाने में मदद कर सकता है।

संदर्भित पुस्तकें

यहाँ कुछ शोध परियोजना की उत्तरजीविता मार्गदर्शिका उपलब्ध हैं:

Cryer, P. (2006) *The Research Student's Guide to Success*. Buckingham: Open University Press.

मुझे यह पुस्तक पूरी तरह व्यावहारिक लगी। इसका आरंभिक मध्य इस अध्याय के विस्तृत संस्करण की तरह है जबकि अंतिम आधा इस बारे में है कि कैसे पूरा करें, प्रसारित करें और अंतत: नौकरी पाएँ।

Hall, G. and Longman, J. (2008) *The Postgraduate's Companion*. London: Sage.

इन विषयों पर कुछ जांकारियान दी गई हैं। ये विषय हैं: शोध की उपाधि में क्या शामिल है? सही विश्वविद्यालय का चयन; विश्वविद्यालय में प्रविष्टि और शोध अनुदान की प्रविष्टि और शोध अनुदान की प्राप्ति। यह शोध प्रक्रिया के बारे में भी बताता है और इसे पूरा करने के पश्चात आप क्या आशा कर सकते हैं। बेहद व्यापक मार्गदर्शिका।

Phelps, R., Fisher, K., and Ellis, A. H. (2007) *Organisation and Managing Your Research: A Practical Guide for Postgraduates*. London: Sage.

मुझे यह मार्गदर्शिका पसंद है क्योंकि यह अनुभवी शोधकर्ताओं द्वारा प्रदत्त निर्देशों एवं रणनीतियों पर केन्द्रित करती है। यह कुछ व्यावहारिक दृष्टांत भी देता है जो सलाहों को बुनियाद बनाने में मदद करता है।

Rudestam, K. E. and Newton, R. R. (2007) *Surviving Your Dissertation: A Comprehensive Guide to content and Process*. London: Sage.

प्रक्रिया पर पूरी तरह केंद्रित होने के बजाय यह मार्गदर्शिका शोध-निर्माण करने में अध्येताओ को शोध-उन्मुख कदमों द्वारा ले जाएगी। जबकि यह प्रणालियों की पुस्तक जितनी बोध संबंधी नहीं है, फिर भी यह प्रणालियों की प्रक्रिया द्वारा कमाल का मार्गदर्शन देती है।

3

शोध प्रश्न का विकास करना

अध्याय का पूर्वावलोकन

- अच्छे प्रश्नों का महत्व
- अपने विषय को परिभाषित करना
- रोचक विषय से शोध के योग्य प्रश्न की ओर
- अच्छे प्रश्नों की विशेषताएँ

अच्छे प्रश्नों का महत्व

वैज्ञानिक बुद्धि उतना अधिक सही उत्तर नहीं देती जितना कि सही प्रश्न करती है।

क्लोद लेवी-स्त्रोस

अब आप तैयार हैं! आपने खुद को तैयार कर लिया है और अब आपके विचार पर्याप्त स्पष्ट हैं कि आप यहाँ क्यों हैं! यहाँ तक कि आपके पास शोध-संबंधी कुछ कुछ अच्छे विचार/सुझाव भी हैं। अगला कदम? एक स्पष्ट शोधपत्र (शोध प्रश्न) विकसित और प्रस्तुत करना।

अब आप सोच रहे होंगे कि अब मेरे पास एक अच्छा विचार है कि मैं किस पर शोध करना चाहता हूँ। क्या अपने यथार्थ प्रश्नों पर काम करना इतना महत्वपूर्ण है? तो इसका उत्तर स्पष्ट: 'हाँ' है। बहुत-से ऐसे छात्र हैं जो अपने शोध प्रश्नों पर गंभीर विचार करने में समय खर्च किए बिना तथा उसे विकसित किए बिना सीधे अपनी शोध परियोजना में छलांग लगाना चाहते हैं। कुछ छात्रों के पास अपने विषय से संबद्ध विचार तो होते हैं पर वे स्वयं नहीं समझ पाते कि अमुक विषय के किस पहलू पर उन्हें शोध करना चाहिए। शेष अन्य छात्रों के पास बहुत ही कसे हुए विचार तो हैं लेकिन शोध प्रश्न के रूप में वे उन विचारों को स्पष्टतया अभिव्यक्त नहीं कर पाए हैं।

मुझे यह कहना होगा कि मैं अच्छे शोध प्रश्नों की तरफ़दार हूँ। मैं मानती हूँ कि ये (प्रश्न) अच्छे शोध के मूलभूत हैं; और और इसे स्पष्ट करने में आपकी योग्यता महत्वपूर्ण है। आख़िर, आपको कैसे पता चलेगा कि आपने अपने प्रश्न का उत्तर ढूँढ लिया है अगर आप यही नहीं बता सकेंगे कि प्रश्न क्या हैं?

याद रखें: शोध एक निर्णयात्मक यात्रा है। यह प्रक्रिया वस्तुत: यह माँग करती है कि आप तार्किक, सुसंगत और सुसंबद्ध निर्णय लेने में निरंतर संलग्न हों। और, आपको क्या लगता है, तार्किक, सुसंगतऔर सुसंबद्ध निर्णय लेने का आधार क्या होगा? वह यह है कि जो आप चुन रहे हैं वह आपको अपने शोध प्रश्न का विश्वसनीय उत्तर देने में समर्थ है या नहीं।प्रश्न की स्पष्ट अभिव्यक्ति के बिना आप सचमुच आँख बंद करके यात्रा कर रहे हैं।

शोध प्रश्न निम्नलिखित कारणों से महत्त्वपूर्ण है:

- **खोज को परिभाषित करना:** एक सुस्पष्ट शोध प्रश्न आपको और संभावित पाठकों — दोनों को आपकी परियोजना की जानकारी दे सकता है। विषय को परिभाषित करना — युवाओं द्वारा आत्महत्या, पर्यावरणीय दुर्दशा, धर्म निरपेक्षता आदि: शोध के प्रयास की प्रकृति को परिभाषित कर सकता है — खोज, छानबीन, व्याख्या, वर्णन या तुलना करना; आपकी रुचि के प्रश्नों को परिभाषित कर सकता है — क्या, कहाँ, कैसे, कब, क्यों आपकी रचना और प्रभावकारी वस्तुओं को परिभाषित कर सकता है — आय, आयु, शिक्षा, लिंग, आत्मसम्मान, प्रदूषण आदि; और यह संकेत कर सकता है कि आप प्रभावकारी वस्तुओं के बीच का संबंध देख पाते हैं या नहीं— प्रभाव, वृद्धि, कमी, संबंध, सह-संबंध, कारण आदि।
- **सीमाओं का निर्धारण करना** — शोधयात्रा के दौरान आप, संभवत: ख़ुद को बहुत सारी अलग-अलग सोच, चक्करदार राहें और दिशा-परिवर्तन का सामना करते पाएँगे और एक सुपरिभाषित प्रश्न सीमा-निर्धारण में आपकी मदद करता है। जब तरह-तरह की रोचक सोचों का सामना करते हैं तब ख़ुद से पूछें: मेरे प्रश्न से इसका क्या संबंध है? मेरे सुझाव के अनुसार इसके तीन सशक्त उत्तर हैं: 1. वास्तव में कुछ भी नहीं — मुझे अभी इसे छोडना होगा और शायद इसे अपनी दूसरी परियोजना में ले लूँ। 2. वस्तुत: यह पूर्णत: उचित है— यदि आप इस बारे में सोचें, 'यह सचमुच जुड़ रहा है'— (यह रोमांचक हो सकता है और आपके काम में नए आयाम जोड़ सकता है); और 3. वास्तव में कुछ नहीं, लेकिन मुझे सचमुच लगता है कि मैं जिसे जानना चाहती हूँ, वह यही है— शायद मुझे अपने प्रश्न पर पुनर्विचार करना चाहिए।
- **दिशा देना** — एक सुपरिभाषित, सुस्पष्ट शोध प्रश्न आपकी परियोजना के लिए ख़ाका का काम करेगा। यह आपको छानबीन करने योग्य सिद्धांतों; समीक्षा करने योग्य साहित्यों; एकत्र करने योग्य डेटा/विवरणों और — इसे उपयोग करने योग्य तरीक़ों की ओर इंगित करेगा। दरअसल यहाँ मेरी सलाह यह होगी, अपूर्ण रूप से परिभाषित शोध प्रश्न के लिए स्पष्ट कार्यप्रणाली को परिभाषित करना लगभग असंभव है। अगर आप यह नहीं जानते कि आप क्या जानना चाहते हैं तो आप यह जानने की इस स्थिति में भी नहीं हो सकते कि इसे कैसे पाया जाये।
- **कार्य के आकलन हेतु अनुशंसा के ढाँचे की तरह काम करना** — आपका प्रश्न न सिर्फ निरंतरता बनाए रखता है और आपके सम्पूर्ण अध्ययन के लिए कार्यसूची बनाता है, बल्कि यह निर्णय के आकलन हेतु आधार के रूप में भी काम करता है।आपकी परियोजना से संबद्ध निर्णय लेने के लिए मानदंड है — आपका चुनाव आपको अपने शोध प्रश्न के विश्वसनीय उत्तर के निकट ले जा रहा है या नहीं।

अब मैं नहीं चाहती कि शोध प्रश्न न्यूनीकारक साधनों की तरह लगे जो सारी छानबीन, सर्जनात्मकता और तरलता को शोध प्रक्रिया से बाहर निकाल देता है। नहीं, बिलकुल नहीं। शोध प्रश्नों की रूपरेखा इस तरह बनाई जा सकती है कि वे मुक्त और खोजपूर्ण हों। प्रक्रिया की आरंभिक अवस्थाओं में ही शोध प्रश्न परिवर्तित, स्थानांतरित और विकसित हो सकते हैं और प्राय: होते भी हैं। यह वैसा ही है, जैसा होना चाहिए, क्योंकि साहित्य के साथ आपका जुड़ाव आपके ज्ञान और विचार – दोनों को बढ़ाता है। हाँ, शोध प्रश्न अन्वेषण को परिभाषित करता है और दिशा देता है, मगर यह शोधकर्ता पर निर्भर है कि वह प्रश्नों को परिभाषित और पुनर्परिभाषित करे, ताकि वे इस काम को सर्वाधिक उचित रूप में पूरा कर सकें।

अपने विषय को परिभाषित करना

शोध प्रश्न की महत्ता की सारी बातें ठीक हैं, मगर तब क्या जब, आपको यही नहीं मालूम कि आपका रुझान किस तरफ है? आप अकेले नहीं हैं। हाँ, वैसे बहुत-से छात्र हैं जो इस बात पर स्पष्ट हैं कि किस पर शोध करना चाहते हैं, मगर वहाँ वैसे भी छात्र हैं सचमुच शोध-विषय के सृजन से संबद्ध विचारों के साथ संघर्षरत हैं। वास्तव में अनेक छात्र ऐसा समझते हैं कि शोध के योग्य विषय तलाशना उनके वश के बाहर है।

तो अपने विषय पर आप केंद्रित कैसे होते हैं? जैसा कि नीचे और बॉक्स 3.1 में दर्शाया गया है, आप अपनी ही जिज्ञासा और सृजनात्मकता में प्रवेश कर, प्रेरणा तलाशकर और व्यावहारिकता की ओर ध्यान देते हुए अपने विकल्प ढूँढकर विचारों को उत्पन्न करने का काम करते हैं।

जिज्ञासा और रचनात्मकता

खोज वह देखना है जिसे सबने देखा है और वह सोचना है जिसे किसी ने नहीं सोचा।

अल्बर्ट ज़िन ज्योरजी

जब भी जिज्ञासा और जुनून जगते हैं, शोध के लिए विचार निर्मित होते हैं। हम प्रत्येक दिन घटनाओं, स्थितियों-परिस्थितियों और परस्पर क्रियाओं से घिरे रहते हैं जो हमें आश्चर्यचकित करते हैं; और रुककर सोचने पर विवश करते हैं या हमारे लिए आनंद, निराशा, राहत व क्रोध को सतह तक लाते हैं। यही वह समृद्ध और उर्वर आधार है जहाँ से शोध संबंधी विचार जन्म लेते हैं। सोचें, आपमें क्या हलचल मचाता है; आप अपने मित्रों, परिवार और साथियों के साथ किस (विषय) पर तर्क-वितर्क करते हैं और विश्व में, घर या कार्यस्थल पर किस सामयिक मुद्दे पर बातचीत होती है? आप शीघ्र ही जान लेंगे कि शोध के लिए विषयों की कमी नहीं है। यदि आप खुद को, 'अरे! मैं हैरत में हूँ –' यह सोचते हुए पकड़ सकें तो आपके पास विचारों का अनंत भंडार होगा।

यहाँ मानचित्र में संकल्पना एक विकल्पस्वरूप है जो प्रयास करने योग्य है। मानचित्र आपको तिरछे और रैखिक रूप में सोचने की आज़ादी देता है। यह स्वतंत्र संपर्क का उपयोग एक विचार से दूसरे विचार तक छलांग लगाने हेतु मस्तिष्क को प्रोत्साहित करता है, जिससे सृजनात्मक प्रक्रिया में वृद्धि होती है। संकल्पना-मानचित्र विचार-मंथन, सम्बन्धों के रेखांकन और विषयों के निर्माण को सुगम बना सकता है। चित्र 3.1 एक सरल संकल्पना का मानचित्र दर्शाता है जिसका उपयोग सशक्त शोध-विषयों को रेखांकित करने में किया गया है।

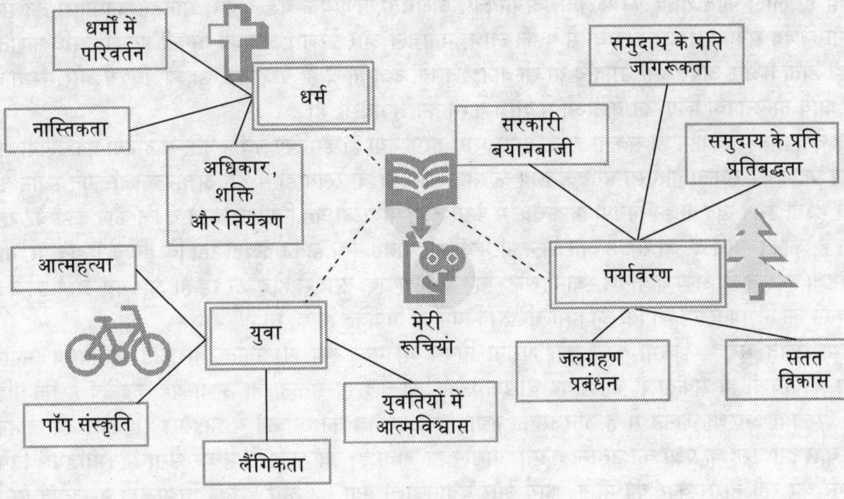

चित्र 3.1 सशक्त शोध-विषय की संकल्पना का मानचित्र

साहित्य की ओर मुड़ना

शोध के लिए अध्ययन महत्वपूर्ण है, क्योंकि कितना भी अधिक पढ़ लें, उसे पूर्ण नहीं कह सकते। अपने विषय के बारे में हम कभी भी पूरा नहीं जानते और शायद ही उसके बारे में पर्याप्त जान पाते हैं।अपनी रुचि के क्षेत्र के आसपास की पृष्ठभूमि, संदर्भ/प्रसंग, विवादों, शैक्षिक बहसों एवं राजनीतिक कार्यावलियों पर समान रूप से समय खर्च करना समय का सही उपयोग है। यह निश्चित रूप से शोध के प्रति आपकी रुचि और ज़रूरतों को पहचानने में आपकी मदद करेगा। आप खुद को समस्या के एक पहलू की छानबीन की तरफ़ जाते हुए पाएँगे जिसकी साहित्य

में उपेक्षा की गई। आप उन मान्यताओं पर प्रश्न उठाना चाहेंगे जो आम समझ पर अवलंबित हैं। आप अभिनव दृष्टिकोण के साथ उग्र बहस आरंभ करना चाहते होंगे।आप प्रमाण-आधारित निर्णय लेने के लिए निश्चित डेटा के साक्ष्यों को एकत्र करने का सुअवसर लेना चाहते होंगे। आप शोधपत्र (रिसर्च पेपर) के अंत में खड़े किए गए अतिरिक्त प्रश्नों के उत्तर देने की चुनौतियाँ का सामना करना चाहते होंगे।

विषय-क्षेत्र से सम्बद्ध साहित्य के साथ ही आप उसके सिद्धांतों से जुड़कर अपने प्रश्नों को विस्तार दे सकते हैं। यह तब होता है जब आप सिद्धांत पढ़ रहे होते हैं और अचानक यह प्रतिध्वनित होता है। आप सोचते हैं, 'अहा!' संभवत: यही कारण है कि यह स्थिति ऐसी है या शायद यही कारण है कि वे जो कर रहे हैं, क्यों कर रहे हैं। मेरे एक छात्र के साथ ऐसी ही स्थिति थी जब उसने एल्थुसे के कार्य को पढ़ा, जिसमें कि व्यक्तिगत चेतना में सरकारी विचारधारा को अंत: स्थापित करने में परिवार, विद्यालय, चर्च जैसी संस्थाओं की भूमिका पर प्रकाश डाला गया है। छात्र ने चर्च को नए दृष्टिकोण से देखना शुरू किया और इसका अन्वेषण करने का निर्णय लिया कि यदि/कैसे अपने नागरिक के सामाजीकरण में आइरिस कैथोलिक चर्च सरकार के हाथ मजबूत करता है।

प्रेरणा की तलाश

अपने विषय में कसाव लाने के लिए अन्य तरीक़ा (देखें बॉक्स 3.1) अपने आसपास की दुनिया के अत्यधिक अनुकूल होना है।ये प्रेरणाएँ निम्नलिखित बिंदुओं में अंतर्निहित हैं:

- **व्यक्तिगत अंतर्दृष्टि और अनुभव** — प्रत्येक व्यक्ति के पास अपनी अंतर्दृष्टि और अनुभव होते हैं जिससे वह कुछ हासिल कर सकता है। उदाहरण के लिए कार्यस्थल चुनें; कोई भी व्यक्ति, जिसने कभी नौकरी की हो आपको बताएगा कि कार्यस्थल में कितनी समस्याएँ व्याप्त हैं: लाल फीताशाही, निष्फलता, अयोग्यता, अक्षमता,निर्णायक मंडल द्वारा मातहत कामगारों की समस्याओं से रूबरु हुए बिना निर्णय सुनाना,भ्रष्टाचार, सेवा से पहले लाभ, मनोबल और प्रेरणा। आपकी अपनी हताशा अधिकांशत: दूसरों की हताशा से जुड़ी होती हैऔर अगर उन्हें समुदाय या संस्थान, जिसके अंतर्गत वे हैं, के लक्ष्य, उद्देश्य, विषय और संस्था के दृष्टिकोण से जोड़ दिया जाये तो आपके लिए उन कुंठाओं में शोध करने का सुअवसर है।
- **प्रेक्षण** — यह देखना बहुत कठिन हो सकता है कि हमारे चारों तरफ़ क्या है; इसलिए नवीन दृष्टि से दुनिया को देखना शोध के लिए सशक्त अंतर्दृष्टि प्रदान कर सकता है। ऐसा मेरे एक छात्र के साथ हुआ था जो रेलगाड़ी में था, अचानक व्यक्तिगत स्थान के अलिखित नियमों से मुग्ध हुआ। उसने खुद के इन नियमों के कुचक्र में फंसा हुआ पाया जो यह नियंत्रित करते थे कि कौन कहाँ बैठ रहा है; कितने क़रीब बैठ रहा है, कौन किससे दूर जा रहा है और किन परिस्थितियों में।बह मुग्ध होकर देखता रहा कि हरएक पड़ाव पर, गाड़ी के अंदर यात्रियों की संख्या बदलते ही अन्य यात्रीगण स्थान (सीट) पाने के लिए एक-दूसरे से होड़ कर रहे हैं। और तब उसने उनके इस व्यवहार पर अध्ययन करने का निर्णय लिया जो कि उन (अलिखित) नियमों से नियंत्रित हो रहे थे।
- **सामयिक/समयोचित मुद्दे** — कभी-कभी कोई पुराना विषय भी नया रूप ले सकता है। कोई भी विषय अनायास किसी कार्यस्थल की कार्यावली हो सकता है या शायद वैश्विक ध्यान का केंद्र हो सकता है। अभी यह केंद्रविंदु है कि पश्चिमी दुनिया का आकर्षण इस्लामी आस्था जानने में है औरउसका रुझान उस आस्था को आँकने में है।इससे दृष्टिकोण को जानना सुगम हो जाता है और कुछ इस तरह के प्रश्नों को उत्पन्न करना आसान हो जाता है, उदाहरणार्थ, संचार संसाधन (मीडिया) विषय को कैसे ले और उजागर कर रही है। सरकार की नीति, कार्य और बयानबाजी क्या हैं? और इसका विद्यालयी नस्लवाद पर क्या प्रभाव पड़ता है? आदि।
- **हितकारक जरूरतों की पहचान** — हितकारक ज़रूरतें बेहद व्यापक हो सकती हैं। और इनका विस्तार न्यायसंगत स्वास्थ्य देखभाल प्रणाली की ज़रूरत से लेकर स्थानीय जलग्रहण नीले हरे खिलते शैवाल की पुनर्मध्यस्ठता की ज़रूरत से आगे बढ़ते हुए विद्यालयों में छात्रों के बने रहने हेतु प्रेरणा देने की ज़रूरत तक है। मीडिया की प्रस्तुति का अनुसरण करके, संपादक के नाम लिखे गए पाठकों के पत्र पढ़कर या हितकारकों को विभिन्न मंचों, जैसे — परिषद की बैठक, कार्यस्थल की बैठक या अन्य कोई जगह, जहाँ हितकारक एकत्र होकर अपने विचार अभिव्यक्त कर सकें, पर सुनकर जरूरतों की पहचान हो सकती है।

बॉक्स 3.1

शोध हेतु उपयुक्त चयनित मुद्दे

शोध विषय की एक तालिका निम्नांकित है जिनपर मेरे छात्र काम कर रहे हैं और जानें की उन्होंने इन मुद्दों को कैसे और क्यों चुना:

- अग्नि प्रबंधन योजना में एक कारक के रूप में जलवायु-परिवर्तन के जोखिम का समावेश — न्यू साउथ वेल्स रुरल फ़ायर सर्विस के प्रबंधक द्वारा चयनित, जिन्होंने योजना-प्रक्रिया में मुद्रा की ज़रूरत को पहचाना।
- घरेलू पुनरावृत्त/पुनश्चक्र (रीसाइक्लिंग) हेतु उपयोगी सामग्री वाले कचरा पेटी में गैर पुनरावृत्त सामग्री का बड़ा प्रतिशत — कचरा प्रबंधन के प्रभारी परिषद के एक निराश अधिकारी द्वारा चयनित, जो उच्च उपाधि ले रहे थे।
- स्वास्थ्य संवर्धन केंद्र में बिना किसी साक्ष्य के निर्णय लेना — इसका चयन उस नए केंद्र निदेशक द्वारा किया गया जो इस प्रश्न पर स्वयं अनिश्चित थे कि मुद्दों को कैसे प्राथमिकता दी जाये।
- आपातकालीन वार्ड में परिचर्या कर्मचारी (नर्स) के साथ हिंसा — भूतपूर्व नर्स द्वारा चयनित। जिसे मरीज के आक्रामक व्यवहार की वजह से अपने रोज़गार की दिशा बदलनी पड़ीऔर तब उसने व्यावसायिक स्वास्थ्य एवं सुरक्षा पर स्नातकोत्तर उपाधि प्राप्त कर, शोध के लिए इस विषय को चुना।
- विश्वविद्यालय में वाचिक, शारीरिक औए मानसिक उत्पीड़न — प्रथम वर्ष के छात्र द्वारा चयनित जिसने ऐसा उत्पीड़न भोगा।
- निर्माण उद्योग में कमजोर सुरक्षा रिकॉर्ड के साथ उपठेकेदार — तात्कालिक समय में इस विषय पर मीडिया कवरेज दिखाए जाने से प्रभावित 'व्यावसायिक स्वास्थ्य एवं सुरक्षा' के छात्र द्वारा चयनित।
- कक्षा में प्रायोगिक/अनुभवजन्य ज्ञान का न्यून उपयोग — शिक्षा-छात्रा द्वारा अपने स्नातक कोर्स के किसी साहित्य के अंतर्गत ऐसे विषय को पाना, जो बाद में उसके शोध का विषय बना।
- जलवायु परिवर्तन कम करने की रणनीतियाँ अपनानेवाले लोगों की प्रेरणा — लोगों में जलवायु परिवर्तन से होनेवाले खतरे की जानकारी के बावजूद उनकी उदासीनता से विस्मित एक छात्र द्वारा शोध के लिए उक्त विषय का चयन।
- हाँगकाँग की गगनचुंबी इमारतों में अग्नि-चेतावनी की उपेक्षा — अग्नि-सुरक्षा अधिकारी द्वारा चयनित, जो उस समय उच्च उपाधि ले रहे थे, और एक ऐसे अन्वेषण के लिए प्रभारी नियुक्त थे जहाँ सात लोग इसलिए मारे गए क्योंकि उन्होंने अग्नि चेतावनी (फायर अलार्म) पर ध्यान नहीं दिया।

व्यावहारिकता

यह कितना भी सीमित लगे, किंतु सभी नवोदित विषयों को व्यावहारिकता से जाँच लेना उचित है। इससे कोई मतलब नहीं कि आपका विषय कितना आकर्षक है, अंततः विषय को शोधपूर्ण होना चाहिए। जब हम आपके द्वारा अध्ययन के दौरान उपयोग में लाई जा रही संभावित विधियों को देखेंगे तब 'करने की योग्यता 'पर विस्तार से बात करेंगे। मगर, फिर भी विषय को पहचानने के विंदु पर भी व्यावहारिकता, जैसे कि औचित्य, पर्यवेक्षण और धनराशि की जरूरतों को ध्यान में रखना लाभप्रद है।

- **औचित्य** — ऐसे बहुत से छात्र हैं जो ऐसे विचारों के साथ आते हैं जो उनसे संबद्ध डिग्री के लिए औचित्यपूर्ण नहीं होता। मेरे पास औद्योगिक ख़ाका (इंडस्ट्रियल डिज़ाइन) का एक छात्र था जो 'असांसारिक अपहरण' (बाहरी दुनिया द्वारा अपहरण) विषय पर शोध करना चाहता था। विषय की तरह उसमें कुछ क्षमता थी, मगर विषय की माँग स्पष्टतः यह कहती थी कि इस विषय को व्यावसायिक/व्यावहारिक अभ्यास के विकास की ज़रूरत है। और मुझे नहीं मालूम कि एए (AA— Alien abduction) के शोध से जीवन में कुछ बनने केलक्ष्य के क्या विकल्प बनते हैं।बहुत से ऐसे शोध छात्र हैं जिनके शोध की रुचि उनकी शैक्षिक जीवन-क्षेत्र से बिलकुल उलट है यदि आपके साथ भी ऐसा है तो यह एक संकेतक है कि ठहरें और अपने शोध, शैक्षिक और जीवन में कुछ बनने के लक्ष्य पर पुनर्विचार करें और सीधी राह पर की तलाश करें।

- **पर्यवेक्षण** — ऐसे बहुत से छात्र हैं जो बग़ैर अत्यधिक पर्यवेक्षणीय समर्थन के अपनी वृहत्त शोध परियोजना पर काम नहीं कर पाते हैं। मेरा यह सुझाव है कि शोध परियोजना से जुडने से पहले यह पता लगा लें कि आपके विषय से संबद्ध सही पर्यवेक्षक हैं या नहीं।
- **वित्त पोषण के निकाय/नियोक्ता की ज़रूरतें** — यदि कोई वित्त पोषण के निकाय या नियोक्ता किसी क्षेत्र-विशेष में आपके शोध को प्रायोजित किया है तो आप अपने विषय हट नहीं सकते। हालाँकि निर्धारित परियोजना के अंतर्गत भी किसी विशेष पहलू पर एकाग्र होने का अवसर मिल सकता है या आप किसी एक मुद्दे पर नया दृष्टिकोण ला सकते हैं।अपने प्रस्तावित शोध के औचित्य एवं संभावित लाभों के बारे में खुलकर बातचीत करना और उसे 'प्रायोजित' करवाना आपको अधिक सृजनात्मक क्षमता दे सकता है।

रोचक विषय से शोध के योग्य प्रश्नों की ओर

आशा है, अब स्पष्ट शोध प्रश्नों के विकास की महत्ता समझ गए होंगे और अब आपके दिमाग में एक रोचक विषय भी होगा। अब यह समय प्रश्नों को परिसीमित करने (कसने) का है।

परिसीमित करना

एक व्यापक प्रश्न शोध का अच्छा केंद्र हो सकता है, मगर जब प्रश्न विस्तृत और बोझिल होते हैं तब उनमें संदिग्धता आ सकती है। परिबद्ध और सटीक होने से शोधकार्य सुगम हो जाता है। यदि आप सीमित होने से चिंतित हैं तो याद रखें कि प्रत्येक प्रश्न एक झरोखे की तरह आपको बाहर फैले समृद्ध सिद्धान्त ढूँढने और उसे गहराई से समझने में मदद करता है। 'केंद्रित होना' 'सतही होने' का पर्याय नहीं है। यहाँ मैं प्रश्न परिसीमित करने हेतु दो रणनीतियाँ अनुशंसित करूँगी: पहला, अपनी संकल्पना-मानचित्र का 'पुनरवलोकन करें' और दूसरा, 'चार चरणों में नियोजित प्रश्नों को उत्पन्न करने की प्रक्रिया को समझें जो निम्नांकित हैं:

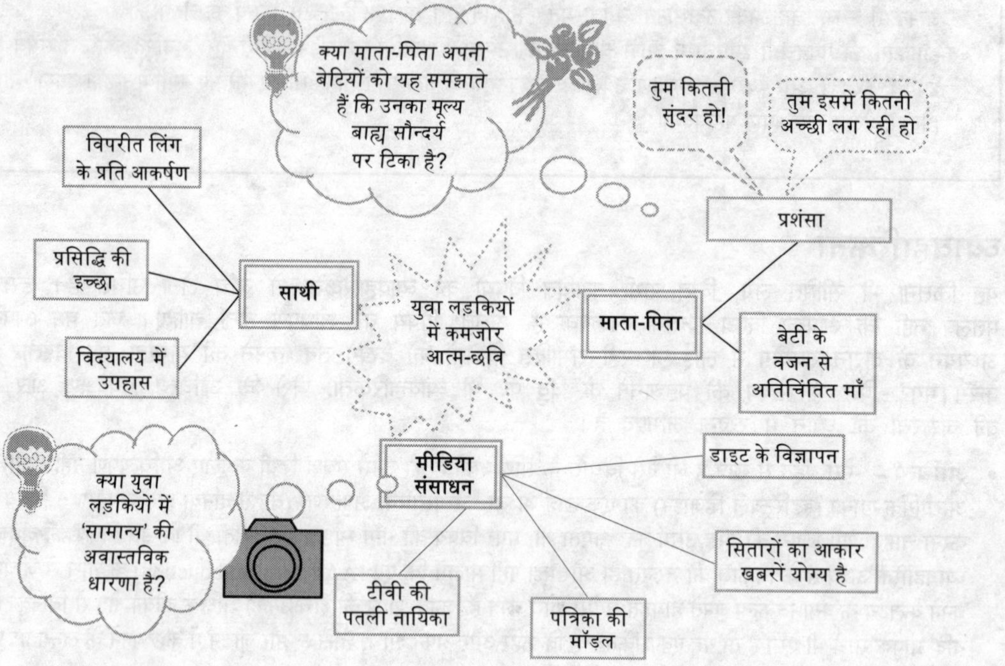

चित्र: 3.2 अपने प्रश्नों का मानचित्र बनाना

संकल्पना-मानचित्र का पुनरवलोकन

जिस तरह शोध विषय के मंथन के लिए संकल्पना-मानचित्र उपयोगी हो सकता है उसी तरह, इस प्रश्न के स्पष्टीकरण के भी चित्र 3.2 के मानचित्र में यह ढूँढा गया कि 'युवा लड़कियों में कमज़ोर आत्मछवि क्यों है? छात्र ने कुछ प्रमुख प्रभावों को मानचित्र में रेखांकित किया – साथी, माता-पिता और मीडिया – और 'समस्या' के कारणों पर सोचना शुरू किया और इससे उसके मस्तिष्क में कुछ रोचक विचार आने लगे, जिसपर शोध संभव था। छात्र इन चरणों को पुन: दो प्रश्नों के माध्यम से आगे बढ़ाया: 1. मुझे किन पहलुओं में सबसे अधिक रुचि है? 2. क्या मुझमें कोई अंतर्दृष्टि है जिसे बाद में जोड़ सकूँ? इससे छात्र को अपने अंतस से मिली स्वीकृति दोनों बार 'अहा!' के खुशगवार क्षण देती हैऔर शोध प्रश्न केंद्र में आने लगते हैं।पहले में वह समस्त मीडिया की भूमिका को देखता है और पूछता है: 'युवतियों में दैहिक छवि के रूप में 'सामान्य' क्या है? दूसरे में, माता-पिता द्वारा अपनी बेटियों की की गई प्रशंसा पर उभरते रोचक विचारों से आते हैं और कितनी बार वे खुद को इस बात से जोड़ पाती हैं कि 'वे कितनी सुंदर हैं'। छात्र सोचने लगा कि क्या माता-पिता सचमुच अवचेतन स्थिति में अपनी बेटियों को यह सिखाते रहते हैं कि उनका मूल्य बाह्य सौंदर्य पर टिका है।

चार चरणों में नियोजित प्रश्नों को उत्पन्न करने की प्रक्रिया

संकल्पना मानचित्र की अपेक्षा अधिक रैखीय प्रक्रिया निम्नलिखित चार चरणों द्वारा काम करना है:

1. केवल एक या दो शब्दों में प्रतिक्रिया देकर निम्नलिखित प्रश्नों के उत्तर दें:

   क. आपका विषय क्या है? उदाहरण के लिए — पीठ दर्द, रिसाइक्लिंग करना, स्वतंत्र शिक्षण ....

   ख. आपके शोध का संदर्भ क्या है? उदाहरणार्थ — एक विद्यालय, स्थानीय प्राधिकारी, अस्पताल, समुदाय..........

   ग. आप क्या प्राप्त करना चाहते हैं? उदाहरणस्वरूप, खोज करना, वर्णन करना, बदलाव लाना, छानबीन करना, व्याख्या करना, विकसित करना और समझाना ....

   घ. आपके प्रश्न की प्रकृति क्या है? क्या ये 'क्या,कौन, कहाँ, कैसे, कब या क्यों' से संबद्ध प्रश्न हैं?

   ङ. क्या आप सशक्त संबंधों का पता लगाना चाहते हैं? उदाहरण के लिए, प्रभाव, उन्नति, अवनति, संबंध, सह-संबंध, कारण आदि....

2. प्रश्न की प्रकृति से आरंभ करके (कौन, क्या, कहाँ, कैसे कब) पहले चरण में आपने जो उत्तर प्राप्त किए, उन्हें इकट्ठा करें जबतक कि आप उस अंतिम प्रश्न या प्रश्नों के प्रति सहज महसूस न करने लगें। जैसा कि बॉक्स 4.1 में बताया गया है: मान लें कि आपकी समस्या घरेलू कचरे के डिब्बे पुनरावृत्त न होने योग्य वस्तुओं का अनुपात अधिक है, चरण 1 से मिलने वाले उत्तरों से आप बहुत सारे प्रश्न पा सकते हैं:

   क. विषय: पुनरावृत्ति (रिसाइक्लिंग)। संदर्भ: घरेलू/समुदायिक। लक्ष्य: यह पता लगाना कि कार्यक्षमता की कमी क्यों है? प्रश्न की प्रकृति: कौन और क्यों। संबंध: जनसांख्यिकीय विशेषता एवं अकुशल पुनरावृत्ति का सह-संबंध।

   प्रश्न: क्या घरेलू पुनरावृत्ति के व्यवहार और जनसांख्यिकीय विशेषता में कोई संबंध है?

   ख. विषय: पुनरावृत्ति। संबंध: घरेलू। घर। लक्ष्य: यह समझना कि प्रत्येक व्यक्ति पुनरावृत्ति के काम को कैसे पूरा करते हैं।प्रश्न की प्रवृत्ति: कैसे। संबंध: उत्तर अनुपप्लब्ध।

   प्रश्न: घरों के घरेलू कचरा प्रबंधन से संबद्ध निर्णय लेने की प्रक्रिया में व्यक्ति कैसे संलग्न होते हैं?

   ग. विषय: पुनरावृत्ति। संदर्भ: घरेलू/सामुदायिक। लक्ष्य: पुनरावृत्ति की प्रकृति की अक्षमता को विवेचित करना ताकि प्रभावी समुदाय में जागरूकता अभियान विकसित हो सके। प्रश्न की प्रकृति: क्या। संबध: उत्तर अनुपलब्ध।

   प्रश्न: घरेलू पुनरावृत्ति सामग्री के डिब्बे में अधिकांशत: कौन सी ग़ैर पुनरावृत्त सामग्री पाई जाती है?

3. यदि आपने एक से अधिक प्रश्न तैयार कर लिए हैं (याद रखें: कोई एक समस्या कई एक शोध प्रश्नों को जन्म दे सकती है) तो अपने मुख्य प्रश्न का निर्णय लें जो आपकी रुचि एवं व्यावहारिकता, साथ ही आपके पर्यवेक्षक की सलाह पर आधारित है।

4. प्रश्न जितना संक्षिप्त और सुस्पष्ट हो सके, उतना करने की कोशिश करें। याद रखें, किसी भी शोध प्रश्न का पहला संयोजन उतना स्पष्ट, सहयोगी और सुलझा हुआ नहीं होगा, जितना कि तीसरा, चौथा और यहाँ तक कि पाँचवाँ।

ये दोनों प्रक्रियाएँ आपको ठोस शोध प्रश्न परिभाषित करने में दूर तक मददगार साबित होंगी – ऐसा कुछ जो आपका उचित तार्किक प्रणाली की राह पर लाने हेतु आवश्यक है। लेकिन वहाँ तक पहुँचना खुद में एक प्रक्रिया हो सकती है। बॉक्स 3.2 आपको शोध प्रश्न उन्नत बनाने के लिए कुछ उदाहरण देता है।

बॉक्स 3.2

अच्छे शोध प्रश्न का उद्भव

प्रारम्भिक प्रश्न: विद्यालय बाल शोषण का सामना कैसे करें ?

समस्याएँ: अत्यधिक संदिग्धता — विद्यालय को परिभाषित करने की ज़रूरत; बाल शोषण को परिभाषित करने की ज़रूरत; शोषकों को परिभाषित करने की ज़रूरत; 'सामना करने' को परिभाषित करने की ज़रूरत।

कई पुनरावृत्तियों के बाद, जिनमें साहित्य के साथ परामर्श भी शामिल था, प्रमुख हितकारियों एवं पर्यवेक्षक —

अंतिम प्रश्न: यू के के प्राथमिक विद्यालयों में विद्यालय कर्मचारियों द्वारा विद्यालय के बच्चों के साथ किए गए दुराचारों के आरोपों के प्रबंधन का सबसे अच्छा तरीक़ा क्या है?

प्रारम्भिक प्रश्न: क्या अनिवार्य समाचार प्रकाशन/प्रेषण (रिपोर्टिंग)घरेलू हिंसा को कम करता है?

समस्याएँ: अस्पष्टता — अनिवार्य समाचार प्रकाशन/प्रेषण को परिभाषित करने की ज़रूरत; घरेलू हिंसा को परिभाषित करने की ज़रूरत; हितधारियों को परिभाषित करने की ज़रूरत; संभवत: गलत प्रश्न, प्रश्न जो 'क्या' से शुरू होते हैं, प्राय: 'हाँ/ना' के उत्तर पर टिके होते हैं, सामान्यत: वे नहीं होते जो (प्रश्न) आप चाहते हैं।

कई पुनरावृत्तियों के बाद, जिनमें साहित्य के साथ परामर्श भी शामिल था, प्रमुख हितकारियों एवं पर्यवेक्षक —

अंतिम प्रश्न: क्या उत्तरी क्षेत्र में घरेलू और पारिवारिक हिंसा अधिनियम संशोधन जिनके अंतर्गत घरेलू हिंसा की घटती घटनाओं का अनिवार्य समाचार प्रकाशन/प्रेषण (रिपोर्टिंग) शामिल है, जबकि सांख्यिकी इन घटनाओं की बढ़त दर्शाती है— उचित रूप में है?

आरंभिक प्रश्न: क्या फेसबुक शोधकर्ताओं को छानबीन के लिए खुला मार्ग देता है?

समस्याएँ: अस्पष्टता— फेसबुक के विभिन्न पहलुओं को परिभाषित करने की ज़रूरत; शोधकर्ताओं को परिभाषित करने की ज़रूरत; छानबीन करने की ज़रूरत; संभवत: गलत प्रश्न— दूसरा 'हाँ/ना' प्रश्न, जिसस्पर पुन: विचारने की ज़रूरत है कि आप वास्तव में क्या जानना चाहते हैं जो इस गुत्थी (असपष्ट प्रश्न) में अंतर्निहित है।

कई पुनरावृत्तियों के बाद, जिनमें साहित्य के साथ परामर्श भी शामिल था, प्रमुख हितकारियों एवं पर्यवेक्षक —

अंतिम प्रश्न: किन परिस्थितियों के अंतर्गत शोधकर्ताओं द्वारा फेसबुक पर प्रकाशित विषय-वस्तुओं (पोस्ट) का विश्लेषण संभव है और नैतिक रूप में इसका प्रबंधन कैसे किया जा सकता है?

पुनर्परिभाषित करने की आवश्यकता

अब आपके पास उत्तम शोध प्रश्न है। आप सही दिशा में हैं और प्रश्न के शिलान्यास हेतु तैयार हैं। वैसे, शायद नहीं!

परियोजना के आरंभिक चरण में शोध प्रश्न में परिवर्तन, उनका स्थानांतरण और विकसन संभव है; और न सिर्फ़ यह बेहतर है बल्कि सटीक भी। क्योंकि शोध प्रक्रिया में आपकी संलग्नता आपके ज्ञान और चिंतन दोनों को उन्नत करती है। स्पष्ट प्रश्न का विकास दिशा निर्धारण के लिए ज़रूरी है; मगर यह याद रखना महत्वपूर्ण है कि शोधयात्रा शायद ही कभी रैखिक हो। यह एक ऐसी प्रक्रिया है जो जितना उत्तर देती है उतने ही अधिक प्रश्न भी खड़े करती है साथ ही, अप्रत्याशित दिशा में ले जाने को बाध्य है।

निम्नलिखित पर ध्यान दें। शोध के लिए इन्हें करना ज़रूरी है:

1. अपने शोध प्रश्न को परिभाषित करें ताकि आप साहित्य के उस क्षेत्र को पहचान सकें जिसे भली-भाँति जानने और अंततः समीक्षा करने की ज़रूरत है।
2. साहित्यिक क्षेत्र का अध्ययन और उसकी समीक्षा करें ताकि आप शोध के योग्य सटीक प्रश्न प्रस्तुत करने की स्थिति में हों

तो पहले क्या आया, मुर्गी या अंडा? अध्ययन करने और प्रश्न तैयार करने के मामले में ज़रूरी नहीं है कि वे एक-दूसरे के आगे हो जाएँ। वास्तव में उन्हें परस्पर सुमीलित होना चाहिए; सामान्यतः एक विचार से आरंभ होता है जो कई स्रोतों से आ सकता है। विचार अध्ययन तक ले जा सकता है; अध्ययन शोध के योग्य सक्षम प्रश्न के विकास तक; सक्षम प्रश्न विशेष अध्ययन तक और विशेष अध्ययन संशोधित प्रश्न तक ले जा सकता है। जैसा कि चित्र 3.3 में दर्शाया गया है, प्रश्न तैयार करना पुनरावृत्ति की एक प्रक्रिया है, जिसमें। हरएक चरण में अवगत रहने की ज़रूरत है। जब आप अपनी कार्य प्रणाली की छानबीन करेंगे तब समान स्थिति घटित हो सकती है। अपने शोध में तल्लीन होकर आप यह जान सकते हैं कैसे अपने विषय के विभिन्न पहलुओं अपनी रुचि उत्पन्न कर आप उसकी तहें खोल सकते हैं जो, आपके अभी के प्रश्न में प्रतिबिम्बित नहीं हो रहा। फिर भी इस परिभाषित प्रश्न के बिना आप सशक्त प्रणालियों की छानबीन में इतनी दूरी तय नहीं कर पाते।

वस्तुतः जैसे-जैसे आप अपने शोध में आगे बढ़ेंगे, आप कितने ही कारणों से होकर गुज़रेंगे, जो आपको – आपके अभिप्रायों और उद्देश्यों की जाँच तक, आपके प्रश्नों के संशोधन; प्रश्नों के जोड़ने, यहाँ तक कि नए प्रश्न ढूँढने में साथ देगा। यहाँ चुनौती यह आँकना है कि ये कारक तत्त्व आपको नियत दिशा से अलग कर रहे हैं या वे आपके कार्य हेतु सकारात्मक विकास और परिष्करण का प्रतिनिधित्व कर रहे हैं। अपने पर्यवेक्षक से इस मुद्दे पर विमर्श करना आपको निर्णय लेने में बहुमूल्य सहयोग दे सकता है।

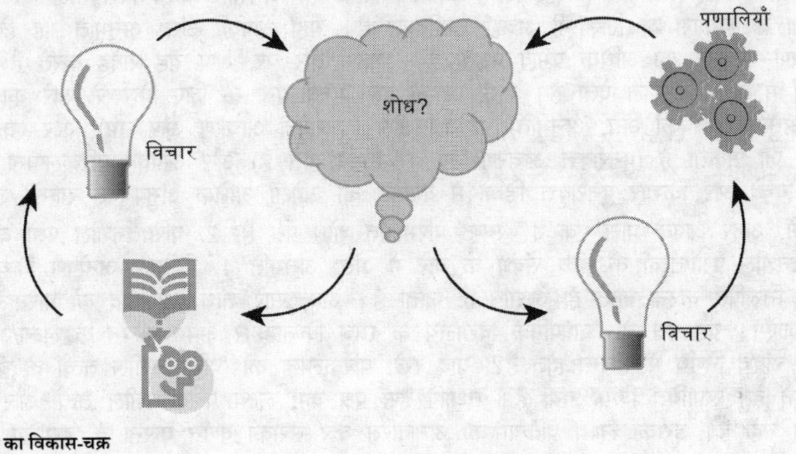

चित्र 3.3 शोध प्रश्न का विकास-चक्र

परिकल्पनात्मक दुविधा

'क्या मुझे परिकल्पना (अनुमान) करने की ज़रूरत है'? यह छात्रों द्वारा पूछा जानेवाला बहुत ही सामान्य प्रश्न है और दो विचारधाराएँ इसका उत्तर देने में सक्षम हैं। प्रत्यक्षवादी मानते हैं (देखें अध्याय 1) कि परिकल्पना वैज्ञानिक विधि की आधारशिला है और यह भी कि यह पूरी तरह शोध प्रक्रिया का एक अनिवार्य अंग है। हालांकि उत्तर प्रत्यक्षवादी परिकल्पना को अक्सर न्यूनीकारक यंत्र की तरह देखते हैं जिसे कि सामाजिक शोध को जकड़ने के लिए बनाया गया है।

दुर्भाग्यवश विरोधाभास की यह प्रवृत्ति उन छात्रों को बहुत कम सहयोग देती है जो यह अनुमान लगाने में संघर्षरत हैं कि क्या परिकल्पना उनके शोध में मदद करेगी। इस प्रश्न का उत्तर देने के लिए छात्रों को दो बातें जानने की ज़रूरत है: परिकल्पना वास्तव में क्या करती है; और परिकल्पना उनके शोध प्रश्न के लिए उपयुक्त है या नहीं।

शब्दावली

परिकल्पना

सम्बन्धों की प्रकृति का तार्किक अनुमान (अंत: अनुभूति से अनुमान या शिक्षित अनुमान) दो या दो से अधिक परिवर्तनशील वस्तुओं को परीक्षण योग्य बयान के रूप में अभिव्यक्ति परिकल्पना कहलाती है।

परिकल्पना परिवर्तनशील तत्वों के सम्बन्धों में 'क्या पाएँगे' और 'आप क्या परीक्षण करनेवाले हैं', पर विचारों के स्पष्ट और संक्षिप्त वर्णन के साथ आपके शोध प्रश्न को एक कदम और आगे बढ़ाती है। यह एक प्रयोगात्मक प्रस्ताव है जो आगामी अन्वेषण के माध्यम से सत्यापन के अधीन है।

मान लें, आप 'तलाक़' पर शोध करने में रुचि रखते हैं और आपका शोध प्रश्न है: 'किन कारणों से पति-पत्नी तलाक़ का निर्णय लेते हैं?' आपकी अंत: अनुभूति के अनुसार, प्राय: यह धन के कारण होता है – आर्थिक समस्या के कारण तलाक़ होता है। यहाँ परिकल्पना के लिए आपके पास सभी तत्त्व मौजूद हैं; 'तार्किक अनुमान (आपकी अंत: अनुभूति); परिवर्तनशील (तलाक़ या आर्थिक समस्याएँ); और एक संबंध, जिसपर अन्वेषण किया जा सकता है (फलस्वरूप)।' अतएव परिकल्पना के लिए यह एक उत्तम प्रश्न है– शायद कुछ ऐसा, 'आर्थिक समस्याएँ तलाक़ की संभावनाएँ बढ़ाती हैं।'

प्रश्न, जैसे कि 'घरेलू पुनरावृत्त (रिसाइक्लिंग) आचरण/तरीक़े एवं जनसांख्यिकीय विशेषताओं के बीच क्या संबंध हैं?' परिकल्पना के विकास के लिए भी अच्छा उम्मीदवार है। यहाँ आपकी अंत: अनुभूति यह हो सकती है कि पुनरावृत्त आचरण पर उम्र का अधिक प्रभाव पड़ता है – ख़ास तौर पर, आप यह संदेह करते हैं कि किशोर वर्ग पुनरावृत्त डिब्बों में कुछ भी डाल देता है। यहाँ, आपके पास पुनर्कल्पना के लिए फिर से सारे कारक तत्व मौजूद हैं। तार्किक अनुमान (आपकी अंत: अनुभूति); परिवर्तनशील (पुनरावृत्त आचरण और उम्र); और एक संबंध जिसपर अन्वेषण किया जा सकता है (पुनरावृत्त आचरण उम्र पर निर्भर होते हैं) और आपकी परिकलप्पना कुछ इस तरह हो सकती है 'बच्चे और किशोर पुनरावृत्त डिब्बों में वयस्क की अपेक्षा अधिक अनुपयुक्त सामग्री डाल देते हैं।

मूल रूप में, अगर आपके पास एक 1. स्पष्ट परिभाषित शोध प्रश्न है, 2. परिवर्तनशील प्रश्नों की छानबीन और 3. उन परिवर्तनशील प्रश्नों/तत्वों के बीच संबंध के बारे में अंत: अनुभूति 4. जिसपर अन्वेषण किया जा सके, तो परिकल्पना को निरूपित करना बहुत ही आसान हो जाता है। अब, सारे शोध प्रश्न खुद को परिकल्पना के विकास तक नहीं ले जाएँगे। यह प्रश्न लें, 'माध्यमिक विद्यालय के छात्र किसप्रकार अपने जीवन के लक्ष्य/आगे के अध्ययन के विकल्पों से संबद्ध निर्णय में संलग्न होते हैं?' याद रखें: परिकल्पना को 'परिवर्तनशील तत्वों के बीच सम्बन्धों को अभिव्यक्त करने हेतु रूपायित किया गया है। तथापि इस प्रश्न का; लक्ष्य परिवर्तनशील तत्वों और उनके सम्बन्धों को देखना-मात्र नहीं है। इसका लक्ष्य प्रक्रिया को अनावरित कर उसका वर्णन करना है, इसलिए यहाँ परिकल्पना सटीक नहीं होगी।

सामान्यत: एक परिकल्पना सटीक नहीं होगी, यदि:

- आपके पास किसी ख़ास स्थिति में अंत: अनुभूति या प्रशिक्षित अनुमान नहीं है — उदाहरण के लिए, आप दक्षिणी प्रशांत (साउथ पैसिफिक) में मद्यपता (शराबीपन) पर अध्ययन करना चाहते होंगे, लेकिन आपको नहीं लगता कि आप परिकल्पना करने की स्थिति में हैं, क्योंकि प्रशिक्षित अनुमान के लिए आपके पास उचित सांस्कृतिक संदर्भ नहीं है।
- आपके पास परिभाषित परिवर्तनशील तत्वों का संग्रह नहीं है — आपका शोध, ख़ास परिस्थिति में सहायक कारक तत्वों के नाम बताने में खोजपूर्ण हो सकता है। प्रशांत द्वीपों में मद्यपता के मामले में आपके शोध का लक्ष्य कारक तत्वों या संलग्न परिवर्तनशील तत्वों की पहचान करना हो सकता है।
- आपका प्रश्न तार्किक घटनाओं के विवरण पर केन्द्रित है (देखें, अध्याय 8) उदाहरण के लिए, आप इस प्रश्न में रुझान रखते हैं, 'प्रशांत द्वीपवासियों के लिए पीने का अनुभव क्या है?' परिवर्तनशील तत्वों के बीच संबंध का उपयोग नहीं होता है।
- आपका प्रश्न एक सांस्कृतिक समूह के नृवंशविज्ञान (जातिवृत्यात्मक विज्ञान संबंधी) के अध्ययन पर केन्द्रित है; आप यह पूछना चाहेंगे, 'दक्षिणी प्रशांत के गाँव में परिभाषित मद्यपता की समस्या का सांस्कृतिक दायित्व क्या है? इस स्थिति में परिकल्पना का जबरन उपयोग समृद्ध विवरण की क्षमता को सीमित कर सकता है।
- आपका लक्ष्य संयोजनात्मक परिवर्तन की प्रक्रिया से संलग्न होना और उसपर शोध करना है (देखें अध्याय 9) 'शोध कार्य' में प्रणाली आधारित विधि सहयोगी और अप्रत्याशित, दोनों हो सकती है, जिससे कि पूर्वनिर्धारित परिकल्पना उपयोग के लिए अव्यावहारिक हो जाता है।

संक्षेप में, परिकल्पना आपके प्रश्न के लिए उपयुक्त है या नहीं, यह आपकी छानबीन की प्रकृति पर निर्भर करता है। यदि आपके प्रश्न का मूल 'परिवर्तनशील तत्वों के बीच संबंध 'है तो परिकल्पना आपके अध्ययन को विस्तृत यहाँ तक कि इससे भी परे स्पष्ट कर सकती है जितना एक सुपरिभाषित शोध प्रश्न भी नहीं। यदि आपका प्रश्न इस तरह के किसी संबंध की की छानबीन नहीं कर पाता तो परिकल्पना का जबरन उपयोग काम नहीं करेगा।

अच्छे प्रश्नों की विशेषताएँ

एक बार आप अपने प्रश्न के साथ तैयार हो जाते हैं, आपको यह आँकने की ज़रूरत होगी कि आपका प्रश्न व्यावहारिक स्तर पर शोध के योग्य है या नहीं। निम्नांकित जाँच सूची से गुजरने का प्रयास करें (बॉक्स 3.3)। यदि आप अपने उत्तर से असुविधाजनक महसूस करते हैं तो यह इस बात का संकेतक है कि आप अपने प्रश्न पर पुनर्विचार करें।

क्या यह प्रश्न मेरे लिए उचित है

सामान्य ज्ञान यह सलाह देता है कि वास्तविक योजना बनाने में दो बातें – 1. अपनी प्रतिबद्धता का स्तर और 2. यह सोचना कि आपको अपने कार्य पर कितना समय समर्पित करने की ज़रूरत है; इन्हें आँकना और दोहरा करना शामिल है।आपके लिए यह सोचना भी ज़रूरी है कि आपका प्रश्न क्या इतना सक्षम है कि वह उस नियत अवधि तक आपकी रुचि उसमें बनाए रख सके। जैसी कि अध्याय 2 में चर्चा की गई है, प्रेरणा खो देना बहुत आसान है और संभवत: अपनी राह पर टिके रहने के लिए आपको वास्तविक रुचि की ज़रूरत होगी

मगर इसका दूसरा पहलू भी है। वास्तव में वैसे प्रश्न आपकी रुचि को बनाए रखते हैं जो आपके पूर्वाग्रहों और मनोवाद को बाहर निकाल पाने में समर्थ होते हैं। जैसा कि अध्याय 3 में चर्चा की गई है, इन आत्मवादों/मनोवादों को सावधानी पूर्वक पता लगाने तथा इस तरह प्रबंधित करने की ज़रूरत है कि शोध प्रक्रिया की प्रामाणिकता सुनिश्चित हो सके। अब आपको निम्नांकित दोनों विंदुओं पर सोचना चाहिए।

- प्रश्नों को ढूँढने में, जहाँ आपको लगता है कि आपके पास इससे सम्बद्ध बेहतर विचार हैं, जो सबके सामने आने चाहिए और इसके लिए बहुत परिश्रम की आवश्यकता होगी। सामान्यत: गहरी पैठी पूर्वधारणाएँ आसानी से विश्वसनीय शोध को नहीं स्वीकारती।

- मुद्दों को ढूँढने में जो पारिवारिक/घरेलू हो सकते हैं, जैसे कि घरेलू हिंसा या यौन शोषण के मुद्दे। जबकि शोध करने हेतु ऐसे मुद्दे स्वास्थ्यप्रद और भेदक हो सकते हैं किन्तु अपने व्यक्तिगत और व्यावसायिक प्रेरणा को अत्यधिक शामिल करना इन दोनों कार्यावलियों के लिए संभवत: हानिकारक हो सकता है।

क्या यह प्रश्न शोध क्षेत्र के लिए उचित है ?

शोध की भूमिका निम्नलिखित में से एक या दो को करने की हो सकती है: किसी ख़ास क्षेत्र में अग्रिम ज्ञान; व्यावसायिक व्यवहार में सुधार; नीति पर प्रभाव; या व्यक्तियों की सहायता करना। शोध प्रश्न सार्थक होना ज़रूरी है – न सिर्फ़ आपके लिए बल्कि व्यापक रूप में शैक्षिक या व्यावसायिक सुधी पाठकों के लिए भी।

मैं प्राय: अपने छात्रों से कहती हूँ कि वे कल्पना करें कि प्रतिस्पर्धात्मक अनुदानराशि के लिए आवेदन पत्र भर रहे हैं जो उनके शोध का खर्च वहन करेगा। इसके पहले कि वे तर्क करना शुरु करें, वे वित्त पोषण संकाय को यह विश्वास दिलाएँ कि वे शोध हेतु सक्षम हैं और उनका यह दृष्टिकोण संभवत: सार्थक और विश्वसनीय परिणाम देगा, उन्हें अनुदान संकाय को विश्वास दिलाना होगा कि उनका विषय अनुदान/वित्त पोषण के योग्य है। उन्हें निम्नलिखित को स्पष्ट करने की ज़रूरत है:

- **ज्ञान क्यों महत्वपूर्ण है।**
- **इसका सामाजिक महत्व क्या है।**
- **आपका जांच परिणाम समाज को किसप्रकार लाभान्वित करेगा।**
- **उनके शोध से व्यावसायिक व्यवहार एवं/या नीति में क्या सुधार आ सकता है।**

शोध प्रक्रिया में सबसे पहला काम अपने अध्ययन के औचित्य को पूर्णतया स्पष्ट करना है जो कि प्रक्रिया के महत्व को रेखांकित करता है। आपके प्रश्न को साहित्य द्वारा अवगत और महत्वपूर्ण दिखना ज़रूरी है।

क्या प्रश्न पूर्णत: स्पष्ट हैं?

शोध प्रश्न न केवल खोज और समीक्षा के योग्य सिद्धांत और साहित्य की ओर इंगित करता है, बल्कि उन तथ्यों की ओर भी इशारा करता है जिन्हें एकत्र करने की ज़रूरत है तथा उन प्रणालियों की ओर भी, जिन्हें अपनाना ज़रूरी है। स्पष्ट अभिव्यक्ति शोध प्रश्न के लिए विशेष महत्वपूर्ण है। पद (शब्द) पूर्णत: स्पष्ट रूप से परिभाषित होने चाहिए।

यह प्रश्न लें, 'क्या यूएसए में स्वास्थ्य-सुरक्षा एक समस्या है?'सामान्य वाद-विवाद के रूप में यह प्रश्न शायद ठीक है। मगर, शोध प्रश्न के रूप में इसे भली-भाँति स्पष्ट होना ज़रूरी है। आप 'स्वास्थ्य सुरक्षा' को कैसे परिभाषित करेंगे? उक्त 'पद' के लिए आप क्या सीमा निर्धारित कर रहे हैं? आप 'समस्या ' को कैसे परिभाषित करते हैं? सामाजिक, नैतिक, आर्थिक, विधिक या इन सभी से? और आप किसके लिए बोल रहे हैं? यह किनकी समस्या है? प्रश्न जितना अधिक स्पष्ट होगा, अध्ययन की दिशा उतनी ही अधिक परिभाषित होगी और प्रश्न उतना ही अधिक काम कर पाएगा।

अपने प्रश्न पर विचारने का दूसरा बिंदु यह है कि आपका प्रश्न निराधार मान्यताओं पर टिका है या नहीं। प्रश्न लें-'ग्रामीण फ़ीजी स्त्रियाँ किस तरह उत्पीड़न कारक पितृसत्तात्मक संरचना को उलट (पराजित) सकती है? कुछ मान्यताएँ निम्नलिखित हैं, जिन्हें जाँचना ज़रूरी है।

1. **कि वहाँ पितृसत्तात्मक संरचना है, यह जानकारी साहित्य में मौजूद हो सकती है और ढूँढी जा सकती है। मान लें कि यह सही है.....**
2. **कि ये पितृसत्तात्मक संरचना उन सम्बद्ध महिलाओं के लिए उत्पीड़नकारक है।**
3. **कि फ़ीजी महिलाओं की इच्छा है कि वे पितृसत्तात्मक संरचना में बदलाव लाएँ।**
4. **कि 'पराभव' वह भावनात्मक पद है जो सशक्त व्यक्तिगत आत्मवाद की ओर संकेत करता है।**

क्या यह प्रश्न संभव है?

अच्छे शोध प्रश्न का मानदंड संभवत: यह है कि आप उस प्रश्न पर शोध कर पाएँगे जिसका अनिवार्यत: उत्तर दिया जा सके। अब, यह अविश्वसनीय रूप से स्पष्ट ध्वनित हो सकता है मगर ऐसे बहुत से प्रश्न हैं जिनका शोध

प्रक्रिया के दौरान उत्तर नहीं दिया जा सकता है। उदाहरण के लिए यह प्रश्न लें 'क्या दु: सह प्रसव पीड़ा का प्रभाव शिशु के मन में माँ के प्रति इसके स्नेह पर पड़ता है?' शोध के योग्य नहीं है। आप 'स्नेह/'वात्सल्य को कैसे परिभाषित करेंगे? और कर भी लिया तो आपको 'नवजात शिशु के 'प्यार करने की क्षमता' को कैसे मापें' इसकी ज़रूरत होगी। और यदि आप यह भी कर पाए तो भी उस प्यार करने की क्षमता को को प्रसव-पीड़ा के साथ संबंध स्थापित करने की दुविधा में रह जाएँगे। रोचक प्रश्न, किंतु शोध के योग्य नहीं। अन्य प्रकार के प्रश्न सैद्धांतिक रूप में शोध के योग्य प्रश्न हो सकते हैं, लेकिन व्यवहार रूप में नहीं। छात्रों की शोध परियोजना अधिकांशत: निम्नलिखित कारकों से सीमित होती है:

- **समय की कमी**
- **धनराशि की कमी**
- **विशेषज्ञता की कमी**
- **आकलन/निर्धारण की कमी**
- **नैतिक स्पष्टता की कमी**

आरंभ से ही यह सुनिश्चित कर लें कि आपका प्रश्न साध्य (संभव)है जो परियोजना के अंत तक ले जाने में सक्षम है। अपनी परियोजना में बहुत ही अधिक समय एवं ऊर्जा लगाने के बाद इस सच से अवगत होना कि 'आपकी परियोजना शोध के योग्य नहीं', बद से बदतर है।

क्या उस प्रश्न को जानकार द्वारा अनुमोदन चिह्न प्राप्त है?

जब बात अंतिम सवाल को स्पष्टया व्यक्त करने की आती है तो बुद्धिमत्ता इसी में है कि आप उनसे सलाह लें जो शोध के जानकार हैं और शोधकार्य कर चुके हैं। अधिकतर पर्यवेक्षकों के पास शोध और पर्यवेक्षण के अपार अनुभव होते हैं। और सामान्यत: वे जानते हैं कि कौन से प्रश्न शोध के योग्य हैं और किस प्रश्न के कारण आप भारी सिरदर्द झेलेंगे। अपने प्रश्न को भूतपूर्व व्याख्याताओं, अपने पर्यवेक्षक और किसी भी सुपरिचित विशेषज्ञ के पास ले जाएँ।

बॉक्स 3.3

एक अच्छे प्रश्न के लिए जाँच सूची

क्या यह प्रश्न मेरे लिए उचित है?

- क्या यह मेरी रुचि बनाए रखेगा?
- क्या मैं अपने अंतर्निहित संभावित पूर्वाग्रहों/आत्मवादों को प्रबंधित कर सकता हूँ?

क्या यह प्रश्न शोध क्षेत्र के लिए उचित है ?

- क्या जाँच परिणामों को महत्वपूर्ण माना जाएगा?
- क्या यह ज्ञान में योगदान देगा?
- क्या इसमें बदलाव लाने की क्षमता है?

क्या प्रश्न पूर्णत: स्पष्ट हैं?

- क्या ये पद सुपरिभाषित हैं?
- क्या कोई अनियंत्रित मान्यताएँ हैं?

क्या यह प्रश्न संभव है?

- क्या प्रश्न के उत्तर देने के प्रयास में जानकारियाँ एकत्र की जा सकती हैं?
- क्या इस जानकारी के आकलन हेतु अनिवार्य क्षमता और विशेषज्ञता है? यदि नहीं, तो क्या क्षमता को बढ़ाया जा सकता है?
- क्या मैं इसे नियत समय में पूरा कर पाऊँगा?

(जारी)

(जारी)

- क्या लागत मेरे बजट से अधिक हो जाएगी?
- क्या कोई संभावित नैतिक समस्याएँ हैं?

क्या उस प्रश्न को जानकार द्वारा अनुमोदन प्राप्त है?

- क्या मेरे पर्यवेक्षक मानते हैं कि मैं सही राह पर हूँ?
- क्या इस क्षेत्र में 'विशेषज्ञ' मेरे प्रश्न को प्रासंगिक, महत्वपूर्ण तथा साध्य मानेंगे?

पाठ सारांश

- सुगठित शोध प्रश्न विकसित करना महत्वपूर्ण है, क्योंकि यह परियोजना को परिभाषित करता है, सीमाएँ निर्धारित करता है, दिशा देता है और अपने काम के आकलन के लिए संदर्भ के ढाँचे की तरह काम करता है।
- शोध के लिए विषय के चयन की क्षमता एक वास्तविक चुनौती हो सकती है। शोध की प्रेरणा कई स्रोतों से मिल सकती है, जैसे— साहित्य, व्यक्तिगत अंतर्दृष्टि औरअनुभव; समसामयिक/सामयिक मुद्दे और हितकारक की ज़रूरतें।
- शोध की दिशा हमेशा शोधकर्ता के पूर्ण अंत: निर्णय पर निर्भर नहीं होती। व्यावहारीकता, जिन्हें दिमाग में रखना ज़रूरी है: विषय की उपयुक्तता; पर्यवेक्षक का समर्थन लेने में आपकी योग्यता; और वित्तपोषण के अवसर तथा प्रतिबद्धताएँ शामिल हैं।
- विषय से शोध प्रश्न तक जाना चुनौतीपूर्ण हो सकता है। संकल्पना-मानचित्र का उपयोग और साथ ही साथ निरंतर संशोधन आपको शोध प्रश्न तथा सटीक/उपयुक्त परिकल्पना के विकास में मदद करेगा।
- आपके शोध प्रश्न को ऐसा होना ज़रूरी है: आपके लिए उचित, शोधक्षेत्र के लिए उचित, सुस्पष्ट, साध्य और आपके परिचित (विशेषज्ञ) द्वारा अनुमोदन।

संदर्भित पुस्तकें

अधिकांश शोध प्रणाली की पुस्तकें विकासशील शोध प्रश्न के बारे में जानकारियाँ देती है। पुस्तक, जिनमें प्रश्नों के विकास पर कुछ ख़ास अध्याय दिए गए हैं, वे निम्नलिखित हैं:

Booth, WC, Colomb, G. C. and Williams, J. M. (2008) *The Craft of Research*. Chicago: University of Chicago Press.

Bryman, A. (2012) *Social Research Methods*. Oxford University Press. Robson, C. (2011) *Real World Research*. Oxford: Blackwell.

यहाँ दो बेहतरीन लेख हैं जो शोध प्रश्न के विकास की चुनौतियों पर पूरी तरह आधारित है:

Andrews, R. (2003) *Research Questions*. London: Kantinuam International.

यह पुस्तक समझाती है कि असपष्ट और द्वियर्थक प्रश्न के साथ आगे बढ़न कितना कठिन है और छात्र प्रश्न की रूपरेखा बनाने और नियमन की प्रक्रिया से अवगत कराता है, जो कि महत्वपूर्ण और शोध के योग्य – दोनों है।

White P. (2009) *Developing Research Questions: A Guide for Social Scientists*. Basingstoke: Palgrave Macmillan.

यह पुस्तक छात्रों को सामान्य प्रश्नों से अवगत कराती है, जैसे: कौन सी विषयवस्तु विषय को शोध के योग्य बनाती है; आप विषय से प्रश्न की ओर कैसे जाते हैं: और शोध क्षमता के बिन्दु तक आप खुद को कैसे संशोधित करते हैं। इसमें बहुत से मूलभूत नुस्खे हैं।

4

विश्वसनीय एवं नैतिक शोध आरंभ करना

अध्याय का पूर्वावलोकन

- शक्ति, राजनीति, नीति एवं शोध की प्रामाणिकता
- विश्वसनीयता: ज्ञान की उत्पत्ति में प्रामाणिकता
- नीति: प्रामाणिकता तथा 'शोध विषय/वस्तु'

शक्ति, राजनीति, नीति एवं शोध की प्रामाणिकता

हमारे सभी विज्ञान यथार्थ की तुलना में आरंभिक और बालरूप में हैं — और फिर भी हमारे लिए सबसे बहुमूल्य हैं।

अल्बर्ट आइन्स्टाइन

विज्ञान 'आरंभिक एवं बालरूप' में है फिर भी 'बहुमूल्य' है। यहाँ आइन्स्टाइन क्या कहना चाहते हैं? और शोधकर्ताओं के लिए इसका क्या आशय है? विज्ञान आरंभिक एवं बालरूप में है क्योंकि यथार्थ को जानने के तरीके की खोज करना वाक़ई चुनौतीपूर्ण है जिसे हम अबतक जीत नहीं पाए और कभी जीत भी नहीं पाएँगे मगर यह बहुमूल्य है क्योंकि यह हमारी सीखने, उन्नत करने, स्थानांतरित करने और बदलने – और बदलाव लाने की क्षमता के केंद्र में है। और इसका अर्थ यह है की इसे बहुत ही सावधानी से करने की ज़रूरत है। प्रत्येक चरण में दायित्व और प्रामाणिकता को लक्ष्य बनाना ज़रूरी है। चुनौती इससे कम की माँग नहीं करती।

प्रामाणिकता शोध की दो व्यापक रणभूमि में काम करती है, जिसमें शक्ति एवं राजनीति दोनों की भूमिका है। पहला, ज्ञान की उत्पत्ति की खोज में – यहाँ आपका दायित्व यह सुनिश्चित करना है कि आपने 'सत्य' पा लिया;

आप बिना चूक के तथा अपरिचित पूर्वाग्रहों के निष्कर्ष तक पहुँचे और अपना शोध व्यावसायिक प्रामाणिकता के साथ पूरा किया। दूसरा, दूसरों के साथ काम करने में है – यहाँ आपका दायित्व नैतिक है जो सुनिश्चित करता है कि आपके अध्ययन में जो संलग्न हैं, उनके अधिकार और कल्याण सदा सुरक्षित रहें।

तालिका 4.1 शक्ति, विशेषाधिकार और स्वयं

शक्ति और विशेषाधिकार	हानि और हाशिये पर
गोरा	अन्य रंग के लोग
विकसित देश	से विकासशील देश से
ईसाई	मुस्लिम, हिंदू, बौद्ध
विश्वविद्यालयी शिक्षित	माध्यमिक तक या उससे कम शिक्षित
मध्यमवर्गीय	श्रमिक वर्ग
पुरुष	स्त्री
प्रमुख भाषा स्वरूप अंग्रेज़ी	अंग्रेज़ी भाषाकौशल-रहित

अधिकार/शक्ति के खेल को समझना

शोध अब पूरी तरह विषयनिष्ठ गतिविधि नहीं रहा, जो राजनीति और सत्ता (शक्ति) से संबद्ध न हो। अब यह शोध की दुनिया में मिथक की तरह लंबे समय से अस्वीकृत है। बीसवीं सदी के आरंभ में मैक्स वेबर ने स्वीकारा, 'वैज्ञानिक समस्या का अस्तित्व विशेष रूप से उन्मुख इरादों और मूल्यों के साथ निजी तौर पर मेल खाता है' ([1904] 1949)। अब यह माना जाता है कि शोध और इसप्रकार, शोधकर्ता को सत्ता, राजनीति और नैतिकता को सक्रिय रूप में प्रबंधित करना चाहिए। जैसा कि जैकब ब्रोनोव्स्की ने (1971 में) कहा, 'सत्ता के भ्रष्टाचार और राजनीति के संक्रमण से कोई विज्ञान बचा हुआ नहीं है।'

मैं यह स्वीकारती हूँ कि जब मैंने शोध शुरू किया, मैंने खुद को सक्षम महसूस नहीं किया। मैं सिर्फ एक छात्रा थी और नहीं देख पा रही थी कि विश्वसनीय शोध के संचालन के लिए मेरी योग्यता पर सत्ता कैसे प्रभावित कर सकती है। मगर, बेशक मुझे देखना चाहिए था, क्योंकि मेरे पास शक्ति थी। मुझे यह शक्ति सुशिक्षित और मध्यमवर्गीय होने से मिली थी; यह शक्ति शोध-संचालन की स्थिति में होने के कारण मिली थी; शक्ति जो कि नियंत्रण और अधिकार की स्थिति में होने से मिली थी।

अब, यह बेहतर होता अगर लिंग, आयु, जातीयता, धर्म, सामाजिक वर्ग के नाम पर अब तक पक्षपात नहीं हो रहा होता। मगर, ऐसा हो रहा है। ये गुण इस बात पर प्रभाव डालते हैं कि दूसरे आपको कैसे देख रहे हैं और आप दुनिया को कैसे देखते हैं। और यह कितना भी न्यायविरुद्ध लगे, ये लक्षण सत्ता और विशेषाधिकार के साथ संबद्ध हैं, जबकि दूसरे नहीं। इस तथ्य को कोई भी समझ सकता है जो इस पक्षपात का शिकार हुआ हो। लेकिन जिन्हें व्यवहार गुणों से प्रमुख स्थिति मिलती है (देखें तालिका 4.1), वे अपनी इस सशक्त क्षमता को नहीं समझ पाते।

अपरिचित शक्ति का प्रभाव गहरा हो सकता है। सालों तक मानवविज्ञानियों ने बिना अपनी कर्मठ जागरूकता के शोध संचालित किया और उनकी खोज में सालों तक पितृसत्तात्मक पाश्चात्य समाज के दृष्टिकोण के प्रति झुकाव रहा। ज्ञान की उत्पत्ति की प्रामाणिकता और कल्याणकारी शोध – दोनों सत्ता और शक्ति-संबंधों के नैतिक संवाद पर निर्भर है।

विश्वसनीयता: ज्ञान की उत्पत्ति में प्रामाणिकता

शब्दावली

विश्वसनीयता

विश्वास प्राप्त करने के गुण, क्षमता या शक्ति

अगर शोध संचालन का लक्ष्य नया ज्ञान अर्जित करना है; ज्ञान जिसपर दूसरे भरोसा कर सकें, तो इस अर्जित ज्ञान को विश्वसनीय होना होगा। इसमें विश्वास बटोरने की शक्ति होनी चाहिए।

मगर यह कहना आसान है, करना मुश्किल। सामाजिक विज्ञान के शोध में अक्सर लोगों से मिलकर (लोग ही विषय होते हैं) काम करना होता है। और ऐसे शोध, जिसमें कि आम लोग शामिल हों, उसकी प्रामाणिकता काफ़ी चुनौतीपूर्ण होती है। दरअसल लोग बड़े जटिल होते हैं। बैक्टीरिया, कोशिकाएँ, डीएनए सामान्यत: प्रयोगशाला में व्यवहार करते हैं – आप जानते हैं कि उनसे क्या उम्मीद की जा सकती है, और ये छोटे-छोटे बैक्टीरिया जानबूझकर आपको पराजित करने का प्रयास नहीं करते।

लेकिन लोग कठोर होते हैं। उनके एजेंडा गुप्त होते हैं; यादें अस्थायी होती हैं; और निश्चित दिशा में खुद को प्रस्तुत करने की ज़रूरत होती है। वे मददगार, रक्षात्मक और/या आदरसूचक हो सकते हैं और ऐसे कितने ही क्षण आएँगे जब आप तय नहीं कर पाएँगे कि वे किस रूप में हैं। अब एक शोधकर्ता की बात करें तो यह भी एक अविश्वासनीय, पक्षपाती और आत्मपरक इकाई के रूप में हो सकता है, जो 'निष्पक्ष' विश्वसनीय परिणाम प्रस्तुत करने की चुनौती का सामना करता है। अब यदि आप शोधकर्ता और मनमौजी 'शोधविषय' (व्यक्ति) को मिलाएँ तो ऐसे में विश्वसनीय ज्ञान पाना कोई आसान काम नहीं है।

शोध-संसार के बाहर, विश्वसनीयता प्रत्येक संभव, स्वीकार्य, उपयुक्त, संभाव्य या यथार्थवादी विषयवस्तुओं से आ सकती है, मगर शोध-संसार के अंदर विश्वसनीयता का और अधिक विशेष अर्थ ले लेते हैं और कई संकेतकों द्वारा इसे व्यक्त कर सकते हैं। जैसे कि विश्वसनीयता, वैधता, प्रामाणिकता, तटस्थता और लेखा परीक्षा के योग्य। ऐसे संकेतक उस शोध की ओर इशारा करते हैं जिसकी छानबीन अनुशासित व कठोर तरीक़े से की गई है और इसलिए ज्ञान में मूल्यवान योगदान स्वीकार किया जा सकता है।

उपयुक्त संकेतकों के साथ काम करना

यह जानना कि किसी विशेष शोध परियोजना के लिए कौन से संकेतक प्रासंगिक और उपयुक्त हैं, स्पष्ट नहीं है। जबकि दृष्टिकोण, जिसपर शोध आधारित है, वे प्रत्यक्षवादी ज्ञान से परे हैं (देखें अध्याय 1) गंभीर रूप से शोध के मूल्यांकन को लेकर वाद-विवाद तीव्र हो जाता है। परंपरावादी शोधकर्ताओं के लिए अच्छे शोध के संकेतक उस दुनिया के प्रस्तावक होते हैं जिन्हें खोज के परिभाषित नियमों द्वारा परिमाणात्मक रूप में मापा जाता हैऔर वास्तव में ये ज्ञेय होते हैं। प्रत्यक्षवादी प्रतिमानों के आलोचकों द्वारा उन मान्यताओं/दृष्टिकोणों पर सवाल उठाए गए अब यह माना जाता है कि संकेतकों का एक वैकल्पिक संग्रह उस शोध के लिए उपयुक्त है जो उत्तर प्रत्यक्षवादी/उत्तर आधुनिक दुनिया के प्रस्तावक हैं – एक ऐसा संसार, जो असीम जटिल है और जिसका 'सच' परिभाषित नहीं हो सकता; जो मनोवाद/आत्मवाद को स्वीकारता और महत्व देता है और जिसे केवल सांख्यिकी सीमा में बाँधा नहीं जा सकता।

बहुत से शोधकर्ताओं की कठिनाई यह होती है कि उनका दृष्टिकोण, जिनपर शोध आधारित है, ज्ञान के किसी एक प्रतिमान पर ठीक से नहीं अंटता। अपने और अपने शोध को प्रत्यक्षवादी व उत्तरप्रत्यक्षवादी के ढाँचे में कस देना अपनी कार्यक्षमता और वैचारिक योग्यता को कम कर देना है। जब शोधकर्ता प्रतिमानों के ढाँचे को अपनाते हैं तो ऐसे अध्ययन का ख़ाका बनाना जो प्रत्यक्षवादी व उत्तर-प्रत्यक्षवादी की सीमा रेखा को पार कर सके, कठिन है।

तो ऐसी उलझन में आप विश्वसनीयता के संकेतकों पर कैसे काम कर सकेंगे? मेरी सलाह यही होगी कि प्रतिमान स्वरूप आधार के उपयोग की अपेक्षा आप उन चुनौतियों को देखें, जिनसे गुजरना एक अच्छे शोध के लिए ज़रूरी है। ये निम्नलिखित हैं:

- क्या आत्मवाद स्वीकृत और प्रबंधित है?
- क्या असली सार मिल पाया है? क्या प्रणालियों तक स्थिरता से पहुँच पा रहे हैं?
- क्या तर्क प्रासंगिक और उपयुक्त हैं?
- क्या शोध सत्यापित हो सकता है?

ये प्रश्न आपके, साथ ही दूसरों के काम की विश्वसनीयता के मूल्यांकन के लिए ढाँचे का काम कर सकते हैं। अब शोधकर्ता के रूप में आपपर निर्भर करता है कि आप उन सभी प्रश्नों के लिए उपयुक्त संकेतकों को सुनिश्चित करें – अपने वैश्विक दृष्टिकोणों एवं मान्यताओं की जाँच के द्वारा; शोध के उद्देश्य और विषय-वस्तु द्वारा; और तार्किक प्रणालियों को अपनाकर (देखें तालिका 4.2)।

आत्मवाद (व्यक्तिपरकता) का प्रबंधन

सवाल यह नहीं कि शोधकर्ता आत्मवादी संस्था (हर कोई) है, बल्कि सवाल यह है कि क्या हम खुद को आत्मवादी मानते हैं और क्या हम अपने व्यक्तिगत पूर्वाग्रहों का प्रबंधन कर पाते हैं?

इसमें कोई शक नहीं कि हम दुनिया को वैसी ही समझते हैं, जिस तरह परंपरागत नियमों द्वारा यह विवेचित है। पर चूँकि हम इन्हीं नियमों में तल्लीन हैं और इनके द्वारा ही घिरे हुए हैं, हमारे लिए उन्हें देखना बहुत कठिन है। उदाहरण के लिए, जो जन्म से धार्मिक आस्था के साथ हैं, उन्हें यह याद नहीं रहता कि पहली बार 'ईश्वर' का नाम कब सुना। वह (ईश्वर) बस है। देशभक्ति की भावना और 'परिवार' की हमारी समझ, न्याय और न्यायनीति पर हमारा विश्वास; हमारी नीति और अडिग विश्वास – ये सब हमारे अंदर तब से निहित होते हैं, जब से कि निर्मिति के रूप में इन्हें पहचानने या प्रतिक्रिया करने की हमारी क्षमता नहीं होती। ये विश्वास हमारे अंदर जड़ तक जमे हुए हैं। यह उसका एक हिस्सा है कि हम संसार को किस रूप में समझते हैं? और कैसे हम इसका शोध करेंगे? जैसे ही हम शोधयात्रा आरंभ करते है, विश्वसनीय शोध पर काम करना हमारी वैश्विक दृष्टि की कर्मठ जागरूकता और उनपर विचारने के सचेतन प्रयास की माँग करता है।

अब, परंपरावादी वैज्ञानिकों के लिए, जैसे कि प्रयोगशाला में काम करनेवाले, पूर्वाग्रही धारणा को किनारे कर शुद्ध वस्तुवाद पर लक्ष्य साध रहे हैं। सख़्त पद्धति मसविदा (प्रोटोकॉल) और 'शोधवस्तु' जो 'स्व' से बाहर है, सामान्यत: इस संकेतक के लिए प्रयास करने को प्रबंधनीय बनाता है। फिर भी सामाजिक विज्ञान के शोधकर्ताओं के लिए चुनौती कुछ अधिक कठिन होती है। क्योंकि यहाँ समाज ही शोध का विषय है और समाज के उत्पादन के रूप में समाज पूर्वाग्रही धारणा को किनारे कर शुद्ध वस्तुवाद/निष्पक्षता पर लक्ष्य साधे, इस संकेतक के लिए प्रयास करने को प्रबंधनीय बनाता है। विज्ञान के शोधकर्ता को यह पहचानने की ज़रूरत होती है कि संसार देखने का उनका दृष्टिकोण ही उन्हें भौतिक मूल्यों के लिए बाँधता है। यदि हम जो हैं, वैसे ही दुनिया को देखते हैं और वैसी ही उसकी व्याख्या करते हैं तो हमें कठिन शोध के लिए विभिन्न दृष्टिकोणों और वास्तविकताओं को सुनना, देखना और सराहना महत्वपूर्ण है। उदाहरण के लिए नारीवादी समाजविज्ञानी द्वारा दुनिया के विशेषाधिकृत गोरे, पुरुषवादी दृष्टिकोण से देखने की प्रवृत्ति की नारीवादियों ने लंबे समय से आलोचना की है।

वस्तुवाद दिया नहीं जाता। यदि एक शोधकर्ता के रूप में आप आत्मवाद पर ध्यान नहीं देते और तटस्थता के मानदंड पर सक्रिय रूप से काम नहीं करते, आप अपने संबंध, में दूसरों के यथार्थ से अपने को संबद्ध कर उसके मूल्यांकन के जाल में फँस सकते हैं।

नस्ल/जाति, वर्ग या लिंग के मुद्दों के प्रति संवेदनशून्य रहना

नस्ल/जाति, वर्ग, लिंग आदि के मुद्दे पर संवेदनशून्यता यह संदर्भित करती है कि अध्ययन में, महत्वपूर्ण तत्वों के रूप में इन तीन निर्मितियों की उपेक्षा हो रही है और यह आत्मकेंद्रित विश्लेषण का उप-उत्पाद हो सकता है।

शोधकर्ता द्वारा शोध विषय/वस्तु की यथार्थता को सराहना ज़रूरी है अन्यथा वे अनूठे तथा महत्वपूर्ण गुणों की अवहेलना का ख़तरा मोल लेते हैं। उदाहरणार्थ – छात्र द्वारा प्रेरणा को बहुसांस्कृतिक परिस्थितियों में अध्ययन करना जातीयता के महत्वपूर्ण परिवर्तनशील बिंदु के बिना बहुत सार्थक नहीं होगा। हाँ, आजीविका के लक्ष्य, अध्ययन के आनंद, कथित प्रासंगिकता आदि प्रेरणा के महत्वपूर्ण भविष्यवक्ता हो सकते हैं, किंतु ये सभी तत्व परिवार और संस्कृति से प्रेरित होते हैं। जैसे कि कई एंग्लो एशियन परिवारों में छात्रों की सफलता-असफलता उनके माता-पिता की सफलता-असफलता के रूप में देखी जाती है। और यह छात्रों के लिए एक बड़ा बोझ और/या प्रेरक हो सकता है।

नस्ल, वर्ग या लिंग के मुद्दों के प्रति संवेदनशून्यता दो भागों में विभाजन या अतिव्यापी विशेषताओं को पहचाने बिना समूह को वर्णक्रम के दो अंतिम छोर पर रखने की मानसिकता तक ले जा सकती है। हम ऐसा तब करते हैं जब हम पूरी तरह 'स्त्री'-'पुरुष' या 'श्वेत'-'अश्वेत' पद का प्रयोग करते हैं। ऐसा शोध जो दो भागों में बाँटता है, प्राय: रूढ़ प्रारूप का शिकार बना हुआ है।

अंतत: नस्ल, वर्ग और लिंग के प्रति असंवेदनशीलता दोहरे मापदंड तक ले जा सकती है, जहाँ समान व्यवहार, स्थितियाँ या विशिष्टताएँ इन विभिन्न मानदंडों पर आधारित है कि उत्तरदाता 'काला' है या 'गोरा', 'पुरुष' है या 'स्त्री' अथवा 'धनी' है या ग़रीब' आदि। मान लें, आप वैवाहिक संबंधों में विश्वासघात के कारणों का पता लगाना चाहते हैं। अगर आपको स्त्री और पुरुष की प्रतिक्रियाओं को अलग-अलग जानना होता, जिसमें आपकी यह पूर्वधारणा अंतर्निहित हो कि 'पुरुष 'एक' से जल्दी ऊब जाते हैं और स्त्रियाँ दैहिक स्तर पर अधिक ज़रूरतमंद होती हैं' तो ये आपके दोहरे मापदंड होंगे। याद रखें, शोध के संचालन में हमारे समाज में चली आ रही मान्यताओं और पूर्वाग्रहों से बचाव ज़रूरी है।

केवल प्रभावी आवाज़ को सुनना

उन्हें सुनना बहुत आसान है जो तेज़ बोल रहे हैं या आपकी भाषा में बोल रहे हैं, मगर जब आप ऐसा करते हैं तो आप बहुत ही महत्वपूर्ण और पूरी तरह से अलग अपनी अंत: प्रवाहित ध्वनि को नहीं सुन पाते। मैंने अपने अध्यापन के दौरान इसे महसूसा है। मैं जब कार्यशाला आयोजित करती हूँ, मैं अपने छात्रों से संबद्ध होने का प्रयास करती हूँ – व्याख्यान देने के बदले उनसे संवाद करके। मैं उनकी बातचीत में शामिल होती हूँ और दोनों ओर से संवाद ज़ारी रखती हूँ। और मुझे लगता है कि मैं यह अच्छी तरह कर पाती हूँ। प्रत्येक कक्षा के छात्रों का मूल समूह इसे मेरे लिए आसान बनाता है।

मगर इस मूल समूह में कौन है? यह हर तरह के छात्रों की मिली-जुली इकाई हो सकती है। मगर मैं यह बता सकती हूँ कि इसमें कौन नहीं है। सामान्यत: इसमें अंतर्राष्ट्रीय छात्र नहीं होते, वे पीछे ही रह जाते हैं। अब, इसके कई कारण हैं: पहला, बहुत ऐसे शिक्षण-तंत्र से आते हैं जहाँ उन्हें भागीदारी के लिए बुलाया नहीं जाता। अन्य, इस कारण संघर्ष करते हैं क्योंकि अंग्रेज़ी उनकी दूसरी भाषा है। मगर अन्य कारणों में मैं और मेरी व्यावहारिकता भी हो सकते हैं। मैं जो उदाहरण पेश करती हूँ, जो उपाख्यान साझा करती हूँ या चेहरा देखकर बात करने का अमेरिकी अंदाज़ – ये सब भी कारण हो सकते हैं और इसी वजह से मेरे जैसी जनसांख्यिकी विशेषता वाले छात्र मुझसे अधिक खुलकर बात कर सकते हैं। इसलिए मेरी कक्षा के एशियन और भारतीय छात्र अक्सर अनसुने रह जाते हैं (जैसा कि वे अपने पूरे पश्चिमी जीवन में करने वाले हैं)।

अब, जब मैं पढ़ा रही होती हूँ, मेरी चुनौती एक ऐसा मार्ग ढूँढने की होती है जिससे मैं अपनी कक्षा के सभी छात्रों तक अपनी पहुँच बना सकूँ और छात्र मुझतक। यही चुनौती शोध के दौरान भी आती है (देखें बॉक्स 4.1)। अगर आप विविधता की प्रशंसा, साथ ही हाशिये पर पड़ी विषय-वस्तुओं को सुनने की रणनीति पर सावधानीपूर्वक काम नहीं करेंगे तो डेटा को जमा करने और उन निष्कर्षों तक पहुँचने का ख़तरा उठाएंगे जो समाज में उपेक्षित हैं या जिन्हें अनसुना कर दिया जाता है। लंबे समय से हाशिये पर पड़ी आवाज़ को सशक्त बनाना उत्तरदायी शोध के लिए महत्वपूर्ण है। स्थानीय/स्वदेशी जन, अल्पसंख्यक, बच्चे। स्त्रियाँ, पुरुष समलैंगिक, स्त्री समलैंगिक आदि समाज द्वारा अनसुने रह जाते हैं, जबकि उनकी आवाज़ को पूरी तरह समझना अनिवार्य है।

बॉक्स 4.1

मेरे ज़िले के लोग — कीथ की कहानी

मैं स्थानीय परिषद पर शोध कर कर रही थी और परिषद की बैठक में भाग लेने से पहले ही महापौर तथा ज़िले के अन्य पार्षदों का साक्षात्कार ले चुकी थी। यह बैठक सचमुच आँख खोलनेवाली बैठक थी। उस क्षेत्र की जिस धार्मिक पृष्ठभूमि का मैं अध्ययन कर रही थी, उनमें 45% एंग्लो ऑस्ट्रेलियाई 25% एशियाई, 20% भारतीय और 10% यूनानी थे – लगभाग सात अलग-अलग धर्मों के साथ। फिर भी जब मैं बैठक में आई तो मुझसे मेरा ईसाई नाम पूछा गया। बैठक की शुरुआत प्रोटेस्टेंट मंत्री की प्रार्थना से हुई। उस समय मैंने चारों तरफ़ अच्छी तरह देखा और पाया कि सभी पार्षद एंग्लो ऑस्ट्रेलियाई वंश के दिख रहे हैं। दरअसल उस बैठक में प्राय: एंग्लो ऑस्ट्रेलियाई ही मौजूद थे।

तब मैं यह सोचती रही कि पूरे समय महापौर और पार्षदों ने भाषण में अपने 'समुदाय' की ही बात की थी। मैं यह सोचकर हैरत में पड़ गई कि उनके लिए समुदाय क्या है? क्या उनके संबंध का दायरा उनके अधिकार-क्षेत्र में वर्णित घटक-दलों की सीमा तक है या उनके संबंधों का दायरा उन लोगों तक है जो उनकी जनसांख्यिकी पृष्ठभूमि के हैं – दूसरे शब्दों में, क्या उनके लिए 'समुदाय' गोरे ईसाई हैं जो परिषद की बैठक में आए थे? उस बिंदु से मैं यह सुनिश्चित करने में प्रतिबद्ध हुई कि मेरा शोध वास्तविक 'समुदाय' को दर्शाएगा न कि सिर्फ उन्हें जिनके पास अभिव्यक्ति की योग्यता है।

भाषा की शक्ति का अनादर

भाषा का शोध पर कई तरह से प्रभाव पड़ता है। पहला, शब्दों की अपनी सूक्ष्म मगर दुर्जेय शक्ति होती है। ऐसे शब्द जो हमारे द्वारा उत्तरदाता को कहे जाते हैं या जो उत्तरदाता हमारे प्रति कहता है, उन्हें आसानी से गलत समझा या ग़लत तरीक़े से निरूपित किया जा सकता है। उदाहरण के लिए, कोई भाषा किसी एक समूह के लिए 'चौंकाने वाली' तो दूसरे समूह के लिए बोलचाल की आम भाषा हो सकती है। यह याद रखना ज़रूरी है कि शब्द का विश्लेषण शोध विषय/वस्तु की यथार्थता और परिप्रेक्ष्य में करना ज़रूरी है न कि शोधकर्ता के।

एक ऐसे उत्तरदाता के साथ काम करना, जिसकी भाषा आपसे अलग है, एक स्तर पर कठिनाई पैदा करती है। ऐसा कोई कंप्यूटर प्रोग्राम नहीं बना जो एक भाषा का सटीक अनुवाद दूसरी भाषा में कर सके; क्योंकि भाषा बहुत ही मुहावरेदार, कल्पित, काव्यात्मक और निहितार्थों, पहेलियों व मान्यताओं से पूर्ण होती है। भाषा और बोलियों को छोड़ दें तो भी व्याख्याता के माध्यम या अनुवाद की प्रक्रिया से गुजरने के कारण सटीक व्याख्या नहीं हो पाती है। शोधकर्ता, जो अपनी मूलभाषा के बाहर काम करते हैं, उन्हें यह सुनिश्चित करने की ज़रूरत होती है कि जो डेटा उन्होंने एकत्र किए हैं, उनकी सटीकता और समृद्धि अनुवाद और व्याख्या की प्रक्रिया में लुप्त न हो जाए।

आत्मवाद के प्रबंधन की रणनीतियाँ

आत्मवाद का प्रबंधन, जो आपके द्वारा होना चाहिए उससे कुछ अधिक की मांग करता है। दरअसल यह एक कार्य है जो विश्वसनीय डेटा/विवरणों और संभावित भरोसेमंद परिणामों को उत्पन्न करने के लिए महत्वपूर्ण है। ऐसी रणनीतियाँ जिन्हें आप अपना सकते हैं, निम्नलिखित हैं:

- **अपने वैश्विक दृष्टिकोण/नजरिए की सराहना करना** — आत्मवाद के प्रबंधन में आपकी योग्यता उसे पहचानने और स्पष्ट करने पर निर्भर है। असल में, बहुत से शोधप्रबंधों के पहले अध्याय के एक भाग में अब शोधकर्ता की स्थिति शामिल होती है।

- **वैकल्पिक वास्तविकताओं की सराहना करना** — वैयक्तिक एवं सामाजिक दृष्टिकोणों की सक्रिय छानबीन करें जो शोधकर्ता और शोध-विषय/वस्तु की समझ पर आधारित हो और स्वीकारे कि यह पूरी तरह भिन्न हो सकता है।
- **प्रारम्भिक निर्णय को निलंबित करना** — हम ऐसे समाज में रहते हैं जहाँ बिना विषयवस्तु समझे हम अपना निर्णय सुना देते हैं। मगर एक शोधकर्ता के रूप में यह ज़रूरी है कि बिना समझे किसी विषयवस्तु का आकलन न करें।
- **घटना, स्थिति तथा प्रत्यक्ष वस्तु सहित अंदरूनी सूत्रों के साथ अपनी व्याख्या की जाँच करना** — दो संस्कृतियों के शोध में यह विशेष रूप से प्रासंगिक है। यह पता लगाना कि 'उस सांस्कृतिक यथार्थता के अंतर्गत कैसे कोई उस परिस्थिति को समझ रहा है', आपको अपने पूर्वाग्रहों पर रोशनी डालने में मदद करेगा।
- **पूरी कहानी जानना** — वे, जिनका हम अनुसरण करते हैं और वे जो भागीदारी के लिए तैयार रहते हैं, ऐसे लोग दृढ़ स्वर वाले होते हैं। आपके शोध का प्रारूप कुछ ऐसा हो कि आप जिनकी आवाज़ बनना चाहते हैं, उन्हें प्रमुखता मिले जिन्हें अक्सर दबा दिया जाता है।
- **तलाश करना विकल्पों और बहुवादी दृष्टिकोणों को शामिल करना** — जब व्याख्या को स्पष्ट कर रहे हों तब भी बाहरी दृष्टिकोणों की समृद्धि और जटिलता पर पकड़ बनाए रखें।

'सत्य' को पाना

यह कहा जा सकता है कि शोध सत्य की मायावी अवधारणा है और हम इसे पाना चाहते हैं। परंपरागत रूप में, हम यहाँ ज्ञेय जगत की बात कर रहे हैं, जिसमें एक सत्य को वैधता के संकेतक द्वारा आँका जा सकता है। दूसरे शब्दों में, हम यह आकलन करते हैं कि हमारी खोज सही है या नहीं। मान लें आप यह पता लगा रहे थे कि 'क्या लैंगिक समता के कारण बेटियाँ बेटों की अपेक्षा माँ से अधिक जुड़ सकती हैं। वैधता इनपर निर्भर करेगी: 1. यह दिखाना कि जुड़ाव को कैसे मापा जा सकता है, कि वास्तव में यह 'जुड़ाव' को कितना प्रतिबिंबित करता है; 2. दिखाना कि आपके पास जो नमूना है वह इतना बड़ा और प्रतिनिधिक है कि सामान्यत: वह सभी लड़के-लड़कियों के दावों को ले सके; 3. दिखाना कि लैंगिक पहचान ही जुड़ाव की योग्यता को प्रभावित कर रहा है, कोई अन्य कारक नहीं (देखें बॉक्स 4.4)

ऐसे संसार में, जहाँ हम बहुयथार्थता को स्वीकारते हैं मगर प्रामाणिकता/सत्यता संभवत: अधिक उपयुक्त संकेतक होगी। प्रामाणिकता यह इंगित करती है, दृढ़ और कर्मठतापूर्ण अभ्यास/कार्य द्वारा यह सुनिश्चित हुआ कि निष्कर्ष न्यायपूर्ण, विश्वसनीय और भरोसेमंद है, भले ही सत्य परिप्रेक्ष्य पर आधारित हो (देखें बॉक्स 4.2)

विश्वास हासिल करना

सत्य पाने की आपकी योग्यता, चाहे आप इसे वैध एकल सत्य की तरह समझें या एक प्रामाणिक सत्य की तरह, जो दूसरी व्याख्याओं के साथ अवस्थित है, यह बहुत कुछ आपकी योग्यता पर निर्भर करेगा कि आपके उत्तरदाता आपसे कितना खुलकर और सच्ची बात करते हैं। और जबकि ऐसी कोई तकनीक नहीं है जो स्पष्टवादिता का सही अंकन कर सके, आपको विश्वास हासिल करके ही उनसे सच जानना होगा। इसलिए अपने और अपने शोध-विषय/वस्तु के बीच की उस दूरी को कम करना ज़रूरी है, जो मान्य अधिकार/शक्ति के कारण उपजती है। अगर आप ऐसा नहीं कर पाते हैं तो शोध-विषय/वस्तु आपसे अलग-थलग, और डराने वाला होगा और/या शोध प्रक्रिया में अरुचि महसूस करेंगे।

ऐसे अनेक कारक तत्व हैं जो आपमें संबंध बनाने और विश्वास पाने की योग्यता को बढ़ा सकते हैं। इनमें शामिल हैं:

- **लिंग** — जैसा कि बॉक्स 4.3 में रेखांकित है बनाए गए संबंध और विश्वास, सुनी गई कहानियों के प्रति झुकाव, और रेखांकन के योग्य स्मृतियाँ लिंग पर बहुत अधिक निर्भर हैं। बतौर उदाहरण, कुछ स्त्रियाँ अपने बच्चों के खोने/नुकसान की व्यथा दूसरी स्त्रियों से कहने में ही सहज महसूस करेंगी। या आप अभेद/संकीर्णता पर साक्षात्कार लेने की कल्पना करें तो जो उत्तर आप पाएँगे, वह आपके लिंग पर बहुत अधिक निर्भर करेगा। हालाँकि यह कोई कठोर नियम नहीं है, फिर भी यह ज़रूरी है कि आप इसपर सचेत होकर विचार करें। और संभवत: यह भी कि विश्वास उत्पन्न में एक कारक तत्व हो सकता है या नहीं।

बॉक्स 4.2

वास्तव में यह किसका सच है?

एक बार मैं कला संकाय के छात्रों को स्थानीय विद्यालय में पाँचवी कक्षा के छात्रों के कमरे का ढाँचा दिखाने ले गई। वहाँ 10 वर्ष के 42 बच्चे थे जो छह की सीधाई में सात पंक्तियों में बैठे थे। सबके चेहरे सामने की तरफ थे। अध्यापिका उनके मुखातिब होकर कक्षा के बीचों बीच खड़ी थीं। मैंने अपने छात्रों को दो समूहों में बाँटा और यह पता लगाने कहा कि कक्षा में बच्चों के बैठने की व्यवस्था इस तरह क्यों है?

छायाचित्र 4.1 कक्षा की पंक्तियाँ

दोनों समूहों के ज़वाब बिलकुल विपरीत थे। पहले समूह ने शिक्षक के परिप्रेक्ष्य से प्रश्न का उत्तर पाने की कोशिश की। उसने उनका साक्षात्कार लिया और यह जाना कि कक्षा में बच्चों को इस तरह बैठने का यह सबसे अच्छा तरीक़ा है, कक्षा को व्यवस्थित रखने का इससे अधिक तर्कसंगत तरीक़ा हो ही नहीं सकता था। बच्चों को शिक्षक और ब्लैकबोर्ड – दोनों को देखने की ज़रूरत होती है। मेरे छात्रों ने यह भी पाया कि यह ढाँचा छात्रों को पढ़ाई से विचलित होने और दूसरे को विचलित करने की प्रवृत्ति को कम करता है और वे शिक्षक की ओर सीधा ध्यान दे पाते हैं।

दूसरे समूह का विश्लेषण पूरी तरह अलग था। उसने विशुद्ध साहित्यिक परिप्रेक्ष्य से अपने सवालों के ज़वाब पाए और दावा किया कि सभी कक्षाओं के ढाँचे प्राय: ऐसे ही होते हैं जो बच्चों पर नियंत्रण रखने का स्पष्ट तंत्र है। बैठने की यह व्यवस्था इसलिए मौजूद है/अस्तित्व में है क्योंकि यह शिक्षक और छात्र के बीच शक्ति के एकतरफा संबंध को सुगम बनाता है। साथी एक-दूसरे को क्या दे सकते हैं, इसपर कोई ध्यान नहीं दिया जाता। यह प्रारूप बच्चों को परस्पर दूर करता है जिससे वे सामूहिक रूप से कार्य करने में अयोग्य होने लगते हैं और इस तरह यह व्यवस्था उन्हें शक्तिहीन बनाती है। यह सीखने की प्रवृत्ति को भी सीमित करती है, क्योंकि इससे व्यावहारिक और क्रियाशील बनने के बजाय रट्टा मारकर याद करने की प्रवृत्ति को बढ़ावा मिलता है।

कौन-सा समूह सही था? मुझे लगता है कि यह सही और गलत का मामला नहीं है। साधारण तौर पर यह दृष्टिकोण और यथार्थता का मामला है। आपको उन यथार्थताओं से परिचित होना होगा, जिन्हें आप प्रस्तुत कर रहे हैं, साथ ही वे जिन्हें आप पेश नहीं कर रहे।

- **आयु** — भरोसा प्राय: आपकी इस योग्यता पर निर्भर करता है कि आप अपने उत्तरदाता से कैसे जुड़ते हैं; और आयु निश्चित ही इसका एक कारक तत्व हो सकता है। जैसे कि बहुत कम ऐसे माता-पिता हैं जो अपने किशोर बच्चे से पूछते हैं कि 'तुम्हारा यह सप्ताहांत कैसा बीता?' और पूरी बात जान पाए — खासकर तब, जब सप्ताहांत अच्छा बीता हो। अब, आप इसे पसंद करें या न करें पर विश्वसनीय डेटा संग्रहण में आयु एक महत्वपूर्ण कारक है। और फिर वही बात कि यह कोई कठोर नियम नहीं है, बस यह ज़रूरी है कि आप यह मानें कि शोधकर्ता और शोध-विषय/वस्तु के सम्बन्धों पर आयु का प्रभाव पड़ता है।
- **जातीयता** — शोधकर्ता की जातिगत और सांस्कृतिक पृष्ठभूमि शोधप्रक्रिया को प्रभावित कर सकते हैं। यह कहना दुखद है, हम अभी भी जातीय और नस्ली भेद के कारण असमानता, संदेह और अविश्वास में जी रहे हैं, मगर यही सच है — और यह भी सच है कि यह आपके विश्वास पाने की योग्यता पर प्रभाव डाल सकती है। मान लें आप किसी हिस्पैनिक समुदाय में शिक्षा के प्रति उनकी सोच पर शोध करना चाहते हैं। एक बाहरी 'गोरा' विश्वास पाने के लिए संघर्षरत हो सकता है, मगर हिस्पैनिक समुदाय के अंदर का व्यक्ति अपने समुदाय से संपर्क करके आसानी से सच जान सकता है।
- **सामाजिक आर्थिक स्थिति/शिक्षा** — शोध प्रक्रिया पर सामाजिक स्थिति का भी बहुत प्रभाव पड़ता है। शोधकर्ता प्राय: विशेषाधिकार की स्थिति से आते हैं, इसलिए आपको इन अवरोधों को तोड़ने की ज़रूरत है और शोध-विषय/वस्तु को यह समझाने की ज़रूरत है कि आप उनका आकलन नहीं कर रहे न ही निर्णय बना रहे हैं। अपनी सामाजिक-आर्थिक स्थिति तथा शैक्षिक पृष्ठभूमि के प्रति सजग होना, साथ ही शोध-विषय/वस्तु के प्रति भी, आपको ऐसी स्थिति में डालेगा जहाँ आप किसी भी संभावित शक्ति-संबद्ध मुद्दे का प्रबंधन कर पाएँगे जो आपके अध्ययन को प्रभावित कर सकता है।
- **संस्कृति या उपसंस्कृति के अंतर्गत शक्ति और विशेषाधिकार की स्थिति** — शक्ति में असंतुलन से शोधकर्ता के लिए सामान्य कठिनाई हो सकती है, जब वह ऐसी संस्कृति में काम कर रहा है, जहाँ उसे 'वैज्ञानिक' या विशेषज्ञ के रूप में देखा जा रहा है। गैरी लार्सन ने एक बार एक कार्टून बनाया जिसमें 'मूलनिवासी' अपनी झोपड़ी में वीसीआर और टीवी छिपाते और चिल्लाते नज़र आ रहे थे। 'मानवविज्ञानी' इस अंतर्दृष्टि के साथ चित्रित करते हैं कि कैसे विशेषज्ञ के प्रति सम्मान शोध-विषय/वस्तु को बदलते हैं। दो संस्कृति के अध्ययन को समझने के लिए यह जानना एक बड़ी दुविधा है कि आप प्रामाणिक शोध कैसे करें, जबकि आप ऐसी संस्कृति से संबद्ध हैं जहाँ अपनी सामर्थ्य और विशेषाधिकार की स्थिति के कारण ही वे (शोध-विषय) आपके सामने स्वाभाविक व्यवहार नहीं करते।

बॉक्स 4.3

लिंग, लैंगिकता और रोलर कोस्टर — एन्ने की कहानी

स्नातक विद्यालय से हमारा एक समूह एम्यूमेंट पार्क जा रहा था, मगर अंत में जॉन,उसका पुरुष साथी और मैं गए। प्रेमी युगल में 'तीसरा चक्का' होना बुरा लगता है, लेकिन पुरुष समलिंगी के बीच 'तीसरा चक्का' होना सचमुच अजीब अनुभव है। वे सभी छोटी छोटी शिष्टताएँ, जो पहले कभी ध्यान देने योग्य नहीं लगीं, अचानक उनकी कमी से स्पष्ट हो गईं। (उन दोनों में से) किसी ने मेरे लिए कुछ लेने की कोशिश नहीं की; किसी ने मुझे पहले आगे जाने नहीं दिया; किसी ने मेरे लिए कुछ जीतने की कोशिश नहीं की। यहाँ तक कि मुझे रोलर कोस्टर पर भी अकेले खुश होना पड़ा। दो पुरुष मेरे सामने की अगली सीट पर बैठे हैं और मैं उनके पीछे अकेली। आप ज़रा रुककर इसपर सोच ही सकते हैं, और कुछ नहीं। दरअसल उस दिन तक मुझे पता नहीं था कि मैं स्त्री के रूप में किसी पुरुष से कितना जुड़ पा रही हूँ। मैं इस सच्चाई से चकित थी कि पुरुषों का मेरे प्रति लगाव/आकर्षण की वजह लैंगिकता थी।

मैंने इस अनुभव को अपने शोधप्रबंध में शामिल किया और यह सच स्वीकारा कि डेटा इकट्ठा करते वक़्त लिंग और लैंगिकता की भूमिका कितनी महत्वपूर्ण हो सकती है ! मैंने माना कि यदि मैं अपने अध्ययन को सचमुच समझना चाह रही हूँ तो शोधकर्ता के रूप में मुझे खुद पर नज़र रखनी होगी कि मैं क्या हूँ।

आकलन किए बिना सुनना

मुझे हाल में ही यह याद दिलाया गया कि निर्णय या आकलन को रोकना कितना मुश्किल है! मैं हाँगकाँग में अक्सर कार्यशालाएँ आयोजित करती हूँ। मेरा एक छात्र ऑस्ट्रेलिया (जहाँ मैं रहती और काम करती थी) मुझसे

मिलने आया। दोपहर के भोजन पर उसने और उसकी पत्नी ने बताया कि हाल में ही उन्होंने अपने दसवर्षीय बेटे को यूके के आवासीय विद्यालय में भेज दिया है मगर वह फोन पर रोज़ रोता है और कहता है,उसे उस जगह से नफ़रत है;उसे नस्ली तौर पर तंग किया जाता है, और वह घर वापस आना चाहता है। अब मैं ऐसे सांस्कृतिक परिवेश में पली बढ़ी कि मैं अपने दस वर्ष के बच्चे को अपने से इतनी दूर भेजने की सोच भी नहीं सकती थी। फिर भी मैं यह नहीं कह सकती कि उनका यह निर्णय स्नेहपूर्वक और बच्चे की बेहतरी के लिए सोच समझ कर लिया गया होगा।

बात बस इतनी है कि यह सच्चाई मेरे समाज और परिवेश से बहुत अलग है और शायद इसलिए अपने निर्णय को टालने और आवेग में निकलती अपनी आवाज़ को दबाने के लिए कि 'आप क्या सोच रहे थे; उसे घर से इतनी दूर भेजने की क्या ज़रूरत थी?' मुझे सचेत प्रयास करने पड़े। लोग एक मील दूर से भी अपना निर्णय सुना सकते हैं लेकिन अगर आप इसे टालने और रोकने की कोशिश नहीं करते तो आप मुद्दों की गहराई/संवेदनशील तह तक पहुँचने का अवसर खो देंगे। यहाँ अपने मौखिक या ग़ैर मौखिक, दोनों संकेतों के प्रति सचेत रहें – आप क्या कहते हैं; इसे कैसे कहते हैं? अपने चेहरे और शरीर के हाव-भाव से आप विश्वास उत्पन्न करने में सफल हो सकते हैं या दूसरों को खुद से दूर सकते हैं।

अब ऐसा प्रतीत होता है कि विश्वास के मुद्दे शोध के ऐसे कारक तत्व हैं जिसमें शोध-विषय/वस्तु के साथ घनिष्ठ होना शामिल है। उदाहरण के लिए, जब साक्षात्कार लेते हैं सर्वेक्षण में विश्वास को कैसे कम आँका जाता है, यह ध्यान देने योग्य है, जबकि यही सच है। आप जो भाषा/शब्द उपयोग करते हैं; जिस विचार पर काम करते हैं और जिन दृष्टिकोणों/मान्यताओं को आधार बनाते हैं, ये सभी या तो उत्तरदाता को बेतकल्लुफ़ या अपने से दूर महसूस कराएंगे।

स्थिरतापूर्वक विधियों तक पहुँचना

आपने एक बार अपने आत्मवाद के प्रबंधन से संबन्धित मुद्दे और 'सत्य' पाने के लिए विश्वास हासिल करने पर काम कर चुके हैं तो ज्ञानोत्पादन में प्रामाणिकता की खोज विधि के सवालों की ओर मुड़ जाती है। यह याद रखना ज़रूरी है कि दृष्टिकोण की परवाह किए बिना शोध करना अव्यवस्थित गतिविधि होगी। क्योंकि यह एक ऐसी गतिविधि है जिसे अनुशासन, दृढ़ता, सख्ती और मानकीकरण के स्तर पर आगे बढ़ाना होगा। यदि आपका लक्ष्य है कि आपका शोध-परीक्षण में खरा उतरे और विश्वसनीय माना जाए, यह ज़रूरी है कि पाठक इस बात से आश्वस्त रहें कि आपकी विधियाँ संगतपूर्ण तरीके से कार्यान्वित हैं।

प्राय: विधियों में निरंतरता का अर्थ उस सीमा तक विश्वसनीयता है जहाँ माप, प्रक्रिया या उपकरण पुनरावृत्त परीक्षण पर समान परिणाम देता है। यह बाथरूम स्केल (वजन मापक यंत्र) है। यदि आप क्रमश: दस बार स्केल पर चढ़ें और हर बार स्केल समान परिणाम दे तो उसपर विश्वास किया जा सकता है। स्केल अलग-अलग हो सकते हैं। वे दस पाउंड भारी या दस पाउंड हल्के भी हो सकते हैं (व्यक्तिगत तौर पर हल्के को प्राथमिकता देती हूँ) लेकिन वे विश्वसनीय होंगे। इससे अधिक जटिल उदाहरण काम की संतुष्टि को प्रश्नावली से मापने का प्रयत्न करना होगा। प्रश्नावली विश्वसनीय होगी, जब परिणाम इन चीजों पर आधारित न हो, जैसे – प्रश्नावली किसने तैयार की; उत्तरदाता का दिन कैसा बीता या वह सप्ताहांत था या नहीं।

इसका विपरीत पहलू यह है कि लोग जटिल और बहुआयामी होते हैं। किसी समय पर, किसी कारण से वे अपना कुछ ही भाग दर्शाते हैं। मान लें, आप तनाव के बारे में पूछना चाहते हैं – यह कुछ ऐसा है जो दिनोंदिन बदल सकता है और प्राय: बदलता ही है। इसलिए विश्वसनीय विकासशील तार्किक प्रणालीयुक्त साधन तैयार करना सरल नहीं होगा। फिर भी डेटा संग्रहण की प्रक्रिया को अव्यवस्थित से व्यवस्थित करना पड़ेगा, दरअसल उसे निर्भरता की शर्तों को पूरा करना होगा। विधियों को इसतरह बनाने और विकसित करने की ज़रूरत है कि वो निरंतर, तार्किक, व्यवस्थित, भली-भाँति प्रलेखित हो और खोज में निहित आत्मवाद के लिए ज़िम्मेदार दिखें।

बॉक्स 4.4

वैधता और विश्वसनीयता — क्या यही मुख्य खेल नहीं है?

बहुत से लोग तर्क देते हैं कि वैधता और विश्वसनीयता अच्छे शोध के आधारभूत संकेतक हैं। इंका सामंजस्य वैज्ञानिक साक्ष्य के रूप में देखा जाता है। जब हमारे पास वैधता होती है, हम ये जानते हैं कि हम वही मापते हैं जो मापने का हम इरादा करते हैं और यह कि हमने बाकी सारे संभावित आकस्मिक संबंध हटा देते हैं। दूसरे शब्दों में, हमने सीधे लक्ष्य पर जीत हासिल की है।

जब हमारे पास विश्वसनीयता होती है, हम जानते हैं कि यह परिणाम एकबारगी नहीं है। परिणाम बार बार किए गए परीक्षण में भी समान होंगे, शर्त यह है कि परिस्थितियाँ स्थिर हों। दूसरे शब्दों में, हम लक्ष्य पर बार-बार जीत प्राप्त करते हैं।

जब हमारे पास वैधता और विश्वसनीयता दोनों मौजूद हैं, तब हमारी स्थिति यह होती है कि हम बार-बार न सिर्फ लक्ष्य को पा लेते हैं बल्कि लक्ष्य के केंद्र-बिन्दु तक पहुँच बना लेते हैं (देखें चित्र 4.1)

और निस्संदेह कठिनाई तब होती है जब आप वैधता और विश्वसनीयता की मांग करते हैं। जब हम ऐसा करते हैं, हम शोध का दरवाजा मानवी/सामाजिक दुनिया में मुश्किल से जान पाने वाली विषयवस्तु के प्रति बंद कर देते हैं।

यदि आप कई वास्तविकताओं, विविध दृष्टिकोणों, मानव परिवर्तनशीलता और विसंगति की संभावना को स्वीकारते हैं तो अच्छे शोध के संकेतकों को ढूँढना अनिवार्य है जो जटिल और बहूआयामी वास्तविकता के अंदर काम कर सके। इसलिए उत्तरप्रत्यक्षवादी शोधकर्ता प्रामाणिकता (तालिका 4.2 में परिभाषित) के साथ-साथ वैधता और निर्भरता (तालिका 4.2 में परिभाषित) साथ-साथ विश्वसनीयता का उपयोग करते हैं।

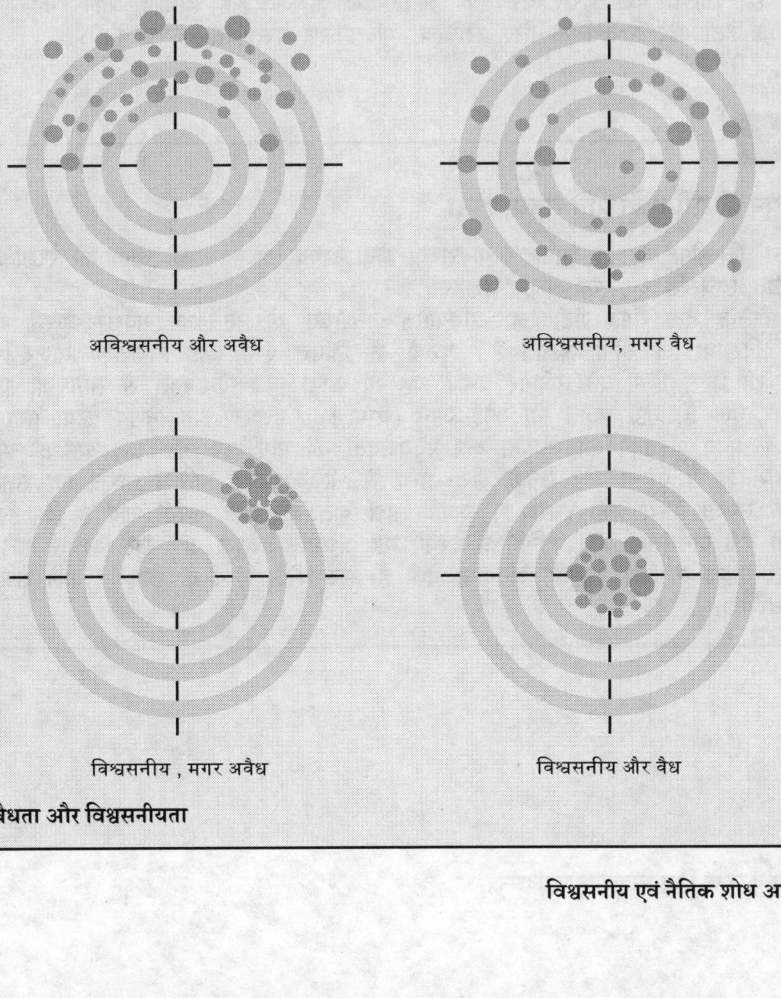

चित्र 4.1 वैधता और विश्वसनीयता

प्रासंगिक और सटीक तर्क करना

मान लें कि आप उस बिंदु पर हैं जहाँ आपके पास कुछ महत्त्वपूर्ण डेटा हैं। आपको पूरा यक़ीन है कि आप अपने पूर्वाग्रहों को प्रबंधित कर पाए हैं; अपने उत्तरदाताओं को अपने प्रति बेतकल्लुफ़ कर पाए और ऐसे डेटा संग्रह के साधन का उपयोग कर पाए हैं जो सूक्ष्म परीक्षण में खरे उतरे हैं। अगला चरण, कुछ विश्वसनीय तर्क सामने रखना है। अब इसमें कुछ चुनौतियाँ सामने होंगी, जिनपर हम पहले भी चर्चा कर चुके हैं: आत्मवाद पर नियंत्रण करना और अनेक व्याख्याओं की छानबीन करना। लेकिन निष्कर्ष आपके अध्ययन-सीमा की रोशनी में देखना और आश्वस्त होना कि आप उपयुक्त लोगों के समूह के समक्ष बोल रहे हैं।

अपने अध्ययन की सीमा के प्रति सच्चा होना

बहुत कम शोधकर्ता होते हैं जो उस तरह से अपना शोधकार्य कर पाते हैं, जिसे वे आदर्श मानते हैं: शायद ही पर्याप्त पैसा और समय होता है; दूसरों का सहयोग आदर्श से कम हो सकता है; और ऐसी चीजों की पूरी सूची हो सकती है जो उन्होंने (आदर्श व्यक्ति) अपनी दूरदृष्टि के कारण अलग तरीके से किया। तो आप क्या करेंगे?

बाधाओं के बावजूद उपयुक्त तर्क करना अपने डेटा की विश्वसनीयता और आपके परिणाम की विश्वसनीयता से अनुप्रमाणित रह पाना है। अब यह मोहक हो सकता है कि कठिनाई की व्यापकता दर्शाए बग़ैर यह व्यक्त करना कि शोध हेतु बेहतर रूप में तैयार अध्ययन-कार्य सुगमतापूर्वक आगे बढ़ा था, लेकिन यदि चुनौती मिलती है तो आपकी नीति पर प्रश्न खड़े हो सकते हैं। जैसा कि बॉक्स 4.5 में दर्शाया गया है, इसे तीन चरणों में रखना बेहतर होगा। पहला चरण है – अध्ययन की सीमा या कमियों को ईमानदारी पूर्वक दर्शना। दूसरा चरण है – उन रणनीतियों को प्रारूपित करना है जिसे सीमा/बाधा के बावजूद आपने विश्वसनीय डेटा संग्रह करने तथा विश्वस्त परिणाम लाने में उपयोग किया है। तीसरा चरण दूसरे चरण को आगे बढ़ाता है और यह 'अतएव' प्रकार की अभिव्यक्ति है जो आपके अध्ययन के डेटा और निष्कर्ष के लिए औचित्य, युक्तिकरण प्रस्तावित करता है।

बॉक्स 4.5

अपने अध्ययन की सीमा के प्रति सच्चा होना

अपने अध्ययन की सीमा के प्रति ईमानदार या सच्चा होना आपके अध्ययन की सीमा को रेखांकित करने के लिए निम्नलिखित छात्रखंड का एक अच्छा उदाहरण है।

हालांकि मौलिक डेटा संग्रह प्रोटोकोल, अनियमित जनसंख्या के नमूने का सर्वेक्षण करना था, प्राथमिक जांच ने यह दिखाया कि सीमा अज्ञात है। पुरुषों के निमित्त ऐसी कोई निर्देशिका मौजूद नहीं है, जो पुरुष पर हो रहे घरेलू हिंसा को उजागर करे। यह भी स्पष्ट हुआ कि बहुत से लोग जो इस तरह की हिंसा से गुज़र चुके हैं, नहीं चाहते कि कोई जाने **(चरण 1)**। इसलिए यह निर्णय लिया गया कि परामर्श कार्यालय से विज्ञापन पुस्तिका का उपयोग कर स्वयंसेवक की मांग कर और उसे व्यापक नमूने के साथ जोड़कर स्वयंसेवक से पूछना और उनके द्वारा अन्य से भी जानकारी हासिल करना कि उनके आसपास ऐसी स्थितियाँ उपजी हैं या नहीं **(चरण 2)** जबकि इस बात की कोई गारंटी नहीं है कि इस नमूने का परिणाम किसी बड़ी जनसंख्या का प्रतिनिधित्व करेगा, यह अध्ययन इच्छुक और खुले आचार वाले स्वयंसेवकों के उपयोग से घटना के लिए बहुमूल्य अंतर्दृष्टि देती है और घरेलू हिंसा के छानबीन वाले क्षेत्र पर प्रकाश डालती है **(चरण 3)**

उपयुक्त लोगों के समूह के लिए बोलना

ऐसे निष्कर्ष जो विशेष नमूने के लिए या सिर्फ शोध की निश्चित परिस्थिति में प्रासंगिक होते हैं मूल हितकारकों के लिए महत्वपूर्ण ज्ञान दे सकते हैं, लेकिन वे निष्कर्षों को वृहत्त जनसंख्या पर अमल करने की अनुमति नहीं देते और इस तरह वृहत जनसंख्या को नए ज्ञान के प्रति सीमित रखते हैं।

इसलिए बहुत से शोधकर्ताओं का लक्ष्य निष्कर्ष में व्यापक उपयुक्तता देना है। मगर यहाँ तर्क करने की इच्छा होती है कि निष्कर्ष तो किसी नमूने या परिस्थिति से परे होते हैं लेकिन ऐसा करने के लिए शोधकर्ता द्वारा यह सुनिश्चित करना ज़रुरी होगा कि वे उपयुक्त लोगों के लिए बोल रहे हैं। जो भी नमूना उपयोग किया जा रहा हो, वह बड़ी जनसंख्या का प्रतिनिधित्व करे और इतना पर्याप्त हो कि वे आश्वस्त हो सकें कि उनके निष्कर्ष बड़ी प्रवृतियों को दर्शा रहे हैं।

इन मानदंडों को पार करने का अर्थ है कि आपके निष्कर्ष व्यापक स्तर पर उजागर करने योग्य हैं। इसका मूल (जैसी कि अध्याय 10 में चर्चा की गई है) पर्याप्त और व्यापक प्रतिनिधित्व है। और यह निश्चित रूप से माध्यम से व्यापक स्तर के शोध सर्वेक्षण तक संभव है। लेकिन अगर रिसर्च प्रोजेक्ट किसी ख़ास मामले पर केन्द्रित है या अधिक गहन गुणात्मक डेटा/आँकड़ों को एकत्र करने की रूपरेखा बनाई गई है जिससे आपके नमूने का आकार सीमित हो जाए, तो क्या होगा? इन परिस्थितियों में आप सामान्यीकरण पर तर्क नहीं कर पाएँगे। मगर, आपका लक्ष्य व्यापक परिप्रेक्ष्य में उपयुक्तता लिए हो। अगर मामला यह है कि आपके लक्ष्य बदलने की योग्यता के संकेतक या 'सीखे गए सबक़ों' को उभारना है जो संभवत: वैकल्पिक परिस्थिति या जनसंख्या में भी उपयुक्त होंगे। जैसे कि किसी एक विद्यालय के किसी मामले के गहन अध्ययन से प्राप्त परिणाम सभी विद्यालयों का प्रतिनिधित्व नहीं करेगा। मगर निस्संदेह इस सबक से सीख मिलेगी जो अन्य विद्यालयों के प्रासंगिक मुद्दों पर प्रकाश डालेगी और बेहतर सीख देगी। यहाँ मूल क्रियात्मक शोध की व्यवस्था और विधि की विस्तृत व्याख्या करनी है ताकि शोध लेख पढ़नेवाले उसकी उपयुक्तता सुनिश्चित कर सकें।

उपयुक्त सत्यापन के योग्य शोध लेख

शोध संचालन बहुत ही जटिल प्रक्रिया है। इसे सही-सही कर लेना सचमुच कठिन है। इसलिए शोधकर्ता की यह ज़िम्मेदारी होती है कि परिणाम के गलत या भ्रामक होने की संभावना को सतर्कतापूर्वक कम करे। अंत तक शोध के दृष्टिकोण के खुले और जवाबदेह होने की आशा की जाती है। भौतिक विज्ञानी रिचर्ड फाइनमैन यह तर्क देते हैं, ''आपका अध्ययन जिन-जिन चीजों से निर्मित है, उन सबका विवरण देना ज़रुरी है। उनका भी जिन्हें आप अध्ययन के लिए अवैध मानते हैं – न सिर्फ वह जो आपको उचित लगता है.... आपके विवेचन को यदि विवरण संदिग्ध बना रहे हैं, उन्हें भी देना अनिवार्य है। ''कमी और सीमा को प्रोत्साहित किया जाता है और यह आशा की जाती है कि शोध की प्रतिलिपि प्रस्तुत करने योग्य हो। दरअसल, नीति की शर्तें यह मांग करती है कि शोधकर्ता 5 से 7 वर्ष के लिए अपने कच्चे आँकड़े अपने पास ही रखे और इस तरह धोखाधड़ी और ग़लतबयानी से खुद को बचाए रखें।

हालाँकि छल की बहुत बड़ी क़ीमत चुकानी पड़ सकती है, ग़लतबयानी और धोखाधड़ी बहुत बड़े पैमाने पर होती है (छल करते हुए पकड़े जानेवाले छात्रों को अक्सर डिग्री प्रोग्राम से बर्ख़ास्त होने का दवाब बना रहता है) शोधकर्ता (न सिर्फ छात्र) यह करते हैं:

- शोर मचाते हुए आधार-सामग्री तैयार करते हैं या परिणाम को ग़लत सिद्ध करते हैं।
- 'महत्व' दर्शाने के लिए मामलों को हटा देते हैं या अंकों के साथ खेलते हैं।

- मूल लेखक का उल्लेख किए बिना उनकी रचना/पुस्तक से उद्धरण चोरी करते हैं।
- चोर लेखक रचनाकारिता का गलत निरूपण करते हैं; रचना प्रक्रिया में अन्य लेखकों के शामिल होने पर भी उसका श्रेय अकेले लेते हैं या सहलेखक के रूप में किसी ऐसे का नाम देते हैं जो अध्ययन में शामिल था ही नहीं।

इसी कारण सत्यापित लेख को अनिवार्य माना जाता है। दूसरों के निष्कर्षों को दुहराने या फिर से तैयार करने की अनुमति देने के साथ-साथ सत्यापित लेख अध्ययन को 'लेखा परीक्षा के योग्य' बनाकर (अन्य लोग भी भली भाँति देख सकते हैं कि निष्कर्ष कैसे उत्पन्न हुए) उसके लिए विश्वस्तता हासिल करने में मदद करते हैं। यदि आपकी विधि सबके सम्मुख खुले तौर पर प्रस्तुत होगी तो शोर मचाते हुए आधार-सामग्री तैयार करना, परिणाम को गलत साबित करना, मामलों को हटा देना, अंकों के साथ खेलना, लेखन चोरी करना और यहाँ तक कि रचनकारिता को ग़लत निरूपित करना कठिन होगा।

संकेतक और जाँच सूची

सभी शोध छात्रों के लिए शोध-प्रामाणिकता के संकेतकों से सुपरिचित होना एक चुनौती है। आपको न सिर्फ अपने शोध में संकेतकों की तरह काम करना होगा, बल्कि अगर आप प्रासंगिक संकेतकों के संदर्भ में दूसरों तक पहुँच बना सकेंगे तो आपमें प्रासंगिक साहित्य से गहन जुड़ाव की योग्यता बढ़ जाएगी। तालिका 4.2 उपर्युक्त मुद्दों के लिए सारांश प्रदान करता है और सह-संकेतकों को विस्तार देता है जो शोध के विभिन्न विधाओ के लिए सटीक है।

तालिका 4.2 मुद्दों और प्रतिमान के आधार पर विश्वसनीय संकेतक

प्रत्यक्षवादी संकेतक	उत्तरप्रत्यक्षवादी संकेतक
क्या आत्मवाद स्वीकृत और प्रबंधित है?	
वस्तुनिष्ठता — भावनाओं, निजी पूर्वग्रहों या आत्मवाद से प्रभावित न होकर निष्कर्ष प्रत्यक्ष घटनाक्रम पर आधारित होते हैं	**तटस्थता** — आत्मवाद को मान्यता दी जाती है और पक्षपात पूर्ण नतीजों/ निष्कर्षों से बचने का प्रयास होता है।
	पारदर्शिता सहित आत्मवाद — आत्मवाद की स्थिति की स्वीकृति तथा प्रकटीकरण; शोध प्रक्रिया एवं निष्कर्ष पर क्या प्रभाव पड़ सकता है।
क्या असली सार मिल गया है ?	
वैधता — सच मूल्य के साथ संबंधित, निष्कर्ष क्या 'सही' है। क्या तरीके, दृष्टिकोण और तकनीकें वास्तव में खोज के साथ संबंधित हैं।	**प्रामाणिकता** — सच मूल्य के साथ संबंधित, मानते हुए कि कई सत्य मौजूद हो सकते हैं। सथ ही, अनुभव / घटना की गहरी संरचना के वर्णन के साथ एक तरह से संबंधित जो अनुभव के अनुसार 'सच' है।
क्या स्थिरतापूर्वक विधियों तक पहुँच पाए हैं ?	
विश्वसनीयता — आभ्यंतरिक सामंजस्य के साथ संबंधित, अर्थात, क्या संग्रहित, नापा हुआ या उत्पन्न डेटा/परिणाम परीक्षण दोहराने पर भी समान रहते हैं?	**निर्भरता** — यह स्वीकार करती है कि सामाजिक अध्ययन में विश्वसनीयता संभव नहीं भी हो सकती है, लेकिन पुष्टि करती है कि तरीके व्यवस्थित, अच्छी तरह से प्रलेखित हैं और अनुसंधान आत्मवाद शामिल करने के लिए डिजाइन किए हैं।
क्या तर्क प्रासंगिक और सटीक है?	
सामान्यीकरण — एक सेंपल, सेटिंग या समूह से प्राप्त परिणाम और/या निष्कर्ष सीधे तौर पर किसी बड़ी जनसंख्या, अलग सेटिंग या किसी अन्य समूह पर लागू किए जा सकते हैं या नहीं।	**बदलने की योग्यता** — क्या एक सेंपल, सेटिंग या समूह से प्राप्त परिणाम और/या निष्कर्ष से कोई ऐसा ज्ञान प्राप्त हुआ है, जिसे बड़ी जनसंख्या, अलग सेटिंग या किसी अन्य समूह पर लागू किया जा सके।
क्या शोध सत्यापन के योग्य है?	
पुनरुत्पादन — (प्रतिलिपि करने की योग्यता) अगर एक ही पद्धति का समान संदर्भ के साथ अलग अलग अध्ययन में उपयोग किया गया, क्या परिणाम / निष्कर्ष का समर्थन किया जा सकता है।	**लेखा परीक्षा की योग्यता** — उन विधियों की पूर्ण व्याख्या जिससे सभी देख सकें कि शोधकर्ता कैसे और क्यों अपने निष्कर्षों तक पहुंचे।

नीति: प्रामाणिकता तथा 'शोध विषय'

नीति शोध की प्रामाणिकता का मूल केंद्र है। अधिकार/शक्ति के साथ दायित्व आता है। शोधकर्ता के रूप में 'शोध-विषय के प्रति आपका दायित्व सुस्पष्ट और मौलिक है। उत्तरदाता की प्रतिष्ठा और कल्याण मानसिक और शारीरिक – दोनों बेहद महत्वपूर्ण हैं। सशक्त शोधकर्ता के लिए यह समझना ज़रूरी है कि विधिक/कानूनी, सदाचारपूर्ण और नैतिक स्तर पर दायित्व बेहतर संवादपूर्ण हो।

कानूनी दायित्व

संक्षेप में,शोधकर्ता कानून से ऊपर नहीं होता। कुछ होना चाहते होंगे, पर स्पष्टत: होते नहीं। समाज के नियम-कानून शोध-संसार पर भी लागू होते हैं। यदि कुछ आम जनता के लिए अवैध है तो शोध-प्रतिभागियों के लिए भी अवैध होगा। अब, अनेक शोधकर्ताओं के लिए अवैध गतिविधियों से दूर रहने की कसौटी पर खरा उतरना अधिक कठिन नहीं होता। बहत से शोधकर्ता इस तर्क से अवगत होते हैं, लेकिन सामान्यत: उन शोधकर्ताओं को कानूनी दुविधा का अधिक सामना करना पड़ता है जो 1. अवैध गतिविधियों का अध्ययन करने के इच्छुक हैं या 2. अपनी खोज के दौरान संयोगवश अवैध गतिविधियों से रु-बरु हो जाते हैं। उदाहरण के लिए, मेरे पास ऐसे छात्र थे जिनकी रुचि 'मुर्गे की लड़ाई 'से लेकर अस्पताल के कर्मचारियों द्वारा मरीजों के शोषण से लेकर निजी विद्यालयों में दिए जा रहे शारीरिक दंड तक था। और इन शोध छात्रों की दुविधा यह थी कि अपने अध्ययन के दौरान आए ग़ैर कानूनी गतिविधियों का विवरण दें या नहीं। जैसे कि मान लें आप कई माता-पिता से 'तनाव' पर साक्षात्कार ले रहे थे और आपके सामने बाल शोषण का मामला उजागर हो गया। अब आप गोपनीयता बनाए रखेंगे या उस शोषण का उल्लेख करना अपना कर्तव्य समझेंगे ?

इस मामले में संविधान के नियम बहुत अस्पष्ट हैं। और यह देश व परिस्थिति के आधार पर भी भिन्न हो सकता है। आप इस ग़ैर कानूनी गतिविधियों का उल्लेख करना कर्तव्य मानें या मानें लेकिन बहुत से देशों में अदालत आपके डेटा/आंकड़ों और फाइलों की माँग कर सकती है। कानूनी दृष्टांतों से यह ज़ाहिर होता है कि शोधकर्ता द्वारा दिए गए गोपनीयता के आश्वासन को अदालत नहीं मानती। शोधकर्ता के रूप में आप वकील, चिकित्सक या पादरी के समान अधिकार नहीं पा सकते।

सदाचारपूर्ण दायित्व

जब हम सदाचार की बात कर रहे होते हैं, हम सही और ग़लत सामाजिक मानदंडों और मूल्यों की बात कर रहे होते हैं। शोध में वैयक्तिक और सांस्कृतिक – दोनों समूहों की प्रतिष्ठा और कल्याण का दायित्व इसका आधार है। सरल शब्दों में कहें तो शोध घृणास्पद, अपमानजनक, नीचा दिखानेवाला या खतरनाक नहीं होना चाहिए। दरअसल इसे मानसिक या शारीरिक किसी भी तरह से हानिकारक नहीनहोना चाहिए।

शोध-संचालन में कुछ सदाचारपूर्ण विचार शामिल हैं:

- **कर्तव्यनिष्ठा** — इसका संदर्भ यह है कि किसी भी निर्णयात्मक प्रक्रिया में उत्तरदाता या प्रतिभागी की रुचि को सबसे आगे रखा जाए। यह याद रखना ज़रूरी है कि शोधकर्ता निश्चित अधिकार की स्थिति/स्तर रखते हैं और इस इस्थिति के प्रति सचेत रहना अनिवार्य है ताकि शोध परियोजना से संबद्ध लोगों का भला हो सके
- **न्यायसंगतता** — न्यायसंगत शोध जनसंख्या के कुछ खंडों को अपने शोध में शामिल करने हेतु पूछताछ करने की प्रक्रिया से संबद्ध है, जबकि अन्य खंड इस निवेदन से मुक्त रहते हैं। जैसे कि क़ैदी, छात्र, बच्चे और अल्पसंख्यकों में कुछ विशेषताएँ होती हैं जो उन्हें शोध-अध्ययन का विषय बनाती हैं। यह महात्वोपूर्ण है कि हम किसी समूह-विशेष को 'बाली का बकरा' न बनाएँ।
- **ईमानदारी** — वो दिन बीत गए जब शोधकर्ता अपने उत्तरदाता को धोखे में रख सकते थे और उनसे झूठ बोल सकते थे कि इसमें आगे क्या होने वाला है या शोध-अध्ययन क्यों किया जा रहा है। यह अपेक्षित है कि शोधकर्ता खुले विचार वाले और ईमानदार हों और शोध प्रक्रिया के विवरण को पारदर्शी रखें।

नैतिक दायित्व

नीति सदाचारपूर्ण दायित्वों पर आधारित होती है, मगर यह निष्पक्ष, न्यायसंगत, सही या ग़लत का निर्णय व्यावसायिक तरीके से लेती है। नीति के संदर्भ में सिद्धान्त या व्यवहार के वे नियम हैं जो व्यवसाय के अंतर्गत स्वीकार्य या अनुमतिप्राप्त कार्यों को करने की आज्ञा देते हैं। शोध-संचालन में जो नैतिक दिशा-निर्देश हैं वे पेशेवर संकेतावली, अनुशासित क्षेत्र एवं संस्थान के अनुरूप अलग-अलग होंगे मगर सामान्यत: निम्नलिखित क्षेत्रों को शामिल रखेंगे:

- **यह सुनिश्चित करना कि उत्तरदाता ने सूचित सहमति दी है** — शोधकर्ताओं के अनुरोध पर जब प्रतिभागियों को भागीदारी की समझ होगी तब प्रतिभागी शोध-अध्ययन से जुड़े रहने के लिए सूचित सहमति दे सकते हैं। इसमें शामिल हैं: समय की प्रतिबद्धता, गतिविधि के प्रकार, उसमें शामिल विषय और सारे संभावित शारीरिक और भावनात्मक जोखिम। सूचित सहमति का अर्थ है, प्रतिभागी हैं: सक्षम — उनके पास उचित बौद्धिक क्षमता और मानसिक परिपक्वता है; स्वायत्त — वे आत्मनिर्देशित और चुनाव करते हैं; स्वेच्छा से शामिल — वे अंजान/मज़बूर, दवाब में या ठगे नहीं होते; क्रम तोड़ने से अवगत — वे संलग्नता बनाए रखने के किसी भी तरह प्रण या दवाब में नहीं होते। ठगे हुए नहीं — अध्ययन की प्रकृति, कोई संबंध या व्यावसायिक स्थिति और अध्ययन के उपयोग का उद्देश्य सच्चा और खुला होना चाहिए; मज़बूर नहीं — लोगों को भागीदार बनाने के लिए सत्ता की शक्ति का उपयोग नहीं करना चाहिए; प्रेरित नहीं — जबकि लोगों के लिए उनके समय और श्रम क्षतिपूर्ति-योग्य और स्वीकार्य हो सकते हैं, शोधकर्ता को प्रलोभन में पड़कर सक्षम प्रतिभागी के निर्णय के प्रति सम्झौता नहीं करना चाहिए।
- **यह सुनिश्चित करना कि उत्तरदाता को कोई क्षति न हो** — इसके अंतर्गत भावनात्मक या मानसिक क्षति के साथ-साथ शारीरिक क्षति भी शामिल हैं। शारीरिक क्षति को पहचान पाना अपेक्षाकृत अधिक आसान है, मगर मानसिक क्षति के जोख़िम को पहचान पाना कठिन हो सकता है और भविष्यवाणी करना मुश्किल। 'मानसिक क्षति' रोष, चिंता, शर्मिंदगी या अप्रिय यादों को जीने के रूप में चाहे अनियोजित और अनजाने में होती हो, मगर सामान्यत: होती है। यह याद रखे कि नीति और सदाचार की परिसीमा से बाहर या अस्वीकार्य होने के साथ-साथ क्षति का जोख़िम कानूनी मुद्दों को जन्म दे सकता है। यहाँ हम मुकदमों की बात कर रहे हैं। इसलिए भले आपका अंत:करण या आपकी व्यावसायिक नीति आपके निर्णय को उचित सिद्ध करे, आपकी कार्य-विधि का पुनर्मूल्यांकन कराने के लिए कानूनी कार्रवाई ही पर्याप्त है।
- **गोपनीयता और यदि उचित हो तो अनामिता को सुनिश्चित करना** — गोपनीयता के अंतर्गत प्रदान किए जा रहे शोध-आंकड़ों की पहचान सुरक्षित रखना शामिल है; पहचान के डेटा आंकड़े शोधकर्ताओं के साथ ही रहते हैं। याद रखें कि पहचान छिपाने के लिए केवल छद्मनाम रखना ही पर्याप्त नहीं है, अगर दूसरे यह अनुमान कर लें कि आप किनके लिए आवाज़ उठा रहे हैं या कौन बोल रहा है तो आपको पहचान को अधिक छिपाने की या उसे प्रकट करने के लिए अनुमोदन लेने की ज़रूरत होगी। अनामिता गोपनीयता के एक क़दम आगे हैऔर इसका संदर्भ पहचान की सुरक्षा के विरोध में है, यहाँ तक कि शोधकर्ताओं के लिए भी। गुमनाम रूप से एकत्रित सूचना, डेटा और प्रतिक्रियाएँ किसी उत्तरदाता-विशेष की पहचान के योग्य नहीं होनी चाहिए। इसका एक अच्छा उदाहरण 'गुमनाम' कक्षा-मूल्यांकन है जहां छात्र आश्वस्त होंगे कि उन्हें क्षति पहुंचाने के लिए कोई घातक प्रतिक्रिया आने की संभावना नहीं है। पहचान छिपाने के साथ-साथ गोपनीयता और अनामिता की सुरक्षा के लिए ये शामिलहोने चाहिएँ: कच्चे आंकड़ों का सुरक्शित भंडारण; आँकड़ों तक पहुँच पर रोक; आँकड़ों के आगामी उपयोग के लिए अनुमति की ज़रूरत और कच्चे आँकड़ों का संभावित विनाश।

जबकि ऐसे दिशा निर्देशक सरल लगे, मगर जो डेटा आपने एकत्रित किया है और इन दिशा निर्देशकों का अनुसरण करने के लिए समझौते की संभावना हो सकती है। फिर भी नीति को हमेशा तरजीह दी जाती है। दुविधा उत्पन्न होती है (देखें बॉक्स 4.6), इसलिए अच्छा है कि तैयार रहें फिर चाहे इसका अर्थ आपके शोध की रूपरेखा को थोड़ा संशोधित करना क्यों न हो। भाग्यवश नीति की समितियों के पास अनुमोदित प्रक्रियाएँ होती हैं जो आपको नैतिक शोध के आचरण को परिभाषित करनेवाली सीमाओं से पहचान कराने और उसके अंतर्गत काम करने में मदद करेगी।

बॉक्स 4.6

वास्तविक दुनिया के शोध में नैतिक दुविधाएँ

तो आप शोध के दौरान किस तरह की दुविधाओं का सामना करनेवाले हैं? लगभग सभी विश्वविद्यालयों में संलेख (प्रोटोकॉल) यह सुनिश्चित करते हैं कि आपके पास सूचित सहमति है और यह भी कि वे प्रतिभागी यह भी जानते हैं कि आपका शोध किस विषय पर है और उनकी संलग्नता से क्या मिलनेवाला है। और कृतज्ञतापूर्वक, नैतिक संलेख ने शारीरिक क्षति के जोख़िम को काफ़ी कम किया है। मगर मेरे अनुभव के अनुसार, कुछ नैतिक नुकसान हैं, जिसका सामना आप कर सकते हैं। इनमें शामिल हैं:

1 हाशिये पर रखे गए उत्तरदाता समूह के प्रति संवेदनशून्य होना

आप जब जातीय समूह के लिए काम कर रहे हों, आपको सांस्कृतिक ज्ञान की ज़रूरत होगी, जिससे सांस्कृतिक संवेदना आएगी। और यह कल्पित नहीं हो सकता। ऑस्ट्रेलिया और न्यूजीलैंड — दोनों जगहों पर काम करते हुए मैंने, शोधकर्ताओं को पूरी तरह हैरान होते हुए देखा है कि अब उनके आदि/या माओरी उत्तरदाता उनसे नाराज़ हो गए।

2 गोपनीयता सुनिश्चित नहीं करना

हम यह वादा करते हैं प्रतिक्रियाएँ गोपनीय रहेंगी, मगर उदाहरण के लिए जब मूल सूचक के साक्षात्कार का विवरण देते हैं, हम उस व्यक्ति का कार्यस्थल, विभाग और स्थिति सब दे देते हैं कि उस व्यक्ति को खोजना आसान हो सकता है।

3 उत्तरदाताओं को तनाव/संघर्षपूर्ण स्थिति में डालना

मैंने ऐसे बहुत से बदकिस्मत समूह (शोधविषय/वस्तु) के साथ होते देखा है। तनाव पैदा होते हैं और अगर झगड़े को ठीक से सुलझाया नहीं गया तो वह भद्दा रूप ले सकता है। इससे भी बदतर केंद्रित समूह के सदस्य एक ही कार्यस्थल, परिवार या विद्यालय से हों तो शोध प्रक्रिया का तनाव उनके जीवन के दूसरे हिस्से में भी फ़ैल सकता है। यहाँ मेरी सलाह है कि अपने पहले केंद्रित समूह पर अकेले काम न करें। ख़ासकर उन विषयों पर जो वाद-विवाद खड़े कर सकते हैं।

4 संवेदनशून्य और संभावित रूप से भयंकर प्रश्न पूछना

यह जानना मुश्किल हो सकता है कि लोग किस विषय पर संवेदनशील हैं। जब बात यौन उत्पीड़न, घरेलू हिंसा या युद्ध के अनुभव की हो, तब हम सतर्क रहना जानते है, मगर जब सवाल फेसबुक, परहेज की आदत और टालमटोल का हो तो मैंने लोगों को दुखी होते हुए देखा है। यहाँ पर मैं नीति-समिति के सूक्ष्म परीक्षण को सचमुच सराहती हूँ। इसका अर्थ है कि क्षति की पूरी ज़िम्मेदारी सिर्फ मेरी नहीं है।

5 ख़ुद को ऐसी स्थिति में डालना जहाँ आपको (ऐसा महसूस हो) कि गोपनीयता भंग करने की ज़रूरत है

आप संयोगवश इनमें से किसी की भी जानकारी पा सकते हैं: बाल शोषण, खतरनाक कार्य, धोखा, चोरी। क्या आप कहते हैं कि 'शोध प्रक्रिया को कचरे में डालो' और इसका उल्लेख भी कर देते हैं। निश्चित रूप से बालशोषण के मामले में ऐसा नहीं करना चाहिए। लेकिन क्षुद्र चोरी का क्या? गबन के धन का क्या?

(जारी)

(जारी)

व्यावसायी स्वास्थ्य और सुरक्षा के गंभीर उल्लंघनों का क्या? बड़ी दुविधा! मगर कुछ ऐसा जिसे आपको अकेले नहीं करना चाहिए। अपने पर्यवेक्षक से बात करें और इसे नीति-समिति के समक्ष प्रस्तुत करें। सिर्फ अपने कंधे पर बोझ न रखें।

नैतिकता के अनुमोदन की प्रक्रियाएँ

नैतिक शोध-संचालन केवल प्रतिबद्धता पर्याप्त नहीं है। अधिकांशत: विश्वविद्यालय और बड़ी नौकरशाही संस्थानों, जैसे कि अस्पताल या सरकारी विभाग आपके द्वारा अध्ययन प्रारम्भ करने के लिए कार्यालयी अनुमोदन की माँग करेंगे जिसमें नैतिक प्रस्ताव (देखें अध्याय 5), संलग्न होंगे और सहमति पत्र और जानकारी के बयान भी शामिल होंगे (देखें बॉक्स 4.8) यह आपसे नैतिक आशय के लिए अध्ययन के सारे पहलुओं को सावधानीपूर्वक परीक्षण और तर्क सम्मत कार्य करने की माँग करेगा।

अब कुछ शोधकर्ता ऐसा मानते हैं कि नीति-सम्मत अनुमोदन पाना सिर्फ नौकरशाही बाधा पार करने की प्रक्रिया है जिसकी रूपरेखा सीमित और बहुमूल्य समय पाने के लिए बनाई गई है। लेकिन वास्तव में प्रक्रिया को गंभीरतापूर्वक लेने के कुछ अच्छे कारण हैं। नीति-समिति आपकी मदद इस तरह कर सकती है: ज्ञानोत्पादन में प्रामाणिकता सुनिश्चित करने में; प्रतिभागियों के प्रति दायित्व को बढ़ावा देने में और शोधकर्ता, स्वीकृति देनेवाली संस्था को किसी संभावित कानूनी प्रभाव द्वारा सुरक्षित करने में जो अनैतिक शोध से जन्म ले सकती है।

अधिकतर विश्वविश्वीद्यालय के अपने नैतिक संलेख होंगे लेकिन अधिकाधिक झुकाव मानकीकरण की ओए है। उदाहरण के लिए, यूके के आर्थिक और सामाजिक शोध परिषद (इकोनॉमिक्स एंड सोशल रिसर्च काउंसिल) ने शोधनीति के लिए ईएसआरसी का ढाँचा निर्मित किया है। 51 – पृष्ठ की निर्देशिका जो ईएसआरसी द्वारा वित्तपोषित शोध के लिए नीतिसम्मत अनुमोदन की माँग करती है (देखें बॉक्स 4.7) प्राय: यह यूके के दूसरे वित्तपोषकों द्वारा अपनाया गया है। ऑस्ट्रेलिया राष्ट्रीय नीति अनुमोदन पत्र (नेशनल एथिक्स एप्रूवल फार्म – एनईएएफ) को विकसित करके एक क़दम आगे बढ़ा है जिसे विभिन्न शोध समितियों को प्रस्तुत करने हेतु शोधकर्ता को मानक प्रस्तावों में पूर्णत: सहयोग करने लिए तैयार किया गया है (अब इसे अधिकांश ओस्ट्रेलियायी विषविद्यालयों द्वारा अपनाया गया है)। इसका लक्ष्य निरंतरता, दक्षता और समीक्षा प्रक्रिया की गुणवत्ता को बढ़ाना है।

बॉक्स 4.7

नैतिक अनुप्रयोगों का मानकीकरण

यूके के आर्थिक और सामाजिक शोध परिषद (द यूके इकोनोमिक एंड सोशल रिसर्च काउंसिल) (http://www.esrc.ac.uk/about-esrc/information/research-ethics.aspx) की नीति की माँग की निर्देशिका मेन एक प्रवाह चित्र (फ़्लो चार्ट) शामिल है (चित्र 4.2) जो शोधकर्ता को अनुमोदन की प्रक्रिया में मूल निर्णय लेने के दौरान कार्य करने में मदद करती है।

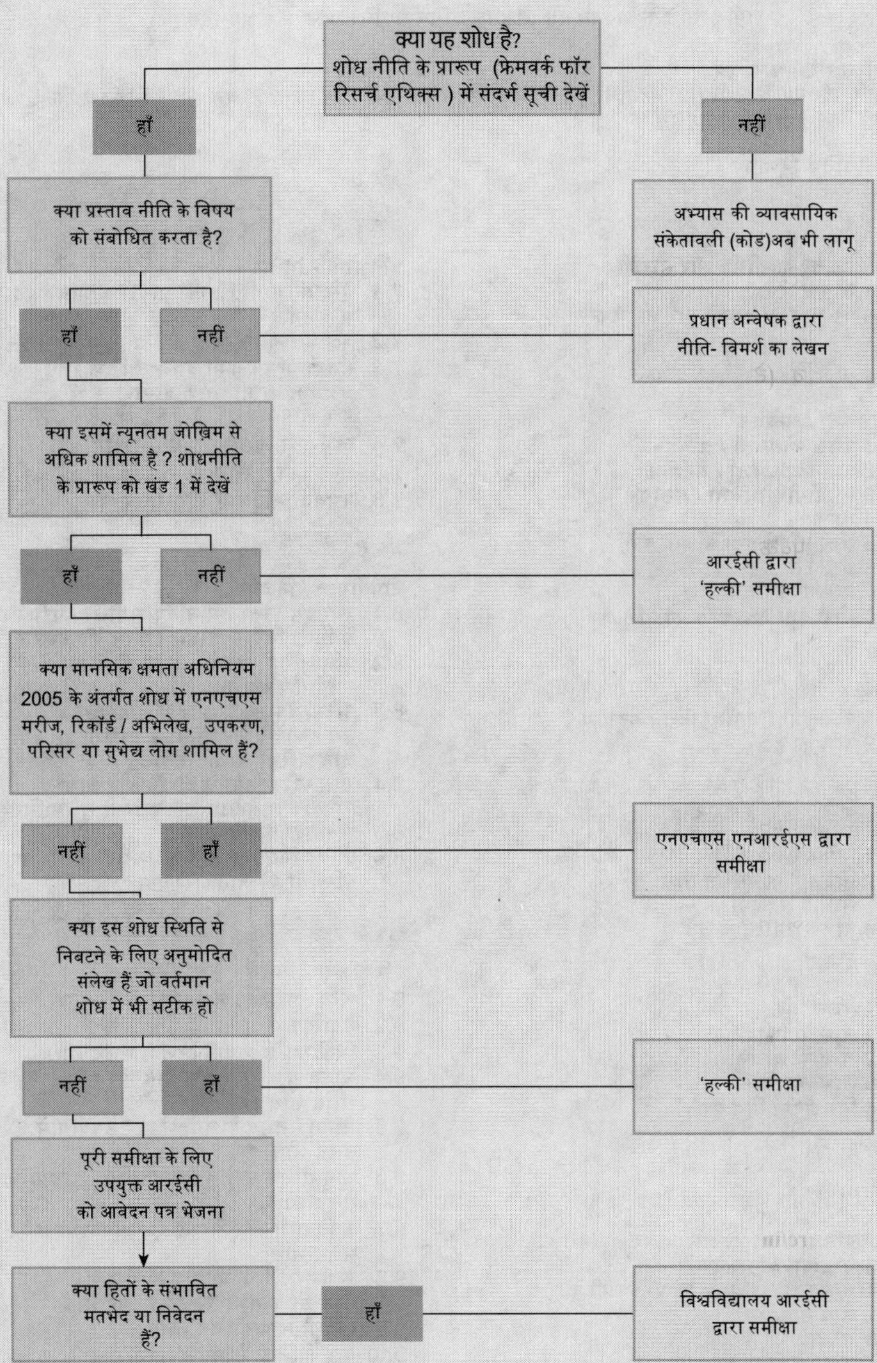

चित्र 4.2 ईएसआरसी नीति-फ्लो चार्ट

राष्ट्रीय नीति के आवेदन पत्र (नेशनल एथिक्स एप्लिकेशन फॉर्म)(एनईएएफ)

त्वरित संदर्भ मानचित्र

यह एनईएएफ के सभी खंडों की सूची है। जो खंड आपसे उत्तर की माँग करता है, वह इसपर निर्भर है कि आप किस प्रकार का शोध शुरू कर रहे है ?

प्रशासनिक विभाग

खंड 1.

परियोजना का शीर्षक और सारांश
1.1 शीर्षक
2.सरल भाषा में परियोजना का विवरण

खंड 2

शोधकर्ता / अन्वेषक
2.1 प्रमुख शोधकर्ता / अन्वेषक
2.2 प्रधान शोधकर्ता / अन्वेषक
2.3 सहयोगी शोधकर्ता / अन्वेषक
2.4 संपर्क
2.5 शोध परियोजना के अन्य कर्मी
2.6 शोधकर्ता / अन्वेषक का प्रामाणीकरण
2.7 शोध कर्ता / अन्वेषक का प्रशिक्षण

खंड 3

साधन
3.1 परियोजना के लिए वित्त / सहयोग
3.2 रुचि का द्वंद्व

खंड 4

पूर्व समीक्षा
4.1 नैतिक समीक्षा
4.2 विदेश में आयोजित शोध
4.3 साथी / सहकर्मी
4.4 नैतिक समीक्षा के खंड

खंड 5

परियोजना
5.1 शोध के प्रकार
5.2 शोध की योजना
5.3 लाभ / जोख़िम
5.4 निगरानी / नियंत्रण

खंड 6

प्रतिभागी
6.1 शोध प्रतिभागी
6.2 प्रतिभागी का विवरण
6.3 भागीदारी का अनुभव
6.4 शोधकर्ता / अन्वेषक का प्रतिभागी के साथ संबंध
6.5 भरती
6.6 सहमति की प्रक्रिया

खंड 7

प्रतिभागी - विशेष
7.1 ऐसे प्रतिभागी जिनकी प्राथमिक भाषा अंग्रेज़ी से अलग है
7.2 बच्चे और युवा
7.3 संगयानात्मक कमी वाले, बौद्धिक अक्षमता या मानसिक बीमारी से युक्त लोग
7.4 निर्भर या आसमान संबंध में लोग
7.5 अन्य देशों में लोग
7.6 गर्भवती महिलाएँ और मानव भ्रूण

खंड 8

गोपनीयता / निजता
8.1 क्या इस प्रस्ताव में नैतिक समीक्षा / परीक्षण में निजी निर्देश को अमल करने की ज़रूरत है?
8.2 प्रतिभागियों से प्राप्त जानकारियों का उपयोग करना
8.3 परियोजना के पूरे होने के दौरान या उसके बाद प्रतिभागियों के बारे में जानकारियों का भंडारण
8.4 शोध परियोजना के दौरान और शोध परियोजना से प्राप्त जानकारियों से स्वामित्व
8.5 सूचनाओं का निपटारा
8.6 प्रतिभागियों या अन्य को व्यक्तिगत तौर पर परिणाम की जानकारी देना

खंड 9

परियोजना - विशेष
9.1 शोध / परीक्षण के प्रकार
9.2 नैदानिक शोध
9.3 विकीरण के आयनीकरण में संलग्न शोध
9.4 मानव भ्रूण या युग्मक (जननांग) में संलग्न शोध
9.5 मानव - नमूने के संग्रहण और उपयोग में संलग्न शोध
9.6 आनुवांशिक परहेज / आनुवांशिक शोध में संलग्न शोध
9.7 आदिवासी और टोरेस्ट स्ट्रेट द्वीपवासी से संलग्न शोध
9.8 कार्यस्थल के कार्य या कार्यस्थल के सम्बन्धों के संभावित प्रभाव पर शोध
9.9 विदेशों में आयोजित शोध
9.10 मूल कोशिका से संबद्ध शोध

चित्र 4.3 एनईएएफ संदर्भ मानचित्र

ऑस्ट्रेलिया का राष्ट्रीय नीति-संबद्ध आवेदन पत्र (राष्ट्रीय स्वास्थ्य एवं चिकित्सा शोध परिषद द्वारा विकसित) देखें — https//www. neaf.gov.au/default.aspx — काफी विस्तृत है और प्राय: शोधछात्रों के लिए कष्टदायक है। इसके लिए अच्छी सलाह है कि एनईएएफ़ को नीति-सम्बद्ध आवेदन पत्र से कुछ अधिक देखना। इसे एक असाधारन साधन/उपकरण की तरह प्रारूपित करें जो आपको अपनी परियोजना को असपष्ट विचारों से वास्तविक शोध प्रक्रिया की ओर जाने के लिए बल देगा। चित्र 4.3 एनईएएफ़ आवेदन पत्र को रेखांकित करता है।

बॉक्स 4.8

नैतिक आवेदन पत्र के परिशिष्ठ — प्रतिभागियों की जानकारियों के बयान और सहमति पत्र

आमतौर पर आवश्यक दो दस्तावेज़ जो प्राय: सभी नैतिक आवेदन पत्र के परिशिष्ठ होते हैं, वे हैं — जानकारी के बयान और सहमति पत्र। अधिकांश नीति समिति की स्पष्ट आवश्यकताएँ, उदाहरण और नमूने उनकी वेबसाइट पर उपलब्ध होते हैं। मेरी सलाह है कि आप उन्हें देखें। तो भी इन दस्तावेज़ों मेन कुछ महत्वपूर्ण तत्व हैं जो निम्नांकित हैं:

प्रतिभागी द्वारा जानकारी के बयान

1. लिखित रूप में अपने लक्ष्यों और उद्देश्यों का संक्षिप्त विवरण, जिसमें आप क्या पाना चाहते हैं, भी शामिल है
2. अध्ययन कौन आयोजित कर रहा है, उसकी जानकारी जिसमें व्यक्ति या समूह, संस्थान, छात्र और पर्यवेक्षक भी शामिल हैं।
3. अध्ययन में क्या शामिल है — साक्षात्कार, केंद्रित समूह, वीडियो रिकॉर्डिंग आदि। स्थान, विषय, जिनपर काम होगा; प्रतिभागियों की समय की आवश्यकता और जोख़िम भी शामिल हैं।
4. प्रतिभागी को किसी भी समय शोधकार्य छोड़ने का अधिकार
5. गोपनीयता का आश्वासन
6. प्रतिभागियों को लाभ
7. अग्रिम जानकारियों और किसी मामले पर चर्चा के लिए संपर्क-विवरण

सहमति पत्र

1. परियोजना का विषय
2. अनुमति का बयान, जैसे कि "मैं .... शोध परियोजना में अपनी भागीदारी की सहमति देता हूँ।
3. प्रतिभागी जिसपर सहमति दे रहे हैं, उसका विवरण: सहमति देते हुए मैं यह स्वीकारता हूँ कि
   - परियोजना के लिए आवश्यक प्रक्रियाएँ और संलग्न समय मुझे समझा दिया गया है
   - मैंने प्रतिभागी की जानकारी के बयान को पढ़ लिया है और शोधकर्ताओं के साथ परियोजना की जानकारी और उसमें अपनी भागीदारी की चर्चा का मुझे सुअवसर मिला है
   - मैं यह समझता हूँ कि इस अध्ययन में रहना पूरी तरह स्वैच्छिक है— मैं सहमति देने के लिए किसी भी दायित्व के अधीन नहीं हूँ
   - मैं समझता हूँ कि अध्ययन के परिणाम से एकत्रित शोध तथ्य/आंकड़े प्रकाशित किए जा सकते हैं मगर मेरे बारे में कोई सूचना किसी भी प्रकार से नहीं दी जाएगी जिससे मेरी पहचान हो
   - मैं समझता हूँ कि मैं शोधकर्ता या किसी (क ख ग घ ...) विश्वविद्यालय से अपना संबंध प्रभावित किए बिना अध्ययन से किसी भी समय अलग हो सकता हूँ

पाठ सारांश

- दायित्व और प्रामाणिकता/ईमानदारी शोध के सर्वश्रेष्ठ विचार होने चाहिएँ। इसके अंतर्गत ज्ञानोत्पादन में प्राथमिकता और शोध प्रतिभागी के साथ व्यवहार करने में प्रामाणिकता/ईमानदारी शामिल है।
- शोध में नैतिक और राजनैतिक सजगता को शोध के अंतर्गत मुख्यधारा का विचार होना चाहिए। अब अधिकार शक्ति के साथ प्रबंधित होना चाहिए।
- उदाहरण से ठीक वही संकेतक चुनने के बजाय शोधकर्ता को प्रोत्साहित किया जाता है कि वे आधारभूत चुनौतियों पर विचार करें और अपनी कार्यप्रणाली के दृष्टिकोण को गभीरतापूर्वक जांच कर उपयुक्त संकेतक निर्धारित करे। शामिल चुनौतियाँ हैं: आत्मवाद का प्रबंधन; विश्वास हासिल करना; सत्य पाना; प्रासंगिक तर्क करना; एवं सटीक लेखा प्रस्तुत करना।
- प्रामाणिकता और 'शोध-विषय'/वस्तु, शोध प्रतिभागी के लिए प्रतिष्ठा और कल्याण का दायित्व संदर्भित है। ऐसी जिम्मेदारियाँ बाइध, नैतिक और सदाचारपूर्ण हो सकती है।
- कार्यालयी नैतिकता का अनुमोदन प्रामाणिकता को सुनिश्चित करेगा; प्रतिभागियों के प्रति दायित्व को बढ़ावा दह और कानूनी प्रभाव से शोधकर्ता और वित्तपोषक संस्था — दोनों को सुरक्षा देगा।

संदर्भित पुस्तकें

ज्ञानोत्पादन में विश्वसनीयता और प्रामाणिकता

Hood, S., Mayall, B. and Oliver, S. (eds) (1996) *Critical Issues in Social Research: Power and Prejudice*. Buckingham: Open University Press.

उन कुछ पुस्तकों में से एक जो शोध को राजनैतिक गतिविधि की तरह बनाता है और यह पता लगाता है कि शक्ति का उपयोग शोध की प्रामाणिकता का केंद्र है। एक अच्छा अध्ययन।

IMNRC (2002) *Integrity in Scientific Research: Creating and Environment that Promotes Responsible Conduct*. Washington, DC: National Academies Press.

यह पुस्तक अधिक संस्थागत विचार लेता और उन कार्यों को पहचानने में अच्छा काम करता है जो प्रामाणिकता को चिह्नित करते हैं।

Macrine, F.L. (2005) *Scientific Integrity: Text and Cases in Responsible Conduct of Research*. Hemdon, VA: ASM Press.

हालाँकि यह पुस्तक सभी प्रमुख विषयों को समेटे हुए है, मगर इसमें मुझे जो सबसे अधिक पसंद आया, वह है परस्पर संवादात्मक मामले का अध्ययन। अच्छी तरह देखने लायक।

Nichols-Casebolt, A. (2012) *Research Integrity and Responsible Conduct of Research*. Oxford: Oxford University Press.

यह पुस्तक सामाजिक कार्य के उदाहरणों का अच्छा उपयोग करती है, फिर भी इसमें प्रामाणिकता की अच्छी व्याप्ति है, क्योंकि यह डेटा/आंकड़ों के संग्रहण से शोध का स्वामित्व; रुचि का संघर्ष; विषयवस्तु की सुरक्षा, शोध का अवगुण; लेखन एवं प्रकाशन; संरक्षक और छात्र की जिम्मेदारियाँ; सहकर्मियों की समीक्षा एवं सहयोगी विज्ञान से सम्बद्ध है।

नैतिकता

Israel, M. and Hay, I. (2006) *Research Ethics for Social Scientists*. London: Sage.

मेरे विचार से अच्छी व्यापक और सुलभ निर्देशिका है जो नीति और नीति अनुमोदन की प्रक्रिया पर गहन दृष्टि डालती है।

Mertens, D.M. and Ginsberg, P.E. (2008) *The Handbook of Social Research Ethics*. London: Sage.

यह एक संपादित ग्रंथ है जिसमें अमल किए गए सामाजिक शोध नीति पर इतिहास, सिद्धान्त, दर्शन एवं कार्यान्वयन पर गहराई से विमर्श करता है।

Oliver, P. (2003) *The Students' Guide to Research Ethics*. Buckingham: Open University Press.

इस पुस्तक में ऐसे विषय व्यावहारिक रूप में वर्णित हैं जिनपर छात्रों को ध्यान केन्द्रित करना है तथा जो आपको नैतिक विचार पर चिंतन कराएगा और अपनी परियोजना का प्रारूप बनाते और उन्नत करते समय आपको इसपर विचार करने की ज़रूरत होगी। संदर्भित पुस्तकों के लिए अच्छा संपर्क।

5

शोध प्रस्ताव का शिल्प

अध्याय का पूर्वावलोकन

- प्रस्ताव की भूमिका
- प्रस्ताव के तत्व
- सफल होने योग्य प्रस्ताव का लेखन
- बाधाएँ और चुनौतियाँ

प्रस्ताव की भूमिका

चलो, विधि से पढ़ें और खुद को वह समापन प्रस्तावित करें जिसे हमारा अध्ययन इंगित कर रहा है।

एडवर्ड गिबन

जब बात शोध की आती है, बहुत कम ऐसे शोध हैं जिनकी सफल शुरुआत बिना किसी अनुमोदन के होती है। यह व्याख्याता द्वारा मौखिक मंजूरी के जितना स्पष्ट हो सकता है, लेकिन अनुमोदन की अधिक संभावना औपचारिक प्रक्रिया द्वारा बनती है – एक प्रवेश परिषद; नीति-समिति या वित्तपोषक संस्था द्वारा। और बेशक आपको इनमें से एक से अधिक का अनुमोदन प्राप्त करना होगा।

इसका अर्थ है कि शोध प्रस्ताव (रिसर्च प्रपोजल) को विकसित करना होगा। अब, अधिकांश लोग प्रस्ताव को सोच स्पष्ट करने, सुझाव लिखित रूप में देने और विचार को मुखर करने के सुअवसर की तरह देखते हैं जो उनके भावी कार्य के अध्ययन की रूपरेखा और उसके ब्लू प्रिंट/खाका की तरह काम करेगा। और हाँ, शोध प्रस्ताव इन सारी चीजों का समन्वयन है। और यह ज़रूरी है – प्रस्ताव वह नहीं जो आप खुद के लिए लिखते हैं। निस्संदेह यह एक विक्रय-स्थल है। आपका प्रस्ताव आपका अवसर है और कभी-कभी यही सुअवसर है, अपनी शुरुआत करने का।

तो चाहे आप विश्वविद्यालय के शोध कार्यक्रम में प्रवेश के लिए तत्पर हों, नैतिक अनुमोदन की माँग कर रहे हों या वित्तपोषक की तलाश कर रहे हों; प्रस्ताव की भूमिका उन शैक्षिक प्रशासनिक मंडल को यक़ीन दिलाने की

होती है कि आपके द्वारा प्रस्तुत प्रस्ताव उनकी माँग को पूरा करता है। यानी कि शोध प्रश्न प्रस्तावित विधि और शोधकर्ता – सभी योग्य/श्रेष्ठ हैं। दूसरे शब्दों में समिति सिर्फ़ यह आकलन नहीं करेगी कि परियोजना उपयोगी और व्यावहारिक है या नहीं बल्कि यह भी कि एक प्रस्तावक के रूप में आपमें उस परियोजना (प्रोजेक्ट) पर काम पूरा करने की क्षमता है या नहीं।

अब याद रखें कि प्रस्ताव के विभिन्न पहलुओं का महत्व इस बात पर निर्भर करेगा कि आप किस प्रकार की समिति से निवेदन कर रहे हैं या किस प्रकार के अनुमोदन की माँग कर रहे हैं। उदाहरण के लिए, पीएचडी कार्यक्रम में प्रवेश हेतु लिखित प्रस्ताव को प्रस्तुत करने के लिए यह देखना भी ज़रूरी है कि शोधकर्ता के रूप में आप कितने सक्षम हैं। नीति समिति के लिए लिखित प्रस्ताव प्रणाली और प्रतिभागी के संबंध को केंद्र में रखने की माँग करेगा। वित्तपोषक समिति के समक्ष जो प्रस्ताव रखा जाए उसमें कार्यपद्धति की व्यावहारिकता और परिणाम के लाभों पर पर्याप्त बल दिया जाना चाहिए।

शोध की गुणवत्ता को प्रदर्शित करना

किसी भी सफल प्रस्ताव के लिए आपके शोध प्रश्न की गुणवत्ता को विक्रय करने की आपकी योग्यता महत्वपूर्ण है। गुणवत्ता का प्रदर्शन/प्रस्तुतीकरण दो बातों पर निर्भर करेगा, पहला – आप अपने शोध विषय और प्रश्न को स्पष्ट और संक्षिप्त रूप में साझा करने के योग्य हैं (सामान्यत: काम का शीर्षक सारांश/सार, लक्ष्य/उद्देश्य, शोध प्रश्न/परिकल्पना)। दूसरा, आप यह प्रदर्शित कर सकते हैं कि आपका शोध प्रश्न उत्तर देने के योग्य है; यानी कि आपका प्रश्न इतना महत्वपूर्ण है कि कार्यक्रम में प्रवेश के स्तर पर/स्थिति में वित्तपोषक के माध्यम से समर्थन को अपने पक्ष में ले सकता है (सामान्यत: परिचय/पृष्ठभूमि औचित्य के कार्य में)।

जब बात समिति द्वारा मूल्यांकन की आती है तब बहुत से संभावित परिदृश्य हो सकते हैं:

1. शोध प्रश्न की गुणवत्ता उसका स्वत: स्पष्ट होना है (जैसे—18 वर्ष की कम उम्र के किशोरों के अनियंत्रित मद्यपान पर नियंत्रण पाने के लिए सबसे प्रभावकारी रणनीतियाँ क्या हैं? और आप निर्धारक की संतुष्टि तक अपने प्रश्न की सार्थकता और,महत्व पर तर्क करने योग्य हैं। अबतक सबकुछ अच्छा है।
2. शोधप्रश्न की गुणवत्ता ऊपर की तरह उसका स्वत: स्पष्ट होना है मगर इस मामले में आपके तर्क का स्तर घटिया है, आप निर्धारक को संतुष्ट नहीं कर पाते कि आप स्पष्ट तर्क से आगे बढ़ने में सक्षम हैं। यह एक बड़ी समस्या।
3. शोधप्रश्न की गुणवत्ता उसका स्वत: स्पष्ट होना नहीं है। (जैसे—"क्या यूके के निवासी यूएस के निवासियों से ज़्यादा 'बिग ब्रदर' देखना पसंद करते हैं?"), लेकिन आप इस मामले पर साक्ष्य के साथ दृढ़तापूर्वक तर्क कर लेते हैं कि असली मुद्दों की संपुष्टि और इस क्षेत्र में शोध करने के क्या-क्या लाभ हैं। अगर आप यह कर पाते हैं, (ख़ासकर इस मामले में) प्रभावशाली!
4. शोधप्रश्न की गुणवत्ता ऊपर की तरह स्वत: स्पष्ट नहीं है और आप अपने मामले को बेहतर करने के लिए कम प्रयास करते हैं।आपके तर्क इतने कमज़ोर हैं कि आकलनकर्ता सिर खुजाते रह जाते हैं और आपके प्रस्ताव को शीघ्र ठुकरा दिया जाता है।

यहाँ मुद्दा यह है, जबकि शोधप्रश्न की महत्ता ज़रूरी है, वास्तव में जिसका आकलन किया जा रहा है, वह है प्रश्न की महत्ता पर तर्क करने की आपकी योग्यता। इसलिए यह ज़रूरी है कि आपका लेखन सुगठित, भली-भाँति संरचित और संदर्भित हो।

प्रस्तावित विधि की गुणवत्ता को प्रदर्शित करना

एक बार आपके आकलनकर्ता सहमत हो गए कि आपके शोधप्रश्न गुणवत्तापूर्ण हैं,फिर उनका ध्यान आपके विधियों पर केंद्रित हो जाता है। यहाँ वे कई बातों पर ध्यान देते हैं:

1. क्या प्रस्तावित विधियाँ सुस्पष्ट हैं? अगर आपके आकलनकर्ता आपके प्रस्ताव को समझ नहीं पा रहे तो आपके प्रस्ताव की सफल शुरुआत का अवसर बहुत कम है।
2. क्या प्रस्तावित विधियाँ तर्कपूर्ण हैं? दूसरे शब्दों में, क्या उसका कोई अर्थ निकल रहा है? और क्या निर्धारक आप पर विश्वास करते हैं कि आपका दृष्टिकोण विश्वसनीय डेटा/आँकड़ों तक ले जा सकता है? (सामान्यत: विधियों के अनुभाग का काम)

3. क्या प्रत्याशी ने अध्ययन की सीमाओं के साथ-साथ संग्रहण और विश्लेषण की संभावित बाधाओं पर विचार किया? स्थापित निर्धारक जानते हैं कि सारे शोध बाध्य हैं; आपका काम यह स्वीकारना है और बाधाओं के बावजूद यह दर्शाना है कि आपकी विधियाँ विश्वसनीय हैं (सामान्यत: विधियों/सीमाओं/विभाजित अनुभागों का काम)
4. क्या प्रस्तावित विधियाँ नैतिक हैं? जैसी कि अध्याय 3 में चर्चा की गई है, नैतिकता सारी शोध प्रक्रियाओं का केंद्र है (और बेशक नैतिक प्रस्ताव का मुख्य केंद्र) आपको प्रस्ताव में यह दर्शाने की ज़रूरत है कि शारीरिक और मानसिक स्तर परआपके उत्तरदाता का सम्मान और कल्याण सुरक्षित रहेगा (विधियों एवं नैतिक विचारों के अनुभागों का काम)।
5. क्या प्रस्तावित विधियाँ व्यावहारिक/करने योग्य है? यदि आपके निर्धारक यह विश्वास नहीं कर पाते कि आपकी विधियाँ अमल में लाई जा सकती हैं तो इससे कोई फ़र्क नहीं पड़ता कि आपकी विधियाँ कितनी तर्कपूर्ण और सुविचारित हैं। आपको यह दर्शाना होगा कि आपमें अनिवार्य विशेषज्ञता है या आप उसे विकसित कर सकते हैं; कि आप ज़रूरी डेटा तक अपनी पहुँच बना सकते हैं; कि आपकी निश्चित समय सीमा व्यावहारिक है और यह भी कि आप निश्चित बजट के अंदर आ पाएँगे (विधि के साथ-साथ यदि ज़रूरत हो तो समय और बजट अनुभाग का काम)।

मूल रूप से आपको, विधि अनुभाग द्वारा पाठकों को यह यक़ीन दिलाने की ज़रूरत है कि आपकी विधि आपके प्रश्न के विश्वसनीय उत्तर पाने की कुशल, प्रभावकारी और नैतिक विधि है।

शोधकर्ता की गुणवत्ता को प्रदर्शित करना

मान लें, निर्धारक आपके प्रश्न और विधियाँ–दोनों से प्रसन्न हैं। अंतिम मसला यह है कि वे आपको इस कार्य के योग्य समझते हैं या नहीं। क्या वे यक़ीन रखते हैं कि आप इसे कर पाएँगे? क्या वे भरोसा करते हैं कि आपके पास आधारभूत जानकारी है, कम से कम साहित्य से थोड़ा-बहुत परिचय और कार्य के अनुरूप लेखन-क्षमता?

अब ये बहुत सारे प्रश्न हैं और यह बहुत अच्छा होगा कि आपके निर्धारक आपको जान पाएँ और वास्तव में उन्हें महसूस हो कि आप इसके लिए समर्थ हैं। मगर ऐसा होना संभव नहीं। वास्तव में इसकी अच्छी संभावना तब बनेगी जब आपके प्रस्ताव की समीक्षा वे लोग करेंगे जिनसे आप मिले ही न हों। तो वे आपकी सामर्थ्य को आँकने के लिए क्या उपयोग करते हैं? केवल आपका प्रस्ताव। निर्धारक आपके प्रस्ताव में साहित्य की संक्षिप्त समीक्षा द्वारा साहित्य से जुड़ने की आपकी योग्यता का आकलन करेंगे और आपकी लेखन क्षमता के आधार पर प्रस्ताव में आपके लेखन की गुणवत्ता निर्धारित करेंगे। इसलिए अपने प्रस्ताव के विवरण पर अधिक ध्यान देना और उसे सबसे बेहतर लेखन बनाना फलदायी होगा।

प्रस्ताव के तत्व

प्रस्ताव की ज़रूरतें प्रस्ताव की भूमिका और संस्थान के अनुसार भिन्न होती हैं। लेकिन सामान्यत: आपको कुछ संयोजन शामिल करने की ज़रूरत होगी। ये निम्नलिखित हैं:

- **शीर्षक** — स्पष्ट, संक्षिप्त और प्रभावकारी हो। आपके शीर्षक को यथासंभव संक्षिप्त रूप में उस समस्या की विशिष्ट सामग्री एवं प्रसंग का संकेतक होना चाहिए जिसका आप पता लगाना चाहते हैं।
- **सारांश/सार** — प्रस्ताव परियोजना के सारांश की माँग करते हैं; आमतौर पर सीमित शब्दों में। यहाँ रणनीति अपनी परियोजना के क्या, क्यों और कैसे को संक्षेप में बताना है जो उसे कम से कम शब्दों में अभिव्यक्त करे। यक़ीन मानें, इसे सटीक बनाने में कई प्रालेख (ड्राफ्ट) लिखने पड़ सकते हैं।
- **लक्ष्य/उद्देश्य** — अधिकांश प्रस्तावों का एक व्यापक लक्ष्य होता है जिसे परियोजना (प्रोजेक्ट) के माध्यम से पाने की आशा की जाती है। उद्देश्यों का एक समुच्चय, जिसका विशिष्ट गंतव्य हैं, उस लक्ष्य को समर्थन देता है। लक्ष्य और उद्देश्य को प्राय: बुलेट बिंदुओं में व्यक्त किया जाता है और यह सामान्यत: 'करने के लिए' कथन होते हैं। उदाहरण के लिए, विकसित करने हेतु ....., पहचानने हेतु....; पता लगाने हेतु .....; मापने हेतु ...; व्याख्या करने हेतु......; वर्णन करने हेतु....; तुलना करने हेतु...' निर्धारित करने हेतु...। प्रबंधन साहित्य में आप संभावित रूप से इन उद्देश्यों से मिलेंगे—'स्मार्ट', विशिष्ट, मापने योग्य, पाने योग्य, प्रासंगिक/परिणाम पर केंद्रित/यथार्थवादी और समय का संक्षिप्त रूप है। लक्ष्य आपके उद्देश्यों को हवा-हवाई बनाने या व्यर्थ बकवाद से बचाना है; अपने उद्देश्य को स्पष्टत: व्यक्त करना आपके द्वारा लक्ष्य की ओर बढ़ने/काम करने की योग्यता में मदद करेगा।

- **शोध प्रश्न/परिकल्पना** — जैसा कि अध्याय 4 में उल्लिखित है,एक सुव्यक्त शोध प्रश्न या परिकल्पना द्वारा आपकी खोज परिभाषित होनी चाहिए; सीमाएँ निर्धारित होनी चाहिए; दिशा निर्धारित होनी चाहिए और अपने कार्य के आकलन के लिए संदर्भित खाके की तरह उपयोग में आना चाहिए। कोई भी समिति, जो आपके प्रस्ताव की समीक्षा कर रही है, आपकी परियोजना को पूरी तरह समझने के लिए आपके प्रश्न की ओर मुड़ेगी। अपने प्रश्न/परिकल्पना को यथासंभव सुपरिभाषित और उसी तरह सुव्यक्त बनाना सुनिश्चित करने के लिए समय लें।
- **परिचय/पृष्ठभूमि/तर्क** — इस अनुभाग का मुख्य कार्य आपके विषय का परिचय देना और पाठक को यह यक़ीन दिलाना है कि जिस समस्या को आप सामने लाना चाह रहे हैं, वह महत्वपूर्ण, छानबीन के, यहाँ तक कि वित्त पोषण के भी योग्य है। इसे आपकी समस्या को संदर्भ देना चाहिए जो आपके पाठक को इस निष्कर्ष तक ले जाए कि अगर हम वाकई परिस्थिति में सुधार या समस्या के निदान की ओर काम करना चाहते हैं तो हाँ, इस क्षेत्र में शोध होना सचमुच ज़रूरी है।
- **साहित्य समीक्षा** — एक औपचारिक 'साहित्य समीक्षा' (अध्याय 6 में इसपर गहन विचार-विमर्श हुआ है), तर्कपूर्ण लेखक का एक विशिष्ट भाग होता है जो आपकी परियोजना हेतु जगह बनाने के लिए प्रासंगिक, वैज्ञानिक और शैक्षिक शोध में संलग्न होता है। साहित्य समीक्षा के कार्य पाठक को इस क्षेत्र की जानकारी देना है। एक खिलाड़ी के रूप में, ज्ञान के क्षेत्र में जुडने योग्य जान' कारियों को विश्वसनीय बनाते हुए पाठक तक पहुंचाना है। यह बहुत ही सुगठित, सीमित शब्दों के साथ लेखन का एक कठिन भाग है, इसलिए एक के बाद दूसरे प्रालेख लिखने (और संशोधन के लिए) तैयार रहें।
- **सैद्धान्तिक परिप्रेक्ष्य** — यह अनुभाग आपके द्वारा अपने अध्ययन को वैचारिक या सैद्धान्तिक ढाँचे में रखने की माँग करता है। यहाँ सुझाव है कि सैद्धान्तिक परिप्रेक्ष्य को स्पष्ट करें जो आपके विचार का मूल है और उसे सूचित करता है, विशेष रूप में 'सिद्धान्त किस तरह आपके अध्ययन से जुड़ता है या/और उसे निर्देशित करता है — इस पर विमर्श करता है।
- **विधियाँ** — 'विधियों' के कुछ रूप सभी प्रस्तावों में ज़रूरी होंगे। यहाँ लक्ष्य आपकी योजना को पर्याप्त स्पष्टता और विवरण से व्यक्त करना है जो पाठक को यह विश्वास दिला सके कि आपका शोध व्यावहारिक है और प्रस्तुत प्रश्नों का विश्वसनीय उत्तर देने में सक्षम है (देखें अध्याय 7)। विधियों के शीर्षक के अंतर्गत सामान्यत: आप ये व्यक्त करते हैं:
    - पहुँच/कार्यप्रणाली — उदाहरण के लिए, यदि आप जातिवृत्यात्मक विज्ञान (मानव जाति संबंधी) पर क्रियात्मक शोध या शायद एक बेतरतीब नियंत्रित परीक्षण कर रहे हों (देखें अध्याय 8 और 9)
    - आप उत्तरदाता को कैसे ढूँढेंगे—इसमें जनसंख्या की अभिव्यक्ति और नमूना/नमूने बनाने की प्रक्रिया शामिल है (देखें अध्याय 10)
    - डेटा संग्रहण विधि/विधियाँ — उदाहरण के लिए, सर्वेक्षण साक्षात्कार, एवं दस्तावेज़ का विश्लेषण करना (देखें 11 एवं 12)
    - विश्लेषण की विधियाँ — चाहे आप सांख्यिकीय या कथ्यगत विश्लेषण और शायद उसके रूपांतर कर रहे हों (देखें अध्याय 13 एवं 14)
- **सीमाएँ/परिसीमाएँ** — सीमाओं का संदर्भ उन स्थितियों या रूपरेखा की विशेषता से है जो सामान्यीकरण की योग्यता और खोज/निष्कर्ष की उपयोगिता को प्रभावित करे, जैसे कि छोटा-सा नमूना या अभिलेख (रिकॉर्ड) तक प्रतिबंधित पहुँच। यह याद रखें कि अधिकांश प्रोजेक्ट समय, संसाधन, पहुँच या संगठनात्मक मुद्दों, जैसे बाधाओं से सीमित होते हैं। इसलिए अपनी 'खामियों' के बारे में खुलापन रखना अधिक बेहतर है, बजाय उसे निर्धारक के हाथों छोड़ने के, जो बेहद आलोचनापूर्ण हो सकते हैं। परिसीमा का संदर्भ अध्ययन की सीमाओं से है या कैसे आपका अध्ययन सोच-विचार कर सचेत रूप से वाहिष्कारों और समावेशों से संकुचित किया गया था। जैसे, अपने अध्ययन को निश्चित उम्र तक के बच्चों तक या किसी विशेष क्षेत्र के विद्यालयों तक परिसीमित करना। अब, याद रखें कि यहाँ आपका व्यापक लक्ष्य पाठकों को विश्वास दिलाना है कि किसी सीमा या परिसीमन के बावजूद आपके निष्कर्ष विश्वसनीय होंगे। इसलिए यहाँ रणनीति बिना प्रतिरक्षित या क्षमाशील लगे अपने अध्ययन के मानकों के प्रति खुला होना है। सीमाओं के बावजूद जो रणनीति आपकी विश्वसनीयता सुनिश्चित करे, उसे व्यक्त करना भी ज़रुरी है।
- **नैतिक विचार** — जब भी आप मानव प्रतिभागियों के साथ काम करेंगे तब नैतिक मुद्दे अवश्य उभरेंगे जिनपर आपको विचार करना होगा (देखें अध्याय 3)। अब अगर यह नीति-समिति के लिए एक आवेदन होता तो आपको अपने प्रस्ताव के अंतर्गत नैतिक मुद्दों पर अधिकांशत: ध्यान केंद्रित करना पड़ता। मगर यदि आपका प्रस्ताव प्रवेश या वित्तपोषण के लिए होता तो भी आपको अपने पाठकों को यक़ीन दिलाने की ज़रूरत होती कि अपने ज्ञानोत्पादन की प्रामाणिकता के मुद्दों को और अपने अध्ययन के प्रतिभागियों के भावनात्मक, शारीरिक और बौद्धिक कल्याण के प्रति दायित्व पर भी विचार किया है।
- **समय सीमा** — इसका आशय केवल अपनी विधियों के ऊपर समय-सीमा तय करना है और इसे प्राय: श्रेणीबद्ध और चार्ट के रूप में बनाया जाता है।आपके प्रस्ताव को पढ़नेवाली समिति यह देखेगी कि आपकी योजना वास्तविक है और किसी भी व्यापक समय सीमा पर खरा उतरेगी या नहीं।

- **बजट/वित्तपोषण** — इसमें वित्त और उसे देने का दायित्व कौन लेगा, इसका पूरा वर्णन है। जबकि नैतिक प्रस्ताव या शैक्षिक छात्रों के शोध प्रस्तावों में इसकी ज़रूरत न पड़े, निश्चित रूप से वित्तपोषण संस्थानों को इसकी आवश्यकता होगी। अब, वास्तविक होना निश्चित तौर पर महत्वपूर्ण है — वित्त को कम आँकना आसान है।वेतन, सॉफ्टवेयर, हार्डवेयर, उपकरण, यात्रा, प्रतिलिपि, प्रशासनिक सहायता आदि का खर्च काफी बढ़ सकता है और चालू परियोजना कार्य के बीच में ही वित्तशून्य होना अच्छा विकल्प नहीं है। मगर यह भी याद रखें कि अगर आप कमीशन परियोजना के लिए निविदा (टेंडर) भरते हैं, वित्तपोषण संस्थान के बजट की अनुमानित राशि रखना अच्छा सुझाव है। यह आपको अपनी विधियों के अनुसार प्रारूपित करने में आशापूर्वक प्रतियोगी/प्रतिस्पर्धात्मक बनाने में मदद करेगा।

यहाँ दो बातें संदर्भित हैं। पहला, उसी समान तरीक़े से संदर्भ उद्धृत करना जैसा कि आपने दूसरे शैक्षिक/व्यावसायिक लेखन में किया होगा। मानें या न मानें, पर प्रायः यह छूट जाता है। दूसरा, कुछ समितियाँ तालिकाओं की माँग करती हैं, जैसे, 10 या 15 प्राथमिक संदर्भ जो आपके कार्य से संबद्ध सूचना देगा। यह जानकारी समिति को आपके ज्ञान का आकलन करने में मदद करेगी और इसके सदस्य को आपके अध्ययन की दिशा का स्पष्ट संकेत देगी।

स्वीकार होने योग्य प्रस्ताव का लेखन

मेरे अनुभव में जब किसी व्यक्ति या समिति के पास किसी और के कार्य/भविष्य पर महत्वपूर्ण निर्णय लेने की शक्ति हो तो वे उसका उपयोग करना पसंद करते हैं और अक्सर इसके लिए बहुत ही पंडिताऊ (पांडित्य का प्रदर्शन करने वाले) तरीक़े बरतते हैं। जब बात शोध प्रस्ताव के आकलन की आती है तो इसका सीधा अर्थ है कि समिति वही माँगती है जो उसे चाहिए, जिस तरह चाहिए और जब चाहिए। यदि आप वह व्यक्ति हैं जो प्रस्ताव लिख रहा है तो आपको भी उतना ही पंडिताऊ होने की ज़रूरत है। यह सुनिश्चित कर लें कि आप सारे निर्देशों का अनुकरण कर रहे हैं और ख़ास प्रयोजन से लिख रहे हैं। अब, एक के बाद एक – कई प्रालेख लिखने-संशोधित करने को तैयार रहें बॉक्स 5.1 आपको यथार्थ दुनिया के उदाहरण के माध्यम से ले जाता है।

दिशा निर्देशों का पालन

तो आप कितने शब्दों के साथ निर्विघ्न कार्य कर सकते हैं जब आवेदन पत्र यह माँग करता है कि शीर्षक 20 शब्द से अधिक न हो और सार 150 शब्दों से कम हो ? निश्चय ही यह आवेदकों के लिए असामान्य नहीं है कि वे इस सीमा को खींचकर बढ़ाने की कोशिश करे – मगर मैं इसके विपरीत सलाह दूँगी। कुछ निर्धारक थोड़े उत्तेजित हो सकते हैं, जब उन्हें लगता है कि आवेदक सरल दिशा-निर्देशों का पालन नहीं कर सकते। शैतानों को नियंत्रित करें/शायद ! मगर आपको यह समझना होगा कि निर्धारक आवेदन पत्र को प्रायः एक जाँच परीक्षा की तरह इस नजरिए से देखते हैं कि वस्तुत:परियोजना आरंभ करने पर आप उनकी अपेक्षित जरूरतों को पूरा कर पाएँगे या नहीं। यह थोड़ा संकीर्ण लग सकता है, मगर यदि आप छोटे-से आवेदन पत्र में दिशा-निर्देशों का पालन नहीं कर पा रहे तो निर्धारक यह कह सकते हैं कि जब आपमें छोटे-से आवेदन पत्र के लेखन की क्षमता नहीं है तो आप परियोजना कैसे पूरी कर पाएँगे।

यहाँ सबसे अच्छी सलाह यह है कि दिशा-निर्देशों को यथासंभव अक्षरशः पालन करें। इसका अर्थ है:

- अपने प्रस्ताव को संदर्भित अनुभाग/शीर्षक के अनुरूप या यथासंभव निकटतम बनाएँ।
- शब्द-सीमा का ध्यान रखें
- वर्तनी और व्याकरण के प्रति पूरी सावधानी बरतें
- निर्धारित समय सीमा का कड़ाई से पालन करें

उद्देश्यपूर्ण लेखन

यह ध्यान रखना ज़रूरी है कि प्रस्ताव कभी भी ढीला-ढाला, बिना सोचे समझे बनाया और आख़िरी समय में फ़ेंका हुआ सा नहीं होना चाहिए। इसे बेहद शिष्ट और सुव्यवस्थित लेखन का एक अंश होना चाहिए। याद रखें: आपके

विचार की स्पष्टता, आपके तर्क की सच्चाई और आपके लेखन की गुणवत्ता का उपयोग शोधकर्ता के रूप में आपकी क्षमता को निर्धारित करने में किया जाएगा।

निम्नलिखित नुस्खे स्व्कार होने योग्य प्रस्ताव बनाने में आपकी मदद करेंगे:

- देखें, अगर आप कुछ सफल प्रस्तावों तक पहुँच सकें — यदि संभव हो तो उन प्रस्तावों को ढूँढें जो उस समिति से गुज़र चुके हैं, जहाँ प्रस्ताव को प्रस्तुत करने हेतु आप आवेदन कर रहे हैं या यथासंभव उस जैसी समिति से। जो संस्थान आपके आवेदन का आकलन कर रहा है, उसके पास ऑनलाइन प्रस्ताव भी होंगे। यदि वे नहीं कर पाते तो मैं सुझाव दूँगी 'शोध प्रस्ताव के उदाहरण' की गूगल पर खोज करूँगी। आप इसे अध्ययन के स्तर (पीएचडी, अंत: स्नातक) और/या आपके अध्ययन का व्यापक क्षेत्र (व्यापार, समाज, विज्ञान, नीति के साथ जोड़ सकते हैं। मगर यह भी याद रखें कि इन्टरनेट से प्राप्त सारे प्रस्ताव अच्छे नहीं होते। आप उन संदर्भित पुस्तकों के उदाहरण भी देख सकते हैं जो अध्याय के अंत में दिए गए हैं।
- आवाज़ की खोज करें — परंपरागत तरीकों में प्रथम पुरुष का उपयोग होता है,मगर अब यह बताने के लिए कि आप क्या करने वाले है,'मैं' का उपयोग सामान्यत: अधिक स्वीकृत है। यह भी याद रखें कि लेखन भविष्यत काल में हो। प्रस्ताव—आप क्या करने वाले हैं — के बारे में होता है, न कि आप अभी क्या कर रहे हैं या आपने पहले क्या किया।
- सुगठित लिखें — आपके लेखन को संक्षिप्त और मुख्तसर/लघु, स्पष्ट और सरल होने की ज़रूरत है। घुमावदार और अनावश्यक शब्दजाल का प्रयोग करने के दिखावे से बचें।
- पर्याप्त लिखें—उपर्युक्त बिंदु से कुछ विपरीत, आपको यह सुनिश्चित करना होगा कि आप निर्धारक के निर्धारण के लिए पर्याप्त लिखें।
- ग़ैर विशेषज्ञ के लिए लिखें — आपके प्रस्ताव को विशिष्ट होने की ज़रूरत है और जो संभावित रूप से इस क्षेत्र से अलग किसी व्यक्ति के लिए भी सुबोध हो।
- अपना गृहकार्य करें — अपने संक्षिप्त प्रस्ताव में जो आप नहीं करना चाहेंगे—वह है 'गलतियाँ'। अपने डेटा/आँकड़े सही रखें; सुनिश्चित करें कि आपके सिद्धान्त और/या विधियों के सारे संदर्भ सही-सही हों।
- अत्यधिक उद्धरण न दें — सामान्यत: अपेक्षित लेखन सुगठित होता है कि शायद आपके पास अत्यधिक उद्धरण के लिए पर्याप्त जगह न हो। साहित्य की सहायता लें, मगर शब्द और विचार अपने रखें।
- समय-सीमा को अपने पास से नज़र बचाकर जाने न दें — जल्दी पूरा करने की योजना बनाएँ, ताकि आपके पास समीक्षा और सुधारकर पुन: लिखने का समय हो। याद रखें: समय-सीमा प्राय: दृढ़ होती है और यह ऐसी स्थिति है जहाँ आप हड़बड़ी में काम कर उसकी गुणवत्ता/स्तर को गिराना नहीं चाहेंगे।
- जैसी कि नीचे चर्चा की गई है—प्रालेख और पुनर्प्रालेख के लिए तैयार रहें।

प्रालेखन और पुनर्प्रालेखन

यहाँ सबसे अच्छा सुझाव यह है कि यदि संभव हो तो एक से अधिक बार प्रतिक्रिया लें और पुनर्प्रालेख के लिए पर्याप्त समय बचाकर रखें। याद रखें आपके पाठक ब्योरा नहीं समझ पाते तो भी व्यापक तर्क ग़ैर विशेषज्ञ के समझने योग्य होना चाहिए - इसलिए सहकर्मी, माता-पिता, मित्र आदि से पूछने में संकोच न करें कि आप प्रस्ताव का पालन कर पा रहे हैं या नहीं, और क्या वह समझ में आ रहा है? मगर यदि आपके पास पहुँच है तो मैं निश्चित रूप से यह सलाह दूँगी कि आप किसी ऐसे की राय लें जिसका शोध और शोध क्षेत्र में अनुभव न हो।

अध्याय 15 अंतिम प्रालेख की ओर काम करने के लिए विस्तृत जाँच सूची प्रदान करता है; मगर संक्षेप में। ध्यान रखें कि आपका अंतिम प्रालेख निर्धारित मानदंडों का पालन करे; तार्किक हो; ठोस तर्कों द्वारा अपनी बात रखे; पर्याप्त जानकारी शामिल करे; सुसंगत आवाज़ उठाए; पुनरावृत्ति से बचे; स्पष्ट और धाराप्रवाह हो; अस्पष्ट होने से बचे; अनुच्छेद जैसे वाक्यों से बचे; संक्षिप्त रूप और शब्दजाल को सीमा में रखे; शब्द गणना का सख्ती से पालन करे; अनुकरणीय वर्तनी तथा व्याकरण रखे; टंकण की भूल से बचे और अच्छी तरह प्रारूपित हो।

बॉक्स 5.1

प्रस्ताव के उदाहरण

यहाँ लंबे समय के लिए वित्तपोषण प्रस्ताव, जिसे मेरे सहकर्मी और मैंने कुछ समय पहले जमा किया था, के कुछ अंश दिए जा रहे हैं। मेरा लक्ष्य यह निश्चित करना था कि मेरा प्रस्ताव उनके विशेष विवरण से सीधे तौर पर मेल खा रहा है या नहीं। हैरत की बात है, उन्होंने पृष्ठभूमि-साहित्य के लिए नहीं कहा, इसलिए उसे उपलब्ध नहीं कराया गया।

प्रोजेक्ट का शीर्षक: महान वक्तव्य: सार्वजनिक क्षेत्र में सशक्त प्रस्तुतियों को रहस्य के पर्दे से बाहर रखना

प्रोजेक्ट का प्रेक्षण (150 से 200 शब्द): हमसब बेहतरीन प्रस्तुतियों और प्रेरणादायक वक्ताओं को पहचान लेते हैं जब उन्हें सुनते हैं। हम जानते हैं क्योंकि हम मुग्ध हो जाते हैं। हम जानते हैं क्योंकि उसके बारे में बताना चाहते हैं। हम जानते हैं क्योंकि हम उनसे प्रेरित महसूस करते हैं। फिर भी, प्रेरणादायक होना कठिन हो सकता है। सलाह की प्रचुरता के बावजूद, मानक प्राय: शुष्क, अरुचिकर, उदासीन प्रस्तुति लिए होते हैं जिनमें सार्वजनिक क्षेत्र भी शामिल हैं। सार्वजनिक क्षेत्र के अंदर बदलाव सामान्यत: पक्षसमर्थन के चक्र पर निर्भर होते है और चक्र का समापन प्राय: प्रस्तुति में होता है।

चित्र 5.1 सशक्त प्रस्तुति

सुधार प्राय: प्रभाव पर निर्भर होता है, इसलिए प्रभावशाली विचार देना और दर्शकों को प्रेरित करना निर्विवाद है। प्रभावशाली प्रस्तुति के माध्यम से दर्शक को प्रभावित करने के श्रेष्ठ तरीक़े को जानना अक्सर चुनौतीपूर्ण होता है, विशेषकर सूचनाओं के युग में, जहाँ गूगल और विकीपीडिया पर सारे ज्ञान उपलब्ध हैं जो कभी विशेषज्ञों की जागीर हुआ करता था।

इस परियोजना (प्रोजेक्ट) का लक्ष्य सार्वजनिक क्षेत्र की प्रस्तुतियों में उन्नत शिक्षण और अधिगम के लिए अनुशंसा करना है। पिछले दशक की 70 उत्कृष्ट एवं प्रेरक प्रस्तुतियों, विशेषकर, सार्वजनिक क्षेत्र में दी गई प्रस्तुतियों के विश्लेषण के माध्यम से यह परियोजना उन मूल तत्वों को विखंडित करेगी जो सही मायनों

में प्रेरणादायक प्रस्तुतियों को रेखांकित करती है तब यह प्रोजेक्ट ट्रांस तासमान सार्वजनिक क्षेत्र में प्रस्तुति (पब्लिक सेक्टर प्रेज़ेंटेशन) के व्यापक प्रतिनिधित्व को विश्लेषित करेगी, ताकि वह बेहतर कार्य और इस तरह प्रशिक्षण की ज़रूरत में अंतराल की पहचान कर सकें।

परियोजना (प्रोजेक्ट) के उद्देश्य (100-200 शब्द): इस रिसर्च प्रोजेक्ट का व्यापक उद्देश्य सार्वजनिक क्षेत्र में दी गई प्रस्तुतियों की जगह शिक्षण और अधिगम को उन्नत बनाने के लिए अनुशंसा करनी है।

इस परियोजना के उद्देश्य हैं

- अत्यधिक प्रभावकारी, अत्यधिक प्रेरक प्रस्तुतियाँ तैयार करनेवाले।मूल तत्वों की पहचान
- मूल तत्वों और सार्वजनिक क्षेत्र में विशेष रूप से प्रासंगिक: व संदर्भगत मुद्दों की पहचान
- मूलतत्वों की आसान पहचान के लिए गुणात्मक साँचे (मेट्रिक्स) का सृजन
- ऑस्ट्रेलिया-न्यूज़ीलैंड के सार्वजनिक क्षेत्र की प्रस्तुतियों में अंतराल की पहचान जिससे कि इस जगह शिक्षण और अधिगम उन्नत हो सके।

प्रोजेक्ट के लाभ (100-200 शब्द): सार्वजनिक क्षेत्र के भीतर शायद ही कोई पहल प्रोजेक्ट; कार्यक्रम या नीति में सुधार हो, जिसे बचाने की ज़रूरत न हो। पक्षसमर्थन ज़रूरी है और ऐसी प्रस्तुति जो प्रेरित करने में विफल हो, संभावित बेहतर सुधार का अंत कर सकती है। यह परियोजना सार्वजनिक क्षेत्र में की गई प्रस्तुति के अखाड़े में शिक्षण और अधिगम को उन्नत करने के अपने लक्ष्य के साथ तीन हितकारक समूहों को लाभ पहुंचाती हैं।

ट्रांस तासमान सार्वजनिक क्षेत्र नीति चक्र को प्रभावित करने की विकसित क्षमता के माध्यम से लाभान्वित होगा। उन्नत प्रस्तुति लोक प्रशासन के केंद्रीय मुद्दों से जुड़े वाद-विवाद की ओर अधिक ले जा सकती है और सार्वजनिक क्षेत्र के सुधार में सहयोग कर सकती है।

वित्त पोषक संस्थान भावी शिक्षण और व्यावहारिक अधिगम/ज्ञान की गतिविधियों के लिए संसाधनों के विकास के ज़रिए लाभान्वित हो सकते हैं। लक्ष्य, सरकार में सर्वश्रेष्ठ प्रणालियों के विकास का सर्वोत्तम सहयोग करना और साथ ही साथ सार्वजनिक क्षेत्र के संचार परीक्षण में नेतृत्व को बढ़ाना है।

छात्र बढ़ी हुई क्षमता, आत्मविश्वास और प्रभाव के स्तरों से लाभान्वित होंगे।

कार्यप्रणाली: आपकी परियोजना में किस कार्यप्रणाली का उपयोग होगा (50-150 शब्द)? कार्यप्रणाली दो चरणों में गुणात्मक पहुँच पर निर्भर करेगी जो ऑनलाइन और 'आमने-सामने' के तथ्यों के आधार पर विश्वसनीय होगी। पहला चरण–पिछले दशक की 70 बेहद प्रेरक प्रस्तुतियों का विश्लेषण।

जनसंख्या: ऑनलाइन प्रस्तुतियाँ (अंग्रेज़ी में) मीडिया/वक्ता विशेषज्ञ द्वारा बेहद प्रेरक मानी गईं। नमूने की रणनीति बनाना – लक्षित नमूने की रूपरेखा में वक्ता जनसांख्यिकी की व्यापक सीमा शामिल है – कम से कम 35 सार्वजनिक क्षेत्र की प्रस्तुति के साथ। विश्लेषण: कथा विश्लेषण, सामग्री विश्लेषण और सांकेतिकता के उपयोग के माध्यम से सर्वश्रेष्ठ कार्यप्रणालियों के साँचे का विकास।

दूसरा चरण – ट्रांस तासमान क्षेत्र में 30 सार्वजनिक क्षेत्र की प्रस्तुति। जनसंख्या: अंजसोग (ANZSOG) का वार्षिक सम्मेलन और साथ ही ऑनलाइन प्रस्तुति। नमूने की रणनीति: अव्यवस्थित जनसंख्या से संग्रहित डेटा के नमूने का विश्लेषण – पहले चरण में विकसित साँचे के विरुद्ध प्रस्तुति के आकलन के ज़रिए अंतराल का विश्लेषण, बिना आँकड़े की पहचान किए उसे इस चरण की सारी प्रस्तुतियाँ पहचानरहित और एकत्रित रह जाएँगी। आलोचना करने के बजाय कार्य में सामान्य अंतरालों को पहचानना है।

इस परियोजना में इस विधि/इन विधियों के उपयोग का तर्क क्या है (100 से 150 शब्द)? इस परियोजना की कार्यप्रणाली किसी व्यक्तिगत दृष्टिकोण या किसी एक विशेष उदाहरण के अंतर्गत नहीं आती, बल्कि प्रश्न पर आधारित दृष्टिकोण का प्रतिनिधित्व करती है जो सामाजिक विज्ञान की विधियों और साथ ही परियोजना के प्रबंधन के साधनों का उपयोग करती है। विशेष रूप से यह परियोजना निम्नलिखित पर आधारित है: परिमाणात्मक मानदंड के अंतर्गत विकसित नमूनों की रणनीतियाँ; डेटा विश्लेषण की विधियाँ, जैसे गुणात्मक विद्यालय से तैयार सामग्री विश्लेषण, कथा विश्लेषण एवं सांकेतिकता; और अंतराल का विश्लेषण जिसे

(जारी)

(जारी)

परियोजना प्रबंधन में अधिक पारंपरिक रूप में पाया जाता है। व्यावहारिक शोध के लिए प्रायः ऐसी मिश्रित कार्यप्रणालियों की वकालत की जाती है जो प्रतिमान-परंपरा से बंधे नहीं होते। विभिन्न विचारधाराओं से ग्रहण करने की योग्यता और साथ ही साथ इन्टरनेट की शक्ति के उत्तोलन की योग्यता विधियों को प्रामाणिकता देती है और संदर्भ-संचालित विधियों के विकास की सहमति देती है। इस परियोजना में नियोजित किए जानेवाले विशेष विधियाँ वे हैं जो वांछित समय-सीमा के अंदर विश्वसनीय परिणाम देने में सक्षम है।

बाधाएँ और चुनौतियाँ

यदि आप उपर्युक्त सब कुछ करते हैं तो निश्चित रूप से प्रभावित करेंगे ही। यह सब बहुत आसान होगा, नहीं? आशा है कि ऐसा ही हो। मगर कुछ अस्थिर स्थितियाँ आएँगी जिनपर आपको सोचने की ज़रूरत होगी।

जब आपका प्रारूप माँगे गए प्रस्तावों के अनुरूप नहीं होता

अगर आपने यहाँ तक पढ़ लिया है तो आप जानते होंगे कि समिति को उनकी माँग के अनुसार देना कितना महत्वपूर्ण है। मगर तब क्या जब आपका प्रारूप समिति द्वारा माँगे गए प्रस्तावों के अनुकूल नहीं होता? अब, संभावित रूप से यह गुणात्मक शोध के मामले में हो सकता है, जहां परिकल्पना, परिवर्तनशील चर, वैधता, विश्वसनीयता जैसे पद (टर्म) आपके अध्ययन के लिए उपयुक्त न हों लेकिन फिर भी आपके प्रस्ताव के अपेक्षित अनुभागों में इसकी ज़रूरत होगी।

दुर्भाग्यवश, परिमाणात्मक मानदंड के प्रति फिर भी पक्षपात हो सकता है, जिसकी विरासत प्रस्ताव प्रपत्र और यहाँ तक कि समिति की अपेक्षाओं पर भी प्रतिबिम्बित हो सकती है। यदि मामला यह है तो मैं सुझाव दूँगी कि ऐसी समिति में कार्यरत/संबद्ध किसी व्यक्ति से सुझाव लें, यह देखने के लिए कि वह ऐसी दुविधा को कैसे संभालते हैं – प्रत्येक समिति का अपना दृष्टिकोण होता है, फिर भी अगर आपको यह अंदरूनी सूचना मिल पाती या आपसे कह दिया जाता, 'बस, अपने श्रेष्ठतम दो' तो मैं यह सलाह दूँगी की प्रस्ताव की वृहत कार्यसूची को याद रखें। ये हैं: शोधप्रश्न की गुणवत्ता, प्रस्तावित विधियों की गुणवत्ता और शोधकर्ता की गुणवत्ता को प्रदर्शित करना। इसलिए मानदंड की परवाह किए बग़ैर आपको यह दिखाना होगा कि आप जिस सैद्धान्तिक, वैचारिक एवं प्रणाली आधारित विधि के परिदृश्य में प्रवेश करने के लिए प्रस्ताव दे रहे हैं,उसके प्रति पूरी तरह आश्वस्त हैं। उस लक्ष्य के लिए आत्मविश्वास के साथ लिखें न कि आक्रामक या क्षमायाचना वाली शैली में। अगर समिति परिकल्पना की माँग करती हैं, मगर वह उपयुक्त नहीं (बनी) है तो आपके पास एन/ए (N/A) लिखकर अनुपयुक्तता का कारण लिखने का विकल्प है (देखें अध्याय 4) यदि समिति चाहती है कि आप परिवर्तनीय विषय-वस्तुओं की तालिका बनाएँ, लेकिन आपका अध्ययन खोज पर अधिक आधारित है तो उन्हें इस बात से अवगत कराएँ। यदि वैधता, विश्वसनीयता, सामान्यीकरण की योग्यता अनुपयुक्त है तो आत्मविश्वास के साथ उन विश्वसनीय संकेतकों के बारे में बताएँ जो अधिक उपयुक्त हैं (देखें अध्याय 3)। प्रत्येक समिति की अपनी महत्ता है। वह उस शोधकर्ता को पहचान लेगा जो जानता है कि वह किस विषय पर बोल रहा है, भले ही वह समिति की अपेक्षाओं/शब्दजाल के अनुरूप न हो।

जब आपका प्रारूप अनपेक्षित हो

दूसरी बड़ी दुविधा है कि जब प्रस्ताव के आवेदन मांगे जाते हैं तब आप ऐसा प्रस्ताव पेश करते हैं जिसकी विधियाँ विकास के क्रम में होती हैं और उसे उस समय पूरी तरह व्यक्त कर पाना संभव नहीं होता। यह विशेष रूप से नैतिक प्रस्ताव के लिए समस्याप्रद/अनिश्चित है क्योंकि उसका उपयोग 'शोध विषय' की प्रतिष्ठा एवं कल्याण की सुरक्षा के लिए, साथ ही साथ शोधकर्ता और गृहसंस्थान को कानूनी प्रभाव/दायित्व से सुरक्षा देने के लिए किया जाता है। ऐसे प्रस्ताव अक्सर विधियों के पूरे ब्योरे की मांग करते हैं जिसमें ज़्यादातर दो बातें शामिल होती हैं – सर्वेक्षण और साक्षात्कार के कार्यक्रम/सूची।

एक बार फिर 'गुणात्मक शोधकर्ता वार्तालाप से सम्बद्ध/असंरचित डेटा को इकट्ठा करने की ऐसी तकनीक का उपयोग करना चाहते हैं जो पूरी तरह दुविधापूर्ण है। जो शोधकर्ता क्रियात्मक शोध आरंभ करते हैं वे भी संघर्ष कर सकते हैं क्योंकि प्रणाली आधारित विधि पर आधारित संलेख कई चक्रों में हितकारकों के सहयोग पर आधारित होते हैं (देखें अध्याय 9)। दरअसल, बहुत से ऐसे रिसर्च प्रोजेक्ट हैं (परिमाणात्मक अध्ययन भी शामिल) जिनमें विधियाँ कई चरणों में संचालित होती हैं और जिनमें प्रत्येक चरण पूर्व घटित से निर्धारित होता है। जैसे कि केंद्रीय/मुख्य निवेदक/ज्ञापक के साक्षात्कार सर्वेक्षण की रूपरेखा अनुप्रामाणित करने के लिए उपयोग में लाए जा सकते हैं या सर्वेक्षण के परिणाम गहराई में साक्षात्कार के प्रश्नों को निर्धारित कर सकते हैं।

यहाँ सबसे अच्छी रणनीति अपने दृष्टिकोण में खुला और जानकार होना है। यह दिखाएँ कि आपके द्वारा तैयार रूपरेखा बेतरतीब या अविचारित नहीं है; दिखाएँ कि भले ही आप सभी विशिष्ट बिंदुओं को स्पष्ट न कर पाएँ, मगर आयोजन में आवश्यक लचीलापन है और आपका ढाँचा परिभाषित है। समिति को पूर्व-विचारों से अवगत कराएँ यदि संभव हो तो सांकेतिक प्रश्न प्रस्तुत करें और अंततः यह दिखाएँ कि आप अपने दृष्टिकोण स्वीकृत प्रणाली आधारित विधि सम्मत साहित्य से जोड़ सकते हैं। यदि आप ऐसे तर्क गढ़ सकें तो आपकी सफलता के अवसर बढ़ जाएँगे।

बेशक, आपके इन तर्कों के बावजूद समिति अग्रिम जानकारी की माँग करेगी। ऐसी स्थिति में आप अपनी प्रणाली आधारित विधि सम्मत योजना में और अधिक परिभाषा जोड़ने का प्रयास कर सकते हैं, मगर यदि आपकी वृहत रूपरेखा इसे असंभव बना दे और समिति अडिग/दृढ़ हो तो आपको दो बातों की ज़रूरत होगी: 1. यह देखना कि विधियों के विकास-प्रक्रिया में होने के साथ-साथ क्या अनुपूरक आवेदन करना संभव है ? 2. पर्यवेक्षक से बातचीत करना कि क्या प्रणाली आधारित विधि में आवश्यक संशोधन संभव है?

जब आप दिशा-निर्देश/विधि में परिवर्तन चाहते हैं या आपको उसकी ज़रूरत है

मान लें, आप 15 सीइओ के साक्षात्कार के लिए पूरी तरह तैयार हैं, मगर तमाम कोशिशों के बावजूद आप तीन से अधिक प्रतिभागियों को नहीं ले पा रहे;या मान लें कि 1000 बेघर लोगों के सर्वेक्षण में 500 डॉलर ख़र्च की योजना बनाते हैं लेकिन मात्र 36 लोगों के सर्वेक्षण में 378 डॉलर ख़र्च हो चुके होते हैं; या यह कल्पना करें कि आपने बहुत व्यापक समीक्षा लिखी और उसे अपने प्रस्ताव में शामिल कर दिया, जिसकी वहाँ ज़रूरत नहीं थी और बाद में आपको एहसास होता है कि आपके द्वारा मूलरूप से प्रस्तावित सर्वेक्षण लक्ष्य कहीं अधिक दूर है/अलग है।

आप क्या करते हैं? प्रणाली आधारित विधि के दृष्टिकोण से आप खुद में सुधार करते हैं। आप प्रश्न पर विचार करते हैं, पर्यवेक्षक से बातचीत करते हैं और विश्वसनीय डेटा/आँकड़े पाने के लिए संभव तरीक़ा निर्धारित करते हैं, लेकिन यह निराशाजनक है कि ऐसी स्थिति में अधिकांश छात्र बस, आगे बढ़ जाते हैं और समिति के अग्रिम परामर्श के बिना अपना अध्ययन संलेख बदल लेते हैं। भले ही यह अनुशंसित न हो। मिसाल के तौर पर, आपका आवेदन वित्तपोषक संस्था/मंडल के अंतर्गत कार्य के लिए प्रस्तुत 'संविदा' के अनुरूप है; आपको इसे अपने दृष्टिकोण में बदलाव की जानकारी देनी होगी। नैतिक आवेदन पत्रों को समसामयिक बनाना समान रूप से महत्वपूर्ण है।आप न सिर्फ बाहरी समिति को यह दिखाना चाहेंगे कि आप 'शोधविषय' की प्रतिष्ठा और कल्याण की किसी भी प्रकार से कोई हानि नहीं कर रहे हैं, बल्कि यह भी सुनिश्चित करना चाहेंगे कि आपने खुद को और अपने संस्थान को संभावित मुकदमों/प्रभावों से सुरक्षित रखा है।

पाठ सारांश

- शोध प्रस्ताव (रिसर्च प्रोजेक्ट) आपको अपने विचार स्पष्ट करने, लिखने और उन्हें इस तरह से व्यक्त करने का अवसर देता है कि वह भविष्य में ब्लूप्रिंट का काम करे। साथ ही यह शोध प्रश्न और प्रस्तावित विधियों की गुणवत्ता को सुस्पष्ट करके आपकी परियोजना की बिक्री का ज़रिया बनता है।
- प्रस्ताव भले ही माँग में भिन्न होते हैं मगर अधिकांश प्रस्ताव निम्नलिखित संयोजनों को स्पष्ट करते हैं: शीर्षक; सारांश/सार; लक्ष्य/उद्देश्य; शोध प्रश्न परिकल्पना; परिचय/पृष्ठभूमि/तर्क; साहित्य समीक्षा; सैद्धान्तिक परिप्रेक्ष्य; विधियाँ; सीमाएँ/परिसीमाएँ; नैतिक विचार; समय सीमा; बजट/वित्त पोषण; संदर्भ।

- स्वीकार होने योग्य प्रस्ताव का लेखन आपसे अपने संस्थानों के दिशा-निर्देशों का अनुसरण करने और प्रयोजनसहित लिखने की माँग करता है। इसमें शामिल हैं — अच्छी योजना बनाना, अपने विषय को जानना, किसी आवाज़ को ढूँढना, सुगठित मगर पर्याप्त लिखना, ग़ैर विशेषज्ञ के लिए लिखना और प्रालेख को फिर से (संशोधित करके) लिखने के लिए तैयार रहना।
- आप इन बाधाओं का सामना कर सकते हैं — समिति की माँग से अलग प्रस्ताव तथा उद्गामी प्रारूप वाला प्रस्ताव। दोनों स्थितियों में ज्ञेय, आत्मविश्वासी और खुला होना आपकी सफलता के अवसर बढ़ा सकता है।
- भले ही यह कष्टकारी हो लेकिन यदि आप दिशा/विधि में बदलाव चाहते हैं/बदलाव की ज़रूरत है तो इसकी जानकारी अनुमोदन मंडल को देना अच्छा सुझाव है।

संदर्भित पुस्तकें

यहाँ कुछ पुस्तकें हैं जिससे प्रस्ताव के विकास को समझने में आपको मदद मिलेगी। इनमें से अच्छे उदाहरण यहाँ दिए गए हैं, देखें:

Krathwohl, D.R. and Smith, N.L. (2005) *How to Prepare a Dissertation Proposal: Suggestions for Students in Education and the Social and Behavioral Sciences.* Syracuse, NY: Syracuse University Press.

एक क़दम दर क़दम/सीढ़ी दर सीढ़ी आगे बढ़ानेवाली निर्देशिका, जिसमें गुणात्मक, परिमाणात्मक और मिश्रित कार्यप्रणाली शामिल है। इसमें छात्र-उदाहरणों की अनुशंसा मुझे पसंद है।

Locke, L.F., Spirduso, W.W., Silverman, S.J. (2013) *Proposals that Work: A Guide for planning Dissertations and Grant Proposals*. London: Sage.

एक व्यापक मार्गदर्शिका छात्रों के एक शोध के उपक्रम के लिए अनुदान का आराम से पालन हो और प्रासंगिक उदाहरणों की रेंज को उपलब्ध कराता है।

Ogden, T.E. and Goldberg, I.A. (eds) (2002) *Research Proposals: A Guide to Success*. New York: Academic Press.

यह पुस्तक नेशनल इन्स्टीट्यूट्स ऑफ हेल्थ (राष्ट्रीय स्वास्थ्य संस्थान) के प्रस्ताव की प्रक्रिया को अनुशंसित करने के साथ-साथ उसे सुधारने के स्पष्ट उदाहरण एवं कई नुस्खे देती है। इसके अंतर्गत प्रस्ताव की प्रक्रिया में इन्टरनेट की भूमिका भी शामिल है।

Punch, K. (2006) *Developing Effective Research Proposals*. London: Sage.

महत्वपूर्ण निर्देशिका जिसमें गुणात्मक और परिमाणात्मक शोध शामिल हैं, यह आपको प्रस्ताव के आधार, उसे कैसे लिखें और उसे पूरा होने पर कैसा दिखना चाहिए, इस मामले में निर्देशित करती है।

6

साहित्य की समीक्षा

अध्याय का पूर्वावलोकन

- साहित्य की महत्ता
- स्रोत के रूप में प्रासंगिक साहित्य
- साहित्य का प्रबंधन
- 'साहित्य समीक्षा' का औपचारिक लेखन

साहित्य की महत्ता

मैं न सिर्फ अपनी बुद्धि का उपयोग करता हूँ वरन औरों की भी।

वुड्रो विल्सन

इसके अतिरिक्त कोई रास्ता नहीं है – अध्ययन शोध प्रक्रिया का अनिवार्य अंग है। क्यों? क्योंकि इसकी अवहेलना करके आप शोध में संलग्न नहीं हो सकते। जब आप सीख रहे हैं और आपका लक्ष्य ज्ञान पाने का है, जो पहले से मौजूद है; यह कोई मायने नहीं रखता कि आप कम जानते हैं या अधिक। लक्ष्य स्वाध्याय का है, जिसकी ज़रूरत जहाँ आप हैं वहाँ से प्रयास कर अगले चरण तक पहुँचने की है।

शोध का संचालन थोड़ा अलग है। जब आप शोध करते हैं, आप ज्ञानोत्पादन का प्रयास करते हैं, ऐसा ज्ञान जिससे आप आशा करते हैं कि दूसरे सीख सकें, व्यवहार में ला सकें और अपनी परिस्थिति में सुधार लाने में उपयोग कर सकें। और यह दायित्व की माँग करता है। आपको यह पता होना चाहिए कि आप क्या बोल रहे हैं। नए ज्ञान का उत्पादन मूलत: पहले के ज्ञान पर निर्भर है। ज्ञान बढ़ता है और यदि शोधकर्ता इससे परिचित नहीं होते तो उनके लिए साहित्य-क्षेत्र में कुछ भी जोड़ना असंभव है।

हाँ, बहुत से ज्ञान अनुभव से आते हैं और मैं पूरी तरह से इसके समर्थन में हूँ। लेकिन यदि अच्छा अनुभव व्यापक प्रसंग में शामिल न हो तो वह एक छोटी कहानी प्रतीत होती है। व्यापक प्रसंग आपको पढ़ने से मिल सकता है। यह प्रेरणा, सूचना, शिक्षा और विद्वता देता है। यह विचारों को जन्म देता है; विशेष प्रश्न बनाने में मदद

करता है और शोध के प्रारूप की प्रक्रिया में महत्वपूर्ण भूमिका निभाता है। यह लेखन का केंद्र भी है; साहित्य द्वारा समर्थित स्पष्ट तर्क अनिवार्य है, क्योंकि शोधकर्ता की विश्वसनीयता को स्थापित करने में बेहतर साहित्य-समीक्षा महत्वपूर्ण कसौटी है।

हालाँकि साहित्य के साथ काम करना प्राय: बोझ लगता है। अनेक प्रयोजनों/उद्देश्यों, खंडों और विविधताओं, इसे लाने और इसके प्रबंधन की कठिनाई, विसंगतियों से निपटने; इसकी औपचारिक समीक्षा की ज़रूरत और संभवत: इन सबको आधार बनाना आपके अपने अनुभव और निपुणता में कमी के कारण साहित्य के साथ काम करना चुनौतीपूर्ण हो सकता है।

चित्र 6.1 साहित्य के साथ काम करने में संलग्न कार्यों के विभिन्न प्रकारों को रेखांकित करता है और उन प्रक्रियाओं की छानबीन करता है जो आपको इसे समझने, आरंभ करने, प्रबंधन करने और समीक्षा करने में मदद करता है।

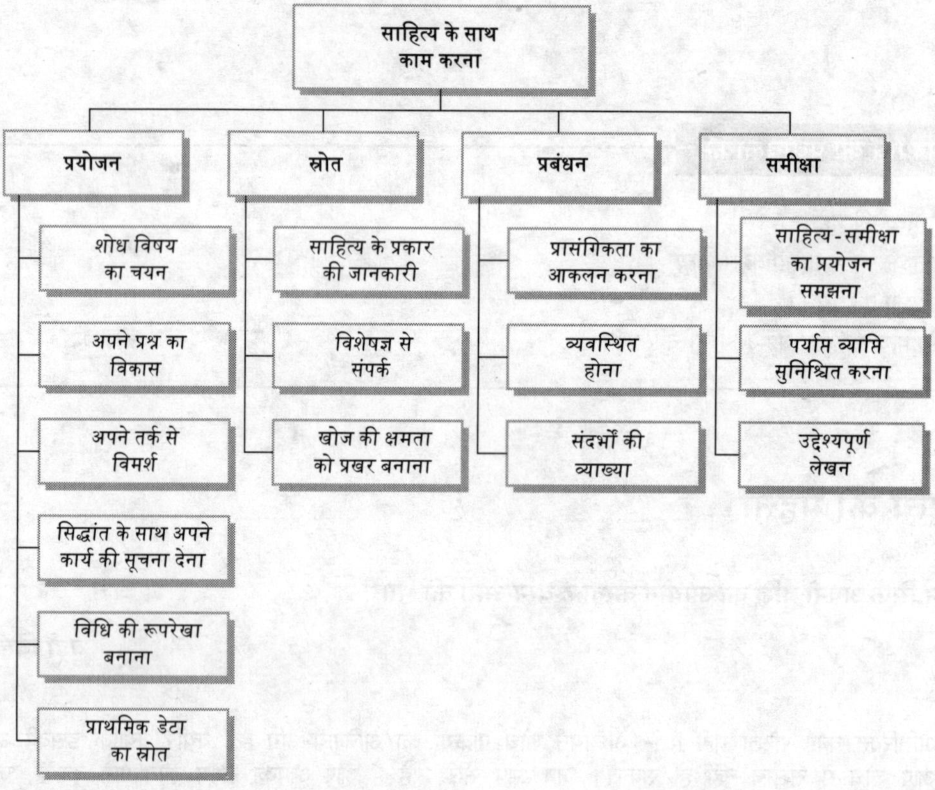

चित्र 6.1 साहित्य के साथ काम करना

साहित्य की भूमिका

शोध हर एक चरण पर साहित्य से जुड़ाव की माँग करता है। जैसा कि चित्र 6.2 में प्रकाश डाला गया है, साहित्य आपकी मदद कर सकता है

चित्र 6.2 साहित्य और शोध प्रक्रिया

- **विषय की खोज** – अधिकांश छात्र यहाँ तक कि अनुभवी शोधकर्ता भी अपने खास विषय के बारे में सबकुछ नहीं जानते और अध्ययन निश्चित रूप से इस दिशा में उनको आगे बढ़ाने में मदद कर सकता है। यहाँ पुस्तक और मीडिया की गहराई में जाना, साथ ही साथ जर्नल पर आधारित शोध – अध्ययन करना शामिल है जो क्षेत्र का वैज्ञानिक साहित्य बनाता है।
- **शोध प्रश्न का विकास** – अध्याय 4 में जैसी चर्चा की गई है, आपके शोध प्रश्न के विकास के मार्गदर्शन के लिए साहित्य एक अच्छी जगह है। प्रचलित मीडिया विशेष मुद्दे के समसामयिक वाद विवाद, तकरार, झगड़े को अपने कार्यक्रम में शामिल करके, समाज के महत्वपूर्ण प्रश्नों को उभारने में मदद कर सकती है। वैज्ञानिक साहित्य से आपका जुड़ाव भी प्रश्नों के विकास में महत्वपूर्ण हो सकता है। 'अंतराल' की खोज, प्रश्नों की छानबीन, जो पर्याप्त रूप से संबोधित न किया गया हो और नए प्रसंग के अंदर प्रश्न पूछने का प्रयास – सभी अध्ययन पर निर्भर हैं।
- **तर्क की अभिव्यक्ति** – तर्क की अच्छी अभिव्यक्ति किसी भी शोध प्रस्ताव का एक अहम हिस्सा है; और उसे यह सलाह देने की ज़रूरत है कि आपके द्वारा संबोधित विशेष शोध प्रश्नों में समय और धन निवेश क्यों करना चाहिए। ऐसा करने के लिए आपको साहित्य की सहायता लेनी होगी जो आपके अध्ययन के सामाजिक और वैज्ञानिक महत्ता पर तर्क कर सके।
- **सिद्धान्त सहित आपके अध्ययन की जानकारी** – वैज्ञानिक अध्ययन उन छात्रों के लिए कठिन हो सकता है जो शोध और सिद्धान्त के बीच बड़ी खाई देखते हैं और यह असामान्य नहीं है। कई वर्षों तक समाजविज्ञानी सिद्धान्त से मज़बूती से जुड़े बिना शोध में संलग्न रहे, जबकि समाजविचारक बिना बहुत शोध किए सिद्धान्त बनाते हैं। मगर, अब द्विभाजित करने की प्रवृत्ति घट रही है और हम सिद्धांतों के संबंध में काफी ठोस मुद्दों की छानबीन करने के महत्व को पहचानने लगे हैं। जैसे कि ऐसे शोध सत्ता, वर्ग और धर्म के मुद्दों को उठाते हैं और सामान्यत: वेबर, मार्क्स और डर्क्रीम जैसे सिद्धान्तवादियों की छानबीन की माँग करते हैं। दरअसल, प्रत्येक अनुशासित क्षेत्र (उपचर्या, शिक्षा, प्रबंधन आदि), साथ ही साथ समाजशास्त्र और दर्शनशास्त्र का विस्तृत क्षेत्र मज़बूत सिद्धांतों पर आधारित है जो आपके अध्ययन में गहराई और विश्वास – दोनों ला सकता है। अब, कुछ के लिए उनका सैद्धान्तिक अध्ययन उनका जुनून और खुशी है – और इसलिए समस्यात्मक नहीं है। लेकिन दूसरों के लिए कठिन समस्यात्मक कार्य है। अगर आप दूसरे वर्ग में आते हैं, यह ज़रूरी है कि आप सिद्धान्त के मुद्दे को अपने अधीक्षक के साथ विमर्श कर लें और स्पष्ट संवाद करें कि आपके कार्य को किस सीमा तक जानकारी देना अपेक्षित है।
- **विधियों की रूपरेखा बनाना** – अध्ययन कई तरह से विधियों की रूपरेखा बनाने में मदद कर सकता है। यह प्रासंगिक कार्य प्रणालियों और विधियों से संबद्ध अधिगम का सहयोग करता है; आपके विशेष शोधप्रश्नों की छानबीन के लिए आपको समीक्षकों का साथ देता है; आलोचनात्मक मूल्यांकन और संभवत: मानक मानी जानेवाली विधियों को अपनाने की अनुभूति देता है; वैकल्पिक प्रणाली आधारित विधि सम्मत दृष्टिकोणों की ज़रूरत के आकलन में मदद करता है; और आपके अध्ययन की रूपरेखा, जो साहित्य में प्रचलित प्रणाली आधारित विधिसम्मत कमियों पर काबू पाने में आपको सहयोग दे सकता है। अध्ययन की सटीक रूपरेखा बनाने, आँकड़े इकट्ठे करने और विश्लेषण करने के लिए आपको व्यापक विधियों की पुस्तक, (जैसे– यह) के साथ जुड़ना होगा; आपको अपने शोध विशेष के लिए चुनी गई योजना से संबद्ध पुस्तकों पर केंद्रित होना होगा, (जैसे-जातिवृत्यात्मक विज्ञान, क्रियात्मक शोध या सांख्यिकी); विधियों पर आधारित शोध आलेख; और आपने अपनी योजना के कार्यान्वयन के लिए जिन विधियों को चुना है, उन्हीं विधियों पर आधारित आलोचनात्मक/शोध आलेख का अध्ययन करें। इस पुस्तिका में दिए गए अध्ययन, अनुशंसा और ग्रंथसूची व्यापक प्रासंगिक साहित्य को ढूँढने का एक अच्छा आरंभिक बिंदु है।
- **साहित्य-समीक्षा का लेखन** – औपचारिक 'साहित्य-समीक्षा' ज्ञान के क्षेत्र की गंभीर आलोचनात्मक समीक्षा है, जिसमें खोज, सैद्धांतिक और प्रणाली आधारित विधि का सहयोग शामिल है। यह बहुत ही विशिष्ट तार्किक लेखन है जो आपके शोध अध्ययन के लिए 'जगह' बनाता है। यह पहले के शोध पर समीक्षा करता है और सुस्थापित शोध/आलोचनात्मक पत्रिकाओं में प्रकाशित आलेखों पर भरोसा करता है। यह आम तौर पर किसी लेखन से अलग और आवश्यक अनुभाग होता है, जिसमें अनुदान के आवेदन, शोध के विवरण और आलोचनात्मक/शोध आलेख शामिल होते हैं। वास्तव में सभी छात्रों के शोध प्रबंध साहित्य समीक्षा की माँग करते हैं जो जो प्रासंगिक, आलोचनात्मक और विस्तृत हो। दरअसल, समीक्षा को साहित्य के स्तर के आकलन से इस तरह संबद्ध दिखाना चाहिए कि जो साहित्य के लिए समीक्षा की अनिवार्यता ज़ाहिर कर सके। अच्छी साहित्य-समीक्षा लेखन का 'विस्तार' इस अध्याय में आगे बताया गया है।
- **आँकड़ों का प्राथमिक स्रोत** – सामान्यत: हम आँकड़ों को कुछ ऐसा समझते हैं, जिन्हें किसी प्रयोजन से बनाया जाता है। (जैसे– साक्षात्कार से मिली प्रतिलिपि या सर्वेक्षण के परिणाम)। मगर जैसा कि अध्याय 12 में बताया गया है, साहित्य के सभी प्रकार आँकड़ों के प्राथमिक स्रोत के रूप में उपयोगी हो सकते हैं। विगत अध्ययन के गूढ़/तात्विक विश्लेषण से, मीडिया के संदर्भ विश्लेषण से लेकर

ऐतिहासिक दस्तावेज़ों के गहन विश्लेषण में साहित्य संदर्भ देने तक आपके अध्ययन को जानकारी और मामले पर तर्क करने से अधिक उपयोगी हो सकता है। दरअसल, यह आपके विश्लेषण का केंद्र हो सकता है।

स्रोत के रूप में प्रासंगिक साहित्य

दुर्भाग्यवश, साहित्य की महत्ता को पहचानना और इसके अलग-अलग उपयोगों की समझ खुद ब खुद नहीं आ जाएगी। आपको इसे ढूँढना होगा और ढूँढकर इस तक पहुँचना होगा। इसे कुशलतापूर्वक करने के लिए आपको साहित्य के विभिन्न वर्गों से परिचित होना होगा; अपने विशेषज्ञ से मिलने और सहयोग लेने; डेटाबेस की शक्ति को समझने और खोज की अपनी क्षमता को बढ़ाने के लिए तैयार हो जाएँ ताकि आप पुस्तक और इंटरनेट का बेहतर उपयोग कर सकें।

साहित्य के प्रकार

साहित्य की सरणी की गहराई में उतारने पर आप उसे अपने पूर्वानुमान से बहुत अधिक विस्तृत पाएँगे। प्राय: किसी भी प्रकार का अध्ययन (निष्पक्ष खेल) 'तीर निशाने पर' साधने जैसा है, क्योंकि शोध के लिए अध्ययन से ही शोधयात्रा के सभी पहलुओं की जानकारी मिलती है। उदाहरण के लिए, संभवत: आप इनकी मदद लें:

- **अध्ययन के विषय पर आधारित संदर्भ-सामग्री** – जो किसी ख़ास अध्ययन-विषय के शब्दजाल को जानते हैं, उनके लिए यह भूलना आसान है कि इसके बहुत से अंश रोज़मर्रे की भाषा का हिस्सा नहीं होते। अगर आप किसी ख़ास अध्ययन के विषय में नए हैं, विषय-विशेष शब्दकोशों और विश्वकोशों, अपने क्षेत्र के मूल पदों, रचनाओं और सिद्धांतों के माध्यम से उसकी अधिक जानकारी ले सकते हैं।
- **पुस्तकें** – इनमें शामिल हैं – परिचयात्मक और उन्नत ग्रंथ, (गद्य-पद्य का) संकलन, शोध विवरण/प्रतिवेदन, लोकप्रिय गल्प साहित्य और यहाँ तक कि कल्पित (कथा) कार्य, जो पृष्ठभूमि और संदर्भ प्रदान कर सकते हैं या सिद्धांत और विधि की जानकारी दे सकते हैं। हालाँकि जब बात औपचारिक साहित्य-समीक्षा की आती है, पुस्तक के प्रकाशन में विलंब के कारण इस प्रारूप में अधिक समसामयिक शोध का मिल पाना असंभव हो जाता है।
- **आलोचनात्मक/शोध आलेख** – यह आपको बुनियादी अध्ययन से परे उन अध्ययनों तक ले जाता है जो कठिन शोध-विवरण देते हैं। ये साहित्यिक समीक्षाओं का केंद्र हैं क्योंकि उनका लक्ष्य शिक्षित पाठक हैं और प्राय: साथी/सहकर्मी इसकी आलोचना या समीक्षा करते हैं।इससे इसकी विश्वसनीयता बढ़ जाती है और ऐसे आलेख संभावित रूप से प्रासंगिक और समसामयिक दोनों होंगे। शोध पत्रिका (जर्नल) के शीर्षक की तालिका, विशिष्टता और सुलभता बढ़ती जा रही है और ऑनलाइन जर्नल्स का और कंप्यूटर-आधारित इंटर-लाइब्रेरी लोन स्कीम (अंतर-पुस्तकालीय ऋण योजना) ने इन्हें बहुत ही सुलभ बना दिया है।
- **अव्यावसायिक साहित्य** – इसका संदर्भ प्रकाशित और अप्रकाशित, दोनों सामग्रियों से है जिसमें इंटरनेशनल स्टैंडर्ड बुक नंबर (ISBN) या इंटरनेशनल स्टैंडर्ड सीरियल नंबर (ISSN) नहीं होते। इसमें सम्मेलन पत्र, अप्रकाशित शोध प्रबंध, समाचार के आलेख और पुस्तिका विवरणिका शामिल हैं। अधिकांश शोधकर्ता अव्यावसायिक साहित्य के कुछ प्रकारों को अपने अध्ययन क्रम में उपयोग करते हैं। तात्कालिक शोध और सम्मेलन पत्र समसामयिक मौलिक कार्य के लिए मूल्यवान स्रोत हो सकते हैं, जबकि समाचार पत्र के आलेख, पुस्तिका और विवरणिका, पृष्ठभूमि और संदर्भ या दस्तावेज़ की प्रक्रिया में उपयोगी हो सकते है(देखें अध्याय 12)।
- **शासकीय प्रकाशन, सांख्यिकी और अभिलेखागार** – ये सामग्रियाँ बुनियादी और प्रासंगिक जानकारियों के लिए मूल्यवान स्रोत हो सकती है और प्राय: अध्ययन के उचित आकलन में मदद करती हैं। ये दस्तावेज़ के विश्लेषण (देखें अध्याय 12) प्राथमिक आँकड़ों या सांख्यिकीय विश्लेषण के (देखें अध्याय 13)के द्वितीय आँकड़ों के लिए बहुत अच्छे स्रोत हो सकते हैं।
- **लेखन में सहायक** – इनमें ये शामिल हैं – ग्रंथसूची से संदर्भित कार्य, शब्दकोश, विश्वकोश, ज्ञानकोश, पंचांग, वार्षिक, उद्धरण की किताबें आदि। ऐसे संसाधन लेखन-प्रक्रिया में महत्वपूर्ण सहयोग दे सकते हैं और आपके कार्य की भाषा-संबंधी शैली को सुधारने; अध्याय के प्रति आपकी रुचि बनाने, डेटा की जाँच करने तथा उन तथ्यों को अनुशंसित करने में मदद कर सकते हैं।

छायाचित्र 6.1 साहित्य

जानकार/विशेषज्ञ से संपर्क करना

जब बात सटीक साहित्य को ढूँढने और पाने की आती है। इसके लिए अकेले न जाएँ। बहुत से जानकार/विशेषज्ञ जो आपको इसे आरंभ करने की अच्छी सलाह दे सकते हैं।

एक संसाधन, जिसे आप अनदेखा करना नहीं चाहेंगे, वह है आपके विश्वविद्यालय का पुस्तकालयाध्यक्ष। मेरे प्रथमवर्षीय विश्वविद्यालयी छात्र प्राय: पुस्तकालय में दिशा-निर्देश की ज़रूरत को लेकर असंतोष प्रकट करते हैं, मगर सूचना-प्रौद्योगिकी में इतनी जल्दी बदलाव आ रहा है कि छात्रों और शोधकर्ताओं दोनों को एक समान नियमित रूप से अपनी क्षमता/को समसामयिक बनाने की ज़रूरत है। अपने पुस्तकालयाध्यक्ष को देखें; न सिर्फ वे नवीनतम कंप्यूटर/इन्टरनेट द्वारा खोज की सुविधाओं के बारे में बेहतर बता सकते हैं,बल्कि आपको विश्व भर के पुस्तकालयों में रखी गई किताबों और आलेखों को ढूँढने में मदद कर सकते हैं। बहुत-से विश्वविद्यालय के पुस्तकालयाध्यक्ष विशेष शैक्षिक क्षेत्र (सामाजिक विज्ञान, उपचर्या, शिक्षा, पर्यावरण आदि) के लिए नामित होते हैं। ये 'विशेषज्ञ' आपको आपके क्षेत्र में विशिष्ट प्रासंगिक डेटाबेस शोधपत्रिका (मुद्रित और इलेक्ट्रोनिक दोनों); ग्रंथसूचियों, सार, समीक्षा आदि से परिचय करा सकते हैं।

प्रासंगिक साहित्य की खोज में 'शिक्षाविद' भी काफ़ी मददगार साबित हो सकते हैं। अधीक्षकों, प्राध्यापकों, व्याख्याताओं से बात करें। अक्सर वे साहित्य के जानकार होते हैं और अपनी सही दिशा बता सकते हैं या कम से कम आपको किसी ऐसे से मिला सकते हैं जो आपके विषय से बेहतर परिचित हो और आपको अपना काम शुरू करने हेतु सही सलाह दे सकें। साथ ही, यदि आप उनके पुस्तक-तख्त पर देख सकें तो अवश्य देखें। हालाँकि यह संभव नहीं कि किसी एक शिक्षाविद के पुस्तकालय में सारी विषय वस्तु मिल सकें या पूरी

तरह आधुनिक हो, किंतु शिक्षाविदों के पास अध्ययन का वह मूल तत्व होता है, जिससे आप अपनी खोज को तुरत शुरू कर सकते हैं।

अंत में, इस क्षेत्र के विशेषज्ञों से संपर्क करने के बारे में सोचें, वे जो आपके क्षेत्र में काम कर रहे हैं, उन्होंने प्राय: प्रासंगिक साहित्य को स्रोत के रूप में पढ़ा। मेरे बहुत-से छात्रों ने मुझे बताया है कि साहित्य को ढूँढने में उन्हें बहुत कठिनाइयाँ हुईं और वे अपने शोध प्रश्न से संबंध एक या दो समसामयिक अध्ययन ही ढूँढ पाए। मैंने उनसे पूछा, "वे किनको ढूँढ रहे थे? उनकी संदर्भ-सूची में कौन हैं? 'एक प्रासंगिक शोध आलेख को विविध प्रासंगिक अध्ययन तक ले जाना चाहिए। जर्नल के प्रासंगिक आलेखों के साथ-साथ स्नातकोत्तर और पीएचडी के शोध प्रबंधों पर भी नज़र डालें। ये कार्य व्यापक रूप से साहित्य समीक्षा और संपूर्ण ग्रंथसूची की माँग करते हैं जो स्रोत के रूप में आपके अध्ययन की अच्छी शुरुआत कर सकते हैं। यह न भूले कि आप काम करने वालों की तरफ भी मुड़ सकते हैं - इस क्षेत्र में काम करनेवालों को प्राय: इसकी जानकारी होती है। अंतत:, शोध से संबद्ध सम्मेलनों में भाग लेने की कोशिश करें। संभवत: यह आपकी साहित्यिक खोज को समृद्ध करेगा।

डेटाबेस तक पहुँचना

हम सभी पुस्तकालय में किताबें ढूँढते हैं या ऑनलाइन जाकर पुस्तकालय के 'सर्च इंजन' की सहायता से पुस्तकें/ पठन सामग्री ढूँढते हैं। यह हमें बताता है कि उनके पुस्तकालय में क्या उपलब्ध है जिसमें उनके द्वारा सदस्यता लिए हुए (सब्सक्राइब) जर्नल भी शामिल है। सामान्यत: ये अलग-अलग परिसरों और संबद्ध संस्थानों से जुड़े होते हैं। लाज़वाब ! मगर सीमा यह है कि चाहे वे आपको यह बता दे कि पुस्तकालय किस पत्रिका की सदस्यता लिए हुए है, मगर वह फिर भी इस पत्रिका के अंदर के आलेख को खोलने व पढ़ने की अनुमति नहीं देता। इसलिए आपको डेटाबेस की सहायता लेने की ज़रूरत है।

डेटाबेस प्रासंगिक शोधपत्रिकाओं के अंदर खोजने की अनुमति देते हैं। अब जैसा कि चित्र 6.3 के ऊपर दर्शाया गया है, डेटाबेस बहुत से होते हैं और आप इन्हें शीर्षक के अनुसार खोज सकते हैं। मगर यदि आपको प्रासंगिक डेटाबेसों के नाम नहीं पता तो विषय क्षेत्र के माध्यम से खोज सकते हैं। आप सिर्फ अपनी पसंद के विषय पर क्लिक करते हैं, जैसे – पोषण और आपके पुस्तकालय में उपलब्ध सभी प्रासंगिक डेटाबेसों को आपको प्रस्तुत किया जाता है।

कई पुस्तकालय 'क्रॉस सर्च' जैसे साधन भी देते हैं। 'क्रॉस सर्च' की सहायता से आप सभी विषय-सामग्री, जैसे कि मुद्रित और इलेक्ट्रोनिक पुस्तकें, आलेख, जर्नल्स, मल्टी मीडिया, शोध प्रबंध, समाचार पत्र, ई-कोश आदि की खोज कर सकते हैं। वह उन्हें प्रासंगिकता के आधार पर श्रेणीबद्ध करता है और आपको वर्ष, प्रारूप, और भाषा जैसे मानदंडों से अपनी खोज को सुलभ बनाता है।

'गूगल स्कॉलर' छानबीन करने के लिए दूसरा अच्छा विकल्प है। 'क्रॉस सर्च' की तरह ही यह आपको विद्वतापूर्ण सामग्री की व्यापक सीमा में जाने की अनुमति देता है। मुझे एडवांस सर्च का विकल्प पसंद है,क्योंकि यह आपको प्रकाशनवर्ष और शोधपत्रिका के नाम से खोज खोज सीमित करने की अनुमति देता है (देखें चित्र 6.4)। लेकिन यहाँ एक नुस्खा है: आप जर्नल का आलेख तलाश कर रहे हैं लेकिन यह आपको संदर्भित जर्नल का नाम नहीं मालूम, सिर्फ़ 'पब्लिकेशन बॉक्स' पर जाकर 'जर्नल/शोधपत्रिका 'टाइप करें। शीर्षक में 'जर्नल/शोधपत्रिका आपकी खोज को आलोचनात्मक पत्रिकाओं तक ही सीमित रखेगा (जो कि बड़ी संख्या में उपलब्ध है)। यह बहुत सी बाहरी सामग्रियों को छांट देगा।'गूगल स्कॉलर' इंटरनेट पर खुले तौर पर उपलब्ध है मगर मैं यही सलाह दूँगी कि आप अपने विश्वविद्यालय की वेबसाइट पर जाकर इसे वहाँ से खोलें ताकि आप अपने विश्वविद्यालय द्वारा सदस्यता ग्रहण किए गए किसी भी शोधपत्रिका के किसी भी आलेख को पूरा पढ़ सके, वह भी बिना किसी फीस के।

शीर्षक द्वारा डेटाबेस		
ए-बी-सी-डी-ई-एफ़-जी-एच-आइ-जे-के-एल-एम-एन-ओ-पी-क्यु-आर-एस-टी-यू-वी-डब्ल्यू–एक्स-वाइ-ज़ेड		
नया-परीक्षण- चेतावनी की सेवाएँ-ई-पत्रिका–ई-पुस्तकें-मोबाइल डिवाइसों/साधनों के लिए		
विषय द्वारा डेटाबेस		
आदिवासी के अध्ययन	अर्थमिति और व्यापार के आँकड़े	गणित और सांख्यिकी
लेखांकन	अर्थशास्त्र	मीडिया और संचार
कृषि विज्ञान	शिक्षा	चिकित्सा मानविकी
कृषि और संसाधन का अर्थशास्त्र	अभियांत्रिकी	चिकित्सा विकिरण विज्ञान
कृषि- पादप विज्ञान	अंग्रेज़ी साहित्य और भाषा	औषधि
प्राचीन इतिहास	पर्यावरण विज्ञान	सूक्ष्मवीक्षण और सूक्ष्मविश्लेषण
मनुष्य जाति का विज्ञान	व्यायाम और खेलविज्ञान	आधुनिक यूनानी
अरबी और इस्लामी अध्ययन	फिल्म के अध्ययन	संग्रहालय का अध्ययन
पुरातत्त्व शास्त्र	वित्त/अर्थव्यवस्था	संगीत
वास्तुकला, प्रारूप और योजना	फ्रांसीसी	समाचार –सेवाएँ
कला के इतिहास और सिद्धांत	लैंगिक और सांस्कृतिक अध्ययन	उपचर्या और दाई के कार्य
एशियाई अध्ययन–देखें,	भूविज्ञान	पोषण
चीनी, जापानी और कोरियाई अध्ययन	युरोपीय/जर्मनअध्ययन	व्यावसायिक चिकित्सा
ऑस्ट्रेलियाई साहित्य	सरकार और अंतरराष्ट्रीय संबंध	संगठनात्मक व्यवहार
स्वास्थ्य में व्यावहारिक और सामाजिक विज्ञान	स्वास्थ्य सूचनाएँ	- देखें, कार्य और संगठनात्मक अध्ययन
जैव रसायन और सूक्ष्म जीवविज्ञान	हिब्रू, बाइबिल और यहूदी के अध्ययन	नेत्रो पचार
जैविक विज्ञान	इतिहास	शांति और संघर्ष के अध्ययन
व्यापार सूचना प्रणाली	विज्ञान का इतिहास और दर्शन	प्रदर्शन के अध्ययन
व्यापार, अंतरराष्ट्रीय और उद्यम वृत्ति व्यापार	मानव संसाधन	दवासाजी (फार्मेसी)
कानून	-देखें, कार्य और संगठनात्मक अध्ययन	दर्शनशास्त्र
केल्ट (जाति/भाषा) काअध्ययन	सूचना प्रोद्योगिकी	सार्वजनिक स्वास्थ्य
रसायन शास्त्र	अंतर्राष्ट्रीय व्यापार/उद्यमवृत्ति	धार्मिक अध्ययन
चीनी अध्ययन–अंग्रेज़ी भाषा और चीनी भाषा	इतालवी	सामाजिक कार्य और नीति के अध्ययन
गौरव ग्रंथ	जापानी अध्ययन- अंग्रेज़ी भाषा और जापानी	सामाजिक - कानूनी अध्ययन
मनो विज्ञान का अनुशिक्षण : -देखें, कार्य और	भाषा	समाजशास्त्र और सामाजिक नीति
संगठनात्मक अध्ययन	कोरियाई अध्ययन– अंग्रेज़ी भाषा	स्पेन संबंधी
वाणिज्यिक कानून– देखें, व्यापार कानून	श्रम इतिहास	भाषण विकृति विज्ञान
कंप्यूटर विज्ञान–देखें, सूचना प्रोद्योगिकी	- देखें, कार्य और संगठनात्मक अध्ययन	सांख्यिकी
पाठ्यक्रम के अध्ययन- देखें,	कानून	-देखें गणित और सांख्यिकी
शिक्षा और पाठ्यक्रम के अध्ययन	पुस्तकालय सूची	परिवहन/तर्कशास्त्र
दंत विज्ञान	भाषा विज्ञान	संयुक्त राज्य अमेरिका के अध्ययन
विकास का अध्ययन	तर्कशास्त्र/न्याय शास्त्र सदृश- देखें- परिवहन/	शहरी नियोजन
डिजिटल संस्कृति	तार्किक प्रबंधन	पशु चिकित्सा विज्ञान
	- देखें, कार्य और संगठनात्मक अध्ययन	कार्य और संगठनात्मक अध्ययन
	विपणन	

चित्र 6.3 इलेक्ट्रॉनिक संसाधन – डेटाबेस

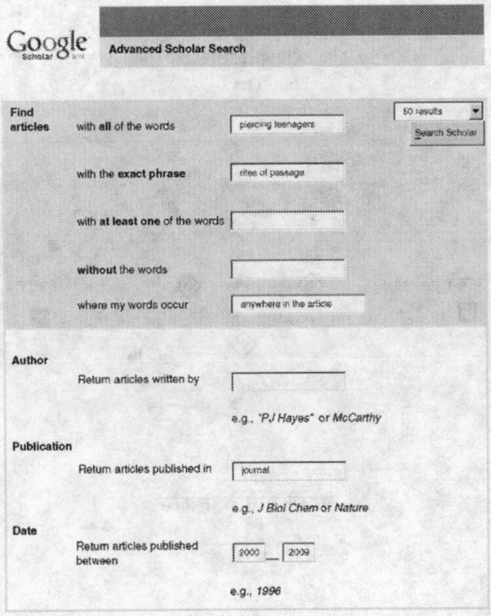

चित्र 6.4 गूगल स्कॉलर एडवांस्ड सर्च

अपनी खोज-क्षमता को प्रखर बनाना

साहित्य प्रचुर मात्रा में उपलब्ध है क्योंकि इंटरनेट ने हमें स्थानीय पुस्तकालय की सीमित सीमा से मुक्त कर दिया है। मगर इसका एक नकारात्मक पक्ष भी है। इस अविश्वासनीय उपलब्धि का अर्थ है कि आपको अपनी खोजने की क्षमता को बढ़ाना होगा। यदि आप नियमित इंटरनेट उपयोगकर्ता हैं तो आपको फायदा है, क्योंकि वेब से जुड़ने के लिए आपको जिस कौशल की ज़रूरत होती है, उसी कौशल की ज़रूरत साहित्य को ढूँढने में होगी। मूलत: आपके उपयुक्त संकेत/मूल शब्द का उपयोग करके सर्च इंजन चलाने का हुनर आना चाहिए। इसलिए यह महत्वपूर्ण है कि आप अपने विषय, उपविषयों परिवर्तनशील चरों, सिद्धांतों, सिद्धान्तवादियों, विधियों,मूल विचार आदि को संकेत शब्दों के रूप में पहचानना आना चाहिए।फिर आप एकल और संयुक्त संकेत शब्द की खोज कर अपने काम की जानकारी पा सकते हैं।

मान लें, आप शरीर भेदी उपकरणों में रुचि रखते हैं, विशेषकर किशोरों में। आपके पहले संकेतक शब्द होने चाहिए:

- शरीरभेदी उपकरण (कान की बाली, नाक की नथ आदि)
- किशोर (बालिकाएँ) (बालक) (युवा) (किशोर)।

आप अपने इन मिश्रित संकेत शब्दों का उपयोग कर साहित्य की खोज करेंगे। संभवत: यह आपको व्यापक प्रासंगिक साहित्य तक ले जाएगा जिसे आप सहायक परिवर्तनशील तत्वों, विशेषकर प्रासंगिक और रोचक तत्वों से अपनी खोज के निकट आते जाएँगे। जैसे

- विद्रोही
- वयस्क होने के संस्कार

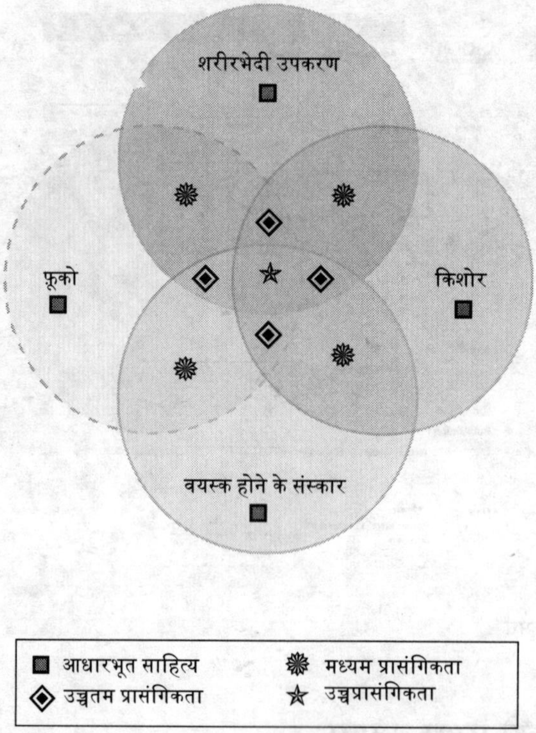

चित्र 6.5 साहित्य के पारस्परिक क्षेत्र

इस प्रक्रिया का उपयोग करके आपके सहायक शब्दों या किसी खास सिद्धांतवादी, (जैसे फूको) का सहयोग ले सकते हैं। आप अधिक साहित्य तक जाने के लिए संकेत शब्दों को भी हटा सकते हैं या संकेत शब्दों का विनिमय करके देख सकते हैं कि आपके सामने क्या आया है।

चित्र 6.5 (खोज से) उत्पन्न साहित्य की प्रासंगिकता को दर्शाता है जो उनके मूल विचारों और अंतरसंबंधों पर आधारित होते हैं। प्रतिच्छेदन (इंटर्सेक्शन) के कुछ क्षेत्र मेन अधिक साहित्य की उत्पत्ति न होती हो मगर यदि आप सुझावों, विचारों और परिवर्तनशील तत्वों के साथ खेलते रहे तो आप ठोस साहित्य का आधार बना ही लेंगे।

सर्वाधिकार (कॉपीराइट) को समझना

साहित्य की खोज में एक और चीज़ है जिसका आपको ध्यान रखना होगा – और वह है सर्वाधिकार। जब कोई चीज़ सर्वाधिकार सुरक्षित होती है, इसका अर्थ है कि इसके मौलिक कार्य के निर्माता के पास इसका विशेषाधिकार होता है (आमतौर पर, समय की सीमित अवधि के लिए)। आप सर्वाधिकार सुरक्षित सामग्री की प्रतिलिपि नहीं बना सकते जबतक कि वह निष्पक्ष व्यापार, (जैसा कि राष्ट्रमंडल देशों में संदर्भित है) या उचित उपयोग (यूएस में) के अंदर नहीं आता।

जब बात ऑस्ट्रेलिया में अध्ययन और अव्यावसायिक शोध की आती है, निष्पक्ष व्यापार के अंतर्गत आप प्रतिलिपि बना सकते हैं:

- पुस्तक का 5% या एक अध्याय
- शोध पत्रिका (जर्नल) से एक आलेख या समाचार पत्र से कोई एक मुद्दा
- सम्मेलन की सम्पूर्ण कार्यवाही/कार्यक्रम से एक पर्चा

- कानूनी विवरणों के खंड से एक मामला (केस)
- छोटा साहित्यिक खंड, जो 10 पृष्ठों से अधिक न हो
- वेब सामग्री की एक (मुद्रित) प्रतिलिपि (जबतक उसके स्थान पर इसके लिए मनाही न हो)

शोध प्रबंध के निर्माण के क्रम में आपको अभिस्वीकृत प्रतिलिपि सामग्री की उतनी संख्या तैयार करने की अनुमति है जितनी शोध प्रबंध के मूल्यांकन हेतु अनिवार्य है। विभिन्न देशों में निष्पक्ष व्यापार और उचित उपयोग के भिन्न-भिन्न अपवाद और नियम होते हैं। बेहतर होगा कि आप अपने संस्थान से या गूगल से अपने देश की सर्वाधिकार क़ानूनों को जाँच लें।

साहित्य का प्रबंधन

छात्र प्राय: इस बात से चकित होते रहते हैं कि उनकी शोध परियोजना के लिए कितना साहित्य पढ़ना होगा! अपनी खोज के दौरान आप किताबों का टीला बनाने पर मज़बूर हैं,मगर इसे व्यवस्थित रखना बहुत ज़रूरी है। अगर आप ऐसा नहीं करते हैं तो इनसे धूल-मिट्टी झाड़ते नज़र आएँगे। इसे व्यवस्थित करने में निम्नलिखित चीज़ें शामिल हैं: जल्दी और निपुणता से प्रासंगिकता तक पहुँच पाना; संसाधनों को व्यवस्थित रूप में रखना और प्रासंगिक तथ्यों को कलमबद्ध करना।

प्रासंगिकता का आकलन

आप शायद अपने खोजे हुए प्रासंगिक साहित्य के हरएक भाग के हरएक शब्द को नहीं पढ़ पाएँगे, इसलिए अपने साहित्य की गहराई में जल्दी और निपुणता से उतरकर प्रासंगिक और सार तत्वों तक पहुँचे और इस तरह अपना बहुत-सा समय और खुद को हताशा में जाने से बचा लें। यदि आप जर्नल के आलेख पढ़ रहे हैं तो उसमें सार या कार्यकारी सारांश को देखें। इससे आपको प्रासंगिक तत्वों/डेटा पर अच्छा सुझाव मिल सकता है। पुस्तक अनुक्रम में पुस्तक के पिछले हिस्से पर लिखी गई प्रशस्ति और प्रस्तावना को ध्यान से पढ़ें। साथ ही अध्याय के सारांश और पुस्तक के समग्र सारांश को भी। निष्कर्ष पर भी ध्यान दें। कुछ मिनटों में आपको यहह समझ जाना चाहिए कि यह आपके काम के लायक है या नहीं।

एक आसान सुझाव यह है कि अपने अध्ययन को प्रासंगिकता के क्रम में रखने के लिए टिप्पणी पत्र (स्टिकी नोट्स) चिपकाएँ। जैसे अगर आप तीन अलग-अलग अवधारणाओं से संबद्ध साहित्य पढ़ रहे हैं, आप तीन अलग-अलग रंग के टिप्पणी पत्र चिपका सकते हैं। प्रत्येक अवधारणा के लिए एक 1 (न्यूनतम प्रासंगिक), 2 (कुछ हद तक प्रासंगिक) और 3 (बहुत अधिक प्रासंगिक)। और इन्हें काम के अंतर्गत अध्याय के आधार पर या संपूर्णता के आधार पर क्रम में रख सकते हैं। यह बहुत अद्भुत है कि जब आप कई सामग्रियों की ठोस समीक्षा लिखने बैठते हैं, तो इस तरीके से अपना बहुत सारा समय बचा सकते हैं।

गुणवत्ता का आकलन

सिर्फ साहित्य का कोई अंश प्रासंगिक होने का अर्थ यह नहीं कि उसमें गुणवत्ता भी है। यक़ीन मानें, वेब पर बहुत कुछ निरर्थक भी होता है। यह पक्षपातपूर्ण भी हो सकता है, निजी कार्यावली से भरा और कभी-कभी बस पूरी तरह त्रुटिपूर्ण भी। हाँ, मगर आप साथी/सहकर्मी द्वारा समीक्षित शोध आलेखों की ओर मुड़कर बेहतर कर सकते हैं और सामान्यत: साहित्य की समीक्षा यही अपेक्षित है। मगर पत्रिका के आलेखों की गुणवत्ता को भी आँकने की ज़रूरत है। तो आप ये कैसे करेंगे ? यहाँ कई प्रश्न हैं जो आप पूछ सकते हैं जो अध्याय 4 (तालिका 4.2) में दिए गए शोध की विश्वसनीयता के संकेतकों से संबद्ध है:

आलेख पढ़ने के दौरान खुद से ये सवाल करें:

- क्या शोधकर्ता के आत्मवादों को स्वीकारा और प्रबंधित किया गया है?
- क्या उन्होंने तार्किक प्रणालियों का उपयोग किया जो वैध और/या प्रामाणिक सत्य तक ले जाता है?

- क्या उनकी प्रणालियाँ निरंतरता के साथ आगे बढ़ रही हैं?
- क्या तर्क प्रासंगिक और सटीक हैं?
- क्या शोध लेखा-परीक्षित/सत्यापित किया जा सकता है?

अब मुझे ऐसा लगता है कि यदि आप शोध में नए हैं तो आपके लिए सच्चे शोधकर्ताओं के काम का चयन करना चुनौतीपूर्ण हो सकता है। मगर इसका कौशल बढ़ाना ज़रूरी है। एक शोधकर्ता के रूप में, आप शिक्षा के क्षेत्र में योगदान दे रहे हैं और आपमें उस निकाय के अंदर, खेल की स्थिति आँकने की योग्यता होनी चाहिए। इसमें वहाँ की स्थिति पर अनिवार्य आलोचना किया जाना संबद्ध है। जैसे-जैसे आपकी शोध क्षमता बढ़ेगी, वैसे-वैसे दूसरों के काम को आँकने की योग्यता भी।

व्यवस्थित होना

खोए हुए ज़रूरी संदर्भों को ढूँढने से ज़्यादा बुरा और कुछ भी नहीं। यह किसी खोए हुए पृष्ठ का उद्धरण हो सकता है या बिना उदाहरण के तथ्य या कोई सही बिंदु, जिसके बारे में आपको याद नहीं कि कहाँ पढ़ा है। अगर आप अपने सारे संसाधनों को एक व्यवस्थित प्रबंधन दे सकें, आप समय की बर्बादी और बाद की परेशानी से बच जाएँगे।

प्रासंगिक किताबों, आलेखों आदि की प्रतिलिपि को एक श्रेणी में रखें और यदि केवल एक प्रति हो तो किसी को देने से बचें। यह हैरतअंगेज़ सच है कि कितनी ही किताबें और आलेख कभी वापस ही नहीं मिलते चाहे लेनेवाले उसे सप्ताह भर में लौटाने का वादा किया हो। अब, बुरा संदर्भ देखना जितना भी सामान्य हो, मैं यह नहीं मान सकती कि उचित संदर्भों को बौद्धिक रूप से प्रस्तुत करना कोई मुश्किल काम है। कमर-पीठ में दर्द है हाँ, लेकिन इसे करना इतना भी मुश्किल नहीं। आपको बस संगठित और मेहनती होने की ज़रूरत है। अपनी अनुशंसित संदर्भ-शैली आरंभ में ही तय कर लें, शैली निर्देशिका ढूँढें और बस, काम शुरू कर दें। कठिन संदर्भों को उचित जगह लिख लेने से आप परेशानी से बच जाएँगे।

आप ग्रंथसूची की फाइल प्रबंधन सॉफ्टवेयर का उपयोग कर सकते हैं। जैसे प्रो साइट, एंड नोट या रेफ्रेंस मैनेजर का। एक आधारभूत ग्रंथ सूची के विवरण दर्ज़ कर दिए गए, ये प्रोग्राम संदर्भों को किसी भी शैली में (जैसे हारवर्ड; एपीए बैंकोवर) अपने आप प्रारूपित कर सकते हैं। एक आखिरी बात: अपनी परियोजना से संबद्ध कुछ भी और सबकुछ (जिनमें संदर्भ भी शामिल है) की एक प्रतिलिपि ज़रूर रखें। यदि किसी चीज़ पर आप विश्वास रखते हैं तो यह रखें कि कंप्यूटर विश्वास के योग्य नहीं।

संदर्भों की व्याख्या करना

अध्ययन मस्तिष्क को सिर्फ ज्ञान की सामग्री से ही तैयार करता है, हमारी सोच या चिंतन ही अध्ययन को हमारा बनाती है।

जॉन लोके

सबसे पहले पढ़ी गई विषय-सामग्री की तार्किक और व्यवस्थित समीक्षा, किसी भी विषय के लेखन को व्यवस्थित रूप में विकसित करना निश्चित रूप से अच्छा है जो कि पहले पढ़े गए विषय-सामग्री की मदद से संभव है। इससे तार्किक और व्यवस्थित रूप में समीक्षा लिखने में सुगमता होती है।

कई छात्र विषय-सामग्री को पहले अव्यवस्थित तरीके से पढ़ते हैं और बाद में समीक्षा लिखते समय उसी अध्ययन को व्यवस्थित रूप देने लौटते हैं, ख़ासकर जब समय-सीमा निकट हो।

यहाँ अच्छी रणनीति यही है कि आप उपयुक्त ग्रंथसूची या महत्वपूर्ण साहित्य की व्यवस्थित समीक्षा तैयार रखें, जिससे आपको उद्धृत स्त्रोतों की प्रासंगिकता, यथार्थता और गुणवत्ता का ध्यान रहे (देखें बॉक्स 6.1)। इसका यह

कतई मतलब नहीं कि आपको बहुत अधिक टिप्पणियों की ज़रूरत है, टिप्पणी वास्तव में अपनी सुविधा के लिए लिखी जाती है ताकि काम के दौरान समय की बचत हो। संभवत: आपको हरएक प्रासंगिक विषयों पर टिप्पणी लिखना कष्टदायक लगे मगर जब आप औपचारिक या व्यावसायिक साहित्य-समीक्षा लिखेंगे तब लेखन के समय इन टिप्पणियों के प्रति आभारी होंगे।

समीक्षित कार्यों की प्रासंगिकता के मुताबिक टिप्पणियाँ संदर्भ और आकार में भिन्न हो सकती हैं; कुछ बातें हैं, जिन्हें शामिल करने की मैं सलाह दूँगी:

- **लेखक और पाठक** – बहुत अधिक साहित्य को फिर से पाने की योग्यता ने उस साहित्य के आकलन की ज़रूरत को बढ़ा दिया है। इंटरनेट (मिथ्या) प्रचार, अज्ञात सलाह और विश्वसनीय खोज की अपेक्षाकृत खोज की कमी से भरा-पड़ा है। ख़ुद से सवाल करें: कौन लिख रहा है? उनकी शैक्षिक योग्यता क्या है? क्या वे व्यावसायिक, राजनीतिज्ञ, शोधकर्ता या कोई अनजान व्यक्ति हैं ? और यह सामग्री किसके निमित्त लिखी गई है? क्या यह शिक्षित पाठक, जनसाधारण,मतदाता या आम लोगों के लिए है? यदि इन स्रोतों से आपको अपने इन प्रश्नों के सहज उत्तर नहीं मिल रहे तो आपका विश्वसनीय स्रोत की ओर बढ़ना ही उचित होगा।
- **सारांश** – अक्सर मुझसे पूछा जाता है कि सारांश कितना बड़ा होना चाहिए। उत्तर है, 'निर्भर करता है' यहाँ उद्देश्य मूल बिंदुओं को रेखांकित करना है जिससे आपकी खोज और लेखन तक पहुँचने में मदद मिले। आप कम प्रासंगिक कार्य को एक-दो वाक्यों में सार रूप में लिख सकते हैं। जबकि अन्य जो आपकी अपनी सोच और शोध में अधिक सहायक होंगे, आपसे अधिक गहराई की माँग करेंगे। जिन चरों की आगे ज़रूरत पड़ने की संभावना महसूसते हैं, उन्हें भी लिखकर रखें, और कोशिश करें कि सारी बातें केवल दिमाग में ही न रखी जाये। क्योंकि आप चाहे न चाहें,कल नहीं तो कुछ महीनों के बाद आप भूल जाएँगे। याद रखें, टिप्पणी आप किसी भी शैली में लिख सकते हैं इसके लिए अधिक व्यावसायिक होने की ज़रूरत नहीं; बिना सोचे-समझे चित्रांकन, दिमागी मानचित्र, उद्धरण, पृष्ठ संख्या आदि, सब सही है।
- **सूक्ष्म समीक्षा** – सामान्यत: छात्रों को जानकारियों को सारांश करने में समस्या नहीं आती है। हालाँकि जहाँ वे सबसे अधिक संघर्ष करते हैं, वह है उनकी आलोचनात्मक योग्यता। अब मुझे यह मालूम है कि 'आलोचनात्मक' शब्द में नकारात्मकता दिखती है, लेकिन शैक्षिक समीक्षा करने में 'आलोचनात्मक' शब्द का अर्थ है, सूचित और मान्य मूल्यांकन। सक्षम शोधकर्ता के रूप में आपमें इन प्रश्नों को पूछने और उत्तर देने की क्षमता होनी चाहिए – 'मैं उसके बारे में सचमुच क्या सोचता था और क्यों ' ? क्या यह नया है? क्या यह पुराना है? क्या यह अग्रणी है ? क्या यह सिर्फ मिश्रित रूप है? क्या कार्यप्रणाली में बुनियादी खामियाँ हैं? क्या लेखक पूर्वाग्रहों से ग्रसित हैं? क्या परिणाम विश्वसनीय हैं? साथ ही अपने काम को अन्य लेखकों के काम के साथ तुलना करके विचार करें। यह सामान्य साहित्य के साथ कैसा 'बैठ' रहा है?
- **प्रासंगिकता पर टिप्पणियाँ** – यहाँ आप दूसरे के किए कार्यों और जो आप करना चाहते हैं, उनके बीच संबंध स्थापित करते हैं। ख़ुद से पूछें, कैसे यह कार्य आपकी कार्ययोजना के साथ सम्बद्ध होगा। क्या इस काम में कुछ है जो आपके दिमाग की बत्ती जलाता है? यह सिद्धान्त या विचारधारा किसप्रकार तुलना के योग्य है? विधियों के बारे में क्या? क्या सोच/विधियों में दोष है जो आपको इस क्षेत्र/विषय/प्रश्न को अलग कोण से पता लगाने के लिए विवश करता है? क्या यहाँ कोई ऐसा उद्धरण है/अनुच्छेद या अनुभाग है जो आपके विषय/कार्ययोजना से अंतर्संबद्ध है। प्रेरित होने के लिए देखें। विस्मित होने के लिए देखें। इस अनुभाग को सृजनात्मक प्रवाह के लिए उपयोग करें।

बॉक्स 6.1

संक्षिप्त टिप्पणी का नमूना

O'Leary, Z. (2001) 'Conversations in the kitchen', in A. Bartlett and G. Mercer (eds), Postgraduate Research Supervision: Transforming (R)Elations. New York: Peter Lang.

उद्धरण (हारवर्ड द्वारा अनुशंसित)

लेखक पश्चिमी सिडनी के विश्वविद्यालय में वरिष्ठ व्याख्याता है: जिन्होंने स्नातकोत्तर शोध छात्रों एवं अधीक्षकों के निमित्त पुस्तक का एक अध्याय लिखा है।

(जारी)

(जारी)

लेखक/पाठक

यह बुनियादी तौर पर एक उपाख्यान/एक छोटी-सी कहानी है जो बहुत-से शोध छात्रों के घरेलू दायित्वों एवं अध्ययन से सम्बद्ध भावनात्मक और बौद्धिक कठिनाइयों पर विमर्श कर मानक के अनुरूप बनाने की कोशिश करता है।

सारांश

उपाख्यान काफी छोटा, मर्मस्पर्शी एवं निजी शैली में लिखा गया है जो पाठक को इससे जुड़ना आसान बनाता है। हालाँकि यह शोध अध्ययन किसी आँकड़े/ठोस आधार से समर्थित नहीं है और इसलिए उठाए गए मुद्दे के विस्तार तक किसी को आँकने की अनुमति नहीं देता। भले ही वह बड़े पैमाने पर व्याप्त हो। इसके बाद फील्ड और होवार्ड (2002) और दृकर (2003) द्वारा संचालित शोध अध्ययनों, जैसे शोध अध्ययन से अच्छी तरह जुडने की ज़रूरत है।

सूक्ष्म समीक्षा

यह मेरे अध्याय 'भूमिका और कार्यभार को प्रबंधित करने की क्रियाविधि और रणनीति का सामना करना' से अच्छी तरह जुड़ता है और एक या दो उद्धरण के लिए अच्छा हो सकता है, विशेषकर अगर मुझे ऐसा लगे कि मेरा लेखनकार्य शुष्क है। प्रासंगिकता।

साहित्य-समीक्षा का औपचारिक लेखन

जैसा कि अध्याय के आरंभ में चर्चा की गई गई है, साहित्य-समीक्षा तार्किक लेखन की बहुत ही विशिष्ट हिस्सा होती है जो प्रासंगिक शोध/आलोचनात्मक आलेख की आलोचनात्मक समीक्षा पर काफी हद तक आधारित होता है और आपके शोध के लिए 'जगह' बनाता है। सामान्यत: इसकी ज़रूरत शोध परियोजना, प्रस्ताव; विवरण/रिपोर्ट, शोध आलेख और छात्रों के शोध प्रबंधों में पड़ती है। इसलिए इसमें जुट जाना ज़रूरी है - भले ही यह कितना भी भारी लगे।

शोध समीक्षा करने के विचार से व्याकुल होना बहुत सामान्य है। वास्तव में, साहित्य समीक्षा का लेखन-कार्य करना बहुत ही आत्मविश्वासी छात्रों के दिलों में भी डर पैदा कर सकता है। न सिर्फ आपको साहित्य-क्षेत्र से सम्बद्ध जुड़ना होगा बल्कि उस साहित्य को तुलना, विरोध, संश्लेषित और तर्क करने की ज़रूरत होगी जो साहित्य में योगदान देने के प्रति आपकी तत्परता को दिखा सके। और यह एक बड़ा काम है। खासकर अगर यह आपका पहला दृढ़ प्रयास है।

शुरुआत कैसे करें, यह जानना मुश्किल हो सकता है - और सारे पर्यवेक्षक नहीं जान सकते कि वे आपके काम की शुरुआत कैसे करवाएँ। अधिकांश अच्छे साहित्य समीक्षा को तभी पहचानेंगे जब पढ़ेंगे, मगर कुछ को इसकी रचना को स्पष्ट करने में अधिक कठिनाई आएगी। साहित्य समीक्षा के प्रयोजन को समझना, एकत्रित डेटा पर काम करने के सक्षम तरीकों पर पकड़ बनाना और विधिपूर्वक कार्य को आगे बढ़ाना - काम को व्यवस्थित रखने में दूर रखने में दूर तक साथ दे सकता है।

प्रयोजन/उद्देश्य

आप यह सोचते होंगे कि औपचारिक साहित्य की समीक्षा करना आसान होता होगा मगर साहित्य समीक्षा को किस लक्ष्य के लिए लिखा गया है, वह पूर्व शोधकर्ताओं के कार्य और निष्कर्ष की सरल अभिव्यक्ति से बहुत आगे तक जाता है। औपचारिक साहित्य-समीक्षा एक उद्देश्यपूर्ण तर्क है जिसके लिए निम्नलिखित बातों को करने की ज़रूरत है:

- **पाठक को इस क्षेत्र में विकास की जानकारी देना** – शोध अध्ययन का प्रयोजन न सिर्फ पाठक को आपके निजी शोध प्रश्न की जानकारी देना है, बल्कि सामान्य विषय से भी अवगत कराना है। ठोस साहित्य समीक्षा आधुनिक अकाउंट और प्रासंगिक सिद्धांतों, विधियों और शोध अध्ययन पर विमर्श जो विशेष विषय का साहित्य क्षेत्र के माध्यम से पाठक को संदर्भित अध्ययन प्रदान करते हैं।
- **शोधकर्ता की विश्वसनीयता स्थापित करना** – शोधकर्ता नए ज्ञान के उत्पादन के लिए जिम्मेदार होते हैं, इसलिए यह ज़रूरी है, वे यह दर्शाएँ कि वे कार्य क्षेत्र के समानांतर चल रहे हैं; प्रासंगिक नए नए विकास से अवगत हैं और उनके शोधक्षेत्र के अंतर्गत शैक्षिक और वैज्ञानिक बातचीत और विमर्श से परिचित हैं। साहित्य समीक्षा शोधकर्ताओं को प्रासंगिक शोधकार्य के ठोस और आलोचनात्मक मूल्यांकन; मूल मुद्दों की समझ और शेष क्षेत्र से अपने कार्य के संबंध को स्थापित करने की क्षमता द्वारा विश्वसनीयता स्थापित करने की अनुमति देता है।
- **उनके अध्ययन की ज़रूरत और प्रासंगिकता पर तर्क करना** – साहित्य-समीक्षा को शोधकर्ता के अपने शोध-कार्यविधि पर तर्क करने की ज़रूरत है। यह ज़रूरी है कि यह समसामयिक अध्ययन को पूर्व शोध के प्रसंग के अंदर रखें। साहित्य समीक्षा में 'अंतराल' को पहचानने की ज़रूरत होती है जो अध्ययन के शोध प्रश्न की उपयुक्त और महत्वपूर्ण प्रकृति को दिखाता है। यह निम्नलिखित बातों द्वारा प्रणाली आधारित विधि के दृष्टिकोणों के औचित्य को साबित कर सकता है: आलोचनात्मक तरीके से मूल्यांकित विधियाँ जो इस प्रकार के शोध में ठेठ और सामान्यत: स्वीकृत होती हैं; सीमाओं को उभारना जो विगत अध्ययन में एक समान हो सकते हैं; और संभवत: अनुचित मान्यताओं को उजागर करना जो विधियों को आधार देती है।

तालिका 6.1 साहित्य की समीक्षा करना बनाम 'साहित्य-समीक्षा'

साहित्य की समीक्षा करने के आत्मशिक्षाप्रद कारण	औपचारिक साहित्य-समीक्षा क्या लक्ष्य पाने का प्रयास करती है
• इस क्षेत्र में क्या हो रहा है, उससे अवगत होना	• इस क्षेत्र में क्या हो रहा है, इससे अपने पाठकों को अवगत कराना
• सामयिक तथा प्रणाली आधारित विधियुक्त ज्ञान एवं विशेषज्ञता की नींव रखना	• एक जानकार और समर्थ शोधकर्ता के रूप में अपनी विश्वसनीयता स्थापित करना
• आलोचनात्मक सोच/क्षमता विकसित करना	• अपने शोध प्रासंगिकता और महत्ता पर तर्क करना
• साहित्य में संभावित अंतराल खोजना जो संभावित शोध प्रश्न की ओर इशारा करते हों	• अपने प्रणाली आधारित विधियुक्त दृष्टिकोणों के लिए प्रसंग उपलब्ध कराना
• अपने तार्किक दृष्टिकोणों के विकास को सुगम बनाना	• अपने दृष्टिकोण की प्रासंगिकता और उपयुक्तता पर तर्क करना

कृपया ध्यान दें: साहित्य-समीक्षा दस्तावेज़ का विश्लेषण नहीं है। यह पूर्व शोधाकर्ताओं द्वारा किए गए शोध अध्ययन के विहंगावलोकन का एक बड़ा हिस्सा है। दस्तावेज़ी विश्लेषण परोक्ष रूप से आँकड़ों के विश्लेषण (देखें अध्याय 12) का एक रूप है। यदि आप आँकड़े इकट्ठे करने और साक्ष्य ढूँढने के लिए नीति दस्तावेज़, विधान और संगठनात्मक मसविदा जैसे, विषयों की छानबीन करना चाहते हैं,इन्हें साहित्य की समीक्षा में शामिल नहीं करना चाहिए। अगर दस्तावेज़ की छानबीन को आपके शोध प्रश्न के उत्तर के लिए विश्ववसनीय माना जा रहा है तो मेरी सलाह है कि इसे प्रणाली में शामिल कर लें और इसके बारे में अपनी खोज वाले विभाग में उल्लेख करें।

तालिका 6.1 साहित्य की समीक्षा करने के लिए ज्यादा व्यापक और आत्मशिक्षाप्रद कारणों और औपचारिक 'साहित्य समीक्षा' के प्रयोजनों को उजागर कर उद्देश्य को और गहराई से स्पष्ट करती है।

आवृत्त क्षेत्र

एक बार आप इसके उद्देश्य को समझ लेंगे तो संभावित रूप से आप ये प्रश्न करेंगे, 'मेरी साहित्य-समीक्षा के अंतर्गत क्या-क्या आना चाहिए? 'आपकी साहित्य-समीक्षा का आवृत्त क्षेत्र इतना व्यापक हो कि: आपके विषय से सम्बद्ध सामयिक बातचीत और वाद-विवाद की प्रवृत्ति से पाठक को अवगत करा सके; अपने क्षेत्र के समानान्तर में चलनेवाले शोधकर्ता के रूप में अपनी विश्वसनीयता स्थापित कर सके; और आपके अपने शोध की ज़रूरत और प्रासंगिकता को दिखा सके। मगर साहित्य के सामान्य क्षेत्र की गहराई, आपके द्वारा तर्क करने की कोशिश, और

परियोजना/शोध प्रबंध का स्तर यह भी निश्चित करेगा कि क्या उपयुक्त और ज़रूरी है। अंतर्स्नातक की एक छमाही की परियोजना में 20 या उससे कुछ अधिक प्रासंगिक या सामयिक आलेख शामिल करने की ज़रूरत होगी जबकि एक पीएचडी को 250 आलेखों को शामिल करना ज़रूरी है और इसके लिए आपको सैद्धान्तिक और मौलिक दोनों कार्यों में डूबना होगा।

आवृत्त क्षेत्र के विकल्पों में शामिल है:

- विस्तृत आवृत्त क्षेत्र जिसमें सभी प्रासंगिक साहित्य उद्धृत हैं;
- केवल चयनित उद्धरण के साथ विस्तृत आवृत्त-क्षेत्र;
- प्रतिनिधिक आवृत्त क्षेत्र, जो साहित्य के अंतर्गत विशेष क्षेत्रों को चिह्नित करने वाले कार्यों पर विमर्श करते हैं;
- मौलिक कार्यों का आवृत्त क्षेत्र;
- उपर्युक्त सभी का संयोजन

साहित्यिक चोरी

सबकुछ ऑनलाइन उपलब्ध है। और इसका अर्थ है कि सम्पूर्ण साहित्य-समीक्षा 'काटो और चिपकाओ' की प्रक्रिया से कुछ दूरी पर है। ऐसा न करें। पहला, यह गलत है: आप वास्तव में किसी और का काम चुरा रहे हैं। दूसरा, यह आपको आपके उपाधि कार्यक्रम से निकाल-बाहर कर सकता है। तीसरा, सीधे तौर पर, यह साहित्य की अच्छी समीक्षा तक नहीं ले जाता है। हाँ, आप सार/तत्व के कुछ अंश काट और चिपकाकर अपने आलेख में शामिल कर सकते हैं। मगर, इसमें तर्क मौजूद नहीं होंगे। इससे आपको इसे प्रचलित अंश की तरह लेने की ज़रूरत है: एक अंश जो स्पष्टतया आपके अध्ययन की ज़रूरत और उसकी प्रासंगिकता पर तर्क करता है।

तो, साहित्यिक चोरी असल में क्या है? जब दूसरे व्यक्ति के शब्द,विचार या आँकड़ों का संदर्भ उल्लेख नहीं किया जाता और इसे अपना कहकर आगे बढ़ा दिया जाता है, उसे 'साहित्यिक चोरी' कहते हैं। इसका अर्थ है कि आप निम्नीखित कार्य नहीं कर सकते:

- स्रोत का संदर्भ दिए बिना सुझाव/विचार, वाक्यांश, अनुच्छेद, रेखाचित्र या चित्र को काटकर चिपकाना
- आपके लिए लिखने के लिए किसी और को पैसे देना
- ऑनलाइन स्रोत से लिखित तत्वों को डाउनलोड करना और अपना कहकर जमा देना;
- दूसरे छात्र का काम बिना उसे बताए नकल करना;
- अपनी ग्रंथ-सूची में स्रोत का उल्लेख करना मगर अध्याय के अंदर नहीं;
- बिना संदर्भ दिए किसी के मूल विचार को शब्द बदलकर लिखना;
- बिना वक्ता/व्याख्याता का नामोल्लेख किए उनके वक्तव्य या व्याख्यान से उद्धरण लेना।

अब, मुझे एहसास है कि विशेषज्ञ को संदर्भित करते हुए आपसे मौलिक कार्य के लिए कहना अंतर्विरोधी प्रतीत हो सकता है। मगर, मूल बिंदु है–अभिस्वीकृति। दूसरे शब्दों में, उपयुक्त रूप से संदर्भित करना। आपको मेहनती और यहाँ तक कि विद्वान/जानकार होने की ज़रूरत है। ढूँढें आपके संकाय में संदर्भ देने की कौन-सी शैली अनुशंसित है और उस निर्देशिका को भी, जो आसानी से ऑनलाइन या आपके संस्थान से मिल सके।

लेखन-प्रक्रिया

कई ऐसे छात्र भी हैं जो बिना बहुत अधिक मार्गदर्शन के, प्रभावशाली साहित्य-समीक्षा तैयार कर लेते हैं। उन्हें काम की समझ होती है और वे इसे सराहनीय रूप में पूरा करते हैं। मगर मुझे यह कहना होगा कि ये अपवाद स्वरूप हैं। अधिकांश छात्र संघर्ष करते हैं और चाहते हैं कि आगे का रास्ता दिखता रहे। इसलिए निम्नलिखित प्रक्रिया के अतिरिक्त अन्य प्रक्रियाएँ भी अनुकरणीय हैं। यह आपको 'इसने कहा' 'उसने कहा' विवरण से परे अ से ब तक ले जाने का काम करेगा। याद रखें: यहाँ लक्ष्य जानकारी देना, स्थापित करना और तर्क करना है। इसे करने के लिए मैं निम्नलिखित चरणों से गुजरने की सलाह दूँगी:

1. साहित्य-समीक्षा अनवरत प्रक्रिया के रूप में करें – आपकी साहित्यिक समीक्षा आपके प्रश्न, सिद्धान्त और विधियों की जानकारी देगी और आपके प्रश्न, सिद्धान्त और विधियाँ आपकी साहित्यिक समीक्षा के लिए मापदंड निर्धारित करने में मदद करेंगे। यह एक चक्रीय प्रक्रिया है। प्राय: साहित्य-समीक्षा का एक गतिशील लक्ष्य होता है जिसे आपके अध्ययन के साथ आपकी सोच और लेखन में विकसित होना चाहिए।
2. कुछ बहुत अच्छी प्रासंगिक समीक्षा पढ़ें – आपको अपनी साहित्यिक समीक्षा लिखने के पहले साहित्य-समीक्षा की पूरी समझ होनी चाहिए।
3. अपने अध्ययन में गतिशील चरों की पहचान करें – जैसे: अ. शरीर भेदी, ब. किशोर, और स. पारित होने के संस्कार।
4. पर्यायवाची या विकल्पों की तालिका विकसित करें – उदाहरण के लिए: अ. शरीरभेदी, कान की बाली, नाथ, शरीर पर उकेरे गए चित्र आदि; ब. किशोरों, लड़कियाँ, लड़के, बाल-किशोर, युवा-वयस्क; स. पारित होने के संस्कार, दीक्षा, अधिष्ठापन/आगमन, पालन।
5. वेन आरेख में रखें – जैसा कि चित्र 6.5 में दिखाया गया है।
6. सर्च इंजन का उपयोग करें – उपयुक्त आँकड़ों को ढूँढे और/या अपने पुस्तकालयाध्यक्ष से मार्गदर्शन लें। गतिशील तत्वों के संयोजन और उनके पर्यायवाची/विकल्प द्वारा खोज करें।
7. उद्धरण को सार के साथ संयोजित करें – ये अधिकांशत: इलेक्ट्रिक रूप में उपलब्ध होंगे।
8. सार पढ़ें और सारे अप्रासंगिक आलेखों को छांटकर अलग करें —– स्पष्टत: विषय से बाहर के तत्वों से पाएँ और शेष अध्ययन को प्रसंग के अनुसार क्रमसंख्या दें।
9. आकलन करें कि आपके लिए गहराई में जाना ज़रूरी है या अपनी समीक्षा पर ध्यान केन्द्रित करना – ध्यान केन्द्रित करने के लिए आप पाँच से सात साल पहले के अध्ययनों को देख सकते हैं और प्रासंगिक गतिशील तत्वों को (देखें चित्र 6.3)जोड़ सकते हैं। आप अपनी समीक्षा को चयनित या प्रतिनिधिक आवृत्त क्षेत्र तक सीमित भी कर सकते हैं। विस्तार करने का अर्थ गतिशील तत्वों को सीमित/संशोधित और या समय-सीमा को बढ़ाना हो सकता है। याद रखें कि अध्ययनों को प्रासंगिक, जानकारीपूर्ण और उपयोगी होने के लिए आपके निजी शोध प्रश्न को प्रत्यक्ष रूप से पता लगाने की ज़रूरत नहीं है।
10. अपने प्रासंगिक अध्ययन को व्यवस्थित रूप में छांटे – हाथ से बहुत बड़ी ग्रंथ-सूची तैयार करें या ग्रंथ-सूची के सॉफ्टवेयर, जैसे– प्रोसाइट, एंडनोट या रेफ्रेंस मैनेजर – दोनों विकल्प आपके पास हैं।
11. प्रत्येक प्रासंगिक आलेख को पढ़ें और टिप्पणी लिखें – अध्याय के आरंभ में जैसी सलाह दी गई है कि लेखक/पाठक, के मूल बिन्दुओं, आलोचनात्मक टिप्पणी और प्रासंगिकता पर अपना मत दें।
12. अपनी टिप्पणियों को चुनें और व्यवस्थित करें – विषयों, चिंताजनक मुद्दों, आम कमियों आदि की तलाश करें। आप पाएँगे कि प्रतिमान स्वयं उभर रहे हैं और ये आपके अपने तर्क के विकास में दूर तक साथ देंगे।
13. अपनी साहित्यिक समीक्षा के लिए संभावित रूपरेखा बनाएँ – सोचें, किस तर्क से पाठक को अच्छी तरह समझ आएगा कि आप प्रासंगिक साहित्य के व्यापक क्षेत्र से संबद्ध हैं; आपके द्वारा तैयार ढाँचे को आपकी सोच के विकास के साथ कभी भी संशोधित किया जा सकता है, मगर यह ज़रूरी है कि आपका मुख्य तर्क आपके द्वारा प्रस्तावित शोध अध्ययन की विशिष्टता से मेल खाए।
14. प्रयोजन सहित लिखें – आप बिना किसी कार्यावली के औपचारिक 'साहित्य-समीक्षा ' नहीं लिख सकते। आपकी समीक्षा के हर खंड में केन्द्रित बिंदु आपके पाठक को आसानी से पहचान में आने योग्य होना चाहिए। यदि आपके पाठक आपकी बात को समझ नहीं पा रहे, आपको अपनी प्रस्तुति पर पुनर्विचार करने की ज़रूरत है।
15. अपने तर्क के समर्थन के लिए साहित्य का उपयोग करें – समीक्षा, टिप्पणी या दूसरों के तर्क उधार लेने के बजाय अपने तर्क तैयार करने और उसके सहयोग के लिए साहित्य का उपयोग करें। उदाहरण के लिए –

    जलवायु परिवर्तन के संदर्भ में, ज्ञान और व्यावहारिक बदलाव के बीच का संबंध विवादास्पद है [जो आप जो कहना चाह रहे हैं]। हालाँकि कई अध्ययनों से पता चला कि जलवायु परिवर्तन की जानकारी व्यवहार को प्रभावित कर सकता है (जोन्स, 2008; वोंग,2002; स्मिथ, 2007), बर्नी और पोविस (2009) द्वारा किया गया अध्ययन यह तर्क करता है कि बदलाव पर ज्ञान का न्यूनतम प्रभाव पड़ता है और मित्रों/सहकर्मियों और पड़ोसियों के व्यवहारों का कहीं अधिक प्रभाव पड़ता है (आपकी बात को समर्थन देनेवाला साक्ष्य)

यह तरीक़ा अनुच्छेद को लेखक के नाम से आरंभ करने से जटिल है; जैसे-अनुच्छेद की शुरुआत 'जोन्स (2008) कहते हैं'; 'वोंग (2002) ने पाया'; और 'स्मिथ (2007) तर्क देते हैं'।

16. उपयुक्त शैली और लहजा अपनाएँ – बहुत अधिक आदरसूचक शब्दों के प्रयोग से बचें लेकिन शब्द बहुत अधिक आलोचनाप्रद भी न हों। याद रखें, आपका लक्ष्य संबद्ध होना, तर्क करना, अपने सुझावों को विकसित करना और योगदान देना है। दूसरी ओर अगर आप दूसरे के काम में कमी निकालकर अपनी विश्वसनीयता स्थापित करने का प्रयास करेंगे तो आप पक्षपाती आलोचक और एकतरफ़ा गुण-दोष निरुपक होने का ख़तरा मोल लेंगे और समीक्षित कामों में से प्रासंगिक और महत्वपूर्ण तत्वों को निकाल पाने में असमर्थ होंगे।
17. बहुतायत प्रतिक्रियाएँ लें – साहित्य की समीक्षा लिखना आसान काम नहीं है और अधीक्षकों की उम्मीदें बहुत अधिक भिन्न हो सकती हैं। लेखन-प्रक्रिया शुरू करने या प्रतिकृया पाने के लिए अंतिम क्षण का इंतज़ार न करें। समय रहते अपने अधीक्षक या किसी और को अपना प्रारूप पढ़ने दे दें।
18. पुन: प्रारूपण के लिए तैयार हों – आप चाहे छात्र हों या व्यावसायिक शोधकर्ता, पुन: प्रारूपण ज़रूरी है। दो (तीन या चार) बार भी प्रारूपण की ज़रूरत पड़ सकती है।

पाठ सारांश

- अच्छा शोध सामयिक, प्रणाली आधारित विधिपूर्ण और सैद्धान्तिक साहित्य के साथ जुड़ाव की मांग करता है। यह आपको विषय खोजने में, प्रश्न परिभाषित करने में, तर्क सुस्पष्ट करने में,अपने अध्ययन को सैद्धान्तिक रूप से प्रस्तुत करने में,उपयुक्त रूपरेखा बनाने में और कभी-कभी प्राथमिक डेटा का स्रोत बनने में आपकी मदद करेगा।
- साहित्य के प्रकारों में शामिल हैं: संदर्भित पाठ्य-सामग्री, किताबें, पत्रिकाएँ, अव्यावसायिक साहित्य, कार्यालयी प्रकाशन, अभिलेखागार, लेखन सामग्री। उपयुक्त सामग्री पाने के लिए आपको पुस्तकालयाध्यक्ष, अधीक्षक और दूसरे शोधकर्ताओं की विशेषज्ञता की जानकारी लेनी होगी।
- साहित्य की निरंतर बढ़ती उपलब्धता छात्रों से सही संकेतक शब्दों को खोजने की क्षमता विकसित करने की माँग करता है ताकि वे इलेक्ट्रोनिक डेटाबेसों के और खोज इंजिनों के अनेक प्रकार पर अपनी पकड़ बना सके। आपको प्रासंगिकता और गुणवत्ता के अनुरूप लेखन सामग्री को बहुतायत मात्रा में छांटना होगा।
- व्यवस्थित और व्याख्यायित स्रोत प्रासंगिक साहित्य के लिए अभिलेख प्रदान कर सकते हैं। इसमें उद्धरण लेखक और पाठक की जोड़बंदी, सारांश, आलोचनात्मक टीका-टिप्पणी और प्रासंगिकता पर संक्षिप्त लेखन (जो आपको स्रोतों की महत्ता, शुद्धता/यथार्थता और गुणवत्ता की ओर ध्यान दिलाए) शामिल है।
- औपचारिक साहित्य समीक्षा तार्किक लेखन का बहुत ही विशिष्ट अंश होता है जिसे पाठकों को विषय की जानकारी देने, शोधकर्ता के रूप में आपकी विश्वसनीयता स्थापित करने और आपके काम की ज़रूरत और प्रासंगिकता पर तर्क करने के लिए बनाया गया है। अधिकांशत: इसे एक कठिन काम मानते हैं, जिसमें धैर्य, अभ्यास, प्रारूपण और पुन: प्रारूपण की ज़रूरत होती है।

संदर्भित पुस्तकें

कुछ ऐसी पुस्तकें हैं जो आपके शोध साहित्य पर काम करते समय आनेवाली जटिलता को कम करने में मदद करती हैं। निम्नलिखित स्त्रोत आपके काम को आरंभ करने में मदद कर सकते हैं:

Fink, A. (2009) *Conducting Research Literature Reviews: From the Internet to Paper*. Thousand Oaks, CA: Sage.

अच्छी सुलभ निर्देशिका, जो यह बताती है कि कैसे साहित्य-समीक्षा से तर्क का आधार तैयार होता है, ऐसे तर्क जो शोध की ज़रूरत और महत्व का औचित्य साबित करते हैं। उदाहरणों और अध्यायों की लाजवाब तालिका।

Galvan, J. L. (2012) *Writing Literature Reviews: A Guide for Students of the Social and Behavioral Sciences*. Glendale, CA: Pyrczak.

मुझे इस पुस्तक में यह बात अच्छी लगी कि इसमें मूल बिन्दुओं को दर्शाने के लिए साहित्य-समीक्षा के उदाहरणों का उपयोग किया गया है। अनुसरण में आसान।

Girden, E. and Kabacoff, R. (2010) *Evaluating Research Articles from Start to Finish*. Thousand Oaks, CA: Sage.

किसी और के शोध की आलोचना करना, खासकर किसी पेशेवर के शोध की समीक्षा करना छात्र शोधकर्ताओं के लिए बड़ी चुनौती हो सकती है। लेखक आलोचना करने और उनके उदाहरण देने का जो व्यवस्थित तरीक़ा यहाँ अपनाते हैं, वे कार्य को आसान बनाते हैं।

Machi, L. A. and McEvoy, B. (2012) *The Literature Review: Six Steps to Success*. Thousand Oaks, CA: Corwin Press.

लेखक साहित्य-समीक्षा के लिए छह साधारण चरण बताते हैं: विषय का चयन; साहित्य की खोज; तर्क का विकास; साहित्य सर्वेक्षण, सूक्ष्म समीक्षा; और लेखन। बहुत उपयोगी।

Pan, M. L. (2008) *Preparing Literature Reviews: Qualitative and Quantitative Approaches*. Glendale, CA: Pyrczak.

यह उपलब्ध शोध के मूल्यांकन और साहित्य समीक्षा के व्यवस्थित लेखन के लिए अच्छी निर्देशिका है। उपयोगी अभ्यास एवं अच्छे उदाहरण।

Rhoades, E. A. (2011) 'Literature reviews', *The Volta Review*, 111(3): 353–368.

यह एक अच्छा आलेख है। हालाँकि प्रसंग बधिर बच्चे का है लेकिन लेखक उस प्रसंग पर समय खर्च करने के बजाय सीधे मुद्दे पर आते हैं कि साहित्य-समीक्षा को कैसे अच्छा बनाया जाये। इसके अतिरिक्त, साहित्य-क्षेत्र के माध्यम से उतरना उसे बोधगम्य बनाने और उसे प्रस्तुत करने की सलाह निस्संदेह उपयोगी है।

Ridley, D. (2012) *The Literature Review: A Step by Step Guide for Students*. London: Sage.

मुझे यह पुस्तक सच में पसंद है। इसमें बेहतर अभ्यास को रेखांकित करने के लिए मामलों और उदाहरणों का उपयोग अच्छी तरह किया गया है। ऑनलाइन स्रोतों की अच्छी व्याप्ति है और बहुत-से व्यावहारिक नुस्खे दिए गए हैं।

7

रिसर्च प्लान की रूपरेखा बनाना

अध्याय का पूर्वावलोकन

- प्रश्न से उत्तर की तरफ बढ़ना
- शोधकर्ता के लिए इसे सही तरीक़े से बनाना
- व्यावहारिकता: इसे करने योग्य बनाना
- सबकुछ विवरण में है

प्रश्न से उत्तर की तरफ बढ़ना

विधियों एवं माध्यमों को मुख्य लक्ष्य से अलग नहीं किया जा सकता।

एमा गोल्डमैन

जब बात प्रणाली आधारित रूपरेखा की आती है, भले ही यह आश्चर्यजनक रूप से स्पष्ट लगे, मगर आपका लक्ष्य ऐसी योजना बनाना है जो या तो आपके बेहद स्पष्ट शोध प्रश्न का उत्तर देने योग्य हो या कुशलतापूर्वक निर्मित परिकल्पना की जाँच करे। स्पष्ट है कि प्रणाली आधारित रूपरेखा सुस्पष्ट शोध प्रश्न या कुशल परिकल्पना की माँग करती है और यह सच है। एक सुस्पष्ट शोध प्रश्न छानबीन को परिभाषित करता है, परिसीमा तय करता है, दिशा देता है और आपके काम के आकलन के लिए संदर्भ की तरह काम करता है। इस तरह आपका प्रश्न विधियों से सम्बद्ध निर्णय लेने में ब्लू प्रिंट का काम करता है। तो यदि आपको लगता है कि आप प्रणाली आधारित रूपरेखा बनाने के लिए तैयार हैं, मगर आप प्रश्न को स्पष्टतया रखने के लिए अभी भी संघर्ष कर रहे हैं तो आपको सचमुच पीछे जाने और अपने प्रश्न पर कुछ अधिक काम करने की ज़रूरत है। (देखें अध्याय 4)। अगर आपको नहीं मालूम कि आप कहाँ जाना चाहते हैं तो आप उसके लिए रास्ता कैसे तय करेंगे?

रास्ता तलाशना

चलिए, थोड़ी देर रास्ते पर बातचीत करें। मान लें कि आप अपने शोध प्रश्न से काफ़ी संतुष्ट हैं, अगला चरण यह पता लगाना है कि अपने उत्तर तक किस बेहतरीन तरीक़े से पहुँचा जाए; दूसरे शब्दों में, अपनी प्रणाली आधारित रूपरेखा के तत्वों को परिभाषित करना। चित्र 7.1 प्रश्न से उत्तर की ओर बढ़ने की आम धारणा देता है। यह तीर प्रणाली आधारित रूपरेखा प्रस्तुत करता है जो आपको क्यू (Q) से ए (A) तक ले जाएगा। यहाँ यह अवधारणा है कि यह सही और बेहतरीन रूपरेखा है।

चित्र 7.1 रास्ता

चित्र 7.2 प्रणाली आधारित संभावनाओं का वैकल्पिक प्रतिनिधित्व प्रस्तुत करता है। यहाँ यह माना जाता है कि प्रश्न से उत्तर तक जाने के कई रास्ते हो सकते हैं। मार्ग विभिन्न और विविध होते हैं मगर उन सब में डेटा जुटाने की क्षमता होती है जो विश्वसनीय उत्तर तक ले जाता है। यहाँ रणनीति प्रणाली सम्मत उस रास्ते पर चलना है जो प्रश्न, शोधकर्ता और प्रसंग के लिए उपयुक्त हो।

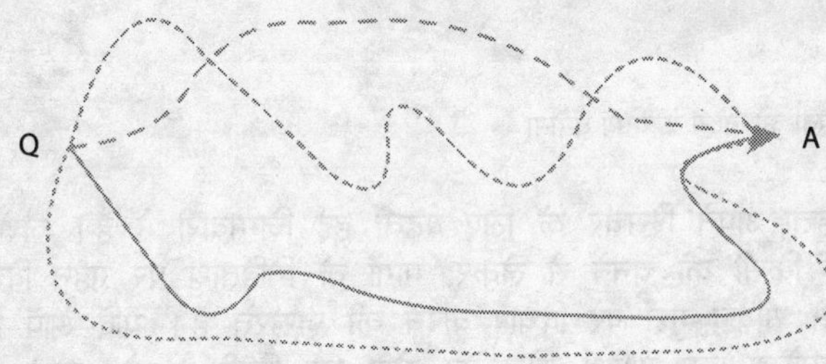

चित्र 7.2 अलग-अलग रास्ते

चित्र 7.3 भी चित्र 7.2 की तरह अलग-अलग रास्तों की अवधारणा पर काम करता है, मगर हमें याद दिलाता है कि हम जो हैं और हम जो करते हैं, ये दोनों ही – हम जो देखते हैं और हम जो पाते हैं, इसपर प्रभाव डालता है। प्रत्येक प्रणाली आधारित रूपरेखा में कुछ हद तक अलग दृष्टिकोण से उत्तर ढूँढने की क्षमता है। मुझे लगता है, बीसवीं सदी भौतिकशास्त्री वर्नर हीसेन्बर्ग (जिन्होंने क्वांटम यांत्रिकी के क्षेत्र की स्थापना की) ने इसे बेहतरीन तरीक़े से बताया है: "यह याद रखना ज़रूरी है कि जो हम देखते हैं, प्रकृति मात्र उतनी नहीं है बल्कि हम जिस तरह के सवाल मन में लाते हैं, प्रकृति उसी तरह खुद को दिखाती है।" (शुलमैन एवं एसिमोव, में 1988: 324)।

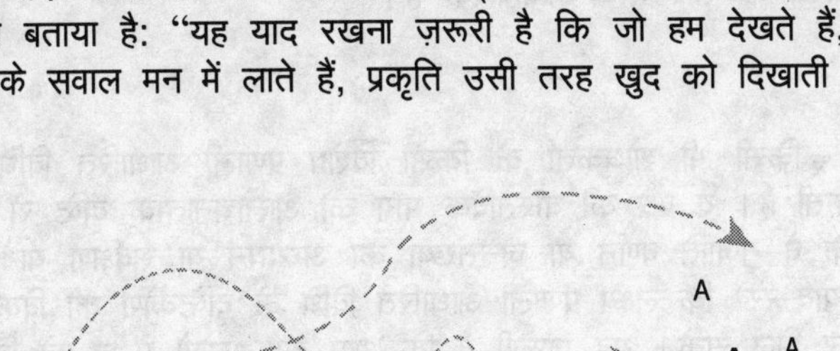

चित्र 7.3 मार्ग और दृष्टिकोण

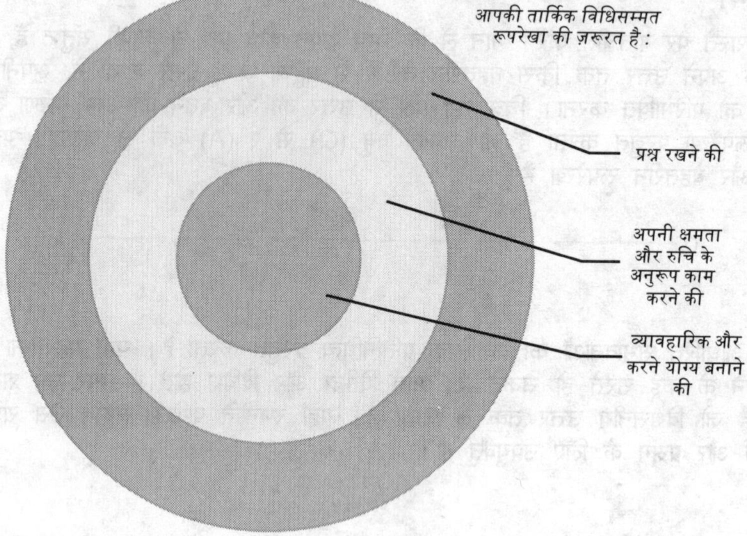

चित्र 7.4 प्रणाली आधारित रूपरेखा को लक्ष्य के योग्य बनाना

इन नमूनों की प्रगति की महत्ता अपने रिसर्चर के लिए बढ़ती हुई ज़िम्मेदारी में है। जैसे ही आप रास्ता ढूँढने से लेकर, संभावित रास्तों में से किसी को चुनने से लेकर, मार्गों के निहितार्थ पर गहन विचार की ओर जाते हैं, तो आपको बढ़ती विश्वसनीयता से सम्बद्ध मुद्दों पर विचार करने की ज़रूरत है। यदि आप चित्र 7.3 के समान विधि के विकास को देखते हैं, रूपरेखा एक यथार्थ सोच का खेल बन जाती है जो आपसे उस सुविचारित निर्णय की माँग करती है जो यह सुनिश्चित करता है कि आप अपने अध्ययन में इस तरह आगे बढ़ रहे हैं जो अत्यधिक विश्वसनीय डेटा और भरोसेमंद निष्कर्ष की ओर ले जाता है।

तो आपको प्रणाली आधारित निर्णय लेने में क्या विचार करने की ज़रूरत है: जैसा कि चित्र 7.3 में दर्शाया गया है कि आपकी प्रणाली आधारित रूपरेखा सही हो इसके लिए आवश्यक है: आपकी रूपरेखा आपके प्रश्न को सामने रखती हो; आपके पास अपनी योजना पर काम करने का कौशल है या उसे बढ़ाने की कोशिश कर रहे हैं; और आपकी प्रणाली आधारित रूपरेखा के सारे तत्त्व व्यावहारिक हैं।

प्रश्न रखना

दुर्भाग्यवश, नए या स्थापित – किसी भी शोधकर्ता के किसी विशेष प्रणाली आधारित विधि सम्मत दृष्टिकोण को अपनाना सच्ची प्रवृत्ति हो सकती है। वे प्रश्न की वास्तविक माँग को आलोचनात्मक दृष्टि से परीक्षण किए बिना यह पहले से ही सोच लेते हैं कि वे नृजाति वर्णन या जनसंख्या का अध्ययन या सर्वेक्षण या साक्षात्कारों की शृंखला पर काम करेंगे। मगर, यह याद रखें कि लक्ष्य प्रणाली आधारित विधि के दृष्टिकोण को विकसित करना है, जिससे आपके प्रश्न का उपयुक्त उत्तर मिल सके। यह ज़रूरी है कि आप इस भरोसे में न रहें कि काम करने का एक तरीक़ा दूसरे से ज़्यादा बेहतर है या कि अपने सुविधा-क्षेत्र में रहना ठीक है। विधियाँ प्रश्न के अनुरूप होनी चाहिए।

अब, जैसा कि अध्याय 4 में चर्चा की गई है, इसका अर्थ यह नहीं है कि पहला प्रश्न ही अंतिम निर्णीत प्रश्न है। रिसर्च सामान्यत: विकास और पुनर्विकास की निरंतर गतिशील प्रक्रिया है जिसमें शोध प्रक्रिया के अलग-अलग चरणों में/स्तर पर प्रश्न में कुछ बदलाव दिखेगा। मगर, अंतत: जिसपर ज़ोर देने की आवश्यकता है वह है आपका अंतिम निर्णीत प्रश्न और आपकी रूपरेखा (जो कार्यप्रणालियों और विधियों – दोनों स्तर पर निर्णय लेने में सम्मिलित होंगे) को घनिष्ठ संबंध बनाने की ज़रूरत होगी।

कार्यप्रणाली के स्तर पर कार्य करना

कार्यप्रणाली के चयन में सबसे महत्वपूर्ण कारकों में से एक परिचय (फैमिलियराइज़ेशन) है। आपको बाहर क्या है, उससे अवगत होना ज़रूरी है। जैसी कि अध्याय 8 में चर्चा की गई है, आप वैज्ञानिक निगमनात्मक विधियों पर आधारित पारंपरिक गुणात्मक रणनीतियाँ, साथ ही साथ, गहराई में उतरने के लिए प्रारूपित कितने ही परिमाणात्मक रणनीतियों की छानबीन कर सकते हैं। आप मिश्रित प्रणाली आधारित दृष्टिकोणों पर भी विचार कर सकते हैं, जिसमें आपको एक से अधिक रणनीतियों पर काम करना होगा। और भी उद्देश्यपूर्ण रणनीतियाँ हैं जो ज्ञान और बदलाव – दोनों पर एक साथ काम करने की अनुमति देती हैं। जैसे, एक्शन रिसर्च और साथ में शुरू और बाद के अंतिम मूल्यांकन के लिए प्रारूपित कार्य प्रणालियाँ। हालाँकि आपके लिए इन सभी दृष्टिकोणों का गहन ज्ञान रखना बेहतर होगा, रिसर्च प्रोजेक्ट में जो महत्वपूर्ण है, वह है – बाहरी तत्वों से अच्छी तरह परिचित होना और अपने अध्ययन के लक्ष्यों और उद्देश्यों के मुताबिक इन रणनीतियों पर अच्छी तरह विचार करना। अब बात जब आपके प्रोजेक्ट की आती है, सामान्यत: आप निम्नलिखित में से एक या अधिक करने की कोशिश करते हैं: समस्या या मुद्दे को समझना; व्यावहारिक समाधान को ढूँढना; समाधान की ओर काम करना या सफल और/या असफल का मूल्यांकन करना। जैसी कि नीचे चर्चा की जा रही है, इनमें से प्रत्येक अलग-अलग लक्ष्य किसी विशेष प्रणाली आधारित दृष्टिकोणों से जुड़े हैं।

- **समस्या या मुद्दे को समझना** — समस्या की परिस्थिति को अधिक बेहतर तरीक़े से समझने की कोशिश में शामिल है: व्यापक सामाजिक दृष्टिकोणों एवं विचारों की ओर ध्यान देना या अपनी समस्या की दशा की पेचीदगियों और जटिलताओं पर ध्यान देना। उदाहरण के लिए, कार्यस्थल में होनेवाले तनाव के मुद्दे को लें। आप जानना चाहेंगे,' कार्यस्थल में तनाव होना कितना सामान्य है?' अगर यह आपका प्रश्न होता तो बाहरी छानबीन, जैसे — सर्वेक्षण द्वारा जनसांख्यिकी अध्ययन कर सकते हैं। मगर यदि आपकी रुचि यह समझने में है कि कर्मचारी का कोई विशेष समूह तनाव पर किस प्रकार प्रतिक्रिया व्यक्त करता है या कार्यस्थल में तनाव के साथ रहना कैसा लगता है तो आपको केन्द्रित रणनीति के साथ इन जटिलताओं को गहराई से देखना होगा। उदाहरण के लिए, जातिवृत्यात्मक विज्ञान या घटना (देखें अध्याय 8)।
- **व्यावहारिक समाधान को ढूँढना** — व्यावहारिक समाधान की खोज में शामिल हैं: ज़रूरतों का आकलन और भविष्य को देखना संभावित कार्यक्रमों, हस्तक्षेपों और/या सेवाओं का पता लगाना या किसी विशेष बदलाव की पहल के साध्य होने की संभावना की छानबीन करना। जैसे-कार्यस्थल में तनाव के मुद्दे से जुड़े रहकर आपका उद्देश्य यह समझना हो सकता है कि इस तनाव को कैसे कम किया जाय। कुछ ख़ास सवाल हो सकते हैं: क्या कामगारों के लिए कार्यस्थल में तनाव के मुद्दे की प्राथमिकता है', कामगारों के लिए अलग कार्यस्थलों के वातावरण के प्रति क्या दृष्टिकोण हैं?', 'अन्य व्यवस्था में तनाव कम करने के लिए कौन से कार्यक्रम आरंभ किए गए हैं?' या 'क्या कार्यक्रम अ मेरे कार्यस्थल के लिए किफ़ायती होगा?' अब, इस तरह के प्रश्न कभी-कभी 'फ्रंट एंड एनालिसिस' (अग्रसिरा विश्लेषण) के नाम से जाने जाते हैं और मूल्यांकन के योग्य रिसर्च में यह सामान्य तरीक़ा है। इसलिए यदि आपका लक्ष्य/उद्देश्य इस ओर इशारा कर रहा है तो आपको साहित्य के इस क्षेत्र में छानबीन की ज़रूरत है (देखें अध्याय 9)।
- **समाधान की ओर काम करना** — मैं यहाँ उन लक्ष्यों की बात कर रही हूँ जो ज्ञानोत्पादन से अधिक भी हैं, यानी, रिसर्च जिसके बदलाव का लक्ष्य उसके एजेंडा में प्रत्यक्षत: दिख रहा है। अब, इसका संदर्भ कार्य में सुधार करने से तंत्र में बदलाव या मौलिक या क्रांतिकारी परिवर्तन भी हो सकता है। मान लें, आपका लक्ष्य सह अधिगम परियोजना में कर्मचारियों के साथ मिलकर काम करने का था जिसमें तनाव कम करने की रणनीति विकसित और लागू हुई। चाहे आप कर्मचारियों के व्यवहार को बदलने, कार्यस्थल की पद्धतियों को बदलने या व्यापक कॉरपोरेट संस्कृति को बदलने की ओर काम करना चाहते हैं तो बदलाव पर काम करने के साथ-साथ ज्ञानोत्पादन की आपकी इच्छा संभवत: आपको 'एक्शन रिसर्च' से संबद्ध साहित्य की ओर ले जाएगा (देखें अध्याय 9)।
- **बदलाव का मूल्यांकन करना** — यहाँ लक्ष्य इस प्रश्न का उत्तर देना है कि 'क्या बदलाव के लिए आयोजित कार्यक्रम को सफलता मिली?' अब, मूल्यांकन में आपकी रुचि इन परिणामों से जुड़ी होगी, जैसे – 'क्या कार्यक्रम अ ने अपने उद्देश्य पूरे कर लिए?' मगर यह प्रक्रिया से भी संबद्ध हो सकता है। जैसे-कार्यक्रम अ कितना और कितनी अच्छी तरह लागू हुआ है?' यदि आप हाल में शुरू किए गए तनाव-मुक्ति कार्यक्रम का मूल्यांकन करना चाहते हैं तो आप यह पूछेंगे कि ' क्या कार्यक्रम अ ने तनाव कम किया?' यह प्रश्न आपको 'परिणाम' या 'योगात्मक' से संबद्ध साहित्य तक ले जाएगा। मगर यदि आप पूछना चाहेंगे, 'इस कार्यक्रम के लागू होने से संबद्ध शक्ति, कमज़ोरी, अवसर और ख़तरे क्या हैं?' आपको 'प्रक्रिया' या 'रचनात्मक' मूल्यांकन के साहित्य की छानबीन करनी होगी (देखें अध्याय 9)।

चित्र 7.5 लक्ष्यों, प्रश्नों और कार्यप्रणालियों के बीच की कड़ी द्वारा तार्किक रूप में काम करने की कोशिश करता है। न निश्चित/न संपूर्ण; यह आपको गहन संबंध के उदाहरण देगा और उन क्षेत्रों की तरफ़ इशारा करेगा जिनपर आप अधिक छानबीन करना चाहते हों। मगर, यह याद रखें कि आपके पास हमेशा दृष्टिकोणों को मिलाकर काम करने का विकल्प है – जो आपको अपने प्रश्न का उत्तर समग्र रूप में प्राप्त करने में मदद करेगा – (देखें अध्याय 8)।

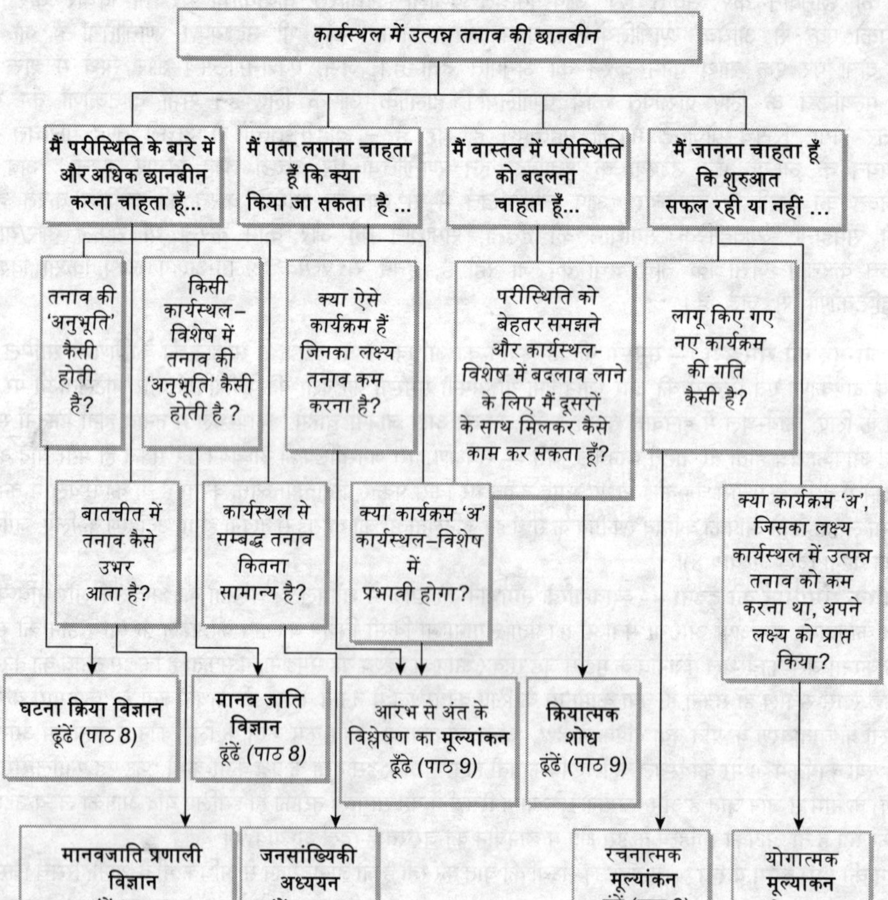

चित्र 7.5 कार्यप्रणालियों की छानबीन

विधि के स्तर पर काम करना एक बार आपका प्रणाली आधारित दृष्टिकोण आपके लक्ष्यों और उद्देश्यों की बराबरी में आ जाये, आपको एक चरण आगे जाकर अपने डेटा संग्रह और विश्लेषण के लिए सबसे उपयुक्त वास्तविक तरीक़ों पर विचार करने की ज़रूरत होगी।

अब, निर्णय लेने से संबद्ध विधि सीधे तौर पर प्रश्न से संचालित होती है। अच्छी तरह व्यक्त प्रश्न आपको इस समझ तक ले जाएगा कि किससे और क्या बात करनी चाहिए – और इसके विस्तार के रूप में, आपको डेटा संग्रह की कौन सी विधियों/साधनों का उपयोग करना होगा। उदाहरण के लिए, कल्पना करें कि आप किशोरियों की आत्मछवि पर रिसर्च करना चाहते हैं। आप दो चीज़ों में से एक कर सकते हैं: इस क्षेत्र में कूदें और अध्ययन

की रूपरेखा बनाना शुरू कर दें – आखिरकार, आपको 'साक्षात्कार' लेना है और यह आपने सोच रखा है। या आप सचमुच इसपर विचार कर सकते हैं कि आप क्या जानना चाहते हैं। शायद यहाँ तक कि विधियों के मुद्दे पर सही तरीक़े से आने से पहले आगे के प्रश्नों की सुस्पष्टता पर काम करें; कुछ प्रासंगिक साहित्य की ओर जाएँ; सीमित और स्पष्ट प्रक्रिया पर काम करें।

मेरे अनुभव में, जो छात्र सीधे इस क्षेत्र में कूद जाते हैं और प्रश्न के बजाय विषय पर काम करते हैं, वास्तव में इन्हें परेशानी उठानी पड़ सकती है। प्राय: उन्हें अंत में कुछ हासिल नहीं होता और वे संशय में रह जाते हैं। चीज़ों को सही जगह पर आने में बहुत समय लगता है (और कभी-कभी वे कभी नहीं आतीं) ऐसे छात्र उन डेटा/आँकड़ों के साथ रह जाते हैं जिनका उपयोग करना उन्हें नहीं आता। यक़ीन मानें अपने प्रश्न को डेटा में फिर से संयोजित करना आसान नहीं और शायद ही यह काम करे।

दूसरी ओर, मान लें आपने अपने प्रश्न को संकुचित कर लिया – 'क्या माता-पिता किसी तरह अपनी बेटी को यह समझा देते हैं कि उनकी अहमियत बाहरी सुंदरता पर निर्भर है? – आपको पता है कि आप क्या जानना चाहते हैं, इसलिए विधियों को सुनिश्चित करना सिर्फ़ एक तर्कपूर्ण क़दम की दूरी पर है। उदाहरण के लिए, आपको यह विचार करना होगा कि आप किनका दृष्टिकोण अपनाना चाहते हैं – माता-पिता, बच्चों या परामर्शदाता का। यह आपको सीधे तरीक़े से अपने डेटा संग्रहण के लिए ज़रूरी जनसंख्या और नमूने (जिनपर आपको लक्ष्य करने की ज़रूरत है) की ओर इशारा करता है (देखें अध्याय 10)।

फिर आप जो शोध करना चाहते हैं, उनके पैमाने पर विचार कर सकते हैं – शायद बड़े पैमाने पर एक सर्वेक्षण, जो विभिन्न सामाजिक, आर्थिक, या सांस्कृतिक समूहों की तुलना करता है; या शायद आपको लगता है कि साक्षात्कार आयोजित करने या समूहों पर ध्यान केंद्रित करने से बहुमूल्य विवरण मिल सकते हैं (देखें अध्याय 11)। आप ऐसे तरीक़ों पर भी विचार कर सकते हैं जहाँ कम परेशानी हो, जैसे अवलोकन, जिससे आप सबसे पहले माता-पिता और पुत्री की बातचीत पर ध्यान दे सकें (देखें अध्याय 12)। शायद आप ऊपर दिए गए विभिन्न कार्यों को करने की सोचेंगे।

मामला जो भी हो, कार्यप्रणाली से संबद्ध उम्मीदों और साथ ही साथ, आपके प्रश्न में स्पष्टता और शुद्धता से अच्छी तरह परिचित होना, आपको विधियों की परिसीमा तक ले जा सकता है, जिसपर तर्क और व्यावहारिकता – दोनों के आधार पर छानबीन और विचार किया जा सकता है।

शोधकर्ता के लिए इसे सही तरीक़े से बनाना

प्राय: ऐसी इच्छा होती है कि आप जो जानते हैं, वहीं तक सीमित रहें। मगर, जैसी चर्चा की गई है, कार्यप्रणाली और विधि दोनों का चयन प्रश्न द्वारा होना चाहिए। इसलिए यह ज़रूरी है है कि आप अपनी मान्यताओं/पूर्वाग्रहों और संकीर्ण मानसिकताओं पर रोक लगाएँ। बहुत से शोधकर्ता या रिसर्चर अपनी सुविधा-क्षेत्र से बाहर की किसी भी चीज़ को ख़ारिज़ कर देते हैं और यह समझने में समय नहीं देते कि समग्र ज्ञान के उत्पादन में हर एक दृष्टिकोण से क्या प्राप्त हो रहा है।

मगर, स्पष्ट रहने और सुविधा-क्षेत्र की परिसीमा से बाहर निकलने की महत्ता पर आलेख/प्रकरण के बावजूद उस दृष्टिकोण के साथ काम करना मुश्किल हो सकता है जो आपके अपने ज्ञानवादी ढाँचे के टकराव में हो। दरअसल यदि आपके द्वारा सुविचारित प्रत्यक्षवाद/वैज्ञानिक विधि की मजबूत आलोचना हुई हो तो पारंपरिक परिमाणात्मक अध्ययन करने का कोई मतलब नहीं बनता। इसी तरह यदि आपको उन आँकड़ों की मूल्यवत्ता से परेशानी है जो सांख्यिकी द्वारा समर्थित नहीं है तो आपको गुणात्मक मिसालों की गहराई में जाने में असुविधा होगी। आपको अपनी मान्यताओं, साथ ही साथ नई क्षमता/रुचि को विकसित करने की आपकी तत्परता और विशेष रिसर्च 'भूमिका' लेने पर वास्तव में विचार करने की ज़रूरत है।

कौशल एवं रुचि

आप लोगों के बीच रहना पसंद करते हैं या कंप्यूटर के सामने बैठना ? क्या आप अपरिचितों के साथ अंतरंग बातचीत करने में सुकूनमंद हैं या क्या आप एक दूरी बनाकर रखते हुए औपचारिक बातचीत में सहज हैं? क्या आपको शब्दों के साथ खेलना पसंद है या अंकों के साथ? क्या आप भावनात्मक निवेश के स्तर को निभा पाएँगे या स्वयं को हमेशा वस्तुनिष्ठ रखना चाहेंगे ? क्या आप वस्तुनिष्ठ हो सकते हैं या आपको अपने विचार स्वयं सीमित रखने में कठिनाई होगी ? क्या आप सांख्यिकी को नापसंद करते हैं या 'नापसंद' शब्द आपकी अभिव्यक्ति के लिए पर्याप्त नहीं है।

हाँ, आप नए कौशल विकसित कर सकते हैं और बेशक यह एक सार्थक लक्ष्य है। मगर आपको समय-सीमा दिमाग में रखकर काम करना ज़रूरी है। नई क्षमताओं में कुशलता प्राप्त करना हमेशा आसान नहीं होता। और यह सब करने के लिए जितनी नई क्षमताएँ आपको विकसित करने की ज़रूरत है, संभवतया वे सब व्यावहारिक नहीं होंगे। अच्छी तरह विचार करें कि आपका कौशल और रुचि किस क्षेत्र में है?यदि आपको पता है कि आप सांख्यिकी से नफरत करते हैं और इसे सोचते ही सिर में दर्द होने लगता है तो बड़े पैमाने पर सर्वेक्षण करना मूर्खता होगी। दूसरी ओर भले ही आपको गहराई से साक्षात्कार लेने का महत्त्व पता हो, मगर बिना उचित संचार कौशल के, यह आपके लिए दर्दनाक हो सकता है और इसके कारण आप अपने रिसर्च के साथ न्याय नहीं कर पाएँगे। आपको न सिर्फ़ अपने सुविधा क्षेत्र पर विचार करने की ज़रूरत है कि किस तरह आपके कौशल या उसकी कमी आपके द्वारा संग्रहित आँकड़ों की गुणवत्ता पर प्रभाव डाल सकती है। याद रखें कि कौशल विलासिता नहीं, ज़रूरत है।

रिसर्च की भूमिकाएँ

रिसर्चर की भूमिका के लिए रूपकों की कमी नहीं है। सिद्धांतवादियों से लेकर वैज्ञानिक तक; कोरियोग्राफर से लेकर चेंज एजेंट (बदलाव प्रतिनिधि) तक; शोधकर्ताओं को विवरण देने के लिए रूपकों का विस्तार आपके रिसर्च प्रोजेक्ट में आगे बढ़ने की संभावना की विविधता की ओर इशारा करता है। निम्नलिखित रूपकों पर नज़र डालें और विचार करें कि आपके और आपकी विधि की रूपरेखा के लिए इनमें से कौन-कौन सी भूमिकाएँ असुविधाजनक या अनुपयुक्त हो सकती है। यह भी याद रखें कि इन भूमिकाओं को परस्पर अनन्य/विशिष्ट रखना ज़रूरी नहीं और बेशक आपकी अपनी शोधकर्ता की भूमिका को महत्वपूर्ण एवं रणनीतिक बनाने में कोई बाधा नहीं है।

- **सिद्धांतवादी:** 'दार्शनिक' या 'विचारक'। सिद्धांतवादी रूपक ऐसे शोधकर्ता की ओर इशारा करता है जो गंभीर विश्लेषण कर सकता और सूक्ष्म रूप में सोच सकता है। एक सिद्धांतवादी संभवत: दूसरे सिद्धांतवादी के काम को संशोधन के साथ आगे बढ़ाते हैं और नए नजरिए से देखने में रुचि रखते हैं। किसी विशेष घटना या परिस्थिति की व्याख्या करने में सिद्धांतवादी ऐसी समझ विकसित करते हैं जो प्राय: प्रतिमान के बाहर होते हैं। सिद्धांतवादी अनेक प्रणाली आधारित विधि/विधियों के दृष्टिकोणों के साथ भी सहज हो सकते हैं। `
- **वैज्ञानिक:** वस्तुवादी 'विशेषज्ञ'। वैज्ञानिक रूपक उस शोधकर्ता की ओर इशारा करता है जो फॉर्मूले पर काम करते हैं। वे विशिष्ट, विधिपूर्वक तार्किक, उच्च प्रशिक्षित और शोध प्रक्रिया के नियंत्रण में होते हैं। वस्तुवादिता यह सुनिश्चित करती है कि वैज्ञानिकों का शोध प्रक्रिया पर अनुचित प्रभाव नहीं पड़ता। वैज्ञानिक 'परिमाणात्मक' मिसालों के साथ सबसे अधिक सहज होते हैं।
- **चेंज एजेंट:** 'मुक्तिदाता'। चेंज एजेंट रूपक ऐसे शोधकर्ता की ओर इशारा करता है जो न सिर्फ़ आत्मवाद स्वीकारता है, बल्कि इस आत्मवादिता को आधार बनाकर, परिस्थिति की बेहतरी के लिए काम करता है। यहाँ प्राय: शोध/बदलाव प्रक्रिया के प्रति समर्पण और उत्तरदाता के शब्दों और कार्यों के प्रति संवेदना की भावना होती है। चेंज एजेंट प्राय: भागीदारी निभाते और मिलजुल कर काम करते हैं। क्रियात्मक शोध की रणनीतियों के लिए सबसे अनुकूल होते हैं।
- **शिक्षार्थी (अप्रेंटिस): 'हरफ़नमौला' या 'व्यावसायिक'** — 'अपना काम आप करो' माननेवाला व्यक्ति'। शिक्षार्थी का रूपक उस शोधकर्ता की ओर इशारा करता है जो विधियों को प्रश्न और संदर्भ — दोनों पर निर्भर होते और उभरते देखते हैं। शिक्षार्थी प्रणाली आधारित उपकरण अपनाएँगे, यहाँ तक कि उस पहेली को सुलझाने या समस्या का निदान ढूँढने के लिए नए भी बना लेंगे (डेंजिन और लिंकन, 2007)। शिक्षार्थी प्रणाली आधारित विधि/विधियों के विकल्पों के प्रकार के साथ सहज हो सकते हैं।

- **कोरियोग्राफर:** 'नृत्य का समन्वयक'। कोरियोग्राफर रूपक उस शोधकर्ता की ओर इशारा करता है जो मुख्य सिद्धांतों के मूल आधार से शुरुआत करता है। उसकी दृष्टि स्पष्ट होती है और वह कोशिश करता है कि उसकी दृष्टि संकुचित न हो। कोरियोग्राफर अपने काम की शुरुआत वार्म अप या तैयारी से करता है, छानबीन और अभ्यास और अंतत: स्पष्टीकरण/प्रदीपन और निर्माण करता है (जेंसिक, 2007)। कोरियोग्राफर सामान्यत: 'गुणात्मक' दृष्टिकोण के साथ सहज होता है।

व्यावहारिकता: इसे करने योग्य बनाना

मान लें, आपकी अभिप्रेत रूपरेखा आपके शोध प्रश्न को दर्शाती है। दरअसल, आप अपने दृष्टिकोण के साथ काफी सहज हैं और आपको यह यकीन है कि प्रोजेक्ट को आगे बढ़ाने के लिए ज़रूरी भूमिकाएँ अपनाने की क्षमता/कौशल आप में है या आप विकसित कर सकते हैं। अब यहाँ एक और प्रश्न है, क्या यह करने योग्य है? आपकी प्रणाली आधारित रूपरेखा आपके और आपके प्रश्न के लिए कितनी सटीक है, इसकी परवाह किए बिना, अगर इसमें नैतिकता की मंजूरी या स्रोत या समय या कार्य को पूरा करने के लिए ज़रूरी पहुँच नहीं है तो आपको अपने दृष्टिकोण पर दोबारा सोचने की ज़रूरत है।

अगर आप कार्यान्वयन के लिए अभेद्य बाड़ के विरुद्ध खड़े होने वाले हैं तो निम्नलिखित प्रश्न आपको अपने प्रणाली आधारित विधि से बनाई गई योजना के आकलन में मदद करेंगी:

- क्या आपकी विधि नैतिक है/क्या इसे नैतिक मंजूरी मिल पाएगी जिसकी इसे ज़रूरत है? किसी भी रिसर्च डिज़ाइन के लिए एक स्पष्ट मानदंड है कि वह नैतिक हो; और संभावित रूप से नैतिकता नैतिक समिति द्वारा ऑडिट की जाएगी। अगर अध्ययन में लोगों के साथ मिलना-जुलना ज़रूरी है तो इसमें प्राय: व्यावसायिक कार्यस्थल और/या विश्वविद्यालय के अनुमोदन की ज़रूरत होगी। अध्याय 3 नैतिकता पर विस्तार से बताता है मगर सारांश में कहें तो नैतिकतापूर्वक अध्ययन ज्ञानोत्पादन में सत्यता की ज़िम्मेदारी लेता है और यह सुनिश्चित करता है कि उत्तरवादियों के मानसिक, भावनात्मक और शारीरिक कल्याण सुरक्षित रहें।
- क्या आपके पास डेटा तक पहुँचने का आवश्यक माध्यम है? शोधकर्ताओं के लिए डेटा तक पहुँच पाना सबसे बड़ी चुनौती है। चाहे आप दस्तावेज़ों की छानबीन करने की योजना बना रहे हैं, साक्षात्कार या सर्वेक्षण कर रहे हों या पर्यवेक्षण में संलग्न होने की सोच रहे हों, सबसे अच्छी योजना भी बेकार हो जाती है अगर आपके पास लोगों, जगहों या अभिलेखों/रिकॉर्डों तक पहुँचने का जरिया न हो। यहाँ बात व्यावहारिक होने की है। खुद से पूछें, आप किस तरह लक्ष्य तक पहुँच पाएँगे और क्या आपकी विधियाँ वाक़ई व्यावहारिक है?
- क्या आपकी समय सीमा व्यावहारिक है? हाँ, महत्वाकांक्षी होना अच्छा है, मगर महत्वाकांक्षी होते हुए भी व्यावहारिक होना कहीं अधिक बेहतर है। अगर आप ख़ुद को उतना करने का समय न दें, जितना आपकी प्रणाली आधारित विधि से बनी रूपरेखा माँग रही है, संभव है कि आपका रास्ता निराशापूर्ण और तनाव से भरा होगा जिसमें समय सीमा पर काम पूरा न कर पाना; बीच में अपनी विधियों को बदलकर अपने अध्ययन के साथ समझौता करना जिसे जॉब/जीवन के दूसरे पहलुओं में समर्पित कर सकते थे; या अपना प्रोजेक्ट कभी पूरा ही न करना शामिल है।
- क्या पर्याप्त संसाधनों तक आपकी पहुँच है? शोध करना सस्ता नहीं है और छात्रों के लिए रिसर्च प्रोजेक्ट के लिए विश्वविद्यालय से मिलनेवाला अनुदान 'ना' के बराबर से बहुत कम मिलनेवाली राशि तक सीमित है। इसलिए अपने अध्ययन का वास्तविक बजट विकसित करना बहुत ज़रूरी है। संभव है कि आप अपनी रूपरेखा के निमित्त होनेवाले खर्च से चकित हो जाएँगे। उदाहरणों के लिए सर्वेक्षण करें। मान लें, आप 300 उत्तरवादियों से डेटा इकट्ठा करना चाहते हैं; आपको अपने स्तर की प्रतिक्रिया के लिए कम से कम 2000 प्रश्नावली बाँटने होंगे। जबतक आप उतनी प्रश्नावलियों को बनाने का खर्च जोड़ जोड़ेंगे, साथ ही लिफाफा और डाकखर्च (भेजने और वापस पाने, दोनों) भी जोड़ेंगे, आपके खर्च नियंत्रण से बाहर भी हो सकते हैं। मगर दूसरी ओर छोटी संख्या में गहराई से लिए गए साक्षात्कार भी महँगे हो सकते हैं। एक घंटे के साक्षात्कार की प्रतिलिपि 50 पृष्ठों से ऊपर ऊपर हो सकती है। अगर आप इनमें कुछ को टंकित कराने की सोचेंगे तो ख़र्च में और बढ़ोत्तरी हो जाएगी। किताबों, कम्प्यूटरों, कंप्यूटर प्रोग्रामों, उपकरणों, दुभाषियों, अनुवादकों प्रशिक्षणों आदि — सब पर व्यावहारिक रूप में करने की ज़रूरत है। कोई भी प्रोजेक्ट चाहे चाहे कितना भी बेहतर हो, यदि आप ख़र्च पर विचार नहीं करते हैं, तो यह व्यावहारिक नहीं होगा और वास्तव में ऐसा संभव भी नहीं है।

सबकुछ विवरण में है

एक बार आप अपनी सामान्य शोध योजना के साथ सहज हो जाएँ; यह समय है योजना के आधारभूत व्यावहारिक विवरण में आ जाने का। इसमें मूलभूत प्रश्नों के उत्तर देना शामिल है जो आपके कौन, कहाँ,कब, कैसे और क्या से संबद्ध है। यदि आप इन प्रश्नों के उत्तर दे पाते हैं, आप एक स्पष्टतया परिभाषित शोध की रूपरेखा बनाने के सही रास्ते पर हैं।

मूलभूत प्रश्न

जैसा कि कहा जाता है, सबकुछ विवरण में है। यह अद्भुत है कि एक बार जब आपने निम्नलिखित मूलभूत प्रश्नों पर काम कर लिया कि प्रणाली आधारित विधि से बनाई गई योजना कितनी सुपरिभाषित हो सकती है?

कौन

- आप क्या कहने के के योग्य होना चाहते हैं? दूसरे शब्दों में, आपकी 'जनसंख्या' क्या है या आपके परिणाम के लिए उपयुक्तता के दायरे क्या हैं? क्या आपकी खोज/निष्कर्ष उन तक ही सीमित है, जिनसे आपने बात की ? या, क्या आप व्यापक समूह के लिए बोलने के लायक होना चाहते हैं? उदाहरण के लिए, क्या आपकी खोज उन बच्चों के लिए उपयुक्त है जिनका आपने साक्षात्कार लिया — फिलाडेल्फिया के बच्चे, यूएसए के बच्चे, या पश्चिमी दुनिया के बच्चे? या क्या आपकी खोज केंट के एक ग्रामीण समुदाय, इंग्लैंड के सभी ग्रामीण समुदाय, या यूके की सारी — का प्रतिनिधित्व करता है?
- आप किससे बात करने/किसपर ध्यान देने की योजना बना रहे हैं? हर उस व्यक्ति से बात कर पाना, जिसकी आप आवाज़ बनना चाहते हैं, बहुत कठिन है। यदि आप अपनी 'जनसंख्या' की आवाज़ बनना चाहते हैं तो वास्तव में आप जिनसे बात कर रहे हैं, वे आपके 'नमूने' हैं। मुख्य बात यह है कि आपका नमूना या तो सहज रूप से रोचक होगा या व्यापक जनसंख्या का प्रतिनिधि होगा। अध्याय 10 नमूने और जनसंख्या के मुद्दे पर विस्तार से बताता है।

कहाँ

- आपके नमूने का मूर्त ज्ञानक्षेत्र (फिजिकल डोमैन) क्या है? आपको अपनी विधियों को कार्यान्वित करने के लिए कितनी दूरी तय करनी होगी, इस बात से इसका संबंध है। क्या आपको विभिन्न भौगोलिक क्षेत्रों की यात्रा करनी होगी? क्या विभिन्न साइट पर जाने की ज़रूरत है?
- क्या व्यवस्था विधियों की विश्वसनीयता के लिए उचित है? इसमें, स्थान विधियों पर कैसे प्रभाव डाल सकता है, उसपर विचार करना शामिल है। उदाहरण के लिए, यदि आप निर्माण कार्य में लगे श्रमिकों की संतुष्टि पर साक्षात्कार लेना चाहते हैं, आपको यह विचार करना होगा कि क्या शुक्रवार की रात को दारू के अड्डे पर इकट्ठे किए गए डेटा उनके (श्रमिकों के) कार्यस्थल पर लिए गए अनौपचारिक साक्षात्कार से अलग होंगे?

कब

- आपकी विधियाँ आपकी समय सीमा के अंदर कैसे फिट बैठती है? बहुत से छात्र हैं जो डेटा को एकत्र करने के समय, (विश्लेषण की बात छोड़ दें) उससे निष्कर्ष निकालने में और अंतत: रिपोर्ट बनाने में लगनेवाले समय का मूल्य नहीं समझते। दरअसल,'कब' के प्रश्न को संपूर्ण समय सीमा के संबंध में बनाने की ज़रूरत है।
- क्या समय-निर्धारण आपकी विधियों की विश्वसनीयता के लिए उचित है? अगर आप अपनी सुविधानुसार सर्वेक्षण या साक्षात्कार लेते, बिना यह सोचे कि 'कब' कैसे आपके डेटा को प्रभावित कर सकता है, आप अपने अध्ययन की विश्वसनीयता के साथ ख़तरा मोल ले रहे होंगे। उदाहरण के लिए, प्रात: 9 बजे और शाम 5 बजे के बीच आमने-किया गया सर्वेक्षण संभवत: श्रमिकों के व्यापक अपर्याप्त प्रतिनिधित्व तक ले जाएगा। और अगर आप विश्वविद्यालय में विषयों के परिणाम घोषित होनेवाले दिन विषयों के मूल्यांकन का काम करेंगे तो निश्चित तौर पर आपके डेटा पर इसका प्रभाव पड़ेगा।

कैसे

- मैं अपने डेटा कैसे इकट्ठे करूँगा? इसमें उन विधियों और साधनों को निश्चित करना शामिल है, जिन्हें आप अपने डेटा को इकट्ठा करने, बटोरने और/या उत्पन्न करने में उपयोग करेंगे (अध्याय 11 और 12) में मूलभूत विधियों के विस्तार शामिल हैं। जैसे-निरीक्षणों, साक्षात्कारों, सर्वेक्षणों और दस्तावेज़ों के विश्लेषण।
- मैं अपनी विधियों को कैसे लागू करूँगा? एक बार आप अपनी विधियाँ सुनिश्चित कर लें, उन विधियों को कैसे लागू करें, इसपर विचार करना और भी 'सिर खुजलाने वाला' काम है। उदाहरण के लिए, आपको यह विचार करना होगा कि आप साक्षात्कार रिकॉर्ड करेंगे या लिखेंगे; या आप अपने पर्यवेक्षण-कार्य समुदाय-विशेष के बीच रहकर पूरा करेंगे या निर्धारित संख्या से मुलाक़ात करके।

क्या

- आप क्या ढूँढेंगे/आप क्या पूछेंगे? आपकी विधियों पर आधारित, इसमें प्रश्नावलियों, पर्यवेक्षण जाँच सूची और दस्तावेज़ विश्लेषण के लिए ढाँचा विकसित करना शामिल हो सकता है। इसे अकेले न करें; सलाह और सहयोग सुनिश्चित करें। ये उपकरण सही जगह हों, यह इतना आसान नहीं है। इन्हें सही जगह पर लाने के लिए कई बार कोशिश करनी पड़ सकती है, जहाँ आपको उनके द्वारा उत्पन्न डेटा के साथ सहज महसूस हो (अध्याय 11 और 12 देखें)।

तालिका 7.1 प्रणाली आधारित रूपरेखा की जाँच सूची

'क्या माता-पिता (माँ) अपनी बेटियों को यह सिखाते हैं कि उनकी अहमियत बाहरी सुंदरता पर निर्भर है?'

एक वर्ष का रिसर्च प्रोजेक्ट

छायाचित्र 7.1 सुंदरता और अहमियत

पहला ड्राफ्ट विधियाँ	दूसरा ड्राफ्ट विधियाँ
कौन	**कौन**
के बारे में: आयरलैंड में लड़कियों के माता-पिता **किनसे बात कर रहे हैं/पर्यवेक्षण:** डबलिन में 2-5 केन्द्रित समूह के अंतर्गत दस माताओं का साक्षात्कार ✘ प्रश्न के अनुरूप सही (बहुत अच्छा मिलान नहीं माताएँ ≠माता-पिता; डबलिन ≠आयरलैंड सुधार की ज़रूरत) ✓ शोधकर्ता के लिए उचित (मुझे समूह के साथ अच्छा लगेगा) ? करने योग्य (मेरी पहुँच है; मगर 30 साक्षात्कार बहुत अधिक होगा)	**के बारे में:** आयरलैंड में लड़कियों की माएँ **किनसे बात कर रहे हैं/पर्यवेक्षण:** डबलिन में 2-5 वर्ष की बालिकाओं की 30 माताओं से वर्ष की बालिकाओं की 30 माताओं का पर्यवेक्षण; दो ✓ प्रश्न के अनुरूप सही (मैं अपने प्रश्न को सुधार कर माता- पिता की जगह 'माँ' का प्रयोग करूँगा और साहित्य के माध्यम से आयरिश के लिए उपयुक्त मामले बनाने की कोशिश करूँगा। ✓ शोधकर्ता के लिए उचित (मुझे समूह के साथ काम करना काम करना अच्छा लगेगा) ✓ करने योग्य (दो समूहों में 10 का साक्षात्कार अधिक व्यावहारिक है)
कहाँ	**कहाँ**
स्थान: डबलिन **व्यवस्था**: साक्षात्कार/पर्यवेक्षण के लिए विश्व विद्यालय में कमरा बुक करना ? प्रश्न के अनुरूप सही (शायद मुझे और अधिक स्वाभाविक व्यवस्था की ज़रूरत है) ✓ शोधकर्ता के लिए उचित (सुविधाजनक) ✓ करने योग्य (कमरा बुक कर सकते हैं)	**स्थान:** डबलिन **व्यवस्था:** पर्यवेक्षण करके केंद्रित समूह को खेल समूह प्ले ग्रुप के रूप में संचालित करना ✓ प्रश्न के अनुरूप सही (अधिक स्वाभाविक पर्यवेक्षण)। ✓ शोधकर्ता के लिए उचित (माताएँ स्थानीय हों) ✓ करने योग्य (मैंने प्ले ग्रुप के संयोजक से बात कर ली है)
कब	**कब**
समय: दोपहर, सप्ताह का मध्य दिवस **समय सीमा:** मई के आरंभ में ? प्रश्न के अनुरूप सही (माताओं के भागमभाग/ तनाव, आराम करने के समय आदि पर प्रभाव पड़ सकता है।) ✓ शोधकर्ता के लिए उचित (सुविधाजनक) ? करने योग्य (दोपहर का समय ठीक रहेगा, मई में खुद के लिए शायद अधिक समय न मिल पाए रहेगा)	**समय:** प्ले ग्रुप के दौरान (4 सप्ताह) **समय सीमा:** मार्च ✓ प्रश्न के अनुरूप सही (माताओं के साप्ताहि कार्य योजना) ✓ शोधकर्ता के लिए उचित (सुविधाजनक) ✓ करने योग्य (मार्च संपूर्ण समय तालिका के लिए उपयुक्त)
कैसे	**कैसे**
विधि: पर्यवेक्षण एवं व्यक्तिगत साक्षात्कार **विधि का उपयोग:** चार अवसरों पर माताओं और बच्चों की वीडियो रिकॉर्डिंग होगी और साक्षात्कारों सूची का उपयोग किया जाएगा और केंद्रित समूहों की ? प्रश्न के अनुरूप सही (वीडियो के साथ बहुत सारे पहले इसका परीक्षण करना और प्रारम्भिक परिणाम के आधार पर संशोधन करना होगा) ? शोधकर्ता के लिए उचित (मैंने पहले वीडियो बनाए हैं — मगर विकास पर काम करना होगा और कौशल की ज़रूरत होगी)	**विधि:** पर्यवेक्षण एवं केंद्रित समूहों का साक्षात्कार **विधि का उपयोग:** एक प्ले ग्रुप के पर्यवेक्षण की जाँच की भी वीडियो बनाई जाएगी ऑडियो रिकॉर्डिंग की जाएगी ? प्रश्न के अनुरूप सही (मुझे लगता है कि जाँच सूची और विवरण मिलेंगे मगर निगरानी के अंतर्गत माताएँ रिकॉर्डिंग से काम बन जाएगा, मगर इसे आरंभ करने से अलग व्यवहार दर्शा सकती हैं) ✓ शोधकर्ता के लिए उचित (मैंने कुछ पर्यवेक्षण और मगर उन्हें नहीं किया — कौशल विकसित करने समूह के साथ सुगमतापूर्वक काम किया है — मगर विकास पर काम करना होगा)

कैसे	कैसे
× करने योग्य (सब पर नज़र रखने के लिए बहुत सारे कैमरों की ज़रूरत होगी; कुछ माताओं ने कहा कि वे वीडियो रिकॉर्डिंग से सहज अनुभव नहीं करतीं; 30 साक्षात्कारों से बहुत अधिक डेटा जमा हो जाएँगे)	✓ करने योग्य (जमा डेटा को व्यवस्थित रखना होगा)
क्या	**क्या**
प्रश्न: पर्यवेक्षण की जाँच सूची और साक्षात्कार के विमर्श के विषयों का विकास करना	**प्रश्न:** पर्यवेक्षण की जाँच सूची और केंद्रित समूह के प्रश्न विकसित करना
? प्रश्न का उत्तर देता है (उपकरणों के उपयोग को आरंभ और विकसित करने में मुझे सहयोग की ज़रूरत होगी	? प्रश्न का उत्तर देता है (उपकरणों के उपयोग को आरंभ और विकसित करने में मुझे सहयोग की ज़रूरत होगी
✓ शोधकर्ता के लिए उचित (ये वे कौशल हैं जिन्हें विकसित करना मैं पसंद करूँगा)	✓ शोधकर्ता के लिए उचित (ये वे कौशल हैं जिन्हें विकसित करना मैं पसंद करूँगा)
✓ करने योग्य (उपकरण के विकास के लिए मेरे पास विधियों के व्याख्याता का सहयोग है)	✓ करने योग्य (उपकरण के विकास के लिए मेरे पास अधीक्षक व्याख्याता/ विधियों के व्याख्याता का सहयोग है)

तालिका 7.1 आपकी प्रणाली आधारित रूपरेखा को विकसित करने के ढाँचे – कौन, कहाँ, कब, कैसे और क्या का उदाहरण प्रस्तुत करता है। इसमें उन तत्वों की उपयुक्तता को आँकने के लिए अध्याय के आरंभ में उल्लिखित शर्तें (प्रश्न के अनुरूप सही, शोधकर्ता के लिए उचित और करने योग्य) शामिल है।

इस उदाहरण में ढाँचे का उपयोग दूसरे ड्राफ्ट में महत्वपूर्ण सुधार की ले जाता है जो विश्वसनीयता की खोज को और अधिक प्राप्त करने के योग्य बना सकता है। ध्यान दें, दूसरे ड्राफ्ट में भी कुछ प्रश्नचिह्न रह गए हैं। यह प्रकाश डालता है कि सिर्फ़ पुनर्विचार पर्याप्त नहीं, इसके पहले कि आप उसकी उपयुक्तता को पूरी तरह आँक सके।

आकस्मिक प्रणाली आधारित रूपरेखा

उद्देश्य की स्थिरता विधि के लचीलेपन की माँग करती है।

विलियम जॉर्ज प्लंकेट

विधि के विवरण में जाने के पहले, मैं आकस्मिक प्रणाली आधारित रूपरेखा से संबद्ध मुद्दों पर संक्षेप में चर्चा करना चाहती हूँ। आकस्मिक प्रणाली आधारित रूपरेखा का अभिप्राय है – एक विशेष प्रकार के शोध की रूपरेखा, जिसमें शोधकर्ता अपने अपनी प्रणाली आधारित विधि के प्रोटोकॉल के सभी विवरण, कार्य क्षेत्र में उतरने के पहले निश्चित नहीं करते। अब, मैं इस बात की पक्की विश्वासी हूँ कि आपको अपने अध्ययन में योजना और अच्छी संभावित पहुँच पर विचार करके काम करना चाहिए। इसके साथ ही, अधिकांश समय में आपको आगे बढ़ाने के तरीक़े के हर विवरण को परिभाषित और सुस्पष्ट करना होगा। हालाँकि ऐसी बहुत-सी स्थितियाँ है, जहाँ आपको अपनी योजना में लचीलापन लाने की ज़रूरत होगी। दूसरे शब्दों में, ऐसा कई बार होता है जब आपको आकस्मिकता को ही अपनी प्रक्रिया का सुविचारित एवं योजनाबद्ध हिस्सा बनाने की ज़रूरत होती है।

उदाहरण के लिए, मूलभूत सिद्धांत में, आकस्मिक प्रणाली आधारित रूपरेखा आपकी पहुँच का एक हिस्सा होती है। शोधकर्ता कठोरतापूर्वक डेटा से सिद्धांत बनाने में आगमनात्मक तरीक़े से काम करते हैं। मूलभूत सिद्धांतों की पहली अवस्था में शोधप्रश्न या विषय को परिभाषित किया जाता है। आरंभिक डेटा संग्रह के लिए प्रणाली आधारित विधि के प्रोटोकॉल लागू किए जाते हैं। डेटा को सांकेतिक शब्दों में बदला और विश्लेषित किया जाता है और इसके बाद सिद्धांत बनाए जाते हैं। इसके बाद निर्मित सिद्धांतों पर आधारित अध्ययन के क्रमिक चरण आकस्मिक होते हैं। इसमें मौजूद डेटा का पुनर्परीक्षण या अतिरिक्त डेटा को उत्पन्न करने, शब्दों में बदलने और विश्लेषित करने के लिए नए प्रणाली आधारित विधि के प्रोटोकॉल के विकास और कार्यान्वयन शामिल हैं। दोनों मामलों में मूलभूत सिद्धांतों के शोधकर्ता जानते हैं कि अपने अध्ययन की योजना की अवस्था से उनके अध्ययन की योजना की अवस्था से उनके प्रणाली आधारित विधि सम्मत प्रोटोकॉल पहले से ही विकसित नहीं किए जा सकते। दरअसल ये उनके आरंभिक डेटा से निकले निष्कर्ष पर निर्भर होते हैं। हालाँकि इसका यह अर्थ नहीं कि मूलभूत सिद्धांत, सुपरिभाषित प्रणाली आधारित विधि सम्मत योजना के बिना किए गए गुणात्मक अध्ययन के लिए बहाने का काम कर सकता है। मूलभूत सिद्धांत लचीला, गतिशील और आकस्मिक हो सकता है, मगर अपर्याप्त रूप में परिभाषित, अव्यवस्थित या अनौपचारिक नहीं।

क्रियात्मक शोध कार्यप्रणाली (देखें अध्याय 9) में बहुत ही आकस्मिक है। एक्शन रिसर्च/क्रियात्मक शोध का लक्ष्य कार्य में बदलाव लाने के लिए हितकारकों के साथ काम करके ज्ञानोत्पादन करना है। यह प्रक्रिया जिन हितकारकों के साथ महत्वपूर्ण बदलाव के लिए काम करती है, वे सह-शोधकर्ता की भूमिका निभाने लगते हैं। मुख्य 'शोधकर्ता' टोली का सहायक बन जाता है जो क्रियात्मक शोध की प्रक्रिया के लिए ज़रूरी प्रणाली आधारित विधि से संबद्ध प्रोटोकॉल को विकसित करेगा। यह अत्यधिक भागीदारी और सहयोगात्मक प्रकार का शोध है जिसके लिए परिभाषित प्रणाली आधारित विधि सम्मत दृष्टिकोण मुख्य शोधकर्ता के पूर्ण नियंत्रण से बाहर होता है; बजाय इसके यह प्रक्रिया आकस्मिक और चक्रीय है और हितकारक/शोधकर्ता टोली से मिले सहयोगात्मक शोध-सामग्री पर आधारित है।

साथ ही लक्ष्य तक पहुँचने के जिन तरीकों में आकस्मिक रूपरेखा शामिल है, यह याद रखना ज़रूरी है कि रूपरेखा को लचीला बनाना ज़रूरी होगा। जीवन अप्रत्याशित है और शोध इससे कुछ अलग नहीं। हम योजना बना सकते हैं मगर इससे विपरीत परिस्थितियों का आना बंद नहीं होगा, जिनका आपको सामना करना होगा, चाहे यह सर्वेक्षण हो, जिसका उत्तर न मिल सके; कोई कार्यस्थल जो अकस्मात आपको प्रवेश की अनुमति न दे; या कोई प्रमुख मुखबिर/निवेदक जो साथ छोड़ दे। मुश्किलें खड़ी होंगी और यदि इन्हें पार करना चाहते हैं,आपको लचीला और ऐन वक़्त पर फिर से रूपरेखा बनाने के लिए तैयार रहना होगा।

पाठ सारांश

- प्राय: प्रश्न से उत्तर की ओर जाने के लिए कई विश्वसनीय तरीक़े होते हैं, जहाँ हर रास्ता अलग दृष्टिकोण देता है।
- रूपरेखा को लक्ष्य पर लाने का अर्थ है कि इससे आपके प्रश्न का पता चले; आपके पास ज़रूरी क्षमता और रुचि विकसित हो सके; और आपका दृष्टिकोण व्यावहारिक हो।
- शोधकर्ता के रूप में आपको ऐसी विधियों की रूपरेखा बनाने की ज़रूरत है जो आपके अपने ज्ञानवादी ढाँचे, रुचि, क्षमता/कौशल के साथ हो।
- 'सबसे अच्छी' संभावित रूपरेखा बेकार है अगर आप नैतिक अनुमोदन प्राप्त नहीं कर पाए; माँगे गए डेटा तक पहुँच नहीं पाए; समय पर काम पूरा नहीं कर पाए या धनराशि खत्म हो गई।
- रूपरेखा की 'आरंभिक बातों' तक पहुँचने में कौन, कहाँ, कब, क्या और कैसे सदृश प्रश्नों का सोच-विचारकर उत्तर दे पाना शामिल है। इसमें आगे की योजना बनाना भी शामिल है, मगर कई बार आपको लचीला होना होगा।

संदर्भित पुस्तकें

यहाँ कुछ पुस्तकें हैं जो आपके द्वारा विधियों की रूपरेखा बनाने की जटिलता को पार करने में मदद करेंगी। आप निम्नलिखित स्त्रोतों से बेहतर शुरुआत कर पाएँगे:

Creswell, J. W. (2013) *Research Design: Qualitative, Quantitative and Mixed Methods Approaches*. London: Sage.

जब इस पुस्तक का पहला संस्करण आया, इसमें गुणात्मक और परिमाणात्मक रूपरेखा की तुलना और विरोध देखना अचरज भरा था। इसमें मिश्रित विधियों का मिलान इस पुस्तक को और अधिक महत्वपूर्ण बना देता है।

Leedy, P.D. and Ormond, J.E. (2009) *Practical Research: Planning and Design*. Englewood Cliffs, NJ: Prentice Hall

मुझे इस पुस्तक का क़दम-दर-क़दम बढ़ना पसंद है। यह रूपरेखा महत्व पर ज़ोर देती है और शोध योजना की प्रक्रिया में बेहतर मार्गदर्शन देती है।

Mitchell, M.L. and Jolley, J.M.(2012) *Research Design Explained*. Belmont, CA: Wadsworth

यह आठवाँ संस्करण है, इसका अर्थ है कि यह कुछ सही ही बता रही होगी। यह मनोविज्ञान पर विशेष केंद्रित है, मगर इसे इसके अच्छे तर्क और स्पष्ट उदाहरणों के लिए अनुशंसित किया जाता है।

8

कार्य प्रणालियों को समझना: परिमाणात्मक, गुणात्मक और मिश्रित तरीके

अध्याय का पूर्वावलोकन

- परिमाणात्मक-गुणात्मक विभाजन को समझना
- परिमाणात्मक परंपरा
- गुणात्मक परंपरा
- मिश्रित कार्यप्रणाली

परिमाणात्मक-गुणात्मक विभाजन को समझना

यदि ज्ञान का उत्पादन बिना किसी विवाद/तर्क के हो तो वह निश्चित तौर पर सरल होगा, मगर उसमें क्या मज़ा! हम अपनी दुनिया को बेहतरीन तरीक़े से कैसे समझ सकते हैं इस तरह के तर्क में संलग्न रहना, समाजविज्ञानियों का हमेशा से पसंदीदा मनोरंजन रहा है, जिसमें सबसे अधिक विवाद 'गुणात्मक' और 'परिमाणात्मक' के बीच रहा है।

अब, मेरी धनराशि के लिए 'परिमाणात्मक' और 'गुणात्मक' विधियों की भाषा में सबसे अधिक भ्रामक शब्द हैं। सत्र में मुझसे दो-तीन बार यह पूछा जा सकता है कि मैं परिमाणात्मक समाजविज्ञानी हूँ या गुणात्मक, ऐसे प्रश्न मेरे लिए अर्थहीन हैं। मुझे नहीं लगता, ये पद शोधकर्ता के उचित वर्णनकर्ता हैं या कार्यप्रणालियों के या कि विधियों के।

इन पदों को डेटा के प्रकार और उनके अनुरूप विश्लेषण के साधन के लिए विशेषण की तरह उपयोग करना अधिक उपयुक्त है: गुणात्मक डेटा शब्दों, चित्रों या विषयगत छानबीन का उपयोग करके विश्लेषित किए गए प्रतिरूप (आइकन) द्वारा वर्णित और परिमाणात्मक डेटा अंकों द्वारा प्रस्तुत और सांख्यिकी उपयोग द्वारा विश्लेषण।

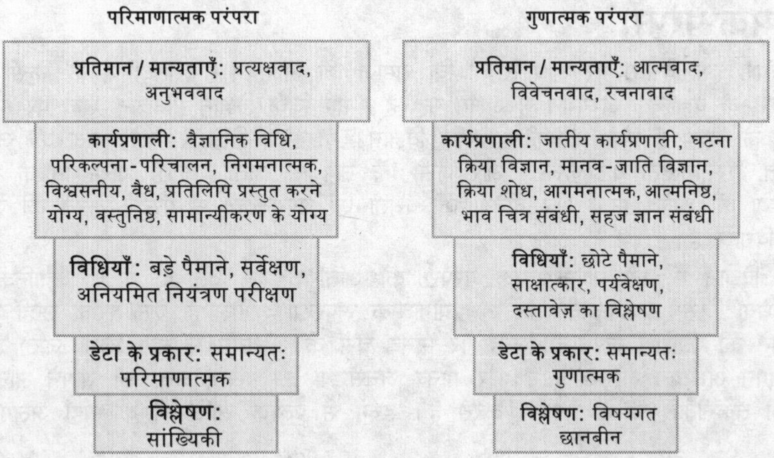

चित्र 8.1 **परिमाणात्मक और गुणात्मक परंपरा से संबद्ध दृष्टिकोण**

हालाँकि 'परिमाणात्मक' और 'गुणात्मक' पद प्रतिमानों के पूरे संग्रह का प्रतिनिधित्व करते हैं जो दुर्भाग्यवश विधियों को दो भागों में बाँट सकते हैं और समग्र समझ बनाने में शोधकर्ता की क्षमता को सीमित कर सकते हैं। उदाहरण के लिए, शोध विलक्षण सच (जो परिकल्पना, परिवर्तनशील तत्व और सांख्यिकी पर आश्रित है और बड़े पैमाने पर बिना बहुत गहराई के होता है) के लिए प्राय: वस्तुवादी प्रत्यक्षवादी खोज के रूप में वर्णित किया जाता है। दूसरी ओर, गुणात्मक शोध प्रत्यक्षवादी 'नियमों' को अस्वीकार करता है और कम संख्या में अधिक गहरे मामलों के अध्ययन के माध्यम से विभिन्न वास्तविकताओं को स्वीकारने की ओर काम करता है। हालाँकि ऐसी प्रक्रियाओं पर आत्मनिष्ठ, मूल्यों से लड़ी, पूर्वाग्रही और कभी-कभी अनौपचारिक होने का आरोप लगाया जा सकता है (Cavana et al., 2001; Creswell, 2013; Neuman, 2005); देखें चित्र 8.1।

हालाँकि इसमें कोई संदेह नहीं कि परिमाणात्मक और गुणात्मक परम्पराएँ ज्ञान के उत्पादन में मौलिक और महत्वपूर्ण वाद-विवाद प्रस्तुत करती हैं (देखें अध्याय 1), मगर इसमें भी कोई संदेह नहीं कि 'परिमाणात्मक' और 'गुणात्मक' पदों का उपयोग, ख़ासकर कार्यप्रणाली के संबंध में भ्रामक, विभाजक और सीमितकारी हो जाता है। दरअसल, ये पद संकेत देते हैं कि जो रूपरेखाएँ परिमाणात्मक बैनर के अंतर्गत हैं, वे सिर्फ़ 'शब्दों' को जबकि गुणात्मक बैनर के अंतर्गत रखी गई रूपरेखाओं के पास 'संख्याओं' के साथ काम करने का समय या स्थान नहीं होता। सीधे तौर पर, यह अव्यवहारिक है। आखिरकार क्या परिमाणात्मक डेटा गुणात्मक विचारों के लिए सिर्फ़ संकेतीकरण का एक तंत्र (कोडिंग सिस्टम) नहीं है? और क्या 'गुणात्मक' अध्ययन में गणना या हिसाब करने की ज़रूरत नहीं होगी? – ऊटपटाँग सोच!

मगर ये वर्णनकर्ता ही सामाजिक विज्ञान के शोध का परिदृश्य परिभाषित करते हैं, इसलिए यहाँ कोई प्रश्न नहीं कि इन परम्पराओं और उनके अंतर्गत दृष्टिकोणों और उनके द्वारा दिए गए सुस्थापित और अत्यधिक मूल्यवान शोध की रणनीतियों को समझना बेहद ज़रूरी है। मगर विभाजन को पार करने की क्षमता और जानने के असमान तरीकों को भी समझना ज़रूरी है।

यह अध्याय चुनौती स्वीकारता है, न सिर्फ़ हरएक परंपरा की छानबीन करके बल्कि मिश्रित कार्यप्रणालियों में गहरे उतरकर भी, जो अभी तक के कार्यों के विरोधाभास (जिसपर बहुत से लोग तर्क करते हैं) को धुँधला करने और पार जाने – दोनों पर काम कर रहा है।

परिमाणात्मक परंपरा

परिमाणात्मक परंपरा इस विश्वास पर आधारित है कि समाज का अध्ययन हमारी दुनिया के किसी भी दूसरे तत्व–अणु से पशु तक के वैज्ञानिक अध्ययन से अलग नहीं है। सामाजिक विज्ञान ('विज्ञान' शब्द पर ध्यान दें) संलग्नता के उन्हीं नियमों के विषय हैं जैसे भौतिकी या जीव विज्ञान। वैज्ञानिक विधि में, परिकल्पना की जांच, निगमनात्मक तर्क की ज़रूरत, वस्तुनिष्ठता की ज़रूरत और जैसा कि नाम से ज्ञात होता है–परिमाणन के मूल्य पर मज़बूत भरोसा है। संख्या की शक्ति/क्षमता और दुनिया की वैधता एवं उपयुक्तता से प्रस्तुत करने की उनकी योग्यता में एक आधारभूत विश्वास है।

सामाजिक विज्ञान में, जो परिमाणात्मक परंपरा को आंतरिक बल देते हैं, वे हैं–वैज्ञानिक या परिकल्पित निगमनात्मक विधियाँ जिसमें प्रयोगात्मक और अर्धप्रयोगात्मक रूपरेखा शामिल हैं, ऐसे तरीक़े उन्हीं समान नियमों एवं क़ानूनों को मानने की कोशिश करते हैं जिन्हें गैर मानव चरों के अध्ययन में लागू किया जाता है। परिमाणात्मक समाजविज्ञानी अपने अध्ययन की खोज में और मानव जनसंख्या की वास्तविकता को सामने लाने में मौजूद डेटा और सर्वेक्षण की तकनीकों का भी उपयोग करते हैं। इनमें से प्रत्येक सांख्यिकी की यहाँ अलग-अलग चर्चा की जा रही है:

वैज्ञानिक/परिकल्पित निगमनात्मक विधियाँ

शोध करने के वैज्ञानिक स्तर कुछ इस प्रकार हैं:

1. सिद्धांत के साथ जुड़ें और उसे अपनाएँ, अनुकूल बनाएँ/बनें या उत्पन्न करें।
2. निगमनात्मक तर्क सिद्धांत से और अधिक विशिष्ट उदाहरणों की ओर काम करने की प्रक्रिया के सिद्धांतों और उसकी प्रक्रियाओं का उपयोग कर विशिष्ट प्रस्ताव या परिकल्पना करें।
3. प्रयोगात्मक रूपरेखा के माध्यम से या सामाजिक विज्ञान के मामले में व्यापक पैमाने पर सर्वेक्षण-शोध द्वारा परिमाणात्मक डेटा इकट्ठा करें।
4. सांख्यिकी प्रक्रियाओं का उपयोग कर डेटा का विश्लेषण करें।
5. ऐसा निष्कर्ष निकालें जो आपकी परिकल्पना को समर्थन देता हो/न देता हो।

यह प्रक्रिया वैज्ञानिक नियंत्रण तंत्र की तरह काम करता है और हमें 'सही' ज्ञान देने का अधिकार देता है। यह शोधकर्ताओं को 'मूरखों से अलग करता है जो ऐसा कहेंगे कि 'यक़ीन मानें, मुझे बस मालूम है', 'मुझे ऐसा सपने में दिखा', 'ऐसा मुझे किसी फ़रिश्ते ने बताया'। स्तर सेट करके यह हमें उनसे सुरक्षा भी देता है जो सिद्धांत में वैज्ञानिक विधि के आधार को स्वीकारते हैं मगर वास्तव में घटिया विज्ञान का उपयोग करते हैं जो व्यक्तिगत पूर्वाग्रहों, राजनीतिक कार्यावालियों, गंदी प्रक्रियाओं और/या त्रुटिपूर्ण तर्कों से भ्रष्ट होते हैं।

सामाजिक विज्ञान में यह प्रणाली आधारित तरीक़ा हमें अपने अध्ययन के विषय और समाज जिनके हम हिस्सा हैं – से दूर जाने की अनुमति देता है और इस प्रकार वैज्ञानिक निष्पक्षता बनाए रखता है। फिर यह हमें विश्वसनीयता की ओर काम करने की अनुमति भी देता है। जैसे–वैधता, विश्वसनीयता, सामान्यीकरण और पुनरुत्पादनीयता (देखें-अध्याय 4) साथ है; परिमाणन की प्रक्रिया हमें बड़ी जनसंख्या को संभालने में भी सहयोग करती है और सांख्यिकी और संभाव्यता के उपयाग से परिणामों की वैधता प्रदान करती है।

सामाजिक विज्ञान में परिमाणात्मक परंपरा अध्ययन की जड़ तक जाता है और सामान्यत: बड़े पैमाने पर सर्वेक्षण पर आधारित रिसर्च के माध्यम से प्रयोग कार्य और जनसंख्या की छानबीन की कार्यप्रणालियों में प्रकट होता है।

प्रयोगात्मक रूपरेखा

ज्ञान की सही विधि प्रयोग है।

विलियम ब्लेक

शब्दावली

प्रयोग

कारण और प्रभाव के लिए एक कठोर और नियंत्रित खोज। शोधकर्ता स्वतंत्र परिवर्तनशील चर (कुछ ऐसा, उनके अनुसार जो उनके अध्ययन का प्रमुख निर्धारक है) को बदलते हैं– यह देखने के लिए कि उसका प्रभाव उनके आश्रित परिवर्तनशील वस्तु (उनकी छानबीन की मुख्य सामग्री) पर पड़ता है या नहीं। दूसरे शब्दों में, आप 'अ' को बदलते हैं,यह देखने के लिए कि 'ब' पर प्रभाव पड़ता है या नहीं।

अब आप ऊपर लिखे विषयों को पढ़े बिना 'प्रयोग' को परिभाषित नहीं कर पा रहे होंगे मगर यह एक ऐसा पद है जिससे आप परिचित तो होंगे ही। आखिरकार यह मेडिकल के शोधकर्ताओं, अपराध दृश्य के जांचकर्ताओं (क्राइम सीन इन्वेस्टीगेटर) और साथ ही पागल वैज्ञानिकों के लिए मुख्य आवास है–और चयन की विधि हो सकती है अगर आपका लक्ष्य निम्नलिखित में है: रोगों पर दवाओं के असर का मूल्यांकन; संदिग्ध ऊँचाइयों और बुलेट या मानव दानव के प्रक्षेप रास्तों के बीच बीच के संबंध को देखना; या मानव-दानव का सबसे बढ़िया संकर रूप बनाना।

सामाजिक विज्ञान में कोशिकाओं, डीएनए, बेजान वस्तुओं या प्रयोगशाला के पशुओं के साथ काम करना असंभव है। आपकी छानबीन की संभावित चर जटिल स्वभाव के लोग होंगे। यह भी संभव नहीं कि आपके प्रयोग प्रयोगशाला की नियंत्रित सीमा में हो। संभव है आपका शोधकार्य तमाम चुनौतियों के साथ कम नियंत्रित परिस्थिति में हो सके।

मगर इन चुनौतियों में भी, प्रयोग सामाजिक विज्ञान में अत्यधिक संभावना प्रदान करता है। उदाहरण के लिए, मान लें, आप उन छात्रों की छानबीन में रुचि रखते हैं जिन्हें सीखने में कठिनाई हो रही थी। प्रयोगात्मक रूपरेखा परिकल्पना की जाँच करने में आपकी मदद कर सकता है। जैसे–समूह-उन्मुख कक्षा का ख़ाका छात्रों के चौकस रहने की प्रवृति को बढ़ा सकता है, कक्षा के ख़ाका को बदलकर (स्वतंत्र परिवर्तनशील चर) यह देखने के लिए कि उससे छात्रों की चौकस रहने की प्रवृति पर क्या प्रभाव पड़ रहा है (आश्रित परिवर्तनशील चर)।

या मान लें, आप उन कारकतत्वों को समझने में रुचि रखते हैं जो बीमारी की छुट्टी को प्रभावित करता है। आप अनुमान कर सकते हैं कि सामान्य सेहत की कमी बीमारी की छुट्टी को बढ़ाता है और प्रयोगात्मक अध्ययन की रूपरेखा बनाते हैं जो कार्यस्थल में व्यायाम कार्यक्रम को आरंभ करता है–यह देखने के लिए कि क्या इससे बीमारी की छुट्टियों में कमी आती है? (आश्रित परिवर्तनशील चर)। या यदि आप किसी विशेष देश या नगर निगम के बहुत अधिक जमा घरेलू कचरे में रुचि रखते हैं और अनुमान करते हैं कि समुदाय में इसे रिसाइकिल करने की इच्छा है मगर इस इच्छा को अमल में लाना कठिन है, आप नि: शुल्क घरेलू रिसाइकलबिन (स्वतंत्र परिवर्तनशील चर) का 'प्रयोग' यह देखने के लिए कर सकते हैं, कि इससे घरेलू कचरे के अंबार में कमी आती है या नहीं (आश्रित परिवर्तनशील चर)।

प्रयोग का आयोजन

कुछ समय पहले, मैंने रेडियो पर सुना कि 'मछली खाने से आपकी बुद्धि बढ़ती है'। हाल की खोज पर आधारित घटना से पता चला कि जो बच्चे सप्ताह में कम से कम एक बार मछली खाते थे, उनका बौद्धिक विकास अपने उन साथियों से अधिक होता था जो मछली नहीं खाते। इसलिए 'मछली खाओ स्मार्ट बन जाओ' उस रिपोर्ट का

शीर्षक बना। मगर जैसे-जैसे मैंने सुना, मुझे पता चला कि बच्चे के बुद्धि-परीक्षण का अध्ययन किया जाता था और इसके अंतर्गत कई कारकों द्वारा इसकी छानबीन की जाती थी, जिसमें आहार, शिक्षा, सामाजिक-आर्थिक स्थिति, माता-पिता की आयु, माता-पिता की वैवाहिक स्थिति और माता-पिता की शिक्षा के स्तर शामिल थे। और इनमें से मछली खाने और बुद्धि बढ़ने के बीच एक सह-संबंध स्थापित कर दिया। जैसे मछली का उपभोग बढ़ा, वैसे ही बुद्धि – मगर, आप यह भी कह सकते हैं कि जैसे ही बुद्धि बढ़ी वैसे ही मछली की खपत। सवाल उठता है कि क्या मछली खाना आपको स्मार्ट बनाता है या स्मार्ट लोग मछली अधिक खाते हैं? सह-संबंध ही सिर्फ कारण और प्रभाव नहीं है।

हस्तक्षेप करने और उलझानेवाली परिवर्तनीय वस्तुएँ भी इस खेल में शामिल हो सकती हैं। शायद मछली का उपभोग आपको स्मार्ट नहीं बना रहा शायद जो चल चल रहा है, वह यह कि स्मार्ट माता-पिता अपने बच्चे को मछली खिला रहे हैं और उनके बच्चों की आई क्यू आनुवंशिकी प्रभावों से निर्धारित हो रही है।

मान लें, आप इस बड़े 'मछली-विवाद' की तह तक जाना चाहते हैं और आप यह निर्णय लेते हैं कि आप एक प्रयोग संचालित करके इसके कारण और प्रभाव को निश्चित करेंगे (आखिरकार, आपने यह पढ़ा है कि इस तरह की शोध समस्या पर काम करने के लिए प्रयोग सबसे अच्छा तरीका है) तो, आप इसे कैसे करेंगे?

आरंभिक योजना में बहुत सारे 'निर्णय' लेना शामिल है। जैसे-जैसे आप अपनी प्रणाली आधारित रूपरेखा पर काम करेंगे, आपको निम्नलिखित बिंदुओं पर निर्णय लेना होगा:

1. आश्रित और स्वतंत्र परिवर्तनशील वस्तुएँ – आपको अध्ययन का अधिक ध्यान/प्रमुख केंद्र या जिसका आप आकलन करना चाह रहे हैं (आश्रित परिवर्तनशील वस्तु), साथ ही वे परिवर्तनशील वस्तु जिन्हें आप बदलेंगे ताकि प्रभाव पड़ सके (स्वतंत्र परिवर्तनशील वस्तु) को पहचानने की ज़रूरत है। इस मामले में, आप अनुमान कर रहे हैं कि आई क्यू मछली के उपभोग पर निर्भर करता है,जिससे आई क्यू आश्रित परिवर्तनशील वस्तु बन जाती है और मछली खाना स्वतंत्र परिवर्तनशील वस्तु। परिवर्तनशील वस्तु के प्रकार की पहचान सह-संबंध से कारण और प्रभाव तक जाने का केंद्र है।
2. बदलाव का आकलन – यह निश्चित करने के लिए कि आपके स्वतंत्र परिवर्तनशील वस्तु में बदलाव ने आपके आश्रित परिवर्तनशील वस्तु को प्रभावित किया है या नहीं, आपको बदलाव का आकलन करने योग्य होने की ज़रूरत होगी। इसे करने का सबसे प्रभावी तरीका है – पहले और बाद की जाँच। इसका अर्थ है – अच्छे आधारभूत डेटा को एकत्र करने के योग्य होना। इस मामले में बदलाव का आकलन करना अपेक्षाकृत सरल है और इसमें स्तरीय बौद्धिक जाँच का प्रबंध करना शामिल हो सकता है।
3. शोध की व्यवस्था — विचार करें, आप अपना अध्ययन नियंत्रित वातावरण, जैसे कि प्रयोगशाला में करना चाहेंगे या आप स्वाभाविक व्यवस्था का उपयोग करेंगे। इस मामले में, प्रयोगशाला आपको पूर्ण नियंत्रण दे सकता है, मगर जैसा कि बहुत से सामाजिक विज्ञान के प्रश्नों का मामला होता है, यह संभव नहीं होगा। हमारे परिदृश्य में दूसरे विकल्प हैं: घर पर माता-पिता से आहार बदलने के लिए दे केयर सेंटर के साथ व्यवस्था करना।
4. प्रतिभागियों की संख्या – (जिन्हें आप उपयोग करेंगे) भी महत्वपूर्ण है। सोचें किसी निर्णायक या सांख्यिकी रूप में महत्वपूर्ण निर्णय लेने के लिए आपको कितने प्रतिभागियों की ज़रूरत होगी। उदाहरण के लिए, अगर आप पाँच बच्चों में पैटर्न ढूँढ लेते हैं, क्या यह काफ़ी है? (अध्याय 10 में नमूने के आकार निश्चित करने की मूल बातों की चर्चा की गई है।
5. समूहों की संख्या – आपको यह भी निश्चित करना होगा कि क्या आप नियंत्रण समूह (कंट्रोल ग्रुप) का उपयोग करेंगे। हमारे मछली वाले उदाहरण में एक समूह का उपयोग करने में सारे बच्चों की बौद्धिक क्षमता की जाँच करना, उन सभी पर प्रभाव की जाँच करना शामिल है। नियंत्रण समूह के साथ आप सभी बच्चों की जाँच आरंभ करेंगे, आधे बच्चों को नियंत्रण समूह में डालें और बाकी आधे को लक्ष्य समूह (टारगेट ग्रुप) में और सिर्फ़ लक्ष्य समूह के बच्चों को मछली खिलाएँ। कुछ समय बाद आप दोनों समूहों की जाँच दोबारा कर सकते हैं और तुलनात्मक निष्कर्ष निकाल सकते हैं।
6. कार्य की रणनीति – यदि आप कंट्रोल ग्रुप का उपयोग कर रहे हैं, आपको यह निश्चित करना होगा कि आप अपने समूह को कैसे काम देंगे। क्या मछली खाने के लिए बच्चे बिना सोचे-समझे चुने जाएँगे या उन्हें चुनने के लिए आप कोई अन्य मानदंड अपनाएँगे? हालाँकि बिना सोचे-समझे चयन करना आपको अपेक्षाकृत कारण और प्रभाव के मज़बूत तर्क देगा। मगर बच्चों का चयन (उदाहर ण के लिए) सप्ताह के उन दिनों, जब वे दे केयर सेंटर में रहते हैं, के आधार पर करना अधिक व्यावहारिक होगा।

7. परिवर्तनशील चरों की संख्या – आप सिर्फ़ एक स्वतंत्र परिवर्तनशील चर की जाँच करेंगे या साथ-साथ अन्य की भी? उदाहरण के लिए – क्या आप सिर्फ़ मछली के उपभोग पर ध्यान देंगे या बच्चे के आहार (जिसकी आप छानबीन कर रहे हैं) के दूसरे पहलुओं की भी? जैसे कि सब्जियों का सेवन।
8. आचार-विचार – विचार करें कि क्या आपको सूचित सहमति की आवश्यकता होगी ? मछली उपभोग के हमारे मामले में माता-पिता की सहमति ज़रूरी होगी। आपको इसपर भी विचारने की ज़रूरत होगी कि क्या समूह के सदस्यों को उनके 'नियंत्रण' या 'लक्ष्य' समूह में सम्मिलित होने से कोई लाभ या संभावित ख़तरा है। अब, हालाँकि मछली खाने या न खाने से कोई भारी जोखिम से संबद्ध नहीं होगा, न्यायनीति के मुद्दे, दवा परीक्षण, चिकित्सा कार्यक्रम और शैक्षिक पहल में अत्यधिक नैतिक सुविधा दर्शाते हैं।
9. वातावरण का नियंत्रण – अंतत: आपको यह विचारने की ज़रूरत होगी कि आप व्यावहारिक दुनियावी परिस्थिति में काम करने और वातावरण को नियंत्रित करने की ज़रूरत के बीच संतुलन कैसे रखेंगे। दूसरे शब्दों में, आपको यह विचारना होगा, आप कैसे सुनिश्चित करेंगे कि आपके निष्कर्ष आपके स्वतंत्र और आश्रित परिवर्तनशील वस्तु के बीच सही कारण और प्रभाव के संबंध में समर्पित होंगे। अब, आप अपनी प्रयोगात्मक रूपरेखा में जितना नियंत्रण लागू करेंगे, आपके तर्क उतने ही ठोस होंगे। मगर, बिना इन नियंत्रणों के तर्क बनावटी हो सकते हैं:

   अ. वातावरण को नियंत्रित किए बिना यह सुनिश्चित करना कठिन हो सकता है कि जो परिवर्तनशील वस्तु परिवर्तित हुआ, स्थानांतरित हुआ, हेर-फेर हुआ या पुनर्स्थापित हुआ वह आपका विशिष्ट स्वतंत्र परिवर्तनशील वस्तु ही है। आहार में अन्य परिवर्तन, सोने के ढंग में बदलाव, व्यक्तिगत तनाव आदि आपकी प्रयोगात्मक रूपरेखा के बाहर शायद मददगार हो।

   ब. पर्याप्त संख्या के बिना सांख्यिकी का महत्व दर्शाना कठिन होगा या यह कि परिणाम सिर्फ संयोग नहीं है।

   स. नियंत्रण समूह के बिना यह सुनिश्चित करना कठिन है कि कोई अन्य तत्व नहीं है जो आपके लक्ष्य या आश्रित परिवर्तनशील तत्वों के लिए उत्तरदायी हो – कि आई क्यू स्कोर में सुधार के लिए कई बातें, जैसे – बच्चे पर अतिरिक्त ध्यान, आई क्यू जाँच बार-बार करना, या नए शैक्षिक कार्यक्रम के संयोगवश आरंभ होने को जिम्मेदार नहीं ठहराया जा सकता है।

   ड. बिना सोचे समझे बनाई गई कार्य की रणनीति के लिए (जो प्राय: क्षेत्र पर आधारित शोध में अव्यावहारिक होता है) आपको यह तर्क करने की ज़रूरत होगी कि दोनों समूहों के बीच अंतर अस्तित्वहीन या न्यूनतम है। हमारे मामले में अगर दोनों समूहों की सीखने की क्षमता में जन्मजात अंतर होता है, बुद्धि के लिए आहार की आदतों को जिम्मेदार ठहराना असंभव होगा।

आपका निर्णय आपके प्रयोग के 'प्रकार' को निर्धारित करेगा। 'वास्तविक' प्रयोगात्मक रूपरेखा (जिसे प्राय: बिना सोचे-समझे नियंत्रित परीक्षण कहते हैं) स्वर्णिम स्तर है। इस तरह की रूपरेखा में, स्वतंत्र परिवर्तनशील चर शोधकर्ताओं द्वारा हेर-फेर की जाती है।; प्रयोग नियंत्रित परिस्थितियों में आयोजित किए जाते हैं; नियंत्रण समूहों का उपयोग होता है; और नियंत्रण और लक्ष्य – दोनों समूहों के लिए कोई भी काम दिए जाते हैं।

दुर्भाग्यवश, क्षेत्रीय परिस्थिति में अनायास किए गए कार्य हमेशा संभव नहीं। मान लें, आपको स्थानीय प्राथमिक विद्यालय से आहार कार्यक्रम के पर्यवेक्षण का अनुबंध मिल गया, हालाँकि विद्यालय बिना सोचे समझे कार्य करने की अनुमति नहीं देगा (विद्यालय प्रबंधन जानता है कि जब कुछ बच्चों को चिकेन बड़ी और अन्य को भुनी हुई छोटी मछली खाने को मिलेगी तो अव्यवस्था फैलेगी) इसलिए वे आपको आपका पर्यवेक्षण सोमवार और बुधवार को करने को कहते हैं। यही कारण है कि नियंत्रण समूह अच्छा तो है मगर अब कोई कार्य अनायास किया गया कार्य नहीं है (जो कि एक समस्या है, अगर समूह एक-दूसरे से गुणात्मक रूप से अलग है – इन दिनों में बुद्धिमान बच्चे, अलग शिक्षक/देखभाल करने वाला, अलग रसोइया आदि) अब आपके पास नियंत्रण समूह है मगर कोई रँडम असाइनमेंट नहीं, आपके पास अर्धप्रयोगात्मक रूपरेखा नहीं होगी। हालाँकि यह आदर्श रूपरेखा से कम है मगर सामाजिक विज्ञान के क्षेत्र में शोध की सच्चाई यही है।

इससे भी अधिक समस्यात्मक स्थिति तब उत्पन्न होगी जब आपकी पहुँच किसी कंट्रोल ग्रुप तक नहीं होगी (इसलिए आपके पास एकल समूह की रूपरेखा होती है)। मान लें प्री स्कूल सबकुछ या कुछ भी नहीं का तरीक़ा अपनाएँ। पहले या बाद की जाँच ही आपकी सफलता का एकमात्र मापक होगी लेकिन जिससे आप यह निश्चित नहीं कर पाते कि वर्ग में हुए बदलाव आपके कार्यक्रम के कारण हैं या किसी अन्य कारण से।

छायाचित्र 8.1 **मछली खाओ स्मार्ट बन जाओ!**

प्रयोग से संबद्ध शक्ति और चुनौतियाँ

'मैं विस्मित हूँ, क्या होता अगर मैं — ?' ऐसा कहना और फिर उसे व्यवस्थित करने के योग्य बनना और उस उपयुक्त परिदृश्य के प्रभाव का आकलन करना निश्चित तौर पर आकर्षक है। यह आपको खुद के लिए व्यक्त होता दिखेगा। आपको वातावरण में बदलाव लाने और परिणामों को साक्षी बनाने और रिकॉर्ड करने को मिलेगा। आप नियंत्रण में होंगे।

यदि सही तरीक़े से प्रयोग किए गए तो आपको कारण और प्रभाव का आकलन करने, वास्तविक क्रिया और प्रतिक्रिया की छानबीन करने की दिशा मिलेगी और यदि वैसी रूपरेखा बन गई तो सही संदर्भ में उत्तरदाता की स्मृति पर भरोसा न करने या परिकल्पनात्मक परिस्थिति की प्रतिक्रियाओं और मानकीकृत परिमाणात्मक डेटा और गहन गुणात्मक डेटा उत्पन्न करने की अनुमति भी देंगे।

सुनने में यह अच्छा लग रहा है। मगर जैसा कि आपको अंदाज़ा हो गया होगा कि यह बहुत आसान नहीं हैं। प्राय: सामाजिक संदर्भ में जब अलग-अलग लोगों का अध्ययन करते हैं तब अपनी प्रयोगात्मक रूपरेखा के बाहर के प्रभाव पर नियंत्रण करना कठिन होता है। ।सामाजिक विज्ञान के प्रयोग में आपको इन बिन्दुओं पर विचारने की ज़रूरत होगी: 1. यदि आपकी रूपरेखा न्यायसंगत है (जैसे क्या आपके स्वतंत्र परिवर्तनशील वस्तु की हेरफेर किसी एक को या समूह को लाभ या हानि देगी?); 2. यदि आपकी रूपरेखा प्रतिभागियों से सूचित सहमति की अनुमति देती है; 3. यदि प्रतिभागी प्रयोग के दौरान संलग्न रहेंगे; 4. यदि अपने पूर्वाग्रहों पर नियंत्रण कर सकेंगे; और 5. यदि आपकी रूपरेखा बाहरी, उलझाऊ और दरम्यानी परिवर्तनशील चर पर नियंत्रण कर सकती है (वे चीज़ें जो आपके अध्ययन पर प्रभाव डालती हैं, मगर वे प्रणाली आधारित रूपरेखा का हिस्सा नहीं हैं)।

हॉथ्रोन अध्ययन, 1920 में आयोजित कार्यस्थल पर आधारित प्रयोगों की क्लासिक शृंखला है (मायो, 1933; रोएथेलिसबर्गर और डिक्सन, 1939), सामाजिक विज्ञान के प्रयोग और वास्तविक दुनिया की चुनौतियों का बेहतर उदाहरण देता है (देखें बॉक्स 8.6, आगे के अध्याय में)

जनसंख्या की छानबीन

सामाजिक विज्ञान के शोध के अंतर्गत मुख्य लक्ष्य किसी जनसंख्या विशेष की बनावट या जनसांख्यिकी को समझना और किसी विशेष विषय या मुद्दे पर उस जनसंख्या के ज्ञान, व्यवहार और आदतों की समझ बनाना है। दरअसल, सामाजिक विज्ञान के शोध में यह सबसे अधिक सामान्य उद्देश्य है।

अब, निस्संदेह समाजविज्ञानी जिस जनसंख्या की छानबीन करना चाहते हैं,वह बहुत सीमित हो सकती है और उसका गहन अध्ययन किया जा सकता है, प्राय: सांस्कृतिक स्तर पर (इस अध्याय में आगे जातिवृत्यात्मक विज्ञान पर चर्चा देखें), मगर ज़्यादातर संदर्भ बड़े स्तर के अध्ययन से सम्बद्ध होते हैं जो व्यापक जनसंख्या को समझने की कोशिश करते हैं और यही वह पैमाना है जिसमें परिमाणन की ज़रूरत पड़ती है और ये इस तरह के शोध को परिमाणात्मक छतरी के अंतर्गत रखते हैं।

जनसंख्याओं के अध्ययन का संचालन करना

परिमाणात्मक परंपरा में वास्तव में दो व्यापक प्रणाली आधारित रणनीतियाँ हैं जो जनसंख्या को समझने में आपकी मदद कर सकती हैं: मौजूद डेटा आँकड़े को आधार बनाना या अपने खुद के प्राथमिक डेटा आँकड़े बनाना।

मौजूदा डेटा आँकड़े को आधार बनाना मेरे अनुसार, मौजूद तथ्यों पर काम करने की संभावना पर विचार करना/छानबीन करना बेहद अर्थपूर्ण हो सकता है। वास्तव में आँकड़े/डेटा हर जगह मौजूद हैं कितनी ही संस्थाएँ, लोग, छात्रगण, शोधार्थी समूह, प्रोफेसर,सरकारी और ग़ैरसरकारी एजेंसियाँ एक समान प्रक्रिया से डेटा को एकत्र करती है, फिर एकत्र करती है और उसके संग्रह की प्रक्रिया को बार-बार दुहराती है (देखें अध्याय 12)। यह सोचने से बचें की जो डेटा आँकड़े आप तैयार करते हैं, सिर्फ उसी का उपयोग कर सकते हैं। जो डेटा आप पाते हैं,वह भले ही सीधे तौर पर आपके प्रश्न का समाधान न देता हो मगर चुनौती इसी में है। याद रखें, इस प्रक्रिया में सुधार, उसे फिर से आविष्कार करने से अधिक आगे दूर तक ले जाएगा (बॉक्स 8.1 आपको इसीप्रकार के अध्ययन के उदाहरण देता है)।

बॉक्स 8.1

पलाऊ में भोजन की विषाक्तता की घटना के लिए उपलब्ध डेटा का उपयोग

छायाचित्र 8.2 पलाऊ

(जारी)

(जारी)

कुछ वर्ष पहले मुझे पलाऊ के नेशनल इन्वाइरमेंटल हेल्थ एक्शन प्लान के विकास पर काम करनेवाली टीम से जुडने का आमंत्रण मिला और मैं यह स्वीकारती हूँ कि इस आमंत्रण से पहले मैंने शायद ही कभी पलाऊ का नाम भी सुना होगा। जैसा कि मैं जान पाई, पलाऊ इन्डोनेशिया से उत्तर में, प्रशांत महासागर के बीचोंबीच एक सूक्ष्मबिंदु सा टापू है। यह 300 से अधिक चूनापत्थर के चट्टानों से निर्मित द्वीप है और यहाँ की जनसंख्या क़रीब 20,000 है। 1994 तक तक यह अमेरिका द्वारा संरक्षित राज्य था मगर अब यह नया देश है जो अब स्वावलंबी हो रहा है। यह अपने स्नोर्कलिंग और गोताखोरी के अनूठेपन से पर्यटन विभाग का हिस्सा बनकर, देश के लिए स्वावलंबन के विकास का आधार देता है।

हमारे अभिसंस्करण (ओरिएंटेशन) में बहुत पहले ही मेरे सहकर्मी और मुझे यह बता दिया गया था कि पलावन डिवीजन ऑफ हेल्थ (डीईएच) में खाद्य सुरक्षा सबसे बड़ी चुनौतियों में से एक है है। बहुत से वास्तविक साक्ष्य थे जो खाद्य-विषाक्तता की उच्च दर की ओर इशारा कर रहे थे, खासकर पर्यटकों के बीच। मगर इसके समर्थन में कोई वास्तविक 'आँकड़ा' उपलब्ध नहीं था। हमने इसकी पूरी छानबीन करने के लिए विधि की रूपरेखा बनाकर काम करने का निर्णय लिया। हमने आहार-विषाक्तता से संबद्ध मामलों की संख्या, मामलों की तीव्रता, कौन प्रभावित हुआ, मौसमी परिवर्तन कारण हैं या नहीं और अन्य संभावित कारणों पर सूक्ष्म और गहन विचार विमर्श किया।

बहुत से विकल्पों (जिसमें पर्यटकों का सर्वेक्षण भी शामिल था) पर काम करने के बाद हमने मौजूद रिकॉर्डों को आधार बनाने का निर्णय लिया। टीम देश के हरएक अस्पताल, डॉक्टर और चिकित्सा सुविधा तक पहुँची और खाद्य-विषाक्तता के सभी रिकॉर्ड मामलों की पहचान की तथा उन अभिलेखों की छानबीन की (यह सुनने में जितना अधिक बड़ा लग रहा है,काम उतना बड़ा था नहीं - याद रखें, इस देश की जनसंख्या एक छोटे शहर की जनसंख्या से भी कम थी)। हमें यह समझ थी कि इन रिकॉर्डों की समीक्षा की अपनी सीमा होगी; यह केवल रिपोर्ट किए गए मामलों की समीक्षा होगी, सभी मामलों की नहीं; यह अभिलेखों की संख्या तक की पहुँच पर भी निर्भर करेगा; और यह समीक्षित रिकॉर्ड की शुद्धता और सूक्ष्मता पर भी निर्भर था। फिर भी, हमें यक़ीन था कि यह विधि डेटा आँकड़े इकट्ठे करने के लिए सबसे अधिक प्रभावी और कम लागत की होगी जो डीईएच को निम्नलिखित की अनुमति देगी: (1) 'सूचित' खाद्य-विषाक्तता की संख्या निकालना; (2) वितरण को मौसम, नस्ल, पर्यटक बनाम स्थानीय आदि के अनुसार देखना; (3) रिकॉर्ड किए गए कारणों पर नज़र डालना; (4) अधिक खाद्य सुरक्षा नीति लिखना और अंतत: (5) चिकित्सा-क्षेत्र के अंतर्गत व्यवस्थित डेटा संग्रह के बारे में अनुशंसा करना।

प्राथमिक डेटा इकट्ठे करना आपके विशिष्ट डेटा से सीधे तौर पर संबद्ध मौजूद आँकड़े (डेटा) और रिपोर्ट हमेश उपलब्ध नहीं होते या शायद आपके पास उपलब्ध न हों। इसलिए कई बार जनसंख्या की छानबीन करने की सबसे अच्छी रणनीति प्राथमिक आँकड़े इकट्ठे करना है; यानी कि अपने अध्ययन के प्रत्यक्ष उद्देश्य के लिए जनसंख्या से आँकड़े निकालना। इसमें अधिकांशत: सर्वेक्षण की प्रक्रिया शामिल है जिसका यहाँ संक्षिप्त उल्लेख है मगर अध्याय 11 में इसकी विस्तृत चर्चा की गई है। इस तरह के प्राथमिक आँकड़ों को एकत्र करने में निम्नलिखित शामिल हैं:

- **जिस जनसंख्या से आप जानकारी पाना चाहते हैं, उसे परिभाषित करना** – उदाहरण के लिए, वे सारे लोग जो किसी खास समुदाय, राज्य, देश, सांस्कृतिक समूह, कार्यस्थल या ज़िला स्कूल में रहते हैं या जिनकी समान रुचि/लक्षण हैं (जैसे– अनौपचारिक टेनिस खिलाड़ी, कुपोषित लोग)।
- **आकलन करना कि क्या उस जनसंख्या के हरएक तत्व से जानकारी इकट्ठी करना संभव है** – जनसंख्या के सभी तत्वों को पहचानने की कठिनाइयों के कारण यह बहुत कम ही संभव हो पाता है। जैसे – यूएसए के उन सभी बेघर लोगों की तालिका तैयार करने से संबद्ध कठिनाइयों के बारे में सोचें या उन सभी ऑस्ट्रेलियायी माँओं के बारे में जो प्रसव के बाद के अवसाद से ग्रस्त होती हैं। साथ ही, भले ही जनसंख्या की सही गणना की गई हो, हरएक तत्व तक पहुँचने के लिए आवश्यक समय और स्रोत प्राय: आपकी क्षमता के बाहर होती है। यहाँ एक अपवाद है – राष्ट्रीय जनगणना, जो पूरी जनसंख्या की जानकारी इकट्ठी करने के लिए सभी ज़रूरी स्रोतों का निवेश करती है। फिर भी, यदि जनगणना अव्यवहारिक है तो आपको अगले चरण तक जाना होगा।

- **प्रतिनिधिकता और सामान्यीकरणीयता के लक्ष्य के साथ रणनीति विकसित करना** – यहाँ आपका लक्ष्य पर्याप्त लोगों से जानकारी इकट्ठी करना है जो बहुत बड़ी जनसंख्या का प्रतिनिधित्व करते हैं ताकि जनसंख्या के बारे में सांख्यिकीय रूप में महत्वपूर्ण निष्कर्ष निकल सके।
- **मानकीकृत साधनों को अपनाना, अनुकूल बनाना या तैयार करना** — प्राय: एक सर्वेक्षण प्रश्नावली जो आपके लिए अनिवार्य जानकारी एकत्र कर सके।
- **सोच विचार कर उस साधन का सही उपयोग करना** – यह सभी सर्वेक्षण की प्रक्रियाओं में महत्वपूर्ण है।
- **क्रियान्वयन** – पूर्ण साधन को बाँटना और एकत्र करना।
- **आँकड़ों के विश्लेषण के लिए सांख्यिकी का उपयोग करना** – आप संभवत: विवरणात्मक और आनुमानिक – दोनों का उपयोग करेंगे।

(जनसंख्या/नमूनों पर अधिक जानकारी के लिए अध्याय 10 देखें, सर्वेक्षण के लिए अध्याय 11 और परिमाणात्मक विश्लेषण के लिए अध्याय 13 देखें)

जनसंख्या के अध्ययन से जुड़ी शक्तियाँ और चुनौतियाँ

हालाँकि पहले से मौजूद और तैयार किए गए आँकड़ों के साथ काम करने की इच्छा ज्ञानोत्पादन के क्षेत्र में बहुत कुछ योगदान दे सकती है, अवसर और चुनौतियों के बीच हमेशा समझौतापूर्ण सामंजस्य होता है।

सकारात्मक पक्ष में, सर्वेक्षण के आँकड़े सामान्यत: उत्तरदाताओं की बड़ी संख्या से प्राप्त होते हैं; उससे भी बड़ी जनसंख्या का प्रतिनिधित्व करता है; गुप्त और अनाम होता है; मानकीकृत, परिमाणात्मक, अनुभवसिद्ध डेटा आँकड़ा तैयार कर सकता है; आपको सांख्यिकीय महत्ता दिखाने के लिए सक्षम बनाता है; और आपको गणितीय रूप में विश्वसनीयता, वैधता और सामान्यीकरण स्थापित करने की अनुभूति देता है।

हालाँकि इस प्रक्रिया की भी सीमा है। जैसे – पर्याप्त प्रतिक्रिया दर मिलना कठिन हो सकता है, खत्म हो रहा नमूना प्रतिनिधि होने के बजाय विषम हो सकता है; आप जो प्रश्न करना चाहते हैं, वह सीमित है; आपके पास अतिरिक्त प्रश्न स्पष्ट करने का अवसर नहीं है; उत्तरदाता की स्पष्टवादिता और ईमानदारी को आँकना कठिन हो सकता है; इससे आप अधिक गहराई में उतर नहीं सकते।

गुणात्मक परंपरा

यह वास्तव में विज्ञान को अलग ढंग से करने के बारे में है... हम प्रतिमान के विस्थापन की बात कर रहे हैं।

ए. जॉन्सन

यदि परिमाणात्मक परंपरा प्रत्यक्षवाद के सिद्धान्त पर आधारित सामाजिक अध्ययन का प्रतिनिधित्व करता है, ख़ासकर, अनुभूत वैज्ञानिक विधियाँ, काल्पनिक निगमनात्मक विधियाँ, तो गुणात्मक परंपरा का सबसे अच्छा वर्णन शासकस्वरूप ज्ञानमीमांसा के प्रत्यक्षवाद के आलोचक के रूप में होता है और ज्ञानोत्पादन के वैकल्पिक तरीके की ज़रूरत की पहचान से भी। गुणात्मक परंपरा आगमनात्मक और निगमनात्मक तर्क का उपयोग करता है; आत्मवाद कीं सराहना करता है; अनेक दृष्टिकोण और वास्तविकता को स्वीकारता है; प्रतिभागियों और शोधकर्ताओं – दोनों से अधिक शोध की शक्ति को पहचानता है; और राजनीतिक कार्यावलियों से भागता नहीं है। यह परिमाण के ऊपर गहराई के मूल्य पर तर्क करता है और बातचीत, प्रक्रियाओं, भोगा हुआ अनुभव और लोग, संस्था, सांस्कृतिक समूह और रोज़मर्रे से जुडे जीवन से संबद्ध विश्वास के नियमों/तंत्रों की अच्छी तरह छानबीन करने और समझने के लिए सामाजिक जटिलता की गहराई में जाने का भी तर्क करता है।

इसप्रकार, गुणात्मक प्रणालियों की गहराई में जाने का अर्थ है – उस दुनिया में काम करना जो इन बातों को स्वीकारता है और महत्व भी देता है: समग्र अर्थ की खोज, स्वाभाविक व्यवस्था में संचालित शोध, आकस्मिक प्रणाली आधारित रूपरेखा, छोटे अंक, क्रमवार नमूने बनाने की रणनीति, उत्तम गुणात्मक डेटा आगमनात्मक विश्लेषण, लिपि संबंधी विवेचन और यहाँ तक कि बातचीत में अभिव्यक्त तत्वों की संभावना भी, जो शोधकर्ता द्वारा निमित्त अर्थ के

लिए शोध की विषयवस्तु का एक पक्ष होने की जरूरतों की माँग करता है। लक्ष्य वास्तविकता के अध्ययन और उस वास्तविकता की बहुत अधिक संलग्नता यहाँ तक कि उसमें आकंठ निमज्जन के माध्यम से लोगों, स्थलों, संस्कृतियों और परिस्थितियों की अंतरंग समझ प्राप्त करना है।

यह अनुभाग कुछ प्रमुख कार्यप्रणालियों पर ध्यान केंद्रित करता है जिसे समाजविज्ञानी शोधकर्ता एक जटिल संसार को समझने में उपयोग करते हैं। जातिवृत्यात्मक विज्ञान को क्लासिक मानव विज्ञान की विधि के रूप में शामिल किया गया है जिसकी शक्ति उसके प्रतिभागियों के दृष्टिकोण से दुनिया को देखने और समझने की कोशिश में है (बजाय 'वस्तुनिष्ठ' सत्य ढूँढने के शोधकर्ता के दृष्टिकोण को आधार बनाने के)। इसमें घटनशास्त्र शामिल है क्योंकि यह अनुभूति और मान्यता के प्रभाव (सच की परवाह किए बिना) के महत्व को पहचानता है। मानवविधिशास्त्र इसमें एक दृष्टिकोण की तरह शामिल है जो गहराई से अवलोकन करता है कि 'कलाकार' (लोग) किस तरह दुनिया को अर्थ दे रहे हैं। अंतत:, यह अनुभाग स्त्रीवादी कार्यप्रणाली पर ध्यान केंद्रित करता है जो गुणात्मक परंपरा की तरह प्रत्यक्षवाद (देखें अध्याय 1) की आलोचना और उसकी प्रतिकृया के रूप में विकसित हुआ और कुछ स्त्रीवादियों की दृष्टि में यह पितृसत्तात्मक दृष्टिकोण का भी आलोचक है।

अब कुछ शोधार्थी छात्र इन गुणात्मक कार्यप्रणाली में सीधे डुबकी लगाएंगे और (उदाहरण के लिए) मानवविज्ञान संबंधी या मानव का प्रणाली आधारित अध्ययन करेंगे। मगर, अन्य छात्र अपने खुद के काम का ढाँचा तैयार करेंगे और जैसे उनके शोध के लिए उचित हो, कुछ अंतर्दृष्टि और रणनीतियाँ बनाएँगे जो अलग-अलग तरीके से जानकारी पाने का आधार है–और इस तरह अपने शोध को और अधिक समृद्ध बनाएँगे।

इस अनुभाग में जो नहीं है, उसे भी दर्ज़ करना ज़रूरी है। प्राय: गुणात्मक कार्यप्रणाली के अंतर्गत आधारभूत सिद्धांत और मामलों के अध्ययन पाए जाते हैं। बुनियादी सिद्धांत एक प्रणाली विज्ञान है जो डेटा के विश्लेषण से सिद्धांत बनाता है। परिकल्पना से आरंभ करने के बजाय आधारभूत सिद्धांत डेटा संग्रह से शुरू होता है और डेटा विश्लेषण के क़दम-दर-क़दम प्रक्रिया से आगे बढ़ता है ताकि सिद्धांत बन सके। इसकी शक्ति इसके डेटा को संभालने के तरीक़े में है–और मैं मानती हूँ कि इसके विश्लेषण की प्रक्रिया बहुत प्रकार के 'गुणात्मक' शोध में मूल्यवान हो सकता है। इसलिए अध्याय 14 में इसपर गहराई से चर्चा की गई है।

मामले के अध्ययन को भी प्राय: गुणात्मक कार्यप्रणाली का लेबल दिया जाता है। मामले के अध्ययन व्यापक वर्णन और एकल परिस्थिति या मामले के विश्लेषण के माध्यम से सामाजिक तत्वों का अध्ययन है। मैं इसे प्रणाली विज्ञान कहने के तर्कों को समझ सकती हूँ मगर, दो कारण हैं कि क्यों मैंने मामले के अध्ययन को शामिल नहीं किया। पहला, मामले का अध्ययन अलग-अलग तरह के डेटा संग्रह की विधि को शामिल कर सकता है, यदि मामला संस्था या समुदाय का हो, सर्वेक्षण भी इसमें शामिल होते हैं। और बेशक, सर्वेक्षण परिमाणात्मक प्रतिमानों के अंदर अधिक उपयुक्त है। दूसरा, मैं मानती हूँ कि अध्ययन के लिए मामले के चयन का तर्क जनसंख्या, कोई नमूना, मुख्य मुखबिर के अध्ययन के तर्क के समान है।मामले के अध्ययन अध्याय 19 में शामिल हैं।

गुणात्मक अध्ययन में विश्वसनीयता

क्योंकि विज्ञान के 'नियमों' का जन्म प्रत्यक्षवादी/परिमाणात्मक परंपरा से हुआ, कार्यप्रणालियाँ जो परिमाणात्मक छतरी के अंतर्गत हैं, कभी-कभी विश्वसनीयता के स्तर तक न पहुँच पाने के कारण बदनाम होती हैं (देखें अध्याय 4)। मगर, इसका यह अर्थ नहीं कि गुणात्मक संसार में विश्वसनीयता के स्तर हैं ही नहीं। इसके विपरीत इस तरह के अध्ययन के लिए ज़रूरी दृढ़ता सबसे ऊँचे स्तर की होती है और जैसा कि अध्याय 4 में चर्चा की गई है, इन कार्यों के लिए उपयुक्त मानदंड निश्चित रूप से विकसित हो चुके हैं।

फिर भी विश्वसनीयता पर विवाद खड़े हो जाते हैं जब प्रत्यक्षवादी/परिमाणात्मक मानदंड के अनुसार गुणात्मक अध्ययन को अनुचित तरीक़े से आँका जाता है और जैसा कि आशा कर सकते हैं,यह उम्मीदों पर खड़ा नहीं उतरता। मगर, यह सिर्फ़ इस काम के लिए गलत मानदंड उपयोग करने का मामला है। जैसा कि अध्याय 4 में चर्चा की गई है, सभी अध्ययनों को उनके लक्ष्यों और यहाँ तक कि उनकी प्रतिमानात्मक स्थिति की परवाह किए बिना यह सोचने की ज़रूरत है कि आत्मवाद व्यवस्थित हुए हैं या नहीं; विधियाँ निरंतरता के साथ अग्रसर हैं या नहीं; 'असली सार' समझा जा सका है या नहीं; निष्कर्षों की उपयुक्तता व्यापक है या नहीं और अंत में, शोध की

प्रक्रिया जाँची जा सकती है या नहीं। फिर भी, इस तरह के आकलन के लिए मानदंड संभवत: वस्तुनिष्ठता, तटस्थता या पारदर्शी आत्मीयता होती है; विश्वसनीयता के बदले निर्भरता; वैधता के बदले प्रामाणिकता; सामान्यीकरणीयता के बदले स्थानांतरणीयता; और पुनर्निर्माण के बदले लेखा परीक्षा (देखें अध्याय 4) बॉक्स 8.2 कुछ रणनीतियों की चर्चा करता है जिसका उपयोग गुणात्मक शोधकर्ता विश्वसनीयता के उपयुक्त स्तर तक पहुँचने के लिए करते हैं।

बॉक्स 8.2

गुणात्मक अध्ययन में विश्वसनीयता प्राप्त करने की रणनीतियाँ

सूक्ष्मता और दृढ़ता सुनिश्चित करने के लिए जिन तकनीकों का उपयोग हो सकता है, वे हैं:

- परिपूर्णता – डेटा संग्रह करना तभी बंद करना जब अतिरिक्त डेटा समझ बनाने में कोई लाभ नहीं दे रहे या सिद्धांत बनाने में कोई मदद नहीं कर रहे।
- क्रिस्टलीकरण – दुनिया को अनेक आयामों में या घटना की समृद्ध और विविध समझ बनाना और स्वीकारना कि हम जो देखते हैं, वह हम कहाँ देख रहे हैं और रोशनी किधर है .... आदि बातों पर निर्भर करता है।
- दीर्घकालीन संलग्नता – संस्कृति के बारे में जानने, समझने और/भरोसा करने तथा घनिष्ठता बनाने के लिए पर्याप्त समय निवेश करना।
- निरंतर प्रेक्षण – संभावित रूप से प्रारम्भिक स्तर से परे परिस्थिति के बारे में प्रेक्षण करना।
- व्यापक प्रतिनिधित्व – इतना पर्याप्त प्रतिनिधित्व जो यह सुनिश्चित कर सके कि किसी संस्था, सांस्कृतिक समूह या घटना के बारे में आत्मविश्वास के साथ बात की जा सकती है।
- सहकर्मी द्वारा समीक्षा – शोध प्रक्रिया पर बाह्य जाँच जिसमें सहकर्मी कार्यप्रणाली के सभी पहलुओं के संबंध में दोषदर्शी की भूमिका अदा करते हैं।

तकनीक, जो प्रमाणीकरण या सत्यापन के लिए उपयोग में लाए जाते हैं, वे हैं:

- त्रिभुजन – प्रत्येक स्रोत की उपयुक्तता की पुष्टि के लिए डेटा के एक से अधिक स्रोतों का उपयोग करना।
- सदस्यों की जाँच – यह जाँचना कि वृत्तान्त, परिस्थिति और घटना की व्याख्या 'अंदरूनी सूत्रों' की व्याख्या से मेल खा रही है या नहीं।
- विधि की पूर्ण व्याख्या – पाठकों को पर्याप्त प्रणाली आधारित विवरण प्राप्त कराना ताकि अध्ययन लेखा-परीक्षा के योग्य/प्रतिलिपि प्रस्तुत करने के योग्य हो।

जातिवृत्यात्मक विज्ञान

शुद्ध और सरल सत्य शायद ही कभी शुद्ध होता है और सरल तो कभी नहीं होता।

ऑस्कर वाइल्ड

अगर आपको मेरे घर पर खाने की दावत पर आना होता और आपको उस अनुभव पर सोच-विचार करना होता तो आप शायद अपने घर के संदर्भ से जोड़कर इसपर विचार करते (जैसे – 'हम ऐसा करते हैं', 'वह अलग है', 'कितना विचित्र है')। आप मेरे परिवार को अपने परिवार से जोड़कर निर्णय लेते या आप अपने संबंध के दायरे के अनुरूप निर्णय लेते।

जब बात सांस्कृतिक समूह की आती है, तो निश्चित रूप से जातिवृत्यात्मक विज्ञान इसी की उपेक्षा करने की कोशिश करता है। जातिवृत्यात्मक विज्ञान-जिसका शाब्दिक अर्थ है 'संस्कृति का लेखन ' अपने प्रतिभागियों के दृष्टिकोणों से जीवनशैली की छानबीन करता है और किसी संस्कृति का आकलन पहले से मौजूद संदर्भ के ढांचे या किसी एक दृष्टिकोण से देखने की उपेक्षा करता है। इसका लक्ष्य चीजों को उस तरह 'देखना' है जिस तरह समूह के सदस्य देख रहे हैं और दुनिया को समझने के लिए वे जिन अर्थों को लेते हैं, उसे समझना। दूसरे शब्दों में, मानवविज्ञान शास्त्री निर्णय निलंबित करने की कोशिश करते हैं और उस सांकेतिक दुनिया को समझना चाहते हैं, जिसमें लोग रहते हैं,ताकि वे संस्कृति के अंतस से अर्थबोध पा सकें।

इस तरह की समृद्ध समझ बनाने के लिए मानवविज्ञानशास्त्री लंबे समय तक खुद को संस्कृति में तल्लीन कर देते हैं। वे भागीदारी करते हैं और फिर अपने साथ हुए संवाद और प्रेक्षण पर विमर्श करते हैं, चाहे वह विदेशी संस्कृति हो,चाहे अपनी संस्कृति से सीमांत संस्कृति या कि अपनी संस्कृति हो-वे इन सांस्कृतिक जटिलता की गहराई में जाने की पूरी कोशिश करते हैं ताकि दुनिया को प्रतिभागियों के नज़रिये से देख सकें। मानवविज्ञानशास्त्री यह छानबीन करने की कोशिश करते हैं कि सांस्कृतिक समझ कैसे बनती है? और समूह के सदस्य कैसे अपने अनुभव से समझ बनाते हैं? लक्ष्य क्या है की खोज से आगे जाना है और क्यों है,इसकी खोज करना है (देखें बॉक्स 8.3)।

शब्दावली

जातिवृत्यात्मक विज्ञान (नृवंशविज्ञान)

यह सांस्कृतिक समूह का अध्ययन है जिससे प्रतिभागियों के दृष्टिकोण से जीवनशैली समझी, वर्णित और व्याख्यायित की जाती है।

जातिवृत्यात्मक विज्ञान की जड़ सांस्कृतिक मानवजाति के विज्ञान से निकलती है, विशेषकर क्लिफ़र्ड जियड्र्स के कार्य में जिन्होंने यह तर्क दिया कि 'स्थूल विवरण' ही वह तरीक़ा है जिससे आधारभूत ढाँचे को प्रकाश में लाया जा सकता है,जो व्यवहार और अर्थ दोनों की उत्पत्ति करते हैं ([1973] 2000)।

अब, सतही तौर पर यह बेहद सरल लग सकता है, मगर जैसे-जैसे आप परिभाषा की तह में जाएँगे, कई जटिलताएँ उभरकर सामने आएँगी:

1. जातिवृत्यात्मक विज्ञान सांस्कृतिक समूह का अध्ययन है। यह महत्वपूर्ण है क्योंकि 'सांस्कृतिक शब्द से यह संकेत मिलता है कि समूह को जो एकसूत्र में बाँधता है, वह आनुवंशिकी, जैविकी, भूगोल से कुछ अधिक है। 'सांस्कृतिक' समूह सामाजिक परम्पराओं और धारणाओं और व्यवहारों के सामान्य तरीक़ों से संबद्ध होते हैं (जैसे-जातीय समूह, सामुदायिक समूह और यहाँ तक कि कार्यस्थलीय समूह)। जातिवृत्यात्मक विज्ञान का अध्ययन इस धारणा पर आधारित है कि सांस्कृतिक अनुभव के द्वारा कोई व्यक्ति दुनिया को कैसे चलाए – यह विचार बनता और बाध्य होता है। इसलिए सांस्कृतिक समूह का अध्ययन साझी समझ का अध्ययन है और साथ ही सा व्यवहार के सांकेतिक पहलू का भी जो सांस्कृतिक या मानक तरीक़ों को उजागर कर सकता है। दूसरे शब्दों में, जातिवृत्यात्मक विज्ञान किसी भी स्थिति में संरचित विधियों,नियमों, भूमिकाओं और उम्मीदों की छानबीन करता है।
2. जातिवृत्यात्मक विज्ञान अपने प्रतिभागी के दृष्टिकोण से जीवनशैली देखता है। मानवजातिविज्ञान उस सांकेतिक दुनिया को समझने की कोशिश करता है जहां लोग रहते हैं। लक्ष्य चीजों को 'देखना' है, जैसा समूह के सदस्य देखते हैं और दुनिया को समझने के लिए वे जिन अर्थों को लेते हैं, उसे समझना। दूसरे शब्दों में, मानवविज्ञानशास्त्री संस्कृति के अंतस से अर्थ प्राप्त कर उसकी व्याख्या करने की कोशिश करते हैं या अर्थ की उत्पत्ति की, जिसे जियर्ड्स ने ([1973] 2000) 'स्थूल विवरण' के नाम से संदर्भित किया है। यह महत्वपूर्ण है,क्योंकि जातिवृत्यात्मक विज्ञान विविध वास्तविकताओं को स्वीकारता है और सांस्कृतिक सहानुभूति की माँग करता है। अपरिचित पश्चिमी दुनिया के दृष्टिकोण के विरुद्ध समझ निश्चित करने के बजाय मानवविज्ञानशास्त्री निर्णय निलंबित करने की और शोधवस्तु के दृष्टिकोण से समझने की कोशिश करते हैं।

3. जातिवृत्यात्मक विज्ञान की छानबीन में समझना, उजागर करना, वर्णन करना और व्याख्या करना शामिल है। जातिवृत्यात्मक विज्ञान की एक सामान्य आलोचना है कि यह केवल वर्णनात्मक है। मगर, 'स्थूल विवरण' तैयार करना,जो कि आधारभूत ढाँचे की समझ बनाता है और व्यवहार एवं अर्थ,दोनों की उत्पत्ति करता है – यह खोज और व्याख्या की तरह उतना ही काम करता है जितना एक वर्णन की तरह।

बॉक्स 8.3

जातिवृत्यात्मक विज्ञान के उदाहरण – दूरभाष पर स्त्री

छायाचित्र 8.3 जातिवृत्यात्मक विज्ञान के लिए उदाहरणस्वरूप चित्र

1970 के दशक के अंत में और 1980 के दशक के आरंभ में मरियम ग्लूक्समन, जो रूथ कैवेंडिस के नाम से काम करती थी, ने कारखाने की महिला कामगार के जातिवृत्यात्मक विज्ञान संबंधी अध्ययन किया, कारखाने की चारदीवारी के अंदर उनके जीवनचर्या की छानबीन की कि कैसे वे घर और कार्यस्थल की ज़िम्मेदारी निभाती हैं और औद्योगिक सतह

(जारी)

(जारी)

से जीवन के प्रति उनका दृष्टिकोण जाना (ग्लूक्समन, 2009)। 'रूथ' प्रतिभागी निरीक्षक के रूप में, न सिर्फ उन स्त्रियों का, जिनका वह अध्ययन कर रही थी, उनके साथ सहानुभूति के साथ जुड़ी थी, बल्कि उनके जैसा जीवन वास्तव में जीने की कोशिश करती थी। इस अनुभव से उसने औद्योगिक संसार में रहनेवाली औरतों का व्यावहारिक, ज्वलंत, सहानुभूतिपूर्ण और अंतरंग कथा का चित्रण किया, ऐसा चित्रण जो पारंपरिक समाजविज्ञानी तकनीक, जैसे – प्रयोग, सर्वेक्षण, या साक्षात्कार से संभव नहीं था।इस कारण और अन्य कारणों से कैवेंडिस के अध्ययन को अब न सिर्फ़ क्लासिक/अग्रणी जातिवृत्यात्मक विज्ञान का अध्ययन माना जाता है, बल्कि आर्थिक समाजशास्त्र का क्लासिक अध्ययन भी।

जातिवृत्यात्मक विज्ञान का अध्ययन करना

क्योंकि जातिवृत्यात्मक विज्ञान का अध्ययन शोधवस्तु की वास्तविकता को समझने की कोशिश करता है, वे सामान्यत: विविध डेटा संग्रहण की रणनीति पर भरोसा करते हैं, स्वाभाविक व्यवस्था के अंतर्गत सांस्कृतिक समूह की छानबीन को शामिल करते हैं और प्राय: लंबे समय तक जुड़ाव और लगातार अवलोकन के माध्यम से तल्लीनता की माँग करते हैं। शोध प्रक्रिया लचीली और आकस्मिक होती है और संभवत: विकसित हो सकती है, जैसे-जैसे सांस्कृतिक समूह की मौजूद वास्तविकता प्रकट होती है। हालाँकि जातिवृत्यात्मक विज्ञान एक कार्यप्रणाली है जो सामान्यत: मानवविज्ञान के अध्ययन में उपयोग की जाती है, मगर इसके सिद्धान्त संदर्भों की व्यापकता में उपयोग किए जा सकते हैं।

संभावित सांस्कृतिक समूह का विस्तार जैसी चर्चा की जा चुकी है, सांस्कृतिक समूह की परिभाषा जीवविज्ञान या भूगोल से कुछ अधिक है। सांस्कृतिक समूह को साझी शर्त माननी पड़ती है। यह पूरी तरह विदेशी संस्कृति (जैसे-मूल 'जनजाति') हो सकती है या ऐसी संस्कृति जो अपनी संस्कृति से निकटतम हो (जैसे-प्रवासी समुदाय या आवासीय विद्यालय)। 'प्रमुख' सांस्कृतिक समूह का अध्ययन करना संभव है जो काफ़ी खुला हो सकता है, क्योंकि प्राय: प्रमुख ही विशेषाधिकार प्राप्त ज्ञान और शासकीय विचारधाराओं को अनदेखा करने का कारण होता है।

किसी विशेष सांस्कृतिक समूह का चयन व्यावहारिकता, आंतरिक रुचि, सिद्धान्त या इनके किसी भी संयोजन द्वारा संचालित होता है। व्यावहारिकता में शोध के लिए प्रतिबद्धता, समय से प्राप्त अवसर या सुलभता शामिल हो सकती है। सांस्कृतिक समूह का चयन लिपि संबंधी समझ बढ़ाने के लिए भी हो सकता है, क्योंकि वे अनूठे और अपरिचित; गलत समझे गए या गलत रूप से प्रचारित; सीमांत और अनसुने; या प्रबल होते हैं, मगर फिर भी सोच-विचार कर छानबीन नहीं की जाती। अंतत: सांस्कृतिक समूह सिद्धान्त के आधार पर चयन किए जा सकते हैं। उदाहरण के लिए, यदि अध्ययन का लक्ष्य यह समझना है कि अर्थ कैसे बनते हैं या यसका लक्ष्य 'संस्कृतियों' को परिभाषित करनेवाले व्याख्यात्मक और या सांकेतिक प्रथाओं की छानबीन का हो तो किसी खास समूह का चयन उसके ठेठ, असामान्य, चरम या, दुर्लभ होने पर होता है।

इस बात की परवाह किए बिना कि सांस्कृतिक समूह का चुनाव कैसे किया जाता है, यह महत्त्वपूर्ण है कि समूह के अंदर जातिवृत्यात्मक विज्ञान के शोधकर्ता की पहुँच उच्चतम हो। शोधकर्ता को यह विश्वास रखना होगा कि घनिष्ठता और भरोसा पाना संभव हो सकता है। विश्वसनीय जातिवृत्यात्मक विज्ञान का अध्ययन शोधकर्ताओं से यह माँग करता है कि वे सतह के अंदर गहराई में उतरें, खुशी के साथ उसे तोड़ें और सांस्कृतिक कलाकारों एवं कार्यों का अवलोकन करें जो केवल शोधकर्ता के लाभ के लिए प्रस्तुत नहीं किया जाता है।

संभावित डेटा संग्रह/विधियों के विश्लेषण का विस्तार जातिवृत्यात्मक विज्ञानशास्त्री का लक्ष्य स्थूल विवरण और बहुत ही अधिक सोच-विचारकर की गई व्याख्या है और बहुत कम ही जातिवृत्यात्मक विज्ञान शास्त्री खुद को डेटा संग्रह के सिर्फ़ एक विधि तक खुद को सीमित रखना चाहते होंगे। इसलिए विविध विधियों का डेटा संग्रह किया जाता है और प्राय: परिपूर्णता तक जारी रहता है। हालाँकि तैयार किए गए डेटा में परिमाणात्मक डेटा शामिल हो सकते हैं मगर जातिवृत्यात्मक विज्ञान संबंधी प्रमुख डेटा गुणात्मक होंगे, ताकि सांकेतिक दुनिया की प्रचुरता का पूरी तरह वर्णन किया जा सके। डेटा संग्रह की विधियों में शामिल हैं:

- **प्रेक्षण** – प्रतिभागियों द्वारा प्रेक्षण मानव विज्ञान संबंधी अध्ययन में सबसे अधिक सामान्य है और इसमें संस्कृति में गहराई से तल्लीन होना शामिल है। जातिवृत्यात्मक विज्ञानशास्त्री सांस्कृतिक सहानुभूति बनाने की कोशिश करते हैं और दूसरों की यथार्थता को 'जीने' की कोशिश करते हैं। जातिवृत्यात्मक विज्ञानशास्त्री अधिक संरचित प्रेक्षण के लिए ग़ैर प्रतिभागी तकनीक में शामिल होते हैं।
- **साक्षात्कार** – यह सामान्यत: गहन और असंरचित होते हैं और प्रतिभागी के प्रेक्षण से तालमेल रखकर प्राय: बातचीत का रूप ले लेते हैं। ऐसे 'साक्षात्कारों में मुख्य मुखबिर और/या सांस्कृतिक समूह के व्यापक प्रतिनिधित्व करनेवाले लोग – पुरुष, स्त्री, बुज़ुर्ग, नए सदस्य, मूल सदस्य आदि शामिल होते हैं।
- **दस्तावेज़ का विश्लेषण** – कभी-कभी शोधवस्तु की वास्तविकता को समझने का अच्छा तरीका उनके द्वारा निर्मित ग्रंथों का परीक्षण करना होता है। वे सांस्कृतिक समूह, जिनकी छानबीन की जा रही है, उसके स्वभाव के आधार पर, इसमें स्थानीय समाचार पत्र, दूरदर्शन और/या रेडियो प्रसारण का परीक्षण शामिल हो सकता है। या इसमें स्थानीय कला, विद्यालयी छात्रों की कविताएं एवं निबंध, जर्नल और डायरियों और/या सिद्धान्त और रूढ़ि/हठधर्मिता भी शामिल हो सकते हैं।
- **सर्वेक्षण** – हालाँकि जातिवृत्यात्मक विज्ञान संचालित करनेवाले लोग प्राय: सर्वेक्षण की आलोचना करते हैं, क्योंकि यह बहुत ही न्यूनीकारक है, मगर मैं नहीं मानती कि इन्हें संभावित डेटा संग्रह के साधन के रूप में एकतरफ़ा ख़ारिज़ किया जाना चाहिए। हालाँकि केवल सर्वेक्षण द्वारा शोध पर आधारित अध्ययन जातिवृत्यात्मक विज्ञान के लिए योग्य नहीं होते, एक सर्वेक्षण साधन, जैसे – प्रश्नावली किसी विशेष सांस्कृतिक समूह के अंदर व्यापक रूप से छानबीन के लिए सबसे अच्छा तरीका हो सकता है।

जातिवृत्यात्मक विज्ञान से जुड़ी शक्तियाँ और चुनौतियाँ

शोधकर्ता स्वयं को जातिवृत्यात्मक विज्ञान के अध्ययन में तल्लीन रखना चाहते हैं, क्योंकि वे मानते हैं कि ये सांस्कृतिक समूह के मूल्यों, मानदंडों, संकेतों, मान्यताओं और आदतों का प्रचुर और गहन खोज करते हैं। उन्हें मौजूद सिद्धांतों के साथ संवाद में शामिल होने और/या नए सिद्धांत के विकास के लिए अंतर्दृष्टि विकसित करने की अनुमति देता है। जातिवृत्यात्मक विज्ञानशास्त्री विविध सांसारिक दृष्टिकोणों के महत्व और साथ ही साथ शोधवस्तु के दृष्टिकोण से समझ बनाने के महत्व को भी मान्यता देते हैं।

जातिवृत्यात्मक विज्ञान के साथ जुड़ी कुछ कठिनाइयाँ अध्ययन के विस्तार द्वारा साझा किए जाते हैं, जिसमें 'तल्लीनता शामिल है। इसके अंतर्गत हैं–पहुँच बनाना और भरोसा उत्पन्न करना; भावनात्मक मूल्य; शोधवस्तु पर प्रभाव डालने की शोधकर्ताओं की क्षमता; और जिनपर अध्ययन हो रहा है,उनपर रखी गई माँगें।

मगर, बहुत-सी चिंताएँ भी हैं जो जातिवृत्यात्मक विज्ञान को अधिक विशिष्ट बनाती हैं और जिनपर गंभीर विचार और कुशलतापूर्वक बातचीत होनी चाहिए। पहला, जातिवृत्यात्मक विज्ञानशास्त्री को 'एकरूपता के विरुद्ध सुरक्षा की ज़रूरत है जो विशेष समूह के अंदर विचलन को न्यूनतम मान्यता दे सके। जातिवृत्यात्मक विज्ञानशास्त्री को दूसरों की यथार्थता का प्रतिनिधित्व करते समय कुछ हद तक असत्य-सी दुविधा से भी सचेत रहना होगा। जातिवृत्यात्मक विज्ञान का स्पष्ट लक्ष्य शोधवस्तु के दृष्टिकोण से समझ बनाना और उसकी व्याख्या करना है।

यह इस बात पर निर्भर करेगा कि आप किस तरह इस विरोधाभास का प्रबंधन करते हैं तथा उपर्युक्त प्रश्नों पर विचार कर रहे हैं साथ ही साथ आपके द्वारा तर्क करने की योग्यता पर भी जो विश्वसनीयता पर संदेहवादी के विचार को तुष्ट करेगा इसपर आपको गंभीर विचार करने और स्पष्ट करने की ज़रूरत होगी: बतौर शोधकर्ता अपने शोध के अंतर्गत व्याख्यात्मक प्रथाओं का आपपर प्रभाव कैसा पड़ा; पूर्णता और पुष्टिकरण के लिए आपने क्या रणनीतियाँ अपनाई हैं (देखें बॉक्स 8.2) और किसी विशिष्ट ज्ञान के क्षेत्र के लिए आपके परिणाम का महत्व है।

अब, संस्कृति में खुद को तल्लीन करने के लिए नैतिक स्वीकृति पाना बेहद कठिन है। किसी पंथ या दल से जुड़ना शायद ही मुमकिन हो! मगर जातिवृत्यात्मक विज्ञान विचार करने योग्य है, यदि आप उस नए संस्कृति समूह में पहले से तल्लीन हो चुके हैं जिसकी आप छानबीन करना चाहते हैं,यदि आप समुद्र पार विदेश में रह रहे या पढ़ रहे हैं हैं या हाल ही में आपको मछियारी नौका पर नौकरी मिल रही है। या जैसा कि मेरे एक साथी स्नातक छात्र का मामला था,जिसकी पृष्ठभूमि श्रमिक वर्ग से संबद्ध थी आप खुद को शिक्षा की दुनिया में एकांत पाएँगे।

इससे भी अधिक संभव है कि आप अपने शोध को सहानुभूतिपूर्ण और संवेदनशील बनाने के लिए जातिवृत्यात्मक विज्ञान की समझ की मदद लें।अधिकांशत: साक्षात्कार और डेटा विश्लेषण की तकनीक यह समझने के ठोस प्रयास

से बढ़ सकती है कि उत्तरदाता की सांस्कृतिक यथार्थता शोधकर्ता से अलग होती है और इस वैकल्पिक यथार्थता को भी मान्यता देना और सराहना ज़रूरी है।

घटना प्रतिभास विज्ञान (फिनोमेनोलॉजी)

क्या यह जानने योग्य है कि जीत की अनुभूति कैसी होती है या हार की? क्या यह समझने योग्य है कि स्तन कैंसर से लड़ने का प्रत्यक्ष अनुभव कैसा होता है? क्या यह जानने योग्य है कि सबसे पिछड़ा होने का अनुभव कैसा होता है? अब, मैं यहाँ कारण और प्रभाव की बात नहीं कर रही। यह नहीं पूछ रही कि कोई क्यों जीता या हारा या कैंसर के निहितार्थ या कोई क्यों विद्यालय में संघर्ष करता है। वस्तुत: मैं 'घटना' या 'भोगे हुए अनुभव' की बात कर रही हूँ – इस भोगे गए अनुभव से उनलोगों को क्या एहसास होता है।

मेरा मानना है कि भोगे गए अनुभव को समझना बेहद महत्वपूर्ण है। मुझे विस्तार से बताने दें। वयस्क शिक्षा की प्रमुख आधार में से एक यह है कि आपको वहाँ से काम शुरू करना है, जहां लोग हैं। और निश्चित रूप से मैंने ऐसे मामले पाए हैं न सिर्फ़ मेरे अध्ययन में, बल्कि संघर्षरत ध्यान, बदलाव एजेंसी, परिस्थिति में सुधार, परामर्श और समस्या के समाधान में भी। यदि आप 'अ' से 'ब' तक लोगों को ले जाने में सही मायने में प्रभावी होना चाहते हैं तो आपको अ से बात करनी होगी, और आप ऐसा तभी कर पाएँगे जब 'अ' को समझेंगे और उसकी सराहना करेंगे, न सिर्फ़ बौद्धिक स्तर पर बल्कि भावनात्मक स्तर पर भी।

यदि आप जानना चाहते हैं कि खिलाड़ी स्टेरायड लेना पसंद करते हैं, आपको उनकी जीत और हार की गहन अनुभूति को समझना होगा। यदि आप किसी को स्तन कैंसर में मदद करना चाहते हैं,आपको यह जानना होगा कि वे अपने शरीर के बारे में, आत्म सम्मान के बारे में, अपने भविष्य के बारे में कैसा महसूस करते हैं। यदि आप समझना चाहते हैं कि आप किसी संघर्षरत छात्र को प्रेरित करेंगे, आपको जानना होगा कि वर्ग में पिछड़ा होकर सचमुच कैसा महसूस होता है।

यह घटना प्रतिभास विज्ञान के अध्ययन का लक्ष्य है। यह पूछने के बजाय कि आ का क्या कारण है या आ क्या है, घटना प्रतिभास विज्ञान आ के भोगे हुए अनुभव की खोज करता है। दरअसल, घटना प्रतिभास विज्ञानी यह तर्क देंगे कि 'वस्तुनिष्ठ' ज्ञान या सत्य को ''कोष्ठकों में डाल देनाचाहिए या किनारे कर देना चाहिए ताकि ध्यान चेतना की अंदरूनी प्रक्रियाओं पर हो। कारणों, सत्य के मूल्यों वास्तविकताओं या दिखावों पर चिंता करने की ज़रूरत नहीं। सामाजिक रूप में निर्मित, अंतरमनोवाद/अंतर्विषयक दुनिया में हमारी सचेत जागरूकता ही एकमात्र ऐसी चीज़ है जो हम सचमुच जानते हैं, क्योंकि सारा ज्ञान व्यक्तिगत धारणा पर निर्भर करता है (देखें बॉक्स 8.4)

शब्दावली

घटना प्रतिभास विज्ञान

घटना प्रतिभास विज्ञान (फिनोमेनोलॉजी) का वैसा अध्ययन जो ख़ुद को व्यक्ति की प्रत्यक्ष जागरूकता और अनुभव में प्रस्तुत करता है। धारणा, सामाजिक,ऐतिहासिक संदर्भ या किसी विषय वस्तु के माने हुए 'यथार्थ के बजाय छानबीन का केंद्र होता है।

घटना का अध्ययन आपके लिए नई वस्तु हो सकती है।इसलिए हम घटना प्रतिभास विज्ञान के अध्ययन के बुनियादी तत्वों को तोड़कर देखेंगे और घटना को परिभाषित करने, समझने और शोध करनेवाले तत्वों की भूमिका को प्रकाश में लाएँगे:

1. घटना प्रतिभास विज्ञान का अध्ययन व्यक्ति पर बहुत अधिक निर्भर होता है चाहे साक्षात्कार या उनके सांस्कृतिक उत्पाद के माध्यम से— वे क्या लिखते हैं, क्या चित्रित करते हैं आदि से किसी एक घटना से अनुभव निकाले जाते हैं। जैसे शरणार्थियों, खिलाड़ियों या नेताओं को विस्थापन, जीत और शक्ति के अनुभव बताने के लिए बुलाया जा सकता है। इसलिए लोग घटना प्रतिभास विज्ञान संबंधी अध्ययन के केंद्र में होते हैं, मगर उनके भोगे हुए अनुभव के वर्णन न कि ख़ुद वे घटना प्रतिभास विज्ञान के केंद्र में होते हैं।

2. घटना प्रतिभास विज्ञान का अध्ययन रचना पर भी अधिक निर्भर होता है। रचनाएँ, जैसे – विस्थापन, जीत और शक्ति, छानबीन किए जानेवाली घटना प्रतिभासविज्ञान संबंधी अनुभव का केंद्र होते हैं। घटना प्रतिभास विज्ञान संबंधी अध्ययन में हालाँकि रचना की 'यथार्थता 'विचार का मुद्दा नहीं होती और असल में इसे कोष्ठकों में रखना चाहिए — दुनिया इसे क्या मानती है या इसका क्या अर्थ निकालती है, यथासंभव इन बातों से मुक्त होकर छानबीन करना चाहिए। घटना प्रतिभास विज्ञान में, रचना,जो उसके संरचित अर्थ से मुक्त हो गया, उसे वस्तु कहते हैं।
3. घटना, जो घटनाक्रिया विज्ञान के के केंद्र में है, वास्तव में व्यक्ति और वस्तु के लिए चौराहे के रूप में स्थित है और इन वस्तुओं के लोगों के प्रत्यक्ष अनुभव पर केन्द्रित होता है। अ क्यों होता है या अ क्या है, इसके बजाय घटना प्रतिभास विज्ञान अ के अनुभव की छानबीन करता है। दूसरे शब्दों में, घटना प्रतिभास विज्ञान व्यक्ति और वस्तु के बीच के संबंध के अनुभव का अध्ययन है, जिस रूप में वह व्यक्ति की प्रत्यक्ष जागरूकता में ख़ुद को प्रस्तुत करता है।

घटना प्रतिभास विज्ञान का अध्ययन करना

सामाजिक विज्ञान में, अधिकतर प्रणाली आधारित दृष्टिकोणों में तीन बुनियादी तत्व शामिल हैं। ये हैं – आपके प्रतिभागी, आपके डेटा संग्रह की विधियाँ, इरादे से किए गए विश्लेषण के तरीक़े और बेशक अंतिम उत्पाद होता है – आपका 'रिपोर्ट'। मगर घटना प्रतिभास विज्ञान में यह इस तरह काम नहीं करता। घटना प्रतिभास विज्ञान का विवरण; और विवरणों को एकत्र करना, उन विवरणों के अर्थ निकालना और उन विवरणों के लिए अनिवार्य रूप से निरंतर चलनेवाली प्रक्रिया है।

घटना प्रतिभास विज्ञान का विवरण तैयार करना घटना प्रतिभास विज्ञान के अध्ययन का मुख्य परिणाम घटना प्रतिभास विज्ञान का विवरण होता है। दरअसल, लक्ष्य विवरण को कल्पना से पूर्ण सरस बनाना है ताकि दूसरे लोग किसी खास घटना के अनुभव को साझा कर सके।

ऐसे विवरण तैयार करने की प्रक्रिया में सामान्यत: लोगों को स्रोत बनाना, जिन्होंने घटना को महसूसा और प्रत्येक प्रतिभागी के साथ एक या उससे अधिक गहन साक्षात्कार लेना शामिल है। प्रतिभागियों की संख्या अलग हो सकती है यह मान लें कि किसी विशेष घटना में अनुभव के एक से अधिक तरीक़े संभव हैं, विविधता जानने के लिए आपको पर्याप्त संख्या में लोगों से साक्षात्कार लेने की ज़रूरत होगी। साक्षात्कारकर्ता प्राय: 'परिपूर्णता' तलाशता है, जिससे अतिरिक्त साक्षात्कार कोई नया दृष्टिकोण नहीं देती।

साक्षात्कार का लक्ष्य जो प्राय: 'संवाद' के रूप में आयोजित होते हैं, भोगे हुए अनुभव से प्रचुर विवरण तैयार करना होता है। दूसरे शब्दों में, आप चाहते हैं कि आपका उत्तरदाता आपको बताए कि घटना का अनुभव कैसा होता है, वे उन्हें क्या याद दिलाते हैं और वे उन्हें कैसे वर्णन करेंगे। उत्तरदाता को फिर उनके विवरण के विविध पहलुओं पर छिपे हुए अर्थ को समझने के लिए शब्द की सतह को तोड़कर गहराई में जाना होता है। उदाहरण के लिए, 'जीतने' की घटना, जिसका पहले वर्णन 'बहुत खूब' से हुआ, बाद में उसका वर्णन 'शीर्ष पर हूँ' या 'मैं जानता हूँ कि मुझमें योग्यता है' से हो सकता है। इसप्रकार, शोधकर्ता और शोधवस्तु एक कहानी रच लेते हैं जो वर्णनात्मक होने के साथ-साथ व्याख्यात्मक होती है, और प्राय: समृद्ध, कवित्वपूर्ण और रूपक से भरी होती है।

साक्षात्कार लेने के अतिरिक्त, या इसके बदले शोधकर्ता पहले से रचित ग्रन्थों की भी छानबीन कर सकते हैं। सुंदर, प्रचुर घटना प्रतिभास विज्ञान संबंधी विवरण, पत्रों, जर्नल्स, किताबों, फिल्मों, कविताओं एवं संगीत में होना लाज़िमी है। उदाहरण के लिए, 'युद्ध में जाने' की घटना को लें, उन प्रचुर, खरा, शीतल विवरण की कल्पना करें जो आप सिर्फ़ अध्ययन द्वारा एकत्र कर सकते हैं।

दूसरा चक्र एक बार जब आपने अपने विवरण को तैयार कर लिया है और आपको लगता है कि आप परिपूर्णता के बिंदु तक पहुँच चुके हैं, आपका अगला चरण है – संश्लेषण। यहाँ लक्ष्य उसी घटना के संबद्ध अनुभवों की सीमा खोज रहे हैं। यह सामान्यत: ग्रन्थों और समाप्तप्राय विषयों के चक्कर लगाता है ताकि महत्वहीन असमानता कम हो सके और विविध विवरणों की आवश्यक प्रकृति एकीकृत हो सके। जैसे कि मेरे अपने कुछ शोध में मैंने पाया कि ईश्वर की सत्ता को अमान्य कर देना खुद को तीन 'प्रकार' के प्रत्यक्ष अनुभव द्वारा दर्शाता है – 'क्रोध और आक्रोशपूर्ण प्रतिक्रिया '; 'उदास और विषादपूर्ण आत्मनिरीक्षण' और 'खुला आध्यात्मिक अन्वेषण'; (O'Leary, 2001b)

बॉक्स 8.4

घटना प्रतिभास विज्ञान संबंधी मिसाल – 'एड्स से पीड़ित महिला की सेवा करना'

इस अध्ययन 'एड्स से पीड़ित महिला की सेवा करना' (सिनफील्ड, 1995) का लक्ष्य एड्स से पीड़ित महिलाओं की ज़रूरत (रचना, जैसा कि उपर्युक्त बिंदु 2 में संदर्भित है) की समझ बनाने के अनुभव में (भोगा हुआ अनुभव, जो उपर्युक्त बिंदु 3 में बताया गया है) नर्सों के दृष्टिकोण को समझना (वे लोग, जिनपर अध्ययन निर्भर है, जैसा कि उपर्युक्त बिंदु में बताया गया है)। शैक्षिक अभ्यासों से अलग-थलग इस अध्ययन के उद्देश्यों में शामिल थे – क्लीनिकल नर्सिंग अभ्यास, नर्स की शिक्षा और नर्सिंग शोध पर प्रभाव डाल पाना।

इसे पूरा करने के लिए सिनफील्ड ने घटना प्रतिभास विज्ञान का दृष्टिकोण अपनाया जिसमें ऑस्ट्रेलिया के न्यू साउथ वेल्स के 90 बिस्तर वाले तीव्र अस्पताल में काम करने वाली 8 रजिस्टर्ड नर्सों के साथ गहरा संवाद (घटना प्रतिभास विज्ञान का विवरण) का तरीका अपनाया। प्रत्येक संवाद की पाँच विषयों के साथ (अधिगम के अंतराल को पहचानना; ध्यान देना; सामान्य असमानता; कोष्ठक में करना; और तंत्र के अंतर्गत काम करना) पुनरावृत्तीय तरीके से छानबीन की गई (संश्लेषण का दूसरा चक्र) जो निष्कर्षस्वरूप तथ्य से प्रकट हुआ।

घटना प्रतिभास विज्ञान से जुड़ी शक्तियाँ और चुनौतियाँ

मुझे लगता है कि घटना प्रतिभास विज्ञान की मुख्य शक्ति यह है कि यह 'घटना 'की छानबीन 'का रास्ता देता है; कुछ ऐसा जो हमारी सामाजिक दुनिया को समझने के लिए बहुत ही महत्वपूर्ण है, फिर भी प्राय: सामाजिक विज्ञान में इसकी उपेक्षा की जाती है। हम जनसांख्यिकी, मत, रवैया, लोगों के विश्वासों और व्यवहारों की छानबीन करते हैं और उन सुझावों, विचारधाराओं और रचनाओं का अध्ययन करते हैं जिससे सामाजिक संसार बना है, मगर घटना का अध्ययन हाशिए पर है और प्राय: संभावित शोध रणनीति के रूप में छात्र शोधार्थियों के लिए उपलब्ध नहीं होता और बिना विमर्श के रह जाता है।

मगर ज़रा प्रत्यक्ष अनुभव को समझने और वर्णन करने की योग्यता के मूल्य पर विचार करें। यदि हमारे पास इस स्तर की समझ संभव हो तो परिवर्तन की पहल या समस्या के निदान की रणनीति और कितनी अधिक व्यावहारिक हो सकती है। उदाहरण के लिए, गंभीर बीमारी के भोगे हुए अनुभव को समझें और वर्णन करें। यह हर ऐसे व्यक्ति के लिए महत्वपूर्ण हो सकता है जो गंभीर बीमारी के लिए समर्पित मानसिक स्वास्थ्य कार्यकर्ताओं के उपायुक्त प्रोटोकॉल विकसित करना चाहते हैं। या युद्ध में क्षतिग्रस्त देशों में पलना-बढ़ना कैसा होता है, इस विचार पर काम करने की सोचें, ऐसा विवरण जो सांस्कृतिक सहानुभूति उत्पन्न करने में अमूल्य हो सकता है। और कोई अध्ययन जिसमें तनाव की छानबीन हुई है, यह समझे बिना पूरा नहीं हो सकता कि वास्तव में उसे महसूस करना कैसा होता है?

अपने शोध में घटना प्रतिभास विज्ञान के दृष्टिकोण की शक्ति को कम न आँके। समाजविज्ञानी के रूप में, हम उसका अध्ययन करते हैं जो कार्य दिमाग से संबद्ध हैं मगर हम इन्सानों की दुनिया में बहुत से काम ऐसे होते हैं जो दिल से किए जाते हैं। ये विचार के बजाय एहसास से संचालित होते हैं। उदाहरण के लिए, यदि आप जानना चाहते हैं कि लोग 'विसंगत' कार्य, जैसे – पीकर गाड़ी चलाना, या ड्रग्स लेना जैसे कार्य क्यों करते हैं, या कैसे लोग कठिन कार्य कर पाते हैं। जैसे – कारावास का जीवन या बच्चे की मौत। इसके लिए केवल 'कैसे' और 'क्यों' से कुछ अधिक पूछना उचित होगा। यह पूछना उचित हो सकता है कि उसे कैसा महसूस हो रहा है।

जब बात किसी उचित कार्य को करने की होती है तो वह करना आसान नहीं होता। घटना प्रतिभास विज्ञान का साहित्य मोटा और दार्शनिक है और वास्तविक 'विधियों' पर अधिक स्पष्ट मार्गदर्शन नहीं देता। संभव है कि आपको शोध ग्रंथों से भी अधिक सलाह न मिले। कुछ ग्रंथों में विषय बिलकुल नहीं हैं और जिनमें हैं भी, वे

स्पष्ट नहीं हैं। यही बात अध्यापन और अधिगम के लिए मेरे भी कही जा सकती है। समाजशास्त्री के रूप में मेरे 'प्रशिक्षण' में घटना प्रतिभास विज्ञान वह विधि थी जिसपर विमर्श नहीं होता था और जब दर्शन की मेरी कक्षा में उसपर चर्चा होती थी, वह इसप्रकार नहीं होती कि घटना प्रतिभास विज्ञान के अध्ययन को संचालित करने में मेरी मदद कर सके। निहितार्थ यह है कि जबतक आपके पास घटना प्रतिभास विज्ञान में अनुभवी पर्यवेक्षक या परामर्शदाता नहीं हैं, घटना प्रतिभास विज्ञान का अध्ययन 'करने' के लिए आपको साहित्य की गहराई में डूबना होगा (अध्याय के अंत में कुछ सुझाव दिए गए हैं)।

जातीय कार्यप्रणाली (एथनोमेथडोलॉजी)

हमारी दिनचर्या में, हम अपने माता-पिता, दोस्त, सब्ज़ी की दुकान पर भुगतान करने वाले व्यक्ति से बातचीत करते हैं। और हमें कैसे व्यवहार करना चाहिए या क्या बोलना चाहिए, इसपर निर्णय देते हैं–कभी-कभी सचेत रूप में पर अधिकांशत: अवचेतन में। और सामान्यत: हम बिना बहुत अधिक तनाव लिए इसे करते हैं, क्योंकि हम सटीक 'विधियों' — नियमों, मानदंडों और तरीक़ों – जो हमें ऐसी बातचीत में मदद करते हैं, के साथ सामाजिक हो चुके हैं।

जातीय कार्यप्रणाली **(एथनोमेथडोलॉजी)** प्रतिदिन के मेलजोल/बातचीत का अध्ययन है और यह तर्क देता है कि लोग व्याख्यात्मक कार्य में संलग्न होते हैं, जितनी बार वे दुनिया से जुडते हैं। वे सार्थक कार्य करने के लिए इसमें संलग्न होते हैं, जिसे गार्फ़िंकेल (1967), जातीय क्रिया विज्ञान के जन्मदाता ने 'वृत्तचित्र विधि' का नाम दिया था। इसमें शामिल हैं: इंडेक्सीकेलिटी – सामाजिक मेलजोल से संकेत चुनना जो पहचानने योग्य स्वरूप की पुष्टि करे – और फिर उसके अनुसार उस स्वरूप का अर्थ निकाले। मुझे पता है, आपको यह संदेहास्पद लग रहा होगा, मगर अभ्यास में यह सरल है, क्योंकि आप रोज़ इसे अपने आप करते हैं। उदाहरण के लिए, अगर किसी ने कहा, 'मैं तुम्हें गौर किए बिना रह नहीं पाया' आप उपयुक्त स्वरूप ढूँढने के लिए सामाजिक मेलजोल से संकेत लेंगे और उचित प्रतिक्रिया तैयार कर लेंगे। यदि आप नाइट क्लब में है और बोलने वाला व्यक्ति विपरीतलिंगी रहा हो, आपका स्वरूप 'द पिक-अप' का होगा। आप घृणा से ज़वाब देंगे .... 'दफ़ा हो जाओ हारे हुए इंसान 'या लुभावने उत्तर देंगे, 'हाँ! मैंने भी तुम्हें देखा'। फिर दूसरा पक्ष अवचेतन में सही स्वरूप ढूँढेगा। इस मामले में हम कह सकते हैं, 'अस्वीकृति' थी 'चोंचलेबाजी 'और सटीक उत्तर तैयार करेंगे। 'सोचविचार' करके आप अपनी अगली प्रतिक्रिया तैयार करेंगे और यह तबतक जारी रहेगा जबतक बातचीत समाप्त नहीं होती। इसप्रकार, स्वरूप विकसित होता जाता है, मगर बातचीत में नए तत्वों की व्याख्या करने लिए निरंतर अपने तात्कालिक सूत्रीकरण/नियमन का उपयोग करता है। मगर कल्पना करें, यही पंक्ति 'मैं आपपर ध्यान दिए बगैर नहीं रह पाया'तब कही गई हो जब आपको अपनी गाड़ी से बाहर निकाला जा रहा हो और बोलने वाला व्यक्ति पुलिस यूनिफार्म में हो। बातचीत तुरत दूसरा स्वरूप ले लेगा (देखें बॉक्स 8.5)।

शब्दावली

जातीय कार्यप्रणाली (एथनोमेथडोलॉजी)

उन विधियों का अध्ययन जिसका उपयोग लोग अपने दैनिक कार्यों को पूरा करने और अपने सामाजिक संसार का अर्थ निकाल पाने के लिए करते हैं। जातीय कार्यप्रणाली का लक्ष्य उन 'नियमों' को प्रकाश में लाना है जो सामान्य जीवन को दिशा देते हैं। इसकी रुचि इस बात में नहीं होती कि जो कहा जा रहा है या हो रहा है, वह सही है या गलत, या सत्य है या असत्य। दरअसल, जातीय कार्यप्रणाली पूरी तरह से 'क्या' के प्रश्न की अवहेलना करता है और बातचीत 'कैसे' की गई, इसपर ध्यान केंद्रित करता है।

बॉक्स 8.5

जातीय कार्यप्रणाली के उदाहरण – गार्फिन्केल की 'एग्नेस'

1967 के अपने मौलिक कार्य, जातीय कार्यप्रणाली के अध्ययन में गार्फिन्केल ने सामाजिक कार्यों पर प्रकाश डालने का प्रयास किया जहाँ 19 वर्षीय एग्नेस ने ख़ुद को स्त्री के रूप में प्रस्तुत किया। मगर, 17 वर्ष तक लड़के की तरह पला-बढ़ा एग्नेस पुरुष जननांग से युक्त था। एग्नेस ने अपने रोज़ के कामों को परंपरावादी स्त्री की तरह पूरा किया। गार्फिन्केल का लक्ष्य रोज़मर्रे की ज़िंदगी में घरेलू कार्यों को स्त्री से संबद्ध मानने के विचार पर प्रकाश डालने का था। जीवन के आरंभिक 17 वर्षों तक पुरुष की तरह पलने-बढ़ने के कारण एग्नेस ने स्त्री होने और उससे संबद्ध रोज़ के काम को उसी की ज़िम्मेदारी मान लेने के विचार को उजागर करने (और अपनाने) में एक अनूठा दृष्टिकोण प्रस्तुत किया। इस तरह, गार्फिन्केल का अध्ययन एक उदाहरण है जो जातीय कार्यप्रणाली की शक्ति को उजागर करता है, यह दिखाने में कि लोग रोज़मर्रे की ज़िंदगी में होने वाले संवाद को कैसे निर्मित करते हैं।

जातीय कार्यप्रणाली संबधी अध्ययन करना

जातीय कार्यप्रणाली संबंधी अध्ययन करने का लक्ष्य यह पता लगाना है कि लोग किस तरह प्रतिदिन की बातचीत/मेलजोल में अर्थ निकालने के लिए ज़रूरी व्याख्यात्मक कार्य करते हैं। अर्थ निकालने के तरीके हैं, 'उल्लंघन के प्रयोग', साझी व्याख्या के सृजन की छानबीन, और व्याख्यात्मक अपसंकेतों का पता लगाना।

उल्लंघन के प्रयोग

उल्लंघन के प्रयोग में (ऐसा कुछ, जो गार्फिन्केल प्राय: अपने छात्रों से प्रयास कराते थे), लक्ष्य, प्रतिदिन के नियमों को तोड़कर, अपने और साथ ही दूसरों की प्रतिक्रिया को अंकित करके उन नियमों को प्रकाश में लाना है। इस तरीक़े से जो चीज़ें सही रूप में मूल्यांकित नहीं हो पा रहीं, वे स्पष्ट हो जाएँगी (जैसे भीड़-भरी लिफ्ट में पीछे मुड़कर खड़े होना या अपने परिवार से ऐसे बात करना जैसे आप अभी-अभी मिले हों) आप न सिर्फ़ अपने आसपास संशय, निराशा, असहजता को लिख पाते हैं, बल्कि आप इसपर भी विचार कर सकते हैं कि सही मूल्यांकन से वंचित कार्य से सम्बद्ध नियमों को तोड़ने पर कैसा महसूस होता है। तार्किक रूप से, भरी हुई लिफ्ट में पीछे की ओर मुड़कर खड़ा होना बेहद तनावपूर्ण कार्य नहीं होता होगा मगर यह कुछ प्रयोगकर्ताओं को असहज महसूस करा सकता है।

यहाँ एक अच्छा उदाहरण है, बहुत से फेसबुकी मित्रों से बातचीत करना। जब किशोर अपने मित्रों के साथ बाहर घूमने जाते हैं, उनके संवाद का एक निश्चित रूप होता है और निश्चय ही, उस तरह नहीं जिस तरह अपने दादा-दादी से संवाद करते होंगे। मगर जब आपकी दादी आपको फ्रेंड रिक्वेस्ट भेजती है और आप उसे स्वीकार लेते हैं – एक उल्लंघन का प्रयोग होगा। या तो आप सभ्य/विनम्र बन जाएँगे और अपने मित्रों के साथ जैसे आप होते हैं, उस स्थिति का उल्लंघन करेंगे या आप अपने मित्रों के साथ बातचीत में सामान्य बने रहेंगे और अपनी दादी को हद से अधिक नाराज़ और परेशान करेंगे। दोनों मामलों में दूसरों की प्रतिक्रियाएँ उन 'नियमों को उजागर करती है जो सटीक संवाद को निर्धारित करते हैं।

साझी व्याख्या के सृजन की छानबीन करना

प्रत्येक सांस्कृतिक समूह में प्रथाएँ जड़ी हुई हैं जो मुक्त और स्वाभाविक प्रतीत होती है, वास्तव में ये समूह संस्कृति से निर्मित होते हैं और सांस्कृतिक संरचना उनमें छिपी होती हैं, क्योंकि वे इनसे घिरी होते हैं और उनकी साझी व्याख्या होती है, यह मानदंड बन जाता है और मेलजोल/संवाद के अन्य तरीक़े उपेक्षित हो जाते हैं। हालाँकि जो इस सांस्कृतिक समूह से बाहर होते हैं वे इस संरचना को बेहतर देख पाते हैं।

मैं आपको एक उदाहरण देती हूँ, जब मैं पहली बार ऑस्ट्रेलिया गई, मैंने देखा कि रग्बी खेल के बाद हुए साक्षात्कार में संवाद का एक निश्चित और बेहद स्तरीय स्वरूप था। केवल उनकी अंतर्वस्तु ही नहीं, बल्कि उनके द्वारा उपयोग किए गए शब्द, शैली और सूत्रवाक्य भी। 'काफ़ी कठिन मैच रहा' से आरंभ होते हुए 'बेहतरीन और आगामी पारी के लिए शुभकामनाएँ 'पर समाप्त होते साक्षात्कार के शब्द, साक्षात्कार देते खिलाड़ियों के शब्द, उम्र, जातीयता या क्षेत्र/मैदान में खेले गए वर्षों की परवाह किए बिना सभी एक जैसा बोल रहे थे; 'शुक्रिया दोस्त', लड़कों ने अच्छा खेला', 'लड़कों को गर्व होना चाहिए', सारा श्रेय जाता है (विपरीत टीम का पुकार नाम डालें, जैसे डॉगैज); 'उन्होंने इसके लिए हमें अभ्यास कराया', 'जश्न मनाने का वक़्त नहीं है दोस्त', 'हमें आराम करना चाहिए और अगली बार के लिए अभ्यास में लग जाना चाहिए', 'चीयर्स दोस्त'। और जब कोई इन नियमों को तोड़ता है तो उसपर अधिक ध्यान केन्द्रित हो जाता है – क्योंकि इसे बहुत अनुचित माना जाता है। दूसरे देशों और दूसरे खेलों में इन्हीं 'नियमों को 'बदल दें। अमेरिकन फुटबॉल के खिलाड़ी के साक्षात्कार का तरीका बहुत ही अलग होता है। फिर से, अंग्रेज़ क्रिकेट खिलाड़ी का तरीका इससे अलग होगा। बातचीत/मेलजोल की संरचना करनेवाले नियम मौजूद होते हैं, मगर प्राय: अनदेखे रह जाते हैं।

जातीय कार्यप्रणाली की रणनीति के रूप में साझी व्याख्या हम कैसे करते हैं, उसकी छानबीन में प्रतिदिन मेलजोल/बातचीत को अंकित करने वाले मूल डेटा का संग्रह शामिल है। ये मेलजोल प्राय: विशेष रूप से परिभाषित होते हैं – डॉक्टर और मरीज़, परिवार के सदस्य, मित्र, किसी खास सांस्कृतिक समूह के सदस्य या इस मामले के साक्षात्कारकर्ता और साक्षात्कार देने वाले के बीच संवाद। इसके बाद डेटा ऑडियो रिकॉर्डिंग द्वारा या यदि विश्लेषण वक्तव्य से परे है, वीडियो रिकॉर्डिंग द्वारा सँजोया जाता है। फिर इस डेटा को ईमानदारी से लिखा जाता है, प्राय: इसमें संकोच, लहजे, व्यवहार पर टिप्पणियाँ, व्यंग्यपूर्ण स्वरमान (पिच), ग़ैर मौखिक संकेतों के उपयोग शामिल हैं। फिर विश्लेषण, बातचीत के क्रम में मेलजोल सहयोग से कैसे बनता है, इसकी खोज की ओर मुड़ जाता है। लक्ष्य उन 'नियमों को' पहचानना है जो संवाद या लोग कैसे कार्य या संवाद का प्रबंधन करते हैं, को उभारता है। इसमें संदर्भ और यह कलाकारों द्वारा कैसे समझा जा रहा है, इसकी छानबीन अनिवार्य रूप से शामिल होती है।संदर्भ (या जैसा कि गार्फिन्केल उसे कहते हैं–इंडेक्सिकल नेचर) महत्वपूर्ण है, क्योंकि संदर्भ का अर्थ है,संवाद का स्वरूप इस विशेष व्यवस्था के लिए संकेतित है–उपर्युक्त मामले में, खेल के बाद का साक्षात्कार।

अपसंकेत की छानबीन करना

संवाद और मेलजोल मूल्यांकन से वंचित रखने के स्वभाव को अनावृत्त करने की अंतिम विधि हो सकती है–टकराव या अपसंकेत की छानबीन। ख़ासकर, जब यह उस तरह आगे नहीं बढ़ती जैसी कि उम्मीद की गई थी। मूल्यांकनरहित कार्यों को पहचानना, विखंडित करना और समझना आसान होता है, जब इसे उन लोगों द्वारा उजागर किया जाता है जो ऐसे कार्य करते हैं जो कि मानदंडों को तहस-नहस कर देते हैं। मेरी माँ जो कोरियाई है मगर पिछले 20 वर्षों से यूएस में रह रही है, ऑस्ट्रेलिया में मुझसे मिलने आई और मेरी बेटी के पहले जन्मदिन की पार्टी में एक उम्दा उदाहरण पेश किया। वे प्राय: अनुपयुक्त व्यवहार करती हैं क्योंकि उन्हें रूढ़ि की परवाह नहीं। और क्योंकि उन्हें हँसना बहुत पसंद है। हमारा समूह उस समय बैठकखाने में था, जब वे आईं; हमसब 'बच्चों में से एक बच्चा कितना प्यारा है 'के बारे में बात कर रहे थे। वे भी उस बातचीत में शामिल हो गईं, मगर जैसे ही उन्हें मालूम हुआ कि हम किसके बारे में बात कर रहे हैं, संशय के साथ उन्होंने ज़ोर से कहा–'वह बच्चा! वह बच्चा तो बहुत अधिक बदसूरत है।'हाँ, यह थोड़ा सच था और शायद सभी के दिमाग में यही विचार घूम रहा था (जो कि उनकी हँसी से पता चल रहा था)। मगर कमरे में मौजूद सभी लोगों को सभा की परंपरा मालूम थी और वे इसकी कद्र करते थे–आप किसी बच्चे के लिए ऐसा नहीं कह सकते, ख़ासकर, जब उसके माता-पिता और अन्य रिश्तेदार उसी कमरे में मौजूद हों। शुक्र है, उसके माता-पिता जा चुके था हालाँकि मेरी माँ को यह बात तबतक पता नहीं थी। स्वीकार्य व्याख्यात्मक अभ्यास को स्वीकारने की मेरी माँ की अनिच्छा सांस्कृतिक उम्मीदों को उजागर करती है। दरअसल प्रहसन प्राय: हँसी द्वारा उल्लंघन से स्वीकार्य व्याख्यात्मक अभ्यास को उजागर करता है। हम हमेशा संवाद के सामान्य स्वरूप पर ध्यान नहीं देते हैं, मगर हम तब उन्हें देखते हैं जब उनका उल्लंघन होता है, क्योंकि हम हँसी, झटका, डर, या क्रोध से प्रतिक्रिया करते हैं।

जातीय कार्यप्रणाली से संबद्ध शक्तियाँ और चुनौतियाँ

जातीय कार्यप्रणाली को समाज के अध्ययन में देने के लिए बहुत कुछ है जिसमें व्यक्ति/लोग के व्याख्यात्मक कार्य और साथ ही साथ उस कार्य की खोज की विधियों की पहचान शामिल है। यह पता चलता है कि लोग सामाजिक संसार का क्या अर्थ समझते हैं और उसमें से कैसे अर्थ निकालते हैं।यह पहचानता है कि लोग अर्थ निकालने और सामाजिक व्यवस्था की स्थापना करने में निष्क्रिय नहीं होते।

जातीय कार्यप्रणाली यह भी मानती है कि मेलजोल की सही प्रक्रिया ('कैसे' प्रश्न) छानबीन के लिए उचित विषय है और मौखिक संवाद के विषय ('क्या' प्रश्न)और संवाद के कारण ('क्यों' वाले प्रश्न) ही वे प्रश्न नहीं हैं, जो समाजविज्ञानी पूछ सकते हैं।यह संस्कृति का अध्ययन करने का अतिरिक्त तरीका भी है। जातीय कार्यप्रणाली यह पता लगाने के काम भी आ सकती है कि कैसे किसी विशेष सांस्कृतिक समूह के सदस्य व्याख्यात्मक कार्य का अर्थ निकालते हैं उसमें संलग्न होते हैं। यह संस्कृति के अंतर्गत संवाद और सामाजिक ढाँचे की प्रवृत्ति की अच्छी समझ दे सकता है। अंतत: जातीय कार्यप्रणाली एक रास्ता दिखाती है कि कैसे किसी ख़ास प्रकार मेलजोल/संवाद की खोज होती है। उदाहरण के लिए, न्यायाधीश विमर्श करके कैसे निष्कर्ष निकालते है या चिकित्सक किसी बुरी खबर को किस तरह प्रकट करते हैं, जिससे नकारात्मक प्रतिक्रिया न्यून हो जाए।

वर्तमान में, ऑनलाइन संपर्क के नए स्वरूप, जैसे–फेसबुक, ट्विटर, पिन इन्टरनेट, विपणक, संचार विशेषज्ञ, समुदाय से जुड़ने के विशेषज्ञ और समाजविज्ञानी शोधकर्ता–इन सभी को समान रूप से बहुत अधिक रुचिप्रद है। संपर्क/संचार कैसे होते हैं और व्याख्यात्मक अभ्यास के नए स्वरूप के साथ-साथ संस्थाएँ कैसे जुड़ती हैं–एक ताज़ा विषय है और सामाजिक विज्ञान कार्यप्रणाली के रूप में जातीय कार्यप्रणाली के लिए नई प्रासंगिकता ला रहा है।

कार्यप्रणाली से संबद्ध दृष्टिकोण जो मुख्य धारा के बाहर हो, यदि उसकी बात करें तो बहुत से मुद्दे हैं जो इसकी विधि के उपयोग को काफी कठिन बना सकते हैं। इसमें अनुभवी समर्थन पाने की कठिनाई और कार्यप्रणाली के अपने चयन को उनके (जो इसके बारे में अधिक नहीं जानते) सामने व्याख्या करना और औचित्य साबित करना शामिल है।

कुछ यह भी तर्क देते हैं कि चूँकि जातीय कार्यप्रणाली बयान या क्रिया के अर्थ की छानबीन नहीं करता, यह हमें आधारभूत सामाजिक मुद्दों या महत्वपूर्ण रचना,जैसे–नस्ल,वर्ग या लिंग को समझने में मदद नहीं करते। कुछ यह भी कहते हैं कि जातीय कार्यप्रणालियों द्वारा निर्मित 'नियम' ज़ाहिर होते हैं और बहुत रोचक नहीं होते। मगर कुछ दूसरे, जातीय कार्यप्रणाली हमें 'लोग कैसे निर्माण करते हैं'–यह समझने में मदद करती है। जैसे-जातिवाद, लिंगवाद।

अन्य गलतफ़हमी यह है कि व्याख्यात्मक कार्य का विश्लेषण संचार के विश्लेषण तक सीमित है या दूसरे शब्दों में, यह लिखित-मौखिक डेटा की जटिल खोज है (देखें अध्याय 14)। विश्लेषण के इस प्रकार/साधन का अर्थ यह हो सकता है कि जातीय कार्यप्रणाली का अध्ययन संपर्क और मेलजोल के ग़ैर मौखिक पहलुओं पर अधिक विचार नहीं करता। अब, जबकि संवाद का विश्लेषण जातीय कार्यप्रणाली संबंधी आँकड़ों के विश्लेषण का सबसे अच्छी तरह परिभाषित और प्राय: उपयोग की जानेवाली विधि है, यह याद रखना ज़रूरी है कि यह इसकी संभावित विधि का केवल एक हिस्सा है। जातीय कार्यप्रणाली संबंधी समझ के लिए ग़ैर मौखिक की व्याख्या का तार्किक रूप से उतना ही महत्व है जितना कि व्याख्या का।

स्त्रीवादी दृष्टिकोणों को समझना

सबसे पहली बात, क्या स्त्रीवादी कार्यप्रणाली जैसी कोई चीज़ है? अगर होती तो इसे परिभाषित करना लगभग असंभव होता, क्योंकि स्त्रीवादी शोधकर्ता अपने शोध के लिए प्रणाली आधारित विधि-संबंधी ढाँचों और विधियों के किसी भी प्रकार की मदद ले लेते हैं। हालाँकि जो परिभाषित करना आसान है, वह है शोध पर स्त्रीवादी दृष्टिकोण। यहाँ आधार यह है कि शोध के पारंपरिक 'नियम' उनके अंदर एक अचेतन पितृसत्तात्मक पूर्वग्रह जड़ देता है। वास्तव में, स्त्रीवादी शोधकर्ता यह तर्क देते हैं कि हम जिसे सामान्य ज्ञान की तरह स्वीकारते हैं, दरअसल वह 'पुरुषवादी' ज्ञान है–यानी कि वह ज्ञान जो पितृसत्तात्मक मूल्य और मान्यता पर बल देता है; जो शोध क्या है और इसे कैसे करना चाहिए, इसे आकार देता है। यह पुरुष पूर्वग्रह के हरएक पहलू में प्रश्न के विकास से लेकर संग्रह तक, डेटा की व्याख्या और प्रस्तुति तक व्याप्त होता है। सबसे महत्वपूर्ण बात, यह पूर्वग्रह मुख्यधारा के शोध में लापता

रह जाता है। इसलिए एक विशेष यथार्थता (पुरुष) से उत्पन्न शोध प्रोटोकॉल को ज्ञान उत्पादित करने का मानक, सही और विश्वसनीय तरीका मान लिया जाता है।

अब, जबकि स्त्रीवादी शोध क्या है? या क्या होना लाज़िमी है ? इसकी व्याख्या हो रही है, स्त्रीवादी शोधकर्ता यह मानते हैं कि छिपा हुआ पुरुष पूर्वग्रह मौजूद प्रणाली आधारित विधि की ओर महत्वपूर्ण पहुँच की माँग करता है। पुरुष पूर्वग्रह को उजागर करने और ऐसे शोध की ओर काम करने की ज़रूरत है जो पितृसत्तात्मक प्रभाव से मुक्त है और शोध प्रक्रिया के हर चरण में स्त्रीवादी सिद्धांतों और नियमों से सूचित है। कुछ स्त्रीवादी शोधकर्ता यह भी तर्क देते हैं कि विविध सामाजिक यथार्थता को दर्शाने के लिए स्त्री अपने पुरुष समकक्ष, जो कि पितृसत्तात्मक विरासत को देखने की स्थिति में नहीं होते, की अपेक्षा अधिक योग्य है।

स्त्रीवादी दृष्टिकोण यह तर्क देता है कि शोध:

- हमेशा राजनीतिक रूप में प्रेरित होता है;
- स्त्री के सशक्तिकरण के लिए प्रतिबद्ध होना चाहिए;
- सामाजिक असमानता को बदलने की दिशा में काम करना चाहिए;
- मानव विविधता, जिसमें हाशिये पर रखे गए लोगों की आवाज़ भी शामिल है, को प्रस्तुत करने की ज़रूरत है।
- स्त्री और पुरुष, साथ ही साथ स्त्री और स्त्री के बीच के महत्वपूर्ण अंतर को पहचानने की ज़रूरत है (नस्ल, वर्ग, जातीयता, धर्म, संस्कृति, यौन अभिविन्यास आदि के अनुसार);
- शोधकर्ता की शक्ति और स्थिति को स्वीकारने की ज़रूरत है;
- शोधकर्ता और शोधवस्तु के बीच अंतर को कम करना चाहिए;
- विविध, आत्मनिष्ठ और आंशिक सच को ढूँढ़ा और स्वीकारा जाना चाहिए।

हालाँकि पारंपरिक सामाजिक विज्ञान की विधियों की स्त्रीवादी आलोचना भी अपनी आलोचना के बिना नहीं होती। पहला, कई लोगों के तर्क हैं कि ऊपर दिए गए आधार स्त्रीवादी कार्यप्रणाली के लिए अनूठी नहीं है और और बहुत से (यदि सभी नहीं) गुणात्मक ढाँचों का केंद्र हैं। दूसरा, स्त्रीवादी शोधकर्ता को उनके अपने मध्यवर्ग, गोरों के प्रति पूर्वग्रह के लिए दोषी माना गया है जो अपने शोध की सीमा खुद ही तय कर लेते हैं। अंततः स्त्री अनुभव की विविधता को देखें तो यह दावा करना कि केवल लिंग ही अधिक विश्वसनीय व्याख्या की अनुमति देता है तो यह खुद को ही उस समृद्ध वर्ग से अलग हाशिये पर कर लेता है जिससे आम आदमी का जीवन जुड़ा है।

मेरे अनुसार, जब मैं ऊपर दिए गए बुलेट बिंदुओं को देखती हूँ, मेरे दिमाग में स्त्रीवादी कार्यप्रणाली सबसे महत्वपूर्ण नहीं होती- जो मैं देखती हूँ, वह है अच्छा गुणात्मक शोधकार्य। हालाँकि मैं यह मानती हूँ कि स्त्रीवादी कार्यप्रणाली के साहित्य से जुड़ना मूल्यवान है, उसे अपनाने जितना नहीं, मगर शोध के खेल में जड़ित सांस्कृतिक पूर्वग्रह को उजागर करने के साधन के रूप में। फिर हम शोध के दृष्टिकोण की रूपरेखा बनाने की बेहतर स्थिति में होते हैं, दुनिया को देखने के स्वाभाविक पक्षपाती तरीक़े से मुक्त।

मिश्रित कार्यप्रणाली

इस अध्याय में अबतक हमने हर परंपरा के आधार पर ध्यान देते हुए परिमाणात्मक और गुणात्मक परंपरा, साथ ही साथ कोशिश में सफल हुए तरीकों का पता लगाया है। मगर यह समय चीजों को मिलाने का है। यह समय है- औचित्य से यदि, क्यों और कब पूछने का, जिससे यह पारंपरिक विभाजन पार किया जा सके और एकल अध्ययन में परिमाणात्मक और गुणात्मक तरीक़ों का प्रयोग हो, साथ ही साथ इसमें आगे कैसे बढ़ा जाए।

मिश्रित कार्यप्रणाली के तर्क

अनेक कारण हैं जिनसे सामाजिक विज्ञान शोध में मिश्रित तरीक़े अधिक से अधिक सामान्य होते जा रहे हैं। मिश्रित तरीक़े निम्नांकित कर सकते हैं:

- आपको दोनों परम्पराओं के सबसे उत्तम मूल पाने में मदद करता है और उनकी अनेक कमियों को भी दूर करता है;

- आगमनात्मक और निगमनात्मक – दोनों प्रकार के तर्कों की अनुमति देता है;
- संवाद, कथा और चित्र के समावेश से 'अंकों' में गहराई और अंतर्दृष्टि को जोड़कर उसका व्यापक दृश्य प्रस्तुत करता है;
- अंकों और सांख्यिकी के समावेश से 'शब्दों' में शुद्धता/सुस्पष्टता देता है (जो परिणाम को अधिक सामान्य बना सकता है);
- आपको शोध प्रोटोकॉल को अलग चरणों में करने की अनुमति देता है;
- परिस्थिति को एक से अधिक दृष्टिकोण से देखने की दृष्टि देता है;
- विभिन्न दृष्टिकोणों को पाने की सुविधा देता है;
- त्रिभुजन की अनुमति देता है।

तो असली शक्ति यहाँ है। मगर क्या यह आपके लिए है? अच्छा अध्याय 7 में जैसी चर्चा की गई है, किसी भी शोध की रूपरेखा की मुख्य आवश्यकता है: कि आपको पहुँच आपके प्रश्नों का उत्तर देती है; कि शोधकर्ता के रूप में यह आपके सही है; और आपकी रूपरेखा करने योग्य है। इसलिए मिश्रित कार्यप्रणाली संबंधी दृष्टिकोण की क्षमता/संभावना का निर्णय लेना, इन मानदंडों की छानबीन से आ सकता है। स्वयं से पूछें:

1. क्या मैं मानता हूँ कि मेरे शोध प्रश्न के उत्तर के लिए मिश्रित दृष्टिकोण सबसे बेहतर तरीक़ा है? यह सबसे महत्वपूर्ण प्रश्न है। अगर इसका उत्तर 'हाँ' है तो पूछें:
2. क्या मैं दोनों परम्पराओं के प्रति खुली सोच रखता हूँ और एक से अधिक तरीक़ों पर काम करने के लिए ज़रूरी कौशल को विकसित करने को तैयार हूँ? शोध के लिए विश्वास और समर्पण दोनों ज़रूरी है। इसलिए आपको अपने मूल्यांकन में ईमानदार होना होगा। दो परम्पराओं पर काम करते हुए आनेवाली चुनौतियों पर अपने पर्यवेक्षक से बात करें। यदि आपको लगता है कि आप इसके लिए तैयार हैं तो पूछें:
3. क्या पर्यवेक्षीय, समय, और/या वित्तीय बाधाओं के कारण मिश्रित दृष्टिकोण अव्यावहारिक हो जाएगा? व्यावहारिकता को हमेशा ध्यान में रखना ज़रूरी है, नहीं तो बहुत मुश्किल हो सकती है।

निश्चित रूप से कुछ ऐसे परंपरावादी हैं जो तर्क देते हैं कि परिमाणात्मक और गुणात्मक परम्पराओं की आधारभूत मान्यताएँ मान्यताएँ मिश्रित दृष्टिकोण की अनुमति नहीं देती। उदाहरण विरुद्ध प्रयोजनों में होते हैं और मिलकर काम नहीं कर सकते। हालाँकि दूसरे, यह सलाह देते हैं कि शोध के उदाहरण/रूपावली के आधारभूत तर्क संगतपूर्ण हैं और कार्यप्रणाली संबद्ध चुनाव को किसी दार्शनिक या उदाहरणस्वरूप मान्यताओं की परवाह किए बिना उसपर आधारित होना चाहिए जो आपके प्रश्न का उत्तर देने में सहायक है।

ऊपर दिए गए प्रश्नों के तीनों सुझाव आपके प्रश्न का उत्तर देने के मिश्रित दृष्टिकोण की क्षमता को आँकने के लिए इन दो स्थितियों के बीच काम करने की अनुमति देना है और साथ ही साथ, व्यावहारिकता का हमेशा ध्यान रखते हुए ईमानदारी से आकलन करना है कि मिश्रित दृष्टिकोण शोध में आपके दृष्टिकोण के साथ किसप्रकार व्यवस्थित हो रहा है। आखिरकार, यथार्थ दुनिया की परिस्थिति में हम जिस चीज़ के पीछे होते हैं, वह है सबसे अधिक उपयुक्त दृष्टिकोण।

सिडनी के विश्वविद्यालय में, अपनी तात्कालिक भूमिका में, मैं हर वर्ष लगभग 40 मास्टर डिग्री के प्रोजेक्ट का पर्यवेक्षण करती हूँ। छात्र कार्य पर आधारित शोध प्रश्न तैयार करते हैं जिसका सात महीने की अवधि में उत्तर पाया जा सके। यह अनुशंसित है कि शोध प्रश्न कसा हुआ और संस्थान के लिए बहुत अधिक उपयोगी हो। अब उनके प्रोजेक्ट के कार्य पर आधारित प्रकृति के कारण बहुत से छात्र यह समझना चाहते थे कि नई चुनौतियाँ, नए अभ्यास, नई नीति, आसन्न खतरा आदि के बारे में संस्थान के अंदर के लोग कैसा महसूस करते हैं और बहुतों के लिए इसका अर्थ हितकारक समूह की विविधता के साथ संलग्न होना है और इसे पूरा करने के लिए रणनीति की सरणी की ज़रूरत होती है। साक्षात्कार, केन्द्रित समूह और सर्वेक्षण प्राय: उसी कार्यप्रणाली की योजना का हिस्सा बनते हैं क्योंकि अनिवार्य डेटा इकट्ठा करने का यही सबसे बेहतर तरीका है।

दृष्टिकोण और रणनीति

मिश्रित कार्यप्रणाली में संलग्न होते समय शोधकर्ता के पास तीन मुख्य स्थितियाँ होती हैं, जिन्हें वे स्वीकार कर सकते हैं। इनमें से हरएक दृष्टिकोण आपको बहुत अलग तरह की शोध की रणनीतियों और रूपरेखाओं तक ले जा सकता है।

गुणात्मक डेटा की स्वीकृति के साथ परिमाणात्मक दृष्टिकोण

एक बार मुझसे कहा गया कि मिश्रित कार्यप्रणाली परिमाणात्मक हड्डियों पर ज़रा सा गुणात्मक मांस जोड़ने जैसा है। यहाँ मूल बात यह है कि मिश्रित दृष्टिकोण का केंद्र परिमाणात्मक है। शोधकर्ता, जो इस तरह से सोचते हैं, परिमाणात्मक परंपरा की आधारभूत मान्यताओं को स्वीकार लेते हैं, मगर साथ में, यह भी स्वीकारते हैं कि कुछ गुणात्मक डेटा उनके अध्ययन को मज़बूत करने में मदद कर सकते हैं।

यह संभवत: निम्नलिखित बिंदुओं में प्रकट होता है:

- सर्वेक्षण की रूपरेखा बनाना, जो खुले रूप में, साथ ही कसे हुए प्रश्नों को जन्म देती है; जैसे – आप खनन कंपनी के कर्मचारियों से उनके काम के तनाव के बारे में सर्वेक्षण करते हैं और प्रारूप में लिखित टिप्पणी देने की अनुमति देते हैं।
- प्रोजेक्ट की शुरूआत में कुछ मुख्य मुखबिर का साक्षात्कार लेना ताकि सर्वेक्षण का विकास सुगम हो सके; उदाहरण के लिए, आप अधिकर्मी और खनन कंपनी के व्यावसायिक स्वास्थ्य और सुरक्षा अधिकारी से साक्षात्कार लेते हैं ताकि तनाव पर प्रभाव डालनेवाले प्रमुख मुद्दों का निर्धारण कर सके ताकि आप एक उचित कर्मचारी – सर्वेक्षण कर सकें।
- सर्वेक्षण के बाद मुख्य मुखबिर का साक्षात्कार लेना जिससे आप सर्वेक्षण के निष्कर्ष को गहराई से पा सकें; जैसे—आप कर्मचारी के तनाव पर सर्वे करते हैं, परिणामों का विश्लेषण करते हैं और फिर केंद्रित समूह के साथ विश्लेषण से प्राप्त मुख्य मुद्दों पर विमर्श करते हैं।

चाहे गुणात्मक डेटा की रणनीतियाँ जड़ी हुई हों, सामान्य बिंदु है कि अध्ययन में गुणात्मक डेटा का उपयोग 'अतिरिक्त संकलन' की तरह होता है जो परिमाणात्मक प्रतिमानों को स्वीकारता है और मुख्य रूप में परिमाणात्मक डेटा पर निर्भर करता है।

परिमाणात्मक डेटा की स्वीकृति के साथ गुणात्मक दृष्टिकोण

आप यकीन करें या न करें, थोड़े से कुछ अधिक गुणात्मक शोधकर्ता अंकों से घिरकर बेहद डरे हुए रहते हैं। परिमाण के गुण पर उनके विश्वास ने यह प्रश्न करने पर विवश कर दिया कि कहीं परिमाण के साथ काम करने का अर्थ गुणात्मकता की कमी तो नहीं। सौभाग्य से, यह स्थिति अब कम हो रही है। अधिक से अधिक गुणात्मक शोधकर्ता अंकों की शक्ति को स्वीकार रहे हैं और यह मान रहे हैं कि वे मूल बन सकते हैं, भले ही आधारभूत मान्यताएँ गुणात्मक परंपरा की हो।

इस परंपरा से निकलती शोध की रूपरेखा की शाखाएँ हो सकती हैं:

- एक जातिवृत्यात्मक विज्ञान का अध्ययन, जिसमें छोटे समुदाय का सर्वेक्षण शामिल है; जैसे – आप स्थानीय चर्च समुदाय की छानबीन कर रहे हैं और आप वास्तव में चर्च का सदस्य होने की अनुभूति पा रहे हैं। इसमें कोई गुप्त रहस्य नहीं है कि आप उनकी संस्कृति का अध्ययन कर रहे हैं और एक बिंदु पर आप निर्णय लेते हैं कि कुछ जानकारियाँ प्राप्त करने के लिए आपको लघु सर्वेक्षण का रास्ता अपनाना होगा।
- गणना करने/सांख्यिकी का विश्लेषण करने के लिए गहन साक्षात्कार की शृंखला तैयार करना और कुछ डेटा की संकेतावली देना; जैसे—आप निर्णय लेते हैं कि आप चर्च समुदाय की छानबीन 50 साक्षात्कार की शृंखलाओं द्वारा करेंगे। जैसे – आप विषय ढूँढते हैं, आपको महसूस होता है कि 50 उत्तरदाताओं के साथ आप अपने निष्कर्षों को दृश्य रूप में प्रस्तुत करने के लिए कुछ मूल्यवान चार्ट या बार ग्राफ़ निर्मित कर सकते हैं।
- मौजूद डेटा की जांच के साथ मामलों के अध्ययन का इजाफ़ा करना; जैसे – आप चर्च समुदाय से अंतरंग होते हैं और साक्षात्कार व पर्यवेक्षण में जुट जाते हैं। साथ ही आप चर्च के पिछले दस वर्षों की उपस्थिति के आँकड़े और सदस्यता के आँकड़े पर भी नज़र डालते हैं।

यहाँ मूलाधार गुणात्मक ढाँचे के अंदर गहन छानबीन है जिससे शोध प्रश्न का सबसे अच्छा उत्तर पाया जा सके। परिमाणन, चाहे वे अंतर्निहित सर्वेक्षण के रूप में हो, जिसे हम पारंपरिक रूप में गुणात्मक डेटा की तरह देखते हैं, उसका परिमाण निर्धारित करना या उपलब्ध डेटा का पता लगाना अध्ययन में व्यापक विस्तार ला सकता हैऔर उसे अपेक्षाकृत अधिक प्रतिनिधि बनाने का काम कर सकती है।

प्रश्न द्वारा संचालित दृष्टिकोण

इस स्थिति में प्रश्नों को उदाहरणों के पहले रखना शामिल है। यह न तो गुणात्मक और न ही परिमाणात्मक परंपरा को अपना आधार बनाता है। यह सिर्फ प्रश्न करता है कि संभावित रूप से कौन सी रणनीति शोधप्रश्न का उत्तर देने के लिए विश्वसनीय डेटा एकत्र कर सकती है और उदाहरणों की परवाह किए बिना आपसे उन रणनीतियों का उपयोग कराती है जो कार्य को पूरा करने में सबसे बेहतर हैं।

यहाँ कुछ संभावनाएँ हैं:

- कोई भी विकल्प जो परिमाणात्मक या गुणात्मक दृष्टिकोण के लिए सूचीबद्ध है, जैसा कि शोध प्रश्न की माँग है।
- गहन समझ और व्यापक प्रतिनिधित्व के अभिव्यक्त लक्ष्य सहित अध्ययन, जैसे — उच्च विद्यालय में तंग होने के अनुभव पर प्रोजेक्ट, जो यह प्रश्न करता हो कि इसकी अनुभूति कैसी है (घटना प्रतिभास प्रणाली संबंधी दृष्टिकोण के अनुकूल) और यह कितना सामान्य है (सर्वे शोध के अनुकूल)।
- अध्ययन जो दो समूह के लोगों को लक्ष्य बनाता है और जिसमें पहुँचने के अलग-अलग रास्तों की ज़रूरत होती है; जैसे – अध्ययन जिसमें कार्यस्थल की संस्कृति की छानबीन हो रही है और लक्ष्य सामान्य कर्मचारी (सर्वे शोध के अनुकूल) और उच्चस्तर के प्रबंधन हैं (मुख्य मुखबिर के साक्षात्कार के अनुकूल)।

मुझे यह कहना होगा कि मैं प्रश्न द्वारा संचालित दृष्टिकोण की वकालत कर रही हूँ। क्योंकि मैं परिमाणात्मक और गुणात्मक, दोनों परम्पराओं को महत्व देती और इनकी क्षमताओं और कमियों को समझती हूँ; मैं क्लासिक परिमाणात्मक और गुणात्मक पहुँच से लेकर बहुत ही उदार विविध विधियों से संबद्ध पहुँच को स्वीकारती हूँ। मानदंड सिर्फ सबसे अधिक संभावित विश्वसनीय डेटा की प्राप्ति है (देखें बॉक्स 8.6)।

बॉक्स 8.6

मिश्रित कार्यप्रणाली के उदाहरण – हाथ्रोन अध्ययन

छायाचित्र 8.4 हाथ्रोन कारख़ाना। 'रिले सभा के परीक्षण कक्ष में महिलाएँ', सीए 1930; पश्चिमी इलेक्ट्रिक कंपनी के हाथ्रोन अध्ययन का संग्रह। © 2007 हारवर्ड महाविद्यालय के अध्यक्ष और साथी; सर्वाधिकार सुरक्षित।

1924 और 1932 के बीच पश्चिमी इलेक्ट्रिक कंपनी के हाथ्रोन कारखाने में कारकतत्व (जैसे बिजली, अंतराल, काम के घंटे) जो निर्माण पर प्रभाव डाल सकते हैं (मायो, 1933; रोएथेलिसबरगर और डिक्सन, 1939), पर शृंखला पर प्रयोग किए गए। शोधकर्ता विस्मित थे कि जितनी बार परिवर्तनशील वस्तुओं में हेरफेर की जाती थी, परिणाम सामान्यत: विकसित रूप में नज़र आते थे। भले ही वे सामान्य बुद्धि के विपरीत थे या परिवर्तनशील वस्तु को उसके वास्तविक रूप में बदलने की हेरफेर होती थी। किसी भी रूप में परिवर्तनशील चर में परिवर्तन होने से उत्पादन बढ़ जाता था।

चकित करनेवाले ऐसे निष्कर्षों से मिश्रित कार्यप्रणालीयुक्त दृष्टिकोणों का विस्तार हुआ जिससे निर्माण से संबद्ध तत्वों की समग्र समझ मिल सके। 1928 से 1932 तक, शोधकर्ताओं ने हाथ्रोन कारख़ाना के 21,000, कर्मचारियों से कामगारों के व्यवहारों; मनोबलों, घरेलू जीवन, पालन पोषण/शिक्षा-दीक्षा, आहार एवं अन्य आदतों जैसे मुद्दों पर साक्षात्कार लिए। वे अवलोकन में भी संलग्न हुए जिसमें एक कर्मचारी समूह की दिनचर्या पर बारीकी से नज़र रखना शामिल था। इस तरह मौलिक प्रयोगात्मक विधियाँ, अधिक गुणात्मक रणनीतियों से पूरित थी।

चुनौतियाँ और बाधाएँ

मिश्रित कार्यप्रणालियाँ निश्चित रूप से समझ बनाती हैं। क्यों न दोनों परम्पराओं के लाभ लें और जितना संभव हो, समृद्ध रूप प्रदान करें। यह लक्ष्य निश्चय ही प्रशंसनीय है और आगे बढ़ाने योग्य है। मगर, इसमें कुछ चुनौतियाँ है, जिनपर आपको काम करना होगा। पहला, आपको दो मिसालों को समझना ज़रूरी है; मान्यताएँ, जो दोनों की बुनियाद हैं; और विश्वसनीयता के लिए उपयुक्त मानदंड - वैधता और प्रामाणिकता, विश्वसनीयता और निर्भरता, सामान्यीकरण और बदले जाने की योग्यता आदि के अंतर को समझना (देखें अध्याय 4) आपको परिमाणात्मक और गुणात्मक - दोनों डेटा को एकत्र और विश्लेषण करने के लिए ज़रूरी कौशल को विकसित करना होगा। बतौर उदाहरण–खुले प्रश्न (ओपन एंडेड प्रश्न) प्राय: परिमाणात्मक सर्वेक्षण में पूछे जाते हैं मगर, शायद ही अपनी पूरी क्षमता तक विश्लेषित किए जाते होंगे। इसी तरह, छात्र जो गुणात्मक कार्य करते हैं और अपने कुछ डेटा का परिमाणन करना चाहते हैं, उनके विश्लेषण सांख्यिकी के भय के कारण सीमित हो सकते हैं।

आपको यह भी ध्यान रखना होगा कि आप महत्वाकांक्षी रूपरेखा तैयार कर रहे हैं और संभावित रूप से एक की जगह दो प्रोजेक्ट करने की कोशिश कर रहे हैं। याद रखें, हालाँकि समृद्ध स्वरूप प्रस्तुत करने का लक्ष्य सराहनीय है, आप ये सब पूरी तरह न कर पाए - आपके द्वारा पूछे गए उपप्रश्न और जिस जनसंख्या से आप उनका नज़रिया जानना चाहते हैं, दोनों की सीमाएँ तय करनी होंगी। निश्चित रूप से, आपको यह निर्णय लेना होगा कि आपके पास विविध, मिश्रित कार्यप्रणालियों के दृष्टिकोणों के लिए पर्याप्त समय, स्रोत और पर्यवेक्षकों का समर्थन प्राप्त है।

ऊपर लिखी बातों पर संवाद की आपकी योग्यता सफलता के लिए ज़रूरी है। मिश्रित दृष्टिकोण महत्वपूर्ण परिणाम दे सकता है मगर इस कार्य के लिए ज़रूरी कौशल विकसित करना अनिवार्य है।

पाठ सारांश

- परिमाणात्मक और गुणात्मक शोध परम्पराएँ ज्ञान के उत्पादन में एक आधारभूत तर्क/वाद-विवाद प्रस्तुत करती हैं। मगर कार्यप्रणाली के संबंध में 'परिमाणात्मक 'और 'गुणात्मक' पदों का उपयोग भ्रामक, विभाजक और सीमित करनेवाला भी हो सकता है।
- परिमाणात्मक परंपरा इस विश्वास पर आधारित है कि समाज का अध्ययन दुनिया के किसी भी तत्व के वैज्ञानिक अध्ययन से अलग नहीं है और वैज्ञानिक विधि, निगमनात्मक तर्क, वस्तुनिष्ठता और परिमाणन इसकी बुनियाद हैं। सामाजिक विज्ञान के अंतर्गत इसमें प्राय: प्रयोगात्मक रूपरेखा के माध्यम से परिकल्पना की जाँच या परिमाणात्मक डेटा का विश्लेषण शामिल होता है।

- गुणात्मक परंपरा उन मान्यताओं की आलोचना करता है जो परिमाणात्मक परंपरा का मूल है और आगमनात्मक तर्क, आत्मवाद, विविध सत्य, शोध की राजनैतिक प्रकृति और मात्रा से अधिक गहराई के महत्व का आधार है। जातिवृत्यात्मक विज्ञान, घटना प्रतिभास प्रणाली, मानवजाति कार्यप्रणाली और स्त्रीवादी दृष्टिकोण गुणात्मक कार्यप्रणाली के उदाहरण हैं।
- मिश्रित कार्यप्रणाली के आधार पारंपरिक विभाजन को लाँघते हैं और एकल अध्ययन में परिमाणात्मक और गुणात्मक दोनों दृष्टिकोणों का उपयोग करते हैं। यदि भली – भाँति संभाल लिए गए तो ये दोनों परम्पराओं की कमियों को पार करते हुए इनके सर्वश्रेष्ठ को मूल बना सकते हैं।
- मिश्रित तरीक़े गुणात्मक डेटा की स्वीकृति के साथ परिमाणात्मक परंपरा का आधार बन सकते हैं, परिमाणात्मक डेटा की स्वीकृति के साथ गुणात्मक परंपरा का आधार बन सकते हैं या ख़ुद उन प्रश्नों के द्वारा संचालित हो सकते हैं।

संदर्भित पुस्तकें

आप जैसे-जैसे अपनी पहुँच को परिसीमित करते जाएँगे, संभव है आप अपने अध्ययन में थोड़ा और आगे जाना चाहेंगे। नीचे दी गई सूची विस्तृत नहीं है, मगर इसमें कुछ अच्छी आरंभिक बिंदु अंकित हैं।

परिमाणात्मक परंपरा

Gorard, S. (2003); *Quantitative methods in social science;* London: Continnum International

इसका आधार यह है कि आप संख्या के प्रति शर्मीले बने नहीं रह सकते। नीति-निर्माता/बीमा प्रदाता और धनराशि प्रदाता प्राय: परिमाणात्मक परिणामों की माँग करते हैं। यह पुस्तक परिमाणात्मक विधियों और सांख्यिकी के आपके डर को खत्म करने की कोशिश करते हैं।

Kaplan, D. (ed.) (2004)*The SAGE Handbook of Quantitative Methodology for the Social Sciences*. Thousand Oaks, CA: Sage

यदि आपके पास सिर्फ़ एक परिमाणात्मक स्त्रोत है तो यह अच्छा चुनाव है। इसमें परिमाणात्मक तकनीक की सरणी और साथ ही साथ उन तकनीकों की आलोचना भी शामिल है। बहुत व्यापक।

परिकल्पनात्मक निगमनात्मक विधियाँ

Carey, S. S. (2011). *A Beginner's Guide to Scientific Method.* Belmont, CA: Wadsworth

मुझे लगता है की यह वैज्ञानिक विधि के तरीके और साधन के लिए बहुत अच्छा परिचय है। यह शोध की रूपरेखा और आकलन–दोनों में मदद करेगा, जिसमें प्रयोग का उपयोग होता है।

Lehmann, E. L. and Romano, J. P.(2010) *Testing Statistical Hypotheses*. New York: Springer

यह पुस्तक शायद नौसिखिये के लिए न हो, मगर, यदि आप सीधे परिकल्पना परीक्षण और गहन सांख्यिकीय विश्लेषण की चुनौतियों को पढ़ना चाहें तो यह अच्छी पुस्तक है।

प्रयोगात्मक रूपरेखा

Bloom, H. (2006) *Learning more from Social Experiments: Evolving Analytic Approaches*. New York: Russell Sage Foundation Publications

यह पुस्तक समाजशास्त्रियों द्वारा तत्काल संचालित प्रयोगों पर ध्यान देती है, जिसमें लक्ष्य या नियंत्रण समूह के लिए उत्तरदाताओं को सौंपे गए कार्यों पर बल दिया गया है। यह फिर पारंपरिक तकनीकों से जुड़ी सीमा को पार करने के लिए रणनीति प्रदान करता है।

Willer, D. and Walker, H. (2007) *Building Experiments: Testing Social Theory.* Stanford, CA: Stanford University Press

प्रयोगात्मक रूपरेखा पर पुस्तक पाना बहुत ही कठिन है, विशेषकर जिसका लक्ष्य समाजशास्त्र हो। यह कठिन विज्ञान और समाजशास्त्र की विधियों की तुलना करता है और समाज के अध्ययन में प्रयोग का कैसे उपयोग कर सकते हैं, इसपर ध्यान देता है।

जनसंख्या की छानबीन

अध्याय 10 में नमूने, अध्याय 11 में सर्वेक्षण और अध्याय 13 में गौण डेटा के साथ काम करना – से सम्बद्ध अध्ययन देखें।

गुणात्मक परंपरा

Denzin, N. K. and Lincoln, Y.S (2011) (eds) *The Sage Handbook of Qualitative Research.* Thousand Oaks, CA: Sage

आप इस पुस्तक को लगभग सभी गुणात्मक शोधकर्ता के पास देखेंगे और अच्छे कारण के साथ। यह व्यापक है, फिर भी मूल से जुड़ी हुई है और गुणात्मक शोध के अधिकतर मुद्दों पर बात करती है।

Marshall, C. and Rossman, G.B (2010) *Designing Qualitative Research.* London; Sage

गुणात्मक रूपरेखा के आधार के लिए अच्छी मार्गदर्शिका। मुझे इसमें ख़ासकर शब्दचित्रों का प्रयोग अच्छा लगा, जिसका प्रयोग शोधकर्ताओं द्वारा कार्यप्रणाली से सम्बद्ध चुनौतियों का सामना दर्शाने के लिए प्रस्तुत किया गया है।

जातिवृत्यात्मक विज्ञान

Atkinson, P.,Coffey, A., Delamont, S., Lofland, J., and Lofland, L. (eds) (2007) *Handbook of Ethnography*. London: Sage

एक महत्वपूर्ण पुस्तिका जो जातिवृत्यात्मक विज्ञान का इतिहास, उसके सिद्धान्त और जातिवृत्यात्मक विज्ञान के अध्ययन के संचालन के बारे में बात करते हैं। व्यापक, फिर भी सुलभ।

Geertz, C. ([1973] 2000) *The Interpretation of Cultures.* New York: Basic Books

जब बात जातिवृत्यात्मक विज्ञान की आती है तो जियड़र्स का नाम आता है। यह लाभदायक पुस्तक संस्कृतियों को सबसे अच्छी तरह अध्ययन करने और समझने का स्तर प्रस्तुत करती है।

Glucksmann, M. (2009) *Women on the Line* . London: Routledge

देखें, उपर्युक्त बॉक्स 8.3।

Fetterman, D. (2009) *Ethnography: Step by Step.* London: Sage

पुस्तक के शीर्षक से जैसा संकेत मिलता है, यह पुस्तक चरण दर चरण मार्गदर्शन देती है जिससे जातिवृत्यात्मक विज्ञान के तथ्यों को समझने में मदद मिलती है। मगर शीर्षक से जितना संकेत नहीं मिल रहा,उससे अधिक यह शोधकार्य के दौरान जातिवृत्यात्मक विज्ञान के सिद्धान्त और महत्व की गहराई में ले जाती है।

Madden, R. (2010) *Being Ethnographic: A Guide to the Theory and Practice of Ethnography*. London: Sage

जातिवृत्यात्मक विज्ञान के अध्ययन में तल्लीन होने के लिए 'कैसे करें' से कुछ अधिक की ज़रूरत होती है। यह अध्ययन ऐसे कार्यों की माँग करता है जो आपको यह देखने की चुनौती देता है कि आप अपनी शोध-प्रक्रिया में कैसे फिट होते हैं और उसे कैसे प्रभावित करते हैं। यह पुस्तक इस कार्य को बखूबी पूरा करती है।

Wolcott, H. F. (2008) *Ethnography: A Way Of Seeing*. Lanham, MD: AltaMira Press

यह पुस्तक जातिवृत्यात्मक विज्ञान की प्रकृति की भी छानबीन करती है और तर्क करती है कि संस्कृतियों की छानबीन के लिए जातिवृत्यात्मक विज्ञान बहुत महत्वपूर्ण है।

घटना प्रतिभास विज्ञान

Berger, P. L. and Luckmann, T. (1967) *The Social Construction of Reality: A Treatise in the Sociology of Knowledge*. New York: Anchor

एक क्लासिक अध्ययन है जिसमें उत्तर प्रत्यक्षवादी की सोच की खोज तब हुई जब इसे परिभाषित नहीं किया गया था। इसके अंतर्गत हैं- घटना प्रतिभास विज्ञान, सापेक्षवाद और निर्माणवाद। अध्ययन आसान नहीं,मगर वैचारिक।

Giorgi, A. (2009) *The Descriptive Phenomenological Method in Psychology: A Modified Husserlian Approach* . Pittsburgh: Duquesne University Press

हालाँकि यह पुस्तक बिना अफसोस किए घटनाक्रिया विज्ञान के दर्शन की गहराई में उतरता है, यह घटना प्रतिभास विज्ञान पर शोध करने के लिए व्यावहारिक चरण भी बताता है जो प्रयुक्त उदाहरणों से युक्त है।

Sinfield, M.(1995) 'Nursing Women with AIDS: a phenomenological study', *Australasian Annual Conference, Society for HIV Medicine*, 16-19 Novmber, 7:61

देखें, ऊपर के बॉक्स 8.4।

Smith, J., Flowers, P. and Larkin, M. (2009) *Interpretive Phenomenological Analysis: Theory, Method and Research*. London: Sage

ऐसी पुस्तकें मिल पाना कठिन है जो घटना प्रतिभास विज्ञान पर दार्शनिक सिद्धान्त के बजाय कार्यप्रणाली के रूप में ध्यान केन्द्रित करे–मगर यह पुस्तक ऐसा करने में सक्षम है। व्याख्यात्मक घटना प्रतिभास विज्ञान संबंधी विश्लेषण के नाम के अंतर्गत यह उन चरणों के विषय में बताता है, जिसका अनुसरण घटनाक्रिया विज्ञान पर शोध आरंभ करने में किया जा सकता है।

जातीय कार्यप्रणाली

Francis, D. and Hester, S. (2004) *An Invitation to Ethnomethodology* . London: Sage

लेखक शोध की रणनीति के बारे में बताते हैं जिसे पर्यवेक्षणीय समाजशास्त्र के नाम से जाना जाता है, जो मानवजाति कार्यप्रणाली और संवाद के विश्लेषण पर आधारित है। इसकी क्षमता लेखक द्वारा पाठक को दी गई चुनौती में है जिसमें पाठक को अपने परिवार से आरंभ कर, अपने क्षेत्र के अंतर्गत पर्यवेक्षणीय समाजशास्त्र के अध्ययनों का संचालन करना होता है।

Garfinkel, H. (1967) *Studies in Ethnomethodology*. Englewood Cliffs, NJ: Prentice Hall

जातिवृत्यात्मक विज्ञान के जन्मदाता का क्लासिक कार्य। वस्तुत: यही वह कार्य है जो हमारे जानने की इस समझ को परिभाषित करता है। पढ़ने योग्य।

Lynch, M. and Sharrock, W. (eds)(2009) *Ethnomethodology*. London: Sage

चार खंडों का पुस्तक का एक सेट, जो संवाद और मेलजोल का निर्माण करनेवाली प्रथा के छिपे हुए नियमों को उजागर करता है। इसमें सामाजिक व्यवस्था और सामाजिक बदलाव की छानबीन के लिए कुछ रोचक अंतर्दृष्टि मौजूद हैं।

Ten Have, P. (2004) *Understanding Qualitative Research and Ethnomethodology*. London: Sage

मुझे लगता है कि यह पुस्तक अधिक पारंपरिक गुणात्मक विधियों और मानवजाति कार्यप्रणाली के बीच के संबंध की अच्छी पड़ताल करती है और तर्क करती है कि मानवजाति कार्यप्रणाली से सम्बद्ध दृष्टिकोण दुनिया के प्रति हमारी समझ को और बेहतर बना सकती है।

स्त्रीवादी दृष्टिकोण

Nagy Hessi –Biber, S. J. and Leavy, P. L. (eds) (2006) *Feminist Research Practice: A Primer*. London: Sage

यह पुस्तक स्त्रीवादी दृष्टिकोण को विस्तृत सीमा देती है और घटना प्रतिभास विज्ञान, मौखिक क्रिया विज्ञान, मौखिक इतिहास, केन्द्रित समूह, विषय-सामग्री का विश्लेषण, साक्षात्कार और सर्वे शोध से गहराई से दृष्टांत देती है।

Ramazanoglu, C. with Holland, J. (2002) *Feminist Methodology: Challenges and Choices*. Thousand Oaks, CA: Sage

मुझे इस पुस्तक द्वारा पाठक को चुनौती देने का तरीक़ा पसंद आया जिसमें पाठक को कार्यप्रणाली के बारे में सचेत चुनाव करना होता है और यह तर्क करता है कि यह महत्वपूर्ण है, क्योंकि यह ज्ञानोत्पादन पर प्रभाव डालता है। एक अच्छा आलोचनात्मक अध्ययन।

Sprague, J. (2005) *Feminist Methodologies for Critical Researchers: Bridging Differences*. Lanham, MD: AltaMira Press

स्त्रीवादी कार्यप्रणाली के गुणात्मक मिसालों को संरेखित करने के बजाय यह पुस्तक तर्क करती है कि एक आलोचनात्मक उद्देश्य सारी विधियों को उन्नत कर सकता है और सभी विधियाँ जिसमें सर्वेक्षण और प्रयोग भी शामिल हैं, ज्ञान के क्षेत्र में महत्वपूर्ण योगदान देने में समर्थ हैं।

मिश्रित कार्यप्रणाली

Creswell, J.W. (2013) *Research Design: Qualitative, Quantitative and Mixed Methods Approches*. London; Sage

यह पुस्तक पाठकों की मित्र-सी है; शब्दजाल से रहित है और स्पष्ट मार्गदर्शन देती है। कार्यप्रणाली सम्बद्ध विचारों का पता लगाने के लिए अच्छी शुरुआत।

Creswell, J.W. and Plano Clark, V.L. (2010) *Designing and Conducting Mixed Methods Research*. London; Sage

चरण-दर चरण एक अच्छी मार्गदर्शिका, जो मिश्रित विधि की रूपरेखा के लिए छह भिन्न-भिन्न तरीके बताती हैं। इसमें उदाहरण के रूप में, प्रकाशित मिश्रित विधियों के अध्ययन का उपयोग इसे बेहतर बनाता है।

Greene, J.C (2007) *Mixed Methods in Social Inquiry*. San Francisco: Jossey-Bass

लेखक की मिश्रित विधियों के भिन्न-भिन्न प्रकार के दृष्टिकोण की गहराई में जाने का तरीक़ा मुझे पसंद आया। यह पाठक को उनकी रूपरेखा की उपयुक्तता पर सोचने की चुनौती देता है। मुझे इसके विस्तृत उदाहरण पसंद आए,जो मूल शिक्षा को उभारते हैं।

Mayo, E. (1933) *The Human Problems of an Industrial Civilization*. New York: Viking Press

देखें ऊपर के बॉक्स 8.6।

Roethelisberger, F. J. and Dickson, W. J. (1939) *Management and the Worker: An Account of a Research Program Conducted by the Western Electric Company, Hawthrone Works*. Cambridge, MA: Harvard University Press

देखें ऊपर के बॉक्स 8.6।

Tashakkori, A. and Teddlie, C. (eds) (2010) *Sage Handbook of Mixed Methods in Social and Behavioral Research* . Thousand Oaks, CA: Sage

यह सर्वग्राही पुस्तिका है जो वास्तव में मिश्रित विधि सम्मत दृष्टिकोणों को घेरनेवाले तर्क – वितर्क और विवाद की गहराइयों तक जाती है। विषयों की व्यापक सीमा से अच्छे विशिष्ट उदाहरण।

9

कार्यप्रणालियों को समझना: मूल्यांकन करनेवाली, कार्योन्मुख और मुक्ति संबंधी रणनीतियाँ

अध्याय का पूर्वावलोकन

- बदलाव लाने हेतु प्रयासरत शोध
- मूल्यांकन करनेवाला शोध
- क्रियात्मक शोध
- मुक्तिसंबंधी शोध

बदलाव लाने हेतु प्रयासरत शोध

ऐसी सोच जो कार्य में परिणत न हो, वह बेकार है और ऐसा कार्य जो सोच के द्वारा आगे न बढ़ा हो, वह भी कुछ नहीं है।

जॉर्ज बर्नानोस

अध्याय 8 में कार्यप्रणाली की छानबीन उदाहरण के रूप में हुई है–यानी कि शोध करने के तरीकों की छानबीन विविध परम्पराओं के अनुसार हुई है। लेकिन अध्याय 9 की संरचना कुछ अलग है। इस अध्याय में कार्यप्रणालियों की चर्चा विशेष उदाहरणसहित स्थिति स्पष्ट करने के बजाय लक्ष्य के द्वारा हुई है। हम कार्यप्रणालियों को विशेष परिवर्तन की ओर उन्मुख उद्देश्यों में, उद्देश्यों के अनुसार देखते हैं।

अब आप सोच रहे होंगे, सभी शोध बदलाव की क्षमता के बारे में है; है न? शोध को समस्या के समाधान, परिस्थितियों में सुधार या उन्नति की ओर नहीं ले जाना चाहिए क्या? जैसा कि चित्र 9.1 में दर्शाया गया है, शोध का लक्ष्य ज्ञान से बदलाव तक अबाध क्रम में स्थित होता है। एक छोर पर मूलभूत या 'शुद्ध' शोध है जो दुनिया को और बेहतर समझने के लिए ज्ञान उत्पादित करने की कोशिश करता है। अबाध क्रम के दूसरे छोर पर वह

शोध है जो क्रांतिकारी परिवर्तन से लेकर प्रमुख संरचना तक के प्रयोजन से किया जाता है। मुझे मालूम है कि अबाध क्रम के ये छोर दो अलग संसार लगते होंगे, मगर मैं यह तर्क देना चाहूंगी कि ये बिलकुल विपरीत नहीं है।

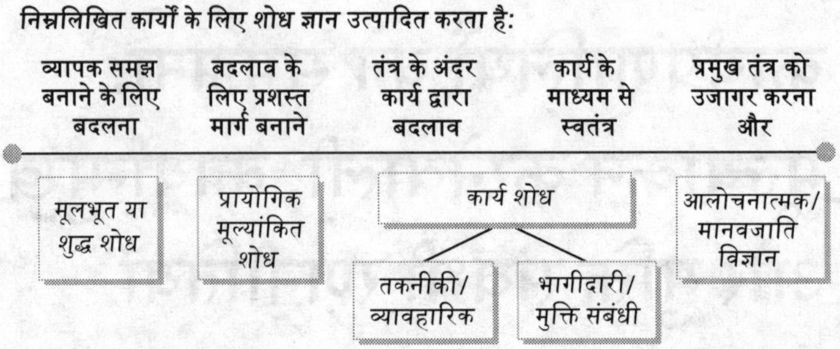

चित्र 9.1 शोध का लक्ष्य — ज्ञान से बदलाव तक

जहाँ तक शुद्ध शोध का लक्ष्य पाने की बात है, मैं ऐसा नहीं समझती कि बहुत से शोधकर्ता सिर्फ़ हवाई क़िला बनाते होंगे और किसी व्यावहारिक उद्देश्य को दिमाग में रखे बिना अपना शोध कार्य करते होंगे। वस्तुत: सभी शोध प्रस्ताव एक तर्क/तर्काधार की माँग करते हैं जो रखे गए शोध प्रश्न के वैज्ञानिक या सामाजिकमहत्व को प्रकाश में ला सके। हालाँकि इसप्रकार के शोध में निष्कर्ष/खोज को व्यवहार में लाना शोधकर्ता की कार्यावली का हिस्सा नहीं होता। जो शोधकर्ता प्रायोगिक/मूल्यांकित शोध में संलग्न हैं, बदलावउनके प्रोजेक्ट के उद्देश्य से अधिक जुड़ा होता है। असल में ज्ञान का उत्पादन जानकारी की तात्कालिक जरूरतों से आगे बढ़ता है जो व्यावहारिक, प्रभावी, साक्ष्य पर आधारित निर्णय लेने को सुगम बना सकता है। क्रियात्मक शोध इसे एक चरण और आगे बढ़ाता है (और शोध के कारण बदलाव की उम्मीद के बजाय वस्तुत: शोध प्रक्रियाओं के माध्यम से बदलाव की माँग करता है। अंतत: मुक्ति संबंधी शोध बदलाव को उसके सबसे अधिक मूलभूत स्तर पर हमला करता है और इसकी कार्यावली में मुक्ति और आत्मनिर्णय शामिल है।

सभी शोधकर्ता चाहते हैं कि उनके शोध यथार्थ दुनिया में, कम से कम कुछ तर्क पर उपयोगी हो। प्रश्न यह है कि क्या उपयोगिता में ज्ञान का उत्पादन शामिल है जो अंतत: बदलाव ला सके या बदलाव खुद शोध प्रक्रिया का सीधा उत्पाद होगा। इनकी परवाह किए बिना, शोध को एक राजनैतिक प्रयास के रूप में देखना बेहतर है।

मूल्यांकन करने वाले शोध

एक चीज़ जिसकी हमारे पास कमी नहीं है, वह है पहल। परिस्थिति में सुधार लाने के लिए हम नई चीजों का प्रयोग करते हैं: नए उत्पाद, नए अभ्यास, नई नीतियाँ, नए विधान, नए हस्तक्षेप, नए कार्यक्रम, नई रणनीतियाँ, नई संरचना, नई दिनचर्या, नई प्रक्रियाएँ, नए पाठ्यक्रम आदि। मगर, हमारे प्रयास कितने सफल होते हैं? हमने जो भी कोशिश की, क्या हम वह कर पाए जो हम करना चाहते थे, क्या हम सकारात्मक बदलाव की ओर कुछ सहयोग दे पाए? क्या हम पारिस्थितिसे सम्बद्ध समस्याओं का कुछ निदान दे पाए? मूल्यांकन करनेवाले शोध का लक्ष्य ऐसे प्रश्नों के उत्तर देना है।

शब्दावली

मूल्यांकन करने वाले शोध

शोध, जो किसी पहल के मूल्य को निर्धारित करने का प्रयास करता है। मूल्यांकन करनेवाला शोध पहल के परिणामों की पहचान करता है, साथ ही साथ संशोधन और उन्नत होने का अवसर देता है।

मूल्यांकन करनेवाले अध्ययन की आवश्यकता बढ़ती जा रही है। अब सुसंचालित मूल्यांकन निर्णायक को तार्किक, सूचित, साक्ष्य पर आधारित निर्णय लेने के लिए ज़रूरी तथ्य उपलब्ध कराने की रणनीति है। दरअसल, बदलाव के हस्तक्षेप के प्रस्तावों में मूल्यांकन करनेवाले तत्वों की बहुत ज़रूरत होती है ताकि विचार से बदलाव की व्यवस्था का आकलन हो सके।

मूलत: मूल्यांकन करनेवाले अध्ययन विभिन्न हितधारक समूहों से दो प्रकार के प्रश्न पूछकर कार्य-आरंभ (पहल) को उसी क्रम में लागू रखना चाहिए, संशोधित करना चाहिए, विस्तार देना चाहिए या समाप्त कर देना चाहिए। पहला, परिणामों से संबद्ध है: जैसे – क्या यह विशेष पहल अपने उद्देश्यों को पूरा कर पाएगा? दूसरा प्रक्रिया से संबद्ध है: जैसे किसी विशेष पहल का कार्यान्वयन कितना सफल हुआ और इसे कैसे उन्नत किया जा सकता है?

योगात्मक/परिणामात्मक मूल्यांकन

योगात्मक मूल्यांकन, जिसे परिणाम का मूल्यांकन भी कहा जाता है, का लक्ष्य प्रश्न में आए बदलाव की रणनीति (प्रश्न कि क्या लक्ष्य, उद्देश्य और ध्येय प्राप्त हो चुके हैं) और उसकी निपुणता (कि प्रभाव मूल्य को उचित सिद्ध कर रहे हैं) से संबद्ध डेटा और जानकारी देना है। यहाँ विचार यह खोज करना है कि क्या पहल उन परिणामों के लिए जिम्मेदार है जो घटित नहीं होते अगर कार्य की पहल नहीं की जाती और इसमें इरादे से या बिना इरादे से किए गए कार्य का प्रभाव शामिल है। वास्तविक दुनिया में वित्तीय सीमा की निचली रेखा प्राय: हमेशा एक कारक होता है, इसलिए बहुत से परिणामों के मूल्यांकन में लागत की प्रभावशीलता से संबद्ध तथ्य, प्राय: लागत के लाभ के विश्लेषण के रूप में होते हैं।

परिणामों के मूल्यांकन के नतीजे से उम्मीद की जाती है कि यह कार्यक्रम के वित्त पोषण, निरंतरता, समाप्ति, विस्तार और न्यूनन से संबद्ध निर्णय लेने की सूचना दे। हालाँकि निष्कर्ष प्राय: मामले के आधार पर लिए जाते हैं। नतीजे कई हितकारक समूहों के लिए रुचिप्रद हो सकते हैं और बदलाव के हस्तक्षेप की प्रकृति पर निर्भर, विस्तृत जनसंख्या के लिए भी रुचिप्रद हो सकते हैं।

योगात्मक मूल्यांकन के लिए उपयुक्त विधियाँ

मूल्यांकन करनेवाले अध्ययन के संचालन में वस्तुत: क्या शामिल है? किसी खास विधि द्वारा परिभाषित होने के बजाय मूल्यांकन करनेवाले अध्ययन अपने मूल्यांकन करने वाले लक्ष्य से प्रतिष्ठित हैं और यही लक्ष्य उपयुक्त पहुँच निर्धारित करते हैं। योगात्मक मूल्यांकन का मुख्य लक्ष्य यह निर्धारित करना है कि पहल व्यावहारिक रहा या नहीं। दूसरे शब्दों में, यह अपने उद्देश्यों को प्राप्त कर सका या नहीं। जैसा कि तालिका 9.1 में दिखाया गया है। प्राय: पहल के विविध उद्देश्य होते हैं जो संभवत: प्रत्येक हितधारक समूह के लिए भिन्न होंगे। परिणामों की

छानबीन करनेवाले मूल्यांकनकर्ता के रूप में आपको यह निर्धारित करना होगा कि सफलता को प्रदाता के दृष्टिकोण से, प्रापक (प्राप्त करनेवाला), विस्तृत समुदाय या इन सभी के दृष्टिकोण से मापा जाएगा। आपको यह निर्धारित करना होगा कि किस परिणाम के उद्देश्य का पता लगाना है और किसका दृष्टिकोण अपनाना है। आपकी विधियाँ इनके अनुसार भिन्न होंगी।

तालिका 9.1 मूल्यांकन करनेवाली विधियाँ

	प्रदाता का दृष्टिकोण	प्राप्त करनेवाले का दृष्टिकोण	व्यापक दृष्टिकोण
परिणाम			
क्या यह काम किया ?	क्या यह प्रदाता के लिए लागत प्रभावकारी/लाभदायक था? संभावित सशक्त विधियाँ:	क्या लक्ष्य समूह में वास्तविक बदलाव हुआ? संभावित विधियाँ:	क्या यह व्यापक समुदाय की ज़रूरत पूरी कर पाया? संभावित विधियाँ:

(जारी)

तालिका 9.1— *(जारी)*

	प्रदाता का दृष्टिकोण	प्राप्त करनेवाले का दृष्टिकोण	व्यापक दृष्टिकोण
परिणाम			
	• दस्तावेज़ की समीक्षा • मुख्य मुखबिर • साक्षात्कार • केन्द्रित समूह	• नियंत्रण समूह या पहले/बाद के डेटा के उपयोग से प्रयोग/अर्धप्रयोग • केवल सर्वेक्षण/साक्षात्कार से परवर्ती समूह की खोज	• सर्वेक्षण • केन्द्रित समूह
प्रक्रिया			
इसे कैसे सुधारा जाये ?	इसकी शक्तियाँ और कमियाँ क्या थीं? संस्थान के लिए प्रक्रिया को अधिक कुशल/प्रभावी कैसे बनाया जा सकता था? संभावित विधियाँ: • प्रमुख संस्थागत हितकारकों के साथ साक्षात्कार • केंद्रित समूह • प्रेक्षण • दस्तावेज़ की समीक्षा	इसकी शक्तियाँ और कमियाँ क्या थीं? संस्थान के लिए प्रक्रिया को अधिक कुशल/प्रभावी कैसे बनाया जा सकता था? संभावित विधियाँ: • सर्वेक्षण • केंद्रित समूह • साक्षात्कार	इसकी शक्तियाँ और कमियाँ क्या थीं? जिनके लाभ के लिए यह बनाया गया — इनके लिए प्रक्रिया —— संभावित विधि: • सर्वेक्षण • केंद्रित समूह • साक्षात्कार (प्राय: मुख्य सूचक/सहितकारक)

- **प्रदाता का दृष्टिकोण** — विधि की रूपरेखा बनाते समय यह पता लगाने के दो सामान्य तरीके होते हैं कि प्रदाता पहल की सफलता पर भरोसा करते हैं या नहीं।पहला है, पूछना।साक्षात्कार और फोकस समूह (देखें अध्याय 11) आपको उनसे बात करनेकी अनुमति देते हैं जो रूपरेखा, वितरण और कार्यान्वयन के लिए जिम्मेदार हैं, साथ ही साथ वे जिनपर संस्था की उच्चस्तरीय ज़िम्मेदारी है।दूसरा तरीका दस्तावेज के साक्ष्य पर नज़र डालना है (देखें अध्याय 12)। यह खासकर उन)प्रश्नों के लिए प्रासंगिक होता है जो लागत की प्रभावशीलता पर केंद्रित होते हैं या कहीं भी जहाँ सफलता का साक्ष्य 'रिकॉर्ड' में रखा जाना है।
- **प्रापक का दृष्टिकोण** — यहाँ आप सही मायने में महत्वपूर्ण विवरण पर केंद्रित होते हैं और देखते हैं कि कार्य के आरंभ के बदलाव उन्मुख परिणाम के उद्देश्य पूरे हो पाए या नहीं।कई लोग (मैं भी) यही तर्क देंगे कि इसे करने का सबसे बेहतर तरीका प्रायोगिक या अर्धप्रायोगिक रूपरेखा के माध्यम से है (देखें अध्याय 8) जो समूहों और समय के पार भी तुलना की अनुमति दे। यहाँ तीन संभावनाएं हैं:

    1. मामला/नियंत्रण की रूपरेखा – कोई पहल टारगेट समूह की स्थिति में अंतर ला पाया या नहीं, यह देखने के लिए आप कंट्रोल समूह का उपयोग कर सकते हैं ताकि आप, जिनपर पहल की जा चुकी है और जिनपर नहीं, उनकी तुलना कर सकें।
    2. पहले/बाद की रूपरेखा – इसे कभी-कभी 'समय-शृंखला का विश्लेषण' भी कहते हैं। यह तरीका पहल लागू करने के पहले और बाद में लोगों के उसी समूह की स्थिति की तुलना करता है।
    3. मामला/नियंत्रण – पहले/बाद की रूपरेखा – यह ऊपर की दोनों विधियों को मिलाकर निश्चित परिणाम घोषित करता है।

    तीनों तरीक़ों में आगे की योजना बनाने की ज़रूरत होती है और जैसी कि इस अनुभाग के अंत में चर्चा की गई है, यह हमेशा संभव नहीं होता। कार्यान्वयन के बाद प्रापक के सर्वेक्षण और साक्षात्कार (देखें अध्याय 11) द्वारा बदलाव के मूल्यांकन की जगह बदलाव की अनुभूतियों का मूल्यांकन करना है।

- व्यापक समुदाय का दृष्टिकोण — इसके कार्य)आरंभ में प्राय: हितधारक समूहों से संबद्ध उद्देश्य शामिल नहीं होते। उदाहरण के लिए – विद्यालय द्वारा बदमाशी कम करने की पहल करने में माता)पिता/समुदाय की चिंता कम करने से संबद्ध उद्देश्य भी शामिल होते हैं या स्वास्थ्य-सुरक्षा की पहल में समुदाय में संस्था की प्रतिष्ठा वृद्धि करने से संबद्ध उद्देश्य शामिल होते हैं। यहाँ चुनाव की विधियाँ सर्वेक्षण और केंद्रित समूह हैं (अध्याय 11)। हालाँकि ऐसे तरीक़े सामान्यत: समुदाय के सदस्यों से उनकी अनुभूतियों पर रिपोर्ट करने या उन अनुभूतियों/धारणाओं में आए तात्कालिक बदलाव पर रिपोर्ट की माँग करता है; पहल से पूर्व समान डेटा के संग्रहण से आपको प्रत्यक्ष तुलना की अनुमति देगा।

रचनात्मक/प्रक्रियात्मक मूल्यांकन

रचनात्मक मूल्यांकन जिसे प्रक्रिया का मूल्यांकन भी कहा जाता है, का लक्ष्य किसी विशेष बदलाव की पहल के आगे के विकास के लिए ज़रूरी डेटा और जानकारी उपलब्ध कराना है।ऐसे अध्ययन पहल के वितरण की छानबीन करते हैं, साथ ही यह भी कि ये कैसे और कितने अच्छे से कार्यान्वित हो रहे हैं। ये अध्ययन शक्ति, कमजोरी, अवसर और खतरे को आँक सकते हैं और प्राय: उन कारकों का आकलन करते हैं जो सफलतापूर्वक कार्यान्वयन को सुगम बनाता है और/या बाधित करता है।

'प्रक्रिया' के मूल्यांकन से प्राप्त परिणाम से कार्यक्रम में सुधार, संशोधन और प्रबंधन से संबद्ध निर्णय लेने की सूचना की अपेक्षा की जाती है। हालाँकि ये अध्ययन किसी विशेष मामले से जुड़े होते हैं, 'हस्तांतरणीय' निष्कर्ष अन्य रुचि रखनेवाली संस्थाओं को 'सबक की सीख' को व्यवहार में लाने के लिए किसी समान पहल के उपयोग की अनुमति देते हैं (देखें अध्याय 4)।

रचनात्मक मूल्यांकन के लिए उपयुक्त विधियाँ

जैसा कि तालिका 9.1 में दिखाया गया है; रचनात्मक या प्रक्रिया के मूल्यांकन का मुख्य उद्देश्य पहल की शक्ति और कमजोरी का आकलन करना है और पूछना है कि प्रक्रिया को और अधिक कुशल और प्रभावी कैसे बनाया जाये। हितकारकों के दृष्टिकोण यहाँ फिर महत्वपूर्ण भूमिका अदा करते हैं, क्योंकि संभव है, प्रदाता, प्रापक और व्यापक समुदाय के विचारों का काम किया और क्या काम नहीं किया पर काफी भिन्नता हो सकती है।इसप्रकार विधि की रूपरेखा इस बात पर निर्भर करती है कि निश्चित रूप से आप क्या जानना चाहते हैं और किसका दृष्टिकोण अपनाना चाहते हैं:

- **प्रदाता का दृष्टिकोण** —आप जो विधियाँ यहाँ उपयोग करेंगे, वे व्यवस्था के लिए जिम्मेदार समूहों की जटिलता और विविधता पर बहुत अधिक निर्भर होंगे। उदाहरण के लिए वर्णक्रम के एक सिरे पर कक्षा में किए गए पहल का मूल्यांकन करने को कहा जाता है। इस मामले में गहन साक्षात्कार सबसे अधिक उपयुक्त होगा (देखें अध्याय 11)। वर्णक्रम के दूसरे सिरे पर आपसे सरकार की नई स्वास्थ्य-देखभाल नीति का मूल्यांकन करने को कहा जाता है, जिसकी रूपरेखा, विकास और कार्यान्वयन में अलग-अलग स्तर पर सरकारी औरनिजी संस्थानों में कार्यरत लोग शामिल हुए हैं। इस स्तर की जटिलता में आपको विविध विधियों की ज़रूरत होगी। साक्षात्कार, फोकस समूह और यहाँ तक कि सर्वेक्षण भी —जिससे आप ज़रूरी डेटा एकत्र कर सकें (देखें अध्याय 11)। प्रक्रिया के सीधे अवलोकन या दस्तावेज़ की समीक्षा –जिसमें आप पता लगाए जाने की प्रक्रिया से सम्बद्ध रिकॉर्डो और कार्यवृत का परीक्षण करेंगे — भी मूल्यवान हो सकते हैं (देखें अध्याय 12)।
- **प्रापक का दृष्टिकोण** —केवल प्रबंधन द्वारा यह मान लेने पर कि अच्छा हो रहा है, ज़रूरी नहीं कि प्रापक भी इसे अच्छा मान ले।प्रक्रिया का अच्छा मूल्यांकन प्रदाता के दृष्टिकोण से परे जाकर प्रापक से शक्ति, कमज़ोरियाँ और संभावित संशोधन पर विचार लेता है।प्रदाताओं के साथ ही टारगेट समूह भी आकार और जटिलता में साथ-साथ हो सकते हैं और आप ख़ुद को ज़रूरी तथ्यों)को इकट्ठा करने के लिए विविध प्रकार की विधियों, जिसमें साक्षात्कार, फोकस समूह और सर्वेक्षण शामिल हैं, का उपयोग करते पाएँगे (देखें अध्याय 11)।

मूल्यांकन करनेवाले शोध की राजनीति

> **आलोचना में मैं निर्भीक रहूँगा और यथासंभव कठोर, मित्र और शत्रु के प्रति पूर्णत: न्यायी। इस उद्देश्य से मैं डिगूंगा नहीं।**
>
> ***एडगर एलन पो***

ऐसा कहा जाता है कि सभी शोध राजनैतिक हैं, मगर उतना कोई नहीं जितना कि मूल्यांकन करनेवाला शोध। इस बात के विपरीत माननेवाला निष्कपट होगा। निहित स्वार्थ/हित हर जगह मौजूद है और शोधकर्ताओं के लिए सफल होने का दबाव बहुत अधिक हो सकता है।

अब, आप मूल्यांकन करनेवाले शोध के कभी-कभी अलग-अलग दिशाओं में जानेवाले वैज्ञानिक एवं राजनीतिक लक्ष्यों का मिलान या संतुलन कैसे करेंगे ? पहला चरण शोधकर्ता शोध वस्तु की वास्तविकताओं और संबंधों को समझना है। उदाहरण के लिए ज़रूरी नहीं, वे जिस पहल का मूल्यांकन करना चाह रहे हैं उनके लक्ष्य एकसमान हों। हाँ, कुछ लोग ईमानदार और स्पष्ट प्रतिक्रिया चाहते हैं, मगर कई लोग चाहते होंगे कि उनके काम को मान्यता मिले, जबकि अन्य सिर्फ़ उतना ही करते होंगे जितना उनके वित्त-पोषण की आवश्यकता है। और निस्संदेह, कुछ इनका संयोजन भी चाहते होंगे।

यही बात शोधकर्ता पर भी लागू होती है, चाहे अंतर्सदस्य हो या बाह्य सदस्य; सभी मूल्यांकन करनेवाले शोधकर्ताओं के तरीके, कौशल और लक्ष्य एक समान नहीं होते। जैसे कुछ शोधकर्ता खुद को वस्तुनिष्ठ शोधकर्ता के रूप में देखते हैं, जिनका स्पष्ट और अटल उद्देश्य राजनीतिक संदर्भों/प्रसंगों की परवाह किए बिना विश्वसनीय) निष्कर्ष पाना होता है।अन्य शोधकर्ता अधिक राजनैतिक स्तर पर काम करते हैं और सरकार/

संस्था/राजनीतिक वित्तपोषण की यथार्थता और शायद उनके अपने चल रहे परामर्श के अवसरों के साथ जुड़े रहते हैं। कुछअन्य हैं जो बहुत ही बड़े आलोचक होते हैं और दूसरों की कमियों को उजागर कर के अपनी विद्वता का प्रदर्शन करते हैं। अंततः कुछ ऐसे होते हैं जो खुद को सुविधाप्रदाता समझते हैं या कभी-कभी तो दूसरों को मदद करनेवाले मार्गदर्शक भी। मैंने जब मूल्यांकन करने वाला शोध)आरंभ किया था, मैं इन सभी तरीकों से गुज़री और सीख हासिल की और यह माना कि आगे के रास्तों पर मैं बतौर वस्तुनिष्ठ शोधकर्ता कार्य करूँगी। मगर मुझे जल्द ही महसूस हुआ कि मूल्यांकन करनेवाले शोध के राजनीतिक सिरे की उपेक्षा नहीं की जा सकती और यथार्थ दुनिया में मूल्यांकन का मुख्य तत्व लचीलापन है।अब, मेरा उद्देश्य जो मेरे अपने व्यावसायिक नीति से जुड़ा हुआ है, विश्वसनीय और उपयोगी निष्कर्ष प्रस्तुत करना है। मगर, ये निष्कर्ष कैसे प्रस्तुत किए जाते हैं, किस पर बल दिया जाता है और कभी-कभी किस बात को अनकहा छोड़ देना बेहतर होता है – बेशक यह राजनीति और संदर्भ से प्रभावित होता है।

तालिका 9.2 मूल्यांकन करने वाले शोध में संबंध

पक्षकार' जो ढूँढते हैं — मूल्यांकनकरता जिनकी शैली होती है —	**ईमानदार प्रतिक्रिया**	**मान्यता**	**वित्त पोषण की ज़रूरत पूरी करना**
आलोचक			
विश्वसनीयता: विश्वास जीतना कठिन हो सकता है जिसके चलते डेटा/ निष्कर्षों पर प्रभाव पड़ सकता है। निष्कर्ष नकारात्मकता पर अधिक बल देते हैं और सकारात्मक पक्ष को उजागर नहीं करते।	हालाँकि पक्षकार पहल की कमियों को जानने के बावजूद उन्हें प्रोत्साहित करते हैं, आलोचक उनके विचारक उन्हें खंडित कर उनका कम मूल्यांकन करते हैं या मूल्यविहीन साबित करते हैं।	इस संबंध में समस्या हो सकती है। संभवतः पक्षकार हतोत्साहित, निरुत्साहित और यहाँ तक कि नाराज़ भी हो सकते हैं। संभवतः आलोचक पक्षकार का मार्ग पूरी तरह ध्वस्त कर दें।	जो मूल्यांकन के महत्व को प्रोत्साहित नहीं करते, संभव है, आलोचक उन्हें दूर ही रखेंगे। यहाँ विश्वास कमजोर करने के और नाराज़गी उत्पन्न करने की अधिक संभावना है।
निष्पक्ष वैज्ञानिक			
विश्वसनीयता: विश्वसनीय डेटा/ निष्कर्ष के लिए सबसे अच्छा, खासकर यदि निष्पक्ष डेटा एकत्रित करते समय आप विश्वास बनाने का दृष्टिकोण रखते हैं	एक अच्छा मेल, पर इसमें कोई बुराई नहीं यदि 'वैज्ञानिक' अपना राजनीतिक कौशल तेज करें। सच्ची प्रतिक्रिया चाहने वाले भी व्यवहार कौशल की सराहना करते हैं	निष्कर्ष निष्पक्ष भी हो सकते हैं, लेकिन जो सत्यापन चाहते हैं वे (उन निष्कर्षों को) कैसे स्वीकार कर रहे हैं और उन पर कैसे कार्य कर रहे हैं, यह शोधकर्ता की संवेदनशीलता और संचार कौशल पर निर्भर करता है	शोधकर्ता के पारस्परिक सम्बन्ध कौशल और पुष्टि करने वाले निष्कर्षों से संबंधों में सुधार होता है - संचार कौशल निरूपण को 'बेचने' में महत्वपूर्ण भूमिका निभा सकते हैं

पक्षकार' जो ढूँढते हैं — मूल्यांकनकरता जिनकी शैली होती है —	ईमानदार प्रतिक्रिया	मान्यता	वित्त पोषण की ज़रूरत पूरी करना
बढ़ावा देने वाला / गुरु			
विश्वसनीयता: अगर पहल सफलता है तो संभव है कि परिणाम विश्वसनीय खोज का होगा। इसमें निष्कर्ष कमियों को चमक-दमक से ढँककर, सकारात्मकता पर अधिक बल देते हैं। पूरी प्रक्रिया से सम्बद्ध अनुशंसा द्वारा ले जाया जा सकता है।	हालाँकि संबंध अधिकांशत: सकारात्मक होते हैं, मगर पक्षकार निराश हो सकते हैं, यदि उन्हें लगे कि प्रभावी निर्णय लेने के लिए ज़रूरी प्रतिक्रिया/मुद्रित डेटा प्राप्त न हो।	यह वास्तव में एक अच्छा मिलान है जिसमें पक्षकार को लगे कि उनका काम मूल्यवान है। अच्छी संभावना है कि प्रक्रिया से सम्बद्ध अनुशंसा ली जाएगी।	परामर्शदाता भरोसा कायम करने के योग्य हो सकते हैं और मूल्यवान के महत्व का हमपर प्रभाव डाल सकते हैं। मगर, यदि पक्षकार निंदक रहेंगे, वे परामर्शदाता द्वारा की गई अनुशंसा को अधिक महत्व नहीं देंगे।
राजनीतिज्ञ			
विश्वसनीयता: निष्कर्ष की छानबीन राजनीतिक संदर्भ में करने की ज़रूरत है— यहाँ बहुत ही सूक्ष्म अध्ययन की आवश्यकता है। निष्कर्ष ऐसा हो जो संस्थान से शोध साधिकार प्राप्त है, उनकी कार्यावली का समर्थन करता है।	सामान्यत: बहुत अधिक समस्यामूलक नहीं होता है जबकि उम्मीद स्पष्ट है। शोधकर्ता और पक्षकर्ता के उद्देश्य मुखर एवं स्पष्ट होने चाहिए और संवाद प्रक्रिया जारी रहना चाहिए ताकि वे आपस में उनकी टकराहट न हो।	यदि राजनीतिज्ञ और पक्षकार के उद्देश्य एकसमान हैं यानी कि मान्यता प्राप्त है) संभव है कि उनके संबंध अच्छे हैं चाहे उनकी प्रतिक्रिया समालोचना के सिद्धांतों के प्रतिकूल हो। मगर यदि लक्ष्य प्रतिकूल उद्देश्यों पर है तो पक्षकार की संतुष्टि कम हो सकती है।	यह एक अच्छा मिलान है, क्योंकि लक्ष्य प्राय: किसी विशेष कार्यावली से जुड़े होते हैं। आलोचनात्मक प्रतिक्रिया के स्तर पर विमर्श और संवाद करना चाहिए।

तालिका 9.2 शोधकर्ता/शोधवस्तु के लक्ष्य के चौराहे/कटाव को शोधकर्ता की विश्वसनीयता और शोधकर्ता-शोधवस्तु के संबंधों के रूप में दर्शाता है। हालाँकि मैट्रिक्स/साँचा सभी संभावनाओं को अपने अंदर नहीं समेटता, मगर यह मूल्यांकन करनेवाले शोध की वास्तविकता की कुछ अंतर्दृष्टि प्रदान करता है और ऐसे राजनीतिक वातावरण में प्रभावकारी रूप में काम करने के लिए ज़रूरी कौशल प्रदान करता है।

मैंने कुछ मूल्यांकनकर्ताओं के साथ काम किया है और मैं मानती हूँ कि इनमें से सबसे अच्छे अधिक राजनीतिक रूप में दक्ष होते हैं मगर हमेशा व्यावसायिक नीति और ईमानदारी के सिद्धांत के अंतर्गत काम करते हैं और कुछ पक्षकार संदर्भ के अनुसार अपनी शैली निर्धारित करेंगे जबकि कुछ अपने पुराने ढर्रे पर ही काम करते जाएँगे। मगर प्राय: सभी अच्छे मूल्यांकनकर्ता स्पष्ट उम्मीद को बातचीत की ज़रूरत समझते हैं जो ईमानदारी के साथ ही पक्षकार और शोधकर्ता – दोनों की जरूरतों और लक्ष्यों को पूरा करते हैं।

मूल्यांकन करने वाले शोध की वास्तविक दुनिया की चुनौतियों पर संवाद

मूल्यांकन करनेवाले शोध में विश्वसनीय डेटा के उत्पादन में राजनीतिक यथार्थता ही एकमात्र चुनौती नहीं है। मूल्यांकन अव्यवस्थित और अस्त-व्यस्त वास्तविक दुनिया में होते हैं और इस स्तर की जटिलता में ठोस, मूल्यवान परिणाम निकालने के लिए आपको निपुणतापूर्वक संवाद करने की आवश्यकता होगी।

अब, अगर यह मेरे ऊपर होता, मूल्यांकित होनेवाली सारी शुरुआत स्पष्ट और मापने योग्य लक्ष्यों और उद्देश्यों के साथ सुव्यवस्थित होती, मगर शायद ही ऐसा मामला हो। प्राय: आपको ऐसी परिस्थिति में काम करने का तरीका ढूँढना होता है जो आदर्श स्वरूप न हो। ऐसी स्थितियों में निम्नलिखित शामिल हैं।

जब मूल्यांकन करने का निर्णय आरंभिक कार्यान्वयन के बाद होता है

यह बहुत ही बेहतर होता होता अगर मूल्यांकन करने की ज़रूरत को विचार से ही प्रोजेक्ट की योजना का मान्यता-प्राप्त हिस्सा बना लिया जाता, तब आपके पास बहुत सारे विकल्प होते। आरंभिक योजना आपको तुलनात्मक अध्ययन

की रूपरेखा बनाने की अनुमति देता। जैसे-बेतरतीब रूप में नियंत्रित परीक्षण, नियंत्रण समूहों के साथअर्ध प्रयोग, पहले और बाद की रूपरेखा (देखें अध्याय 8), मगर कई ऐसी परिस्थितियाँ होती हैं जहाँ आपको तब मूल्यांकन करने की ज़रूरत होगी जब मूल्यांकन करने की योजना काम करने के विचार पर आधारित हो, जिसके चलते आपकी कार्यप्रणाली सम्बद्ध विकल्प सीमित हो जाते हैं।

यहाँ मुख्य बात यह है कि मूल्यांकन करने वाले अध्ययन, विशेषकर जो अध्ययन परिणाम से संबद्ध होते हैं और अभी तक तुलना करने का सबसे अच्छा तरीका कम से कम दो डेटा के सेट के उपयोग से है। प्रभावकारी मूल्यांकन या तो पहले और बाद के डेटा (पहल के पहले एकत्र किए गए डेटा जिसकी तुलना पहल के बाद एकत्र किए गए डेटा से हो सकती है) पर आधारित होते हैं या मामले/नियंत्रण के डेटा पर (दो समूहों से इकट्ठे किए गए डेटा एक जिसपर पहल की जा चुकी है, एक जिसपर नहीं)।

आगे की योजना की मदद के बिना आपको यह सोचने की ज़रूरत होगी कि इनमें से कोई भी विकल्प आपके पास उपलब्ध है या नहीं। दूसरे शब्दों में, आपको यह निर्धारित करना होगा कि आप ठोस प्रासंगिक आधारभूत डेटा एकत्र कर पाएँगे या नहीं, या आप तुलनात्मक नियंत्रण समूह ढूँढ पाएँगे या नहीं। अगर आप यह कर पाए कठोर मूल्यांकन बहुत अधिक समस्यामूलक नहीं होगा। मगर यदि आपके पास आधारभूत डेटा या तुलनात्मक नियंत्रण समूह उपलब्ध नहीं है, आपके पास निम्नलिखित कार्यप्रणाली से संबद्ध विकल्प होंगे:

- 'केवल बाद के समूह' का अध्ययन)करें जिसमें आप हित धारकों से समीक्षा के अंतर्गत पहल के प्रभाव (ज्ञान, व्यवहार और/या अभ्यास पर) के बारे में पूछते हैं।हालाँकि सामान्यत: सचमुच तुलनात्मक विधियों की तरह मज़बूत नहीं, यह तरीका फिर भी मूल्यवान है।यह केंद्रीय भाव स्पष्ट उम्मीद है।आपके पक्षकार को आपकी कार्यप्रणाली से संबद्ध बाधाओं और कैसे ये निष्कर्ष पर प्रभाव दाल सकते हैं – के बारे में सजग रहना होगा।
- अपने अध्ययन को प्रक्रिया के मूल्यांकन तक सीमित रखें जो पहल की रूपरेखा, वितरण और कार्यान्वयन पर हितधारकों के विचार पर केन्द्रित होता है।

जब उद्देश्य स्पष्टत: व्यक्त नहीं होते या आसानी से मापे नहीं जा सकते

यदि आप जानना चाहते हैं कि पहल ने अपने लक्ष्य पूरे किए या नहीं तो आपको स्पष्ट रूप से दो बातें जाननी होंगी: वे लक्ष्य क्या थे/हैं; और वे कैसे मापे जा सकते हैं। अभी तक के सर्वश्रेष्ठ उद्देश्य हैं – जो 'स्मार्ट' हैं: विशिष्ट, मापने योग्य, प्राप्ति योग्य, प्रासंगिक और समय-सीमा में आबद्ध। अगर आपकी पहल इन उद्देश्यों को दिमाग में रखकर विकसित हुई है, कार्यप्रणाली से संबद्ध रूपरेखा के अनुरूप आप आधा रास्ता पार चुके हैं। परिभाषा से आपके उद्देश्य मापने योग्य हैं– अब आपको बस बाहर निकालकर मापना है।मगर उन पहल के लिए, जिनमें उद्देश्य स्पष्ट रूप से व्यक्त नहीं है या मापने योग्य नहीं है, आपको थोड़ी और मेहनत करनी होगी।क्योंकि आप ऐसे ही किसी अनुपलब्ध या बेसिर पैर के उद्देश्य का मूल्यांकन नहीं कर सकते, आपको इनकी आवश्यकता होगी:

- पहल के उद्देश्यों को स्पष्ट करने और व्यक्त करने के लिए हितधारकों के साथ काम करना;
- निश्चित करना कि कौन से उद्देश्य मूल्यांकन के लिए प्राथमिकता रखेंगे;
- निर्धारण करना और सहमत होना कि कैसे ये उद्देश्य प्रचालित होंगे (जैसे – 'बच्चों में पढ़ने की खुशी' को मापने के लिए विधि की रूपरेखा बनाना 'साल के अंत तक में तृतीय श्रेणी के मनोरंजन हेतु पढ़ने में 50% वृद्धि 'को मापने के लिए विधि की रूपरेखा बनाने से अधिक कठिन है)।

जब पहल परिणाम की उम्मीद करने तक की दूरी तय न कर पाया हो

मूल्यांकन के लिए निर्धारित समय-सीमा को पहल के लिए इच्छित परिणाम निकालने के लिए ज़रूरी समय-सीमा से कम होना असामान्य नहीं है। जैसे – स्वास्थ्य विकास अभियान में लक्ष्य प्राय: बीमारी के निवारण से जुड़े होते हैं। जैसे – फेफड़े के कैंसर या टाइप 2 मधुमेह की घटना को कम करना। मगर ऐसे प्रभाव को किसी विशिष्ट अभियान पर आरोपित करना मुश्किल है और ये कई वर्षों तक नहीं दिख सकते। इस परिस्थिति का सामना करनेवाले मूल्यांकनकर्ताओं द्वारा उपयोग की जाने वाली सामान्य रणनीति है, (लघु से मध्य प्रकार) अवधि के परिणाम पर संवाद करना, जिसे उपलब्ध समय-सीमा में मापा जा सके और अपेक्षित दीर्घकालीन परिणामों से सह-संबद्ध हो सके। उदाहरण के लिए – सफलता उन्नत जागरूकता से मापी जा सकती है, जैसे – धूम्रपान के ख़तरे के बारे में समुदाय के ज्ञान का उन्नत होना या इंसुलिन पर कार्बोहाइड्रेट के प्रभाव के बारे में विकसित जागरूकता।

सफलता को व्यवहार में बदलाव से भी, मापा जा सकता है। जैसे – सिगरेट की संख्या कम करके या चीनी/गुड़ आदि का उपभोग कम करके।

जब प्रभाव को मापना कठिन होता है/पहल पर आरोपित करना कठिन होता है

मान लें, आपको उच्च विद्यालय में यौन शिक्षा कार्यक्रम का मूल्यांकन करना है, जिसका स्पष्ट और केंद्रीय लक्ष्य संयम बढ़ाना है। इस कार्यक्रम का मूल्यांकन करने के लिए न सिर्फ़ आपको युवाओं (जो स्वयं को उजागर करने में सहज महसूस नहीं करते) से संवेदनशील डेटा एकत्र करने की ज़रूरत होगी, बल्कि आपको शोध प्रोटोकॉल की रूपरेखा भी बनानी होगी जो अन्य तत्वों को नियंत्रित कर सके – जिसका प्रभाव संयम पर पड़ता हो। जैसे माता-पिता, मित्र और मीडिया। याद रखें: आप यहाँ केवल सह-संबंध नहीं देख रहे। वास्तव में आप कारण और प्रभाव स्थापितकरने की कोशिश कर रहे हैं और आपकी विधियों को अन्य कारणों को नियंत्रित करने की ज़रूरत होगी जो किसी अनुभूत बदलाव या अंतर के लिए आकस्मिक हो सकता है। बाहरी तत्वों को नियंत्रित करना ही एकमात्र तरीका है जिससे कार्यक्रम पर परिणाम आरोपित किया जा सके।

तालिका 9.3 आदर्श दुनिया में मूल्यांकन

आदर्श दुनिया में मूल्यांकन का अर्थ है	दुर्भाग्यवश यथार्थ दुनिया में....
राजनीति	
• हितकारकों का पूरा सहयोग	सहयोग पाना कठिन हो सकता है। कार्यक्रम की शुरुआत करनेवाले समय और स्रोत का निवेश न करना चाहे और उन्हें आपके द्वारा आँकना नाराज़गी दे
• पूर्वग्रहरहित परिणाम की सच्ची इच्छा	ज़रूरी नहीं, सभी को उनकी पहल का सच्चा आकलन चाहिए। कुछ चाहते हैं, मगर अन्य माँग पूरी करने के लिए या सीधे तौर पर वैधता पाने के लिए ऐसा करते हैं।
• निहित स्वार्थ की ओर कोई दबाव नहीं	चाहे प्रत्यक्ष हो या सूक्ष्म, सफलता पाने का दबाव हर तरफ से तेज़ और स्पष्ट सुनाई दे सकता है
निर्देशन	
• पक्षकार के स्पष्ट निर्देश	मूल्यांकन करने की ज़रूरत को जानना चाहिए, मगर प्राय: होनेवाले मूल्यांकन की सटीक प्रवृत्ति पर आम सहमति बहुत कम होती है
• यथार्थवादी उम्मीदें	उम्मीदें अधिकांशत: अयथार्थ होती हैं — खासकर जब पहल के प्रभाव को: 1. मापना कठिन होता है, 2. अध्ययन के अंतर्गत पहल में आरोपण कठिन होता है
पहल	
• पहल का आरंभिक अवस्था से योजनाबद्ध मूल्यांकन	मूल्यांकन करने का निर्णय प्राय: कार्यान्वयन के बाद होता है, जिसका अर्थ है – ठोस आधारभूत डेटा और/या तुलनात्मक नियंत्रण समूह ढूँढना मुश्किल हो सकता है
• स्पष्ट और मापने योग्य लक्ष्य और उद्देश्य	उद्देश्य 1. अंतर्निहित हो सकते हैं और स्पष्टत: व्यक्त नहीं और/या मापने योग्य नहीं हो सकते हैं
• सुस्थापित परिपक्व पहल	हस्तक्षेप शायद ही कभी तुरत सफलता दिखाते हों फिर भी ये अंतिम सीमारेखा का विषय हो सकते हैं जो वास्तविक बदलाव के प्रति आपकी उम्मीद के पहले आ सकता है
स्रोत	
• अध्ययन करने के लिए पर्याप्त समय और वित्तपोषण	किसी भी अध्ययन में समय और स्रोत की कमी हो सकती है
• अंदरूनी सूत्रज्ञान, राजनीतिक समझ, बाहरी वस्तुवाद के शोधकर्ता	प्राय: हमेशा राजनैतिक और शोध कार्यावली को संतुलन में रखने की ज़रूरत होती है

अधिकांश शोध के तरीकों में सहयोग ज्ञान के उत्पादन तक सीमित होते हैं। यहाँ तक कि प्रायोगिक/मूल्यांकित शोध में भी जहाँ लक्ष्य शोध का ज्ञान पाना होता है साक्ष्य पर आधारित निर्णय लेने में मुख्य तत्व बन जाता है, कोई भी यथार्थ बदलाव शोध-प्रक्रियाओं के पूरे होने के बाद ही आता है। मगर यदि आप ज्ञानोत्पादन से कुछज़्यादा करनाचाहें तो क्या?आपके लक्ष्य साक्ष्य और अनुशंसा से परे हैं तो क्या? यदि आपके लक्ष्य में करना, स्थानांतरित करना, बदलना या कार्यान्वित करना शामिल है तो क्या? क्रियात्मक शोध में प्रवेश करें।

यहाँ सीख यह है कि मूल्यांकन करने वाले अध्ययन शुरू करने से पहले आपको स्पष्ट रूप से विचार करना, व्यक्त करना और संवाद करना होगा कि क्या संभव है, क्या नहीं है। वास्तविक दुनिया में यदि यह असंभव न भी हो तो कठिन हो सकता है।उन सभी बाहरी प्परिवर्तनशील तत्वों पर प्रभाव डालना, जो बदलाव पर प्रभाव डाल सकते हैं (देखें तालिका 9.3)। याद रखें: अपनी कार्यप्रणाली की आलोचना अध्ययन की शुरुआत के पहले करा लेना इसके पूरे होने के बाद कराने की अपेक्षा बेहतर है।

क्रियात्मक शोध

व्यक्ति का उद्देश्य कार्य में है, विचार में नहीं।

थॉमस कार्लाइल

अधिकांश शोध के तरीकों में सहयोग ज्ञान के उत्पादन तक सीमित होते हैं। यहाँ तक कि प्रायोगिक/मूल्यांकित शोध में भी जहाँ लक्ष्य शोध का ज्ञान पाना होता है साक्ष्य पर आधारित निर्णय लेने में मुख्य तत्व बन जाता है, कोई भी यथार्थ बदलाव शोध-प्रक्रियाओं के पूरे होने के बाद ही आता है। मगर यदि आप ज्ञानोत्पादन से कुछज़्यादा करनाचाहें तो क्या?आपके लक्ष्य साक्ष्य और अनुशंसा से परे हैं तो क्या? यदि आपके लक्ष्य में करना, स्थानांतरित करना, बदलना या कार्यान्वित करना शामिल है तो क्या? क्रियात्मक शोध में प्रवेश करें।

शब्दावली

क्रियात्मक शोध

शोध की रणनीति, जो चक्रीय प्रक्रिया के माध्यम से एकीकृत रूप में कार्य और ज्ञान के उत्पादन के लिए भागीदारी और सहयोगी तरीक़े से असली दुनिया की समस्या का निराकरण करे। क्रियात्मक शोध में प्रक्रिया, परिणाम और प्रयोग आपस में जुड़े होते होते हैं।

पद 'क्रियात्मक शोध' कर्ट लेविन (1946) द्वारा इंगित किया गया था और 'वस्तुनिष्ठ' वैज्ञानिक) विधि से दूरी दिखाई गई है जिसमें कार्यान्वयन को शोध प्रक्रियाओं से अलग देखा जाता है। इस पारंपरिक ढाँचे के अंतर्गत, ज्ञान के उत्पादन से परिणाम के रूप में जो भी निकाला, वह ज़िम्मेदारी सामान्यत: शोधकर्ता की कार्यावली का हिस्सा नहीं होता था।

हालाँकि, शोधकर्ता यह मानने लगे कि: 1. शोध से प्राप्त ज्ञान का उपयोग बदलाव के लिए होना चाहिए) और 2. बदलाव के शोध को ज्ञान तक ले जाना चाहिए।शोध की ऐसी रणनीति की अपील जो इन दो लक्ष्यों को जोड़ सके, जबकि मूल्याणकन और अधिगम के तत्वों को शामिल करना बहुत ही ज़रूरी रहा, ख़ासकर संगठनात्मक व्यवहार और शिक्षा के क्षेत्र में जहाँ सुधार प्राथमिक लक्ष्य था और अब भी है।

क्रियात्मक शोध इस धारणा से भी दूर है कि 'शोधकर्ता' एक विशेषज्ञ है और 'शोधवस्तु' वैज्ञानिक ज्ञान के निष्क्रिय प्राप्तकर्ता। इस तरह इसका सामुदायिक विकास के श्रमिकों के बीच बड़ी अपील जिनको सहयोगी शोध के तरीक़ों में महत्व दिया गया था, जो कि हितधारकों को उनके अभ्यास, स्थिति-परिस्थितियाँ और वातावरण को सुधारने के लिए सशक्त कर सकता था (देखें बॉक्स 9.1)।

क्रियात्मक शोध का विस्तार

क्रियात्मक शोध, चूँकि यह संगठनात्मक व्यवहार, शिक्षा और सामुदायिक विकास, अध्ययन-विषय के अंतर्गत विकसित हुआ, इसने कई अलग-अलग रास्तों पर क़दम बढ़ाए, जिसमें हरएक की अपनी प्राथमिकता और महत्ता थी। हालाँकि इन विविधताओं में सामान्य था – असली और तत्काल बदलाव की इच्छा जिसमें सहयोगी या सह-शोधकर्ता के रूप में हितकारक की संलग्नता या जुड़ाव; अधिगम चक्र में लंबे समय तक जुड़ाव; कठिन, विश्वसनीयज्ञान का उत्पादन; और ठोस परिवर्तन पर कार्य करना शामिल है।

संभावित बदलाव के स्वभाव में अधिक उग्र 'सांस्कृतिक' स्थानांतरण के माध्यम से उन्नत किए गए अभ्यासों से लेकर स्थानांतरित कार्यक्रमों, नीतियों और तंत्रों तक (जैसी कि नीचे चर्चा की जा रही है) सबकुछ शामिल है जिसके अंतर्गत हाशिये पर रखे गए चरों को सशक्त करना भी शामिल है (मुक्ति-संबंधी शोध के अंतर्गत इसकी चर्चा की गई है)। हालाँकि किसी एक क्रियात्मक शोध के प्रस्ताव के लक्ष्य इनमें से किसी के भी अंदर आ सकते हैं, क्रियात्मक शोध के अध्ययन के लिए कई लक्ष्यों पर एक साथ काम करना असामान्य नहीं है।

अभ्यास को सुधारना

क्रियात्मक शोध हितधारकों के अपने व्यावसायिक अभ्यास को सुधारने में, सशक्त बनाने का प्रभावकारी तरीक़ा हो सकता है। जनादेश जो ऊपर से नीचे आते हैं, या ज्ञान जो बाहरी विशेषज्ञ के माध्यम से आते हैं, के बजाय क्रियात्मक शोधजो व्यावसायिक अभ्यास को सुधारने के लिए अभिव्यक्त रूप में बनाई जाने वाली रूपरेखा है, मानता है कि विभिन्न हितधारक अपने अधिगम और विकास में सहयोग दे सकते हैं। क्रियात्मक शोध हितधारकों की व्यावसायिक प्रकृति और सार्थक शोध करने की उनकी योग्यता को मानता है। ऐसा करने में यह हितधारक और 'शैक्षणिक अभिजात वर्ग 'के बीच की दीवार गिराने में मदद करता है और शोध को प्रतिदिन के व्यावसायिक अभ्यास में लाता है।

क्रियात्मक शोध के माध्यम से अभ्यास को सुधारना शैक्षणिक क्षेत्र में बहुत सामान्य है जहाँ शिक्षकों को उनके अपने कौशल और अभ्यास को बढ़ाने के तरीक़े पर काम करने के लिए प्रोत्साहित करता है। हालाँकि हाल के वर्षों में स्वास्थ्य-देखभाल और नर्सिंग (उपचर्या) में क्रियात्मक शोध में वृद्धि हुई है जहाँ (शिक्षित/स्थानीय जन के लिए) व्यावसायिक पहचान, स्वायत्तता और शिक्षित/स्थानीय ज्ञान के लिए सम्मान की इच्छा बहुत अधिक है।

तंत्रों का स्थानांतरण

कभी-कभी आप जिस कार्य को आगे बढ़ाना चाहते हैं, वह आपके अपने व्यावसायिक अभ्यास के साथ शुरू और खत्म होता है, मगर किसी और समय में आप संगठनात्मक स्तर पर काम करना चाहते होंगे। अभ्यास से परे, आप प्रक्रियाओं या कार्यक्रमों को सुधारने के लिए संगठनात्मक व्यवस्था के अंतर्गत काम करने में रुझान भी रख सकते हैं। दरअसल, उपर्युक्त उदाहरण में उच्च स्तर के लक्ष्य में क्रियात्मक शोध के अध्ययन से निष्कर्ष निकालना था जिसका लक्ष्य व्यावसायिक अभ्यास विकसित करके प्रभावी नीति के विकास में सहयोग देने का था।

मुझे नहीं लगता कि ऐसा कोई संगठन है जिसे किसी न किसी तरीके से सुधारा न जा सके। अक्षम प्रणाली, अक्षम प्रबंधन और पुरानी नीति व्यापार, सरकारी और निजी एजेंसियाँ, सामुदायिक समूहों के अंदर या साथ काम करने वाले को क्रियात्मक शोध का अवसर देती है। मगर जहाँ क्रियात्मक शोध वर्षों से अच्छा साथ देता रहा और संगठनात्मक बदलाव के प्रबंधन में बहुत कुछ दे सकता है, सामान्यत: यह मूल प्रबंधन की रणनीति नहीं होता। क्रियात्मक शोध का साहित्य निश्चित रूप से संगठनात्मक बदलाव की बात करता है, मगर बदलाव के प्रबंधन का साहित्य शाहित्य शायद ही क्रियात्मक शोध को हाथ में ले पाता है।

फिर भी पद जैसे अधिगम, शिक्षा, सुगमता भागीदारी, संवाद और संयोजन जो क्रियात्मक शोध का मूल होते हैं, बदलाव-प्रबंधन-उक्ति का भी मूल होते हैं। ऐसा उन संगठनों में है जो जमीनी जानकारियों के महत्व को मानते हैं, साथ ही साथ प्रभावी और स्थायी बदलाव लाने में संलग्नता और स्वामित्व के नियमों को भी मानते हैं, क्रियात्मक शोध स्थल पर आधारित बदलाव लाने की रणनीति स्वरूप हितकारकों का समर्थन बनाए रखने में बहुत अधिक प्रभावी होसकता है। यह कर्मचारियों के बहुत बड़े दल को सामान्य लक्ष्य के लिए काम कराने में साथ ला सकता है; स्थायी बदलाव की ओर व्यवस्थित और सुस्थापित तरीका प्रदान कर सकता है; शोध के संचालन के लिए ढाँचा दे सकता है और प्रबंधन कार्य के अंतर्गत शोध के विचार को अन्तर्भूत कर सकता है। यह अधिगम के संगठन के विकास के रास्ते में भी सहयोग दे सकता है।

क्रियात्मक शोध के मुख्य तत्व

क्योंकि क्रियात्मक शोध पारंपरिक शोध की रणनीति से काफी अलग है, इसके मुख्य तत्वों पर काम करना समय का सदुपयोग है। शोध के इस प्रकार के लाभों और चुनौतियों को समझना किसी भी विशेष संदर्भ में क्रियात्मक शोध की उपयुक्तता को निर्धारित करने के लिए आवश्यक प्राथमिक चरण है।

यथार्थ दुनिया की समस्याओं को संबोधित करता है

क्रियात्मक शोध असली समस्याओं और यथार्थ जीवन की परिस्थिति में आधारभूत है। सामान्यत: यह विशिष्ट यथार्थ दुनिया के संदर्भ में व्यावहारिक समस्याओं की पहचान से शुरू होता है। यह फिर उन समस्याओं को समझने और उस संदर्भ के अंतर्गत समाधान ढूँढने और कार्यान्वित करने की कोशिश करता है। क्रियात्मक शोध का उपयोग प्राय: कार्यस्थलों और ग्रामीण समुदाय में होता है जहाँ बदलाव के स्वामित्व को सबसे अधिक प्राथमिकता दी जाती है या जहाँ लक्ष्य व्यावसायिक अभ्यास को सुधारना है। इसे एक प्रभावी रणनीति भी माना जाता है जब सिद्धांत और अभ्यास दोनों को बदलने की दृढ़ इच्छा होती है।

कार्य और ज्ञान को आगे बढ़ाता है

क्रियात्मक शोध'पहले ज्ञान, फिर बदलाव' के दो चरणों की प्रक्रिया को अमान्य करता है और सलाह देता है कि ये अत्यधिक एकीकृत हैं। क्रियात्मक शोध के अभ्यासी मानते हैं कि अमल करने योग्य बदलाव को ज्ञान के अंतिम उत्पाद के रूप में नहीं देखना चाहिए बल्कि ज्ञान के स्त्रोत के रूप में ही महत्व देना चाहिए। और यहाँ हम वास्तविक ज्ञान की बात नहीं कर रहे।क्रियात्मक शोधका अध्ययन से उत्पन्न ज्ञान को भी विश्वसनीय होने की ज़रूरत है।और इसे उतनी ही दृढ़ता से एकत्र और विश्लेषण करना चाहिए जितना कि किसी दूसरे शोध की रणनीति को करते।

कार्य, क्रियात्मक शोध प्रोजेक्ट का स्पष्ट और तत्कालीन लक्ष्य भी है। चाहे वह कौशल बढ़ाना हो, कार्यक्रम और नीति बदलना हो या अधिक उग्र बदलाव की ओर काम करना हो, क्रियात्मक शोध अभ्यास पर आधारित स्थिति की उन्नति की ओर काम करता है और ज्ञान उपार्जित होने के बाद बदलाव की ओर काम करने की ज़रूरत की समस्या की उपेक्षा करता है।

भागीदारी

क्रियात्मक शोध जो शोधकर्ताओं, अभ्यासियों और किसी अन्य हितकारकों के बीच संयोजन या उनकी भागीदारी की माँग करता है, और इसके साथ ही शोध की धारणा विशेषज्ञ के ज्ञान-क्षेत्र के रूप में अस्वीकृत होती है। यह शोधकर्ता और शोधवस्तु के बीच के भेद को कम करता है और स्थानीय ज्ञान को अधिक महत्व देता है। यहाँ आधार यह है कि शोध प्रक्रिया के अंग के रूप में मुख्य हितकारकों के बिना बाहरी व्यक्ति समृद्ध और सूक्ष्म समझ बनाने में – या स्थायी बदलाव लाने की अपनी योग्यता में सीमित होते हैं। बहुत से शोध उदाहरणों के विपरीत क्रियात्मक शोध शोधवस्तु पर या उनके लिए काम करने के बजाय उनके साथ काम करता है, और इसप्रकार इसे प्राय: लोकतान्त्रिक सिद्धांतों को समाविष्टकरते हुए देखा जाता है।यहाँ मुख्य बात है कि जो शोध और कार्य से प्रभावित होते हैं, उनपर काम नहीं होता है।

भागीदारी और सहयोग के स्वभाव और स्तर भिन्न होते हैं और इनपर आधारित हैं: क्रियात्मक शोध का जो तरीका अपनाया गया; अध्ययन होनेवाली परिस्थिति के खास संदर्भ; और विविध हितधारकों के लक्ष्य। इसमें अलग-अलग हितधारक प्रक्रिया के किसी या सभी चरणों और चक्रों में शामिल हो सकते हैं। जहाँ शोध प्रक्रिया के लोग आगे बढ़ा रहे हैं मुख्य शोधकर्ता के क्रम में कई बिन्दुओं पर उन्हें एक योजनाकर्ता, नेता, उत्प्रेरक/सहायक, सुविधाप्रदाता, शिक्षक, डिज़ाइनर, श्रोता, पर्यवेक्षक, संश्लेषक और/या रिपोर्टर की भी भूमिका निभानी पड़ सकती है।

अधिगम और कार्य के चक्र

क्रियात्मक शोध एक चक्रीय प्रक्रिया है जो ज्ञान के उभरने के साथ-साथ आकार लेता है। यह आधार है कि आप सीखते हैं, आप करते हैं, आप उसपर चिंतन करते हैं, आप सीखते हैं कि इसे बेहतर कैसे करना है, आप इसे बेहतर करते हैं और इसी तरह आगे बढ़ते हैं। आप लगातार सुधार के चक्रों की शृंखला के माध्यम से काम करते हैं जो परिस्थिति की बेहतर समझ और उन्नत कार्य की ओर मिल जाता है। इस प्रकार, क्रियात्मक शोध को बदलाव की ओर अनुभवात्मक अधिगम पहुँच की तरह देखा जाता है। लक्ष्य आरंभिक चक्रों में विकसित समझ की रोशनी में विधियों, डेटा और व्याख्या को निरंतर निखारना है।

चक्रों को अनेक तरीकों से परिभाषित किया जा सकता है।) मगर जैसा कि चित्र 9.2 में दिखाया जा रहा है, इनमें सामान्यत: प्रेक्षण प्रतिबिम्बन/चिंतन, योजना-निर्माण और कार्य में कुछ परिवर्तन शामिल है।

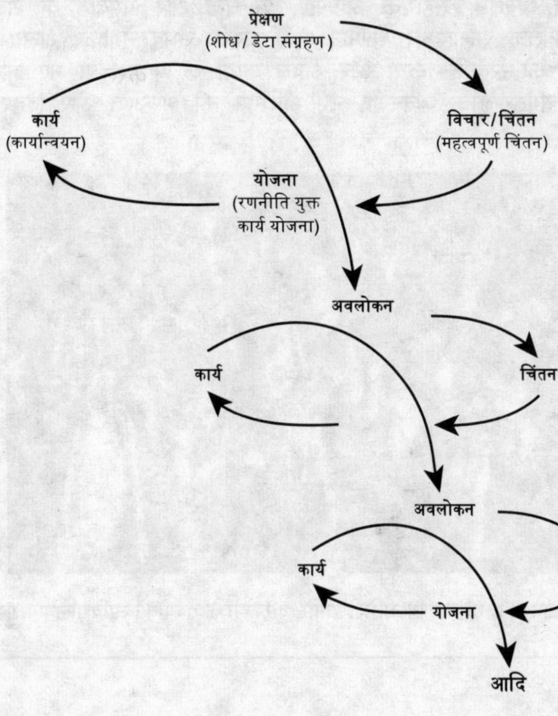

चित्र 9.2 क्रियात्मक शोधमें चक्र

चक्र के प्रत्येक हिस्से के चरणों का स्वभाव अप्रत्याशित होता है और यह शोध की टोली बनानेवाले हितकारकों के सहयोग से विकसित होता है। चक्र के 'प्रेक्षण' के लिए शेष किसी मामले के अंदर शामिल होता है और संभव है इसमें डेटा एकत्र करने और ज्ञान उत्पादित करने के लिए तरह-तरह के तरीक़े, कार्यप्रणालियाँ और विधियाँ शामिल होती हैं। चक्र का 'चिंतन' वाला हिस्सा अनौपचारिक और आत्मविश्लेषी हो सकता है या जैसी

पहले चर्चा की जा चुकी है, यह काफी औपचारिक हो सकता है और रचनात्मक मूल्यांकन के साथ बहुत से तत्वों को साझा कर सकता है। हालाँकि 'योजना' और 'कार्य' से संबद्ध चरण संभावित रूप से चिंतन और शोध के परे जाते हैं और अभ्यासियों की रणनीति से बनी योजना और बदलाव प्रबंधन पर साहित्य में तल्लीनता की मांग करते हैं।

बॉक्स 9.1

क्रियात्मक शोध का उदाहरण — स्वदेशी समापन/पूरा दरों में सुधार

क्रियात्मक शोध में शोध प्रतिभागियों का सशक्तिकरण हमेशा प्रमुख महत्व रखता है और इसलिए पारंपरिक रूप से हाशिये पर रखे गए समूहों की संलग्नता के लिए अत्यधिक प्रभावी कार्यप्रणाली है। इम्प्रूविंग इंडिजनस कंप्लीशन रेट्स इन मेनस्ट्रीम (टीएएफई) (बालट्टी एट एल. 2004), क्रियात्मक शोध के अध्ययन में लेखकों ने ऑस्ट्रेलियायी तकनीकी और अन्य शिक्षा (ऑस्ट्रेलियन टेक्नीकल एंड फ़र्दर एडुकेशन में स्वदेशी छात्रों के विद्यालय छोड़ने की उच्च दर की व्यावहारिक समस्या को ज्ञान उपार्जित करने और बदलाव लाने के लिए प्रारूपित भागीदारी चक्रीय प्रक्रिया के माध्यम सामने लाने की कोशिश की है। उस अंत तक शोध प्रक्रियाओं में 7 से 10 लोगों की चार टोली बनाना और सुगम करना शामिल था जिसमें लोग हितधारक समूहों में से लिए गए थे – जिसमें छात्र, प्रबंधन, सहायक अफ़सर, प्रबन्धक और समुदाय के सदस्य, साथ ही साथ एक सुविधाप्रदाता और सांस्कृतिक सलाहकार शामिल थे। प्रत्येक समूह ने फिर अलग-अलग समस्याओं पर काम किए) अपनी प्रक्रियाओं को रिकॉर्ड किया और अपने कार्यों के माध्यम से नए ज्ञान उत्पन्न करने और बदलाव लाने (जैसे – नई संगठनात्मक व्यवस्था, नए अधिगम की शुरुआत और वितरण के नए रूप) की कोशिश की।

छायाचित्र 9.1 स्वदेशी पलटन स्नातक, विश्वविद्यालय अभिलेखागार, एरिजोना के राज्यीय विश्वविद्यालय के पुस्तकालयों के सौजन्य से

क्रियात्मक शोध से जुड़ी चुनौतियाँ

हाँ, क्रियात्मक शोध सशक्त रूप से ज्ञान उत्पादन कर सकता है और बदलाव ला सकता है, मगर किसी ने भी, जिसने इस प्रक्रिया को कभी सुगम बनाया होगा, आपको बता सकता है कि यह कहीं से भी आसान नहीं है। क्रियात्मक शोधकी भागीदारी, चक्रीय और बहु लक्ष्यों का स्वभाव इसे आगे बढ़ाने के लिए कठिन प्रक्रिया बना देता है। हालाँकि टोली के साथ आगे बढ़ने का अर्थ होगा कि आपके पास पूरा नियंत्रण नहीं है, फिर भी संभव है,

सम्पूर्ण प्रबंधन के लिए आप ज़िम्मेदार हो सकते हैं।इस तरह, टोली को नियत समय और बजट की सीमा में रखने के लिए आप ज़िम्मेदार हो सकते हैं। इसलिए किसी क्रियात्मक शोध के प्रोजेक्ट की सफलता के लिए व्यावहारिक और यथार्थवादी होना महत्वपूर्ण है। संक्षेप में प्रोजेक्ट को प्रबंधन के योग्य होना ज़रूरी है।

कार्य शोधकर्ता के रूप में जिन मुद्दों पर बातचीत करने की ज़रूरत है, वे हैं:

- निर्देशित करने के बजाय सुगम बनाना —इसकी भागीदारी की प्रवृति के कारण प्रोजेक्ट का अंतिम निर्णय आपके हाथ में नहीं होता। प्रोजेक्ट के निर्देश के निर्णय और इसके संभावित परिणाम सामूहिक होने चाहिए।
- क्षेत्र-विस्तार का प्रबंधन — कार्य – शोध की परियोजना बहुत जल्दी बहुत बड़ी हो सकती है। नए शोधकर्ता यह देखकर हैरान हो सकते हैं कि सिर्फ़ एक क्रियात्मक शोध चक्र के अंतर्गत दृढ़तापूर्वक संचालित आवश्यकताओं के आकलन या मूल्यांकन करने के अध्ययन का संचालन ख़ुद में एक बड़ी शोध परियोजना बना सकती है।
- विधियों में दृढ़ता सुनिश्चित करना — हालाँकि निरंतर उन्नत रणनीतियाँ, वास्तविक प्रमाण और सामान्य विचार पर निर्भर हो सकता है, क्रियात्मक शोध बहुत अधिक दृढ़ता की माँग करता है। सबसे अच्छी सलाह यह हो सकती है कि प्रत्येक क्रियात्मक शोध चक्र के अंदर मूल शोध प्रश्न को पहचानें और इनमें से सभी को, एक छोटे शोध अध्ययन की तरह मानें। हालाँकि इन अध्ययनों को निश्चित रूप से कठिन, वास्तविक सीमा की ज़रूरत होती है, इन्हें फिर भी संचालित करना ज़रूरी होता है ताकि ये अच्छे शोध के संकेतकों— वैधता, प्रामाणिकता, विश्वसनीयता, निरंतरता आदि (देखें अध्याय 3) पर खरा उतर सके।
- गति का प्रबंधन — हितधारकों को साथ लाना, आम सहमति मिलना और वास्तविक बदलाव के लिए कार्य करना धीमा हो सकता है, ख़ासकर बहु चक्रों में। क्रियात्मक शोध में समय लगता है और यह सबसे अच्छी तरह तभी काम कर सकता है जब इसे दिन-प्रतिदिन के अभ्यास में लाया जाए।
- गति बनाए रखना — दीर्घकालिक प्रोजेक्ट में बहुत-सी चीज़ें रास्ते से अलग हो सकती हैं। मुख्य हितकारक आ और जा सकते हैं; बदलाव की शुरुआत वहीं की वहीं रुकी रह सकती है और शोध का कठोर संचालन दमनकारी हो सकता है। और जब क्रियात्मक शोध का स्वभाव ऐसा है, यथार्थवादी नियोजन अप्रत्याशित को स्वीकारने और लचीला होने के लिए तैयार रहना गति को बनाए रखने में मदद कर सकता है।
- लोगों का प्रबंधन — सहभागिता को सुगम बनाना आसान नहीं है। कुछ हितकारकों को अनसुना, उपेक्षित और/या हाशिये पर रखा-सा महसूस हो सकता है; कुछ रोबदार और गर्वित हो सकते हैं; अन्य अपनी कार्यावली पर ज़ोर देने में लगे रह सकते हैं। सुविधाप्रदाता के रूप में आपको बातचीत सुगमता और संभावित रूप से लड़ाई को रोकने की क्षमता/कौशल को सामने लाने की ज़रूरत होगी।
- नीतिपूर्वक कार्य करना — शोधकर्ता ज्ञान के उत्पादन और शोधवस्तु के कल्याण (देखें अध्याय 3), दोनों के लिए नैतिक ज़िम्मेदारी लेते हैं। क्रियात्मक शोधमें, शोध-टोली के हितकारकों की संलगता, साथ ही कार्य में बदलाव की कार्यावली प्रतिभागियों के जुड़ाव के स्तर को बहुत ऊँचा बना देता है। इन प्रतिभागियों के कल्याण की सुरक्षा आला दर्जे की होती है।
- कौशल के विस्तृत सीमा की ज़रूरत — शोधकर्ता के साथ-साथ, क्रियात्मक शोधकर्ता को परिपूर्ण आयोजक, प्रभावकारी संप्रेषक, कुशल मध्यस्थ, टकराव समाप्त कराने का विशेषज्ञ, सुनियोजित समय प्रबन्धक, रणनीतिक योजनाकर्ता, कुशल दस्तावेजक, और ज़मीनी कार्यान्वयक के रूप में अपने 'हाथ गंदे ' करने के इच्छुक; होने की ज़रूरत है — जहाँ इन सभी में विशेषज्ञ के कौशल को विकसित करना ज़रूरी है।
- स्वामित्व — अंतत: शोधकर्ता को शोध के परिणामों के स्वामित्व के बारे में बातचीत करना ज़रूरी है, जिसमें प्रकाशन के अधिकार और रचनाकारिता के मुद्दे शामिल हो सकते हैं।

जब बात ज्ञान और बदलाव की आती है, क्रियात्मक शोधकोशिश करता है कि आपको फल मिले और आप उसका आनंद लें (जो वस्तुत: समझ बनाता है आखिरकार, फल मिलने और उसे न खाने में क्या आनंद है)। यह आपको दूसरों के साथ सशक्त रूप में काम करने की अनुमति देता है। और हालाँकि क्रियात्मक शोध काफ़ी चुनौतीपूर्ण हो सकता है, उन लोगों और संगठनों, जिनके लक्ष्य क्रियात्मक शोध के लक्ष्य से मेल खाते हैं, यह चुनौती लेना लाभकारी हो सकता है।

मुक्ति संबंधी शोध

दार्शनिकों ने दुनिया की विभिन्न तरीक़ों से सिर्फ़ व्याख्या की है; मगर मुद्दा उसे बदलने का है

कार्ल मार्क्स

कौशल और अभ्यास को सुधारने/उन्नत करने की चाह या कार्यस्थल, विद्यालय या समुदाय में बदलाव लाने का प्रयास एक बात है मगर यदि आप मानते हैं कि स्थायी बदलाव लाने का एकमात्र रास्ता विशाल सामाजिक तंत्रों के मूलभूत परिवर्तन से है तो क्या?यदि आप मानते हैं कि सिर्फ़ तंत्र के अंदर काम करने से नहीं है और सामाजिक मुद्दा या सामाजिक समस्या का केंद्र अन्याय या असमता है जो तंत्र के भीतर ही है तो क्या दमनकारी विद्यालयी तंत्र, कार्यस्थल का आधिकारिक स्वभाव या समुदाय की श्रेणीबद्ध संरचना ? या ईसकी भी गहराई में जाएँ तो पूँजीवाद, पित्रात्मकता, विकास या वैश्वीकरण की आधारभूत विचारधाराएँ ?

महत्वपूर्ण मुक्ति के लिए संघर्ष/प्रयास करने का अर्थ है, इन विचारधाराओं को उभारना ताकि जो शोषित हैं वे मुक्त हो सकें, जिसके लिए निम्नांकित ज़रूरत होती है:

शब्दावली

महत्ता (क्रिटिकैलिटी)

यह ज्ञान के महत्वहीन माने जाने वाले तरीक़े को चुनौती देना है। न सिर्फ़ यह पूछना कि यह क्या है, बल्कि यह कि यह क्यों है, कौन लाभान्वित होता है और क्या वैकल्पिक संभावनाएँ हो सकती हैं?

कट्टरपंथी विचार

तात्कालिक अभ्यासों, स्थितियों/शर्तों, संस्थानों या विचारधाराओं में बदलाव को समर्थन देना।

मुक्ति संबंधी लक्ष्य

परिवर्तनकारी बदलाव की ओर काम करना।

यानी महत्वपूर्ण मुक्ति का अर्थ है तत्कालीन अभ्यासों, स्थितियों, संस्थानों या विचारधाराओं में मूलभूत या क्रांतिकारी बदलाव लाना जो प्रमुख सामाजिक संरचना की मजबूरी से लोगों को मुक्त कर सके जो प्राय: स्व-विकास और स्व-निर्धारण को सीमित करते है। उनके लिए, जिनके शोध के लक्ष्य में महत्वपूर्ण मुक्ति शामिल है, संभवत: शोध इस मान्यता पर आगे बढ़ेगा कि यदि सामाजिक समस्या तंत्र से उत्पन्न होते है तो वे तंत्र के अंतर्गत कभी हल नहीं हो सकते। महत्वपूर्ण मुक्ति संबंधी शोध अनिवार्य रूप से सामाजिक तंत्र के अंदरूनी हिस्से में डूबता है। यह राजनैतिक उद्देश्य से लदा हुआ होता है और मूल्यरहित। महत्वहीन होने का दावा नहीं करता है। यह समाज का परिवर्तन तलाशता है जिससे लोग अपने कार्य के प्रति आज़ाद और सशक्त हो सकें जिससे उन्नत परिस्थितियों की संभावना बन सके।

अब इसके कट्टरपंथी चरम पर इसका अर्थ हो सकता है – औद्योगिक समाज द्वारा निर्मित अशक्तिकरण और अन्याय की छानबीन; वृहत्त वैश्वीकरण के आर्थिक प्रभाव की खोज; या उन पित्रात्मक संरचना को उजागर करना जो स्त्री के लिए हानिकारक है। हालाँकि छोटे स्तर पर शोध परियोजना के लिए अमल 'साधारण' भी हो सकता है,

जैसे – कार्यस्थल की खोज, खेल के मैदान में तंग करना, या युवतियों में आत्मविश्वास की कमी की छानबीन। ऐसे अध्ययनों का 'महत्वपूर्ण ' अंत उन विचारधाराओं की खोज से आता है जो इस तंत्र को बनाते हैं, जिसमें: कार्यस्थल का तनाव, अधिकार, शक्ति, नियंत्रण के भलीभाँति आरोपित अभ्यासों का अनपेक्षित निर्मिति बन जाता है;लड़कियों में आत्मविश्वास की कमी को देखा जा सकता है।लोगों की दृष्टि से जहाँ स्त्री देह पर दबाव होता है;और खेल के मैदान में तंग करने को काफी उचित माना जा सकता है जहाँ युवा के दूसरे प्रकार के अतिक्रमण के माध्यम से शक्ति वैध होती है जो आसानी से उपलब्ध है (फ़िल्म, वीडियो गेम, खेल आदि)। यह आलोचनात्मकता फिर ज्ञान के उत्पादन के माध्यम से बंधन-मुक्ति में अमल में लाया जाता है, जो दमनकारी विचारधाराओं को उजागर करता है और संभावनाओं के द्वारा खोलता है।

समाज विज्ञानों में इस महत्वपूर्ण मुक्ति संबंधी लक्ष्य ने मानवजाति समानधी और क्रियात्मक शोध में विविधता लाई है। 'भागीदारी' बंधन-मुक्ति का मुखर लक्ष्य है, जबकि 'महत्वपूर्ण'जातिवृत्यात्मक विज्ञान मौजूदा सामाजिक तंत्र को उनके प्रमुख और दमनकारी विचारधाराओं को उजागर करके बदलाव लाना चाहता है (देखें बॉक्स 9.3)।

भागीदारी क्रियात्मक शोध

भागीदारी क्रियात्मक शोध (पार/PAR) जिसे कभी-कभी मुक्ति-संबंधी क्रियात्मक शोध या 'दक्षिणी' भागीदारी क्रियात्मक शोध (जो विकासशील देशों में काम करने की धारणा से आता है, प्राय: दक्षिणी गोलार्ध में) कहा जाता है, क्रियात्मक शोध की छत्रछाया में आता है।इसका लक्ष्य मुक्ति है मगर ज्ञान और कार्य के चक्र बुनियादी बदलाव लाते हैं, इसके प्रति क्रियात्मक शोध का समर्पण रखता है। अब, निश्चित रूप से क्रियात्मक शोध के मुक्ति-संबंधी लक्ष्य हो सकते हैं। मगर पार इन लक्ष्यों को और अधिक मुखर बना देता है। यह भागीदारी तरीक़े से काम करता है जो स्थानीय ज्ञान को महत्व देता है और समुदायों को सशक्त बनाने की कोशिश करता है, जिससे वे दमनकारी तंत्र औरविचारधारा को उजागर कर सके और खुद को उनसे मुक्त कर सके। पार प्राय: अंतर्राष्ट्रीय शोध विकास में पाया जाता जो पक्ष समर्थन और कार्य के माध्यम से 'हाशिये पर रखे गए' के सामाजिक बदलाव की ओर काम करता है।

पार का लक्ष्य एकत्रित रूप में, चक्रीय और भागीदारी के माध्यम से कार्य और ज्ञान को आगे बढ़ाना है। यह छानबीन को सुगम बनाना और उन तरीक़ों को अनावृत करने की कोशिश करता है जिसे प्रमुख विचारधाराओं और तंत्र आकार देते हैं और विचारने और कार्य करने को बाध्य करते हैं, और उन हस्तक्षेपों की ओर काम करता है जो 'हाशिये पर रखे गए' को ऐसे दबावों से मुक्त कर सके जो गरीबी, उत्पीडन, दमन, और/या अन्याय करने में सहायक होते हैं। पार उन्हीं की तरह/समान सिद्धांतों पर भरोसा करता है जिसपर क्रियात्मक शोध, मगर अधिक विशिष्ट मुक्ति संबंध कार्यावली के साथ:

- यह व्यावहारिक समस्याओं को संबोधित करता है — जैसा कि क्रियात्मक शोध के साथ है, पार सच्ची समस्याओं पर काम करता है जिससे ज्ञान उत्पादित हो सके और हितकारकों के लिए उपयोगी कार्य हो सके। इसमें प्राय: 'हाशिये पर रखे गए'की शक्ति शामिल होती है क्योंकि वे अपनी जानकारी से ख़ुद निर्माण करते हैं और मुक्ति के लिए अपनी रणनीतिक योजना बनाते हैं और उसपर कार्य करने का प्रयास करते हैं।
- यह ज्ञान उत्पादित करता है-) पार न सिर्फ़ तंत्र के अंदर की चीज़ों को चुनौती देने की कोशिश करता है, बल्कि पूरे तंत्र को ही। यह ज्ञानोत्पादन के राजनैतिक पहलुओं को उजागर करने की कोशिश करता है और प्राय: ज्ञान को शक्ति और नियंत्रण के साधन भी होता है।
- यह बदलाव के लिए काम करता है — जैसा कि हर क्रियात्मक शोध की प्रक्रियाओं में सामान्य है, पार ज्ञानोत्पादन के परे जाता है और बदलाव को अपने तात्कालिक लक्ष्यों में शामिल करता है। पार में ये लक्ष्य अन्यायी शक्ति-संबंधों को बदलकर मुक्ति और विमुक्ति से सीधे संबद्ध होते हैं।
- यह भागीदारी करता है— पार शोध वस्तु के ऊपर या उनके लिए काम करने के बजाय उनके साथ काम करता है। यह मानता है कि 'हाशिये पर ' रखे गए लोग के ज्ञान और अनुभव को प्रतिष्ठा और महत्व मिलना चाहिए। यह उन क्षमताओं और सांस्कृतिक अभ्यासों पर मूल रूप से काम करता है जो प्राय: उपेक्षित हैं। पार 'धर्मशीलता ' (फ्रेयर, 1970) या उत्पीड़ित को जागरूक करने की ओर काम करने की कोशिश करता है और उनके अपने दृष्टिकोण से ओर उनकी अपनी रुचि के लिए उनके ज्ञानोत्पादन और कार्य करने की क्षमता

को शक्ति देता है। ज्ञान के उत्पादन और कार्य के लिए व्यापक, चयनशील और आकस्मिक विधियों का उपयोग होता है और इसे शोध करने के पारंपरिक पश्चिमी तरीकों तक सीमित करने की ज़रूरत नहीं। गीत, कविता, कला, नाटक, कथावाचन ज्ञान उत्पन्न करने और सामने लाने के सटीक तरीकों के रूप में उभर सकते हैं।

- यह चक्रीय प्रक्रिया पर निर्भर करता है— जैसा कि क्रियात्मक शोध के सभी रूपों के साथ है, अवलोकन करने, विचार करने, योजना बनाने और कार्य करने के चक्रों के माध्यम से परिस्थिति की अच्छी समझ और उन्नत कार्य के कार्यान्वयन की ओर भी ले जाता है।

महत्वपूर्ण जातिवृत्यात्मक विज्ञान

जातिवृत्यात्मक विज्ञान को 'इसके प्रतिभागियों' के दृष्टिकोणों से जीवनशैली को समझने, वर्णन करने और व्याख्या करने के लिए सांस्कृतिक समूह की छानबीन' से परिभाषित किया जा सकता है। महत्वपूर्ण जातिवृत्यात्मक विज्ञान जिसे कट्टरपंथी जातिवृत्यात्मक विज्ञान भी कहते हैं, अन्यायी को अनावृत करने, अन्यायपूर्ण या दमनकारी प्रभाव जो 'हाशिये पर' रखे गए सांस्कृतिक समूह पर कार्य कर रहे हैं, पर दबाव बनाए हुए हैं – इनका राजनैतिक एजेंडा जोड़ता है ताकि सकारात्मक बदलाव के लिए रास्ता बना सके।

इस कारण एक धारणा है कि प्रमुख या मौजूदा तंत्र वास्तव में दमनकारी या अन्यायपूर्ण है और इसे उभारने की ज़रूरत है। महत्वपूर्ण जातिवृत्यात्मक विज्ञान ज्ञान के राजनैतिक स्वभाव को उजागर करने और दुनिया को देखने के हमारे नजरिए को आकार देनेवाले प्रमुख दबावों को अनावृत्त करने की कोशिश करता है। वैश्विक नजरिए, विचारधारा और शक्ति के महत्वपूर्ण परीक्षण से, महत्वपूर्ण जातिवृत्यात्मक विज्ञान तत्कालीन स्थिति को विशाल सामाजिक एटिहासिक ढाँचे में संदर्भित करने की कोशिश करता है जो आलोचनात्मक विचार देता है और दूसरों को इसमें जुड़ने के लिए प्रोत्साहित करता है। यहाँ लक्ष्य 'हाशिये पर' रखे गए लोगों की धर्मशीलता, सशक्तिकरण और विमुक्ति की ओर काम करना है।

हालाँकि पारंपरिक मानवजाति तकनीक पर विचार किया जा सकता है और कई लोग यह तर्क देते हैं कि करना भी चाहिए – कैसे, प्रमुख उदाहरणों से व्याख्या प्रभावी होती है, महत्वपूर्ण मानवजाति विज्ञानी का मुखर लक्ष्य परिस्थिति को प्रमुख के अंदर और बाहर, दोनों प्रकार से समझना और व्याख्या करना है। महत्वपूर्ण मानवजाति विज्ञानी वैकल्पिक मान्यताओं की शृंखलाओं के माध्यम से काम करने के लिए सांस्कृतिक मान्यताएँ बताकर और खुद को उससे फासला बनाकर प्रमुख उदाहरण उजागर करते हैं। लक्ष्य वैकल्पिक और संभावित रूप से अधिक विमुक्तिपरक वास्तविकताएँ सामने लाना है (देखें बॉक्स 9.2)

स्पष्टत: महत्वपूर्ण जातिवृत्यात्मक विज्ञान उच्च राजनैतिक लक्ष्य और प्रमुख तंत्र के अनावरण को मुक्ति से जोड़ते हैं – यहाँ बदलाव लाना सुनिश्चित उद्देश्य है। थॉमस के अनुसार (1993), कार्य के रूप में जातिवृत्यात्मक विज्ञान को निम्नांकित योग्यताओं में देखा जा सकता है:

- शोधकर्ता के ज्ञान संबंधी कार्यों में बदलाव लाना;
- हाशिये पर रखे गए लोगों को आवाज़ देना;
- दूसरों के साथ मेलजोल/संवाद को उत्तेजित करना जो सामाजिक जागरूकता को बढ़ाता है;
- सामान्य लक्ष्य वालों की मंडली बनाना;
- वैधानिक और/या नीति में सुधार के लिए आरंभिक बिंदु बनना।

बॉक्स 9.2

महत्वपूर्ण जातिवृत्यात्मक विज्ञान की ओर यात्रा

मेरी एक छात्रा ने विश्वविद्यालय प्रथम वर्ष के छात्रों का जातिवृत्यात्मक विज्ञान संबंधी अध्ययन संचालित किया था जो जारजत्व की घोषणा (बास्टर्डाइजेशन)के अधीन थे। अध्ययन की कोशिश जारजत्व की घोषणा को पीड़ित के दृष्टिकोण से समझना था। प्रेक्षण साक्षात्कार और दस्तावेज़ों के विश्लेषण के माध्यम से छात्र

जारजत्व की घोषणा की घटना और जिस संस्कृति में यह समृद्ध होता है, उसका बहुत अधिक विवरण और व्याख्या देना चाहती थी। जैसे जैसे वह अपने काम में प्रगति करती गई, उसने यह महसूसा, संस्कृति को समझना कि इसे कैसे तब्दील किया जाये, उन दबावों के आलोचनात्मक परीक्षण के बिना संभव नहीं था जो इस संस्कृति को निरंतर आगे बढ़ाने की अनुमति ड़े रहे थे। इस तरह उसने खुद को परिसर के सामाजिक, ऐतिहासिक संदर्भ की खोज में डूबा पाया जिससे पित्रात्मकता मिथक, अतिशय क्रोध, सहभागिता, ख़ामोशी, शक्ति और नियंत्रण की संस्कृति की धारणा को उजागर और विसंरचना कर सके। अंत में, उसका काम एक मजबूत आलोचनात्मक अध्ययन में तब्दील हुआ जिसने मजबूत सामाजिक तंत्र का खुलासा करने की कोशिश की, जो एक विशेष सांस्कृतिक यथार्थता बन चुका था।

छायाचित्र 9.2 **यातना की पद्धति। *रेडियस* पत्रिका (2009) 23 (2): 8. *रेडियस* ..... यूनिवर्सिटी ऑफ सिडनी मेडिकल अल्युमनी एसोशिएसन और सिडनी मेडिकल स्कूल द्वारा प्रकाशित।**

बॉक्स 9.3

मुक्ति संबंधी शोध के उदाहरण

Stoudt, B. G., Fox, M. and Fine, M. (2012) 'Contesting privilege with critical participatory action research', *Journal of Social Issues,* 68(1): 178–193.

यह अध्ययन न्यूयॉर्क सिटी के शहरी युवाओं के साथ सहभागी शोध परियोजना पर आधारित है। इस प्रोजेक्ट ने लोक संस्थानों से बातचीत करते समय शहरी युवाओं द्वारा सामना किए गए न्यायपूर्ण और अन्यायपूर्ण – दोनों अनुभवों की छानबीन की है। लेखक विशेषाधिकार के ऐतिहासिक और अनुत्तरित/अस्वीकृत भूमिका और अपेक्षाकृत लाभान्वित युवा के लिए प्रदान किए गए विकासात्मक सहयोग का विश्लेषण करता है। सच्ची पार शैली में, लेखक विशेषाधिकार को न सिर्फ समझने के लिए बल्कि कार्यकर्ता की एकजुटता के लिए संभावित मंच के रूप में भी विश्लेषण करता है।

(जारी)

(जारी)

Fitzpatrick, K. (2011) 'Stop playing up!: Physical education, racialization and resistance', *Ethnography,* 12(2): 174–197.

इस एक वर्ष लंबे जातिवृत्यात्मक विज्ञान के अध्ययन में दक्षिणी ऑकलैंड, न्यूजीलैंड, जो गरीबी, अपराध और सांस्कृतिक विविधता के लिए जाना जाता है, के एक बहु संजाति विषयक स्कूल में युवा के जीवन में शारीरिक शिक्षा की जगह की खोज की है। इस अध्ययन को गंभीर रूप से लेखक की शारीरिक शिक्षा के सकारात्मक पहलुओं (संबंध बनाना, खेल और गंभीर रूप में प्रतिरोध) को समझने के साथ-साथ नस्ल और लिंग के संबंध के रूप में शरीर के अपने और सामाजिक निर्णय के नकारात्मक; राजनीति से पूर्ण जगह को समझने के तरीके में देखा जा सकता है।

मुक्ति संबंधी शोध के मुद्दे

शोध के कक्ष और राजनैतिक कार्यावली के परस्पर लिपटे होने पर ऊँचे स्तर का विवाद खड़ा हुआ है– खास तौर पर ऐसा इसलिए है क्योंकि यह शोध के अधिकांश में से एक आरोपित हुए 'प्रत्यक्षवादी' नियमों के विरुद्ध आता है, यानी निष्पक्षतावाद। सामाजिक सक्रियता को शोध के साथ संशयग्रस्त करने और आत्मवाद को प्रबंधित न कर पाने की क्षमता के लिए आरोप लगाना आसान है। और हालाँकि महत्त्वपूर्ण जातिवृत्यात्मक विज्ञान और पार 'उत्तर प्रत्यक्षवादी ' की छत्रछाया में होते हैं, फिर भी वे इस आलोचना से पीड़ित होते हैं और सामाजिक सक्रियता को शोध के साथ संशयग्रस्त करने के लिए आरोपित किए जाते हैं। जो ऐसे अध्ययन को संचालित करना चाहते हैं, उनके लिए अपनी कार्यप्रणाली से संबद्ध प्रोटोकॉल का स्पष्ट खाका बनाना उस साहित्य को उपयोगी बनाता है जो वैधता प्रदान करता है और शोध में महत्वपूर्ण कार्यावलियों को स्वीकारता और महत्व बताता है। सौभाग्यवश, उत्तर प्रत्यक्षवादी कार्यप्रणालियों का प्रसार और इसकी स्वीकृति इस कार्य को अधिक आसान बना देता है।

इतना कहने के बाद अभी भी आत्मवाद को व्यवस्थित करने की ज़रूरत शेष है। राजनीतिक कार्यावली होना और उसके ऊपर काम करना एक बात है, मगर अपने शोध की व्याख्या और विश्लेषण को पूर्वग्रह से युक्त बनाना दूसरी बात। राजनीतिक कार्यावली स्वीकार्य हो सकती है, मगर उनके द्वारा आपकी अनुभूति को पहचानने के अयोग्य तरीके में बदलना आपके शोध की विश्वसनीयता पर प्रश्न खड़े कर देगा।

दूसरी, संभवत: अधिक आलोचनात्मक समस्या है – समर्पित और प्रेरित शोधकर्ता द्वारा उनके राजनैतिक कार्यावली को 'हाशिये पर' रखे गए लोगों पर थोपने का ख़तरा। क्या समस्याएँ आवश्यक रूप से समस्याएँ ही हैं, अगर शोधवस्तु इसे ऐसा नहीं मानते तो? क्या इसमें हलचल उत्पन्न करना शोधकर्ता का अधिकार है, चाहे लक्ष्य विमुक्ति और मुक्ति क्यों न हो? क्या 'अवगत कराना' हमेशा न्यायसंगत है? किसी विशेष संस्कृति के अंतर्गत ज़रूरी नहीं कि पश्चिमी शोधकर्ताओं द्वारा पहचानी गई समस्या उनके लिए भी समस्या हो जो इससे प्रभावित माने जाते हैं। अत: मुक्ति संबंधी शोध में बहुत बड़ी ज़िम्मेदारी हैं, उन राजनीतिक कार्यावलियों पर बातचीत करना जो शोधवस्तु से उत्पन्न होते हैं, सौंपे जाते हैं या उनपर 'थोपे जाते' हैं।

पाठ सारांश

- जब बात बदलाव लाने में समर्पित कार्यप्रणालियों की आती है, प्रायोगिक शोध जिसमें मूल्यांकन भी शामिल है, बदलाव के लिए अनुशंसित करता है, कार्य –शोध शोध प्रक्रियाओं में बदलाव को सीधे तौर पर जड़ता है; जबकि मुक्ति संबंधी शोध मूलभूत स्तर पर बदलाव लाता है जिसमें विमुक्ति और आत्मनिर्णय शामिल है।
- मूल्यांकन करनेवाले शोध किसी पहल, जैसे कार्यक्रम या नीति के महत्व का निर्धारण करने के लिए किया जाता है और इसमें कार्यान्वयन और परिणाम दोनों शामिल होते हैं। यह बहुत ही अधिक राजनीतिक, वास्तविक दुनिया का प्रयास है जो विविध विधियों का उपयोग करता है।

- क्रियात्मक शोधएकीकृत ज्ञान के उत्पादन और बदलाव के कार्यान्वयन में समर्पित होता है। इसका लक्ष्य हितधारकों को भागीदारी और सहभागिता के तरीकों के माध्यम से उनके अपने अधिगम और विकास में संलग्न रहने के लिए सशक्त बनाना है।
- भागीदारी क्रियात्मक शोध सशक्तिकरण और क्रांतिकारी परिवर्तन की अपनी कार्यावली में मुखर है। इसका लक्ष्य सामुदायिक समूह को बेहतर भविष्य के लिए उनकी अपनी योजना बनाने और उसपर कार्य करने के लिए अपनी समझ बनाने में मदद करना है।
- महत्वपूर्ण जातिवृत्यात्मक विज्ञान 'हाशिये पर' रखे गए लोगों के हित के लिए प्रमुख तंत्रों को उजागर करने का प्रयास करता है। बदलाव दलित – पीड़ित को आवाज़ प्रदान करने, साथ ही साथ व्यक्तिगत, वैधानिक और नीति के स्तर पर काम करने के लिए दिए गए आरंभिक बिंदु से आता है।

संदर्भित पुस्तकें

हालाँकि अधिकांश छात्र अपने प्रोजेक्ट को बदलाव को दिमाग में वैकल्पिक लक्ष्य के रूप में रखकर निर्धारित करते हैं, बहुसंख्यक छात्र उन शोध की रणनीतियों पर अधिक विचार नहीं करते, जो बदलाव को शोध प्रक्रिया का और अधिक सहायक लक्ष्य के रूप में देखते हैं। मुझे आशा है कि इस अध्याय ने आपको कुछ तरीक़ों पर विचार करने के लिए प्रेरित किया होगा जो ज्ञान और कार्य को जोड़ते हो। यदि ऐसा है तो नीचे दी गई कुछ पुस्तकों पर नज़र डालें। वे शोध और बदलाव को जोड़ने की ढेर सारी संभावनाएँ देती हैं।

मूल्यांकन करनेवाले शोध

Fitzpatrick, J. L., Sanders, J. R., and Worthen, B. R., (2010) Program Evaluation: Alternative Approaches and Practical Guidelines. New York: Allyn and Bacon.

एक अच्छी व्यापक पुस्तिका। मुझे लेखकों द्वारा मूल्यांकनकर्ताओं को विभिन्न तरीक़ों में से निकालने के लिए प्रोत्साहित करने का तरीका पसंद आया। मूल्यांकन होने वाले किसी विशेष कार्यक्रम के लिए सर्वश्रेष्ठ कार्यप्रणाली से सम्बद्ध योजना ढूँढने के लिए।

Rossi, P.H., Freeman, H. E. and Lipsey, M. W. (2003) Evaluation: A systematic Approach. Thousand Oaks, CA: Sage.

'कैसे करें' की बहुत अच्छी पुस्तिका जिसमें बहुविध तरीक़े हैं। इस कार्य की शक्ति, इसमें उपयोग किए गए उदाहरणों का विस्तार और मूल्यांकन के राजनीतिक संदर्भ की व्याप्ति है।

Royse, D., Thyer, B. A., Padgett, D.K. and Logan, T.K. (2009) Program Evaluation: An Introduction. Belmont, CA: Wadsworth

जैसा कि शीर्षक संकेत करता है, यह ठोस व्यावहारिक परिचय है।मुझे यह स्पष्ट, अनुकरण में आसान और काफी व्यावहारिक लगता है। आरंभ करने की अच्छी जगह।

Wholey, J. S., Hatry, H.P. and Newcomer, K.E. (eds) (2010) Handbook of Practical Program Evaluation. San Francisco: Jossey-Bass.

निबंधों की अच्छी तालिका।साथ मिलकर वे एक अच्छा व्यापक कार्य बनाते हैं जो लोक क्षेत्र में चल रहे कार्यक्रमों के मूल्यांकन में शामिल किसी भी व्यक्ति के काम आ सकता है। खासकर, मुझे इस पुस्तक का जनसामान्य की समझ तक अपनी पहुँच बनाने का तरीका पसंद आया जो उचित लागत पर होने के साथ-साथ विश्वसनीय मूल्यांकन का प्रारूप भी है।

क्रियात्मक शोध

Balatti, J., Gargano, M., Wood, G., and Woodlock, J. (2004) Improving Indigenous Completion Rates in Mainstream TAFE-An Action Research Approach. Leabrook, South Australia: NCEAR.

ऊपर देखें बॉक्स 9.1

Coghlan, D. and Brannick, T. (2009) Doing Action Research in Your Own Organization. London: Sage

क्रियात्मक शोध की पेचीदीगियों पर बात करने के साथ-साथ यह पुस्तक आपके अपने संगठन के अंदर शोधकर्ता के रूप में और बदलाव एजेंट के रूप में काम करने से संबद्ध राजनैतिक और नैतिक गहराइयों में भी प्रवेश करती है। मैं इस पुस्तक को उन्हें अधिक अनुशंसित करूँगी जो अपने कार्यस्थल में क्रियात्मक शोध करना चाहता है।

Greenwood, D. and Levin, M. (2006) Introduction to Action Research: Social Research for Social Change. Thousand Oaks, CA: Sage.

'कैसे करें' के बजाय यह पुस्तक आपको क्रियात्मक शोध के सिद्धांत और इतिहास के माध्यम से ले जाता है, जहाँ काफी मूलभूत स्तर पर सामाजिक बदलाव लाने की अपनी क्षमता पर बल देता है।

Herr, K.G. and Anderson, G.L. (2005) The Action Research Dissertation: A Guide for Students and Faculty. London: Sage.

लेखक इसे 'सड़क नक्शा' कहते हैं और मुझे लगता है कि यह उचित भी है। यह बहुत ही व्यावहारिक चरण-दर-चरण 'कैसे करें' की पुस्तिका है जो क्रियात्मक शोध की प्रक्रियाओ में आपके साथ चलेगा। ख़ासकर मैं लेखक के शैक्षिक-संसार में सामना करनेवाले क्रियात्मक शोधकर्ता के प्रतिरोध की अभिव्यक्ति की सराहना करती हूँ और ऐसी चुनौतियों को समाप्त करने की रणनीति भी।

McNiff. J. and Whitehead, J. (2011) All You Need to Know About Action Research. London: Sage.

एक और चरण-दर-चरण 'कैसे करें' की पुस्तिका जो सुलभ हाई। मैं मानती हूँ, लेखक ने अपनी केंद्रीय बात को सामने लाने के लिए जिन मामलों के अध्ययनों का उपयोग किया है, वे सरलता से समझ आते हैं। एक अच्छी आरंभिक बिंदु।

Reason, P. and Bradbury, H. (2007) Handbook of Action Research. London: Sage

यह निबंधों का बहुत उपयोगी संग्रह है जो क्रियात्मक शोध के तर्क, विवादों और संभावना में सचमुच गोते लगाता है। यह कई उदाहरण देता है जो क्रियात्मक शोधके माध्यम से सामाजिक बदलाव लाने के लिए व्यापक संभावना दिखाते हैं।

मुक्ति-संबंधी शोध

Brown, S.G. and Dobrin, S.I. (eds) (2004) Ethnography Unbound: From Theory Shock to Critical Praxis. Albany: State University of New York Press

यह आलोचनात्मक मानवजाति की दुनिया और जानने के इस विवादास्पद तरीके को घेरनेवाले विवादों में खुद को तल्लीन करने का अच्छा तरीका है। एक बेहतरीन अध्ययन – उनके लिए जो शोध के माध्यम से महत्वपूर्ण और तत्कालीन बदलाव लाने के इच्छुक हैं।

Fitzpatrick, K. (2011) 'Stop Playing up!: Physical education, racialization and resistance', Ethnography, 12(2): 174-197.

ऊपर देखें बॉक्स 9.3

Freire, P. (1970) Pedagogy of the Oppressed. New York: Herder and Herder.

बहुत अधिक क्लासिक, फ्रेयर का यह ज़मीन खोदकर तत्व निकालनेवाला काम है जिसने पूरे विश्व में हाशिये पर रखे गए लोगों किए सशक्तिकरण के लिए काम किया है। कोई भी शक्ति के माध्यम से तत्कालीन बदलाव का इच्छुक है उसे यह पुस्तक ज़रूर पढ़ना चाहिए।

Kindon, S. (2008) Participatory Action Research Approaches and Methods: Connecting, People, Participation and Place. London: Routledge.

सहयोगी शोध का एक बेहतरीन परिचय, जिसमें सामाजिक बदलाव का अभिव्यक्त लक्ष्य है। यह पुस्तक पार के औचित्य, सिद्धांतता, और इसकी ताक़त एवं चुनौतियों – दोनों पर बेहिचक बात करती है।

Madison, D.S (2011) Critical Ethnography: Method, Ethics, and Performance. London: Sage.

मैं मानती हूँ कि यह पुस्तक सामाजिक सिद्धांत के बीच के विभाजन को पार करने का अच्छा काम करती है; जो महत्वपूर्ण जातिवृत्यात्मक विज्ञान के बुनियादी अवलंब देते हैं और उन व्यावहारिक शोध विधियों और तकनीकों पर भी बात करती है जिसे एक शोधछात्र को जानने की ज़रूरत है। अवलोकन के योग्य।

McIntyre, A. (2007) Participatory Action Research. London: Sage.

पार के इतिहास, प्रकार, और अंतर्निहित/आधारभूत सिद्धांत का पूरा अवलोकन, साथ ही साथ पार प्रोजेक्ट शुरू करने के लिए ज़रूरी भागीदारी की प्रवृत्ति, कार्य की प्रकृति, और विधियों का व्यावहारिक परिचय।इसके दो मुख्य उदाहरण अधिगम को भली-भाँति उभारते हैं।

Stoudt, B. G., Fox, M. and Fine, M. (2012) 'Contesting privilege with critical participatory action research', Journal of Social Issues, 68(1): 178-193.

ऊपर देखें बॉक्स 9.3

10

उत्तरदाताओं की खोज

अध्याय का पूर्वावलोकन

- उत्तर किसके पास है ?
- नमूने: जनसंख्या के तत्वों को चुनना
- मुख्य सूचनादाता: विशेषज्ञों एवं अंदरूनी सूत्रों के साथ काम करना
- मामले: विस्तार की गहराई में जाना

उत्तर किसके पास है ?

यदि शोध प्रक्रिया सिर्फ़ आपके शोध प्रश्न का उत्तर देना है तो संभवत: आपके प्रश्न का उत्तर किसके पास हो सकता है, उसपर विचार करना भी अच्छा सुझाव है। ज़रा इसके बारे में कुछ देर सोचें। सामाजिक विज्ञान शोध के अधिकतम 'परिमाणात्मक' प्रतिरूपों में हम पूरी जनसंख्या में से कुछ के पास संचित उत्तरों के पीछे जाते हैं। हम जानना चाहते हैं कि 'जनसाधारण' क्या करते हैं, क्या सोचते हैं और क्या महसूस करते हैं। इस परिदृश्य में उत्तर समाज के व्यापक खंड के पास होते हैं। दरअसल, परिमाणात्मक डेटा के साथ काम करने के मुख्य कारणों में से एक है कि समाज के व्यापक क्षेत्र तक पहुँचने के लिए गुणात्मक डेटा संभव नहीं होता।

हालाँकि, शोध के 'गुणात्मक' प्रतिरूपों में सच इसके विपरीत होता है। क्योंकि हम प्रभावकारी विवरणों और समृद्ध आख्यानों को जीवित रखना चाहते हैं, हम उन उत्तरों को लक्ष्य बनाते हैं जो 'अधिक' लोगों से ज़्यादा 'कम' के पास है। उत्तर समाज के व्यापक क्षेत्र जनसंख्या के अंदर हो सकते हैं, मगर ये विशेषज्ञ और अंदरूनी सूत्रों या यहाँ तक कि किसी विशेष व्यक्ति के अनुभव से भी मिल सकता है। समान रूप से यह व्यवस्था के कार्यके अंतर्गत भी पाया जा सकता है, जैसे कोई विद्यालय या कार्यस्थल।

परिदृश्य जो भी हो, यह जानना पूरी तरह महत्वपूर्ण है कि आपके शोध प्रश्न के उत्तर किसके पास होंगे और आप इनसे सूचना एकत्र करने के अवसर तैयार करेंगे, हालाँकि उत्तरदाताओं समूह विविध प्रकार के हो सकते हैं, इसलिए इन उत्तरदाताओं को ढूँढने के लिए आपको कई रणनीतियाँ अपनाने की ज़रूरत होगी। उदाहरण के लिए व्यापक सामाजिक प्रतिनिधित्व लेना (जनसंख्या का नमूना तैयार करना) सर्वाधिक उपायुक्त हो सकता है। मगर, जानकार लोगों के साथ काम करना (मुख्य सूचनादाता का चयन करके और किसी व्यक्ति या व्यवस्था (सटीक मामलों को परिभाषित करके) उनके अनुभवों में तल्लीन होना कुछ गुणात्मक तरीक़ों से बेहतर होगा। और बेशक, जैसा कि पहले दो पाठों में बताया है, बहुत से शोध प्रश्न और शोध रूपरेखा हैं जिसने आपको एक से अधिक रणनीति उपयोग करने की ज़रूरत होगी।

निस्संदेह बहुत सारी चुनौतियाँ हैं। चाहे आप जनसंख्या, प्रमुख जानकार/सूचक, मामलों या इनके संयोजन के साथ काम करने का निर्णय रहे हों, उन उत्तरदाताओं को ढूँढना और उनतक पहुँचना जो सटीक, प्रतिनिधि, स्पष्ट, ईमानदार, जानकार, अच्छी यादाश्त का स्वामी हो, जो खुद को अभिव्यक्त करने में डरते न हों, और खुद को किसी विशेष रोशनी में प्रस्तुत करने की ज़रूरत न समझते हों, इनको ढूँढना और इनतक पहुँचना आपकी उम्मीद से अधिक मुश्किल हो सकता है। कई बार आपको व्यवस्थित होने की ज़रूरत होगी। आपको यह निर्धारित करना होगा कि जो सबसे उपयुक्त है, वह है – एक निश्चित परिभाषित/नमूने की रणनीति जो प्रातिनिधिक नमूने तैयार कर सके। किसी और समय पर आपको रणनीति विषयक होने की ज़रूरत होगी। आप निश्चय ले/निर्णय कर सकते हैं कि आप वहाँ जा सकते हैं, जहाँ आपको पता है, आपके पास रास्ता है और आप पूर्ववर्ती संबंधों की मदद ले सकते हैं। आपको हर समय अपने शोध कार्यावली को पूरा करने के लिए दूसरों के साथ काम की करने की जटिलता से अवगत होना होगा, चाहे आप नमूनों, सूचकों या मामलों के साथ काम करने का निर्णय लें, बहुत से मुद्दे और और चुनौतियाँ सामने आएँगी जिनपर आपको काम करने की ज़रूरत होगी।

नमूने: जनसंख्या के तत्वों को चुनना

प्राय: सामाजिक विज्ञान के शोध का लक्ष्य जनसंख्या को समझना, लोगों का विशेष समूह वास्तव में क्या करता है और क्या सोचता है – इसका प्रतिनिधि चित्र पाना।

शब्दावली

जनसंख्या

परिभाषित लोगों, वस्तुओं या घटनाओं की कुल सदस्यता।

जनसंख्या पर शोध का परम लक्ष्य सभी से पूछने के योग्य होना है – दूसरे शब्दों में, जनसंख्या के अंतर्गत प्रत्येक तत्व से डेटा एकत्र कर पाने के योग्य हो पाना है। मगर, बहुत छोटे, परिभाषित और सुलभ जनसंख्या में गहन शोध के अपवाद के साथ, या सेंसेक्स के संचालन के साथ, जो कि जनसंख्या के अंतर्गत प्रत्येक तत्व का सर्वेक्षण है, सभी से पूछताछ करने का लक्ष्य व्यावहारिक नहीं है। आपके अध्ययन में संभवत: ऐसी जनसंख्या संलग्न होगी जिसकी संपूर्णता तक आप पहुँच नहीं पाएँगे; यह या तो बहुत अधिक विशाल होगी या इसमें कुछ ऐसे तत्व होंगे, जिसे आप पहचान नहीं सकते या उन तक पहुँच नहीं सकते।

फिर भी जनसंख्या के प्रत्येक तत्व तक न पहुँच पाने की हमारी अयोग्यता इसे समझने और और इसका प्रतिनिधित्व करने की इच्छा को शायद ही दबा सकती है। उदाहरण के लिए – अपने रोज़मर्रा की ज़िंदगी में हां रेस्तराओं की क़तार या लोगों की नस्ल की बात करते हैं, मगर शायद ही कभी हम इसे 'सम्पूर्ण डेटा के समूह' के आधार पर करते हैं। संभव है, हमने सारे मक'डोनल्ड्स में नहीं खाया होगा या हर एक एशियाई से बात नहीं की होगी। तो हम क्या करते हैं? हम बहुतों के विचार, ज्ञान, व्यवहार, अनुभूति, और/या विश्वास जानने के लिए 'कुछ' से जानकारियाँ हासिल करते हैं।

सामाजिक विज्ञान के शोध में समानताएँ हैं। शायद ही हम उन सभी से बात कर पाते जिनसे बात करना चाहते हैं, इसलिए नमूना लेते हैं, अन्वेषण करते हैं, निष्कर्ष निकालते हैं और अपने निष्कर्ष की व्यापक योग्यता पर तर्क देने की कोशिश करते हैं। हालाँकि दाँव यहाँ अपने निष्कर्ष को विश्वसनीय तरीके से अमल कर पाना है।

शब्दावली

प्रतिचयन (नमूने को चुनना)

शोध के अध्ययन में शामिल करने के लिए जनसंख्या के तत्वों को चुनने की प्रक्रिया। बहुत से नमूने प्रतिनिधि होने की कोशिश करते हैं: यानी, नमूने का वितरण और विशेषताएँ, निष्कर्ष/खोज को प्रासंगिक जनसंख्या में फिर से सामान्यीकरण की अनुमति देते हैं।

'नमूने' के साथ काम करने के अवसर

तो आप नमूने के साथ काम करने का चुनाव क्यों करेंगे? नमूना शोध प्रक्रिया को व्यवस्थित बना सकता है। ये आपको लोग, संगठन के समूहों और घटनाओं की छानबीन करने की अनुमति देते हैं जिसकी संपूर्णता तक आप कभी नहीं पहुँच पाते। चाहे आपकी जनसंख्या बहुत विशाल हो, बहुत व्यापक रूप में तितर-बितर हो, खोज पाने में कठिन हो, नमूने का चुनाव आपको बोझिल जनसंख्या की खोज के लिए एक रास्ता दे सकता है।

नमूने का चुनाव 'आत्मविश्वास' के कुछ स्तर के साथ जनसंख्या का प्रतिनिधित्व करने के काम भी आ सकता है। कुछ नमूनों की रणनीतियाँ वस्तुत: आपको सांख्यिकीय संभावना का हिसाब लगाने की अनुमति देती है कि आपके निष्कर्ष बड़ी जनसंख्या के प्रतिनिधि हैं या नहीं। इस प्रकार, नमूने का चुनाव शोध को सस्ता बनाने में, और यदि ईमानदारी से किया गया तो विश्वसनीय बनाने में मुख्य है।

नमूने का चयन

व्यावहारिक दुनिया में, बिना पूरे बर्तन में चम्मच हिलाए हम यह नहीं कह सकते कि सब्ज़ी में नमक है या नहीं, न तो हम एंजेलिना जॉली की नई फिल्म को उसकी अपनी वेबसाइट पर दी गई टिप्पणी के आधार पर देखने जाते हैं। हम यह मानते हैं कि सामान्यीकरण को उचित प्रतिनिधि और पूर्वग्रहरहित नमूने को चुनने की ज़रूरत होती है।

यही बात शोध नमूने के चयन में भी लागू होती है। अव्यवस्थित गतिविधि से दूर हटकर, नमूने का चयन वह प्रक्रिया है जो हमेशा रणनीतिपूर्ण और कभी-कभी गणितीय होती है। लक्ष्य ऐसा नमूना चुनना है जो 1. इतना व्यापक हो कि आपको पेरेंट जनसंख्या के बारे में बोलने की अनुमति दे; 2. इतना विशाल हो कि आपको अभीष्ट विश्लेषण करने की अनुमति दे; और इतना छोटा हो कि व्यवस्था के योग्य हो सके। सामान्यीकरण का लक्ष्य रखने वाले अध्ययनों में सबसे अधिक संभावित व्यावहारिक प्रक्रियाएँ शामिल होंगी जो बहुत बड़ी जनसंख्या से सबसे अच्छी तरह प्रतिनिधित्व करने के लिए नमूने इकट्ठे कर सके। अन्य समय पर, हालाँकि शोधप्रश्न की प्रकृति प्रातिनिधिकता तक पहुँचना असंभव या अनुपयुक्त बना सकती है। ऐसे मामलों में, शोधकर्ता अपने नमूने का चयन रणनीति से करेंगे, मगर उन तरीकों से उनके शोध लक्ष्य के लिए सर्वश्रेष्ठ हो।

इन लक्ष्यों को पाने के लिए आपको कई नमूनों के चयन के मुद्दों के बारे में सोचना होगा, जिनमें शामिल हैं: अपनी जनसंख्या को परिभाषित करने की ज़रूरत; नमूने के ढाँचे को तैयार करने की ज़रूरत; सटीक नमूने के आकार को निर्धारित करने की ज़रूरत; और उपयुक्त नमूने की रणनीति चयन करने की ज़रूरत।

अपनी जनसंख्या को परिभाषित करना

किसी भी नमूने को चुनने के पहले यह महत्वपूर्ण है कि आपके दिमाग में बहुत स्पष्ट और सुपरिभाषित जनसंख्या का होना ज़रूरी है। इसका अर्थ है कि आपको अपने अध्ययन में उन 'तत्वों' के कुल वर्ग के बारे में जानना होगा जिनकी आप बात करना चाहते हैं; यहाँ आपकी जनसंख्या लोगों से बनी है (सामाजिक/प्रायोगिक विज्ञान के शोध में सबसे अधिक सामान्य जनसंख्या), जिसमें सुपरिभाषित विशेषता के विशेष समुच्चय (सेट) हैं, इस मामले में (तेरह से अठारह) उम्र और (यूके का) भूगोल। याद रखें कि लोगों के अध्ययन में आपने अन्य सुपरिभाषित विशेषताओं का भी उपयोग किया होगा। जैसे – लिंग, वैवाहिक स्थिति, या नस्ल।

और बेशक, ज़रूरी नहीं कि जनसंख्या हमेशा लोगों से बनी हो। आपके प्रश्न की प्रकृति पर आधारित आपकी जनसंख्या के 'तत्वों' में घरेलू कार्यस्थलों, या यहाँ तक कि घटनाएँ भी शामिल हो सकती हैं। उदाहरण के लिए, आपकी जनसंख्या में यूएस के अस्पताल का आपातकालीन कक्ष शामिल हो सकता है। इस मामले में जनसंख्या एक विशेष प्रकार के संगठनात्मक व्यवस्था से निर्मित है। इसकी परिभाषित विशेषताएँ हैं – भूगोल (यूएस में सभी जगह) और व्यवस्था के प्रकार (अस्पताल का आपातकालीन कक्ष) 'संगठनों' को परिभाषित करनेवाली अन्य संभावनाओं में कर्मचारियों की संख्या, ऑपरेशन के वर्ष, सार्वजनिक या निजी स्थल शामिल हो सकते हैं। घटनाओं से बने जनसंख्या का एक उदाहरण 2009 में, बार्सिलोना में आयोजित व्यावसायिक सॉकर मैचों की घटना हो सकती है। यहाँ परिभाषित विशेषताएँ हैं – कार्यकलाप के प्रकार (व्यावसायिक सॉकर मैच), भूगोल (बार्सिलोना) और समयावधि (2009)।

नमूने का ढाँचा बनाना

नमूने का ढाँचा एक सूची है जिसमें जनसंख्या के प्रत्येक सदस्य को शामिल किया जाता है, जिससे कि नमूना लेना है; यह सभी नमूने के चयन की प्रक्रियाओं के लिए अनिवार्य है। नमूने के ढाँचे को आदर्श रूप में आपके लक्ष्य में राखी जनसंख्या से मेल खाना चाहिए, मगर ऐसा शायद ही कभी होता है।अपनी जनसंख्या को परिभाषित कर लेना यह आश्वासन नहीं देता है कि आप उसके अंतर्गत रखे प्रत्येक तत्व तक पहुँच पाएँगे। कई बार ऐसा होगा जब आप पूरी सूची तक नहीं पहुँच पाएँगे। जैसे कि वाशिंगटन डीसी के सभी बेघर लोगों की सूची बना पाना असंभव होगा। इस तरह की कोई सूची उपलब्ध नहीं होती और इन्हें उपयुक्तता के साथ तैयार नहीं किया जा सकता।

यहाँ मुख्य यह है कि आप रणनीतिक निर्णय लें जो यह सुनिश्चित कर सके कि आपके नमूने का ढाँचा लक्ष्य की गई जनसंख्या के यथासंभव निकट है और विसंगतियों के बावजूद अपने ढाँचे की प्रामाणिकता पर तर्क करने के लिए तैयार रहें।

नमूने के आकार को निर्धारित करना

एक बार जब आपने सबसे अधिक संभावित नमूने का ढाँचा बना लिया तब आपको यह पता लगाने की ज़रूरत होगी कि आपके नमूने में उस ढाँचे में से कितने तत्व आ सकते हैं। और 'कितने' प्रश्न का उत्तर है 'यह निर्भर करता है'। कोई नपा – तुला नियम नहीं है। जिस डेटा को आप एकत्र करना चाहते हैं, नमूने का आकार उसकी आकृति और रूप, और आपके विश्लेषण के लक्ष्यों पर बहुत अधिक निर्भर होता है।

उदाहरण के लिए, परिमाणात्मक डेटा के रणनीतिपूर्ण विश्लेषण में न्यूनतम संख्या की ज़रूरत होगी। सांख्यिकी और संभावना के साथ काम करने की योग्यता पर्याप्त और उचित नमूने के आकार पर निर्भर करती है। दूसरी ओर, गुणात्मक डेटा की गहन प्रकृति सामान्यत: नमूने के आकार को सीमित रखता है; आप इस तरह के डेटा को हजारों से एकत्र नहीं कर सकते। सौभाग्यवश, ऐसा करने की आपको ज़रूरत भी नहीं। गुणात्मक डेटा के विश्लेषण की रणनीति सामान्यत: बड़ी संख्या पर निर्भर नहीं होती।

निम्नलिखित मार्गदर्शिका आपको उपयुक्त नमूने के आकार को निर्धारित करने की पेचीदगियों के माध्यम से काम करने में मदद करता है:

- परिमाणात्मक डेटा विश्लेषण के साथ काम करना — जब परिमाणात्मक डेटा के साथ काम करते हैं, बुनियादी नियम है – समय और ख़र्च की सीमा के अंदर यथासंभव बड़ा नमूना बनाने की कोशिश करना। जितना बड़ा नमूना होगा, उतना अधिक प्रतिनिधि बनने और इसी कारण से जनसामान्य तक पहुँचने के योग्य होगा। न्यूनतम संख्या आपके द्वारा किए जाने वाले सांख्यिकीय विश्लेषण के स्तर से निर्धारित होता है:
    - न्यूनतम सांख्यिकीय विश्लेषण। चूँकि सांख्यिकीय विश्लेषण संभावना पर आधारित होता है, सबसे अधिक बुनियादी सांख्यिकीय विश्लेषण को कम से कम लगभग, 30 उत्तरदाताओं की ज़रूरत होती है; इससे कम में सांख्यिकीय महत्ता को दिखाना कठिन हो सकता है, ख़ासकर यदि निष्कर्ष/खोज व्यापक रूप में बाँटा हुआ हो। याद रखें कि छोटे नमूने के साथ आपको प्रातिनिधिकता पर तर्क करने की ज़रूरत होगी।

○ सॉकर सांख्यिकीय विश्लेषण। आप जैसे-जैसे अपेक्षाकृत अधिक जटिल विश्लेषण की ओर जाएँगे, किसी भी उपविभागों के उपयोग में, प्रत्येक वर्ग में लगभग 25 मामलों की ज़रूरत होगी। जैसे – आपके पास किसी ख़ास समुदाय के सदस्यों के नमूने हैं मगर इनमें 263 नमूने सिर्फ़ स्त्रियों के हैं। इन स्त्रियों में से 62 माताएँ हैं जिनकी संतानें 18 वर्ष से कम उम्र की हैं और केवल 20 माताएँ ऐसी हैं जिनके बच्चे 5 वर्ष से कम उम्र के हैं। उन माताओं का सांख्यिकीय विश्लेषण कठिन होगा,जिनके बच्चे 5 वर्ष से छोटे हैं। इसी तरह कई तरह के विश्लेषण की महत्ता दिखाना चाहते हैं (कई परिवर्तनशील वस्तुओं के बीच समकालिक सम्बन्धों का विश्लेषण) आपको उस प्रत्येक परिवर्तनशील वस्तु के लिए कम से कम 10 मामलों की ज़रूरत होगी, जिसकी आप खोज करना चाहते हैं।

○ विकसित सांख्यिकीय विश्लेषण। यदि आप ज्ञात जनसंख्या को आत्मविश्वास के परिभाषित स्तर के साथ प्रतिनिधित्व करना चाहते हैं, वास्तव में आप अपेक्षित आकार को नीचे दिए गए फॉर्मूले के उपयोग से गिन सकते हैं:

$$n = [\ (k\ Xs)/E]_2$$

जहाँ k आत्मविश्वास का अभीष्ट स्तर है, s नमूने का मानक विचलन है और E सुस्पष्टता का अपेक्षित स्तर है, व्यक्तिगत रूप में मैं फॉर्मूला के साथ काम करना प्रस्तावित नहीं करती, जबतक कि इसकी बहुत ज़रूरत न हो। इसलिए मैं 'नमूने के आकार के लिए कैलकुलेटर ' का ही इस्तेमाल करती हूँ। जहाँ मुझे केवल आगे लिखी बातों को जानने की ज़रूरत होती है: जनसंख्या का आकार; आत्मविश्वास का मध्यांतर (जिस सीमा के मध्यमान (मीन) के ऊपर और नीचे को आप स्वीकारते हैं, जैसे ± 5%); और आत्मविश्वास का स्तर (आप कितने सुनिश्चित होना चाहते हैं कि संयोग से कुछ अधिक है, सामान्यत: 95% और 99%)—देखें अध्याय 13। तालिका 10.1 www.surveysystem.com/sscalc.htm से कैल्कुलेटर द्वारा तैयार किया गया था और यह आपको अधिक सामान्य रूप से उपयोग किए हुए आत्मविश्वास के स्तर के लिए अपेक्षित नमूने के आकार का कुछ सुझाव देता है। ध्यान दें, जैसे – जैसे जनसंख्या बढ़ती है, नमूने के आकार में उतने नाटकीय ढंग से वृद्धि नहीं होती। हालाँकि बढ़े हुए नमूने के आकार के लिए महत्वपूर्ण रूप से जो ज़रूरी है वह है, आत्मविश्वास के उच्चस्तर की इच्छा।

तालिका 10.1 अपेक्षित नमूने के आकार

जनसंख्या	95% ± 5%	99% ± 5%	99% ± 1%
30	28	29	अपर्याप्त
100	80	87	99
500	217	286	485
1,000	278	400	943
5,000	357	588	3,845
10,000	370	624	6,247
50,000	381	657	12,486
100,000	383	661	14,267
1,000,000	384	665	16,369

- गुणात्मक डेटा के साथ काम करना — अधिकांश शोधकर्ता, जो जनसंख्या को समझने के लिए गुणात्मक डेटा एकत्र करते हैं, प्रातिनिधिकता की तलाश नहीं करते। उनका लक्ष्य प्राय: बेहतर समझ होता है अधिक के बजाय कम (संख्या) से आ सकती है। ऐसे अध्ययन शोधकर्ता के व्यापक संदर्भ में किसी भी नमूने चाहे कोई एकल मामले की 'संबद्धता' पर तर्क करने की क्षमता पर निर्भर करता है। वे जो लक्ष्य की गई जनसंख्या का प्रतिनिधित्व करने वाले नमूने से गुणात्मक डेटा एकत्र करना चाहते हैं, उनके लिए नमूने के पर्याप्त बड़े आकार से गहराई तक संग्रह कर पाना एक चुनौती है। यहाँ हम दो रणनीतियों का उपयोग कर सकते हैं। पहला है, प्रातिनिधिकता को सुनिश्चित करनेवाले चुने गए मानदंड के उपयोग से सीमित नमूने को 'हाथ से चुनना' । उदाहरण के लिए, स्पष्ट रूप से परिभाषित जनसंख्या की रूपरेखा के आधार पर अपना नमूना चुनना, यानी कि जिस जनसंख्या का आप अध्ययन कर रहे हैं, उसके लोगों की उम्र, आय और शिक्षा। संख्या पर निर्भर होने/विश्वास करने के बजाय आपको तार्किक रूप से बहस करनी होगी कि आपका नमूना आपकी जनसंख्या

के विभिन्न तत्वों/विशेषताओं को समेटे हुए है। दूसरी रणनीति है, बड़े व्यापक नमूने को चुनना जो न्यूनतम विश्लेषण की अनुमति दे। यह आपको अपने कुछ निष्कर्षों को परिमाणात्मक रूप में संक्षिप्त करने का विकल्प देगा ताकि आपकी जनसंख्या के बारे में सामान्यीकरण अधिक गणितीय हो सके।

- परिमाणात्मक और गुणात्मक, दोनों डेटा के साथ काम करना — यदि आप दोनों डेटा के साथ काम कर रहे हैं, आप पाएँगे कि गुणात्मक डेटा एकत्र करने की प्रकृति आपके नमूने के आकार को सीमित कर देंगी।हालाँकि किसी भी सुनियोजित सांख्यिकीय विश्लेषण को मामले की न्यूनतम संख्या की ज़रूरत होगी। बेहतरीन सलाह यह है कि आप जो सांख्यिकीय विश्लेषण करना चाह रहे हैं, उसके लिए न्यूनतम आकार को निर्धारित करने के लिए ऊपर देखना, उसके बाद इस नमूने से गुणात्मक डेटा को एकत्र करने और विश्लेषण करने की व्यावहारिकता पर विचार करना। जबतक कि आपके पास असीमित समय और धन न हो, प्राय: समृद्ध गहन गुणात्मक डेटा के संग्रह और संभावित सांख्यिकीय विश्लेषण के स्तर के बीच कुछ हानि होगी।

याद रखें, ऊपर दिए गए गए सभी सलाहों को साध्यता के मानदंड की जाँच करना ज़रूरी है। बड़े नमूने का अर्थ है कम 'गलतियाँ', मगर इसका अर्थ अधिक धन और अधिक समय भी है। लेकिन इसका अर्थ यह नहीं कि आप नमूने के आकार को छोटा कर दें और 'सामान्यीकरण की योग्यता' को भूल जाएँ। इसके विपरीत, आपके शोध की विश्वसनीयता को सारी कार्यप्रणाली से सम्बद्ध विचारों में ऊँचे दर्ज़े का होना ज़रूरी है। हालाँकि साध्यता जिसे उभारती है, वह है – दिमाग में व्यावहारिकता को रखते हुए विश्वसनीय शोध की रूपरेखा बनाने की ज़रूरत।

नमूने की रणनीति का इस्तेमाल करना

एक बार जब आपने अपनी जनसंख्या को परिभाषित कर लिया, नमूने का ढाँचा तैयार कर लिया और उचित नमूने के आकार को निर्धारित कर लिया, तो यह समय अपने नमूने को एकत्र करने के लिए रणनीति अपनाने का है।इसे करने के दो तरीके हैं, पहला है, अप्रत्याशित चयन के लिए रणनीति का उपयोग करना। दूसरा है, उस रणनीति का उपयोग करना जो सायास तरीके आपके नमूने को रणनीतिक रूप में चुनने का लक्ष्य रखता हो। सबसे अच्छी विधि कई कारकों पर निर्भर होगी, जिसमें आपके प्रश्न की प्रकृति, आपकी जनसंख्या की बनावट, जो डेटा आप एकत्र करना चाहते हैं, उसके प्रकार और आपके अभिप्रेत विश्लेषण के माध्यम शामिल हैं।

बेतरतीब नमून बेतरतीब नमूने आकस्मिक चुनाव पर निर्भर होते हैं या उस प्रक्रिया पर, जिससे जनसंख्या में प्रत्येक तत्व को नमूने में शामिल होने के लिए चुने जाने का एकसमान अवसर मिलता है। उदाहरण के लिए, टोपी से नाम का पुर्जा निकालना या कम्प्युटर से तैयार कोई भी अंक/संख्या निकालना। यहाँ सुझाव है कि यदि आपके पास पर्याप्त नमूने का ढाँचा और नमूने का बड़ा आकार है, बेतरतीब चुनाव आपको इन बातों की अनुमति देता है: शोधकर्ता के पूर्वग्रह के लिए नियंत्रण; जनसंख्या का प्रतिनिधित्व और उस जनसंख्या के निष्कर्षों का सामान्यीकरण। उदाहरण हैं – नील्सन रेटिंग्स जो टीवी के दर्शकों के लघु प्रतिशत को मॉनिटर करता है मगर पूरी जनसंख्या पर लागू करता है। इसप्रकार, समाज शास्त्र के शोध में बेतरतीब नमूने को स्वर्ण के समान माना जाता है।

तकनीकी रूप से, अव्यवस्थित नमूने का तर्क केंद्रीय सीमा के प्रमेय (थियोरम) पर आधारित है। यह मंजूर करता है कि निश्चित मध्यमान (मीन) और निश्चित परिवर्तन के साथ किसी वितरण के लिए बेतरतीब नमूने के अवलोकन में मध्यमान होगा जिसके बाद सामान्य वितरण होगा। यह शोधकर्ता को आनुमानिक सांख्यिकी (देखें अध्याय 13) के रूप में काफी जटिल विश्लेषण करने की अनुमति देता है। हालाँकि नमूने का आकस्मिक चयन माँग करता है कि 1. जनसंख्या के सभी तत्व संभवत: ज्ञात और सुलभ हैं और 2. सभी तत्व संभवत: एक समान नमूने का हिस्सा बनने के लिए सहमति देते हैं।

अगर मामला यह नहीं है तो दो तरह की गलतियाँ हो सकती हैं:

1. **कवरेज में त्रुटि** – यह तब होता है जब आपके नमूने का ढाँचा अपूर्ण होता है और आपके द्वारा लक्ष्य की गई जनसंख्या का पर्याप्त रूप में प्रतिनिधित्व नहीं करता। उदाहरण के लिए—हालाँकि टोपी में रखे गए सभी नामों के पास चुने जाने के समान अवसर हैं, यदि आपका नाम वहाँ उसके अंतर्गत आता है, मगर उसमें रखा नहीं गया तो आपके कवरेज में त्रुटि है। एक ज़माने में यह घरों के टेलिफोन सर्वेक्षण में सामान्य समस्या हुआ करता था, यह बहुत पुरानी बात नहीं है कि बहुत से घरों में फोन नहीं हुआ करते थे और निस्संदेह अभी भी कुछ घरों में फोन नहीं होते। मगर, आजकल उन घरों में भी, जहाँ यह किफ़ायती है, वे लैंडलाइन की जगह मोबाइल फोन का इस्तेमाल

करते हैं — जिसके कारण कवरेज और भी अधिक बड़ा मुद्दा है। ईमेल के पते पर निर्भर सर्वेक्षणों की भी एकसमान परेशानी है। जबतक कि जनसंख्या इस तत्व से परिभाषित न हो कि इसके अंतर्गत सभी लोगों के पास पते हैं, संभव है कि कवरेज में कमी होगी। इसलिए यह ज़रूरी है कि आप विचार कर लें कि आपके नमूने का ढाँचा पूर्ण है या नहीं और जनसंख्या के कोई भी विभाग, जो इसमें शामिल न हो पाए हों, उन्हें कैसे आवाज़ दे सकते हैं।

2. **ग़ैर प्रतिक्रिया की त्रुटि** — यह तब होता है जब नमूने में रहने के लिए सहमत लोग, नमूने में रहने से मना करनेवालों से स्वाभाविक रूप से अलग होते हैं। ग़ैर प्रतिक्रिया तब समस्यात्मक नहीं होती है जब इसे स्वीकारने वालों और इसे अस्वीकार करनेवालों की विशेषताएँ बुनियादी तौर पर समान होती है। मगर प्राय: ऐसा नहीं होता है। उदाहरण के लिए, ग्राहक की संतुष्टि के संबंध में ऐसा हो सकता है कि जो भागीदारी के लिए सहमत होते हैं,उनके पास कुछ शिकायतें भी होती हैं। या आप एक प्रलोभन देना चाहते हों जो उन्हें संतुष्ट कर सके, जिन्हें दी जानेवाली विशेष वस्तु की विशेष ज़रूरत है या उसमें रुचि है। दोनो मामलो में आपका अंतिम नमूना आपकी जनसंख्या का प्रतिनिधि नहीं होगा और आपको ऐसी रणनीति के साथ सामने आना होगा जो व्यापक प्रतिनिधित्व सुनिश्चित कर सके।

वस्तुत: यथार्थ संसार के शोध में सच्चा (या सरल) आकस्मिक नमूने उत्पन्न करने या तैयार करने में कठिन होते हैं, मगर जैसा कि 10.2 में दिखाया गया है, नमूने की कई रणनीतियाँ हैं जो एक सरल आकस्मिक नमूने को अनुमानित करने का प्रयास करती है।

तालिका 10.2 आकस्मिक नमूने को चुनना

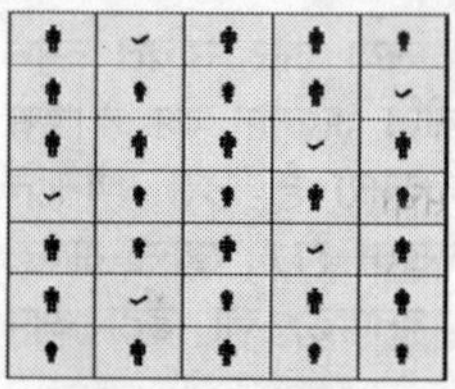

सरल आकस्मिक नमूने को चुनना

- इसमें जनसंख्या के सभी तत्वों को पहचानना, उन तत्वों की सूची बनाना और सूची से अचानक चुन लेना शामिल है
- सभी तत्वों के सम्मिलन के समान अवसर हैं
- 'न्यायोचित' माना जाता है और सामान्यीकरण की अनुमति देता है
- अभ्यास में शायद ही उपयोग किया जाता हो, क्योंकि पहचानना, सूची बनाना और तत्वों को अचानक चुनने की प्रक्रिया प्राय: अव्यावहारिक होती है
- आप जिस विशेष उपसमूह के अध्ययन में रुचि रखते हैं, निष्कर्षस्वरूप नमूने इसके पर्याप्त तत्वों को स्वयं में समेटनहीं पाते

व्यवस्थित रूप में नमूने तैयार करना

- इसमें परिभाषित जनसंख्या के अंदर प्रत्येक वें (nth) मामले को चुनना शामिल है। जैसे, प्रत्येक दसवें घर में जाना या सूची में से प्रत्येक बीसवें व्यक्ति को चुनना
- आकस्मिक चयन के लिए विधियाँ तैयार करने की अपेक्षा आसान
- आकस्मिक नमूने चुनने के सबसे करीब पहुँचाता है जबकि तत्व किसी विशेष क्रम में नहीं है। जैसे – यदि आपको प्रत्येक दसवें घर में जाना होता जो हमेशा पड़ोस में बहुत से दोतरफ़े फ्लैटों में से सबसे किनारे वाला अलग –थलग होता है, आपको आकस्मिक अनुमान नहीं हो पाता

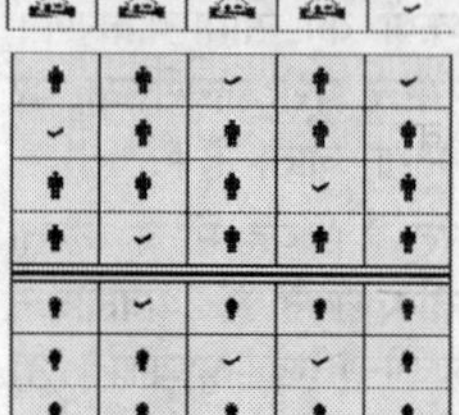

स्तरीकृत नमूने को चुनना

- इसमें अपनी जनसंख्या को विभिन्न उपसमूहों में बाँटना और हरएक में से एक आकस्मिक नमूना लेना शामिल है
- यह सुनिश्चित करता है कि आपका नमूना जनसंख्या के मुख्य उपसमूह का प्रतिनिधित्व कर रहा है, जैसे-पुरुष और स्त्रियाँ
- उपसमूह का प्रतिनिधित्व अनुरूप या विषम हो सकता है। जैसे-यदि आप अस्पताल के 100 नर्सिंग कर्मचारियों का नमूना लेना चाहते हैं जहाँ जनसंख्या का 80% स्त्री और 20% पुरुष हैं, एक अनुरूप स्तरीकृत नमूना 80 स्त्री और 20 पुरुष का बना होगा। विषम स्तरीकृत नमूने नमूने में आप जनसंख्या में अलग अनुपात का उपयोग करेंगे, जैसे—50 पुरुष और 50 स्त्री
- तहों के स्तरीकरण का उपयोग व्यवस्थित करने के साथ-साथ आकस्मिक नमूने के संयोजन में भी किया जा सकता है

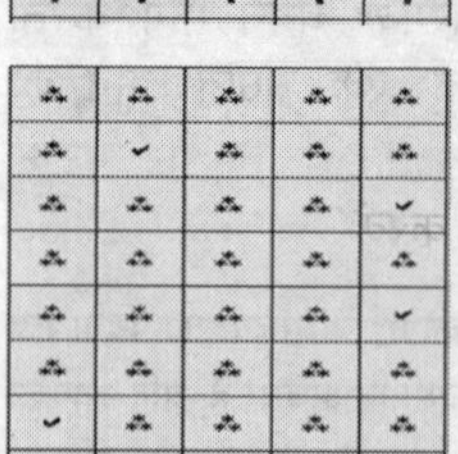

समूह के नमूने को चुनना

- इसमें जनसंख्या के पूरे समूह के अंदर सर्वेक्षण करना शामिल है
- समूह में विद्यालय, अस्पताल, क्षेत्र आदि शामिल हो सकते हैं
- समूह का नमूना इसलिए बनाया जाता है ताकि उसके अंदर व्यक्ति का सर्वेक्षण/साक्षात्कार हो सके। यहाँ विचार यह है कि हाईस्कूल के छात्रों को ढूँढने का सबसे अच्छा माध्यम हाईस्कूल है; अस्पताल के मरीज़ों को ढूँढने का सबसे अच्छा माध्यम अस्पताल है
- इसे प्राय: विविध सोपानों में संचालित किया जाता है। जैसे-यदि आपकी जनसंख्या चीनी अस्पताल के मरीज़ हैं, आप चीन में क्षेत्र चुनने के लिए नमूने को आकस्मिक चुनने की रणनीति का उपयोग करेंगे, इन चुने गए अस्पतालों से अंतिम मरीज़ को चुनने के लिए नमूने को चुनने की किसी दूसरी रणनीति का इस्तेमाल करने से पहले इन क्षेत्रों के अस्पतालों को चुनने के लिए नमूने को चुनने की रणनीति का उपयोग करेंगे
- पूरी जनसंख्या की सूची ज़रूरी नहीं है और अनीतिम नमूने भौगोलिक हो सकते हैं

ग़ैर आकस्मिक नमूने/सायास नमूने सायास नमूने वे नमूने हैं जो आकस्मिक रूप में तैयार नहीं किए जाते। अब, कुछ ऐसे परिमाणात्मक शोधकर्ता हैं जो सायास नमूने को न्यून मानते हैं, क्योंकि इन्हें प्रातिनिधिकता के लिए सांख्यिकीय तौर पर आँका नहीं जा सकता। इन शोधकर्ताओं के लिए 'सायास' का अर्थ है – वे नमूने, जिन्हें सांख्यिकी द्वारा एकत्र किया जाता है जो कि दूसरा सर्वश्रेष्ठ या आखिरी उपाय होता है।

हालाँकि अब पहचान बढ़ रही है कि इसप्रकार के नमूनों के लिए 'विनती करने' की ज़रूरत नहीं है। सायास नमूनों का उपयोग करनेवाले शोधकर्ता ऐसे अध्ययनों में संलग्न हो सकते हैं जो प्रातिनिधिकता या सामान्यीकरण की ओर काम नहीं करता। वे अपने नमूने किसी अन्य परिभाषित उद्देश्यों के लिए चयन कर सकते हैं जो 'गुणात्मक शोध' में सामान्य है। उदाहरण के लिए, वे जनसंख्या के पथभ्रष्ट, चरम, अद्वितीय, अपरिचित, गलत समझे गए, गलत रूप में प्रचारित, हाशिये पर रखे गए या अनसुने तत्वों को ढूँढ रहे हों। इस कारण, सायास नमूनों को भी कभी-कभी 'उद्देश्यपूर्ण' या 'सैद्धान्तिक' नमूना भी कहा जाता है

यह मान्यता भी बढ़ रही है सायास नमूने जनसंख्या को विश्वसनीय रूप से प्रतिनिधित्व कर सकते हैं, यदि: 1. चयन प्रातिनिधिकता के लक्ष्य को दिमाग में रखकर किया जाये; और 2. यह सुनिश्चित करने के लिए कि नमूने जनसंख्या की विशेषता से मेल खा रहे हैं, रणनीतियों का उपयोग करना। जब ऐसी जनसंख्या के साथ काम करते हैं जिसे परिभाषित करना और/या उस तक पहुँचना कठिन होता है। (जैसे–बेघर औरते औरते या खिलाड़ी, जिन्होंने स्टेरायड लिए हैं), सायास रणनीतियाँ सर्वश्रेष्ठ विकल्प हो सकती हैं। हालाँकि ज़िम्मेदारी का एक अतिरिक्त बोझ हो सकता है, यह सुनिश्चित करना कि अंतिम नमूने पूर्वाग्रही नहीं हैं। विशेष रूप से शोधकर्ता जो प्रातिनिधिकता दिखाना चाहते हैं, उन्हें बेखबर पूर्वाग्रहों और त्रुटिपूर्ण मान्यताओं से सजग रहने की ज़रूरत है।

- **बेखबर पूर्वग्रह** — यह बिना अभिप्राय के कार्य करने की प्रवृत्ति है, उन तरीकों से जो पहले से संदिग्ध वस्तुओं को सुनिश्चित करता हो, कुछ ऐसा जो काफी आसान होता है जब आप हाथ से चुनते हैं। उदाहरण के लिए, आप ऐसा फोकस समूह संचालित करना चाहते हैं जो आपके कार्यस्थल में आरंभ किए गए पहल का मूल्यांकन करने में मदद कर सके; जबतक कि आप इसके अतिरिक्त कुछ और करने का सचेत निर्णय नहीं लेते, अपने पक्ष में निष्कर्ष निकालना बहुत आसान होता है या यौन रूप से सक्रिय किशोरों के अध्ययन में आप उनकी तरफ़ आकर्षित हो सकते हैं, जिनके अनुभव आपके भरोसे को मज़बूत बनाते हों, जैसे माता-पिता का झगड़ा यौन विषयक संकीर्णता से सम्बद्ध होता है। आप बिना मकसद के उन किशोरों को ढूँढते हैं जिनका इतिहास आपकी पूर्वाग्रही धारणाओं से मेल खाते हैं। दोनों मामलों में कोई भी सामान्यीकरण विश्वसनीय नहीं होगा।
- **त्रुटिपूर्ण मान्यताएँ** — यह उन नमूनों के चयन के बारे में है जो गलत मान्यताओं पर आधारित है। मान लें, आप डेट्राइट में रहने वाली यहूदी स्त्रियाँ का अध्ययन करना चाहते हैं और कार्यकर्ताओं की खोज में डेट्राइट की सभाओं में जाने का निर्णय लेते हैं। समस्या यह है आपने यह मान लिया है कि सभी यहूदी स्त्रियाँ आराधनालय में जाती हैं। आप अपने नमूने के 'तत्वों' की विशेषता के बारे में त्रुटिपूर्ण मान्यताएँ भी बना सकते हैं। उदाहरण के लिए, आप किशोरों के 'क्रोध' का अध्ययन करना चाहते हैं और आप ऐसे मामले चुनते हैं जो आपके मुताबिक क्रोध के चरम मामले हैं। यदि आपकी मान्यताएँ गलत हैं तो जिसे आप चरम समझ रहे हैं, वह वास्तव में काफ़ी औसत है, आपके द्वारा बनाए गए सामान्यीकरण वैध नहीं होंगे।

ऐसे पूर्वाग्रहों को नियंत्रित करने के लिए अपनी मान्यताओं और अपेक्षाओं का मंथन करना ज़रूरी है, क्योंकि ये आपके शोधप्रश्न और आपके नमूने – दोनों से सम्बद्ध होते हैं। ये आपको उपयुक्त नमूने चुनने की रणनीति के विकास की ओर काम करने की मज़बूत स्थिति में डालेंगे।

तालिका 10.3 सायास नमूने को चुनने की रणनीति को उजागर करता है। प्रतिनिधि नमूनों को तैयार करने के साथ-साथ इन रणनीतियों का उपयोग उन अध्ययनों में भी किया जा सकता है जो प्रातिनिधिकता पर भरोसा नहीं करते; जैसे – जब लक्ष्य मामलों और/या मुख्य जानकार/सूचनादाता के साथ काम करके जानकारी हासिल करने का हो।

तालिका 10.3 सायास नमूने को चुनना

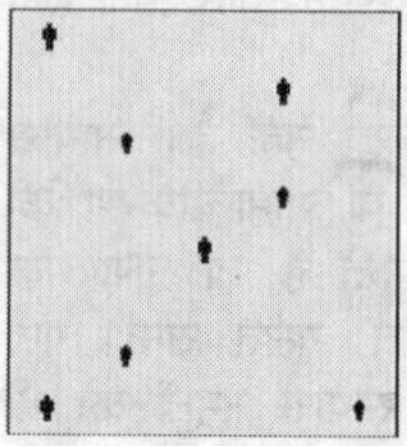

हाथ से चुने गए नमूने लेना

- इसमें दिमाग में ख़ास उद्देश्य रखते हुए नमूने को चुनना शामिल है
- प्रातिनिधिकता मामलों को चुनने की शोधकर्ता की योग्यता पर निर्भर करेगा, जो ख़ास मानदंड, जैसे कि प्रारूपण/ठेठपन, बहुत अधिक अंतर, 'विशेषज्ञता' की शर्तें पूरी करता है
- अन्य विकल्प हैं, आलोचनात्मक, चरम, पथभ्रष्ट/विसामान्य या राजनीतिक रूप में महत्वपूर्ण मामले। हालाँकि प्रतिनिधि होने की संभावना नहीं है, ऐसे मामलों का चयन शोधकर्ताओं को आंतरिक रूप से रोचक मामलों के अध्ययन की अनुमति देता है या परिस्थिति या घटना की सीमा या बाड़ को ढूँढकर अधिगम की वृद्धि करता है

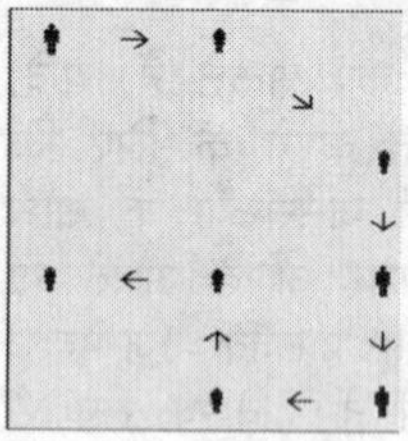

व्यापक नमूने लेना

- इसमें सम्प्रेषण द्वारा नमूने तैयार करना शामिल है
- एक बार जब आरंभिक उत्तरदाताओं पहचान लिया गया, आप उससे अन्य लोगों की पहचान करने के लिए कहते हैं जो अध्ययन के मानदंड पर खरा उतरते हैं। उनमें से हरएक व्यक्ति से आगे की अनुशंसा के लिए पूछा जाता है
- प्राय: उस जनसंख्या के साथ काम करते समय इसका उपयोग किया जाता है जो आसानी से पहचान में नहीं आते या उन तक पहुँचना मुश्किल होता है। जैसे कि बेघर लोगों की जनसंख्या को पहचानना कठिन हो सकता है, मगर सम्प्रेषण का उपयोग करके नमूना बहुत जल्द तैयार किया जा सकता है
- व्यापक नमूने लेना प्रातिनिधिकता की गारंटी नहीं देता। यहाँ एक विकल्प है – साहित्य से जनसंख्या की रूपरेखा विकसित करना और अपनी रूपरेखा से अपने नमूने की तुलना करके प्रातिनिधिकता का आकलन करना

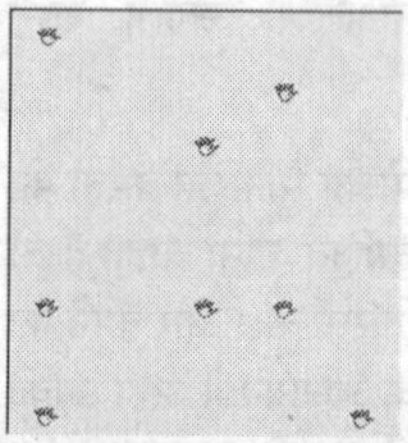

स्वयंसेवक द्वारा नमूने लेना

- इसमें स्वयंसेवक की माँग करके नमूने को चुनना शामिल है। उदाहरण के लिए, सामाचार पत्र में विज्ञापन देकर या स्थानीय संगठनों, जैसे-विद्यालय या सामुदायिक समूहों में जाकर
- यह सुविधाजनक हो सकता है, मगर ज़रूरी नहीं कि वह प्रतिनिधि हो। संभव है, जो स्वैच्छिक सेवा करते हैं और जो नहीं करते, वे काफ़ी अलग होते हों
- प्रातिनिधिकता के लिए तर्क उन रणनीतियों पर निर्भर करेंगे जिनका उपयोग स्वयंसेवक और शेष जनसंख्या के बीच को कम करने के लिए किया जाता है

'सुविधाजनक' नमूने को चुनने पर एक टिप्पणी

आपके अध्ययन के दौरान आप 'सुविधाजनक ' नमूने को चुनने की राह से गुजरे होंगे: इसका अर्थ है कि नमूने का चयन इस तरह से करना,जो शोधकर्ता के लिए सुविधाजनक हो। दरअसल सायास नमूने के चुनने को कभी-कभी इस तरीके से उल्लिखित किया जाता हैमगर, याद रखें कि विश्वसनीय शोध में सुविधाजनक नमूने की कोई जगह नहीं है। नमूने को चुनने की रणनीति में सिर्फ़ सुविधाजनक होना काफी नहीं है। सीमित समय और स्रोत नमूने के चयन में सुविधा को एक कारक के रूप में देखते हैंमगर सुविधा नमूने को चुनने की रणनीति का प्रमुख मानदंड या वर्णनकर्ता नहीं होना चाहिए। प्रकार की परवाह किए बिना नमूने की सभी रणनीतियों को शोध की विश्वसनीयता के एकमात्र उद्देश्य की ओर काम करना ज़रूरी है।

मुख्य सूचनाप्रदाता/जानकार: विशेषज्ञों एवं अंदरूनी सूत्रों के साथ काम करना

इसमें कोई शक नहीं कि सामाजिक विज्ञान पर आधारित शोध नमूने के प्रति पूर्वाग्रही हैं, ख़ासकर प्रतिनिधि नमूने। क्योंकि हम सामान्यीकरण पर तर्क कर सकते हैं, हमें लगता है कि विश्वसनीय डेटा को एकत्र करने के लिए यही सही तरीका है। मगर, कठिन शोध में लक्ष्य विश्वसनीय डेटा को एकत्र करने के लिए यथासंभव सर्वश्रेष्ठ साधन निर्धारित करना और अपने प्रश्न के अनुरूप इसका अर्थ नमूने के बजाय मुख्य सूचनाप्रदाता के साथ काम करना भी हो सकता है।

मुख्य सूचनाप्रदाता के साथ काम करने का अर्थ है, कुछ ऐसी आंतरिक या विशिष्ट जानकारी एकत्र करने की कोशिश करना जो आपसे संवाद कर रहे व्यक्ति के निजी अनुभव, विश्वास और ज्ञान के आधार से परे हो। आपका लक्ष्य यह पता लगाना है कि यह व्यक्ति,'दूसरे' क्या सोचते हैं,इसपर क्या विचारता है? या 'दूसरे' कैसे व्यवहार करते हैं? या किसी ख़ास परिस्थिति की वास्तविकता क्या होगी? इसपर क्या सोचता है। मुख्य सूचनाप्रदाता के

साथ काम करने का अर्थ आपका यह मानना निकलता है कि आपके शोधप्रश्नों के उत्तर उन चुने हुए लोगों के पास है जिनके पास विशेषज्ञता है और जो जानते हैं कि क्या चल रहा है।

मगर फिर, किसे पता कि वास्तव में क्या चल रहा है? बतौर उदाहरण मेरे कार्यस्थल को लें। यदि आप मेरी छोटी सी शैक्षिक दुनिया की छानबीन कर रहे होते, मैं स्वयं से कोई प्रश्न करने के लिए परेशान नहीं होती, मैं बस जानकारी में नहीं होती। दरअसल, मैं इन सबसे दूर रहने की पूरी कोशिश करती। वास्तव में मैं अपने विद्यालय के प्रमुख या अध्यक्ष से बात करने को कहती – मगर फिर भी अंत में,वे आपको दल की रेखा (पार्टी लाइन) बनाते। आप जब इस स्तर पर काम करते हैं, कभी-कभी आपको भाषणकला का उपयोग करना आवश्यक हो जाता है। ठहरिए, यहाँ एक सुझाव है: आपको प्रशासन की जॉयसी से बात करनी चाहिए। बह खुद में एक संस्थान हैं और अगर कोई है जिसे सबकुछ मालूम है कि क्या चल रहा है तो वही है–हालाँकि उसके पास कार्यालयी 'अधिकार' नहीं है, उसके पास ज्ञान है – जो बेशक खुद में एक शक्ति है।

इस तरह का परिदृश्य प्राय: किसी भी संस्थान, संगठन या सामुदायिक समूह का मामला हो सकता है जिसकी आप छानबीन करना चाहते होंगे। वहाँ हमेशा 'जानकार व्यक्ति' मौजूद होता है। चाहे शक्ति/अधिकार के स्तर से, या किसी कम कार्यालयी साधन से कुछ लोगों को वह सबकुछ जानने की आदत होती है, जो उनके आसपास चल रहा है, इसलिए यह 'विशेषज्ञों' या 'अंदरूनी सूत्रों' के लिए असामान्य नहीं है कि वे ही ठीक तरह से आपके शोधप्रश्नों का उत्तर देने के लिए उपयुक्त लोग हैं।

शब्दावली

मुख्य सूचनाप्रदाता/जानकार

वे लोग जिनकी भूमिका या अनुभव उन्हें प्रासंगिक सूचना या जानकारी का केंद्र बना देते हैं, जिसे वे शोधकर्ता के साथ साझा करना चाहते हैं।

मुख्य सूचनाप्रदाता/जानकार के साथ काम करने के अवसर

रास्ते में/अंदरूनी राह या आपकी उँगलियों पर विशेषज्ञों के होने जैसी कोई बात नहीं होती। दरअसल मुख्य सूचनाप्रदाता एक साधन हो सकता है जिसके माध्यम से आप उस संसार में प्रवेश पा सकते हैं जिसे आपने अबतक सीमा से बाहर रहकर समझने की कोशिश की होगी। एक मुख्य सूचनाप्रदाता से एकत्र की गई अंतर्दृष्टि न केवल आपके द्वारा एकत्र किए गए डेटा में सहायक होती है, बल्कि उस डेटा को आप कैसे प्रक्रिया में लाते हैं और कैसे आप अपने और दूसरों के अनुभवों को अर्थ देते हैं, उसमें मदद करती है।

अब, इसका यह अर्थ नहीं कि सारे डेटा मुख्य सूचनाप्रदाता द्वारा ही आने चाहिए। समझ बनाने के लिए सूचनादाता एक स्रोत मात्र हो सकते हैं, मगर वे इन्हें कई तरीक़ों से कर सकते हैं। मुख्य सूचनाप्रदाता:

- खोज के प्रारम्भिक चरणों में सहायक हो सकते हैं – मुख्य सूचनादाता शोधकर्ताओ द्वारा उनके अपने प्रासंगिक ज्ञान की प्राप्ति के लिए बुलाए जा सकते हैं। वे साक्षात्कार के लिए प्रासंगिक प्रश्नों को तैयार करने में भी मदद कर सकते हैं या सर्वेक्षण के उपकरण/साधन के निर्माण या समीक्षा में सहायक हो सकते हैं।
- एकत्रित/तैयार किए गए डेटा की शुद्धता की त्रिकोणीय दृष्टि या पुष्टि में भी उपयोगी हो सकते हैं— मुख्य सूचनाप्रदाता के साथ साक्षात्कार से मिले डेटा का उपयोग डेटा के अन्य स्रोतों, जैसे—सर्वेक्षण, निरीक्षण या दस्तावेज़ की समीक्षा से एकत्र किए गए डेटा की प्रामाणिकता की पुष्टि करने में हो सकती है। मुख्य सूचनादाता को कम औपचारिक तरीके से भी उपयोग किया जा सकता है, जैसे – विश्वसनीयता की पुष्टि करने के लिए डेटा का प्रेक्षण करना या शोधकर्ता के विवेचन के लिए गलतफ़हमियों, गलत व्याख्याओं या अपरिचित पूर्वाग्रहों का पता लगाना।

- प्राथमिक डेटा तैयार करने में उपयोगी हो सकते हैं— मुख्य सूचनादाता के साथ गहन साक्षात्कार ख़ुद में ही गुणात्मक डेटा का एक प्राथमिक स्रोत हो सकता है।

सूचनाप्रदाता/जानकार का चयन

छह अलग अलग चुनौतियाँ हैं, जिनका सामना आपको मुख्य सूचना प्रदाता के साथ काम करने से पहले करना पड़ेगा। पहला है, जिसप्रकार के सूचनाप्रदाता की आप तलाश कर रहे हैं, उसे पहचानना। यह जानना आवश्यक है कि ज़रूरी नहीं कि कि वह जानकार सबसे महत्वपूर्ण विशेषज्ञ हो। बहुत सी ऐसी विशेषताएँ हैं जो किसी को आपके शोध की प्रक्रियाओं में उपयोगी बना सकती है। आपके शोधप्रश्न और प्रसंग के अनुरूप, कोई भी या सभी निम्नलिखित बिंदु कुछ न कुछ दे सकते हैं:

- विशेषज्ञ – वे सम्मानित व्यक्ति जो अपने क्षेत्र में शीर्ष पर होते हैं।
- अंदरूनी सूत्र – वे जो संगठन, संस्कृति या समुदाय का हिस्सा हैं और उस परिवेश के यथार्थ को बाँटना चाहते हैं।
- बहुत अधिक अनुभवी – शायद इन्हें विशेषज्ञ नहीं समझा जाता, मगर आपकी छानबीन के विषय से सम्बद्ध इनके पास समृद्ध और गहन अनुभव होता है।
- नेता – यह औपचारिक या अनौपचारिक स्तर पर हो सकता है।
- चौकस/सचेत – संगठन या समुदाय के वे लोग जो,'कौन कौन है और क्या क्या है ' इसकी खबर रखते हैं।
- गपशप करनेवाला – चौकस व्यक्ति के समान मगर जिसे अवलोकन करना और कभी–कभी अफवाह फैलाना पसंद है; यहाँ यह सुनिश्चित करना ज़रूरी है कि आपको दी जा रही जानकारी सही है या नहीं।
- गौण अनुभव के साथ – जैसे, यदि आप युवाओं द्वारा आत्महत्या की समस्या कि खोज कर रहे हैं, युवाओं के साथ – साथ प्रारंभिक अंतर्दृष्टि पाने के लिए आप कुछ सलाहकारों, शिक्षकों या माता-पिताओं से भी पूछताछ करेंगे।
- मुखबिर – वे लोग, जिन्हें क्लासिक पुलिस की तरह 'सूचनाप्रदाता' बनना पसंद है; आपको प्रत्यक्ष और अप्रत्यक्ष — दोनों कार्यावलियों के बारे में सावधान रहना होगा।
- भूतपूर्व — इसमें वे लोग शामिल हो सकते हैं जो बेदखल किए गए हैं; अलग-थलग हैं; परिवर्तित/धर्मांतरित हैं; छांटे गए हैं; निष्काषित या अवकाश-प्राप्त हैं।

दूसरी चुनौती है, उन लोगों को पहचानना जिनकी विशेषताएँ उन प्रकारों से सह-सम्बद्ध हैं। अपने आस-पास पूछना या व्यापक सम्प्रेषण की तकनीक अपनाना जिसमें आप संप्रेषण की प्रक्रिया (देखें तालिका 10.3) के माध्यम से जानकारों की सूची तैयार कर सकते हैं, अच्छा विचार है। संभवत: एक जानकार व्यक्ति आपको दूसरे मेज़बानों तक ले जा सकता है।

तीसरी चुनौती है, पहचाने गए लोगों की स्थिति/हैसियत की पुष्टि करना। क्या उनके पास सचमुच विशेषज्ञता, अनुभव या अंदरूनी जानकारी है जो आपके अध्ययन में विश्वसनीय तरीके से जानकारी बढ़ाएगा। यहाँ सलाह है कि चीज़ें, जैसे – जुड़ाव का लंबा रिकॉर्ड, अपना अनुभव, सक्षम सूचनाप्रदाता से विवरणात्मक टिप्पणी जो आंतरिक संगति दिखाए, को ढूँढकर सुनिश्चितता पाना! आप केवल व्यापक सामान्यीकरण नहीं चाहते, वरन उससे कुछ अधिक चाहते हैं।

चौथी चुनौती आपके जानकार से स्पष्ट और ईमानदार जानकारी एकत्र करने की आपकी योग्यता से सम्बद्ध है। मुख्य सूचनादाता सुलभ और सूचना साझा करने का इच्छुक होना चाहिए। यदि उसके पास आपके काम की जानकारी है मगर वे उसे बताना नहीं चाहते तो वे आपके अध्ययन में किसी काम के नहीं। भरोसा बनाना (देखें अध्याय 3) महत्वपूर्ण होगा।

पाँचवी चुनौती है, सूचनाप्रदाता की आत्मचेतना को तलाशना और पहचानना। सभी प्रतिदाताओं का दुनिया देखने का नज़रिया अलग-अलग होगा और इनमें से कुछ के पास ही सही कार्यावली मौजूद होगी। कुछ चाहेंगे कि आप उन्हें सुने, कुछ अपना स्वार्थ साधेंगे, कुछ को अपनी ही बात प्रिय होगी, कुछ सोचेंगे कि वे आपसे कहीं ज़्यादा जानते हैं और कुछ यह सोचेंगे कि अनुभव पर उनका नज़रिया सही है और दुनिया को उसी के अनुरूप चलना

चाहिए या उसी प्रकार प्रतिक्रिया देनी चाहिए (पारिवारिक पुनर्मिलन की तरह लग रहा है)। आपको मुख्य सूचनाप्रदाता के साथ मज़बूत बनाना और बढ़ाना होगा, न सिर्फ़ इसलिए कि वे आपको खुलकर बता सकें बल्कि इसलिए कि आप उस स्थिति में हों ताकि उनके द्वारा दिए गए डेटा का सबसे अच्छी तरह उपयोग कर सकें।

अंतिम चुनौती नीति से संबद्ध है। याद आप ऊपर दिए गए सूचनादाताओं के प्रकार की सूची पर नज़र डालें और उनकी प्रेरणा पर विचार करें, यह पूरी तरह स्पष्ट है कि मुख्य सूचनाप्रदाता को चुनने और उनके साथ काम करने में नीति और सत्यनिष्ठा को काम में लाना ज़रूरी होता है। आपके और उनके पूर्वाग्रहों को व्यवस्थित करने के साथ साथ, आपको शोधकर्ता के रूप में अपनी शक्ति पर विचार करने की ज़रूरत होगी। आपको यह याद रखना होगा कि मुख्य सूचनाप्रदाता बहुत आलोचनात्मक स्थिति में रखे जा सकते हैं और खुद को रख सकते हैं। किसी भी समय उनकी जरूरतों को मान देना आपकी ज़िम्मेदारी है।

तालिका 10.4 कुछ नैतिक मुद्दों को उभारता है जिनपर आपको मुख्य सूचनाप्रदाता को चुनते समय और उनके साथ काम करते समय मेलजोल/संवाद बढ़ाने की ज़रूरत होगी।

तालिका 10.4 मुख्य सूचनाप्रदाता: अवसर और नैतिक दुविधाएँ

अवसर	नैतिक दुविधाएँ
सूचना के प्रवाह को बढ़ाने के लिए भरोसे का संबंध स्थापित करना	• सूचनादाता को बहुत अधिक भावनात्मक रूप से जोड़ना • मित्रता बढ़ाना, जो एकतरफ़ा है • ऐसे वायदे करना जो आप निभा नहीं सकते या निभाना नहीं चाहते
सरकारी चैनलों और प्रोटोकॉलों को अवहेलित करने की योग्यता प्राप्त करना	• सूचनादाता को अनैतिक स्थिति में डालना • जिस संगठन की आप छानबीन कर रहे हैं, उसके प्रति अनैतिक रूप से व्यवहार करना
गुप्त जानकारी प्राप्त कर पाना	• अपने सूचनादाता से अवैध/अनैतिक आचरण की माँग करना, उम्मीद करना या स्वीकार करना • जिस संगठन की आप खोज कर रहे हैं, उसके प्रति अनैतिक रूप में और संभवतः अवैध रूप में व्यवहार करना
विषय के भावनात्मक पहलुओं की गहराई में सचमुच डूब पाना	• सूचनादाता से बहुत भावनात्मक जुड़ाव/नियोजन की माँग करना • अपने सूचनादाता से दूसरों के निजी और व्यक्तिगत संबंध बनाने को कहना • अपने सूचनादाता से उनकी अप्रिय यादें साझा करने को कहना

मामले: विस्तार की गहराई में जाना

जब बात उत्तरदाताओं की आती है तो प्रश्न उठता है कि वास्तव में कितने उत्तरदाताओं पर्याप्त होंगे: 100, 200 या 1500 ? ख़ैर, ये वे संख्याएँ हैं जिसके बारे में हम नमूने/उत्तरदाताओं पर विचार करते समय सोचते हैं। यहाँ तक कि गुणात्मक शोध में भी हम 10.20,30 साक्षात्कार लेना चाहते हैं। मगर, 1 और 2 स्साक्षात्कार का क्या? क्या 1 या 2 साक्षात्कार कभी पर्याप्त होंगे ? क्या यह बिलकुल नहीं से कुछ होने के रूप मेंअच्छा होगा ? जब मैं छात्र थी, मुझसे एक प्रोफेसर ने कहा था कि यदि मुझे शोधकार्य करना है जिसमें 1500 लोगों का सर्वेक्षण किया जाता है, वे मुझसे डेटा के 1500 से 3,000 पृष्ठ तैयार करने की अपेक्षा करेंगे। फिर उन्होंने पूछा कि मेरे अनुसार किसी व्यक्ति के एक मामले के अध्ययन में वे मुझसे कितने डेटा की उम्मीद कर सकते हैं? मुझे सचमुच अंदाज़ा नहीं था और मैंने यूँ ही अनुमान लगाया, 200-300 पृष्ठ होंगे। उन्होंने कहा, 'नहीं, 1500 से 3,000 पृष्ठ, सर्वेक्षण के जितना ही।'

दूसरे शब्दों में, वे मुझसे कह रहे थे कि इसके लिए कोई छोटा रास्ता नहीं है। मामले का अध्ययन गहराई के बारे में है, इसमें आपको डूबने की ज़रूरत होती है। आपको इसके विस्तार में डूबना होगा, प्रसंग की गहराई में उतरना होगा और व्यक्ति, घटना, सामुदायिक समूह या संगठन जिसका आप पता लगाना चाहते हैं, उसके समृद्ध अनुभव पर मज़बूत पकड़ बनानी होगी। यहाँ लक्ष्य गहराई में जाना है जो सामान्यत: (उदाहरण) बड़े पैमाने पर सर्वेक्षण शोध में संभव होता है।

यदि आपको लगता है कि आपके शोधप्रश्न के उत्तर के लिए इस तरह की गहन खोज की ज़रूरत होगी, तो वैध, मान्य और सार्थक उत्तर किसी ख़ास 'मामले' या 'मामले के अध्ययन ' के पास या उसके अंतर्गत मिल सकते हैं (मामले के अन्य दृष्टिकोणों/तरीक़ों के लिए देखें बॉक्स 10.1)।

शब्दावली

मामला

एक स्थल या कोई ख़ास उदाहरण या तत्तव जिसे पहचानने योग्य सीमाओं द्वारा परिभाषित किया जा सके।

मामले का अध्ययन

यह किसी एक स्थिति या मामले के व्यापक वर्णन और विश्लेषण के माध्यम से हमारे सामाजिक ताने-बाने के तत्वों के अध्ययन की एक विधि है, जैसे – किसी व्यक्ति/व्यवस्था, समूह, प्रकरण या घटना। मामले के अध्ययन के शोधकार्य में एक या अनेक मामलों के अध्ययन हो सकते हैं।

बॉक्स 10.1

मामले के अध्ययन को कैसे वर्गीकृत करें

जैसा कि अध्याय 8 में बताया गया है, मामले (मामले का अध्ययन) की छानबीन को खुद में एक गुणात्मक कार्यप्रणाली माना जा सकता है। मामले के अध्ययन को कभी-कभी इसप्रकार वर्गीकृत किया जाता है, क्योंकि इसमें शोध पर गहन/सूक्ष्म दृष्टिकोण शामिल है जो गुणात्मक परम्पराओं का अनुसरण करता है, मगर मामले भी जनसंख्या या जानकार के समान ही अध्ययन की विषयवस्तु भी हैं। मामले अधिक जटिल और विधिपूर्ण हो सकते हैं मगर मेरे लिए वे फिर भी खोज के स्थल हैं, इसलिए इस अध्याय में मामलों पर चर्चा की गई है।

यदि आप विधियों पर अन्य पुस्तकें भी पढ़ रहे हैं और पाते हैं कि मामले के अध्ययन को कभी-कभी गुणात्मक कार्यप्रणाली के रूप में प्रस्तुत किया गया है, यह समझ में विचलन पैदा नहीं करेगा। संभवत: यह सिर्फ़ विचारों/मतों का अंतर है कि कहाँ और कैसे उन्हें प्रस्तुत किया जा रहा है।इसे कैसे वर्गीकृत किया गया है, उसकी परवाह किए बिना मामलों में चिंतनपरक शोध का लक्ष्य संभवत: समान होता है। शोधकर्ता के रूप में हम अति संवेदनशील, सटीक, व्यावहारिक अध्ययन करना चाहते हैं जो विश्वसनीय निष्कर्ष तक ले जाये और ज्ञान के आधार में कुछ जोड़ने की योग्यता विकसित करे।

सामाजिक विज्ञान की शोध परियोजना में मामलों का उपयोग, आप जितना समझते होंगे,उससे अधिक सामान्य है। प्रासंगिकता और व्यावहारिकता – दोनों को अधिकतम करने के लिए शोधकर्ता प्राय: अपनी कार्यप्रणाली से संबद्ध रूपरेखा को एक ख़ास संदर्भ तक सीमित रखते हैं। व्यावहारिक छोर में मामले प्राय: स्थल पर स्थित होते हैं, जिसका अर्थ है – यात्रा कमतर हो जाती है, पहुँच बढ़ जाती है और लागत घट जाती है, मगर सबसे महत्वपूर्ण

बात यह है कि यह लंबे समय तक जुड़ाव और घनिष्ठता तथा भरोसे के माध्यम से स्पष्टतया परिभाषित और अत्यधिक प्रासंगिक संदर्भ में समग्र समझ बनाने की अनुमति देता है।

हालाँकि लंबे समय तक जुड़ाव और तल्लीनता के अपने 'लागत'/ 'खर्च' हो सकते हैं।पहला, पहुँच बनाने के लिए ज़रूरी स्तर पर संवाद कठिन हो सकता है। दूसरा, क्योंकि मामले का अध्ययन सिर्फ़ एक या कुछ पर किया जाता हैं, उस एक या कुछ की माँगें बहुत अधिक हो सकती हैं। तीसरा, शोधकर्ताओं का प्रभाव शोधवस्तु पर पड़ सकता है और इसके विपरीत भी हो सकता है। अंत में, शामिल हुए पक्षकारों के लिए तल्लीन होने की पूरी क़ीमत भी देनी पड़ सकती है।

अब यदि आप मामले का अध्ययन करने का निर्णय लेते हैं, आप संयोगवश ऐसे व्यक्ति से मिल सकते हैं जो किसी भी अध्ययन पर अपना समय खर्च नहीं करता, जो प्रातिनिधिक या सामान्यीकरण के योग्य न हो। मगर, यदि आप अपने लक्ष्य को स्पष्ट रूप से व्यक्त कर सकते हैं और यह दिखा सकते हैं कि कैसे आपका अध्ययन विशेष ज्ञान के क्षेत्र में योगदान दे रहा है, संभव है कि आप विश्वनीयता और महत्ता स्थापित कर लेंगे। मामले/मामलों:

- के स्वाभाविक मूल्य होते हैं — मामले अत्यंत प्रासंगिक, राजनैतिक रूप में 'तीखे', अनोखे, रोचक और यहाँ तक कि गलत भी समझे जा सकते हैं, जैसे – पंथ की छानबीन,जिसपर मीडिया की सूक्ष्म जाँच/समीक्षा चल रही है।
- का उपयोग सिद्धान्त का असली रूप दिखाने के लिए किया जाता है – एक मामला यह दिखा सकता है कि जो सामान्य रूप से स्वीकृत है वह वास्तव में गलत भी हो सकता है; उदाहरण के लिए, जेल में हिंसा से जुड़ी सामाजिक मान्यताओं से संबद्ध मामलों पर गहरी छानबीन के माध्यम से प्रश्न उठाया जा सकता है जिसमें घटना को क़ैदी के दृष्टिकोण से समझने की कोशिश की जाती है।
- बदलाव को नई रोशनी में लाते हैं – खोजपूर्ण मामले के अध्ययन प्रायः नई समझ सामने ला सकते हैं; उदाहरण के लिए, किसी खास अस्पताल के आपातकालीन कक्ष की गहरी छानबीन नए कर्मचारियों को तनाव देनेवाले चरों को उजागर करती है जिसे साहित्य में अभी पहचानना बाकी है।
- सिद्धांत के लिए सहायक सबूत देते हैं — मामले के अध्ययन का उपयोग अन्य डेटा को एकत्र करने की विधियों को त्रिकोणीय दृष्टिकोणों से सत्यापित करने या सिद्धांत को समर्थन देने के लिए किया जाता है; उदाहरण के लिए, किसी विशेष संगठन की छानबीन इक्कीसवीं सदी के अधिगम संगठन के जीवंत उदाहरण के रूप में किया जा सकता है।
- का उपयोग सिद्धांत के आधार को सामूहिक रूप से आकार देने में किया जा सकता है — नई समझ को आगमनात्मक तरीके से तैयार करने के लिए कई मामलों का उपयोग किया जाता है; उदाहरण के लिए, तलाक़ के तनाव से उबरने की योग्यता में सशक्तिकरण को एक सामान्य विषय के रूप में पाना नई अंतर्दृष्टियों का आधार बन सकता है।

मामलों के अध्ययन गुणात्मक - परिमाणात्मक विभाजन को भंग करने में शोधकर्ता की मदद करते हैं। उदाहरणस्वरूप– किसी संगठन के मामले के अध्ययन में डेटा एकत्र करने की रणनीति में सर्वेक्षण का शोध और गहन साक्षात्कार – दोनों आसानी से शामिल किए जा सकते हैं। और या दबाव देने योग्य है। मामलों के अध्ययन विविध विधियों की अनुमति देते हैं जो शोधप्रश्न की प्रकृति से और जिन मामलों पर आप काम कर रहे हैं, उसके प्रकार से निश्चित किया जाता है। यह डेटा के संग्रहण की विधियों (देखें अध्याय 11 एवं 12) की सीमा का उपयोग करने के लिए बेहतरीन स्थल है।

मामले का चयन

यदि आप सोचते हैं, आपके शोधप्रश्न को मामले की गहराई में जाने से उजागर किया जा सकता है तो आपको अपना ध्यान मामले के चयन की प्रक्रिया की ओर मोड़ने की ज़रूरत होगी। अब यहाँ दो अलग प्रक्रियाएँ शामिल हैं। पहला है, अपने मामले को परिभाषित करना या सीमा निर्धारित करना जो खोज के लिए आपके द्वारा चुने गए 'तत्वों' को अर्थ देगा और उसकी प्रकृति बताएगा। दूसरा है, अलग - अलग मामले या मामलों की शृंखला का चयन करना जो आपकी परिभाषा की पुष्टि करता हो और आपके मामले की सीमा के अंतर्गत हो।

मामले को स्पष्ट अर्थ देने के लिए आपको स्पष्ट और विशिष्ट गुण/विशेषता स्थापित करने होंगे। संभवत: यहाँ सबसे व्यापक और सबसे आसान भेद यह निर्णय लेना है कि आपके मामले के लोगों, संस्थानों, घटनाओं, सांस्कृतिक समूहों आदि से बने होंगे। क्या आप लोगों, स्थानों, या चीजों की खोज करेंगे? एक बार यह निर्धारित हो जाये तो

अधिक विशिष्ट मानदंड व्यवहार में लाया जा सकता है। उदाहरण के लिए, यदि आपके मामले लोगों से बने होंगे, आप रोज़गार की स्थिति, लिंग या नस्ल जैसी विशेषताओं की ओर मामले के विवरण को संक्षिप्त करने के लिए मुड़ेंगे। यदि आप संस्थानों को शामिल करने की सोच रहे हैं,आपको क्रियाओं (कारख़ाना, अस्पताल, विद्यालय आदि) स्थान या आकार पर नज़र रखनी होगी। सांस्कृतिक समूह (वे समूह जो भरोसे और व्यवहार के सामान्य प्रतिमान और सामाजिक परंपरा से एक-दूसरे से जुड़े होते हैं) को भूगोल, सामाजिक नेटवर्क या साझी कठिनाइयाँ जैसी चीजों से भी परिभाषित किया जा सकता है। अंततः घटनाओं को परिभाषित करनेवाली विशेषताएँ होंगी – घटनाओं की प्रकृति, साथ ही साथ चीज़ें, जैसे-समय सीमा, भूगोल और आकार।

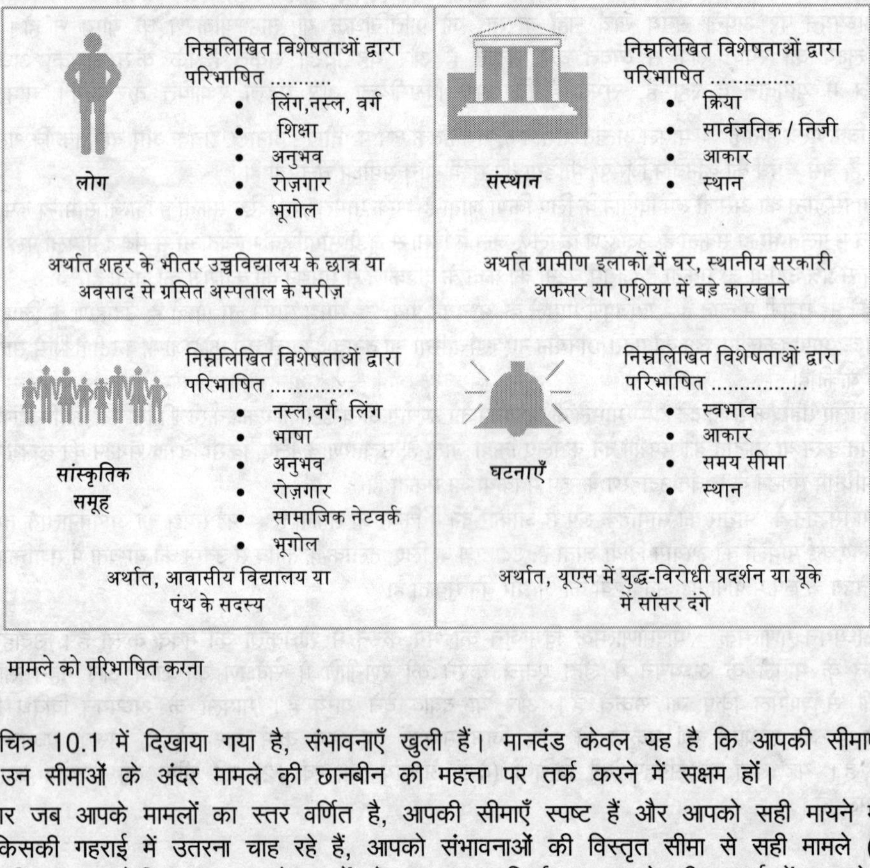

चित्र 10.1 मामले को परिभाषित करना

जैसा कि चित्र 10.1 में दिखाया गया है, संभावनाएँ खुली हैं। मानदंड केवल यह है कि आपकी सीमाएँ स्पष्ट हों और आप उन सीमाओं के अंदर मामले की छानबीन की महत्ता पर तर्क करने में सक्षम हों।

एक बार जब आपके मामलों का स्तर वर्णित है, आपकी सीमाएँ स्पष्ट हैं और आपको सही मायने में मालूम है कि आप किसकी गहराई में उतरना चाह रहे हैं, आपको संभावनाओं की विस्तृत सीमा से सही मामले (या मामलों) को चुनने की ज़रूरत होगी। अब, आपके लक्ष्यों के आधार पर सिर्फ़ एक मामले की गहराई में उतारने का निश्चय कर सकते हैं या आप दो या उससे अधिक मामलों का सम और बिषम रूप में तुलना करना चाहते होंगे। व्यापक सामान्यीकरण के लिए आप कई मामलों को विश्लेषित करने का निर्णय भी ले सकते हैं।

छानबीन होनेवाले मामलों की सही संख्या निर्धारित करने के बाद किसी ख़ास मामले या मामलों का चयन सामान्यतः रणनीतिक प्रक्रिया से होता है, जहाँ शोधकर्ता प्रायः दिमाग में ख़ास उद्देश्य रखकर मामलों को बारीकी से चुनते हैं। कारक, जो मामलों के चयन को प्रभावित करेंगे, वे हैं:

- व्यावहारिकता – व्यावहारिक होने में कोई बुराई नहीं है। व्यावहारिकता में प्रतिबद्धताएँ, जैसे – किसी विशेष मामले के अध्ययन में वित्तपोषण/प्रायोजन शामिल हो सकता है। इसमें समय – समय पर सुअवसर भी शामिल हो सकते हैं, जहाँ आप सही समय पर सही

जगह पर रहकर मौजूदा घटनाओं और कार्यों का लाभ ले सकते हैं, जैसे कि बाढ़ की घटना से उबरने वाले समुदाय का अध्ययन या स्पोर्ट्स से संबद्ध हाल –फिलहाल के उपद्रव की छानबीन। व्यावहारिकता में सुलभता भी शामिल हो सकती है जहाँ आप उस पहुँच का लाभ ले सकते हैं जो सामान्यत: मिल पाना मुश्किल होगा, जैसे – ऐसे मामले की छानबीन जिसका संबंध आपके अपने कार्यस्थल से है या ऐसे मामले की गहराई में जाना या तल्लीन होना जिसमें वह व्यक्ति शामिल है जिसके साथ आपका मौजूदा संबंध परस्पर विश्वास और भरोसे पर आधारित है।

- सोद्देश्यता – शोधकर्ता प्राय: ऐसे मामले चुनते हैं जहाँ वे आशा करते हैं कि कोई खास तर्क दे पाएँगे।उदाहरण के लिए, यदि उद्देश्य प्रातिनिधिकता पर तर्क करना है तो आप ऐसा मामला चुनेंगे जो ठेठ माना जाता है। चरम या असामान्य उदाहरण किसी सिद्धांत को धूल में मिलाने या आदर्शों से विचलन उजागर करने के लिए चुने जा सकते हैं, जबकि विस्तृत मामलों में विस्तृत अंतर का उपयोग नई समझ बनाने और सिद्धांत गढ़ने के लिए किया जा सकता है। इस अध्याय के आरंभ में सायास नमूने को चुनने पर दिए गए विभाग में रणनीतियाँ दी गई हैं, जिनका उपयोग सोद्देश्य मामले के चयन में किया जा सकता है।
- आंतरिक रुचि/स्वाभाविक हित– शोधकर्ता खास मामले को इसलिए भी चुन सकते हैं, क्योंकि वह खुद में भी बहुत रोचक है। ये प्रासंगिक, अनोखे, अपरिचित, गलत समझे गए, मिथ्या प्रचारित, हाशिये पर रखे गए, अनसुने, राजनीतिक रूप में तीक्ष्ण, या तत्कालीन मीडिया के ध्यान का केंद्र हो सकते हैं। इस स्थिति में चुनौती यह तर्क करना है कि ख़ास मामले अंतर्निहित महत्व और मूल्य के हैं या नहीं।

यह याद रखना ज़रूरी है कि सभी मामलों के चयन का आधार पहुँच होनी चाहिए। यह निहायत ज़रूरी है कि मामलों की गहराई में जाने के इच्छुक शोधकर्ता महत्वपूर्ण लोगों और डेटा तक पहुँचने में सक्षम होंगे। आप जब लोगों के साथ काम कर रहे हों, तो समृद्ध डेटा तैयार करने की आपकी योग्यता उच्चस्तर के भरोसे और घनिष्ठता पर निर्भर करेगी। संगठनात्मक व्यवस्था में आपको, प्रासंगिक अभिलेखों और दस्तावेज़ों तक उच्चस्तरीय पहुँच बनाने की ज़रूरत होगी या मामले से जुड़े लोगों की सरणी तक व्यापक पहुँच बना लेनी होगी। वास्तव में, संगठनात्मक मामले अध्ययन में आपको मामले के अंदर से ही उत्तरदाताओं की खोज करनी होगी।जैसा कि इस अध्याय में पहले भी बताया गया है, इसके लिए आपको मुख्य जानकार और नमूनों – दोनों को ढूँढना होगा। स्थिति जो भी हो, मामलों के अध्ययन में माँग की गई समग्र समझ और समृद्ध वर्णन को पाने के लिए आपको 'अंदर' चलनेवाली चीजों तक पहुँच बनाना ज़रूरी है।

पाठ सारांश

- यह जानना कि आपके प्रश्नों का उत्तर किसके पास है, चाहे वह जनसंख्या हो, मुख्य सूचनाप्रदाता, मामले या इन सबका समन्वित रूप हो और इनसे सूचना इकट्ठा करने के लिए आप सुअवसर कैसे ढूँढेंगे, यह विश्वसनीय डेटा एकत्र करने के लिए आधारभूत है।
- उत्तरदाताओं के प्रकार के अंदर आपको उपयुक्त, प्रातिनिधिक, स्पष्ट, जानकार, अच्छी यादाश्त वाले, जो ख़ुद को अभिव्यक्त/प्रस्तुत करने से नहीं डरते और जो ख़ुद को किसी विशेष रोशनी में प्रस्तुत करना ज़रूरी नहीं समझते — ऐसे उत्तरदाताओं का पता लगाना और उनतक पहुँचना ऐसी चुनौती है जिसका आपको सामना करना होगा।
- नमूने को चुनना हमें कई लोगों के विचार, ज्ञान, अनुभूति और/या मान्यताओं को समझने/पाने के लिए कुछ लोगों से जानकारी इकट्ठी करने की अनुमति देता है। नमूने को अचानक चुनने के लिए प्रतिनिधि नमूने को इकट्ठा करना होता है—जबकि नमूने को सायास चुनना, उत्तरदाताओं को बारीकी से चुने जाने या व्यापक नमूने लेने की तकनीक या स्वैच्छिक सेवा से पाए जाने की अनुमति देता है।
- मुख्य सूचनाप्रदाता शोध परियोजना में जानकारी के मूल्यवान स्रोत हो सकते हैं, इनका उपयोग खोज के प्रारम्भिक चरणों में हो सकता है; डेटा को त्रिकोणीय दृष्टिकोण से देखने और निश्चित करने में; या ख़ुद में डेटा के एक प्राथमिक स्रोत के रूप में हो सकता है। सूचनादाता के रूप में विशेषज्ञ, अनुभवी, नेता, चौकस व्यक्ति, गपशप करने वाले, गौण अनुभव रखने वाले, अंदरूनी सूत्र, जासूस और भूतपूर्व व्यक्ति शामिल हो सकते हैं।
- सामाजिक तत्वों का अध्ययन किसी एक स्थिति या मामले के व्यापक वर्णन और विश्लेषण के माध्यम से करने को मामले का अध्ययन कहते हैं। हालाँकि ज़रूरी नहीं कि प्रतिनिधि हो, मामले सिद्धान्त का असली रूप दिखाने,उसे तैयार करने और मौजूद सिद्धांत को समर्थन देने की उनकी योग्यता से नए ज्ञान में कुछ जोड़ सकते हैं।

संदर्भित पुस्तकें

हालाँकि बहुत से साहित्य हैं जो नमूने और मामले – दोनों के साथ काम करने में आपकी मदद करेंगे, मगर ऐसा साहित्य ढूँढना अधिक मुश्किल है, जो मुख्य जानकारों से सीधे संबद्ध हो। लेकिन आप 'सायास' नमूने के चयन और मामले के चयन – दोनों के अध्ययन से बाहरी गणना कर सकते हैं।

नमूने और नमूने को चुनना

Daniel, J. (2011) *Sampling Essentials: Practical Guidelines for making Sampling Choices.* London: Sage

एक अच्छी ग़ैर तकनीकी मार्गदर्शिका जो फॉर्मूला या सांख्यिकी की गहराई में उतरे बिना उपयुक्त नमूने के चुनाव में आपकी मदद करेगी। छात्रों के लिए अच्छी आरंभिक बिंदु।

Dorofeev, S. and Grant, P. (2006) *Statistics for Real-Life Sample Surveys:Non-Simple –Random Samples and Weighted Data.* Cambridge: Cambridge University Press

वास्तविक दुनिया के प्रायोगिक शोध का अनियंत्रित स्वभाव आकस्मिक नमूने को पाना काफी मुश्किल हो सकता है। यह पुस्तक सायास नमूनों की चुनौती की छानबीन करता है और उनसे निपटने का व्यावहारिक रणनीति प्रदान करता है।

Levy, P.S. and Lemeshow S. (2008) *Sampling of Populations: Methods and Applications,* 4th edn. Hoboken, NJ: John Wiley and Sons

एक व्यावहारिक, उपयोगकर्ता के अनुकूल पुस्तिका, जो अनुकरण करने में आसान है और बहुत अधिक तकनीकी नहीं है। मेरे विचार से यह नमूने को चुनने की रणनीति के पीछे छिपे तर्क तक आपको ले जाने का अच्छा काम करता है।

Thompson, S. K. (2012) *Sampling.* Hoboken, NJ: John Wiley and Sons

नमूने के डेटा को पाने, व्याख्या करने और इसका उपयोग करने के लिए बहुत अच्छी संदर्भित पुस्तक। यह नमूने को चुनने की बुनियादी समझ से लेकर अधिक जटिल आकलन की विधियों तक जाता है। अभ्यासों/अध्यायों और उदाहरणों की अच्छी तालिका इस पुस्तक को सुलभ बनाती है।

Tortu, S., Goldsamt, L. A and Hamid, R. (eds) (2001) *A Practical Guide to Research and Services with Hidden Populations*. Boston: Allyn and Bacon

मानसिक स्वास्थ्य देखभाल पर केन्द्रित रहने के साथ – साथ, पहुँचने में मुश्किल जनसंख्या तक पहुँच पाने की इस पुस्तक की अंतर्दृष्टि मुझे पसंद आई। यदि आप ऐसे समूह का अध्ययन करना चाहते हैं, जिसे पहचानना या ढूँढ निकालना आसान नहीं है, जैसे – बेघर या प्रसूता के अवसाद को इस पुस्तक में अच्छी तरह बताया गया है।

मामलों/मामले के अध्ययन

यहाँ दिए गए सभी अध्ययनों में मामले के चयन के विभाग हैं, मगर वे उपयुक्त विधियों पर भी मार्गदर्शन देते हैं। स्वयं को सीमित करने की कोई आवश्यकता नहीं है। जैसे ही आप अपनी पहुँच विकसित कर लेंगेऔर यह निर्णय कर लेंगे कि आप साक्षात्कार लेंगे, सर्वेक्षण करेंगे, पर्यवेक्षण करेंगे, और/या दस्तावेज़ों की छानबीन करेंगे, नीचे दिए गए अध्याय और उनके अनुशासित अध्ययन को पढ़ना न भूलें।

Gerring, J. (2006) *Case Study Research: Principles and Practices*. Cambridge: Cambridge University Press.

मामले के चयन पर एक अच्छा विभाग। इस पुस्तक की अभिस्वीकृति और मामले के अध्ययन में सम्मिलित होनेवाले (पहुँचने के) विभिन्न तरीकों पर बातचीत मुझे पसंद आई, इनमें शामिल हैं – प्रयोग, जातिवृत्यात्मक विज्ञान, प्रेक्षण, साक्षात्कार और सर्वेक्षण।

Hancock, D. R. and Algozzine, R. (2011) *Doing Case Study Research: A Practical Guide for Beginning Researchers*. New York: Teachers College Press

तर्काधार को विकसित करने से लेकर साहित्य की समीक्षा करने, अध्ययन की रूपरेखा बनाने, साक्षात्कार लेने, प्रेक्षण करने और लिखने तक, यह पुस्तक आपको मामले का अध्ययन संचालित करने के लिए चरण – दर चरण आगे ले जाती है।

Stake, R. E. (1995) *The Art of Case Study*. Thousand Oaks, CA: Sage.

क्लासिक, यह पुस्तक मामले के अध्ययन की छानबीन में गुणात्मक पहुँच की विस्तृत सीमा से ले जाता है। मामले के अध्ययन में मुख्य अध्याय को ढूँढने के लिए काम की रूपरेखा और वास्तविक मामले का उपयोग बहुत अच्छी तरह से करते हैं। निश्चित रूप से पढ़ने लायक।

Swanborn, P. (2010) *Case Study Research: What, Why and How?* Thousand Oaks, CA: Sage

इस पुस्तक की शक्ति मामले के अध्ययन के शोध के विभिन्न स्तरों को साथ लाने और विमर्श करने के तरीके में है। यह आपको सूचित/भिज्ञ निर्णय लेने और आपके शोध को उपयुक्त बनाए रखने में मदद करेगी।

Yin, R. K. (2008) *Case Study Research: Design and Methods.* Thousand Oaks, CA: Sage

मुझे इस पुस्तक की व्यापकता पसंद है। यह विषयों की उपयुक्त सीमा से लगभग 50 मामलों का अध्ययन प्रदान करता है। इसमें परिमाणात्मक, गुणात्मक और मिश्रित विधियों तक पहुँचने के तरीके सन्निहित हैं। इस कार्य की गहराई में जाने से आप मामले के अध्ययन के शोध को निश्चित रूप से अच्छी तरह से समझ पाएँगे।

11

प्रारंभिक आँकड़े: सर्वेक्षण, साक्षात्कार और प्रेक्षण

अध्याय का पूर्वावलोकन

- प्रारंभिक आँकड़े एकत्र करने की चुनौती
- सर्वेक्षण
- साक्षात्कार
- प्रेक्षण

प्रारंभिक आँकड़े एकत्र करने की चुनौती

प्रारंभिक आँकड़ा वह है जो शोधकर्ताओं द्वारा विशेषतः अपने शोध प्रयोजनों के लिए एकत्र किया जाता है। यह आँकड़ा ऐसा है जो शोध प्रक्रिया में अपना स्वतंत्र आस्तित्व नहीं रखता। प्रारंभिक डेटा तात्कालिक होता, यह पूरी तरह शोधकर्ता द्वारा नियंत्रित होता है और सबसे महत्त्वपूर्ण यह है कि यह विशेष मुद्दों को लक्ष्य में रखता है, जिनकी शोधकर्ता पड़ताल कर रहा है।

प्रारंभिक आँकड़ा एकत्र करने का सर्व सामान्य तरीक़ा है – सर्वेक्षणों और साक्षात्कारों के माध्यम से। ये प्रविधियाँ आपको एक शोधकर्ता के रूप में उत्तरदायी बनाती हैं। न केवल आप यह पूछ पाते हैं कि आप क्या चाहते हैं, कब चाहते हैं, बल्कि आप यह भी पूछ पाते हैं कि आप इसे कैसे चाहते हैं – आप शब्दावली का चयन कर पाते हैं, क्रम का चयन कर पाते हैं, तात्कालिकता का चयन कर पाते हैं, जाँच का चयन कर पाते हैं। प्रेक्षणमूलक अध्ययन आँकड़ा-संग्रह के लिए निर्धारित नियमावली के समान होते हैं – यह आप निर्धारित करते हैं कि आप क्या प्रेक्षण करेंगे, कब प्रेक्षण करेंगे, और डेटा के रूप में आप क्या रिकॉर्ड करेंगे। इन तीनों ही उपगमों में आँकड़ा-संग्रह को कुछ परिशुद्धता के साथ आपके शोध प्रश्न, सिद्धांत, लक्ष्य और उद्देश्यों की ओर निर्देशित किया जाता है और इसकी वास्तविक अपील होती है। जो डेटा एकत्र किया जाता है, वह सतही नहीं होता, बल्कि वस्तुतः यह आपकी शोध परियोजना के लिए विशेष रूप से तैयार किया जाता है।

लेकिन प्रारंभिक आँकड़ा-संग्रह के साथ कुछ चुनौतियाँ भी जुड़ी हुई हैं। इनमें से एक यह कि इसमें काम बहुत है। चाहे यह सर्वेक्षण हों, साक्षात्कार हों अथवा प्रेक्षण अध्ययन हों, आपके लिए अपनी खुद की शोध नियमावली की रूपरेखा बनाना सरल नहीं होता। सर्वेक्षण के औजारों का ठीक ठीक उपयोग कर पाना काफ़ी कठिन होता है। साक्षात्कारों की एक पूरी शृंखला से गुज़रना और सुविचारित ढंग से उनका विश्लेषण करना हताशा में एक प्रयोग हो सकता है; और प्रेक्षण अध्ययन जटिल हो सकता है और आपको बेतरतीब आँकड़ों के ढेर में छोड़ सकता है।

प्रारंभिक डेटा आंकड़ा संग्रह समय-साध्य भी है, प्रायः व्यय साध्य भी और हमेशा योजनानुसार कार्य भी नहीं करता। आपकी समयसीमा में पर्याप्त शोध प्रतिवादियों की उपलब्धि, एक साक्षात्कार के लिए शहर या राज्य के विभिन्न भागों में दौड़ते रहना और लंबे समय तक आपका कार्य में डूबे रहना, कभी-कभी प्रेक्षण जिसकी माँग करता है – ज़रूरत है कि शोध-डिज़ाइन की निर्णय लेने वाली प्रक्रिया में सकारात्मक प्रभाव को शामिल किया जाए।

अगर आप इन चुनौतियों को पार कर लेते हैं, वहाँ आपके लिए व्यापक प्रतिफल हो सकते हैं। तब आपके पास अभिव्यक्त रूप से आपके अपने शोध उद्देश्यों के लिए उत्पादित आँकड़े हो सकते हैं। और यह निश्चित रूप से आपको अंतर्दृष्टि प्रदान करेगा जो तब उपलब्ध नहीं हो सकती, जब आप पुराने आँकड़ों का उपयोग करते हैं।

तो इन प्रविधियों से अधिकांश प्राप्त करने के लिए आपका क्या जानने की आवश्यकता है?

सर्वेक्षण करना

संभवतः आप सभी पर्यवेक्षण और सर्वेक्षण से भली भाँति परिचित हैं। मुझे यह स्वीकार करने में घृणा आती है, लेकिन जब मैं रूजर्स युनिवर्सिटी में स्नातक छात्रा थी तो मैंने एक मार्केट रिसर्च कंपनी के लिए काम किया। जी हाँ, मैं उन अत्यधिक परेशान करने वाले लोगों में से एक थी, जो डिनर के बीच में जाकर कहते थे कि यदि आप बुरा न मानें तो 'क्या आप कुछ संक्षिप्त सवालों का जवाब देना चाहेंगे जिसमें आपके कुछ पल लगेंगे?' जैसा कि फ्रांसीसी लेखक दे केर्ते (2012) ने कहा है, "सर्वेक्षण हर जगह हैं। बाजार-सर्वेक्षण, राजनीतिक मतदान, उपभोक्ता सेवा प्रतिक्रिया, मूल्यांकन, मतदान, सामाजिक विज्ञान शोध – जब हम जानना चाहते हैं कि जनता क्या सोच रही है, तब हम सर्वेक्षण करते हैं।

शब्दावली

सर्वेक्षण करना

आँकड़ा – संग्रह की प्रक्रिया जिसमें एक प्रश्नावली के माध्यम से व्यक्तियों के एक व्यापक समूह से उनकी विशेषताओं, गुणों, कैसे वे रहते है या उनके विचार से संबद्ध समान प्रश्न पूछा जाता है।

विकल्प और संभावनाएँ

आप सोच सकते हैं कि सभी सर्वेक्षण एक जैसे होते हैं, लेकिन ऐसा नहीं है। वस्तुतः यह निर्धारित करने के लिए कि कौन-सा दृष्टिकोण आपके लिए अधिक उपयुक्त है और आपकी शोध कार्यसूची के लिए भी, इसके लिए आपको कई महत्त्वपूर्ण मुद्दों के जरिए काम करने की ज़रूरत होगी। जैसा कि तालिका 11.1 में प्रदर्शित है, सर्वेक्षण के लिए जो दृष्टिकोण आप अपनाते हैं, वह इस पर निर्भर करेगा कि क्या आप प्रतिवादियों से एक प्रकार का नमूना लेना चाहते हैं अथवा अपनी जनसंख्या में प्रत्येक व्यक्ति को लक्षित करना चाहते हैं, वर्णन या व्याख्या करना चाहते हैं, किसी क्षण को, बदलते समय को या बदलते लोगों को पकड़ना चाहते हैं, आमने-सामने या मेल, ई मेल या फ़ोन द्वारा निर्देशित करना चाहते हैं।

मुद्दे और जटिलताएँ

जब विश्वसनीय डेटा आँकड़ा -संग्रह की बात आती है तो इसका कोई सरल जवाब नहीं है। यहाँ अवसरों और चुनौतियों के बीच हमेशा विनिमय होता है और जब सर्वेक्षण की बात आती है तो निश्चित रूप से यह सच है।

तालिका 11.1 सर्वेक्षण मुद्दे और प्रकार

क्या आप अपनी आबादी में प्रत्येक व्यक्ति को नमूना बनाना चाहते हैं या उससे पूछना चाहते हैं?	
जनगणना : ऐसा सर्वेक्षण जो एक नमूने पर भरोसा नहीं करता, दूसरे शब्दों में ऐसा सर्वेक्षण जो एक सुपरिभाषित जनसंख्या में प्रत्येक व्यक्ति को समेटता है।	अमेरिका की जनगणना इसका अच्छा उदाहरण है। एक छोटे पैमाने की जनगणना में एक विशेष विद्यालय के सभी छात्र शामिल होंगे।
प्रति-वर्गीय सर्वेक्षण : ऐसे सर्वेक्षण जो उत्तरदाताओं का एक नमूना या प्रतिवर्ग का उपयोग करते हैं। इसका उद्देश्य है आपकी लक्ष्यीकृत जनसंख्या का प्रतिनिधित्व करना और निष्कर्ष को पुनः उस जनसंख्या के संदर्भ में सामान्यीकृत करना।	अधिकांश सर्वेक्षण इसी श्रेणी के अंतर्गत आते हैं, उदाहरण के लिए, एक समुदाय सर्वेक्षण जो दस घरों में से केवल एक को लक्ष्य बनाता है, लेकिन उसका उद्देश्य समूचे समुदाय का प्रतिनिधित्व करना है।
क्या आपका सर्वे केवल वर्णन करेगा या व्याख्या करने का प्रयास करेगा?	
वर्णनात्मक सर्वेक्षण : इसका उद्देश्य है एक स्नैपशॉट प्राप्त करना अथवा जनसंख्या संबंधी सूचना प्राप्त कर अपने उत्तरदाता का वर्णन करना; उदाहरणार्थ, उम्र, सामाजिक आर्थिक स्थिति, और लिंग, व्यक्तिगत सूचना / व्यवहार उदाहरण के लिए मतदान का पैटर्न अथवा अवैध दवाओं का उपयोग और प्रवृत्तिगत सूचना अर्थात बहुराष्ट्रीय निगमों, गर्भपात अथवा स्वास्थ्य देखभाल लागत के प्रति दृष्टिकोण।	इसका क्लासिक उदाहरण है राजनीतिक मतदान जो मतदाता और उनके इरादों का वर्णन करता है।
व्याख्यात्मक सर्वेक्षण : इसका उद्देश्य है संश्लिष्ट समझ निर्मित करना जो वर्णन से परे जाता है या सहसंबंध से भी परे। इसका लक्ष्य है यह सुस्पष्ट करना कि चीज़ें जैसी हैं, वैसी क्यों हैं, दूसरे शब्दों में कारण और प्रभाव का निर्धारण।	हाल में ही एक आस्ट्रेलियाई अख़बार ने एक सर्वेक्षण किया जिसमें आँकड़ा संग्रह किया गया जो इराक युद्ध से संबंध प्रवृत्तियों का वर्णन करता था, साथ ही इस डेटा का उपयोग यह स्थापित करने के लिए भी किया गया कि ये प्रवृत्तियाँ क्या आकार लेंगी, उदाहरणार्थ व्यक्तिगत अनुभव, सुपरिचित व्यवहार और राजनीतिक झुकाव।
क्या आप समय के एक अंतराल के बाद सर्वेक्षण करेंगे; और अगर ऐसा है तो क्या आप बदलते समय या बदलते लोगों की पड़ताल करना चाहते हैं?	
आम चलनवाले सर्वेक्षण : आम चलनवाले सर्वेक्षण में समान प्रति-वर्ग (उत्तर प्रदाताओं का समान वर्ग) से समय पर दो या अधिक बिंदुओं पर समान प्रश्न पूछे जाते हैं। इसका उद्देश्य यह देखना है कि क्या समय के साथ व्यक्तियों का वर्गीकरण परिवर्तित होता है।	इसका उदाहरण यहाँ एक तीन चरण वाला सर्वे है जो 20 वर्षों के समय काल में (1989, 1999, 2009) में किया गया जिसमें नवविवाहितों से विवाह के संदर्भ में उनके विचार जाने गए। इसका उद्देश्य यह जानना था कि आज के नवविवाहितों का विचार भी क्या वही है जो 1980 और 1990 के दशक में था।
नामिका अध्ययन : एक नामिका अध्ययन में समय के दो या अधिक बिंदुओं पर उन्हीं (समान नहीं) उत्तरदाताओं के नमूने से वही प्रश्न पूछना। इसका उद्देश्य यह देखना है कि क्या समय के साथ व्यक्ति खुद परिवर्तित हो गए हैं।	ऊपर के उदाहरण को लें। यदि आपने 1989 में नवविवाहितों का सर्वेक्षण किया तो आपको 1999 में उन्हीं व्यक्तियों का सर्वे करना होगा (विवाह के दस वर्षों बाद) और पुनः 2009 में ताकि व्यक्तियों की उम्र बढ़ने के साथ उनमें प्रवृत्तिगत परिवर्तन का मूल्यांकन किया जा सके।
आप किस प्रकार अपने सर्वेक्षण को निर्देशित करेंगे?	
रू-ब-रू सर्वेक्षण :	
लाभ: अच्छी प्रतिक्रिया दर, मेल-जोल की छूट देता है; और विश्वास स्थापित होना चाहिए, उत्तरदाता को प्रोत्साहित कर सकें, स्पष्टीकरण, सुझाव, जाँच और ग़ैर वाचिक संकेतों के पठन के लिए छूट देता है। **हानि :** यह लंबा और व्ययसाध्य हो सकता है। भौगोलिक क्षेत्र को परिसीमित करें। नाम को गुप्त रखने या गोपनीयता के लिए आश्वस्त न करें, और सर्वेक्षणकर्ता के प्रशिक्षण की ज़रूरत महसूस करें।	इसका उदाहरण है मॉल या सुपर मार्केट सर्वेक्षण जहाँ किसी के द्वारा रोके जाते हैं और प्रश्नों की एक श्रृंखला आपके लिए तैयार होती है।
टेलिफ़ोन सर्वेक्षण :	
लाभ : अपेक्षाकृत व्ययसाध्य नहीं, व्यापक भौगोलिक कवरेज की छूट देता है, नाम गुप्त रखने और गोपनीयता का भी कुछ आश्वासन देता है और कुछ स्पष्टीकरण, सुझाव और जाँच की भी छूट देता है। **हानि :** प्रतिक्रिया की दर कम हो सकती है। बुरे समय पर लोगों को पकड़ पाना आसान है, यदि वे थक गए हों तो वे अचानक फ़ोन बंद कर सकते हैं। साथ ही आप उन्हीं का सर्वे करने तक सीमित हो जाते हैं, जिनके पास फ़ोन है।	बाज़ार के सर्वेक्षण में टेलिफ़ोन पसंद का माध्यम प्रतीत होता है – लेकिन अधिकाधिक लोग इससे परेशान हो जाते हैं। सामाजिक विज्ञान शोधकर्ताओं के लिए कठिन हो जाता है कि वे प्रतिभागिता के लिए व्यक्तियों को पा सकें।

स्व.निर्देशित मेल/ ईमेल/ ऑनलाइन सर्वे :

लाभ : गोपनीयता / नाम गुप्त रखने को संभव बना सकता है, व्यापक भौगोलिक कवरेज को संभव करता है और उत्तरदाताओं को अवसर देता है कि वे अपने ढंग से उत्तर दें।

हानि : प्रतिक्रिया की दर बहुत कम हो सकती है, स्पष्टीकरण की अनुमति न दें और स्नेल मेल का विकल्प महँगा होने के कारण बंद किया जा सकता है।

ये स्नेल मेल, ई-मेल और ऑनलाइन सर्वे को समाहित करते हैं। ऑनलाइन सर्वे का लाभ ये है कि आप प्रिंटिंग और पोस्टेज में होने वाले हज़ारों के खर्च से बच जाते हैं। लेकिन ऑनलाइन जनसंख्या में ही सर्वेक्षण के लिए सीमित हो जाते हैं। इसके अतिरिक्त स्पैम मेल की बढ़ोत्तरी का तात्पर्य है कि जब तक आपके उत्तरदाता आपको जानते नहीं, संभव है कि आपका सर्वे मेल देखा भी न जाए।

हालाँकि सर्वेक्षण ज्ञान की प्रस्तुति हेतु बहुत कुछ कर सकते हैं, सरल, सीधी और सस्ती उपगम के लिए अपेक्षाकृत उनकी प्रतिष्ठा सचमुच इस लायक नहीं है – यह एक कँटीली, क्षुब्ध कर देनेवाली प्रक्रिया हो सकती है, विशेषकर तब, जब आप इसे ठीक ढंग से करना चाहते हैं।

इसका अच्छा पहलू यह है कि सर्वेक्षण :

- बड़ी संख्या में उत्तरदाताओं तक पहुँच सकते हैं।
- एक बड़ी जनसंख्या का प्रतिनिधित्व कर सकते हैं।
- तुलना के लिए छूट दे सकते हैं।
- मानकीकृत, मात्रात्मक, अनुभवसिद्ध आँकड़ा सामने ला सकते हैं।
- निस्सीम प्रश्नों के उपयोग से गुणात्मक आँकड़े उत्पन्न कर सकते हैं।
- गोपनीय और यहाँ तक कि गुमनाम हो सकते हैं।

इसका नकारात्मक पक्ष यह है कि एक ऐसे सर्वेक्षण को निर्मित और निर्देशित करना जिसमें क्षमता हो कि वह विश्वसनीय और सामान्यीकृत आँकड़े पैदा कर सके, सचमुच कठिन है। संभवतः आपने अनुभव किया हो कि ऐसे बहुत से ख़राब ढंग से आकल्पित सर्वेक्षण होते हैं जो कि मूल्यवत्ता में उस काग़ज़ के समतुल्य भी नहीं है, जिन पर उन्हें मुद्रित किया जाता है, फिर भी जो आँकड़ा वे प्रस्तुत करते हैं उसे सच माना जाता है और उनका उपयोग हर तरह की निर्णयात्मक प्रक्रियाओं में किया जाता है। सर्वेक्षण के साथ जो चुनौतियाँ जुडी हुई हैं, वे हैं;

- उस मात्रात्मक आँकड़े को प्राप्त करना, जिसकी आपको ज़रूरत है।
- पूरा आँकड़ा एकत्र करना।
- जवाब देने के लिए प्रातिनिधिक नमूना प्राप्त करना।
- जवाब देने के लिए किसी भी व्यक्ति का उपलब्ध होना।
- सांख्यिकीय विश्लेषण में निपुणता की ज़रूरत।
- केवल उन प्रश्नों के उत्तर प्राप्त करना जिन्हें आप पूछना चाहते थे।
- अगर अधिक आँकड़ों की ज़रूरत हो तो अपने उत्तरदाता के पास पुनः जाना।

सर्वेक्षण प्रक्रिया

एक अच्छे सर्वेक्षण को संयोजित करना ऐसी प्रक्रिया है, जिसके कई चरण होते हैं। सर्वेक्षणों में ज़रूरत इस बात की है कि आप अपने लक्ष्य को निर्धारित करें, सर्वेक्षण के अपने उपकरण विकसित करें, अपने दृष्टिकोण को संचालित करें, आवश्यक संशोधन करें, निर्देशन करें और अपने आँकड़े को व्यवस्थित/विश्लेषित करें। बॉक्स 11.1-11.4 इसका विश्लेषण करते हैं और सर्वेक्षण में निहित चरणों की रूपरेखा प्रस्तुत करते हैं। आप इन बॉक्स को निर्देशक और जाँच तालिका दोनों ही रूपों में सहायक पाएँगे।

योजना बनाना

निस्संदेह, आपके सर्वेक्षण की सफलता उस चिंतन पर निर्भर करेगी, जिसे आप अपनी योजना निर्मिति की प्रक्रियाओं में रखते हैं। एक अच्छा सर्वेक्षण ऐसे ही नहीं हो जाता। यह पूर्वनियोजित होता है। अपनी लक्ष्य जनसंख्या को

जानने से लेकर और किस तरह आपकी नमूने लेने की शैली उस जनसंख्या का प्रतिनिधित्व करेगी – पैठ और आचारशास्त्र के जरिए, पूर्वग्रह और कौशल के परिप्रेक्ष्य में आप कौन हैं, इसका विचार और निश्चित ही उस डेटा के बारे में सुस्पष्ट होना, जिसकी तलाश आपको है और किस तरह आप आकस्मिक चीज़ों के लिए तैयार रहेंगे – ये महत्वपूर्ण विचारणीय बातें हैं, उससे पहले कि आप सर्वेक्षण निर्मिति के कार्य को प्रारंभ करें। बॉक्स 11.1 आपको किसी सर्वेक्षण की योजना के आवश्यक चरणों से परिचित कराएगा।

– बॉक्स 11.1 –

एक अच्छे सर्वेक्षण की योजना बनाना – 'कौन', 'कहाँ', 'कब', 'किस प्रकार' और 'क्या'

योजना-निर्मिति के मुख्य बिंदु जो विचारणीय हैं :

1. जनसंख्या और नमूना / उत्तरदाता / प्रतिभागी – जिनसे आप बात करना चाहते हैं (जनसंख्या) और डेटा एकत्र करना चाहते हैं (नमूना) (अध्याय 10 देखें)
2. पहुँच – किस तरह आप अपने नमूने तक पहुचेंगें। इसमें किसी भाषा या सांस्कृतिक अवरोधों का विचार शामिल है जो पहुँच को परिसीमित कर सकते हैं।
3. आपके पूर्वाग्रह – मार्ग में आनेवाली व्यक्तिनिष्ठताओं की पहचान और उन पर नियंत्रण जो कि उपयोग किए जाने वाले किसी सर्वेक्षण उपकरण की विश्वसनीयता को सुनिश्चित करती हैं।
4. आपका कौशल – अपने सर्वेक्षण को करने के लिए किस प्रकार आप कौशल / संसाधन विकसित करेंगे।
5. नीति / नीतिगत अनुमोदन – आपकी परियोजना में निहित कोई नैतिक दुविधा और इसके लिए उचित नीतिगत अनुमोदन प्राप्त करना।
6. आँकड़ा / डेटा – आपके शोधप्रश्न के पहलुओं के माध्यम से चिंतन जिसका उत्तर एक प्रश्नावली के माध्यम से दिया जा सकता है। यह भी विचारणीय है कि आप जो आँकड़ा / डेटा एकत्र करेंगे, उसका रूपाकार विश्लेषण के अभिप्रेत तरीकों से संगत हो।
7. विवरण – वितरण, स्मरणपत्र, प्रतिक्रिया दर और आँकड़ा -प्रबंधन।
8. आकस्मिकता – अप्रत्याशित, अनियोजित और दुर्भाग्यपूर्ण। इसका अर्थ है यदि प्रतिक्रिया दर कम है तो वैकल्पिक योजना तैयार रखना।

अपनी प्रश्नावली विकसित करना

क्या बढ़िया चुनौती है – लेकिन यह सरल नहीं है। नौसिखिए प्रायः सोचते हैं कि वे बहुत सहजता से कुछ प्रश्न हल कर लेंगे जो उनके शोध प्रश्न से संबद्ध हैं, जनसांख्यिकी पर एक खंड कर लेंगे और यह काफ़ी है। लेकिन यह इतना सरल नहीं है। यहाँ राह में दर्जनों जाल और गड्ढे हैं। प्रश्नावली निर्माण को उचित ढ़ंग से करने के लिए, आपको इसे पर विचार करने की ज़रूरत होगी कि क्या किसी मौजूदा प्रश्नावली का लाभ उठा सकते हैं; और अगर नहीं तो किस प्रकार अपनी अवधारणाओं को चरों तक ले जाएँगे, किस प्रकार अपने प्रश्नों का उत्कृष्ट प्रारूप तैयार करेंगे, जो आँकड़ा आप चाहते हैं उसे प्रतिक्रिया की कौन-सी श्रेणियाँ अच्छी तरह दे पाएँगी; और सही सांख्यिकीय विश्लेषण, समीक्षा, पुनर्लेखन, रेखांकन और सुस्पष्ट निर्देश देने की राह प्रशस्त करेंगी। बॉक्स 11.2 आपको इन आवश्यक चरणों से होकर ले जाएगा, जबकि सर्वेक्षण उपकरण का अगला खंड आपको सर्वेक्षण निर्माण के विवरण में बहुत आगे तक ले जाएगा।

बॉक्स 11.2

अपनी प्रश्नावली विकसित करना

यह निम्नलिखित खंड में पूरी तरह सिमटा हुआ है, लेकिन संक्षेप में, इसमें इनकी ज़रूरत शामिल है :

1. परिचालित अवधारणाएँ – इसमें सूक्ष्म अवधारणाओं से चरों की ओर जाना निहित है जिसका आकलन आपके सर्वेक्षण के माध्यम से किया जा सकता है; उदाहरण के लिए ग़रीबी या पर्यावरणीय नागरिकता का ठीक ठीक मापन, आपका सर्वेक्षण कर सकता है।
2. वर्तमान संभावनाओं की पड़ताल करें – आपको इस बात की ज़रूरत नहीं है कि आप पहिए का पुनराविष्कार करें ; यदि कोई मौजूदा सर्वेक्षण उपकरण आपके चरों को संबोधित है। देखें कि क्या आप इसे अपना सकते हैं, इसे अपनाएँ और संशोधित करें।
3. प्रारूप प्रश्न - नए प्रश्नों को प्रारूपित करते समय ध्यान रखें कि वे यथासंभव सुस्पष्ट हों।
4. प्रतिक्रिया श्रेणियों पर निर्णय करें – स्वयं प्रतिक्रियाओं पर प्रतिक्रिया श्रेणियों के प्रभाव और किस प्रकार विभिन्न प्रतिक्रिया श्रेणियाँ विभिन्न डेटा प्रकारों में अनूदित होती हैं जो कि बिलकुल अलग सांख्यिकीय उपचार की माँग करती है – इन दोनों का ध्यान रखें।
5. समीक्षा - प्रत्येक प्रश्न और प्रतिक्रिया चयन को ध्यान से पढ़े और विचार करें कि क्या आपके प्रश्न अस्पष्ट, महत्त्वपूर्ण, नियंत्रणकारी, आक्रामक, अवांछित पूर्वधारणाओं पर आधारित, उभयर्थक अथवा आडंबरयुक्त माने गए।
6. प्रश्नों को पुनः लिखें - मूल्यांकन हेतु उन्हें पर्यवेक्षकों के पास ले जाएँ। इस चरण को जितनी बार ज़रूरी हो, दुहराएँ ताकि प्रत्येक प्रश्न को जितना संभव है, ठीक किया जा सके।
7. प्रश्नों को क्रमबद्ध करें - प्रश्नों को एक क्रम में रखें जो कि तार्किक हो और जिससे आपके सर्वेक्षण में उत्तरदाताओं को सुविधा हो।
8. निर्देश लिखें - इन्हें जितना संभव हो, सुस्पष्ट बनाएँ।
9. रूपरेखा - सुस्पष्ट, तर्कपूर्ण, व्यावसायिक और सौंदर्यपरक दृष्टि से अच्छी रूपरेखा और आकल्पन निर्मित करें।
10. एक व्याख्या पत्र / परिचयात्मक विवरण लिखें - सामान्यतः इसमें सूचनाएँ सन्निहित होती हैं कि आप कौन हैं, आपकी परियोजना का लक्ष्य एवं उद्देश्य, गोपनीयता का आश्वासन और यह कि क्या प्रतिभागियों को परिणाम से अवगत कराया जाएगा।

संचालन और सुधार

आप सोच रहे हैं कि 'हाँ'। यह प्रश्नावली अच्छी लग रही है - अब इसे बाहर भेजने का वक़्त है। ठीक है, लगे रहें। इतनी तेज़ी से भी नहीं। मैं आपको गारंटी देती हूँ कि आप निश्चित तौर पर कुछ सामान्य सर्वेक्षण के फंदे या गड्ढे में गिर गए हैं। और इससे बाहर निकलने का सबसे अच्छा तरीका है - संचालन। यह आवश्यक है कि आपको पूर्वाभ्यास हो और इससे आपको ज़रूरी प्रतिपुष्टि मिल सकती है, केवल प्रतिवादियों के अनुभव के परिप्रेक्ष्य में ही नहीं, बल्कि आपके द्वारा संग्रहित आँकड़े की गुणवत्ता के परिप्रेक्ष्य में भी और इस परिप्रेक्ष्य में भी कि यह सांख्यिकीय विश्लेषण की दृष्टि से कितना ज़िम्मेदार है। यहाँ से सुधार का एक या दो चक्र और आप अपने लक्ष्य के क़रीब होंगे। बाक्स 11.3 आपको सर्वेक्षण के संचालन और सुधार के चरणों से होकर ले जाएगा।

बॉक्स 11.3

आपके सर्वेक्षण का संचालन और सुधार

अच्छी योजना बनाना और विकास ज़रूरी हैं - लेकिन पर्याप्त नहीं। सचमुच यह जानने का एकमात्र रास्ता है कि कुछ होने जा रहा है - इसकी परीक्षा करनी है।

1. पूर्वाभ्यास करें - उत्तरदाताओं के एक समूह के साथ अपनी कार्य प्रणाली का संचालन करें जिनकी पृष्ठभूमि उन्हीं के समान है जो आपके 'नमूने' में हैं।
2. विचार करें - संचालन की प्रक्रिया पर विचार करें और अगर कोई कठिनाई आती हो तो उसे अंकित करें। अपने आँकड़े की भी समीक्षा करें और आपके संपूर्ण सर्वेक्षण को समझने में कोई कठिनाई हो तो उसे अंकित करें।
3. फ़ीडबैक (प्रतिपुष्टि) लें - व्याख्यापत्र की प्रभावशीलता, समूची रूपरेखा और डिज़ाइन, निर्देशों की उपयोगिता, प्रश्नों की शब्दावली और प्रश्नावली को पूरा करने के लिए लगने वाले समय के संदर्भ में चालक - समूह से फ़ीडबैक लें।
4. अपने सांख्यिकी –समुच्चय का परीक्षण करें - चरों को सृजित करने का प्रयास करें, संचालक की प्रतिक्रियाओं का कूटीकरण करें और फिर उनको एक सांख्यिकीय प्रोग्राम में यह देखने के लिए ले जाएँ क्या आप किन्हीं मुद्दों का सामना करते हैं, जब आप अपना मुख्य आँकड़ा डालते हैं।
5. सुधार करें - यह आपके चिंतन, आपके चालक समूह में फ़ीडबैक, साथ ही उत्पन्न आँकड़े की गुणवत्ता पर आधारित होगा।
6. प्रारंभ की ओर वापसी? यदि सुधार की ज़रूरत वास्तविक है तो आपको अपनी योजना, विकास और संचालन प्रक्रिया पर पुनर्विचार की आवश्यकता होगी। यह नीति समिति की ओर वापसी हो सकती है।

सर्वेक्षण प्रबंधन और विश्लेषण

ओ हो! अंततः! अब आप अपनी प्रश्नावली को सुव्यवस्थित करने, अपना आँकड़ा संग्रह करने और इसका तात्पर्य निकालने का कार्य कर सकते हैं। और हाँ, या तो रू-ब-रू या स्नेल मेल से या ई-मेल से या ऑन लाइन, यही समय है कि आप अपने सर्वेक्षण को अपने प्रतिवादी-समूह से बाहर ले आएँ। लेकिन याद रखें कि यह कहानी का केवल आधा हिस्सा है - और यह कथा का सरल आधा हिस्सा है। दूसरे आधे हिस्से में आपके प्रतिवादी इसे वापस आपको भेज सकते हैं। और उसके बाद निश्चय ही अर्थ निर्धारण - सांख्यिकीय विश्लेषण और उन आँकड़ों का तात्पर्य निकालना। अगर आपका आँकड़ा प्रभावशाली ढंग से व्यवस्थित और विचारपूर्ण ढंग से विश्लेषित नहीं है तो आपकी सारी क़वायद व्यर्थ हो सकती है। बाक्स 11.4 आपको सर्वेक्षण प्रबंधन और विश्लेषण के चरणों से ले जाता है।

बॉक्स 11.4

सर्वेक्षण प्रबंधन और विश्लेषण

अधिकांश शोधकर्ता यथाशीघ्र इस बिंदु को प्राप्त करना चाहते हैं और कुछ की इच्छा होती है कि उपर्युक्त चरणों में से कुछ को छोड़ दें, लेकिन निश्चित रूप से यह परेशानी में पड़ने का अचूक पथ है।

1. प्रबंधन - अपनी प्रश्नावली को वितरित करने का समय। वापसी के लिए निर्देश (अर्थात पता और वापसी की तिथि) शामिल करने के लिए सुनिश्चित हों और अगर स्नेल मेल का उपयोग कर रहे हों तो अपना पता लिखा डाक टिकट लगाया हुआ लिफ़ाफ़ा भेजें।
2. अनुस्मारक - यदि उत्तर की दर धीमी है तो स्मरण पत्र भेजें।
3. धीमी प्रतिक्रिया दर योजना - यदि आप द्वारा निर्धारित तिथि तक पर्याप्त जानकारी नहीं मिलती तो इसे क्रियाशील करें।

4. यथासंभव आप अपना आँकड़ा सुव्यवस्थित / क्रमबद्ध करें - जब आँकड़े के साथ काम करने का वक़्त आता है, तो अव्यवस्था या गड़बड़ी से बुरी बात और कोई नहीं है। सुव्यवस्थित और सुनियोजित हों। यदि उपयुक्त लगे तो डेटावेस का उपयोग करें और यथोचित रूप में डेटा की प्रविष्टि करें।
5. विश्लेषण - यह देखने का समय है कि आपका आँकड़ा क्या बताता है। अधिकांश सर्वेक्षण आँकड़े सांख्यिकीय दृष्टि से विश्लेषित किए जाएँगे (देखें अध्याय 13), लेकिन किसी भी खुले प्रश्न के लिए आपको विषयगत विश्लेषण में संलग्न होना होगा (देखें अध्याय 14)।

सर्वेक्षण उपकरण

छात्र प्रायः एक अच्छा सर्वेक्षण उपकरण तैयार करने की कठिनाई को कम करके देखते हैं। सबसे अच्छी सलाह है कि इसे चरणबद्ध रूप से लिया जाए, मार्गदर्शन किया जाए और अधिक परिमाण में फ़ीडबैक लिया जाए। यह लगभग असंभव है कि कोई प्रश्नावली पहले ही चक्र में ठीक-ठीक मिल जाए। जैसा नीचे बताया गया है, किसी प्रश्नावली को विकसित करने में आपको ज़रूरत होगी; 1. अपनी अवधारणाओं को परिचालित करें; 2. अपने प्रश्नों का सूत्रबद्ध करें; 3. प्रतिक्रिया श्रेणियों के बारे में निर्णय करें; 4. पृष्ठभूमि संबंधी सूचना और स्पष्ट निर्देश उपलब्ध कराएँ; 5. संघटन और लंबाई के बारे में निर्णय करें और अंततः; 6. सौंदर्यपरक दृष्टि से संतुष्टि प्रदान करनेवाली रूपरेखा और डिज़ाइन बनाएँ। इन सभी को संचालन और पुनर्विकास के कई चरणों के संयोजन के साथ किए जाने की ज़रूरत है।

संचालन की अवधारणा

परिचालन की अवधारणाएँ (संकल्पना) सूक्ष्म अवधारणा को औसत दर्जे के चरों में परिवर्तित करने से संदर्भित हैं। मान लीजिए कि आप एक सर्वेक्षण करना चाहते हैं कि क्या पुराने ढंग का पालन-पोषण किशोरों में विद्रोह का एक कारण था। आपकी अमूर्त धारणा 'पुराने ढंग की परवरिश 'और 'किशोर विद्रोह' हो सकती है। इन अवधारणाओं के परिचालन का अर्थ, न केवल उन्हें परिभाषित करना, बल्कि संकेतक विकसित करना भी है, ताकि आप सुनिश्चित कर सकें कि आपके सर्वेक्षण के प्रतिवादी किसी स्तर के पुराने फ़ैशन की परवरिश की उपज हैं और क्या उन्हें विद्रोही समझा जाना चाहिए और यदि हाँ तो किस सीमा तक।

यह एक ऐसा क्षेत्र है जहाँ बहुत सी परियोजनाएँ कम पड़ जाती हैं। छात्र अवधारणाओं को ग्रहण करना चाहते हैं लेकिन साहित्य की खोजबीन और उन उपायों की तलाश के लिए पर्याप्त प्रयास नहीं करते जो कि वैध और विश्वसनीय सिद्ध हो चुके हैं। आत्मसम्मान, क्रोध, चिंता और ग़रीबी जैसी संकल्पनाओं/मनोभावों पर असंख्य शोधकर्ताओं ने अध्ययन किया है जिन्होंने विभिन्न मापक, मद और संकेतक विकसित किए हैं जो कि इन संकल्पनाओं को प्रामाणिकता के साथ ग्रहण कर सकते हैं। निश्चित रूप से यह एक ऐसी स्थिति है जहाँ आप पहिए का पुनराविष्कार करना नहीं चाहते। याद रखें कि आपका ध्येय ज्ञान के निकाय में कुछ जोड़ना है और उसके निकट आना है जो कि दूसरे शोधकर्ताओं ने किया है और यह इस प्रक्रिया का एक महत्त्वपूर्ण अंग है।

विभिन्न संकल्पनाओं के लिए वैध और विश्वसनीय संकेतक हमेशा साहित्य में नहीं देखे जा सकते। उदाहरण के लिए मेरी एक छात्रा ने आस्ट्रेलियायी वयस्कों में पर्यावरणीय नागरिकता के स्तरों को निर्धारित करने का बीड़ा उठाया। पर्यावरणीय नागरिकता के सर्वस्वीकृत, वैध, विश्वसनीय संकेतक अभी भी स्थापित किए जाने हैं। यदि वह इसे अभिगृहीत करने में सफल होती है तो पर्यावरणीय नागरिकता के आस्ट्रेलियाई स्तरों की समझ को प्रस्तुत कर न केवल साहित्य को योगदान करती है, बल्कि वह संकेतकों की एक पूरी श्रृंखला प्रस्तुत करेगी जिसका उपयोग संकल्पनाओं के मापन में किया जा सकता है।

बॉक्स 11.5 संक्षेप में लाइकर्ट, गटमैन और थर्स्टन मापन को समेटता है जो कि संकल्पनाओं के परिचालन की तीन आम विधियाँ हैं।

बॉक्स 11.5

संकल्पनाओं का परिचालन –मापन तकनीक

किसी संकल्पना के परिचालन का सबसे सामान्य तरीक़ा है - एक मापक की निर्मिति जो रुचि के कुछ चरों के लिए आपको अनुमति दे कि आप प्रतिवादियों को एक निरंतरता के साथ रख सकें। मान लीजिए कि आप हाईस्कूल के छात्रों का समलैंगिक साथियों के प्रति रवैये को समझना चाहते हैं - आपका लक्ष्य उनका दर निर्धारण करना हो सकता है जो संकेतित करता है कि वे कहाँ खड़े हैं सबसे कम से लेकर सबसे अधिक आरामदायक स्थिति तक। तीन विकल्प हैं – लाइकेर्ट, गटमैन और थर्स्टन स्केल।

हर प्रकार के स्केल (मापक) के लिए, बड़ी संख्या में मदों के पैदा होने विकास प्रारंभ होता है (100 की संख्या तक) जो आपकी रुचि के अनुकूल संकल्पना के बारे में बताता है। एक अच्छा विचार है - एक जानकार समूह के साथ विचार विमर्श; यदि आपको हाईस्कूल के छात्रों के समलैंगिक साथियों के प्रति रवैये के संदर्भ में विचार-विमर्श करना है तो आप मदों की एक सूची के साथ आएँगे जिसमें निम्नलिखित शामिल होंगे :

1. मुझे विश्वास है कि समलैंगिकता अनैतिक है।
2. मैं समलैंगिक साथियों के साथ ठीक हूँ।
3. मैं अपनी कक्षा में समलैंगिक छात्रों के साथ ठीक हूँ।
4. मेरा मानना है कि समलैंगिक छात्रों को कोठरी में रहना चाहिए।
5. मैं किसी समलैंगिक छात्र के साथ लॉकर रूम में नहीं रहना चाहूँगा।
6. और इसी प्रकार ...... (100 मदों तक)

इन तीनों मापकों के लिए, अगला चरण है विशेषज्ञों की राय प्राप्त करना कि संकल्पना के लिए प्रत्येक कथन कितना प्रासंगिक है। अब यह महसूस करना महत्त्वपूर्ण है कि आप की रुचि इसमें नहीं है कि विशेषज्ञ व्यक्तिगत रूप से प्रत्येक कथन से सहमत हैं - आप केवल यह समझना चाहते हैं कि वे इसे प्रासंगिक मानते हैं।

प्रत्येक मापक का प्रासंगिकता के संदर्भ में विशेषज्ञ विचार प्राप्त करने का अपना तरीक़ा है - जो कि तीन विशिष्ट मापक की ओर ले जाता है, निम्नलिखित के अनुसार :

लाइकेर्ट : प्रासंगिकता के मापन के लिए विशेषज्ञ पाँच बिंदु वाले मापक का उपयोग करते हैं, यथा ; 1 = संकल्पना के बिलकुल प्रतिकूल, 2 = संकल्पना के थोड़ा-बहुत प्रतिकूल, 3 = अनिर्णीत, 4 = संकल्पना के थोड़ा-बहुत अनुकूल, 5 = संकल्पना के पूरी तरह अनुकूल। इसके पश्चात् शोधकर्ता एक सांख्यिकीय समुच्चय का उपयोग करता है ताकि मदों के सभी जोड़ों के मध्य सहसंबंध की गणना की जा सके और मदों को सभी मदों के कुल योग के साथ सर्वाधिक सहसंबंध के साथ रखा जा सके (उच्च स्तर का सहसंबंध दिखाता है कि विशेषज्ञ इन विशेष मदों के साथ सहमत हैं) लक्ष्य है 10 -15 विश्वसनीय मदों के साथ आना।

स्केल के निर्देशन में उत्तरदाताओं से चार-से नौ-बिंदु प्रतिक्रिया स्केल पर चुने गए 10 - 15 मदों में से प्रत्येक की दर पूछना शामिल है। उदाहरण के लिए एक पाँच - बिंदु स्केल 1 = बिलकुल असहमत, 2 = असहमत, 3 = अनिर्णीत, 4 = सहमत, 5 = पूरी तरह सहमत से बना होगा। विषम संख्या बिंदु वाले मापक एक तटस्थ मध्यबिंदु प्रस्तुत करते हैं, जबकि सम संख्या मापक तटस्थ मध्यबिंदु को छोड़ देते हैं और उत्तरदाताओं को बाध्य करते हैं कि वे कोई पक्ष लें। समग्र रेटिंग प्राप्त करने के लिए, अलग-अलग मदों के अंकों को जोड़ा जाता है।

गटमैन : विशेषज्ञ संकल्पना के अनुकूल प्रत्येक कथन को 'हाँ ' करते हैं और जो अनुकूल नहीं है, उसके लिए ' नहीं '। शोधकर्ता इसके बाद एक तालिका बनाता है जो प्रत्येक मद पर उत्तरदाता के उत्तरों को प्रदर्शित करता है और इसे एक मैट्रिक्स (साँचे) में क्रमबद्ध करता है, ताकि जो उत्तरदाता जो अधिक कथनों से सहमत हैं, उन्हें सबसे ऊपर सूचीबद्ध किया

जा सके और जो कुछ के साथ सहमत हैं, उन्हें नीचे रखा जाए। लक्ष्य है मदों के एक सेट के साथ आना जो कि क्रमबद्ध किए गए हैं, ताकि एक उत्तरदाता जो सूची के किसी विशेष प्रश्न के साथ सहमत है, वह सभी पूर्व प्रश्नों के साथ भी सहमत होगा। इसलिए यदि उत्तरदाता को 3 अंक मिलते हैं, इसका अर्थ हुआ कि वह प्रथम तीन कथनों से सहमत होगा। यदि उत्तरदाता को 7 अंक मिलते हैं, इसका अर्थ होगा कि वह पहले सात के साथ सहमत है। उद्देश्य है मदों का एक समूह प्राप्त करना (स्केलोग्राम विश्लेषण के माध्यम से किया गया) जो कि पूरी तरह इस स्वरूप से मिलान करे।

स्केल के निर्देशन में उत्तरदाताओं से मदों की जाँच करने को कहना शामिल है, जिनसे वे सहमत हैं। प्रत्येक मद की एक स्केल वैल्यू (मूल्य) है जो इससे संबद्ध है (स्केलोग्राम विश्लेषण से प्राप्त) और संपूर्ण रेटिंग प्राप्त करने के लिए उत्तरदाताओं द्वारा जाँचे गये प्रत्येक मद की स्केल वैल्यू को जोड़ना होगा।

थर्स्टन : विशेषज्ञ प्रत्येक मद को 1 से 11 के बीच मूल्यांकित करते हैं, जहाँ 1 संकल्पना के प्रति पूरी तरह प्रतिकूल है और 11 संकल्पना के प्रति पूरी तरह अनुकूल। शोधकर्ता इसके बाद मँझले की गणना करता है और प्रत्येक मद के लिए अंत:चतुर्थक श्रेणी की गणना और उन कथनों का चयन करता है जो मँझले की श्रेणियों के साथ समान अंतराल पर हैं और एक छोटा दायरा रखते हैं (यह विशेषज्ञों के बीच अत्यधिक सहमति को प्रदर्शित करता है। लक्ष्य है मापन के लिए एक मानदंड के साथ आना जहाँ लोग एक क्रमबद्ध होते हैं। उच्चतर माध्यिका (मीडियन) वाले मद संकल्पना के प्रति एक अधिक अनुकूल प्रवृत्ति संकेतित करते हैं।

स्केल के निर्देशन में प्रतिभागियों से यह पूछना शामिल है कि वे प्रत्येक कथन के साथ सहमत हैं या असहमत। संपूर्ण रेटिंग प्राप्त करने के लिए आपको सभी मदों के माध्यिकाओं का औसत निकालना होगा जिसके साथ उत्तरदाता सहमत हों।

जबकि कई स्रोत हैं जो आपको अपने मापक विकसित करने में मदद कर सकते हैं, मकीवर और कामाइंस (1981) का क्लासिक कार्य जो अध्याय के अंत में उद्धृत है, एक अच्छा शुरुआती बिंदु है।

प्रश्न निरूपण

निश्चित तौर पर एक ही प्रश्न को कई तरीक़ों से पूछा जा सकता है। वस्तुतः संभावनाएँ अनंत हैं। यहाँ यह दुविधा है कि सूक्ष्म भेद आपके आँकड़े को प्रभावित कर सकता है। बॉक्स 11.6 प्रश्न की शब्दावली से संबंधित सर्वाधिक मूलभूत 'नियमों'का निचोड़ प्रस्तुत करता है। इसका उद्देश्य है आपके प्रतिभागियों को नेतृत्व, अपमान या अस्त-व्यस्तता के गड्ढों से बचाने में मदद करना।

बॉक्स 11.6

प्रश्न जिनसे बचा जाना चाहिए

अच्छे प्रश्न सुस्पष्ट, अनाक्रामक और पूर्वग्रहरहित होने चाहिए - कुछ ऐसा कहा जाए जो किए गए से सरल हो। प्रश्न बनाने के फंदे में फँसना आसान है; ये हैं :

ख़राब शब्दों में

- जटिल शब्दावली और भाषा - ऐसे बहुत से लोग हैं जो लंबे शब्दों से भयभीत होते हैं। अगर ऐसे शब्द ज़रूरी नहीं हैं तो उनका इस्तेमाल न करें। अनेकाक्षरी भाषायी शब्दावली लक्ष्यार्थ को अस्पष्ट कर सकती है और बड़े शब्द उलझन में डाल सकते हैं।
- अस्पष्ट प्रश्न - संदर्भ के ढाँचे अत्यधिक भिन्न हो सकते हैं, इसलिए एक अस्पष्ट प्रश्न लिखना सरल है। उदाहरण के लिए इन प्रश्नों पर विचार करें - ' आपका परिवार कितना बड़ा है?' और क्या आप दवा का उपयोग करते हैं? परिवार एकक या विस्तारित हो

(जारी)

(जारी)

सकते हैं : अलग रहने वाले माता-पिता के बच्चों के दो घर हो सकते हैं। इसी तरह दवा (ड्रग) एक अस्पष्ट शब्द है। कुछ उत्तरदाता केवल अवैध दवाओं का तात्पर्य ग्रहण कर सकते हैं, जबकि दूसरे डाक्टर की पर्ची पर लिखी दवाओं का अर्थ ग्रहण कर सकते हैं। और बहरहाल, यह जानना असंभव है कि अल्कोहल या सिगरेट का भी विचार यहाँ किया जाएगा।

- दुहरी नकारात्मकता - बहुत से लोगों की तरह, मैं भी दुहरी नकारात्मकता से परेशान रहती हूँ। निम्नलिखित सहमति / असहमति का कथन लें : ' आप अपने नौकरी से संतुष्ट नहीं हैं। यह कहने के लिए कि आप संतुष्ट हैं, आपको 'असहमत' चुनना होगा जो कि काफ़ी भ्रामक है।
- दोनाली सवाल - यह तब होता है जब आप किसी प्रश्न का, जिसके एक से अधिक मुद्दे हों, मात्र एक उत्तर चाहते हैं। उदाहरण के लिए क्या आप मानते हैं कि राष्ट्रपति एक ईमानदार और प्रभावशाली नेता हों?' उत्तरदाता सोच सकते हैं, हाँ, प्रभावशाली - लेकिन नहीं, निश्चित रूप से ईमानदार नहीं।

पूर्वग्रहग्रस्त, प्रभावशाली या भारी

- विश्वसनीय कथन - ये ऐसे कथन हैं जिनसे सहमत होना सरल है क्योंकि ये विश्वसनीय प्रतीत होते हैं। सहमति / असहमति कथन के कुछ अच्छे उदाहरण यहाँ हैं, जैसे - ' इन दिनों आप सचमुच लोगों पर भरोसा नहीं कर सकते ', और ' समय कठिन हो सकता है, लेकिन आपके इर्द गिर्द ऐसे लोग हैं, जिन पर आप भरोसा कर सकते हैं। ये दोनों कुछ विरोधी कथन हैं जिन्हें काफ़ी मात्रा में सहमति मिल सकती है क्योंकि वे तर्कसंगत प्रतीत होते हैं।
- ऐसे कथन जिनसे असहमत होना कठिन है - ये ऐसे कथन हैं जहाँ आपके उत्तरदाता यही सोचेंगे कि ' हाँ, यह सत्य है, लेकिन .....' वे नहीं हैं। तथापि उन्हें विस्तारपूर्वक कहने का मौका दिया जाए और उन्हें बाध्य किया जाए कि वे सहमत या असहमत हों। उदाहरण के लिए, ' बच्चों के लिए यह अच्छा है कि उनकी माएँ पूरे हफ़्ते घर पर रहें।'
- महत्त्वपूर्ण प्रश्न - प्रभावशाली उत्तरदाता राजनीतिक उद्देश्य के लिए जानबूझ कर या बिना जाने-समझे एक विशेष दिशा की ओर अग्रसर हो सकते हैं। सोचिए कि किस तरह से सहमति / असहमति के कथन की शब्दावली उत्तर को प्रभावित कर सकती है। " अमानवीय वध से अरक्षित और ख़तरे में पड़ी प्रजातियों की रक्षा एक ऐसा मुद्दा है जिस पर सरकार को गंभीरता से विचार करना चाहिए ' बनाम ' जैवविविधता की रक्षा सरकार की प्राथमिकता होनी चाहिए' : 'माँओं का यह अधिकार है कि वे अजन्मे बच्चे की हत्या कर दें 'बनाम'; महिलाएँ सक्षम होनी चाहिए कि वे अपने स्वयं के शरीर के बारे में निर्णय ले सकें।'

उत्तरदाता के लिए समस्यात्मक

- स्मरण-निर्भर प्रश्न - ये वे प्रश्न हैं जो स्मृति पर निर्भर हैं। उदाहरण के लिए, ' आपके कितने संबंध रहे हैं?' बगैर किसी सीमा के, जैसे कि प्रतिष्ठा या समय-सीमा के स्तर, के इस प्रश्न का उत्तर बहुत सहजता से 'गलत रूप से' दिया जा सकता है।
- आक्रामक प्रश्न - अगर उत्तरदाता किसी प्रश्न अथवा प्रश्नों की एक श्रृंखला के प्रति आक्रामक रुख़ अपनाते हैं तो न केवल वे उसका जवाब देना नहीं चाहते बल्कि वे समूचे सर्वे को गड़बड़ा सकते हैं।आक्रामक प्रश्न - ' आप क्या करेंगी कि आपके पति आपके छोड़ दें, से लेकर ' कितना पैसा आप कमाते हैं ' तक हो सकते हैं।
- कल्पित ज्ञान के साथ प्रश्न - अपने उत्तरदाताओं के बारे में कल्पना न करें। उनके बारे में जानें या उनसे परिचित हों, जैसा कि आप अपने साथ चाहते हैं। उदाहरण के लिए सहमत / असहमत कथन, " मार्क्सवादी विचारधारा का 21वीं सदी की राजनीति में कोई स्थान नहीं है।' आपको चकित नहीं होना चाहिए, जब इसकी प्रतिक्रिया इस रूप में आए, 'यह किस तरह की शैक्षिक बकवास है ' और इसके साथ ही आपकी प्रश्नावली को कूड़ेदान के हवाले कर दिया जाए।
- निराधार पूर्वधारणा के साथ प्रश्न - उत्तरदाता नुक़सान में होते हैं जब उन्हें ऐसे प्रश्न का उत्तर देना हो जिसमें ऐसी पूर्वधारणा निहित हो, जिससे वे सहमत नहीं हैं। उदाहरण के लिए प्रश्न ' आपके अस्पताल प्रवास का सबसे मनोरंजक पक्ष क्या था?' यह मानकर चलता है कि उत्तरदाता ने अस्पताल प्रवास में कुछ आनंद लिया।
- सामाजिक रूप से वांछित प्रतिक्रियाओं के साथ प्रश्न - आमने-सामने के सर्वेक्षण में यह एक मुद्दा हो सकता है। उदाहरण के लिए, एक उत्तरदाता इस कथन के साथ सहमत न होते हुए बेचैन हो सकता है ' क्या आप मानते हैं कि सशस्त्र बलों में काम करनेवाली महिलाओं के पास वैसे ही अधिकार और उत्तरदायित्व हैं, जैसे कि उनके पुरुष साथियों के पास ,' ख़ासकर तब जब कि साक्षात्कारकर्ता स्त्री हो।

इन दिशानिर्देशों के साथ काम करना एक शुरुआत है, लेकिन असंभाव्य रूप से काफ़ी है। एक बार अगर आपने प्रश्नों को लिख लिया है तो उसे किसी अनुभवी शोधकर्ता को देखने के लिए दें। जिन चीज़ों को आपने छोड़ दिया है, उसे वे ढूँढ़ सकते हैं। आप अपने प्रश्नों का परीक्षण अपने सहकर्मियों पर भी कर सकते हैं। वे निश्चित रूप से आपको बता पाएँगे अगर आप असंगत, क्रुद्ध हैं या किसी तरह उनका नेतृत्व करते हैं। अंततः, यदि आप प्राप्त प्रतिपुष्टि के आधार पर एक बार सुधार कर लेते हैं तो आपको तुरंत एक संचालक अध्ययन की ज़रूरत होगी। विचार यह है कि आप अपना सर्वेक्षण उन व्यक्तियों के छोटे-से समूह में वितरित कर दें जिनकी विशेषताएँ आपके नमूने के अनुरूप है और फिर गंभीरता से उनके साथ पूछताछ करें। याद रखें कि अंत में उसका महत्व नहीं है जो आप सोचते हैं, या जो आपके पर्यवेक्षक या सहकर्मी सोचते हैं। एकमात्र राय जिसका महत्व है, वह आपके संभावित प्रतिवादियों की होगी।

प्रतिक्रिया श्रेणियाँ

अगर आप अपने प्रश्नों को जितना संभव है, उतना संक्षिप्त और सरल बनाते हैं तो इतना ही पर्याप्त नहीं, एक अच्छा सर्वेक्षण और अच्छा सर्वेक्षण आँकड़ा दोनों समान रूप से उन प्रतिक्रिया श्रेणियों पर निर्भर हैं, जिनका उपयोग आप करते हैं। और यहाँ पर बहुत-सी बातें विचारणीय हैं। पहला, प्रतिक्रिया श्रेणियाँ जो आँकड़ा आप एकत्र करते हैं, उसको प्रभावित करेंगी। उदाहरण के लिए, यदि आप एक विवादास्पद हाँ/ना प्रश्न के लिए 'मैं निश्चित नहीं हूँ' विकल्प जोड़ते हैं, यह आपके निष्कर्ष को प्रभावित करेगा। दूसरे, विभिन्न प्रकार की प्रतिक्रिया श्रेणियाँ विभिन्न प्रकार के माप स्केल के साथ आँकड़ा उत्पन्न करती हैं और और विभिन्न माप स्केल के साथ आँकड़ा बिलकुल अलग सांख्यिकीय उपचार की माँग करते हैं। वस्तुतः बहुत मामूली, क्रमवार, मध्यांतर और अनुपात आँकड़ा (जैसा कि अध्याय 13 में विचार किया गया है), निश्चित रूप से सर्वेक्षण निर्माण की प्रक्रिया को सुविधाजनक बनाएँगे, विशेषकर प्रतिक्रिया श्रेणियों के निर्धारण को। लेकिन जब तक दिखाने के लिए आपके पास सचमुच कोई आँकड़ा नहीं है डेटा प्रकारों और सर्वेक्षण निर्माण के बीच का संबंध अमूर्त ही प्रतीत होगा।

यह आपके प्रथम सर्वेक्षण के संयोजन को एक वास्तविक चुनौती बना देता है। इसलिए, हम एक अच्छे संचालक अध्ययन की आवश्यकता पर वापस आते हैं। एक संचालक अध्ययन आपको न केवल आपके प्रतिवादियों के परिप्रेक्ष्य से आपके प्रश्न और उत्तर को मूल्यांकित करने की छूट देगा, बल्कि एक लघु आँकड़ा समूह भी उत्पन्न करेगा जिसे आप एक डेटाबेस में प्रविष्ट कर सकते हैं और सांख्यिकीय रूप से काम कर सकते हैं। यह सचमुच ही यह देखने का सबसे अच्छा तरीक़ा है कि किस प्रकार आपका डेटा संग्रह प्रोटोकॉल, जिसमें प्रतिक्रिया श्रेणी का निर्धारण शामिल है, आपके विश्लेषण पर प्रभाव डालेगी। बॉक्स 11.7 प्रतिक्रिया श्रेणी के विकल्पों को समेटता है।

बॉक्स 11. 7

प्रतिक्रिया श्रेणियाँ

सर्वेक्षण के प्रश्नों के जवाब या तो खुले या बंद हो सकते हैं।

खुली प्रतिक्रियाएँ

उत्तरदाताओं से कहा जाता है कि वे अपने शब्दों में जवाब दें। वे कोई सूचना दे सकते हैं या अगर चाहें तो अपनी राय व्यक्त कर सकते हैं, हालाँकि किसी जवाब के लिए उपलब्ध कराया गया स्थान सामान्य प्रतिक्रिया को सीमित कर देता है। उपलब्ध कराया गया आँकड़ा समृद्ध और सुस्पष्ट हो सकता है, किंतु उसे कूटबद्ध और विश्लेषित करना कठिन हो सकता है।

(जारी)

(जारी)

बंद प्रतिक्रियाएँ

प्रतिवादियों से कहा जाता है कि वे पूर्वनिर्धारित प्रतिक्रियाओं में से चुनें। यहाँ आँकड़ा को कूटबद्ध करना और सांख्यिकीय रूप से विश्लेषित करना सामान्यतः सरल होता है। बंद प्रतिक्रिया श्रेणियाँ कई रूपों में सामने आती हैं, और प्रत्येक के अपने संबद्ध मुद्दे होते हैं।

- हाँ / नहीं अथवा सहमत / असहमत

  क्या आप शराब पीते हैं? हाँ /नहीं

  'शराब पीना स्वास्थ्य के लिए बुरा है' सहमत / असहमत

  'द्विपद' डेटा के साथ काम करना हालाँकि सरल हो सकता है (ऐसा डेटा जिसके केवल दो ही संभावित उत्तर हों), लेकिन इस पर भी विचार करने की ज़रूरत है कि क्या उत्तरदाता केवल दो ही विकल्पों से संतुष्ट होंगे। उदाहरण के लिए, पहले प्रश्न में कोई उत्तरदाता सोच सकता है 'सचमुच नहीं' (मैं तभी पीता हूँ, जब बाहर जाता हूँ, जो कि बहुत ही कम होता है); अथवा दूसरे प्रश्न के संदर्भ में, ' यह इस पर निर्भर करता है कि आप कितना पीते हैं। एक संभावित नीति यह हो सकती है कि एक 'नहीं मालूम' अथवा ' कोई राय नहीं' का विकल्प रखें, लेकिन इससे बहुत अधिक अनिर्णय की स्थिति सामने आएगी।

- खाली जगह भरें :

  आपका वज़न कितना है? ____________________

  यहाँ तक कि इस तरह का एक साधारण प्रश्न (मान लें कि आपका उत्तरदाता उत्तर जानता है और आपको बताना चाहता हूँ) आपको बेतरतीब डेटा उपलब्ध करा सकता है। क्या उत्तरदाता 90 किग्रा 198 एल बी अथवा 14 स्टोन लिखेंगे? यह ठीक है कि इन उत्तरों को किसी एक प्रणाली में परिवर्तित कर सकते है, लेकिन अगर कोई सिर्फ़ 90 लिख दे तो यह संभव नहीं हो पाएगा।

- एक सूची से चुनना :

  आप बहुधा क्या पिएँगे?

  बीयर वाइन शराब मिक्स्ड ड्रिंक कॉकटेल

  यहाँ यह विचार है कि यहाँ कोई ' गुत्थी ' नहीं है : आपको यह सोचने की ज़रूरत है कि अगर एक से अधिक विकल्प खुले हों तो आप क्या करेंगे। आपको यह भी सुनिश्चित करने की ज़रूरत है कि

  सभी विकल्प आवृत्त हैं (विकल्प सुविस्तृत हैं) और अतिच्छादन (ओवरलैप) नहीं करते (परस्पर विशिष्ट हैं)। एक सक्षम नीति है एक 'अन्य ' या 'अन्य : ________________' विकल्प प्रस्तुत करना।

- क्रम विकल्प :

  कृपया निम्नलिखित पेय पदार्थों को प्राथमिकता के क्रम में रखें :

  बीयर वाइन शराब मिक्स्ड ड्रिंक कॉकटेल

  प्रतिवादियों के लिए प्रश्न काफ़ी कठिन हो सकते हैं, विशेषकर तब जब सूची लंबी हो। यह स्मरण रखने योग्य है कि यदि उत्तरदाता उत्तर देने का प्रयास करते हुए कुंठित हो जाएँ तो वे प्रश्न को ख़ाली छोड़ सकते हैं, आधा करके छोड़ सकते हैं अथवा कुछ भी लिख सकते हैं।

- अंतराल प्रतिक्रिया पैमाना (स्केल):

  ' किशोरों के लिए शराब का आनंद उठाना सामान्य है '

1	2	3	4	5
पूरी तरह असहमत	असहमत	अनिश्चित	सहमत	पूरी तरह सहमत

  अंतराल प्रतिक्रिया पैमाने को - प्रायः लाइकेर्ट स्केल के रूप में भी उद्धृत किया जाता है - यह प्रतिक्रियाओं का पूरा विस्तार प्रस्तुत करता है, सामान्यतः ' पूरी तरह असहमत ' से लेकर ' पूरी तरह सहमत ' तक। इस तरह के पैमाने में आपको विचार करने की ज़रूरत है : अंकों की संख्या, जिनका आप उपयोग करेंगे ; क्या आप प्रतिक्रियाओं की समसंख्या का उपयोग कर उत्तरदाता को बाध्य करेंगे कि वह पक्ष ले; और क्या आप सोचते हैं कि आपका उत्तरदाता एक संख्या विशेष को घेरता रहेगा।

सूचना और निर्देश

बिना किसी पृष्ठभूमि -सूचना के किसी स्तर के कोई सर्वेक्षण - उपकरण पूर्ण नहीं होता। यह आपके अध्ययन को प्रामाणिकता प्रदान करता है और आपके प्रतिवादियों को यह महसूस कराता है कि वे भी किसी के अंग हैं। यह अच्छा होगा कि अपनी पृष्ठभूमिक सूचना में शामिल करें : प्रायोजक संस्था/ विश्वविद्यालय; सर्वेक्षण का प्रयोजन; नाम न जाहिर करने/गोपनीयता का आश्वासन; वापसी सूचना, अंतिम तिथि और वापसी पता सहित और समय/सहायता के लिए 'धन्यवाद'। यह सूचना सर्वेक्षण के प्रारंभ में अथवा एक व्याख्या पत्र के रूप में शामिल की जा सकती है।

निर्देश भी महत्वपूर्ण हैं। आपके लिए जो स्पष्ट हो सकता है, ज़रूरी नहीं कि वह आपके प्रतिवादियों के लिए भी स्पष्ट हो। सर्वेक्षण के प्रत्येक खंड का निर्देश द्वारा परिचय दिया जाना चाहिए। प्रत्येक प्रश्न वर्ग के लिए स्पष्ट और विशिष्ट निर्देश दें, उदाहरण दें और वास्तविक सर्वेक्षण के प्रश्नों से अंतर करने में सहज हों। मैं एक अलग फॉन्ट का उपयोग करने की सलाह दूँगी - शैली, आकार, बोल्डनेस, इटैलिक्स, अंडर लाइनिंग आदि को परिवर्तित करने का प्रयास करें। अपने निर्देशों को जितना संभव है सुस्पष्ट और उपयोगी बनाने में आपको मूल प्रारूप तैयार करने पड़ सकते हैं। दूसरे शोधकर्ताओं, सहकर्मियों और अपने संचालक समूह से सलाह और फ़ीडबैक लेने में कोताही न करें।

संघटन और लंबाई

एक बार यदि आप अपने सर्वेक्षण के विभिन्न तत्वों के साथ अच्छा महसूस कर रहे हों आपको ज़रूरत होगी कि इसे एक तर्कपूर्ण प्रारूप में एक साथ रखें जो कि न तो बहुत लंबा हो, न बहुत छोटा : अगर बहुत छोटा है तो आप अपनी ज़रूरत का सभी आँकड़े प्राप्त नहीं कर सकेंगे; अगर बहुत लंबा है तो आपका सर्वेक्षण निरर्थक हो जाएगा, अपूर्ण रहेगा अथवा अव्यवस्थित हो जाएगा। आपके प्रश्नों का उत्तर देने में कुछ मिनट लगे तो लोग इस पर ध्यान नहीं देंगे, लेकिन अगर यदि आप अधिक समय चाहेंगे तो वे आपकी सहायता करने में रुचि नहीं लेंगे। आपके सर्वेक्षण का एक दूसरा पक्ष है उचित विस्तार जिसका आप अपने पायलट रन में आकलन कर सकते हैं। अपने परीक्षण वाले प्रतिवादियों से यह पूछने में दृढ़ रहें कि वे सर्वेक्षण के समूचे विस्तार और इसके पूरा होने में लगने वाले समय के बारे में वे क्या सोचते हैं।

तर्कसंगत संघटन के परिप्रेक्ष्य में, कई विचारधाराएँ हैं। कुछ का सुझाव है कि अपने प्रतिवादियों को उत्साहित करने के लिए आप जनसांख्यिकी से शुरू करें। दूसरों को सुझाव है कि आप अपने प्रासंगिक प्रश्न से शुरू करें और जनसांख्यिकी से संबंधित प्रश्नों से अंत करें। आपके सर्वेक्षण के लिए क्या उचित है, यह आपके प्रश्नों और आपके प्रतिवादियों दोनों के स्वभाव पर बहुत कुछ निर्भर करेगा। वस्तुतः, आप अपनी प्रश्नावली के दो भिन्न रूपों को संचालित करना चाहते होंगे, यदि आप अनिश्चित हैं कि इसे कैसे अभिन्यस्त किया जाए।

एक राय जो बराबर दी जाती है, वह यह कि ऐसे प्रश्नों से सर्वेक्षण की शुरुआत करने से बचा जाए जो कि धमकाने वाले, बेढंगे, अपमानजनक, कठिन आदि हों। यह सचमुच महत्त्वपूर्ण है कि अपने सर्वे में अपने प्रतिवादियों को सहज रहने दें और अगर कोई संवेदनशील प्रश्न हों तो उसे अंत के लिए रखें।

रूपरेखा और डिज़ाइन

आप सोचते होंगे कि सभी प्रखर बौद्धिक कार्य जो आपकी संकल्पनाओं को परिचालित करने, उपयुक्त, सुविचारित प्रतिक्रिया श्रेणियों के साथ सुस्पष्ट और सहज प्रश्न लिखने के रूप में पूरे हुए, उसके साथ ही स्पष्ट निर्देशों के साथ एक संवेदनशील, तर्कसंगत और प्रबंधनीय रूप में संघटित हुए, वे एक 'अच्छे' सर्वेक्षण को सुनिश्चित करने के लिए काफ़ी होंगे। यह पर्याप्त नहीं !

अगर आपका सर्वे अव्यावसायिक दिखता है (ख़राब फोटोकॉपी धुँधली प्रिंटिंग, बेतरतीब और अरुचिकर रूपरेखा आदि) तो दो चीजें हो सकती हैं। पहला, किसी सर्वे को पूरा करने के लिए उत्तरदाता कम हैं जो अव्यावसायिक है और सौंदर्यपरक दृष्टि से संतोषप्रद रूपरेखा और डिज़ाइन की कमी है। दूसरे, यदि सर्वेक्षण अव्यवस्थित, संकुचित, या बेतरतीब है तो नाटकीय रूप से त्रुटियों की मात्रा बढ़ जाती है।

ऑनलाइन सर्वेक्षण और प्रश्नावली

निस्संदेह, ऑनलाइन सर्वेक्षण उभार पर है; और इसकी लोकप्रियता को समझ पाना आसान है। ऑनलाइन सर्वेक्षणों में प्रश्नों को प्रदर्शित करने के मामले में अत्यधिक लचीलापन है - ' चेकबॉक्स ' और 'पुल डाउन' और 'पॉप अप' जैसे विकल्प- सूची को समाविष्ट करना सहज है। इनको संचालित करने का व्यय कम है - कोई भी मुद्रण या डाक से भेजने का खर्च नहीं है। और डेटा आँकड़ा स्वयं ही डेटाबेस में प्रविष्ट हो जाता है - इसके लिए कोई मैनुअल डेटा प्रविष्टि आवश्यक नहीं। सचमुच कुल मिलाकर ये अत्यधिक फ़ायदेमंद हैं।

लेकिन इस बात पर विचार करने की अत्यधिक ज़रूरत है कि क्या लक्ष्य उत्तरदाता समूह में आपके ऑनलाइन सर्वेक्षण का ज़वाब देने की योग्यता है। उदाहरण के लिए, क्या आपके जनसमूह के पास इंटरनेट है? क्या आपके सारे लोग ऑनलाइन हैं? यदि नहीं, तो कौन नहीं है? क्या आप उन्हें शामिल करने का प्रयास करेंगे; और यदि हाँ, तो कैसे? फिर भी यदि आप प्रसन्न हैं कि आपका ऑनलाइन सर्वेक्षण आपकी वांछित आबादी को शामिल कर पाता है, क्या आपने सोचा है कि वे आपके प्रश्नावली को भरने से ऊब भी गए होंगे। प्रतिक्रिया की दर बहुत कम हो सकती है स्पैम मेल की अधिकता से, यह ऐसी प्रवृत्ति नहीं है जिसे कम किया जा सके।

यह याद रखना महत्त्वपूर्ण है कि ऑनलाइन सर्वेक्षण केवल तभी कार्यशील होगा, जब आप की आबादी के सभी भाग ऑनलाइन हों और आप अपने नमूने तक पहुँच पाने में और उन्हें उत्तर देने के लिए राजी कर पाने में सक्षम हों। बिना प्रातिनिधिक नमूने और उचित प्रतिक्रिया दर के, आप ग़ैर-प्रतिक्रिया पूर्वाग्रह का सामना करेंगे, जहाँ कि वो लोग जो आपके सर्वेक्षण में भाग लेते हैं, गुणात्मक रूप से उनसे भिन्न हैं जो सर्वे में भाग नहीं लेते। इस प्रकार आपको ऐसे निष्कर्षों के साथ छोड़ देते हैं जिसे कि आप पुनः अपनी जनसंख्या के साथ सामान्यीकृत नहीं कर सकते।

फिर भी, अगर आपको विश्वास है कि आपका शोध प्रश्न ऑनलाइन तरीके को न्यायसंगत ठहराता है और आपने उपयुक्त और प्रातिनिधिक प्रतिक्रिया की चुनौतियों पर सिलसिलेवार काम किया है तो ऑनलाइन कुछ बहुत अच्छे सर्वेक्षण विकास और संचालन के उपकरण हैं। अधिकांश के पास सीमित निःशुल्क संस्करण हैं - जो लोग शुल्क देकर लेना चाहते हैं, उनके लिए काफ़ी परिष्कृत तत्त्व उपलब्ध हैं। कुछ विकल्पों पर आप एक नज़र डाल सकते हैं: सर्वे मंकी (www.surveymonkey.com); वुफू (www.wufoo.com); सर्वेगिज़्मो (www.surveygizmo.com); ज़ूमेरांग (www.zoomerang.com); क्वालट्रिक्स (www.qualtrics.com); पोलडैडी (www.polldaddy.com); क्वेशनप्रो (www.questionpro.com); और लाइमसर्वे (www.limesurvey.org)। ये बात ध्यान में रखें कि प्रोग्राम आते और जाते हैं, इसलिए इंटरनेट पर यह देखना लाभदायक है कि सबसे नवीनतम और महानतम क्या हो सकता है। एक अच्छे प्रोग्राम के लिए जो चीज़ें देखी जानी चाहिए, उसमें शामिल है :

सर्वेक्षण की दृष्टि और चेतना को कुशलतापूर्वक प्रयोग करने की योग्यता - अधिक लचीलेपन और अनुकूलन के लिए देखना।

- छोड़ने के तर्क के उपयोग की योग्यता -इसका अर्थ है कि प्रश्न संख्या 9 का ' नहीं ' में उत्तर देते हैं, के प्रश्न संख्या 13 को छोड़ने में सक्षम होंगे।
- ले जाने की योग्यता - सर्वे के एक भाग से दूसरे भाग में उत्तर को ले जाना - इसलिए अगर आपकी उत्तरदाता कहती है कि वह जेफ़रसन हाईस्कूल में पढ़ती थी तो यह नाम आगामी प्रासंगिक प्रश्नों में शामिल किया जा सकता है; जैसे - " जेफ़रसन हाईस्कूल में आपका समय कितने आनंदप्रद ढंग से गुज़रा।
- अक्रमीकरण की योग्यता - चुने गए खंडों में प्रश्नों के क्रम को स्वतः अक्रमीकृत कर सकता है।
- किसी अस्तित्ववान वेबसाइट से संघटित कर पाने की योग्यता - आपके सर्वेक्षणों को अपने स्वयं के पृष्ठ पर रखने की अनुमति देता है अथवा किसी चालू साइट में संघटित करता है।
- डेटा को विश्लेषित करने की योग्यता - अधिकांश सरल सारांश विवरणात्मक सांख्यिकी प्रस्तावित करते हैं, लेकिन अन्य जटिल आनुमानिक सांख्यिकी प्रस्तावित करते हैं।

साक्षात्कार लेना

मुझे सुनना पसंद है। ध्यान से सुनने से मैंने बहुत कुछ सीखा है। अधिकांश लोग सुनते ही नहीं।

अर्नेस्ट हेमिंग्वे

साक्षात्कार लेना 'पूछने की कला' है या 'सुनने की कला'? इसमें कोई संदेह नहीं कि साक्षात्कार प्रक्रिया के लिए पूछना और सुनना - दोनों ही महत्वपूर्ण हैं, लेकिन हम अपने समय का काफ़ी बड़ा हिस्सा अपना प्रश्न पाने और ठीक प्रश्न करने में गँवा देते हैं। जब यह चीज़ों को अंत तक सुनने की बात होती है तो हम शायद ही इसका उल्लेख करते हैं। ख़ैर, हेमिंग्वे के अनुसार, 'अधिकांश लोग कभी नहीं सुनते' , और दुर्भाग्यवश, ऐसे बहुत ही कम शोधकर्ता हैं जो सुनने की अपेक्षा बात करेंगे। याद रखें, आपका काम केवल बात करना है ताकि किसी की उत्तर देने की योग्यता को सुकर बनाया जा सके। यह आपके साक्षात्कारकर्ता की आवाज़ है, जिसकी आप तलाश कर रहे हैं, और यह उनकी आवाज़ है जिसे अंकित किया जाना है।

शब्दावली

साक्षात्कार

डेटा संग्रह की एक प्रविधि, जिसमें साक्षात्कारकर्ता बहुत से प्रश्नों, विषय क्षेत्र और विषयवस्तु से जुड़े खुले अंत वाले उत्तरों (मुक्त उत्तर) की तलाश में होते हैं।

विकल्प और संभावनाएँ

जब आप 'साक्षात्कार' के बारे में सोचते हैं तो आपके मस्तिष्क में क्या आता है? संभवतः आपके समक्ष नौकरी के साक्षात्कार की छवि उभरती है जहाँ साक्षात्कार देनेवाले को ठीक-ठाक सजना होता है, पूरे समय काफ़ी घबराया हुआ महसूस करते हुए भी गर्मजोशी से हाथ मिलाना होता है, खुद की एक औपचारिक प्रस्तुति देनी होती है, जबकि साक्षात्कार लेनेवाला एक बड़ी मेज़ के पीछे बैठता है, जिसके हाथ में सभी पत्ते होते हैं और सभी शाक्तियों का कुशलतापूर्वक उपयोग करता है। यह आश्चर्यजनक नहीं है कि यही वह छवि है जिसे शोध की दुनिया में नए शोधकर्ता अचेतन रूप से अपने साथ लाते हैं। उनके सोचने की दिशा यही होती है कि यही वह प्रविधि है जिससे शोध साक्षात्कार को सामने आना चाहिए। लेकिन वे ऐसा नहीं कर पाते। शोध साक्षात्कार औपचारिक होने चाहिए, लेकिन जैसा कि तालिका 11.2 में दिखाया गया है, वस्तुतः ऐसे कई विकल्प हैं जो आपके शोधप्रारूप के अधिक अनुकूल हो सकते हैं।

मुद्दे और जटिलताएँ

इससे बेहतर और क्या हो सकता है कि वहाँ आप सचमुच वास्तविक लोगों को पाएँ और उनसे बात करें, उनसे पूछें कि सचमुच वे क्या सोचते हैं, खुद इस बात की जाँच करें कि वे ईमानदारी से क्या महसूस करते है? ख़ैर, साक्षात्कार इन सभी की अनुमति देते हैं, लेकिन दूसरे किसी भी डेटा-संग्रह -प्रविधि की तरह, इसके सुअवसर चुनौतियों की एक श्रृंखला द्वारा समायोजित होते हैं। साक्षात्कार :

- आपको छूट देते हैं कि आप मेल-जोल और विश्वास विकसित करें।
- आपको समृद्ध, गहन गुणात्मक आँकड़ा उपलब्ध कराता है।
- ग़ैर वाचिक, साथ ही वाचिक डेटा के लिए भी छूट देता है।
- काफ़ी लचीले होते हैं कि आपको सहसा होनेवाले मार्ग-परिवर्तन की छूट दे सकें।
- इस तरह निर्मित होते हैं कि मानकीकृत, परिमाणात्मक आँकड़ा पैदा कर सकें।

ऐसे बहुत से 'फ़ायदे' साक्षात्कार में मानवीय तत्व के परिणाम हैं, लेकिन ऐसे बहुत से 'नुक़सान' भी हैं। आप अपने प्रतिवादियों के जितने निकट होते जाते हैं और वे आपके जितने निकट होते जाते हैं, प्रक्रिया को संचालित करने की चुनौती उतनी ही बड़ी होती जाती है। ऐसी चुनौतियों में शामिल हैं :

तालिका 11.2 साक्षात्कार : मुद्दे और प्रकार

क्या आप अपना साक्षात्कार औपचारिक रूप से संचालित करेंगे या अधिक आराम से?	
औपचारिक : साक्षात्कारकर्ता प्रयास करता है कि वह साक्षात्कार देने वाले से दूर रहे और एक वस्तुनिष्ठ रुख बनाए रखे।	क्लासिक नौकरी के लिए साक्षात्कार के लिए यह ठीक हो सकता है। जबकि यह इंटरव्यू देने वाले को एक उच्चस्तर के नियंत्रण की छूट देती है, यह साक्षात्कार देने वाले की सुविधा को परिसीमित करता है और संभवतः सूचना के मुक्त प्रवाह को भी।
अनौपचारिक : मेल-जोल बढ़ाने, विश्वास हासिल करने और संप्रेक्षण के द्वार खोलने के लिए औपचारिक साक्षात्कार से संबद्ध नियमों-विनियमों में ढील देता है या उनकी उपेक्षा करता है। साक्षात्कार लेने वाले और साक्षात्कार देनेवाले के मध्य खाई को कम करने के लिए शैली अनौपचारिक होती है और शिथिल होती है।	सामंजस्य एक कार्यकलाप तक सीमित नहीं है और किसी बार में एक बीयर पर हो सकता है अथवा एक स्थानीय प्राथमिक विद्यालय में एक कप कॉफी पीते हुए हो सकता है। इसके पीछे विचार यह है कि आप अपने साक्षात्कार देने वाले से आराम से बात करते हुए क्या प्राप्त करना चाहते हैं। अनौपचारिक साक्षात्कार प्रायः अनिर्मित होते हैं; लेकिन यह शैली, विश्रांति क्षेत्र और अनुसंधानकर्ता के उद्देश्यों के साथ भिन्न-भिन्न होता है।
संरचित : एक पूर्वनिर्धारित क्रम में एक मानक शैली के साथ पूर्वनिर्धारित प्रश्नों का प्रयोग। प्रोत्साहन और जाँच भी पूर्वनिर्धारित होते हैं और परिभाषित परिस्थितियों के अंतर्गत प्रयुक्त होते है।	साक्षात्कार के लिए सर्वाधिक अनुकूल जहाँ कि लक्ष्य मानकीकृत डेटा है।
क्या आपके साक्षात्कार अत्यधिक संरचित होंगे या मुक्त प्रवाह वाले?	
साक्षात्कारकर्ता प्रायः उन्हें निर्धारित मार्ग पर रखने में सहयोग के लिए अपील करते हैं।	**अनुभवहीन साक्षात्कारकर्ता सामान्य :** इस उच्चस्तरीय संरचना में स्वयं को सुविधापूर्ण महसूस करता है।
अर्धसंरचित : लचीली संरचना का उपयोग। साक्षात्कारकर्ता एक सुपरिभाषित प्रश्न योजना के साथ प्रारंभ कर सकते हैं किंतु बातचीत के स्वाभाविक प्रवाह को अनुसरण करने के लिए वे स्थानांतरित हो जाएँगे। साक्षात्कारकर्ता रुचिकर स्पर्श रेखा को ढूँढ़ने के लिए योजना से हट भी सकते हैं।	यहाँ लाभ है -अपने वांछित जानकारियों के साथ आने में सक्षम होना, लेकिन एक लाभ यह भी है - रुचिकर और अप्रत्याशित डेटा का सामने आना। इस तरह की साक्षात्कार शैली थोड़े अभ्यास की माँग करती है।
असंरचित: पूर्व निर्धारित प्रश्न के बिना विशेष विषयों, विचारों और विश्वासों के मुद्दों पर जानकारी, व्यवहार, और विचार आकर्षित करने के लिए प्रयास। लक्ष्य है, समृद्ध और सूचनात्मक बातचीत आकर्षित करना। यह अक्सर एक अनौपचारिक संरचना के साथ संयोजन के रूप में प्रयोग किया जाता है।	क्योंकि यह साक्षात्कार साक्षात्कारकर्ता से तय नहीं है और एक तरह से बात करने के लिए और वास्तव में उनके विचारों के व्यक्त करने की अनुमति देता है, अधिकांश लोग इस प्रकार के साक्षात्कार पसंद करते हैं। साक्षात्कारकर्ता को चुनौतियों का सामना करना पड़ता है। यहाँ साक्षात्कारकर्ता को बातचीत का नेतृत्व से बचना है। और आवश्यक डेटा प्राप्त करने के लिए पर्याप्त ध्यान केंद्रित कर रखना है।
क्या आप एक समय में एक व्यक्ति का साक्षात्कार लेना चाहेंगे अथवा आप एक समूह का सामना करने की कोशिश करेंगे?	
एक के साथ एक : एक साक्षात्कारकर्ता और एक साक्षात्कार देनेवाले के मध्य संवाद। इससे शोधकर्ता प्रक्रिया पर अपना नियंत्रण बनाए रखता है और साक्षात्कार देने वाला / देने वाली को स्वतंत्रता होती है कि वह अपना विचार व्यक्त कर सके। यह एक अतिरिक्त व्यक्ति को भी, यथा अनुवादक या नोट लेनेवाले को इसमें शामिल कर सकता है।	**सामान्यतः** एक के साथ एक साक्षात्कार आमने-सामने होते हैं, लेकिन भौगोलिक क्षेत्र को विस्तृत करने अथवा किसी पकड़ में न आनेवाले उत्तरदाता को शामिल करने के लिए इसे टेलीफ़ोन पर भी किया जा सकता है। टेलीफ़ोन में ग़ैर-वाचिक संकेत की कमी तथापि एक चुनौती हो सकती है।
बहुल : एक समय में एक से अधिक लोगों का साक्षात्कार। इसे एक औपचारिक संरचित तरीक़े से किया जा सकता है जो कि प्रत्येक व्यक्ति के स्वतंत्र विचारों को पकड़ने की कोशिश करता है अथवा अधिक खुली प्रक्रिया को अपना सकता है जो कि उत्तरदाताओं को छूट देता है कि वे आपस में बातचीत कर सकें और एक दूसरे के विचारों को प्रभावित कर सकें।	एक समूह साक्षात्कार न केवल धन और समय बचाता है, बल्कि यह सचमुच लोगों को बातचीत करते हुए पा सकता है (जो कि डेटा को प्रभावित कर सकता है - कुछ ऐसा जिसपर आपको विचार करने / जिसका प्रबंधन करने की आपको ज़रूरत हो)। समूह साक्षात्कार में, कुछ लोगों को, तथापि लग सकता है कि वे अनसुने या हाशिए पर रह गए। समूह साक्षात्कारों का अनुसरण करना कठिन हो सकता है इसलिए अधिकांश साक्षात्कारकर्ताओं का प्रयास होता है वे टेपरिकर्डिंगद्वारा कच्चे आँकड़ों को संरक्षित करे।

फ़ोकस समूह : एक तरह का समूह साक्षात्कार जिसमे 4 - 12 के लगभग व्यक्ति हों। यह सख़्त प्रश्न / उत्तर की प्रक्रिया की अपेक्षा विचार-विमर्श अधिक होता है। यहाँ साक्षात्कारकर्ता एक समन्वयक /मध्यस्थ की तरह कार्य करता है और यहाँ लक्ष्य होता है एक अच्छे परिवेश में संवाद। इसका लक्ष्य है - गहराई से विचारों को बाहर लाने के लिए काफ़ी विचारविमर्श एवं संवाद जो कि सीधे प्रश्न करने से उभरकर बाहर नहीं आते। इसका अतिरिक्त लाभ है - उच्च दक्षता और कम क़ीमत।

तालिका 11.3 पहुँच और नीतिशास्त्र

शक्ति का प्रयोग	शक्ति का दुरुपयोग
✓ कार्यालयी चैनल और शिष्टाचार का उपयोग।	✗ कार्यालयी चैनल और शिष्टाचार से परहेज और उसे टालना।
✓ संपर्क बिंदु स्थापित करना।	✗ उपयुक्त व्यक्ति से परे जाना।
✓ द्वारपाल और अंतरंग व्यक्तियों का उपयोग	✗ द्वारपालों और अंतरंग व्यक्तियों से अनैतिक रूप से काम करने को कहना अथवा प्रबंधन की अनुमति के बिना कार्य करने को कहना।
✓ मेल-जोल बढ़ाना	✗ चापलूस होने की हद तक किसी की ठकुरसुहाती करना।
✓ छुपे ढंग से कुछ देना।	✗ ऐसा वादा करना जिसे आप पूरा नहीं कर सकते या पूरा करना नहीं चाहते।

- नैतिक ढंग से साक्षात्कार देने वालों तक पहुँचे (देखें तालिका 11.3)।
- उत्तरदाता का नाम गोपनीय रखने में कमी।
- अपने उत्तरदाताओं का नेतृत्व करने में प्रेरणा का प्रतिरोध।
- एक अच्छा प्रभाव छोड़ना जो कि द्वार को खुला रखेगा (देखें तालिका 11.8)।

बॉक्स 11.8

एक अच्छे साक्षात्कार को सुकर बनाना

अपना गृहकार्य करें

- अपने शोध के बारे में बात करने के लिए आप तैयार रहें : अपनी परियोजना के औचित्य, उद्देश्य, लक्ष्य और प्रविधियों के बारे में सुस्पष्ट रूप से बता पाने की योग्यता सही द्वार खोल पाने में सहायक हो सकती है।
- अपने परियोजना की एक संक्षिप्त रूपरेखा तैयार करें। कुछ व्यक्ति या संस्थाएँ एक दस्तावेज़ की अपेक्षा रख सकती है ताकि वे उस पर विचार कर सके और या उसे 'द्वारपालों' के समक्ष प्रस्तुत कर सकें।
- परिचय-पत्र रखें - आपके पर्यक्षक की ओर से एक परिचय-पत्र 'आप कौन हैं और कहाँ से हैं?' जैसे प्रश्नों का पेशेवर ढंग से उत्तर दे सकते हैं।
- उपयुक्त शिष्टाचार के बारे में पता करें - कभी-कभी संपर्क वाले व्यक्ति सहायता करने के बहुत इच्छुक होते हैं लेकिन उनके पास अधिकार नहीं होता कि वे आपकी पहुँच को सुनिश्चित कर सकें। उपयुक्त शिष्टाचार के बारे में जानकारी हासिल कर ख़राब स्थितियों से बचा जा सकता है।

पेशेवर बनें

- विनम्र बनें - किसी के पास पहुँचने का सही समय चुनें, फुर्तीले बनें, उपयुक्त रूप से कपड़े पहनें और अपने आरंभिक निवेदन में विनम्र दिखें।
- अप्रत्याशित के लिए योजना तैयार करें - बहुत कम ही शोध प्रक्रिया ठीक-ठाक चल पाती हैं, ख़ासकर जब आप व्यक्तियों से बातचीत कर रहे हों। गड़बड़ी के लिए तैयार रहें।

(जारी)

(जारी)

- द्वार खुले रखें - बहुत से शोधकर्ता क़सम खाते हैं कि उन्होंने वह समूचा आँकड़ा संग्रहित कर लिया है, जिसकी उन्हें ज़रूरत है, लेकिन बाद में उन्हें लगता है कि वे पीछे जा सकते और कुछ और प्रश्न पूछ पाते।

कुछ लौटाएं भी

- अदृश्य न हों - अपने संपर्कियों को जानकारी दें कि चीज़ें कैसे आगे बढ़ रही हैं और / या उन्हें आभार पत्र भेजें।
- परिणामों को उपलब्ध कराएँ - यह स्वाभाविक है कि उन अध्ययनों के बारे में आपमें उत्सुकता हो जिसके आप अंग रहे हैं; आपके अध्ययन के निष्कर्षों का उनके लिए बहुत मूल्य हो सकता है, जिन्होंने आपके शोध को सुकर बनाया।
- आपको साक्षात्कार देनेवाले का आपको प्रभावित करना, ख़ुद को पसंद किया जाना या गोपनीयता बरता जाना चाहते हों तो भी ईमानदार और खुली प्रतिक्रियाएँ दें।
- सभी निर्णयों को निलंबित रखें - अगर उत्तरदाता अपने को निर्णीत, लज्जित या अपमानित महसूस करते हैं तो प्रामाणिक डेटा एकत्र करना कठिन होगा।
- हिसाब लगाएँ कि किस प्रकार प्रजाति, लिंग, जातीयता, वर्ग और साक्षात्कारकर्ता और साक्षात्कार देनेवाले की उम्र जैसे समान गुण साक्षात्कार प्रक्रिया को प्रभावित कर सकते हैं।
- संप्रेषण अपसंकेत - जैसा कि तालिका 11.9 में प्रदर्शित है; प्रश्नों से उत्तरों की ओर बढ़ना कुछ भी हो, लेकिन यह एक सीधी प्रक्रिया है। ग़लतफ़हमी और ग़लत व्याख्या करना - ये सभी सामान्य बातें हैं।

बॉक्स 11.9

यह मात्र क्यू और ए (प्रश्न और उत्तर) है, क्या ऐसा नहीं है?

साक्षात्कारकर्ता

उत्तरदाता

ए से के तक	रास्ते से दफ़ा हो जाना
ए एक प्रश्न प्रतिपादित करता है।	बी से ए : आपके विचार और शब्द हमेशा मेल नहीं खाते।
बी प्रश्न पूछता है।	सी से बी : उत्तरदाता ग़लत सुन सकते हैं। उच्चारण, भाषा की कठिनाई और व्याख्याकार इसे बहुत ही सामान्य बना देते है।
सी प्रश्न सुनता है।	डी से सी : उत्तरदाता हमेशा समान समझ साझा नहीं करते जैसे कि साक्षात्कारकर्ता।
डी अर्थ की व्याख्या करता है।	ई से डी : उत्तरदाता जान-बूझ कर परिष्कृत कर सकते हैं / छुपा सकते हैं / झूठ बोल सकते है या भूल सकते हैं।
ई एक जवाब सोचता है।	एफ से ई : पुनः, शब्द हमेशा विचारों को पकड़ नहीं पाते।
एफ उत्तर देता है	जी से एफ : साक्षात्कारकर्ता भी ग़लत सुन सकते हैं। अगर टेप कर रहे हों तो सुनिश्चित कर लें कि ऑडियो उपयुक्त गुणवत्ता का हो।
जी उत्तर सुनता है	एच से जी : संस्कृति जितनी ' विदेशी ' होगी, भिन्न व्याख्या की उतनी ही संभावना होगी।

	ए से के तक	रास्ते से दफ़ा हो जाना
साक्षात्कारकर्ता	एच अर्थ की व्याख्या करता है।	आई से एच : नोट लेना सहज नहीं है। आप महत्त्वपूर्ण सूचना छोड़ सकते हैं। लिप्यंतर की प्रक्रिया में आप जानकारियों खो भी सकते हैं।
	आई नोट लेता है।	जे से आई : निर्णय / व्याख्या
	जे समन्वय / विश्लेषण करता है।	साक्षात्कारकर्ता द्वारा किए जाने की ज़रूरत है
	के रिपोर्ट करता है।	के से जे : साक्षात्कारकर्ता पुनः समझ को सत्य के रूप में रिपोर्ट करता है।

साक्षात्कार प्रक्रिया

जैसा कि सर्वेक्षण के साथ है, एक अच्छा साक्षात्कार संयोजित करना एक ऐसी प्रक्रिया है जिसमें जितना आप सोचते हैं, उसकी अपेक्षा इसमें बहुत अधिक चरणों की ज़रूरत होती है। साक्षात्कार में ज़रूरत होती है : सभी संभावनाओं के लिए योजना, साक्षात्कार- समय सारिणी तैयार करना और डेटा रिकार्डिंग व्यवस्था करना; एक परीक्षण करना और जैसा उचित हो प्रक्रिया को संशोधित करना, साक्षात्कार संयोजित करना और अंततः डेटा का विश्लेषण। तालिका 11.10 - 11.13 आपको मुख्य चरणों से ले जाएगा और इसका उपयोग निर्देशक और जाँच सूची दोनों के रूप में किया जा सकता है।

योजना बनाना

तो एक साक्षात्कार में जाने के लिए कितनी योजना बनाने की ज़रूरत होती है? क्या आप तुरत इसे प्रदर्शित नहीं करते और कुछ प्रश्न नहीं पूछते हैं? अगर इतना ही होता तो यह सरल होता। साथ ही, साक्षात्कार प्रक्रिया के सभी विवरणों के सुस्पष्ट हो जाने पर, आपको यह याद रखने की ज़रूरत होगी कि यहाँ दो मुख्य खिलाड़ी हैं जिनके बारे में विचार करने की ज़रूरत है। पहला आपको साक्षात्कार देनेवाला है। इस बात पर आपको गंभीरतापूर्वक विचार कर, निर्णय करने की ज़रूरत है कि आप किसका साक्षात्कार लेंगे। दूसरे मुख्य खिलाड़ी आप स्वयं हैं, साक्षात्कारकर्ता। यह एक ऐसी भूमिका है जिस पर गंभीरता से विचार करने की ज़रूरत है। आपको यह जानने की ज़रूरत है कि एक साक्षात्कारकर्ता के रूप में आपके पास शक्ति है और आप इससे अपने साक्षात्कार देनेवाले के उत्तर को प्रभावित कर सकते हैं। अगर आप इस प्रभाव को निष्प्रभावी करने की योजना नहीं बनाते तो आप परिणामों की ईमानदारी को ख़तरे में डाल सकते हैं। बॉक्स 11.10 एक सफल साक्षात्कार के योजना निर्माण के आवश्यक चरणों से होकर ले जाता है।

बॉक्स 11.10

योजना-निर्माण- 'कौन', 'कहाँ' , 'कब' , 'किस प्रकार' और 'क्या' का विचार

आपके साक्षात्कार की सफलता पहले से किये गए उस चिंतन पर निर्भर करेगी जिसे आपने योजना प्रक्रिया के लिए अपनाया है।

1. जनसंख्या और नमूना / उत्तरदाता / प्रतिभागी – वे जिससे आप बात करना चाहते हैं (जनसंख्या) और जानकारी एकत्र करना चाहते हैं (नमूना) (देखें अध्याय 10)
2. पहुँच - किसी साक्षात्कार में प्रथम चरण है - तालिका 11.3 पहुँच के लिए सुझाव देता है।

(जारी)

(जारी)

3. आपकी भूमिका - आप अपने को किस तरह प्रस्तुत करेंगे? आप किस तरह औपचारिकता और घनिष्ठता के बीच संतुलन कायम करेंगे? क्या आपकी शोध शैली अथवा शोध उद्देश्य ग़ैर सरकारी और / अथवा अनौपचारिकता के अधिक अनुकूल है? आवाज़ का कौन सा लहजा आप प्रयोग करेंगे? क्या आप हँसी-मज़ाक करेंगे? कृपया देह भाषा पर भी विचार करें। ग़ैर-वाचिक संकेतों को पढ़ने (जब आपका साक्षात्कार देनेवाला आपको पढ़ रहा हो) के बारे में सोचना लाभदायक है। क्या आप दोनों आँख मिलाते हैं, नीचे देखते हैं, चारों तरफ़ देखते हैं, अपने नाखून कुतरते हैं, आक्रामक रूप से पेश आते हैं, अथवा तनावमुक्त दिखते हैं?
4. आपके पूर्वाग्रह - राह में आने वाली व्यक्तिपरकताओं की पहचान और उन पर नियंत्रण जो कि किसी भी सर्वेक्षण उपकरण की प्रामाणिकता को सुनिश्चित करते हैं, जिनका आप उपयोग करते हैं।
5. नीति / नीतिगत अनुमोदन - आपकी परियोजना में निहित किसी नैतिक दुविधा पर विचार और उसके लिए उपयुक्त नीतिगत अनुमोदन प्राप्त करना।
6. जानकारी - वस्तुतः यह वह है जिसे आप अपने उत्तरदाताओं से प्राप्त करना चाहते हैं (यथा- स्मृतियाँ, विवरण, अनुभूतियाँ, विचार, मत)।
7. विवरण - नियुक्तियाँ, समय (यात्रा-समय, साक्षात्कार-समय, प्रतीक्षा-समय), स्थान, रिकार्डिंग-प्रविधियाँ आदि।
8. सशक्त सांस्कृतिक / भाषा अवरोध - किसी सशक्त भाषा और सांस्कृतिक मुद्दे से स्वयं को परिचित कराना और उसके लिए योजना बनाना।
9. आकस्मिकताएँ - अप्रत्याशित, अनियोजित और दुर्भाग्यपूर्ण। इसका अर्थ है एक आकस्मिक योजना विकसित करना यदि प्रमुख साक्षात्कार धराशायी हो जाए।

अपनी साक्षात्कार समय सारिणी और रिकार्डिंग तंत्र को विकसित करना

अब, जब आपने सभी प्रारंभिक बातों की योजना बना ली है तो यही समय है कि आप छानबीन करें कि साक्षात्कार प्रक्रिया का ' क्या ' और ' किस प्रकार ' क्या है। आप क्या पूछेंगे? आप किस प्रकार पूछेंगे? किस क्रम में आप पूछेंगे? उत्तरों में आप किस प्रकार अधिक गहराई और व्यापकता लाएँगे? जो सूचनाएँ उपलब्ध कराई गई हैं, उनकी रिकार्डिंग किस तरह करेंगे? प्रामाणिकता के लिए आप कौन सी जाँच-पड़ताल करेंगे? ये सभी चीज़ें उत्तरों की गुणवत्ता को प्रभावित करेंगे जिसे आप अपने साक्षात्कार देनेवाले से प्राप्त कर सकते हैं। तालिका 11.11 उन चरणों से होकर आपको ले जाती है कि साक्षात्कार समय सारिणी बनाते समय किन चीज़ों की ज़रूरत होगी।

बॉक्स 11.11

साक्षात्कार समय-सारिणी / रिकार्डिंग तंत्र विकसित करना

इससे कोई फ़र्क नहीं पड़ता कि आप किस तरह का साक्षात्कार करना चाहते हैं, आपको आगे बढ़ने के लिए एक योजना की ज़रूरत होगी।

1. मसौदा प्रश्न और / या विषयवस्तु - एक संरचित साक्षात्कार के लिए आपके प्रश्नों का प्रारूप और पुनः प्रारूप तैयार करना होगा। अल्प संरचित या अधिक संवादी साक्षात्कार के लिए आपको विचार करने की ज़रूरत होगी उन विषयवस्तुओं के बारे में जिसे आप समेटना चाहते हैं और यह भी कि क्या आप संभावित बातचीत की कोई सीमा रखेंगे।
2. समीक्षा - प्रत्येक प्रश्न को ध्यानपूर्वक पढ़ें और विचार करें कि आपके प्रश्न साक्षात्कार देनेवाले के लिए कहीं अस्पष्ट, सूचक, अप्रिय या समस्यात्मक तो नहीं हैं। (देखें तालिका 11.6)

3. प्रश्नों का पुनर्लेखन करें - प्रश्नों को अपने कुछ सहकर्मियों / पर्यवेक्षकों को मूल्यांकन के लिए दें। इस चरण को जितने बार ज़रूरत हो, दुहराएँ ताकि प्रत्येक प्रश्न को जितना सही बनाया जा सकता है, बनाया जाए।
4. प्रश्नों को क्रमबद्ध करें - प्रश्नों को एक क्रम में रखें जो तार्किक हो और प्रत्येक उत्तरदाता को आपके साक्षात्कार में सहज रखे।
5. अतिरिक्त सूचना तैयार करें - कोई निर्देश, अनुबोधन या जाँच जिसे आप समझते हैं कि साक्षात्कार के लिए उपयुक्त होगा, उस पर विचार करें और उसे विकसित करें।
6. रिकार्डिंग प्रविधि के बारे में निर्णय करें - अगर नोट लेना है तो किसी प्रारूप के बारे में विचार करें या उसे विकसित करें जो इस प्रक्रिया में मदद कर सके। अगर ऑडियो या वीडियो रिकार्डिंग करनी है तो उपकरण को प्राप्त करना और उसकी जानकारी हासिल करना सुनिश्चित करें।
7. किसी नोट लेनेवाले / अनुवादक को प्रशिक्षित करें - अगर आप नोट लेनेवालों या अनुवादकों का उपयोग कर रहे हैं तो आपको एक टीम की तरह काम करने की ज़रूरत होगी, जिसमें प्रयास और त्रुटि सन्निहित रहेंगे।

संचालन और संशोधन

'मैंने सर्वेक्षण के संचालन के बारे में सुना है, लेकिन वस्तुतः मैंने किसी साक्षात्कार का संचालन नहीं किया है। क्या यह सचमुच ज़रूरी है?'

एक शब्द में, हाँ। याद रखें कि आप, एक साक्षात्कारकर्ता के रूप में साक्षात्कार की दिशा पर आपका अत्यधिक नियंत्रण और प्रभाव होता है और जो भी कहा गया है, उसके संभाव्य अंतर्वस्तु दिशा, अनुभूति और लहज़े पर भी। इसलिए आवश्यकता इस बात की है कि आप खुद की जाँच करें। सर्वेक्षण करते समय, यह ज़रूरी है कि आप सरसरी निगाह से निरीक्षण करें और सर्वेक्षण की प्रक्रिया पर इंटरव्यू देने वाले की प्रतिक्रियाओं, साथ ही अपनी प्रतिक्रियाओं को भी अंकित करें। तभी आप इस स्थिति में होंगे कि आप अपनी प्रक्रियाओं को उस ढंग से संशोधित कर सकें जो आपके डेटा की संभावित प्रामाणिकता को अधिकाधिक बढ़ा सके। तालिका 11.12 आपकी साक्षात्कार प्रक्रिया के संचालन और संशोधन के चरणों से होकर आपको ले जाता है।

बॉक्स 11.12

संचालन और संशोधन

अच्छी योजना बनाना और परिवर्धन आवश्यक हैं - लेकिन पर्याप्त नहीं। साक्षात्कार लेना एक कौशल है जिसके लिए अभ्यास की ज़रूरत होती है; और अपनी प्रक्रिया को सरसरी नज़र से देखना महत्त्वपूर्ण हो सकता है। तभी आप समीक्षा कर सकते हैं और परिष्कार कर सकते हैं, अन्यथा आप प्रक्रिया और संग्रहित डेटा से संतुष्ट रहेंगे।

1. एक सरसरी निगाह डालें - एक कृत्रिम साक्षात्कार आपके आत्मविश्वास को बढ़ा सकता है और संभावित मुद्दों को उजागर कर सकता है।
2. विचार करें - जिस भी कठिनाई का आप सामना करते हैं, उसे अंकित करें, यथा -पहुँच, लिया गया समय, प्रश्न की सुस्पष्टता, संरचना, प्रारंभिक सूचना, निर्देश, अनुबोधन, गति निर्धारण, विश्रांति क्षेत्र, रिकार्डिंग / नोट लेना, भूमिकाएँ, वस्तुनिष्ठता, बातचीत का प्रवाह, अस्पष्टताएँ और सांस्कृतिक मुद्दे।
3. प्रतिपुष्टि लें – साक्षात्कार देनेवालों से उपर्युक्त मुद्दों पर और अन्य किसी मुद्दे पर, जिस पर वे विचार-विमर्श करना चाहते हो, प्रतिपुष्टि लें।
4. नोट / लिप्यंतरित जानकारी की समीक्षा करें - इसे सुनिश्चित करें कि आप नोट को समझ सकते हैं और वह लिप्यतंर करने योग्य है।

(जारी)

(जारी)

5. संशोधन करें - यह आपके अपने चिंतन, आपके साक्षात्कारदाता के फ़ीडबैक, साथ ही उद्धृत डेटा / आंकड़ों की गुणवत्ता पर आधारित होगा।
6. प्रारंभ की तरफ़ वापसी - अगर संशोधन की आवश्यकता महत्वपूर्ण है, तो ज़रूरत होगी कि आप अपनी योजना, परिवर्धन और संचालन प्रक्रिया पर पुनर्विचार करें। यह नीति समिति की ओर वापसी को संभव बना सकती है।

अपने साक्षात्कार को संचालित और विश्लेषित करना

ठीक है - सभी प्रारंभिक तैयारियाँ हो गई हैं। प्रक्रियाएँ विकसित हो गई हैं, उनका परीक्षण हो गया है और वे संशोधित हो गई हैं। यह समय है वहाँ से बाहर आने का और कुछ लोगों से बात करने का। लेकिन ठहरिए, इससे पहले कि आप मामले के मर्म तक पहुंचें थोड़ा विचार करने की ज़रूरत है। आपको अब भी प्रस्थापित करने, अपने प्रयोजन और नीति से गुज़रने, मेल-जोल बढ़ाने, मुख्य विषयवस्तु में सहज होने, पूरी प्रक्रिया को संचालित करने की ज़रूरत है - प्रक्रिया में आपका प्रभाव भी शामिल है, और अंततः चीज़ों का समापन करने की। और इसके पश्चात् विश्लेषण - एक या अधिक साक्षात्कार पर काम करते हुए वास्तविक चुनौती है - प्रत्याशित और अप्रत्याशित - दोनों ही विषयवस्तुओं को निकालना। तालिका 11.13 साक्षात्कार संयोजन और विश्लेषण के चरणों से आपको लेकर जाएगी।

बॉक्स 11.13

आपके साक्षात्कार का संचालन और विश्लेषण

अंततः, आपको किसी से बात करनी है। जबकि अगले खंड में इसे अधिक पूर्ण रूप से समेटा जाए, अपने साक्षात्कार का संयोजन करते हुए इनकी ज़रूरत होगी :

1. प्रारंभिक तैयारियों का ध्यान रखें : शीघ्र मिलने का समय तय करें (लोग आपको महीनों तक लटका सकते हैं) और साक्षात्कार के लिए जल्दी पहुँचे ताकि आपके पास वक़्त हो कि आप किसी उपकरण को लगा सकें और उसकी जाँच कर सकें।
2. अपने साक्षात्कारदाता को उतने आराम से रखें जितना संभव हो - मेलजोल स्थापित करें, अध्ययन की जानकारी दें और 'नीति' पर चर्चा करें।
3. मुख्य प्रश्नों / कथ्यों में सहज रहें - जब आप सीधे विवादास्पद क्षेत्रों में कूद जाते हैं तो नाराज़ करना आसान होता है, इसलिए चीज़ों में अपनी राह बनाते समय सहज रहें।
4. संतुलन बनाए रखें - प्रक्रिया का संचालन करें और अपने निर्धारित मार्ग पर रहते हुए तथा / या रुचिकर मार्ग-परिवर्तन की पड़ताल के बीच काम करें जो आपके साक्षात्कार लक्ष्य के अनुरूप हो।
5. समेटें और साक्षात्कार बंद कर दें - सुनिश्चित करें कि आगामी संवाद के लिए द्वार खुला रखने की अपनी कोशिश और कृतज्ञता का प्रदर्शन करेंगे।
6. जितना जल्दी संभव हो अपने डेटा को संघटित करें / मिलाएँ - जब अपने डेटा के साथ काम करने का वक़्त आए तो इससे बुरा कुछ नहीं है कि आप संवाद को अंशतः भूल जाएँ या अस्पष्ट नोट आपके पास हों। व्यवस्थित और संघटित हों।
7. विषय-संबंधी विश्लेषण - यह समय है कि आप देखें कि आपका आँकड़ा/ डेटा क्या देता है। अधिकांश साक्षात्कार आँकड़ा / डेटा विषयवस्तु के हिसाब से विश्लेषित किए जाएँगे (अध्याय 14 देखें), लेकिन अगर आपके पास 30 या अधिक साक्षात्कार हों तो आप सांख्यिकीय विश्लेषण के किसी स्तर पर काम करना चाहेंगे (अध्याय 13 देखें)

बॉक्स 11.14

अनुवाद में खोया हुआ

अगर आपको एक अनुवादक की ज़रूरत है, ऐसे बहुत-से मुद्दे हैं जो प्रामाणिक डेटा इकट्ठा करने की आपकी योग्यता को प्रभावित कर सकते हैं। आपको निम्नलिखित पर विचार करने की ज़रूरत है :

- क्या आपका अनुवादक अनुभवी है; द्विभाषिक होना आवश्यक कौशल की गारंटी नहीं है। इसलिए परीक्षण और / या संदर्भ ढूँढ़ना सुनिश्चित करें।
- क्या आपका अनुवादक आप और आपके साक्षात्कारदाता के लिए तत्काल वहीं अनुवाद करेगा अथवा साक्षात्कार को साक्षात्कारदाता की अपनी भाषा में संचालित करेगा और बाद में उसे अंग्रेज़ी में अनूदित करेगा।
- आप शाब्दिक अनुवाद पसंद करेंगे अथवा आप चाहेंगे कि आपका अनुवादक अर्थ-संप्रेषण में कुछ विवेक और निर्णय-क्षमता का उपयोग करे।
- क्या आप समूची प्रक्रिया की, जिसमें घनिष्ठता स्थापित करना समयबद्ध ढंग से काम करना, मार्ग -परिवर्तन की छानबीन करना, उत्तरदाताओं को काम पर केंद्रित रखना शामिल हैं, ये सभी एक अनुवादक के माध्यम से नियंत्रित कर सकेंगे।

यहाँ कुछ भी सही या ग़लत नहीं है। यह आपके विशिष्ट शोध प्रश्न का संदर्भ है जो कि श्रेष्ठ कार्य प्रणाली को निर्धारित करेगा, और आपको ज़रूरत होगी कि कुछ प्रक्रियाओं का परीक्षण करें इससे पहले कि आप जानें कि आपको किस राह जाना है।

छायाचित्र 11.1 अनुवाद में खोया हुआ

साक्षात्कार का संचालन

'डरानेवाला' : मैं नहीं समझती कि आपके प्रथम साक्षात्कार के संचालन में आपको जो अनुभूति होती है, उसके वर्णन के लिए इससे अधिक उपयुक्त कोई शब्द हो सकता है। कोई मतलब नहीं कि आप सोचें कि इसके लिए आप कितने तैयार हैं, प्रारंभ में आपको अवश्य घबराहट होगी और अंत में आपको अलग ढंग से चीज़ें करनी होंगी।

जब आप इसके लिए अपने को तैयार करना शुरू करते हैं तो संभवतः आपका बहुत सारा समय इसमें खर्च होता है कि क्या पूछना है और इसे कैसे कहना है; और यह महत्त्वपूर्ण है। लेकिन इससे भी अधिक महत्त्वपूर्ण है - आपके सुनने का कौशल। संभवतः साक्षात्कार लेने का उत्कृष्ट नियम है बाते करने की अपेक्षा अधिक सुनना।

इसमें मुख्य बात है किसी साक्षात्कारदाता की उत्तर देने की योग्यता को प्रोत्साहित करना। आपको आत्मविश्वासपूर्वक इसे करने की ज़रूरत होगी : प्रारंभिक बातों का ध्यान रखना, साक्षात्कार में प्रतिवादियों को सहज रखना, ऐसे प्रश्न पूछना जो उत्तरों को सुविधाजनक बनाए, प्रक्रिया को प्रभावी ढंग से संचालित करना और सही समय पर उसे समेट लेना - और इस पूरे दौरान अपनी भूमिका के प्रति ईमानदार रहना।

प्रारंभिक तैयारियों का ध्यान रखें

- मिलने का समय शीघ्र तय करना - यात्रा-समय, साक्षात्कार समय के लिए अनुमति दें और समय पर प्रतीक्षा करें।
- समय पर पहुँचना - अगर आप किसी को प्रतीक्षारत रखते हैं तो घनिष्ठता स्थापित करना सचमुच एक चुनौती हो सकती है।
- रिकार्डिंग उपकरण को स्थापित करना और उसकी जाँच - इसे पहले भी किया जा सकता है अथवा अगर इसे दक्षतापूर्वक किया जाना है, तो जब साक्षात्कार के लिए पहली बार पहुँचते हैं, तब करें।
- घनिष्ठता स्थापित करना - इसमें परिचय, हाथ मिलाना, थोड़ी बातचीत और गुणग्राहकता की अभिव्यक्ति शामिल हैं।
- अध्ययन के बारे में बताना - इसमें यह आप कौन हैं, अध्ययन का प्रयोजन, क्यों सहभागिता महत्वपूर्ण है और साक्षात्कार कितने समय चलेगा, इसकी समीक्षा शामिल है।
- नीति की व्याख्या करना - इसमें गोपनीयता का आश्वासन किसी विशेष प्रश्न का उत्तर देने से इनकार करना और अनुरोध पर साक्षात्कार ख़त्म करने का अधिकार शामिल है।

साक्षात्कार में अपने उत्तरदाताओं को शांत रखें

जैसा कि सर्वेक्षण के साथ है, यह महत्वपूर्ण है कि प्रमुख प्रश्नों और विषयों में अपनी राह सहजता से बनाएँ। अगर आप किसी 'संवेदनशील' प्रश्न के साथ साक्षात्कार शुरू करते हैं या ऐसे प्रश्न से जो आशंकाप्रद माना जाए, तो शेष साक्षात्कार में आप अपने को एक कठिन लड़ाई में पाएँगे। वस्तुतः, किसी साक्षात्कारदाता को दूसरे छोर से पाना आसान हो सकता है, इसलिए यह विचार करना लाभदायक है कि आप ऐसी परिस्थिति का सामना किस प्रकार करते हैं।

ऐसे प्रश्न पूछें जिनका उत्तर देना सुविधाजनक हो और उन उत्तरों को ग्रहण करने के लिए तैयार रहें

अगर आप एक हाँ/नहीं प्रश्न पूछते हैं तो आप एक हाँ/नहीं उत्तर की प्रत्याशा कर सकते हैं। ऐसे प्रश्न पूछने का प्रयत्न करें जो संवाद शुरू कर सकें और जिनसे सुस्पष्ट उत्तर प्राप्त हो। प्रश्नों को संभावनाएँ सृजित करनी चाहिए, विकल्प उपलब्ध कराने चाहिए, सतह के नीचे खुदाई करनी चाहिए और मोर्चाबंदी को कम करना चाहिए।

उत्तरों की प्राप्ति कई तरीक़ों से हो सकती है और यह जानने के लिए कि आपके और आपकी शोध प्रक्रिया के लिए क्या सर्वोत्तम है, आपको कुछ रिकार्डिंग प्रविधियों का परीक्षण करने की ज़रूरत होगी। अधिकांश मामलों में आप साक्षात्कार लेने और उत्तर प्राप्त करने के लिए ज़िम्मेवार होंगे। फिर भी कुछ परिस्थितियों में, कुछ और नोट लेनेवाले का उपयोग कर सकते हैं जिससे कि आप अपने को सुनने और साक्षात्कार को निर्देशित करने में पूरी तरह केंद्रित कर सकेंगे। लेकिन संसाधन के निहितार्थ पर विचार करते हुए आप को इस बात पर भी सावधानीपूर्वक विचार करने की ज़रूरत होगी कि क्या उत्तरदाता और साक्षात्कार प्रक्रिया को तीसरा पक्ष प्रभावित करेगा।

- नोट लेना - इसका प्रसार अत्यधिक संरचित से लेकर मुक्त और व्याख्यात्मक तक हो सकता है। अत्यधिक संरचित नोट लेने की प्रक्रिया प्रायः ऐसी शैली का उपयोग करती है जो कि इस प्रकार ढल सकते हैं, जैसा कि साक्षात्कारदाता बोलता है। यह समान उत्तरों के लिए कूटों (कोड) की एक सूची भी शामिल कर सकता है। (अगर अधिक साक्षात्कार संचालित किए जाते हैं तो यह सांख्यिकीय विश्लेषण की छूट भी दे सकता है)। वर्णक्रम की दूसरी तरफ़ असंरचित नोट लेने की प्रक्रिया है जो कि एक अवधारणात्मक नक्शे का रूप ले सकता है अथवा साक्षात्कार के दौरान या उसके बाद भी व्याख्यात्मक विचारों को लिख लेने को शामिल कर सकता है। याद रखें कि यदि आप किसी साक्षात्कार के दौरान नोट लेने जा रहे हैं, सुनिश्चित करें कि एक साथ बात करने, सुनने और नोट लेने का आपका अभ्यास है - और यह भी कि आप अपना लिखा हुआ पढ़ सकते हैं। हमें यह भी ध्यान रखने की ज़रूरत होगी कि नोट लेना विश्लेषण का आरंभिक रूप है (आप यह निर्णय करते हैं कि आपको क्या रिकॉर्ड करना है)। आप इस पर भी विचार कर सकते हैं कि ऑडियो या वीडियो रिकार्डिंग के साथ नोट भी लिए जाएँ।

- साक्षात्कार के बाद डेटा / आँकड़ों का ढेर - मेरे लिए यह चयन की एक विधि है और साक्षात्कार के ठीक बाद एक डिजिटल रिकॉर्डर में अपने विचारों और धारणाओं का ढेर लगाना शामिल है। यह नोट लेने का एक महत्वपूर्ण परिपूरक है और एक रिकॉर्डेड इंटरव्यू के बाद भी सहायक हो सकता है। इंटरव्यू के बारे में आपकी धारणाएँ अपने आप में जानकारी का एक महत्त्वपूर्ण स्रोत हो सकती हैं। और जब आप सोचते हैं, आप अपनी अंतर्दृष्टियों को भी याद रखेंगे। कुछ साक्षात्कार के बाद उन्हें खो देना सरल है।
- ऑडियो रिकॉर्डिंग - इससे आपको सुविधा होती है कि आप कच्चे आँकड़ों को बाद में समीक्षा के लिए संरक्षित रखें। इसलिए यह आपको चल रही प्रश्न / उत्तर की प्रक्रिया पर केंद्रित होने की छूट देता है। टेप करने की हानि हैं : साक्षात्कारदाता के लिए असहजता पैदा करना; ग़ैरवाचिक संकेतों को पकड़ पाने की इसकी अक्षमता, प्रक्रिया की अविश्वसनीयता (देखें तालिका 11.15); और इसके लिप्यंतरण में लगनेवाला अत्यधिक समय और धन (आधे घंटे के इंटरव्यू से 30 लिप्यंतरित पृष्ठ तैयार हो सकते हैं)।
- वीडियो रिकॉर्डिंग - इसमें अतिरिक्त लाभ है दृश्य संकतों को पकड़ पाने में सक्षम होना, लेकिन यह अधिक हस्तक्षेप करने वाला है, यह अधिक तकनीकी कठिनाइयों की ओर प्रवृत होता है।

बॉक्स 11.15

रिकॉर्डिंग की दुविधाएँ

कुछ ऐसी चीज़ें जिन्हें आप कहना नहीं चाहेंगे

अपने साक्षात्कारदाता से :

- 'हे भगवान, इंतज़ार करें - रुकें ! मुझे नहीं लगता कि रिकॉर्डर ऑन है। अगर आपको परेशानी न हो तो जो भी आपने कहा, एक बार फिर से उसे कहें, हम देखते हैं - आख़िरी 43 मिनट?'

स्वयं से :

- लानत है : मैं केवल घास काटनेवाली मशीन की आवाज़ सुन पा रहा हूँ।
- मुझे लगता है कि मुझे और बैटरियों के लिए दुकान पर रुक जाना चाहिए था।
- अरे नहीं - मुझे लगता है कि पिछले हफ़्ते मैंने जो साक्षात्कार लिया था, उसी के ऊपर रिकॉर्डिंग हो गई है।

और एक चीज़ जिसे आप कहने की सोच रहे हों ....

अपने साक्षात्कारदाता से, जब आपको एहतियात की ज़रूरत महसूस हो :

- अगर मैं इसे ऑफ कर दूँ और केवल नोट लूँ तो क्या आपको अधिक सुविधाजनक महसूस होगा।

प्रक्रिया का प्रबंधन करें

किसी साक्षात्कार का संचालन काफ़ी जटिल प्रबंधन कार्य है, क्योंकि आप एक साथ तीन कार्य कर रहे होते हैं। पहला, इस तरह प्रश्न करना, अनुबोधन और छानबीन करना जो कि यथासंभव सर्वाधिक प्रचुर जानकारी एकत्र करने में आपकी मदद करे। दूसरा, सावधानीपूर्वक सुनना और आपका साक्षात्कारदाता क्या कह रहा है, उसे समझना। तीसरी, समूची कार्य-प्रणाली का प्रबंधन, ताकि आपको पता लग सके कि कितना समय व्यतीत हो गया, कितना समय बचा है और इसे पूरा करने के लिए आपको और कितना समय चाहिए, और किस प्रकार आप इन सबको आगे बढ़ाएँगे।

साक्षात्कार को आगे बढ़ाने में अनुबोधन (साक्षात्कारदाता को कुछ सुझाव देना जो उत्तर की याद दिला सके) और छानबीन (टिप्पणियों और प्रश्न जो कि आपको अधिक प्राप्त करने में मदद दे सके, जैसे कि 'कुछ और बताइए'

'सचमुच', अथवा 'क्यों'?) के उपयोग को शामिल करना चाहिए। कभी-कभी छानबीन का एक जिज्ञासु रूप हो सकता है या कुछ क्षणों की ख़ामोशी हो सकती है। आपको ट्रैक पर रखने और रुचिकर मार्ग-परिवर्तन के बीच संतुलन पर भी विचार करने की ज़रूरत होगी। अगर आप एक संरचित साक्षात्कार का संचालन कर रहे हैं और आपके पास समय कम है तो आपको यह सुनिश्चित करना होगा कि आप अपने साक्षात्कारदाता को निर्धारित मार्ग पर रखें और अच्छी रफ़्तार बनाए रखें। अगर आपका साक्षात्कार अल्प-संरचित है तो आप रुचिकर स्पर्शरेखाओं की छानबीन करना चाह सकते हैं, जैसे कि वे विकसित होती है। यहाँ तरकीब यह है कि आप समय का ध्यान रखें और इस बात को सुनिश्चित करें कि आप साक्षात्कार की समाप्ति विस्तृत जानकारी के साथ कर रहे हैं जिसे आपने एकत्र करने का लक्ष्य रखा था।

समेटें / समाप्त करें

समेटने में प्रश्न समाविष्ट हैं जो किसी साक्षात्कार को समाप्त करते हैं और प्रतिवादियों से पूछते हैं कि क्या कुछ और है जिसे वे पूरा करना चाहेंगे, योगदान करना चाहेंगे या स्पष्ट करना चाहेंगे। इसके बाद इंटरव्यू साक्षात्कारदाताओं को उनके योगदान और उनके समय के लिए आभार जताते हुए ख़त्म हो जाएगा। साथ ही यह भी पूछते हुए कि अगर आगे ज़रूरत हो या कुछ और प्रश्न पूछना हो या कोई बिंदु स्पष्ट करना हो तो क्या संभव होगा कि उनसे पुनः संपर्क किया जा सके। यह भी अच्छी प्रथा है कि बदले में उन्हें कुछ दिया जाए (यथा, आपकी पूर्ण रिपोर्ट की एक प्रति)।

अपनी भूमिका के प्रति ईमानदार रहें

अपने साक्षात्कार में बह जाना आपके लिए सरल हो सकता है - आख़िरकार, विषय में संभवतः आपकी गहरी रुचि हो और आप अपनी जानकारीपूर्ण राय से भरे हों। लेकिन ज़रूरत है कि आप ठहरकर इसकी जाँच करें। याद रखें, किसी भी चीज़ से पहले, और आप द्वारा संचालित साक्षात्कार की शैली की बिना परवाह किए, आप एक शोधकर्ता हैं, जिसका प्राथमिक लक्ष्य है - प्रामाणिक जानकारी। आपके लक्ष्य अत्यधिक परिवर्तन - उन्मुख और छुटकारा दिलानेवाले हों तो भी, परिवर्तन की आपकी इच्छा आपके व्याख्यात्मक कार्य पर कोई प्रश्नचिह्न न लगाए।

ऑनलाइन साक्षात्कार और फ़ोकस ग्रुप

लगातार बढ़ते हुए 'बैंडविड्थ' (नेटवर्क) ने निश्चित रूप से साक्षात्कार और फ़ोकसग्रुप को ऑनलाइन संचालित करने की संभावनाओं को विस्तार दिया है। और यह एक अद्भुत चीज़ है। ऑनलाइन साक्षात्कार आपको अपनी भौगोलिक सीमाओं के विस्तार की छूट देता है - विदेश में रह रहे किसी व्यक्ति का साक्षात्कार लेना अब कोई मुद्दा नहीं है। वस्तुतः, एक अकेले केन्द्रित समूह के पास पूरी दुनिया से प्रतिभागी हो सकते हैं। आप भी उन व्यक्तियों तक पहुँच सकते हैं, जिनका रू-ब-रू साक्षात्कार कर पाना पारंपरिक रूप से कठिन था, उदाहरण के लिए, ड्रग डीलर या ख़तरनाक जगहों पर रहनेवाले लोग। और निश्चित ही, यह यात्रा-व्यय का काफ़ी हद तक कम कर सकता है।

तथापि यहाँ लेन-देन भी है, जिस पर विचार करने की ज़रूरत है। अगर आप एक ऑनलाइन साक्षात्कार संचालित कर रहे हैं; उदाहरण के लिए, तत्काल संदेश या वेबकैम का उपयोग करते हुए तो वस्तुतः आप कंप्यूटर-मध्यवर्ती संबंध में संलग्न हैं। अगर ऐसा है, तो आपको विचार करने की ज़रूरत है कि आप किस प्रकार :

- सुनिश्चित करेंगे कि उत्तरदाताओं के पास ज़रूरत की प्रौद्योगिकी है - कंप्यूटर, वेबकैम, उच्च गति का इंटरनेट, प्रोग्राम जैसे कि स्काइप।
- सुनिश्चित करेंगे कि प्रतिभागियों के पास तकनीकी दक्षता / अभिप्रेरणा है या नहीं कि वे उचित ढंग से कार्य कर सकें (यहाँ उम्रदराज़ लोगों के बारे में भी सोचें)।
- अगर आप तत्काल संदेश (इंस्टैंट मेसेजिंग) का उपयोग कर रहे हैं तो सुनिश्चित करें कि प्रतिभागी टाइप कर सकते हों या अच्छी तरह लिख सकते हों।
- आप घनिष्ठता और विश्वास स्थापित करेंगे।
- अगर आवश्यक हो तो आप किस तरह अधिक समय तक के लिए प्रतिबद्धता प्राप्त करेंगे।
- व्यवधानों पर नियंत्रण करेंगे।

याद रखें - एक अच्छे साक्षात्कार या समूह में एक प्रमुख कारक सहजता है। ज़रूरत है कि उत्तरदाता अपने को सहज महसूस करें। उन लोगों के लिए जो वेब कम्युनिकेशन के डार्क आर्ट - तत्काल संदेश, स्काइपिंग या वेब-आधारित कांफ्रेंस कॉल - के अभ्यस्त हैं - यह दूसरी प्रकृति का होगा, इसलिए संभवतः आप साक्षात्कार - प्रक्रिया में तकनीकी दबाव नहीं डाल रहे होंगे। लेकिन उन लोगों के लिए जो वेब-आधारित संचार में नए या अनभ्यस्त हैं, इससे जूझना कुछ इतना नया होगा कि वह इंटरव्यू में असहजता की एक परत जोड़ सकता है। और यह समूची साक्षात्कार प्रक्रिया पर प्रभाव डालने के लिए बहुत है।

लेकिन इसमें लगे रहना लाभदायक है। जैसे-जैसे इंटरनेट की गति बढ़ेगी, वेबकैम का प्रयोग बढ़ेगा और संचार/ कांफ्रेंस प्रौद्योगिकी और विकसित होगी, ऑनलाइन साक्षात्कार तेज़ी से बढ़ेगा। यह शोधकर्ताओं द्वारा पूछे जा सकनेवाले प्रश्नों और उत्तर के प्रकारों सहित बड़े पैमाने पर शोध संभावनाओं को विस्तार देगा।

प्रेक्षण

वह जो प्रेक्षण का मेहनत से भरा धीमा, असम्मानित और अवैतनिक काम करता है... वह संसार की आँख है।

राल्फ वाल्डो इमर्सन

कभी-कभी हम एक सशक्त प्राथमिक डेटा संग्रह प्रविधि के रूप में प्रेक्षण को नज़रअंदाज़ कर देते हैं और साक्षात्कार समाजविज्ञान शोध बाज़ार को किनारे करने में प्रवृत होता है। लेकिन मैं आपको तीन अच्छे कारण गिना सकती हूँ कि आप एक प्रेक्षणात्मक अध्ययन करने के बारे में सोचें। पहला, ऐसे अवसर आते हैं, जब आपको 'इसे अपने लिए देखने' की ज़रूरत होती है - इसे अपने लिए व्याख्यायित करना, वही नहीं होता। दूसरे, लोग जो अपने किए के बारे में बताते हैं और जो सचमुच करते है उनमें भारी अंतर होता है। तीसरे, प्रेक्षण के जरिए जो जानकारी एकत्र की जाती है, सामान्यतः वास्तविक दुनिया में किया जाता है, वह एक निर्मित शोध संसार नहीं होता। आप वहाँ बाहर क्षेत्र में होते हैं - कार्य-व्यापार के मर्म में।

शब्दावली

प्रेक्षण

डेटा संग्रह की व्यवस्थित विधि जो अपनी समझ से डेटा एकत्र करने की शोधकर्ता की योग्यता पर निर्भर करती है।

विकल्प और संभावनाएँ

प्रेक्षण के विकल्प आश्चर्यजनक रूप से विस्तृत हैं, और इनका प्रसार अत्यधिक सुदूरवर्ती और संरचित अध्ययन से लेकर अत्यधिक जटिल और बेतरतीब अध्ययन तक है। उदाहरण के लिए, एक संरचित सिरे पर आप एक मनोवैज्ञानिक के बारे बात कर सकते हैं जो एक क्लिपबोर्ड पकड़े हुए है और एक इकतरफ़ा दर्पण के पीछे से अंतर्व्यवहार की एक पूरी श्रृंखला देख रहा है। अस्तव्यस्त सिरे पर, एक नृविज्ञानी हो सकता है जो पिछले 15 वर्षों से पापुआ न्यूगिनी के एक दूरस्थ गाँव में रह रहा हो और प्रेक्षित (observed) के परिप्रेक्ष्य से गाँव की वास्तविकता को समझने के लिए समर्पित हो।

सतही तौर पर, प्रेक्षण के इन प्रकारों में कुछ समानताएँ दिख सकती हैं। वस्तुतः, इन दोनों चरमसीमाओं को प्रायः डेटा संग्रह की दो महत्त्वपूर्ण प्रविधियाँ माना जाता है जो भिन्न प्रतिमानों और विषयों से पैदा हुई हैं। लेकिन जब आप मूल मुद्दों पर विचार करते हैं तो आप पाएँगे कि ये दोनों चरम सीमाएँ एक निरंतरता में हैं।

तालिका 12.1 उन प्रमुख मुद्दों को समेटती है जिन्हें, यह निर्धारित करने के लिए सुलझाने की ज़रूरत होगी कि आपकी खुद की प्रेक्षण-प्रणाली किस तरह उत्कृष्ट रूप में प्रकट हो।

जबकि तालिका 11.4 में समेटे गए प्रेक्षण प्रकार कई तरीक़ों से समन्वित किए जा सकते हैं, चित्र 11.1 प्रेक्षण के चार प्रमुख गुणों की छानबीन करता है जो सहभागिता के विभिन्न स्तरों के साथ निष्पक्ष और गुप्त कार्यनीतियों को समन्वित करता है।

मुद्दे और जटिलताएँ

यह सोचना आसान है कि एक प्रेक्षण अध्ययन संचालित करना सरल होगा - आपको केवल 'निरीक्षण' करने और एक निर्धारित परिस्थिति या संदर्भ में क्या हो रहा है, इसे अंकित करने की ज़रूरत है। लेकिन यह जानना महत्त्वपूर्ण है कि प्रेक्षण एक व्यवस्थित जानकारी संग्रह की विधि है।

तालिका 11.4 प्रेक्षण मुद्दे और प्रकार

क्या एक प्रेक्षक के रूप में आप कोशिश करेंगे कि आप हटा दिए जाएँ या तल्लीन हो जाएँ? दूसरे शब्दों में, क्या जिस परिवेश में आप अध्ययन कर रहे हैं, उसमें प्रतिभागी बनेंगे?	
ग़ैर-प्रतिभागी : शोधकर्ता न तो उस व्यवस्था या समुदाय का अभिन्न अंग होते हैं या बनना चाहते हैं, जिसका वे प्रेक्षण कर रहे हैं। प्रेक्षक भौतिक रूप से उपस्थित होता है, लेकिन प्रयास करता है कि अदृष्ट बना रहे। ग़ैर-प्रतिभागी प्रेक्षण एक नियत समयावधि में होने को प्रवृत होता है और प्रायः अत्यधिक संरचित होता है।	यहाँ उदाहरणों में शामिल है - इकतरफ़ा दर्पण से अंतर्क्रिया देखना, किसी कमरे के कोने में बैठकर एक बैठक का प्रेक्षण अथवा पैदल चलनेवालों को एक ख़तरनाक चौराहा पार करते हुए देखना।
प्रतिभागी : शोधकर्ता उस टीम, समुदाय अथवा सांस्कृतिक दल का हिस्सा हैं या हिस्सा हो जाते हैं, जिसका वे प्रेक्षण कर रहे हैं। लक्ष्य है प्राकृतिक विन्यास को संरक्षित रखना और प्रेक्षित के परिप्रेक्ष्य से प्रक्रिया और घटनाओं के अनुभव से सांस्कृतिक सहानुभूति प्राप्त करना। प्रतिभागी-प्रेक्षण प्रायः अल्प-संरचित, मानवजाति विज्ञान संबंधी प्रक्रिया से पंक्तिबद्ध हो जाता है।	प्रेक्षण बाहरी हो सकते हैं जो अंतरंग (शोधकर्ता एक पंथ में शामिल होता है) होने की कोशिश करते हैं अथवा वे अंतरंग हो सकते हैं जो स्वयं (किसी कार्य दल, समुदाय अथवा चर्च का सदस्य) अपना अध्ययन करने का निर्णय लेते हैं। दोनों ही मामलों में प्रतिभागी का प्रेक्षण, गहरी भावनाएँ और समय की प्रतिबद्धता को शामिल कर सकता है।
टिप्पणी : प्रतिभागी और ग़ैर-प्रतिभागी भूमिकाएँ ज़रूरी नहीं कि अलग हों और प्रायः ओवरलैप (अतिच्छादन) करें, जो कि शोधकर्ता के लिए कठिनाइयाँ पैदा कर सकती हैं। उदाहरण के लिए, जब ग़ैर-प्रतिभागी प्रेक्षक भागीदारी प्रारंभ करते हैं, वे अपने शोध-विन्यास को प्रभावित और दूषित कर सकते हैं। दूसरी तरफ़, प्रेक्षण अब भी 'प्रतिभागी' का लक्ष्य है और प्रतिभागी जितना अधिक तल्लीन होता जाता है, उतना ही शोधकर्ता की भूमिका को बनाए रखना कठिन हो जाता है।	
क्या आप अपना प्रेक्षण गुप्त रूप से करेंगे या पूरा प्रकट करेंगे?	
सुस्पष्ट : शोधकर्ता अपने अध्ययन की प्रकृति को पूरी तरह प्रकट कर सकते हैं, प्रेक्षण उनके शोध में जो भी भूमिका निभाएगा और वे प्रेक्षण प्रक्रिया के माध्यम से क्या आशा करेंगे। पूरे प्रकटीकरण में प्रायः नीति की ज़रूरत होती है।	जब आप जानते हों कि आप पर नज़र रखी जा रही है, तो स्वाभाविक हो पाना कठिन हो जाता है - तब और भी जब आप जानते हों कि आपका अध्ययन किया जा रहा है, इसलिए विश्वास कायम करना और यह सुनिश्चित करना आवश्यक है कि प्रतिभागी अपने को सुस्पष्ट / खुली प्रक्रियाओं से आरामदेह महसूस कर रहे हैं।
गुप्त : शोधकर्ता उनसे अपने अध्ययन का खुलासा नहीं करते जिनका वे प्रेक्षण कर रहे हैं। वे यह भी ज़ाहिर नहीं करते कि वे कोई अध्ययन भी कर रहे हैं। गुप्त अध्ययनों के लिए नैतिक अनुमोदन प्राप्त करना कठिन हो सकता है, क्योंकि वे सूचित सहमति के नैतिक सिद्धांत को तोड़ते हैं।	**गुप्त अध्ययन :** शोधकर्ताओं को जासूसी करने की छूट देकर प्रतिभागियों के स्वाभाविक रूप से काम करने के संघर्ष के मुद्दे पर क़ाबू पाते हैं और अकृत्रिम व्यवहार का प्रेक्षण करते हैं - लेकिन यह अनैतिक हो सकता है।
आप अत्यधिक संरचित प्रेक्षण तकनीक का उपयोग करेंगे या असंरचित प्रेक्षण तकनीक का?	
संरचित : शोधकर्ता लोगों, घटनाओं व्यवहारों, मुद्दों, आचरण, क्रियाओं, परिस्थितियों और प्रक्रियाओं से संबद्ध पूर्वनिर्धारित मानदंडों का उपयोग करते हैं ताकि अत्यधिक व्यवस्थित ढंग से जानकारी एकत्र किया जा सके। **अर्ध-संरचित :** प्रेक्षक इसका उपयोग करते हैं, लेकिन वे पूर्वनिर्धारित मानकों तक सीमित नहीं होते। **असंरचित :** प्रेक्षक बग़ैर पूर्वनिधारित मानकों के प्रेक्षण करने और डेटा रिकॉर्ड करने का प्रयास करते हैं।	जाँचसूची या प्रेक्षण समयसारिणी पहले ही तैयार कर ली जाती है और शोधकर्ता प्रयास करते हैं कि वे वस्तुनिष्ठ, तटस्थ और अलग रहंण ताकि व्यक्तिगत अंतर्संवाद को कम-से-कम किया जा सके। प्रेक्षण समयसारिणी या जाँच-सूची का उपयोग प्रेक्षण को संघटित करने के लिए किया जाता है, लेकिन प्रेक्षक भी प्रयास करते हैं कि वे अनियोजित या अप्रत्याशित को रिकॉर्ड करें। प्रेक्षक सभी प्रेक्षणों को रिकॉर्ड कर सकते हैं और बाद में निकलने वाले विन्यास की खोज कर सकते हैं अथवा वे प्रारंभिक प्रेक्षण पर निर्णयात्मक बात कह सकते है और किसी अगले प्रेक्षण पर अपने को केंद्रित करने का प्रयास कर सकते हैं।

किसी चीज़ को नित्यप्रति के आधार पर करना और इसे एक तार्किक ढंग से सही शोध उपकरण में परिवर्तित करना चुनौतीपूर्ण हो सकता है। लेकिन यदि इसे कठोरता से किया जाए तो प्रेक्षण आपको छूट दे सकता है :

- इस बात की पड़ताल करने की कि सचमुच लोग क्या करते हैं, केवल यह नहीं कि वे क्या करने को कहते हैं।
- कि आप इसे स्वयं अपनाएँ, प्रायः क्षेत्र में।
- समृद्ध, गंभीर गुणात्मक डेटा एवं मानकीकृत एवं परिमाणात्मक आँकड़ा - दोनों का संग्रह करें।
- ग़ैरवाचिक और वाचिक - दोनों तरह की जानकारियाँ इकट्ठी करें।

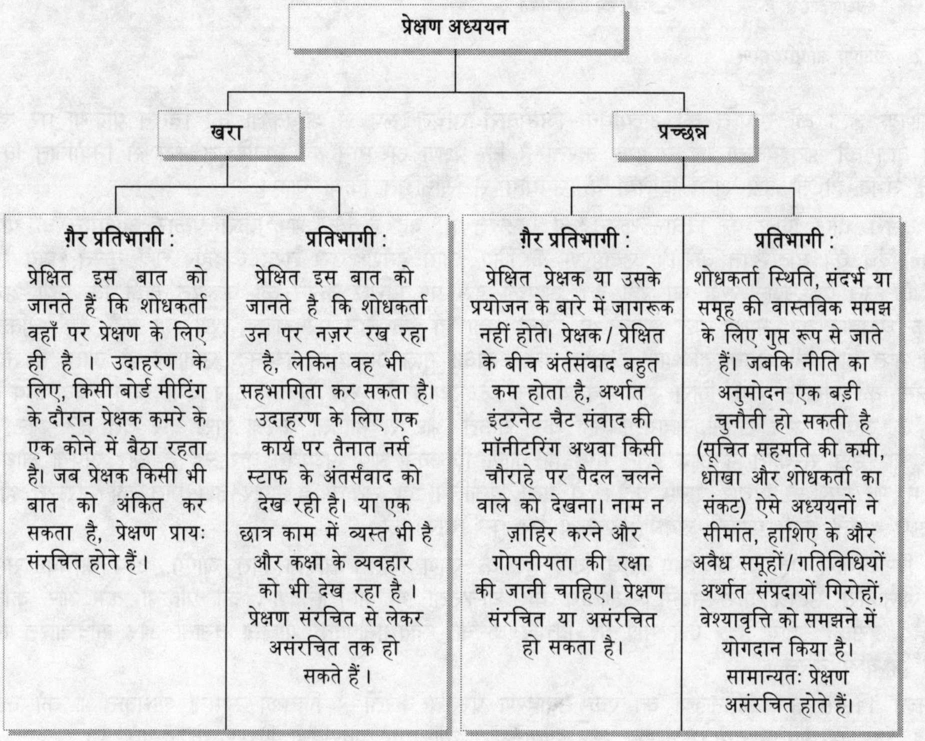

चित्र 11.1 प्रेक्षण अध्ययन के चार प्रमुख सूत्र

तथापि प्रेक्षण अध्ययन इस बात की माँग करते हैं कि आप उस पर लगातार विचार करें और इसे सुलझाएँ कि कैसे आपके अंतर्निहित पूर्वाग्रह - आपका इतिहास, रुचियाँ, अनुभव और प्रत्याशाएँ - आपके प्रेक्षणों को प्रभावित कर सकते हैं। जैसा कि चित्र 11.1 में प्रदर्शित है, एक दुनिया अस्तित्व में है, लेकिन हम इसको संपूर्णता में पकड़ नहीं सकते। हमारी समझ इससे परिसीमित हो जाती है कि हम अपनी इंद्रियों के माध्यम से क्या ग्रहण कर सकते हैं। तब,संवेदी इनपुट को मस्तिष्क द्वारा परिष्कृत और संसाधित किया जाता है जो कि अत्यधिक संरचित, परिभाषित और वस्तुतः सीमित ढाँचे के माध्यम से विचार और समझ में समाजीकृत किया हुआ है। अतंतः, हमारी निर्मित समझ हमारे आधिकारिक प्रेक्षण में घनीभूत हो जाती है।

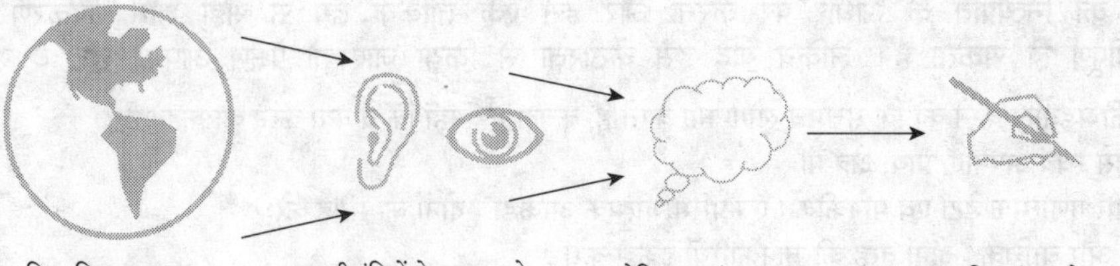

चित्र 11.2 प्रेक्षणों का परिष्करण

यह प्रामाणिक डेटा की उत्पत्ति की अत्यधिक जिम्मेवारी उचित रूप से शोधकर्ता की चिंतन प्रक्रिया पर डालता है और इस बात की आवश्यकता को उजागर करता है कि प्रेक्षण अध्ययन को व्यवस्थित रूप से नियोजित किया जाए और यदि संभव हो तो इसे अन्य विधियों के उपयोग से सुनिश्चित किया जाए।

एक दूसरी चीज़ जिस पर विचार करने की ज़रूरत है, वह है कि आप किस प्रकार अध्ययन के प्रतिभागियों से अपने संबंध को व्यवस्थित करेंगे। उदाहरण के लिए, लोग हमेशा उस तरह व्यवहार नहीं करते, जब उन्हें पता होता है कि उन पर नज़र रखी जा रही है। आपको इस पर विचार करने की ज़रूरत होगी कि क्या आप उनसे स्वाभाविक व्यवहार की अपेक्षा कर सकते हैं जिन्हें पता हो कि उन पर नज़र रखी जा रही है। लेकिन अपने प्रेक्षणों में गुप्त होने की अपनी दुविधाएँ हैं और यदि आपका गुप्त अध्ययन अचानक उजागर हो जाता है तो आपको एक योजना की ज़रूरत होगी जिसे आप पूर्व योजना के स्थान पर रख सकें। और क्या होगा, जब आप एक ग़ैर प्रतिभागी के रूप में आप अपनी सहायता नहीं कर सकते और सहभागिता करना शुरू कर देते हैं? और तब क्या हो, जब आप उस संस्कृति में आप इतने मग्न हो जाएँ, जिसका आप अध्ययन कर रहे हैं और अपनी शोध भूमिका के बारे में नए सिरे से विचार प्रारंभ करें। ये बड़ी चुनौतियाँ हो सकती हैं, और इस बात की ज़रूरत हो सकती है कि आप अपनी कार्य प्रणाली संबंधी रूपरेखा पर पुनर्विचार करें।

यहाँ विरोधाभास यह है कि आप शोध किए हुए के साथ जितने घनिष्ठ होते जाएँगे, आप अधिक समृद्ध और सार्थक जानकारी उत्पन्न कर सकेंगे। लेकिन यह घनिष्ठता भी मार्ग निर्देशन की प्रक्रिया को और कठिन बना सकती है। इसका उपाय है - ऐसे मुद्दों पर विचार करना, सावधानीपूर्वक योजना बनाना और सुविचारित लचीलेपन के साथ अभ्यास करना।

तालिका 11.16 उन कठिनाइयों का एक उदाहरण प्रस्तुत करती है जिनका सामना शोधकर्ताओं को करना पड़ सकता है, जब वे अपने स्वयं के प्रभाव और अवस्थिति को बग़ैर पूर्वसंबंधी विचार के देखते हैं।

बॉक्स 11.16

मीलों दूर से आए , क्या वे ऐसा करेंगे? टिमोथी की कहानी

मैं एक वृत्तचित्र की याद करती हूँ जिसे मैंने नृविज्ञान की कक्षा में देखा था जहाँ शोधकर्ता दक्षिण अफ्रीका में कहीं एक छोटे से समुदाय का एक पर्यवेक्षणात्मक अध्ययन कर रहे थे। वे एक बूढ़ी औरत की फ़िल्म बना रहे थे, जिसे वे स्थानीय 'गुरु' कह रहे थे जो अपना 'रविवारी कर्मकांड' कर रही थी। यह पहला अवसर था जब शोधकर्ता इस तरह का काम कर रहे थे और बात कर रहे थे कि सिर्फ़ इस औरत को देखने के लिए लोग कितनी दूर से आ रहे हैं। मैंने यह फ़िल्म देखी और सोचा, रुको, कहीं ऐसा तो नहीं कि ये लोग तुम्हें देखने आ रहे हों? आप जानते हैं कि गोरे लोग कैमरा, लाइट और ध्वनि यंत्रों के साथ होते हैं। मेरा संदेह और बढ़ा जब कैमरा हँसते हुए कुछ बच्चों की तरफ़ घूमा जो बड़े से धुँधले माइक्रोफ़ोन को थपथपाने

का प्रयत्न कर रहे थे। शोधकर्ताओं ने, जो कुछ वे देख रहे थे, उस पर संभावित प्रभाव का कभी उल्लेख नहीं किया, और स्थानीय संदर्भ में उन्होंने जो कुछ देखा था, उसे ही उसका श्रेय देते हुए अंत किया।

छायाचित्र 11.2 **बड़ा और अस्पष्ट**

प्रेक्षण प्रक्रिया

यद्यपि हम नित्यप्रति के आधार पर आकस्मिक प्रेक्षण करते हैं, सामाजिक विज्ञान प्रविधि के रूप में प्रेक्षण करने में योजना बनाने की ज़रूरत होती है। आपको आवश्यकता होगी कि आप सभी मुद्दों और आकस्मिकताओं के लिए योजना बनाएँ, स्थिति के सभी पक्ष का अवलोकन करें और प्रेक्षणों को रिकॉर्ड करें; पूरी कार्यप्रणाली की समीक्षा करें और उचित हो तो उसे परिष्कृत करें; और अंततः जानकारियों का विश्लेषण करें। बॉक्स 11.17 - 11.19 प्रेक्षण में निहित चरणों की रूपरेखा प्रस्तुत करते हैं। सर्वेक्षण और साक्षात्कार के लिए जैसा भी मामला हो आप इन तालिकाओं को निर्देशक और जाँचसूची - दोनों ही रूपों में उपयोगी पाएँगे।

योजना बनाना

क्या आप जानते हैं कि प्रेक्षणमूलक अध्ययन में योजना बनाना इतना महत्त्वपूर्ण क्यों है? ऐसा इसलिए है क्योंकि हमारे मस्तिष्क में सामान्य प्रेक्षण और एक शोध प्रविधि के रूप में प्रेक्षण के मध्य कोई सुपरिभाषित अंतर नहीं है। हम चीज़ों, लोगों और स्थानों को रोज़ देखते हैं, लेकिन उतनी सावधानी से नहीं जितनी की प्रामाणिक, वैध और आधिकारिक जानकारी के संग्रह के लिए ज़रूरी है। इसके लिए, सचमुच आवश्यक है कि हम विभिन्न मुद्दों के बारे में विचार करें, जिसमें प्रेक्षण का प्रकार (सुस्पष्ट या गुप्त, प्रतिभागी या ग़ैर प्रतिभागी); किसे और क्या आप देखेंगे और कितनी देर तक; आप जानकारी किस प्रकार प्राप्त करेंगे; जो भूमिका आप निभाएँगे; देखते हुए या दूसरों के साथ सहभागिता करने के साथ जो बेतरतीब नैतिक मुद्दे संबंद्ध हैं, उनका परिचालन आप कैसे करेंगे, और किस प्रकार आप अप्रत्याशित का सामना करेंगे।बॉक्स 11.17 आपको एक सफल प्रेक्षणात्मक अध्ययन की योजना के आवश्यक चरणों की जानकारी देगी।

बॉक्स 11.17

योजना बनाना - 'कौन', 'कहाँ', 'कब', 'कैसे' और 'क्या'

आपके प्रेक्षणात्मक अध्ययन की सफलता उस चिंतन पर निर्भर करेगी जिसे आप योजना प्रक्रिया में अपनाते हैं।

1. प्रेक्षण अध्ययन के प्रकार पर विचार करें - अपने लक्ष्य और संदर्भ पर ध्यान रखें, उन्हें एक प्रेक्षणात्मक अध्ययन का रूप दें जो सुस्पष्ट या गुप्त, प्रतिभागी या ग़ैर-प्रतिभागी, संरचित या असंरचित हो और देखें कि वह कितनी अवधि का हो?
2. जनसंख्या और नमूना / उत्तरदाता / प्रतिभागी - आपकी किससे बात करने की योजना है (जनसंख्या), और किससे जानकारी एकत्र करने की (नमूना) (देखें अध्याय 10)
3. पहुँच - वास्तविक रूप से समूह / परिस्थिति / क्रियाकलापों तक पहुँच / स्वीकृति के बारे में विचार करें जिसका आप प्रेक्षण करना चाहते हैं। यह कि, क्या कोई सशक्त भाषा और / या सांस्कृतिक मुद्दा है जो प्रक्रिया को प्रभावित कर सकता है? क्या आप पूर्व ' चौकीदारों ' को पा सकते हैं? क्या आपका स्वागत होगा? क्या आप विश्वास निर्मित करने में सक्षम होंगे?
4. आपके पूर्वाग्रह - राह में आनेवाली आत्मनिष्ठताओं की पहचान और उन पर नियंत्रण प्रामाणिकता को सुनिश्चित कर सकती है। एक अच्छा सुझाव है -पूर्वावधारित विचारों / प्रत्याशाओं, साथ ही विकल्पों पर गहन मंथन।
5. आपके कौशल- अपने प्रेक्षणों को पूरा करने के लिए आवश्यक कौशलों / संसाधनों को आप कैसे विकसित कर सकते हैं।
6. 'स्व' की प्रस्तुति - जो भूमिका आप लेंगे और उसमें कैसे लीन होंगे।
7. विश्वसनीयता - विश्वसनीयता को सुनिश्चित करने की नीतियों पर विचार करें।
8. औजार - एक प्रेक्षण समय सारिणी / जाँचसूची तैयार करें या यदि असंरचित है तो किसी प्रासंगिक विषय की खोजबीन पर विचार करें।
9. विवरण - किस समय-सीमा को लेकर आप काम करेंगे? क्या आप किसी एक अवसर पर प्रेक्षण करेंगे, कई अवसरों पर करेंगे या आपका अध्ययन एक सुदीर्घ अवधि तक चलेगा। आप अपना डेटा किस प्रकार रिकॉर्ड करेंगे?
10. नीति संबंधी अनुमोदन - प्रतिभागी अध्ययन के लिए, आपको विचार करने की ज़रूरत होगी कि क्या तल्लीनता से प्रेक्षित और/ या प्रेक्षक को कोई शारीरिक, मानसिक या भावात्मक क्षति होगी।
11. उदाहरण के लिए, प्रेक्षण स्वयं को एक ख़तरनाक परिस्थिति में निमग्न पा सकता है। वे अनैतिक / अवैधानिक गतिविधियों में लिप्त होने के लिए अपने पर दबाव महसूस कर सकते हैं; अथवा जब उन्हें सेटिंग और रिपोर्ट के निष्कर्ष को छोड़ने की ज़रूरत हो, वे अपने को तनावग्रस्त महसूस कर सकते हैं। गुप्त अध्ययन से संबंधित मुद्दों में, जहाँ सूचित स्वीकृति की कमी हो अध्ययन के लिए उसे न्यायोचित सिद्ध करना और अनुमोदन प्राप्त करना शामिल है। जबकि कुछ नीति- समितियाँ किन्हीं भी परिस्थितियों में इसे करना नापसंद करेंगी, दूसरी समितियाँ इस तरह के अध्ययनों पर विचार कर सकती हैं, यदि शोधकर्ता-प्रेक्षित और प्रेक्षक के शारीरिक, मानसिक और भावात्मक कल्याण, गोपनीयता की रक्षा और माने गए सामाजिक हितों का विश्वसनीय आश्वासन दे सके।
12. आकस्मिकताएँ : अप्रत्याशित, अनियोजित और दुर्भाग्यपूर्ण। इसका अर्थ है कि यदि आपकी मूल योजना कार्यान्वित नहीं हो पाती हो तो एक वैकल्पिक योजना पहले से तैयार रखना।

प्रेक्षण, रिकॉर्डिंग और प्रारंभिक विश्लेषण

एक बार जब सभी प्रारंभिक तैयारियाँ व्यवस्थित रूप में हों आप सचमुच वहाँ जा सकते हैं और प्रेक्षण आरंभ कर सकते हैं। प्रेक्षण अध्ययन कई प्रकार के हैं। ये गुप्त भी हैं और सुस्पष्ट भी हैं, ये प्रतिभागी भी हैं और अधिक सुदूरवर्ती भी (चित्र 11.1)। इसका अर्थ यह है कि जो मसविदा आप चुनते है, वह उन लक्ष्यों की पूर्ति के लिए ज़रूरी है, जिन्हें आपने अध्ययन के लिए निर्धारित किया है। इसका तात्पर्य यह भी है कि न केवल आपको आपने प्रेक्षण के लक्ष्य का अवलोकन करना है, बल्कि स्वयं पर भी लगातार नज़र रखनी है। इसलिए जो भी प्रेक्षण आप

करते हैं उसको तो नोट करें ही, साथ ही उसे भी, जिसे आप अनुभव करते हैं। जैसे ही आप डेटा संग्रह आरंभ करते हैं, आपकी प्रेक्षण प्रणालियों को दर्शाने के लिए यह आवश्यक है; वस्तुतः यह आपके विश्लेषण का एक अंग है। तालिका 11.18 प्रेक्षण और प्रेक्षण को रिकॉर्ड करने के ज़रूरी चरणों से आपको परिचित कराती है।

बॉक्स 11.18

प्रेक्षण, रिकॉर्डिंग और प्रारंभिक विश्लेषण

प्रेक्षण और रिकॉर्डिंग में कड़ाई और चिंतन, प्रेक्षण अध्ययन में सफल जानकारी के विश्लेषण की कुंजी है। इसे संभव करने के लिए आपको ज़रूरत है :

1. प्रेक्षण स्थिति में सहज रहें - अगर यह संरचित और सुस्पष्ट है, यह किसी साक्षात्कार के शुरुआती चरणों जैसा होगा, जहाँ आवश्यक है कि आप समय से हों, किसी उपकरण को स्थापित करें और उसकी जाँच करें, अध्ययन के बारे में बताएँ और मेलजोल कायम करें। अगर आपके अध्ययन में किसी संस्कृति में अधिक गहरे जाने की ज़रूरत हो तो प्रारंभिक चरणों में आपको आराम से बैठने, सुनने, विश्वास अर्जित करने का प्रयास करने और फिर घनिष्ठता स्थापित करने की आवश्यकता होगी।
2. संवेदी इनपुट की एक श्रृंखला के लिए तैयार रहें - डेटा एकत्र करने के लिए अपनी सभी इंद्रियों का उपयोग करें और संभव हो तो अंतर्दृष्टि का भी।
3. समय दें - क्योंकि आप कार्यप्रणाली का निर्देशन नहीं कर रहे हैं, आपको ज़रूरत होगी कि आपने प्रेक्षण में अपना सार्थक समय देने के लिए तैयार रहें।
4. परिपूर्णता की तलाश करें - इस बात को सुनिश्चित करें कि अपने प्रेक्षण प्रक्रिया के समाप्त होने तक और अधिक जानकारी को स्वीकार न करें।
5. जितनी जल्दी संभव हो आपने प्रेक्षण को लिपिबद्ध करें - ज़रूरत है कि प्रेक्षणों को समयबद्ध ढंग से अंकित किया जाए। यदि समय सारिणी का उपयोग कर रहे हों तो प्रेक्षण के समय ही उन्हें पूरा किया जाना चाहिए। अगर आप आपने शोध संदर्भ में अधिक निमग्न हों तो जब आप स्थिति से विलग हों तो अपने प्रेक्षण डेटा शीट या किसी डायरी में लिपिबद्ध करें। आपके दस्तावेज़ में फ़ोटोग्राफ़ और वीडियो / ऑडियो रिकॉर्डिंग भी शामिल होने चाहिए।
6. विश्लेषण - प्रेक्षण द्वारा संग्रहीत डेटा मात्रात्मक हो सकता है (जाँच सूची के उपयोग द्वारा, देखें अध्याय 13) अथवा अधिक गुणात्मक हो सकता है (बहीखाते के उपयोग द्वारा; देखें अध्याय 14) याद रखें, विश्लेषण को कुशाग्रतापूर्वक आपके शोधप्रश्नों को लक्ष्य में रखना चाहिए।

समीक्षा करना, परिष्कृत करना और लगातार विश्लेषण करना

प्रेक्षणात्मक अध्ययनों में, विशेषकर जिनमें लंबे समय तक लगे रहना होता है, समीक्षा और मसविदा को परिष्कृत करना विश्वसनीयता के लिए सर्वाधिक महत्त्वपूर्ण है।

चिंतन अत्यंत महत्त्वपूर्ण है क्योंकि प्रेक्षणमूलक अध्ययन में क्या और कैसे के बारे में जो निर्णय लिए जाते हैं और जो लिपिबद्ध किए जाते हैं, वे स्वयं में विश्लेषण का एक रूप हैं। अगर आप एक चिंतनशील कलाकार नहीं हैं और आप अपने को आगे परिष्कृत नहीं करते रहते हैं तो ख़तरा है कि आपका डेटा पूर्वाग्रहग्रस्त होगा और आपका विश्लेषण आपकी व्यक्तिपरकताओं से भरा होगा। वस्तुतः, व्यक्तिपरकताओं पर नियंत्रण के लिए, ज़रूरी होता है कि आप अपनी अंतर्दृष्टि को दूसरी की अंतर्दृष्टि और ज्ञान के साथ पुष्ट करें। बॉक्स 11.19 आपके प्रेक्षण मसविदों को विचारपूर्ण ढंग से परिष्कृत करने के चरणों से परिचित कराएगी।

बॉक्स 11.19

समीक्षा, परिष्कार और निरंतर विश्लेषण

अपने प्रेक्षणमूलक अध्ययन को विचारपूर्ण ढंग से परिष्कृत करने की योग्यता आवश्यक है। आपको ज़रूरत होगी कि :

1. कार्यप्रणाली की समीक्षा करें - जिस किसी कठिनाई से सामना हो, उसे नोट करें; जैसे पहुँच, लिया गया समय, वचनबद्धता, सांस्कृतिक 'अज्ञान', सुविधा-क्षेत्र, रिकॉर्डिंग / नोट लेना, भूमिकाएँ, व्यक्तिपरकता।
2. अपने प्रेक्षण अभिलेखों की समीक्षा करें - अपने अभिलेख को समझने में यदि आपको कोई कठिनाई महसूस होती हो तो उसे नोट करें।
3. सुनिश्चित करें - किसी अंतरंग व्यक्ति के साथ जाँच करें; किसी दूसरे प्रेक्षक से कहें कि वह 'नोट' की तुलना करें; अथवा आप अपने प्रेक्षणमूलक जानकारियों का दूसरे डेटा प्रकारों के साथ त्रिकोणीय दृष्टिकोण से विचार करें।
4. सूचना दें - कार्यप्रणाली की खुद की समीक्षा पर आधारित; कोई भी पुष्टिकरण कार्यनीति जिसके लिए आपने प्रयास किया हो; और उत्पन्न / प्राप्त डेटा की गुणवत्ता।
5. प्रमुख मुद्दे? - अगर कुछ प्रमुख मुद्दे हों तो इसकी आवश्यकता होगी कि उनके बारे में अपने सुपरवाइजर से विचार-विमर्श करें और सुधार पर विचार करें।
6. निरंतर विश्लेषण - जानकारी चाहे परिमाणात्मक हो (देखें अध्याय 13) या गुणात्मक (देखें अध्याय 14) आप अपने प्रेक्षणों, अपने सिद्धांतों, अपने शोध प्रश्नों, अपने उद्देश्यों और जिन व्यक्तिपरकताओं को आपने अपनाया है, उन पर नियंत्रण के बारे में बराबर विचार करते रहें।

प्राप्त करना, विचार करना, लिपिबद्ध करना और प्रमाणित करना

जैसा कि ऊपर बनाया गया है, सभी प्रेक्षणमूलक अध्ययनों का एक सामान्य गुण है कि वे उसे रिकॉर्ड करने का प्रयास करते हैं, प्रेक्षणमूलक अध्ययन वास्तविक व्यवहार पर निर्भर होते हैं। ऐसे किसी उपकरण का उपयोग नहीं होता जो प्रेक्षितों में निश्चित प्रतिक्रिया पैदा करे। वहाँ कोई 'प्रश्न' भी नहीं हैं। यहाँ केवल प्रेक्षित वही कर रहे हैं जो वे करते हैं; और प्रेक्षक उसे ग्रहण करते हैं, नोट करते हैं और उसे समझते हैं। जबकि इसका बोधगभ्य लाभ यहाँ खरापन है, हानि यह है कि अपने प्रेक्षणों को प्राप्त करने, विचार करने, लिपिबद्ध करने और प्रमाणित करने की प्रक्रियाओं के माध्यम से काम करना बहुत जटिल हो सकता है।

प्राप्त करना

जब आपके प्रेक्षणों के प्रारंभ करने का समय होगा, तो जो वास्तविक मसविदा आप उपयोग में लाएँगे, वो प्रेक्षणमूलक अध्ययन के प्रकार पर अत्यधिक निर्भर करेगा, जिसे आप संचालित करना चाहेंगे। अधिकांश प्रेक्षण प्रणालियाँ मेलजोल कायम करने और विश्वास हासिल करने के प्रयास से प्रारंभ होती हैं। इसके पीछे विचार यह है कि जितना संभव हो प्रेक्षित को उतना सुविधाजनक महसूस कराने का प्रयास किया जाए - इतना कि यदि आप न भी हों तो कार्य बाधित न हो।

अगला चरण है कि आपके चारों ओर जो कुछ भी हो रहा है, उन सबके प्रति अपनी आँखें, कान और मस्तिष्क खुला रखें। आप क्या देखते हैं, आप क्या सुनते हैं, आप क्या समझते हैं? हम एक दृश्य समाज होने की ओर प्रवृत है, इसलिए यह सुनिश्चित करना महत्त्वपूर्ण है कि आप इसे अपनी इंद्रियों से पूरी तरह ग्रहण कर रहे हैं। और यह समयसाध्य हो सकता है। क्योंकि आप कार्यप्रणाली का निर्देशन नहीं कर रहे हैं, इसलिए आपको तैयार रहना होगा कि आवश्यक पाने के लिए आप महत्त्वपूर्ण निवेश कर सकें। वस्तुतः अगर आप अपनी रूपरेखा का

एक पूर्वनिर्धारित अवधि के लिए प्रेक्षण कर नहीं पाते तो प्रक्रिया के ख़त्म होने से पहले यह परिपूर्णता की तलाश करती है (वह बिंदु जहाँ आपका प्रेक्षण अब और नई जानकारी नहीं देता)।

ध्यान रखें कि हम सभी संसार को समान ढंग से नहीं देखते या नहीं ग्रहण करते। हममें से कुछ बड़ी तस्वीर में बदल जाते हैं, जबकि हममें से कुछ अलग अवयवों पर अपने को केंद्रित करते हैं। कुछ चारों ओर देखते हुए संसार को ग्रहण करना चाहते हैं, कुछ सुनना पसंद करते हैं। दूसरे चलते हुए, करते हुए और स्पर्श करते हुए अच्छी तरह समझ पाते हैं। इसलिए जब प्रेक्षण की बात आती है, तो प्रायः होता है कि एक ही परिस्थिति में दो प्रेक्षक चीज़ों को काफ़ी अलग ढंग से लेंगे। इसे नियंत्रित करने का प्रयास महत्त्वपूर्ण है। यदि आपके प्रेक्षण संरचित हैं, तो एक प्रेक्षण समय सारिणी जिसे सूचनाओं को बहुत सी इंद्रियों के माध्यम से एकत्र करने की ज़रूरत है, इस बात को सुनिश्चित कर सकती है कि आप जानकारी के किसी सशक्त स्त्रोत को भूल न जाएँ। अल्प संरचित अध्ययन में अपने डेटा संग्रह प्रणाली पर आलोचनात्मक रूप से विचार कर पाने की योग्यता और आवश्यक सुधार कर पाना - कुंजी होगी।

विचार करना

जबकि हमेशा एक 'पॉयलट' की तरह संरचित नहीं किया जाता तो भी समीक्षा की ज़रूरत होती है, विचार करें और अपनी प्रेक्षण विधियों में सुधार करें। ऐसे सुधार सामान्यतः आप प्रारंभिक प्रेक्षण कार्य में जिन कठिनाइयों का सामना करते हैं, उन पर आधारित होते है; उदाहरण के लिए, पहुँच, समय, सांस्कृतिक ' अज्ञान ' सुविधा-क्षेत्र, रिकॉर्डिंग/लिपिबद्ध करने, भूमिकाएँ और व्यक्तिपरकता संबंधी कठिनाइयाँ। यह आपके प्रेक्षण अभिलेख और आकलन की समीक्षा करने का काम करता है, अगर उनका कोई अर्थ हो और वे तर्कपूर्ण, समृद्ध और पूर्ण हों।

'पूर्वाग्रह' को भी देखें। शोधकर्ताओं के लिए यह विशेष रूप से कठिन है, ख़ास तौर पर उनके लिए जो अपने को शोध विन्यास में मग्न हो जाने, वस्तुनिष्ठ होने के लिए चुनते हैं। हमारी विश्वदृष्टियाँ हममें सन्निहित होती हैं। हम अपने साथ अपनी विशेषताओं और अपने समाजीकरण के पूर्वाग्रह और पक्षपात साथ लेकर चलते हैं। हम दुनिया को किस तरह समझते हैं और किस प्रकार हम इसके प्रेक्षण के बारे में जानेंगे, इसका वे एक अंग हैं। और जैसा कि अध्याय 4 में विचार किया गया है, अगर हम अपनी व्यक्तिपरकताओं को नहीं पहचानेंगे और उनसे समझौता नहीं करेंगे तो हमारा शोध हमारे अपने पूर्वाग्रहों और मान्यताओं से ग्रस्त होगा। यह प्रेक्षणों को प्रभावित कर सकता है जो कि : प्रेक्षित की अपेक्षा प्रेक्षक के दृष्टिकोण से विवेचित हैं; प्रजाति, वर्ग, संस्कृति या लिंग के प्रति असंवेदनशील हैं; हाशिए की आवाज़ें सुनने में कठिनाई होती है; जो देखा गया है, उसे दो भागों में विभक्त करने की प्रवृत्ति है, और जो भाषा की शक्ति का सम्मान नहीं करते।

याद रखें : जिसे आप देखने की आशा करते हैं, उसे देखना और जिसे सुनना चाहते हैं, उसे सुनना काफ़ी सरल है। यह ऐसा ही है जैसे आप एक नई कार लेते हैं और आप अचानक पाते हैं कि जहाँ भी आप जा रहे हैं, यही मॉडल दिखाई पड़ रहा है। वे कारें हमेशा वहाँ थीं - लेकिन पहले आप ने उन पर ध्यान नहीं दिया था। और मैं जानती हूँ कि जितना फ़ीडबैक मैं छात्रों को देती हूँ, वह सकारात्मक है, लेकिन आलोचना का प्रत्येक टुकड़ा (रचनात्मक?) लगता है, 10 गुना बड़ा होकर उनके मस्तिष्क पर हावी हो जाता है। आप क्षेत्र में जाते हैं, इससे पहले, यह अच्छा होगी कि आप चेतन होकर अपनी प्रत्याशाओं पर मनोमंथन करें। उसके पश्चात् आप विकल्पों की एक पूरी श्रृंखला पर गंभीरता से विचार कर सकते हैं, ताकि आप अपने प्रेक्षणों को उन तरीक़ों से देख सकें और चिंतन कर सकें जो उसे पुष्ट करती है और जिस पर आपको पहले से संदेह है।

रिकॉर्डिंग / लिपिबद्ध करना

प्रेक्षणों को रिकॉर्ड करने की वस्तुतः दो काफ़ी भिन्न नीतियाँ हैं। पहला है, फ़ोटोग्राफ़ी ऑडियो और/ या वीडियो रिकॉर्डिंग जैसे माध्यम से मूल जानकारियों की प्राप्ति। इस माध्यम से प्राप्त प्रेक्षणों का 'मूल रूप' में संरक्षित किया जाता है ताकि उनकी समीक्षा की जा सके और बाद में उनका उपयोग किया जा सके। तथापि ये प्रविधियाँ 'उपकरण के उपयोग की माँग करती हैं और हस्तक्षेप करनेवाली मानी जाती हैं। दूसरी कार्यनीति है नोट लेने या बही खाता लिखने की। ये प्रविधियाँ स्थान, अभिनेताओं, कार्य और घटनाओं के विवरणात्मक और औपचारिक विवरणों से लेकर अधिक व्याख्यात्मक आख्यानपरक विवरणों तक को अभिगृहीत कर सकती है जिसमें

लक्ष्य, अनुभूतियाँ और आधारभूत 'कहानियाँ' शामिल हैं। इसका रूप भी तरह-तरह का होता है और कूटबद्ध समय सारिणी और मात्रात्मक गणना से लेकर गुणात्मक चित्रों, प्रत्ययात्मक नक़्शों और लिखित विचार तक इनका प्रसार हो सकता है।

जिन रिकॉर्डिंग प्रविधियों को अपनाने की ज़रूरत है, वे अलग होंगी जो आपके प्रेक्षणमूलक प्रणालियों में सहभागिता, खुलेपन और संरचना के स्तरों पर निर्भर हैं। सुस्पष्ट अध्ययनों में, एक प्रेक्षण समय सारिणी का उपयोग जिसे आप प्रेक्षणों के रूप में भरते हैं, उपयुक्त हो सकता है, जैसे कि फ़ोटोग्राफ़ी और ऑडियो और/या वीडियो रिकॉर्डिंग का उपयोग। जब आप अपने प्रेक्षणमूलक 'व्यवस्था' से हटा दिए जाते हैं और एकांत में होते हैं, तब उन अध्ययनों के लिए जिसमें उच्चस्तरीय तल्लीनता सन्निहित है और जो संभवतः गुप्त है, आप अपने प्रेक्षणों का नोट करना, डायरी में लिखना, चित्र बनाना या नक्शा बनाना चाह सकते हैं। आपकी परिस्थितियाँ आपको उपर्युक्त दोनों के समन्वय के लिए भी तैयार कर सकती हैं। आप चाहे जो प्रविधि अपनाएँ, जितना संभव हो उतने व्यवस्थित ढंग से अपने डेटा को रिकॉर्ड करना महत्वपूर्ण है। सबकुछ के बावजूद, यह डेटा ही है जिसे भविष्य में विश्लेषित करने की ज़रूरत होगी।

प्रमाणित करना

इसका आकलन करना कठिन हो सकता है कि मात्र चिंतन द्वारा आप अपने पूर्वाग्रहों पर नियंत्रण कर पाने और विश्वसनीय डेटा प्राप्त कर पाने के योग्य हुए हैं या नहीं। तथापि, ऐसी बहुत सी कार्यनीतियाँ हैं जिनका उपयोग डेटा संग्रह में पूर्णता को सुनिश्चित करने के लिए किया जा सकता है, साथ ही चिंतन की प्रामाणिकता की पुष्टि के लिए भी। व्यापक प्रतिनिधित्व, दीर्घकालीन कार्य, निरंतरता, क्रिस्टलीकरण, परिपूर्णता, आपकी कार्य प्रणाली का साथियों/पर्यवेक्षक द्वारा समीक्षा और प्रविधि की संपूर्ण व्याख्या द्वारा पूर्णता की प्राप्ति हो सकती है। पुष्टिकरण की कार्यनीतियों में सूचक/सदस्य जाँच और त्रिभुजन शामिल है (देखें बॉक्स 8.2)

पाठ सारांश

- प्रारंभिक आँकड़ा/ डेटा तात्कालिक, शोधकर्ता द्वारा पूरी तरह स्वीकृत होता है और उसका लक्ष्य शोधकर्ता की ज़रूरतें होती हैं, लेकिन इसे एकत्र करना असामान्य मेहनतवाला, समय साध्य और व्यय साध्य हो सकता है।
- जबकि आप पहले से मौजूदा जानकारी –समूह का उपयोग कर सकते हैं, अपने स्वयं के अध्ययन के आकल्पन और संचालन पहले से मौजूद जानकारी से परे आपको समृद्ध अंतर्दृष्टि प्रदान करेगा।
- सर्वेक्षण में उत्तरदाताओं से उनकी विशेषताओं , गुणों, वे किस प्रकार रहते हैं, विचार आदि के बारे में प्रश्नावली के माध्यम से सूचना एकत्र करना शामिल है। इसके पास बड़ी संख्या में उत्तरदाताओं तक पहुँचने, मानकीकृत, मात्रात्मक, अनुभवजन्य डेटा (साथ ही कुछ गुणात्मक डेटा) एकत्र करने की शक्ति है और यह गोपनीयता बनाए रखने का वादा करता है।
- साक्षात्कार में शोधकर्ता द्वारा कितनी ही संख्या में प्रश्नों के खुले अंतवाले ज़वाब, विषय क्षेत्र या विषयवस्तु की जानकारी चाहना शामिल है। यह मानकीकृत, मात्रात्मक जानकारी उत्पन्न कर सकता है लेकिन इसका उपयोग प्रायः गहन गुणात्मक जानकारी प्राप्त करने के लिए किया जाता है।
- प्रेक्षण शोधकर्ता की अपनी इंद्रियों द्वारा जानकारी एकत्र करने की योग्यता पर निर्भर करता है और उन्हें छूट देता है कि वे व्यवहार से संबंधित प्रतिक्रियाओं की अपेक्षा वास्तविक व्यवहार का अभिलेखन करें।

संदर्भित पुस्तकें

सर्वेक्षण

Dillman, D.A.(2006) *Mail and internet surveys : The Tailored Design Method*. Hoboken, NJ : John Wiley & Sons.

डिज़ाइनिंग और सर्वेक्षण संचालन की एक अच्छी निर्देशिका। स्नेल मेल और ई मेल दोनों के लिए बढ़ती प्रतिक्रिया दर पर सुंदर सुझाव।

Fink, A. (2008) *How to Conduct Surveys : A Step-by-Step Guide*. Thousand Oaks, CA: Sage.

यह पुस्तक आपको सर्वेक्षण के मूल्यांकन (ऐसी चीज़ जो ज़रूरी है, यह देखते हुए कि प्रकाशित सर्वेक्षण कार्य की गुणवत्ता हमेशा निश्चित नहीं होती) और आपके स्वयं के विश्वसनीय सर्वे उपकरण के विकास में सहायता करेगी। अच्छी, सुस्पष्ट और सुलभ।

Fowler, F.J., Jr (2008) *Survey Research Methods*. London: Sage.

इसकी गहराई मुझे पसंद है। यह पुस्तक आपको यह समझने में मदद करेगी कि किस प्रकार सर्वेक्षण निर्मिति और संचालन विश्वसनीयता को प्रभावित करते हैं। इंटरनेट सर्वेक्षण की पहुँच और सर्वेक्षण शोध में मोबाइल फ़ोन के प्रभाव को इसमें भली भाँति दिखाया गया है।

Groves, R.M., Fowler, F.J., Jr, Couper, M.J., Lepkowski, J.M., Singer, E. and Tourangeau, R. (2009) *Survey Methodology*. Hoboken, NJ: John Wiley & Sons.

यह एक गहन और व्यापक कृति है जो छह लेखकों की अंतर्दृष्टि की ओर अग्रसर होती है। सर्वेक्षण कार्य में नीति, विकास का प्रश्न, और प्रतिक्रिया दर और प्रतिक्रिया पूर्वाग्रह उपयोगी होंगे। अध्यायों के अंत में दिए गए अभ्यास प्रश्न भी मुझे पसंद हैं।

Saris, W.E. and Gallohofer, I.N. (2007) *Design, Evaluation, and Analysis of Questionnaires for Survey Research*. New York: Wiley-Interscience.

यह कृति प्रश्नावली की डिज़ाइन के महत्वपूर्ण पहलू में शामिल होती है - जो अपने आप में एक विज्ञान है। यह सर्वे उपकरण में वैधता और विश्वसनीयता को देखती है और अच्छी रूपरेखा के मानदंड प्रस्तुत करती है। सर्वेक्षण शोध उपकरण के क्षेत्र में अत्यंत वैज्ञानिक दृष्टिकोण।

Witte, J.C. (2009) 'Introduction to the special Issue on Web Surveys', *Sociological Methods & Research*, 37: 283-290.

पत्रिका में प्रकाशित यह आलेख बहुत सी संभावनाओं और विवादास्पद मुद्दों से आपका परिचय कराएगा जिन्हें वेब-आधारित सर्वे में प्रबंधित करने की ज़रूरत है। यह मुद्दों पर केंद्रित आलेखों की पहचान करता है जिनकी खोजबीन आप कर सकते हैं।

साक्षात्कार

Bogner, A., Littig, B. and Menz, W. (eds) (2009) *Interviewing Experts*. Basingstoke: Palgrave Macmillan.

मुझे लगता है, यह महत्वपूर्ण उपलब्धि है। व्यावहारिक अनुसंधान में, प्रमुख सूचक साक्षात्कार अत्यंत मानकीकृत होते हैं, लेकिन विशेषज्ञ की राय पाना कठिन है। यह पुस्तक यही करती है। अगर आप इस राह से जा रहे हैं तो यह आपके लिए बहुत उपयोगी है।

Gubrium, J.F., Holstein, J.A., Marvasti, A.B. and McKinney, K.D. (eds) (2012) *The SAGE Handbook of Interview Research: The Complexity of the Craft*. London: Sage.

अत्यंत विस्तृत। मुझे एकमार्गी डेटा संग्रह तकनीक की अपेक्षा साक्षात्कार की आभारोक्ति पसंद है। एक संप्रेषणात्मक अंतर्संवाद के रूप में अच्छी मान्यता और शोधप्रक्रिया पर इसके प्रभाव को दर्शाया गया है।

Kvale, S. and Brinkman, S. (2008) *Interviews: Learning the Craft of Qualitative Research Interviewing.* London: Sage.

मुझे अच्छा लगता है कि किस प्रकार यह पुस्तक गुणात्मक प्रतिमान के भीतर, जिसमें आख्यान, असंबद्ध, संबंधपरक, भाषायी और संवादात्मक व्यवहार शामिल हैं, विभिन्न दृष्टिकोणों के परिप्रेक्ष्य में साक्षात्कार को देखती है। अगर गुणात्मक प्रविधि से साक्षात्कार करना हो तो यह एक अच्छी पुस्तक है।

Lee, R.M. (2011) "The most important technique…": Carl Rogers, Hawthorne, and the rise and fall of nondirective interviewing in sociology', *Journal of the History of the Behavioral Sciences,* 47(2): 123-146.

यह आलेख ग़ैर-निर्देशात्मक साक्षात्कार की प्रक्षेप पथ(trajectory) की पड़ताल करता है (ऐसा साक्षात्कार जो अप्रत्यक्ष, ग़ैर प्रामाणिक और मुक्त साहचर्य पर आधारित हो) जब इसे 1930 के दशक में लोकप्रियता हासिल हुई।

Roulston, K. (2010) Reflective Interviewing: *A Guide to Theory and Practice.* Thousand Oaks, CA: Sage.

मुझे लगता है कि यह एक साँस में पढ़ी जानेवाली पुस्तक है जो कि आपको डिज़ाइन, संग्रह, विश्लेषण और साक्षात्कार संबंधी जानकारियों से परिचित कराएगी। अंत में अनुभवी शोधकर्ताओं द्वारा दी गई राय बहुत ही रुचिकर और सहायक है।

Rubin, H.J. and Rubin, I.S. (2011) *Qualitative Interviewing: The Art of Hearing Data.* Thousand Oaks, CA: Sage.

डेटा संग्रह तकनीक के रूप में साक्षात्कार के महत्त्व और अवसर सहित साक्षात्कार प्रक्रिया का अच्छा वर्णन। लेखक का अनुभव सीधे प्राप्त होता है।

DeWalt, K.M. and DeWalt, B.R. (2010) *Participans Observation: A Guide for Fieldwork.* Lanham, MD: AltaMira Press.

अगर आप किसी तरह के प्रतिभागी प्रेक्षण में भागीदार हो रहे हैं तो आपको साहित्य के पड़ताल की सचमुच ज़रूरत है। इससे आप शोध के इस दृष्टिकोण के साथ संबंद्ध अवसरों और ज़िम्मेवारियों को समझ सकते हैं। उस खोजबीन को शुरू करने के लिए यह एक अद्भुत स्थान है।

Gillham, B. (2008) *Observation Techniques: Structured to Unstructured.* London: Continuum International.

मुझे लगता है कि यह बहुत ही अच्छी पुस्तक है जो कि प्रेक्षण अध्ययन से संबद्ध संपूर्ण विवरण और विकल्पों को समेटती है।

Hume, L. and Mulcock, J. (eds) (2004) *Anthropologists in the Field: Cases in Participant Observation.* Irvington, NY: Columbia University Press.

मैं लेखकों से सहमत हूँ कि प्रतिभागी प्रेक्षण व्याख्यात्मक छोटी-मोटी खामियां होने की संभावनाओं से भरा हुआ है। यह पुस्तक मुद्दों की एक व्यापक श्रृंखला की खोजबीन का महत्त्वपूर्ण कार्य करती है, जैसे संप्रेषण का अभाव, मित्रता बढ़ाना और निष्ठा, अवसाद और ख़तरनाक वस्तुनिष्ठता।

Lofland, J., Snow, D.A., Anderson, L. and Lofland, L.H. (2005) *Analysis Social Settings: A Guide to Qualitative Observation and Analysis*. Belmont, CA: Wadsworth.

मूलतः 1971 में प्रकाशित, यह उसके लिए एक अच्छी संदर्भ निदेशिका है जो सामाजिक विन्यास का प्रेक्षण कर रहे हों। उदाहरणों और अनुप्रयोगों की अच्छी सरणि।

Rosenbaum, P.R. (2010) *Observational Studies*. New York: Springer.

यह पुस्तक प्रेक्षण अध्ययन को अधिक परिमाणात्मक/सांख्यकीय दृष्टिकोण देती है। वास्तविक दुनिया के उदाहरणों का उपयोग प्रेक्षण के इस सिरे को समझने में मदद करते हैं।

12

गौण डेटा: दस्तावेज़, डेटा के समुच्चय, ऑनलाइन डेटा

अध्याय का पूर्वावलोकन

- गौण डेटा के साथ काम करने की चुनौती
- पाठ (टेक्स्ट) और दस्तावेज़
- मौजूदा अध्ययन और डेटा के समुच्चय
- ऑनलाइन डेटा

गौण डेटा के साथ काम करने की चुनौती

गौण डेटा वह डेटा होता है जो परिस्थितिजन्य है। यह वह डेटा है जो शोधकर्ता के प्रश्न करने, बढ़ावा देने और जाँच - पड़ताल करने की परवाह किए बिना मौजूद है। यह वह डेटा है जिसे दस्तावेज़ों, डेटाबेसों और इंटरनेट पर पा सकते हैं - इनमें से कोई भी चीज़ शोधकर्ता द्वारा अपनी शोध परियोजना के लिए नहीं बनाई गई है। यह मौजूदा डेटा है जिसे शोधकर्ता केवल एकत्र और विश्लेषित करते हैं।

यहाँ निश्चित रूप से पुनर्विचार किया जाता है। निस्संदेह गौण डेटा आपका समय और स्रोत बचा सकता है, मगर यह शोधकर्ता और शोधवस्तु के बीच के संबंध को बहुत कम करने में भी उतना ही महत्वपूर्ण हो सकता है। साक्षात्कार, सर्वेक्षण और यहाँ तक कि पर्यवेक्षणीय अध्ययन शोधकर्ताओं द्वारा किए जाते हैं, जिसका प्रभाव निश्चित रूप से पता लगाई जाने वाली परिस्थितियों, घटनाओं या लोगों की सच्चाई/यथार्थता पर पड़ता है: शोधकर्ता और शोधवस्तु का प्रभाव सामाजिक परिवेश पर पड़ता है। मगर, परोक्ष जानकारी के साथ परस्पर विचार – विमर्श में शोधकर्ता शामिल नहीं होते, इसलिए जानकारी को दूषित करने की संभावना खत्म हो जाती है।

हालाँकि गौण डेटा के साथ काम करने में कुछ चुनौतियाँ हैं। यह वह डेटा है जिसे सामान्यत: वैकल्पिक उद्देश्य के लिए एकत्र किया जाता है। भले ही यह प्राथमिक डेटा जितना प्रासंगिक न हो; इसमें पूर्वाग्रह को पहचान पाना मुश्किल हो और संभव है कि आप किसी पिछले संग्रह की विधि की कार्यप्रणाली संबंधी खामियों से अवगत न हों, इसलिए यहाँ समझौता करना पड़ सकता है। मगर, ये समझौते पता लगाने योग्य हैं - ख़ासकर, ऐसी दुनिया में जहाँ सभी प्रकार के मौजूदा डेटा पहुँच के बाहर होते हैं और चौकस शोधकर्ता द्वारा मौलिक बनाने के लिए तैयार होते हैं।

'पाठ' (टेक्स्ट) और दस्तावेज़

हम कहाँ रह चुके हैं और हमने क्या किया, इसके मौजूदा सबूत हर जगह हैं। हम इसपर लाखों तरीकों से दस्तावेज़ बनाते हैं, इसपर शोध करते हैं, इसपर यात्रा दैनिकी बनाते हैं, इसपर शोधालेख बनाते हैं, इसपर कानून बनाते हैं, इसपर नीति विकसित करते हैं, इसपर अपनी उँगलियों के निशान छोड़ते हैं, इसका चित्र बनाते हैं, इसका छायाचित्र लेते हैं, इसपर कविता लिखते हैं, इसे गीत में ढालते हैं, पोस्टकार्ड द्वारा भेजते हैं। पत्र लिखते हैं, ईमेल और संदेश भेजते हैं, इसके बारे में फेसबुक पर बातें करते हैं, आदि। सामाजिक कार्यों के चिह्न सचमुच हर तरफ से घेरे हुए है- और ये ही वे चिह्न हैं (जो लिखित शब्दों/दस्तावेज़ों से परे जाते हैं) जिसे समाजविज्ञानी मूलपाठ का नाम देते हैं। यदि आप इन चिह्नों या कलेवरों/पाठों को डेटा के रूप में देखें, आप यह महसूस करेंगे कि हमारी दुनिया जानकारियों से कितनी समृद्ध है। इसलिए आपको इसे और अधिक निर्मित करने के पहले, मौजूदा जानकारियों पर दोबारा विचार करना चाहिए। चुनौती यह जानना है कि आप क्या ढूँढ रहे हैं; उसे ढूँढने के विकल्प जानना; यह जानना कि आप उसपर भरोसा कर सकते हैं या नहीं; और आप उससे क्या कर सकते हैं, इसकी समझ होना।

अब सुनने में भले ही यह थोड़ा अजीब लगे, मगर जब बात शाब्दिक विश्लेषण की आती है तो आप जिस चीज़ की तलाश कर रहे हैं, उसे डेटा जानकारी के रूप में स्पष्ट और संक्षिप्त रूप में व्यक्त करना हम वास्तव में अनदेखा कर सकते हैं। आप जब सर्वेक्षण करते हैं तब प्रश्नावली को प्रारूपित करने और विकसित करने की प्रक्रिया आपसे आपके डेटा जानकारियों की जरूरतों पर काम करने की माँग करती है। यही बात साक्षात्कार लेने में भी लागू होती है। प्रश्न का विकास वास्तव में यह स्पष्ट करने का अभ्यास है कि आपके प्रतिवादी आपको क्या दे सकते हैं–इसपर आप क्या सोचते हैं। मगर, जब आप पाठ को विश्लेषित करते हैं तो आप दस्तावेज़ों, अभिलेखों, डेटा जानकारी के समुच्चयों और कलाकृतियों के साथ काम करते हैं जो कि आपके उद्देश्य के लिए स्पष्ट रूप से बनाया नहीं गया है, इसलिए इस संयोजन के चरण को छोड़ देना और डेटा के संग्रह के लिए थोड़ा बेतरतीब तरीक़ा अपनाना आसान है।

हालाँकि पाठ का विश्लेषण भी किसी अन्य डेटा संग्रह की विधि के जितना ही सोच- विचार की माँग करता है। आपको अपने शोध प्रश्न और/या परिकल्पना को आँकने और खुद से यह प्रश्न करने की ज़रूरत है, 'मुझे किस तरह की जानकारी चाहिए और मेरी समझ में यह किस तरह मदद करेगी?' आपको यह जानना ज़रूरी है कि आप क्या ढूँढ रहे हैं - और उतनी ही दृढ़ता से विचार करना चाहिए जितना कि प्रश्नावली, साक्षात्कार की अनुसूची या पर्यवेक्षण की जाँच सूची को विकसित करने में करते।

विकल्प और संभावनाएँ

एक बार आपने यह जान लिया कि आप क्या तलाश रहे हैं, आपको यह जानने की ज़रूरत होगी कि आप इसे कहाँ पा सकते हैं और कैसे उस तक पहुँच सकते हैं। जैसा कि तालिका 12.1 में दर्शाया गया है, पाठ का अर्थ किसी भी मानवीय/सामाजिक कलाकृति से हो सकता है और इसमें डेटा जानकारी के प्रकारों की इतनी लंबी फेहरिस्त शामिल हो सकती है, जो किसी संगठन, किसी व्यक्ति या परिवार से प्राप्त किए जा सकते हैं। आपके पाठ टीवी पर, फ़िल्मों में, विद्यालय में या संग्रहालय या पार्क में मिल सकते हैं। यह सार्वजनिक जागीर भी हो सकती है और निजी भी। यह अन्य शोधकर्ताओं, स्थानीय सरकार, केंद्र सरकार या अंतर्राष्ट्रीय एजेंसियों के पास हो सकती है। और इसे प्राप्त करने के लिए इसके बारे में लिखना, पुस्तकालय जाना, व्यक्तिगत रूप में अपील करना या उस मैदान में उतरना हो सकता है।

इस विविधता को देखते हुए, यहाँ सफलता की कुंजी है–तैयार रहना। आपको पहले से ही यह सही रूप में जानना ज़रूरी है कि आपकी डेटा के स्रोत कहाँ पर हैं, ये किनकी निगरानी में हैं; इन तक बेहतरीन नमूने चुनने की रणनीति के उपयोग की ज़रूरत होगी कि नहीं; और संवेदनशील या निजी डेटा जानकारी के संग्रह में नीति के अनुमोदन की ज़रूरत होगी या नहीं।

तालिका 12.1 विस्तृत सीमा में व्याप्त 'पाठ'

आप किस तरह के पाठ की खोज करेंगे?

आधिकारिक डेटा/ आँकड़े/जानकारियाँ और अभिलेख/ रिकॉर्ड –हालाँकि आपको प्रवेश मिलने के बाद काम करना पड़ सकता है, इनकी खोज करना बेहतर होगा:

- संयुक्त राष्ट्र, विश्व बैंक या विश्व स्वास्थ्य संगठन जैसे संगठनों द्वारा रखी गई अंतर्राष्ट्रीय जानकारियाँ
- कई संघीय या राष्ट्रीय सरकारों या सरकारी विभागों के पास उपलब्ध जानकारियाँ, जैसे – राष्ट्रीय जनगणना के आँकड़े
- स्थानीय सरकारी डेटा/ जानकारियाँ, जैसे- पर्यावरण के रिपोर्ट की स्थिति, समुदाय का सर्वेक्षण, जल की गुणवत्ता की जानकारी, भूमि की रजिस्ट्री की जानकारी
- साधिकार या स्वयं संचालित शोध अध्ययनों द्वारा उपलब्ध ग़ैर सरकारी संगठनों के डेटा/आँकड़े
- विश्वविद्यालय के आँकड़े जो कि प्रचुर मात्रा में मौजूद हैं और अध्ययन किए गए लगभग सभी शोध समस्याओं को समेटता है।
- पुरालेख संबंधी आँकड़े, जैसे जन्म, विवाह और मृत्यु संबंधी रिकॉर्ड
- कानून, जिसमें स्थानीय अध्यादेश/आज्ञा, राज्य और संघ के नियम और कानून शामिल हैं
- सार्वजनिक और निजी – दोनों क्षेत्रों से नीतिपरक डेटा

संगठनात्मक संचार/सम्प्रेषण, दस्तावेज़ और अभिलेख –सामान्यत: वे आधिकारिक संचार जिसमें निम्न बिन्दुएँ शामिल हैं मगर इन तक सीमित नहीं हैं :

- वेबसाइट
- प्रेस विज्ञप्ति
- सूचीपत्र, पुस्तिका, विवरणिका (ब्रोशर)
- बैठक की कार्यावली और कार्यवृत्त
- अंत: और भीतरी कार्यालयी ज्ञापन
- सुरक्षा के रिकॉर्ड
- बिक्री के आँकड़े
- मानव संसाधन के अभिलेख
- पक्षकार के रिकॉर्ड (संगठन के प्रकार के अनुसार ये छात्र, मरीज़, मतदाता आदि)

निजी/व्यक्तिगत सम्प्रेषण, दस्तावेज़ और रिकॉर्ड – व्यक्तिगत और प्राय: निजी सम्प्रेषण जिसमें निम्नलिखित बिन्दुएँ शामिल हैं मगर इन तक सीमित नहीं हैं :

- पत्र एवं ईमेल
- शोधपत्र, डायरी और संस्मरण
- सामाजिक नेटवर्किंग साइट
- ब्लॉग
- मोबाइल फोन के संदेश
- स्केच और रेखाचित्र
- कविताएँ और कहानियाँ
- छायाचित्र और वीडियो
- मेडिकल रिकॉर्ड/चिकित्सा संबंधी अभिलेख
- शैक्षिक अभिलेख
- घरेलू अभिलेख, जैसे – चेकबुक का बचा हुआ भाग, रसीद, बीमा के दस्तावेज़

मीडिया/सामयिक मनोरंजन –यहाँ प्राय: सामग्री या चित्रलेखन के प्रश्न के संबंध में डेटा जाँचे जाते हैं, जैसे—पुरुष पात्र के व्यक्तिगत विज्ञापन की सामग्री, पुरुष पात्र को कितना अधिक रोता हुआ दिखाया जाता है या पिछले दो वर्षों में यौन उत्पीड़न राष्ट्रीय समाचार बना है। जानकारियाँ निम्नांकित बिन्दुओं से प्राप्त हो सकती है :

- वेबसाइट
- समाचार पत्र या पत्रिका के कॉलम/आलेख/ विज्ञापन
- यू ट्यूब की सामग्री
- समाचार के कार्यक्रम और वर्तमान मुद्दों की प्रस्तुति
- टीवी नाटक, हास्यमय परिस्थिति और रियलिटी शो
- व्यावसायिक विज्ञापन
- संगीत के वीडियो
- जीवनी और आत्मकथा

कला –सदियों से विश्व भर में कला ने मानव की भावनात्मक ऊर्जा और स्थिति को अपने में समेटा और अभिलिखित किया है और उन्हें संस्कृति और समय – दोनों से परे, तुलना के लिए उत्तम बनाता है। सामाजिक दृष्टिकोण से ये बेहतरीन हैं:

- चित्र, रेखाचित्र और स्केच
- फोटो खींचना

- संगीत
- नाटक और फ़िल्में

सामाजिक कलाकृतियाँ –इनमें सामाजिक प्राणी के उत्पाद/ निर्मिति शामिल होते हैं। सामाजिक निर्मितियों या सामाजिक चिह्नों के उदाहरण बहुत ही व्यापक रूप व्याप्त हैं और इनमें निम्नलिखित चीज़ें शामिल हो सकती हैं:

- कचरा
- भित्तिचित्र
- बच्चों के खेल
- संस्कार और अनुष्ठान
- चुटकुले
- टी-शर्ट पर नारे
- उपकरण
- शिल्प
- वीडियो (यू ट्यूब ने विशाल और सुलभ डेटाबेस तैयार किया है)

मुद्दे और जटिलताएँ

पहले से निर्मित पाठों की छानबीन में कुछ वास्तविक लाभ हैं। मौजूदा पाठ आपको निम्नलिखित बातों की अनुमति देते हैं:

- लोगों ने वास्तव में यथार्थ दुनिया में क्या निर्माण किया, उसका पता लगाना;
- अत्यधिक मौजूदा डेटा को मूल बनाना;
- समृद्ध, गहन गुणात्मक डेटा और मानक परिमाणात्मक डेटा - साथ ही साथ मौखिक और ग़ैर मौखिक डेटा को एकत्र करना;
- शोध विषय तक शारीरिक रूप में पहुँचने की ज़रूरत समाप्त करना, जो खर्च कम कर सकता है, साथ ही साथ शोधकर्ता और शोधवस्तु – दोनों के तनाव को कम करना;
- भरोसा बनाने, लोगों से स्वाभाविक रूप में व्यवहार कराने, भूमिका निभाने और पता लगाने कि नस्ल, लिंग, जातीयता, वर्ग और शोधकर्ता तथा शोधविषय की उम्र जैसे गुण किस तरह डेटा –संग्रह को उलझा सकते हैं – इनसे संबद्ध चिंताओं को समाप्त करना;
- तटस्थ होना और बदलाव के लिए हावी न होना;
- इस उम्मीद से उबरना कि 'वास्तविक' शोध साक्षात्कार और सर्वेक्षण की माँग करता है।

यह बेहद लंबी सूची है, आशा है कि जो पारंपरिक रूप से उपयोग नहीं किए गए तथ्यों की खोज के लिए आपमें रुचि पैदा करेगा। मगर, पहले से तैयार पाठ के साथ काम करने में कुछ चुनौतियाँ भी शामिल हैं। पूर्वनिर्मित पाठ आपसे निम्नलिखित बातों की माँग करता है:

- उन डेटा के साथ काम करना जो आपके विशेष शोधप्रश्न (प्रश्नों) का उत्तर देने के लिए स्पष्ट रूप से तैयार नहीं किया गया है;
- सुनिश्चित करें कि आपके अपने पूर्वाग्रह आपकी अपनी व्याख्या और समझ को धूमिल न कर दे;
- प्रसंग के अतिरिक्त रिकॉर्ड लेने से बचें;
- अशिक्षित/बेखबर शोधवस्तु की जरूरतों को सुरक्षा दें, जैसे – निजता, नाम को गुप्त रखना या गोपनीयता की सुरक्षा;
- पाठ के मूल/कार्यावली पर प्रश्न करना – याद रखें कि कुछ स्रोत उनके स्वभाव से व्यक्तिपरक होते हैं (जैसे - अभिव्यक्त राजनीतिक कार्यावली के साथ मीडिया द्वारा कवर करना, व्यक्तिगत संप्रेषण या 'दलनीति' की सामग्री), और यहाँ तक कि आधिकारिक पाठ जिनका मुखर लक्ष्य पूर्वाग्रहरहित ज्ञान का होता है, भी व्यक्तिनिष्ठता से भ्रष्ट हो सकते हैं।

दरअसल, चूंकि आप मौजूदा डेटा/जानकारी के साथ काम कर रहे हैं, विश्वसनीयता प्राप्त करना अनिवार्य है। खुद से पूछें कि आप पहले से उपलब्ध जिस डेटा के साथ काम कर रहे हैं, वह पूर्वाग्रहरहित, पूर्ण या उपयुक्त है या नहीं। क्या इससे पूरी जानकारी मिलती है? आपको यह पहचानना होगा कि क्या आपकी जानकारी/डेटा दिमाग में रखकर बनाई गई थी (जैसे – राजनैतिक अभियान सामग्री, प्रचार सामग्री और यहाँ तक कि सर्वेक्षण, जिनकी रुचि इनमें निहित है, ऐसे लोगों द्वारा किया गया है)। सभी मुद्रित शब्दों को सच मान लेना और कलाकृतियों को अंतिम सबूत मान लेना मोहक हो सकता है, मगर सभी तथ्यों को आलोचनात्मक दृष्टि से देखना ज़रूरी है।

विश्वसनीयता इसपर भी निर्भर करती है कि आप अपनी व्यक्तिनिष्ठा को कितनी अच्छी तरह व्यवस्थित कर पाए हैं। आप अपने डेटा को कैसे 'अध्ययन' करते हैं और कैसे उसका अर्थ निकालते हैं, यह आपके अपने शोधकर्ता की वास्तविकता से प्रभावित होगा। आपको यह सुनिश्चित करना होगा कि आपके पूर्वाग्रह आपकी व्याख्या और समझ को धूमिल नहीं कर रहे और आपके डेटा की व्याख्या अपने मौलिक पाठ में ही की जा रही है। विश्वसनीयता को सुनिश्चित करने की रणनीतियाँ अवलोकन को प्रमाणित करने की रणनीतियों के समान है। और इनमें शामिल हैं: अच्छी तरह प्रारूपित और समीक्षित विधियाँ; व्यापक प्रतिनिधित्व जो डेटा के विविध स्त्रोतों की छानबीन करता है; क्रिस्टलीकरण और परिपूर्णता जो पूरी 'कहानी' को सामने लाने में मदद करता है; अदृष्ट/सतर्क डेटा का अन्य डेटा के स्त्रोत के साथ त्रिकोणीय दृष्टिकोण; और यदि संभव हो, किसी अंदरूनी सूत्र या अन्य शोधकर्ता के साथ नोट्स/ टिप्पणियों को जाँचना और तुलना करना (देखें अध्याय 8, बॉक्स 8.2)

पाठ/दस्तावेज़ के विश्लेषण की प्रक्रिया

क्योंकि पाठ विश्लेषण में दस्तावेज़ का उत्पादन शामिल नहीं होता, इसलिए इसमें शामिल चरण डेटा संग्रह की अन्य विधियों से कुछ अलग होते हैं। पाठ विश्लेषण करने के लिए आपको ज़रूरत होगी: आकस्मिक व्यय की योजना; अपने 'पाठ' को एकत्र करें, उनकी विश्वसनीयता की समीक्षा करें और उनके इच्छित साक्ष्य, अनिच्छित साक्ष्य की पूछताछ करें; और अंतत: अपनी प्रक्रिया पर पुनर्विचार करें, संशोधित करें और अपने डेटा/जानकारी का विश्लेषण करें। बॉक्स 12.1 – 12.3 शाब्दिक विश्लेषण की प्रक्रिया के लिए विभिन्न चरण/जाँच सूची प्रदान करता है।

योजना बनाना

क्या आप जानते हैं कि दस्तावेज़ों की छानबीन में भी मानव प्रतिवादियों के साथ काम करने की तरह ही आपको, आबादी, नमूने और पहुँच पर विचार करने की ज़रूरत है। दूसरे शब्दों में, आपको यह विचारना होगा कि आप अपने संभावित सशक्त कार्य-क्षेत्र में दस्तावेज़ का काम किस सीमा तक करेंगे; आप वास्तव में किन्हे देखेंगे और किस तरह उन तक पहुँचने की योजना बनाएँगे। और मानव भागीदार के साथ काम करनेवाली विधियों की तरह ही अपने पूर्वाग्रहों; अपने कौशल; आप वास्तव में क्या ढूँढ रहे हैं; आप विश्वसनीयता कैसे सुनिश्चित करेंगे जब आपने स्वयं जानकारी इकट्ठी नहीं की है; और आप अप्रत्याशित के लिए कैसे कोई योजना बनाएँगे - इसपर विचार करें। बॉक्स 12.1 आपको पाठ/दस्तावेज़ के विश्लेषण की योजना बनाने के अनिवार्य चरणों के माध्यम से ले जाता है।

–बॉक्स 12.1 –

योजना बनाना - 'कौन', 'कहाँ', 'कब', 'कैसे', और 'क्या' पर विचार करना

आपके विश्लेषण की सफलता आपकी योजना बनाने की प्रक्रिया पर दिए गए आपके विचार पर निर्भर करेगा।

1. आबादी और नमूना/प्रतिवादी/भागीदार – पाठ विश्लेषण में पाठों की सूची बनाना है (जिनकी आप खोज करना चाहते हैं) और ये किनकी आवाज़ बनेंगे, यह समझना शामिल है। जिस पाठ की आप छानबीन कर रहे हैं, यदि उसका विस्तार बहुत अधिक व्यापक है, आपको उपयुक्त नमूने बनाने की रणनीति विकसित करने की ज़रूरत होगी (देखिए अध्याय 10)।
2. पहुँच – आप 'पाठ' का पता कैसे लगाएँगे और उस तक कैसे पहुँचेंगे। आपको इसपर भी विचार करना होगा कि अपने पाठ से पूरी तरह सहयोग लेने में कोई भाषा या संस्कृति की दीवार न आए।
3. आपके पूर्वाग्रह – व्यक्तिनिष्ठा को पहचानना और उसे नियंत्रित करना जिससे कि यह सुनिश्चित किया जा सके कि 'आपने पाठ' की छानबीन खुले दिमाग से की है।
4. आपके कौशल – आप अपने विश्लेषण को आगे बढ़ाने के लिए आवश्यक कौशल/स्रोत को कैसे विकसित करेंगे।

5. विश्वसनीयता – विश्वसनीयता को सुनिश्चित करने के लिए रणनीतियों पर ध्यान दें (देखें बॉक्स 8.2)।
6. डेटा/जानकारी – वास्तव में यह जानना कि आप अपने पाठ में क्या तलाश रहे हैं और क्या पाने की कोशिश कर रहे हैं।
7. नीति/नीति का अनुमोदन – आपकी परियोजना में निहित किसी भी नैतिक दुविधा पर विचार करना और उपयुक्त नैतिक अनुमोदन पाना
8. आकस्मिक व्यय –- अप्रत्याशित, अनियोजित और अमंगल, इसका अर्थ है कि यदि आपकी मूल योजना काम न करे तो एक पूर्तिकर (बैकअप) संगत तैयार रखना।

'पाठों' को एकत्र करना, समीक्षा करना और इसपर पूछताछ करना

तो आप अपने दस्तावेज़ से कैसे बातचीत करेंगे? आप इस तरह के डेटा से जानकारी कैसे बाहर निकालेंगे? पहला, आप उन सभी दस्तावेज़ों को एकत्र करेंगे जो आपको छानबीन के योग्य लगे थे। दूसरा, आपको बहुत ही व्यवस्थित होना होगा–पाठ के विविध रूपों में बहुत ही अधिक जानकारियाँ अंतर्निहित हो सकती हैं। वहाँ से आगे, सबकुछ पूरी तरह पता लगाने के बारे में है: दस्तावेज़ की कार्यावली का पता लगाना; दस्तावेज़ के पीछे की कहानी और बेशक दस्तावेज़ की कहानी बॉक्स 12.2 आपको सम्पूर्ण दस्तावेज़ की पूछताछ के चरणों से ले जाएगी।

बॉक्स 12.2

'पाठों' को एकत्र करना, समीक्षा करना और पूछताछ करना

पाठों की पूछताछ की प्रक्रिया को आरंभ करने के लिए आपको ज़रूरत होगी:

1. प्रासंगिक 'पाठों' को एकत्र करना – तालिका 12.1 में रेखांकित किए गए अधिकतम पाठ एकत्र किए जा सकते हैं, मगर इनमें से कुछ के लिए आपको मैदान में उतरना होगा। जैसे – आप भित्तिचित्र, संग्रहालय में प्रदर्शन, या अपने स्थान पर कूड़ा देखना चाहेंगे।
2. आयोजन – एकत्रित पाठ के लिए, आप एक संगठन और प्रबंधन योजना विकसित करना और काम में लाना चाहेंगे।
3. प्रतिलिपि – टिप्पणी के उद्देश्य के लिए मूल पाठ की प्रतिलिपियाँ बनाना।
4. प्रामाणिकता सुनिश्चित करना – पाठ की प्रामाणिकता और विश्वसनीयता तक पहुँचना।
5. पाठ की कार्यावली का पता लगाना – पाठ की समीक्षा करें और किसी पूर्वाग्रह पर विचार करें।
6. पूर्वपीठिका की जानकारी का पता लगाना – लेखक/निर्माणकर्ता, दर्शक/श्रोता; उद्देश्य और शैली पर पूर्वपीठिका जानकारी उद्धृत करें, पता लगाएँ कि यह खोजेजा रहे पाठ के लिए उपयुक्त है या नहीं।
7. पाठ के 'बारे में' प्रश्न पूछना – इसे किसने बनाया? इसे किसलिए बनाया गया? इसे किस परिस्थिति में बनाया गया? इसे कब कहाँ और क्यों बनाया गया? यह किस प्रकार का डेटा है? बुनियादी तौर पर, आप किसी भी प्रकार के पूर्वपीठिका की जानकारी का पता लगाना चाहेंगे जो मौजूद हो (इसे कभी- कभी अव्यक्त सामग्री या अनिच्छित साक्ष्य भी कहते हैं।
8. सामग्री की छानबीन – यह पाठ के प्रकार से भिन्न होगा, जैसी कि अगले विभाग में चर्चा की गई है, इसमें गुणात्मक और परिमाणात्मक प्रक्रियाएँ शामिल हैं। यहाँ, आप जिस पाठ की योजना पहले से बना रहे हैं, उसे अच्छी तरह रेखांकित कर लेना ही सफलता की कुंजी है।

चिंतन करना, संशोधन करना और विश्लेषण करना

जब भी आप डेटा को नए तरीके से एकत्र करने की चुनौती लेंगे, इससे पहले कि आप सक्षम शोधकर्ता बनें, आपको नौसिखिये की तरह शुरुआत करनी होगी और सीखने की राह पर चलना होगा। हालाँकि आप पहुँच के बारे में सबकुछ पढ़ लें, मगर आप उस तक तबतक नहीं पहुँच सकते जबतक कि आप अपने हाथ गंदे न कर लें। मेरे लिए इसका अर्थ है चिंतन। किसी भी विधि में, अच्छे दस्तावेज़ के विश्लेषण को आपके द्वारा चिंतन, संशोधन और सुधार की ज़रूरत होती है। आपको लचीला भी होना होगा। चूँकि आप जिस दस्तावेज़ की खोज कर रहे हैं, वह आपके शोध के उद्देश्य के लिए नहीं लिखा गया था, इसलिए इनमें से प्रत्येक पर आलोचनात्मक दृष्टि डालने की ज़रूरत होगी जो यह पता लगा सके कि आप क्या ढूँढ रहे हैं और संभव है ऐसे प्रासंगिक जानकारी भी खोज निकालें, जिसे आप नहीं जानते थे कि आप तलाश रहे हैं। आप एक बार कौशल विकसित कर लें, विश्लेषण सफल प्रयास हो सकता है। बॉक्स 12.3 आपको चिंतन करने, संशोधन करने और विश्लेषण करने के सोपानों से ले जाता है।

बॉक्स 12.3

चिंतन करना, संशोधन करना और विश्लेषण करना

1. आगे बढ़ने के साथ सीखना और उन्नति करना - दस्तावेज़ के विश्लेषण को पुनरावृत्ति/ चलने और अविरत प्रक्रिया की तरह देखें।
2. प्रक्रिया की समीक्षा करना - पाठ को एकत्र करने, स्रोतों की समीक्षा करने और सामग्री की छानबीन करने से जुड़ी चुनौतियों पर पुनर्विचार करें।
3. अपनी टिप्पणियों की समीक्षा करना- अपने अभिलेख/रिकॉर्ड की समझ बनाने के दौरान आने वाली कठिनाइयों पर चिंतन करें।
4. संशोधन करना - आपकी अपनी प्रक्रिया की समीक्षा और तैयार किए गए डेटा व जानकारी पर आधारित हो।
5. समीक्षा और संशोधन करते रहना - तबतक संशोधन ज़ारी रखना, जबतक कि आप प्रक्रिया और एकत्रित डेटों के साथ सुविधाजनक महसूस न करें।
6. यदि बड़े मुद्दे हैं तो आपको इन्हें पर्यवेक्षक के साथ खुलकर बहस/विमर्श करने की और संशोधन करने की ज़रूरत होगी।
7. विश्लेषण - पाठ शाब्दिक विश्लेषण में एकत्रित जानकारी परिमाणात्मक हो सकती है (मेल खाने/गणना करने के विभिन्न प्रकार के द्वारा और अधिक गहन सांख्यिकीय विश्लेषण के द्वारा; देखें अध्याय 13) या अधिक गुणात्मक हो सकती है (अपेक्षाकृत अधिक गहन चिंतन प्रक्रिया के द्वारा; देखें अध्याय 14)। याद रखें: विश्लेषण को, आपके शोधप्रश्नों को व्यावहारिक तरीके से संबोधित करने की ओर काम करना चाहिए।

दस्तावेज़, इतिहास और कलाकृतियों में तल्लीन होना

चूँकि 'पाठ' सामग्री की इतनी व्यापक सरणि को अपने में समेट सकता है, इनके विश्लेषण के लिए कई परिभाषित विधियाँ हैं। हालाँकि प्रत्येक (पाठ) ऊपर दिए गए बॉक्स 12.1 में रेखांकित आधारभूत चरणों का अनुसरणकरते हैं, दस्तावेज़ का विश्लेषण, ऐतिहासिक विश्लेषण, कलाकृतियों का विश्लेषण और गौण डेटा का विश्लेषण – इन सबके अपने व्यापार के गुर हैं।

दस्तावेज़ का विश्लेषण

शब्दावली

दस्तावेज़ का विश्लेषण

शोध डेटा के प्राथमिक स्रोत के रूप में लिखित पाठ के विभिन्न रूपों को एकत्र करना, समीक्षा करना, पूछताछ करना और विश्लेषण करना।

संभव है, अबतक सबसे अधिक सामान्य पाठ जिसे शोधकर्ता विश्लेषित करना चाहेगा, यह है – दस्तावेज़ (वेब पर आधारित और काग़ज़ी प्रति – दोनों), इसलिए ऊपर दिए गए पाठ विश्लेषण पर सलाह पूरी तरह प्रासंगिक है। पहला है, पूर्वाग्रह का मुद्दा। दस्तावेज़ के विश्लेषण में पहले से मौजूद दस्तावेज़ डेटा के प्राथमिक स्त्रोत के रूप में व्यवहार करते हैं। मगर, चूँकि वे पहले से मौजूद जानकारी हैं, आपको व्यक्तिनिष्ठा के मुद्दे को विचारपूर्वक ध्यान देना होगा। आंशिक रूप में, आपके द्वारा तैयार किए गए डेटा की विश्वसनीयता लेखक के पूर्वाग्रह/उद्देश्य की पहचान पर निर्भर करेगा। मुद्रित शब्द को सच मान लेना मोहक हो सकता है, मगर यदि आप ऐसा करते हैं तो आपको प्रश्न करना होगा कि किसका सच। पूर्वाग्रह का दूसरा स्त्रोत, शोधकर्ता के रूप में आपमें निहित होता है। किसी भी विधि में (अध्याय 4 में जैसी चर्चा की गई है) बतौर शोधकर्ता आप स्वयं तय करेंगे कि आप दस्तावेज़ कैसे पढ़ते हैं और दस्तावेज़ से कैसे निष्कर्ष निकालते हैं।

दूसरा मुद्दा अपने दस्तावेज़ की जानकारी के लिए तह के भीतर से निकालने से सम्बद्ध है। एक बार आप अपने दस्तावेज़ का पता लगा लेते हैं, उसे पा लेते हैं और विश्वसनीयता तक पहुँच बना लेते हैं, आप जानकारी उद्धृत करने के लिए तैयार हो जाएँगे। अब पहला चरण है, दस्तावेज़ से सम्बद्ध प्रश्न खुद से पूछना। इसका संदर्भ लेखक, दर्शक/श्रोता, उत्पादन/निर्माण की परिस्थितियाँ, दस्तावेज़ के प्रकार, चाहे वह ठेठ हो या अपवादस्वरूप उदाहरण, शैली, लहजा, कार्यावली, राजनैतिक उद्देश्य, इसमें डेटा शामिल हैं या विचार या दोनों - इनसे सम्बद्ध प्रश्न से है - मूलत: दस्तावेज़ से संबद्ध कोई भी पूर्वपीठिका की जानकारी इसमें शामिल हो सकती है। इसे कभी- कभी अव्यक्त सामग्री या 'अनिच्छित' साक्ष्य के रूप में भी देखा जाता है। इन प्रश्नों के उत्तर दस्तावेज़ के अंदर हो सकते हैं (दस्तावेज़ के प्रकार; लहज़ा और शैली) या इसमें आगे की खोज की ज़रूरत हो सकती है (लेखक के बारे में जानकारी या दस्तावेज़ की शैली)।

अगले चरण में अनिच्छित साक्ष्य या दस्तावेज़ की सामग्री की छानबीन शामिल है। इसे करने के कई तरीके हैं। पहला है, 'साक्षात्कार की तकनीक' का उपयोग करके, जबकि दूसरे में घटनाओं को लिखना शामिल है, यह विधि औपचारिक संरचित प्रेक्षण के समान है:

- साक्षात्कार — आपके दस्तावेज़ के 'साक्षात्कार' में आप, एक तरह से हरएक दस्तावेज़ से प्रतिवादी की तरह व्यवहार करते हैं जो आपकी जाँच –पड़ताल के लिए प्रासंगिक जानकारी दे सके। आपके प्रश्न आपके जाँच- पड़ताल के लिए प्रासंगिक जानकारी दे सके। आपके प्रश्न आपकी जाँच- पड़ताल के स्वभाव और दस्तावेज़ के प्रकार पर निर्भर करते हैं साक्षात्कार में आपको यह निर्धारित करना होगा कि आप क्या जानना चाहते हैं और यह भी कि आपका दस्तावेज़ प्रश्नों के उत्तर दे पाएगा या नहीं। फिर आपको प्रत्येक प्रश्न पूछने की और दस्तावेज़ में उन अंशों को उजागर करने की ज़रूरत होगी जो उत्तर देते हैं। आप अपनी प्रतिक्रियाओं को रंग से कोड करके उसे उभारने का व्यवस्थित तरीका उपयोग में ला सकते हैं या आप गुणात्मक डेटा के प्रबंधन की योजनाओं, जैसे –NVivo या NUD*IST की तरफ़ मुड़ सकते हैं जो दस्तावेज़ के अनुक्रमण में आपकी मदद करेगा।
- घटनाओं को लिखना — यह प्रक्रिया दिए गए दस्तावेज़ में ख़ास शब्दों, मुहावरों और विचारों के उपयोग को मापता है। औपचारिक संरचित प्रेक्षणों में, शोधकर्ता निर्धारित करता है कि किस चीज़ का पता लगाना है और घटनाओं की मात्रा, आवृत्ति और प्राय: उसके प्रसंग को नोट करता है। इसे सामग्री का विश्लेषण भी कहते हैं, और इसपर अध्याय 14 में अधिक गहनता से बात की गई है।

मान लें, आप संघीय कानून में, संदर्भ के बिंदु के रूप में जलवायु-परिवर्तन के विकास का पता लगाना चाहते हैं। आप सबसे पहले यह निर्धारित करेंगे कि आप किस कानूनी दस्तावेज़ का पता लगाना चाहते हैं और सुनिश्चित करेंगे कि आपकी वहाँ तक पहुँच है। घटनाओं को लिखित रूप देने में शामिल होगा-मुहावरा, 'जलवायु परिवर्तन' की खोज और अन्य संबद्ध पद जो आपको प्रासंगिक लगते हैं। दस्तावेज़ का 'साक्षात्कार लेना'अधिक आस पास/ अपने स्थान पर है और इसमें दस्तावेज़ों के प्रासंगिक प्रश्न 'पूछना' और उत्तर के लिए उनकी छानबीन करना शामिल है, ताकि आपको बेहतर प्रसंग/संदर्भ मिल सके कि पद का उपयोग कैसे और क्यों किया गया है।

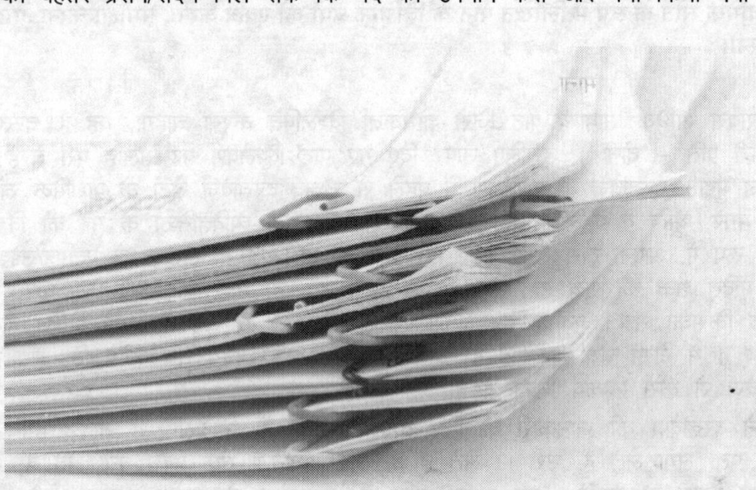

छायाचित्र 12.1 दस्तावेज़ का विश्लेषण

ऐतिहासिक विश्लेषण

शब्दावली

ऐतिहासिक विश्लेषण

तथ्यों को स्थापित करने, पूर्व घटनाओं से निष्कर्ष निकालने के लिए डेटा के विविध रूपों को एकत्रित करना, समीक्षा करना, पूछताछ करना और विश्लेषण करना।

ऐतिहासिक विश्लेषण पाठ विश्लेषण का एक विशिष्ट रूप है जिसमें किसी भी और सभी प्रकार के पाठ शामिल हो सकते हैं जिसे तालिका 12.1 में बताया गया है और सामान्यत: इसमें बॉक्स 12.1 से 12.3 के अंतर्गत चर्चा किए गए सभी चरण शामिल होते हैं। हालाँकि यहाँ भेद का मुख्य बिंदु यह है कि ऐतिहासिक विश्लेषण का उद्देश्य – डेटा स्थापित करना और पूर्व से निष्कर्ष निकालना – भली-भाँति परिभाषित है। भले ही यह लक्ष्य देखने में देखने में सीधा लगे, वास्तव में यह बहुआयामी लक्ष्य है और इसमें शामिल हैं –

- पता लगाना कि वास्तव में क्या हुआ—कभी-कभी मिथक या किवदंती डेटा पर या कम से कम डेटा की पूरी सरणी पर आधारित नहीं होता।
- पता लगाना कि यह क्यों हुआ – ऐतिहासिक विश्लेषण 'क्या' के परे जाता है और विविध सच्चाइयों, परिस्थितियों, प्रसंग एवं स्थितियों के बारे में प्रश्न करता है। यहाँ स्थित जटिलता को समझने का प्रयास है।

- निहितार्थ को समझना – इतिहासकार यह मानते हैं कि भविष्य को खोलने की चाबी भूत/अतीत में है; इसलिए ऐतिहासिक विश्लेषण भूत के विश्लेषण को वर्तमान की स्थिति और भविष्य की संभावना से जोड़ने की कोशिश करता है।

इन लक्ष्यों को प्राप्त करने के लिए शोधकर्ता स्त्रोतों के विस्तृत प्रकार/व्यापक किस्म की ओर मुड़ते हैं जो प्राथमिक (जैसे – घटनाओं के साक्ष्यों की गवाही सामाजिक बहीखाता, जिसका अर्थ है – भूत/अतीत से बचे हुए अभिलेख) या गौण (अतीत के वर्णन/लेखा जो छानबीन हो रहे ऐतिहासिक काल में तैयार नहीं किया गया था, जैसे – किसी और के अतीत का वर्णन/विश्लेषण)।

यहाँ चुनौतियाँ हैं: (1) उपयोग किए गए स्त्रोतों की प्रामाणिकता और विश्वसनीयता को सुनिश्चित करना; (2) पर्याप्त जानकारी एकत्र करना, जिसे पूर्ण माना जा सके; (3) असमान और असंगत लगनेवाले साक्ष्य के बीच प्रवृत्तियाँ/नमूना ढूँढना।

सांस्कृतिक कलाकृतियों का विश्लेषण

शब्दावली

सांस्कृतिक कलाकृतियों का विश्लेषण

वस्तु के निर्माता और उपभोक्ता की संस्कृति के बारे में जानकारी का पता लगाने के लिए मानव- निर्मित विविध वस्तुओं को एकत्र करना, समीक्षा करना, पूछताछ करना और विश्लेषण करना।

जब हम दुनिया के साथ मेलजोल बढ़ाते हैं, हम अपनी छाप छोड़ जाते हैं। हम कहाँ थे और क्या कर रहे थे, इसका साक्ष्य हर जगह मौजूद है। जैसा कि अपराध- स्थल का कोई भी अन्वेषणकर्ता आपको बताएगा, इस साक्ष्य से हम अपने बारे में कुछ जान पाते हैं, हमारे बारे में भी कुछ प्रकट होता है।

लिखित शब्द से परे, हमारे मेलजोल के साक्ष्य में हमारे द्वारा हुई टूट फूट, और हमने जो चीज़ें पीछे छोड़ीं, वे शामिल होते हैं। समाजविज्ञान के शोध – संसार में हम इन्हें कटाव/अपक्षरण और अभिवृद्धि की माप कहते हैं:

- कटाव/अपक्षरण – कटाव टूट–फूट की खोज करता है। अपराध –स्थल/दृश्य में इसका अर्थ हो सकता है - पद – चिह्न या फिसलने के निशान को देखना। समाज विज्ञान की दुनिया में हम घिसी हुई सीट को देखते हैं, यह निर्धारित करने के लिए कि रेलगाड़ी में अधिकतम लोग कहाँ बैठना पसंद करते हैं, या प्रतीक्षालय की पत्रिका की हालत को जाँचकर मरीज़ के पढ़ने की प्राथमिकताओं को निर्धारित कर सकते हैं।
- अभिवृद्धि – लोगों ने क्या पीछे छोड़ा, इसकी छानबीन करता है। उदाहरण के लिए यदि हम अपराध – स्थल या दृश्य पर वापस जाते हैं, हम डीएनए या गिरे हुए माचिस के डिब्बे को ढूँढेंगे। समाजविज्ञान की दुनिया में हम अस्पताल के कचरे का डब्बा देखकर यह निर्धारित करने की कोशिश करते हैं कि कर्मचारी अपशिष्ट निपटाने की नीति की पुष्टि कर रहा है या नहीं, या हम शौचालय के दरवाज़े पर बने भित्तिचित्र को देखकर संकीर्णता के रवैये को जान सकते हैं।

इसप्रकार की खोज प्राय: परियोजना के छात्र द्वारा उपेक्षित होती है, मगर यह कुछ निश्चित प्रकार के शोध में विशाल अंतर्दृष्टि दे सकता है। उदाहरण के लिए, ऐतिहासिक शोध को आवास, उपकरण और कला जैसी कलाकृतियों की छानबीन से उजागर किया जा सकता है – दरअसल छानबीन हो रही समयावधि की सामाजिक स्थिति पर प्रकाश डालने वाली कोई भी चीज़ उसे स्पष्ट करने में मदद कर सकती है। अंतर्सांस्कृतिक अध्ययन को भी इसप्रकार की छानबीन के माध्यम से बढ़ाया जा सकता है। जैसे – बच्चों के खेल की तुलना करना या विभिन्न संस्कृतियों के विवाहोत्सव को देखना अत्यंत शिक्षाप्रद हो सकता है।

दरअसल, आप यह तर्क कर सकते हैं कि किसी भी संस्कृति को समझने के लिए उसके भौतिक साक्ष्य या उसकी 'राह' की छानबीन से बढ़ाया जा सकता है। यह एक समसामयिक उदाहरण है 'कार्बन पदचिह्न' या किसी व्यक्ति, घर या व्यापार से उत्पन्न कार्बन का आकलन करना और इस तरह इस वैश्विक तापक्रम में वृद्धि (ग्लोबल वार्मिंग में सहयोग)। वास्तव में, अभिवृद्धि की यह माप प्रसिद्ध ख़बर बन गई है और दैनिक जीवन का हिस्सा भी।

बॉक्स 12.4

दस्तावेज़ एवं पाठ विश्लेषण के उदाहरण

हलाबी, एस स्मिथ, डब्ल्यू कोलिन्स, जे., बेकार, डी. और बेडफोर्ड; जे. (2012)'घाना में एचआईवी/ एड्स शिक्षा; हस्तक्षेपों का दस्तावेज़ी विश्लेषण 'हेल्थ एडुकेशन जर्नल; 10 जुलाई 2012 में ऑनलाइन प्रकाशित।

इस दस्तावेज़ी विश्लेषण में कार्यक्रम/पाठ्यक्रम को एकत्र करने के लिए व्यापक नमूने लेने की प्रक्रिया शामिल है - सात विद्यालयों पर आधारित, 15 वयस्कों पर आधारित और बचाव कार्यक्रम के दो बहु उद्देश्यी पाठ्यक्रम और जानकारी की सटीकता के लिए खोज करना शामिल है। प्रत्येक कार्यक्रम/पाठ्यक्रम के दो समीक्षकों द्वारा स्वतंत्र रूप में चिह्नित किया गया जिन्होंने पाठ्यक्रम की विशिष्ट पंक्तियों, विभागों या चित्रों (जो समस्यात्मक थे) उन्हें अंकित किया। खोज में तथ्यात्मक त्रुटियाँ; लुप्त सूचना; सरल किए गए डेटा; भय के कारण संयम को बढ़ावा; कंडोम की संशयपूर्ण जानकारी; नारी की समस्या के रूप में संक्रमण की प्रस्तुति; और ख़ास ख़तरे की गलत प्रस्तुति शामिल थी।

सोफ़ाल्वी, ए. (2011) 'मूक युग की स्वास्थ्य-शिक्षा संबंधी फिल्में: एक ऐतिहासिक विश्लेषण ', इंटरनेशनल इलेक्ट्रोनिक जर्नल ऑफ हेल्थ एडुकेशन, 14: 135-141 .

इस ऐतिहासिक/पाठ विश्लेषण में मूक फ़िल्मों के युग में निर्मित ग्यारह स्वास्थ्य शिक्षा स्संबंधी फ़िल्मों, साथ ही साथ इन फ़िल्मों की जनसमीक्षा की खोज की। इस युग की फ़िल्में, टीवी, अंकुशकृमि/ हुकवर्म, स्तनपान, यातायात की सुरक्षा, दाँत की देखभाल और बच्चों के स्वास्थ्य पर आधारित थीं। लेखक ने फ़िल्मों को उनके ऐतिहासिक प्रसंगों के आधार पर लिखा था और यह तर्क किया कि ऐसे काम स्वास्थ्य-शिक्षा के विशेषज्ञ के लिए महत्वपूर्ण ऐतिहासिक संसाधन है।

वेल्स, ई. एंड ब्रेवर, बी (1976) '1970 के दशक में भित्तिचित्र', जर्नल ऑफ साइकोलॉजी, 99 (1): 115-123 .

इस क्लासिक कलाकृति के विश्लेषण ने चुने गए चार उच्चविद्यालयों के स्त्री और पुरुष के विश्रामकक्ष, जिन्हें भिन्न-भिन्न सामाजिक, आर्थिक और जातीय आबादी का प्रतिनिधित्व करने के लिए चुना गया था, इनकी भित्तिचित्रों की खोज की। भित्तिचित्र तीन स्वतंत्र निर्णायकों द्वारा 16 अंतर्निहित श्रेणियों में छांटे गए थे। शोधकर्ताओं ने यह पाया कि 88 भित्तिचित्र स्त्रियों द्वारा बनाए गए थे जिनका अंतर्निहित पाठ मुख्य रूप से रोमांटिक था। उच्च सामाजिक, आर्थिक पृष्ठभूमि के छात्रों ने, निम्न सामाजिक पृष्ठभूमि के छात्रों की अपेक्षा कम रोमांटिक और अधिक कामुक चित्र बनाए थे। लेखक सलाह देते हैं कि यह स्त्री कामुकता और अभिव्यक्ति की स्वतंत्रता के बढ़े हुए बल का प्रभाव/परिणाम हो सकता है।

मौजूदा अध्ययन और डेटा के समुच्चय

अच्छी संभावना है कि किसी ने इसे पहले ही पूछा होगा; इसपर शोध किया होगा और डेटा इकट्ठा किया होगा। मैंने हाल ही में पढ़ा कि हर वर्ष तीन मिलियन से अधिक नए शोधालेख लिखे जाते हैं। यह डेटा की विशाल राशि को दर्शाता है। डेटा, जिसे दृढ़ता से तलाश सकते हैं और तलाशना भी चाहिए। मगर, इसे अंकित मूल्य के रूप में न लें। जब भी आप गौण डेटा के साथ काम करेंगे, छानबीन से पहले आपको उसे आँकने की ज़रूरत होगी।

मौजूदा अध्ययन और मौजूदा जानकारियों के साथ काम करने की कुछ रणनीतियाँ हैं। यह विभाग गौण जानकारियों का विश्लेषण जिसमें शोधकर्ता, मौजूदा डेटा के समुच्चय का उपयोग कर उन प्रश्नों का उत्तर देते हैं जो पहले से और पर्याप्त रूप से संबोधित नहीं किए गए थे। (दूसरे शब्दों में पुराने डेटा से नए प्रश्न); व्यवस्थित

समीक्षा, जिसमें शोधकर्ता अधिक निश्चित परिणामों को निर्धारित करने के लिए विस्तृत सीमा का आकलन करते हैं; और तात्विक विश्लेषण, जिसमें शोधकर्ता परिणामों को संश्लेषित और/या पुष्टि करने के लिए डेटा के समुच्चय का संयोजन और विश्लेषण करते हैं।

छायाचित्र 12.2 मौजूदा डेटा

गौण डेटा का विश्लेषण

शब्दावली

गौण डेटा का विश्लेषण

उन प्रश्नों का उत्तर देने के लिए, जो पहले से या पर्याप्त रूप से संबोधित नहीं किए गए, मौजूदा डेटा को एकत्र करना, समीक्षा करना, पूछताछ करना और विश्लेषण करना।

डेटा का संग्रह शोध प्रक्रिया का इतना आरोपित/थोपा हुआ हिस्सा है कि कभी-कभी हम भूल जाते हैं कि जो डेटा/जानकारी हम ढूंढ रहे हैं, उसे पहले ही एकत्र कर लिया होगा - जनगणना, बड़े पैमाने पर सर्वेक्षण और संगठनात्मक अभिलेख संभावित रूप से शोधप्रश्न के उत्तर रख सकते हैं। इन जानकारियों के समुच्चय को मूल बनाना समझदारी का काम होगा। गौण डेटा का उपयोग आपको डेटा संग्रह के उपयोग के सभी सोपान 'छोड़कर' आगे बढ़ाने की अनुमति देता है और सभी तनाव, लागत और समय से भी मुक्ति देता है। यह आपको उन नमूनों के साथ भी काम करने की अनुमति देता है जो अन्य बड़े तरीक़ों से सुलभ नहीं होते, या वे नमूने जिन्हें आप स्वयं तैयार नहीं कर पाते। मगर, याद रखें: गौण डेटा सिर्फ़ संग्रह की प्रक्रिया तक अच्छा है - और इसपर आपका कोई नियंत्रण नहीं होता।

अब, संभवत: गौण विश्लेषण में सबसे महत्वपूर्ण चरण वास्तव में यह जानना है कि आप क्या ढूँढ रहे हैं - यानी कि स्पष्ट रूप से व्यक्त शोधप्रश्न रखना और यह जानना कि उस प्रश्न के उत्तर के लिए किसप्रकार की जानकारी

की ज़रूरत होगी। बात जब गौण विश्लेषण की आती है, यह आपकी कल्पना से अधिक मुश्किल हो सकता है। जब आप मौजूदा डेटा के समुच्चय के साथ काम करते हैं, आप रूपरेखा बनाने की प्रक्रिया को छोड़ देते हैं, जिसमें आबादी, नमूने, प्रश्न, प्रतिक्रिया का वर्ग आदि के बारे में निर्णय पर काम करना शामिल होता है। आप डेटा/जानकारी को उसके मूलभूत रूप में छानबीन नहीं कर पाते। और ये दोनों प्रक्रियाएँ वैचारिक कार्य के लिए अद्भुत अवसर प्रदान करते हैं। गौण विश्लेषण में आपको ऐसे मुद्दों पर सजग रूप में सोचने की ज़रूरत होगी, चाहे वे रूपरेखा और प्राथमिक जानकारी दूसरों के द्वारा पहले से उजागर कर दी गई हो, तभी आप अपने शोधप्रश्न में मौजूदा डेटा/जानकारी के समुच्चय की प्राथमिकता को आँकने की स्थिति में हो पाएँगे।

पहुँच

गौण विश्लेषण के मूलभूत चरण हैं:

1. अपने शोधप्रश्न को निर्धारित करना – जैसा कि ऊपर बताया गया है, वास्तव में यह जानना कि आप क्या ढूँढ रहे हैं।
2. डेटा/आंकड़ों का पता लगाना – जानना कि क्या उपलब्ध है और आप उस तक पहुँच सकते हैं या नहीं। पुस्तकालयाध्यक्ष की मदद से इंटरनेट पर खोज, आपके सामने बहुत-से विकल्प के दरवाज़े खोल सकता है।
3. डेटा/जानकारी की प्रासंगिकता का मूल्यांकन करना – डेटा/जानकारी का मूल उद्देश्य आबादी, नमूने की रणनीति, नमूने की विशेषताएँ, डेटा एकत्र करने के प्रोटोकॉल, विचार का प्रचालन, पूछे गए प्रश्न और डेटा के रूप/आकार जैसी बातों पर विचार करना।
4. तथ्यों/जानकारीयों की विश्वसनीयता तक पहुंचाना – मौलिक शोधकर्ता के प्रत्यय पत्र/साख को स्थापित करना, विधियों की पूर्ण व्याख्या की खोज करना जिसमें कोई भी आगत समस्या शामिल है, यह निर्धारित करना कि डेटा दूसरे डेटों/जानकारियों के साथ कितना संगतपूर्ण है, पता लगाना कि डेटा को विश्वसनीय प्रकाशित शोध में उपयोग किया गया है या नहीं।
5. विश्लेषण –जैसा कि अध्याय 13 में बताया गया है, इसमें सामान्यत: सांख्यिकीय प्रक्रियाओं के विस्तृत प्रकार को शामिल किया गया है।

उदाहरण कुछ इसप्रकार हो सकते हैं, चरण 1: अपने शोधप्रश्न को निर्धारित करें: 'पिछले तीस वर्षों में कनाडा में धार्मिक संबंधन कैसे बदले हैं?' चरण 2: यह निर्धारित करना किस डेटा का समुच्चय, संभवत: जिसमें जनगणना शामिल है, के पास ये जानकारियाँ होंगी। चरण 3: प्रश्न कैसे किया गया, इसकी छानबीन से प्रासंगिकता की खोज करना कि इसके पूछे जाने में कोई पूर्वाग्रह या धारणा है या नहीं और जिसकी आप छानबीन करना चाह रहे हैं, उसके बारे में 30 वर्षों तक पूछा गया है या नहीं। चरण 4: विश्वसनीयता तक पहुँच: जनगणना के मामले में विधियों को अच्छे दस्तावेज़ के रूप में होना चाहिए। चरण 5: संबंधन में प्रवृत्तियों की छानबीन के द्वारा विश्लेषण करना और जनसांख्यिकीय विशेषताएँ, जैसे–भौगोलिक, उम्र, सामाजिक आर्थिक स्तर, लिंग और शिक्षा से भिन्न-भिन्न हो सकते हैं।

व्यवस्थित समीक्षा

शब्दावली

व्यवस्थित समीक्षा

किसी खास विषय पर प्राथमिक अध्ययन का प्रेक्षण, जो पता लगाने, आलोचनात्मक रूप में आँकने, और विश्वसनीय अध्ययन की खोज या निष्कर्ष को संश्लेषित करने के लिए पारदर्शी/निष्पक्ष प्रतिलिपि प्रस्तुत करने योग्य विधियों पर निर्भर करता है।

तो क्या व्यवस्थित समीक्षा केवल साहित्य समीक्षा है? एक शब्द में नहीं। साहित्यिक समीक्षा ज्ञान के क्षेत्र की आलोचनात्मक/महत्वपूर्ण समीक्षा है जिसमें खोज/निष्कर्ष के सैद्धान्तिक और कार्यप्रणाली से संबद्ध सहयोग शामिल है।

यह साहित्य -क्षेत्र का अवलोकन है। व्यवस्थित समीक्षा इससे परे जाती है और व्यक्तिगत अध्ययन की वैधता को निर्धारित करने की कोशिश करता है और कुछ 'सत्य'पाने के लिए इनके परिणामों को संश्लेषित करता है। यहाँ लक्ष्य है, विशेष क्षेत्र के साक्ष्य पर सम्पूर्ण, फिर भी सघन दृष्टि डालना।

व्यवस्थित समीक्षा चिकित्सा के क्षेत्र में सबसे अधिक सामान्य होती है, ख़ासकर, आकस्मिक रूप से नियंत्रित चिकित्सा संबंधी परीक्षणों में। मगर, यह हर उस जगह महत्वपूर्ण होती है जहाँ अध्ययन के किसी ख़ास क्षेत्र में वैधता और सत्य का आकलन समझ बनाने और निर्णय लेने में मदद करता है। दरअसल, व्यवस्थित समीक्षा में नीति की जानकारी और निर्णय के अभ्यास का तेज़ी से उपयोग किया जाता है और हालाँकि व्यवस्थित समीक्षाएँ परिमाणात्मक अध्ययन के लिए सबसे अधिक उपयुक्त होती हैं, उन्हें गुणात्मक रूपावली के अंतर्गत अध्ययनों पर भी लागू किया जा सकता है। व्यवस्थित समीक्षा निम्नलिखित प्रदान करती है:

- पारदर्शिता, निरीक्षण, कार्यान्वयन तक पहुँच;
- पूर्वाग्रह और त्रुटि में न्यूनीकरण;
- बहुत अधिक वैधता और विश्वसनीयता के निष्कर्ष;
- शोध का व्यापक चित्र जिसे शोधकर्ताओं, अभ्यासियों और नीति-निर्माताओं तक शीघ्र फैलाया जा सके;
- नए अध्ययन के परिणाम की व्याख्या करने के लिए प्रसंग।

पहुँच

व्यवस्थित समीक्षा के बुनियादी क़दम हैं:

1. शोधप्रश्न तैयार करना – किसी भी शोध- प्रक्रिया की तरह, एक स्पष्ट, साफ – सुथरा शोधप्रश्न आपके अध्ययन को दिशा देने में मदद करेगा। उदाहरण के लिए, 'ऑस्ट्रेलियायी किशोरों के धूम्रपान की दर को कम करने में किस प्रकार के स्वास्थ्य- संवर्धन अभियान सबसे अधिक प्रभावी होते हैं?' या 'क्या विद्यालय का नेतृत्व शिक्षा के स्तर में कोई बदलाव लाता है?'
2. मुखर, प्रतिलिपि प्रस्तुत करने योग्य/पुनरुत्पादनीय कार्य-प्रणाली को विकसित और उपयोग करना –- व्यवस्थित समीक्षा की कुंजी/मूल है कि पूर्वाग्रह कम कर दिए जाते हैं और विधियाँ पारदर्शी एवं पुनरुत्पादनीय हो सकती हैं।
3. स्पष्ट अंतर्भाव/वाहिष्कार के मानदंड को विकसित और उपयोग करना – साहित्य की सरणी व्यापक है। अंतर्भाव के लिए चयन के स्पष्ट मानदंड निर्धारित करना महत्वपूर्ण है।
4. मुखर खोज की रणनीति को विकसित और उपयोग करना – वे सभी अध्ययन जो बिन्दु 3 की पात्रता की कसौटी पर खरा उतरते हैं, उन्हें पहचानना ज़रूरी है। अध्ययनों की खोज व्यापक होनी चाहिए और विभिन्न डेटाबेसों पर आधारित होनी चाहिए।
5. अंतर्निहित/सम्मिलित अध्ययनों में निष्कर्ष की वैधता को आलोचनात्मक रूप में आँकना –इसमें संभवत: महत्वपूर्ण मूल्यांकन – निर्देशिका और गुणवत्ता की जांचसूची शामिल होती है, जिसके अंतर्गत भागीदार की भर्ती, डेटा- संग्रह की विधि और विश्लेषण के साधन आते हैं। आकलन प्राय: दो या अधिक समीक्षकों द्वारा संचालित की जाती है जो विषय क्षेत्र और सामान्यत: उपयोगी विधियाँ – दोनों के बारे में जानते हैं।
6. अध्ययन में, निष्कर्षों का विश्लेषण – इसमें कार्यप्रणाली संबंधी मानदंडों का उपयोग कर परिणामों का विश्लेषण, तुलना और संश्लेषण शामिल है। प्राय: यह गुणात्मक अध्ययन में होता है। परिमाणात्मक अध्ययन में सामान्यत: अध्ययन के बीच के अंतर का पता लगाने और उनके प्रभाव को संयोजित करने के लिए सांख्यिकीय विधियों का उपयोग करने का प्रयास होता है (नीचे देखें, तात्विक विश्लेषण)। यदि मतभेद मिलते हैं, मतभेद के स्रोत का विश्लेषण किया जाता है।
7. परिणामों का संश्लेषण और व्याख्या करना – संश्लेषित परिणामों को समीक्षा की सीमा और उसमें अंतर्निहित अध्ययन — दोनों के आलोक में व्याख्या करने की ज़रूरत है। यहाँ उदाहरण हो सकता है, सिर्फ़ उन अध्ययनों का सामावेश जिन्हें अंग्रेज़ी में रिपोर्ट किया गया है। इस स्तर की पारदर्शिता पाठक को समीक्षा की विश्वसनीयता और निष्कर्षों की प्रयोज्यता के आकलन की अनुमति देती है।

अब, जब सभी कार्यप्रणाली संबंधी सुरक्षा उपाय यथास्थान हैं तो व्यवस्थित समीक्षा को बुलेटप्रूफ होना चाहिए। मगर, गुणवत्ता के भिन्न-भिन्न स्तर और यहाँ तक कि अनुमानित कार्यान्वित होने योग्य विधियों के विभिन्न परिणाम मिले। यथार्थ दुनिया के शोध की वास्तविकता का अर्थ है, संभवत: गुणात्मकता के अलग-अलग मत आएँगे और विभिन्न शोध परंपरा के परिणाम के साथ कैसे व्यवहार करना है, साथ ही सीमित स्त्रोतों और शोध- कौशल और अनुभव के अलग-अलग स्तर पर भी भिन्न-भिन्न मत आएँगे। यह याद रखना ज़रूरी है कि व्यवस्थित समीक्षा केवल प्रोटोकॉलों का अनुसरण करने की शोधकर्ता की योग्यता तक ही अच्छे हैं।

बॉक्स 12.5 व्यवस्थित समीक्षा की उन्नति के लिए समर्पित तीन केन्द्रों का अवलोकन करता है।

बॉक्स 12.5

व्यवस्थित समीक्षा की उन्नति के लिए समर्पित केंद्र

कोक्रेन कोलाबोरेशन (www.cochrane.org)

कोक्रेन का सहयोग लगभग 100 देशों से, 28, 000 समर्पित लोगों से अधिक का अंतर्राष्ट्रीय अंतर्जाल/ नेटवर्क है। हम साथ मिलकर स्वास्थ्यकी देखभाल करनेवाले, नीति – निर्माता, मरीज़, उनके वक़ील और उनकी देखभाल करने वाले लोगों की मदद करते हैं; स्वास्थ्य की देखभाल के बारे में कोक्रेन की समीक्षाओं की सुलभता को तैयार करके, नवीनतम बनाकर और बढ़ावा देकर स्वास्थ्य की देखभाल के बारे में अच्छी तरह प्राप्त जानकारी के आधार पर निर्णय लेते हैं – कोक्रेन डेटाबेस ऑफ सिस्टिमेटिक रिव्यूज़ में अबतक 5, 000 से अधिक ऑनलाइन प्रकाशित।

स्वास्थ्य की देखभाल के क्षेत्र में ध्यान देते हुए, कोक्रेन कोलाबोरेशन साइट व्यवस्थित समीक्षा प्रशिक्षण के लिंक, विशाल पुस्तकालय और समीक्षा के व्यापक स्रोत प्रदान करता है जिसमें आकस्मिक नियंत्रित परीक्षणों का, विश्व का सबसे विशाल संग्रह शामिल है।

ईपीपीआई सेंटर (eppi.ioe.ac.uk)

द एविडेंस फॉर पॉलिसी एंड प्रैक्टिस इन्फॉर्मेशन एंड को-ओर्डिनेटिंग सेंटर (EPPI सेंटर) लंदन विश्वविद्यालय के शिक्षण संस्थान के समाजविज्ञान की शोध इकाई का एक हिस्सा है। 1993 से हम व्यवस्थित समीक्षा करने और समाजविज्ञान और लोकनीति में समीक्षा की विधियाँ विकसित करने में सबसे आगे रहे हैं। हम विश्वसनीय शोध – निष्कर्ष निकालने में समर्पित रहे हैं जो उन तक पहुँच सके, जिन्हें इनकी ज़रूरत है, चाहे वे नीति निर्माण कर रहे हों, अभ्यास कर रहे हों या व्यक्तिगत निर्णय ले रहे हों।

ईपीपीआइ सेंटर साइट व्यवस्थित समीक्षा प्रशिक्षण, उपकरण, विधियाँ और डेटाबेसों के लिए लिंक की शृखला प्रदान करता है। इसके पास शिक्षा और लोक-स्वास्थ्य और सहभागी शोध में लगभग 165 समीक्षाओं का पुस्तकालय है।

कैम्पबेल कोलाबोरेशन (www.campbellcollaboration.org)

कैम्पबेल कोलाबोरेशन एक अंतर्राष्ट्रीय शोध – नेटवर्क, जो सामाजिक हस्तक्षेपों के प्रभावों की व्यवस्थित समीक्षा तैयार करता है। कैंपबेल कोलाबोरेशन शिक्षा, अपराध और न्याय, और समाज कल्याण में व्यवस्थित समीक्षा तैयार, क़ायम और प्रसारित करके सूझ- बूझवाले निर्णय लेने में लोगों की मदद करता है।

कैंपबेल कोलाबोरेशन साइट 220 से अधिक समीक्षा की पुस्तकालय प्रदान करता है, साथ ही एक स्रोत- केंद्र देता है जिसमें नीति – दस्तावेज़, दिशा- निर्देशिका, समीक्षा के नमूने, उपयोगी लिंक और वीडियो ट्यूटोरियल मौजूद हैं।

तात्विक विश्लेषण

शब्दावली

तात्विक विश्लेषण

सांख्यिकीय विश्लेषण और दो या अधिक प्राथमिक अध्ययनों के परिणाम का संश्लेषण, जो समान परिकल्पना को उसी तरह संबोधित करते हैं — जो कि व्यवस्थित समीक्षा में सामान्य है।

तो व्यवस्थित और तात्विक विश्लेषण में वास्तव में क्या अंतर है?

व्यवस्थित समीक्षा – जैसा कि ऊपर इंगित किया गया है - पारदर्शी पुनरुत्पादनीय विधियों का उपयोग कर विश्वसनीय अध्ययनों के निष्कर्षों और परिणामों का पता लगाता है, आलोचनात्मक मूल्यांकन और संश्लेषण करता है। तात्विक विश्लेषण सिर्फ़ उन पारदर्शी पुनरुत्पादनीय विधियों में से एक है। दरअसल, यह व्यवस्थित समीक्षा की विधियों का स्वर्ण के समान उत्तम मानक है। यह इसलिए है क्योंकि यह संकेत करता है कि समीक्षा के अंतर्गत अध्ययन परिमाणात्मक है (जिसे चिकित्सा के शोध में विशेष रूप से गुणात्मक अध्ययन से अधिक वस्तुनिष्ठ माना जाता है), बहुत अधिक तुलनीय है और सांख्यिकीय रूप में व्यवहार किया जाता है जिसके कारण पूर्वाग्रह कम होते हैं। तात्विक विश्लेषण को यदि दृढ़ व्यवस्थित समीक्षा के अंतर्गत आगे बढ़ाया जाता है, इसे प्रयोगसिद्ध/अनुभवजन्य, पूर्वाग्रहरहित संश्लेषण देना चाहिए। यहाँ लक्ष्य है, सांख्यिकी का अधिक मज़बूत विश्लेषण करना जो मान्यताओं और स्थितियों के एकल समुच्चय के एकल अध्ययन से प्राप्त किए गए, की अपेक्षा अधिक मज़बूत हो।

एकल अध्ययनों की तुलना में तात्विक विश्लेषण निम्नलिखित प्रदान करता है:

- अधिक सांख्यिकीय शक्ति;
- परिणाम से अधिक आत्मविश्वास;
- फ़र्क के संभावित स्पष्टीकरण;
- निष्कर्ष को जनसामान्य में लागू करने की अधिक से अधिक योग्यता नकारात्मक पक्ष है।

नकारात्मक पक्ष में तात्विक विश्लेषण निम्नलिखित कर सकता है:

- महँगा हो सकता है, 'संयोजन के योग्य' अध्ययनों को ढूँढना बहुत अधिक समय लेनेवाली चुनौती हो सकती है;
- उन्नत/विकसित सांख्यिकीय तकनीक की ज़रूरत होगी;
- प्रकाशन के पूर्वाग्रहों से मलिन हो सकता है (वे अध्ययन जो किसी विशेष कार्यावली में उपयुक्त बैठते हैं, उनकी प्रकाशित होने की संभावना अधिक होती है।

पहुँच

चूँकि तात्विक विश्लेषण व्यवस्थित समीक्षा का उपसमुच्चय है, (मगर ज़रूरत नहीं है) बुनियादी क़दम समान हैं। इसलिए सिर्फ़ छठा बिंदु विस्तार से बताया गया है। अन्य बिन्दुओं पर अधिक जानकारी के लिए ऊपर दिए गए व्यवस्थित समीक्षाओं को देखें:

1. शोधप्रश्न तैयार करना
2. मुखर, पुनरुत्पादनीय कार्यप्रणालियों को विकसित और उपयोग करना (यह चरण तब पूरा किया गया जब तात्विक विश्लेषण पर मूलरूप से निर्णय लिया गया था)

3. स्पष्ट अंतर्भाव/बहिष्कार को विकसित और उपयोग करना
4. मुखर खोज की रणनीति को विकसित करना और उपयोग करना
5. सम्मिलित अध्ययनों में निष्कर्ष की वैधता को आलोचनात्मक रूप में आँकना
6. अध्ययन के निष्कर्षों का विश्लेषण - सांख्यिकीय विश्लेषण में निम्नलिखित बिन्दुओं से संबद्ध निर्णय शामिल होंगे:

   ए. समीक्षा के अंतर्गत पराधीन और स्वतंत्र परिवर्तनशील वस्तुएँ

   बी. नमूने के आकार के अनुसार अध्ययनों को कैसे मापा जाएगा

   सी. संवेदनशीलता के विश्लेषण को कैसे संचालित करते हैं (उस सीमा तक जहाँ अध्ययन के परिणाम समान रहते हैं, कुल मिलाकर जानकारी तक विभिन्न रास्तों से पहुँचना

7. परिणामों का संश्लेषण और व्याख्या करना

बॉक्स 12.6 व्यवस्थित समीक्षा पर सार प्रस्तुत करता है जिसमें संश्लेषण की ओर कार्यप्रणाली संबंधी पहुँच के रूप में तात्विक विश्लेषण का उपयोग हुआ है।

बॉक्स 12.6

तात्विक विश्लेषण के उदाहरण

तात्विक विश्लेषण के लिए डेटाबेस की खोज करना बहुत आसान है क्योंकि पद 'तात्विक विश्लेषण विश्लेषण 'को प्राय: आलेख के शीर्षक में समावेश किया जाता है। यहाँ तीन अध्ययनों के बहुत ही संक्षिप्त सार दिए गए हैं जो विषय और पहुँच के विभेद को दर्शाते हैं।

जैयन्स, डब्ल्यू. एच. (2001) 'शहर के प्राथमिक विद्यालय के छात्र की शैक्षणिक उपलब्धि का अभिभावकों की भागीदारी से संबंध का तात्विक विश्लेषण 'ब्रिटिश जर्नल ऑफ कैंसर, 85 (11): 1700 – 1705

इस तात्विक विश्लेषण में 41 अध्ययनों को संश्लेषित किया, जिसमें शहरी प्राथमिक विद्यालय के बच्चे की शैक्षणिक उपलब्धि और अभिभावकों के परिवेश के बीच के सम्बन्धों का पता लगाया गया। सांख्यिकीय विश्लेषण पूरी तरह से और जुड़ाव की उपश्रेणियों में अभिभावकों की संबद्धता के प्रभाव को निर्धारित करने का प्रयास कर रहा था। विश्लेषण से अभिभावकों की संबद्धता और शैक्षणिक उपलब्धि के महत्वपूर्ण संबंध का पता चला। यह संबंध गोरे और अल्पसंख्यक बच्चे - दोनों और पुरुष एवं स्त्री के लिए भी पाया गया।

दूकूलियागूंज, एच. और अली उलुबसोग्लु, एम. (2008) 'जनतंत्र और आर्थिक विकास: एक तात्विक विश्लेषण 'अमेरिकन जर्नल ऑफ पॉलिटिकल साइंस, 52 (1): 61 – 83।

इस तात्विक विश्लेषण में तात्विक प्रतिगमन के विश्लेषण का उपयोग कर जनतंत्र और विकास पर हुए चार अध्ययनों पर संश्लेषित किया। विश्लेषण से पता चला कि जनतंत्र का आर्थिक विकास पर सीधा प्रभाव नहीं पड़ता, मगर इससे यह पता चला कि जनतंत्र का उच्चतर मानव पूंजी, निम्नतर मुद्रा स्फीति, निम्नतर राजनैतिक अस्थिरता, और अधिक स्वतंत्रता के उच्च स्तर के माध्यम से आर्थिक विकास पर महत्वपूर्ण और सकारात्मक परोक्ष प्रभाव पड़ सकते हैं। अपेक्षाकृत बड़ी सरकारें और कम मुक्त अंतर्राष्ट्रीय व्यापार को भी जनतंत्र से जुड़ा पाया गया।

फर्ग्युसन, एस. एस. (2008) 'धूम्रपान छोड़ने से पहले निकोटिन पैच चिकित्सा का एक विश्लेषण', एडिक्शन, 103 (4): 557 -563 .

इस तात्विक विश्लेषण में लक्ष्य किए गए (धूम्रपान को) छोड़नेवाले दिन पर पैच चिकित्सा आरंभ करने के वर्तमान आहार की तुलना में छोड़ने के पहले, निकोटिन पैच उपचार आरंभ करने की वृद्धिशील प्रभावकारिता

के मूल्यांकन के लिए समाप्ति-पूर्व पैच चिकित्सा को संश्लेषित किया गया। छोड़ने के पहले पैच उपचार में पाया गया कि उसने छोड़ने की विषमता को दुगुना कर दिया। सह- उपचार और मेकमायलमीन द्वारा इन प्रभावों पर संशोधन नहीं हुआ।

ऑनलाइन डेटा

ऐसा कहना कि वेब पर जानकारियों की तादाद बहुत अधिक, विशाल, पर्वत की तरह, भारी, चिरस्मरणीय, व्यापक, बहुत बड़ा, वजनदार, भीमकाय, महाकाय, विराट और यहाँ तक कि महाकार है, आभासी दुनिया में जो कुछ भी है – उसकी प्रकृति को पूरी तरह समेटने के समीप भी नहीं होगा। यह उन्मादी है। हम यहाँ उन सारी ऐतिहासिक कागज़ी डेटा/जानकारियों की बात कर रहे हैं, जिसे डिजीटलरूप में प्रस्तुत कर ऑनलाइन डाल दिया गया है। मगर, यहाँ सिर्फ़ कागज़ नहीं, संगीत, फिल्में, कलाकृतियाँ, कला - कार्यत: हमारे पूरे इतिहास को समेटकर भावी पीढ़ी के लिए इंटरनेट पर डाल दिया गया है। फिर यहाँ समसामयिक जानकारी भी है। जो पारंपरिक रूप से छूकर महसूस किए जा सकते थे, वे अब आभासी है। लगभग सभी कागज के टुकड़े जो प्रत्येक संगठन, सरकारी एजेंसी, ग़ैर सरकारी संगठन और शोधकर्ता प्रस्तुत करते हैं, अब (और कभी – कभी सिर्फ़) ऑनलाइन मौजूद है। साथ में ये आपकी खोज के लिए एक विशाल पुस्तकालय बनाते हैं।

मगर, ऑनलाइन जानकारी एक छलनेवाली जगह है - का अर्थ उपयोगकर्ता द्वारा तैयार सामग्री –भी लिया जा सकता है जो इन्टरनेट के अस्तित्व से ही तैयार की गई होती है। इसमें शामिल चीज़ें हो सकती हैं – फेसबुक, ट्विटर, ब्लॉग। पिंटेरेस्ट, यू ट्यूब, ऑनलाइन मंच और बहुत सारी चीज़ें जो मेरे लिखने और आपके द्वारा इस अनुच्छेद को पढ़ने के दौरान विकसित हो रही होंगी। नई शोध – तकनीक के सुअवसर और आवश्यकता, जो बहुत तेज़ी से घूमती दुनिया में 'बड़ी सामाजिक जानकारी' के साथ सरोकार रख सकता है।

ऑनलाइन जानकारियों को देखने का दूसरा तरीका भी है- पारंपरिक शोध की जानकारी, जिसे ऑनलाइन एकत्र किया जाता है। मैं यहाँ उस जानकारी की बात कर रही हूँ, जो ऑनलाइन सर्वेक्षण, ऑनलाइन साक्षात्कार और ऑनलाइन केन्द्रित समूह के माध्यम से एकत्र होता है। सर्वेक्षण, जो कभी सिर्फ़ आमने – सामने या फोन पर धीमी डाक द्वारा संभव था, अब कुछ ऑनलाइन क्लिक से पूरा हो जाता है। एक वेबकैम तथा कॉफ्रेंस के सॉफ्टवेयर की कुछ चीज़ें और अचानक साक्षात्कार। और केन्द्रित समूह उन भौगोलिक बाड़ों को तोड़ने के लिए तैयार हो जाते हैं जो इस तरह के शोध पर पारंपरिक रूप में सीमित कर रहे थे। हालाँकि इसप्रकार की ऑनलाइन जानकारी महत्वपूर्ण है, मगर यह गौण जानकारी नहीं है। यह प्राथमिक है/यह अभिव्यक्त रूप से शोधकर्ता के उद्देश्य के लिए एकत्र की गई जानकारी है, इसी कारण से पिछले अध्याय में मैंने इसे सर्वेक्षण लेना और साक्षात्कार लेना के अंतर्गत शामिल किया है।

'पुस्तकालय' के रूप में इन्टरनेट

आप सोच भी नहीं सकते, यह कितना असाधारण, विलक्षण और कितना अद्भुत है! यदि आपकी उम्र 30 से कम है, आप कभी नहीं जान पाए होंगे ! और यदि आपकी उम्र 30से अधिक है तो संभव है, आप भूल चुके होंगे कि वह समय कैसा था, जब सबकुछ – जो हम जानना चाहते थे – हमारी आँखों के सामने नहीं था। इन्टरनेट से पहले यदि आप किसी गीत के बोल जानना चाहते और आपके पास उसकी एलबम या सीडी नहीं होती, आपको किसी मित्र से पूछना पड़ता! इंटरनेटसे पहले हम वास्तविक भवन, जिसे पुस्तकालय कहते थे, जाते और असली कागज़ से बनी पुस्तक का पता लगाने इंडेक्स कार्ड की कई पंक्तियों में तलाशते जो दशमलव प्रणाली के मुताबिक़ व्यवस्थित रहा करता। इंटरनेट के पहले समाचार हमतक साइकिल/बाइक पर बैठे लड़के द्वारा पहुंचाया जाता था जो लपेटा हुआ अख़बार हम पर फेंकता था, इंटरनेट से पहले फ्रंक और वैगनाल्स (शब्दकोश/विश्वकोश) के पास उत्तर होते थे।

छायाचित्र 12.3 ऑनलाइन जानकारी

आज? आज ऊपर के प्रश्नों के सारे उत्तर और आपके द्वारा सोचे जानेवाले लगभग सभी प्रश्नों के उत्तर हैं 'आप इसे गूगल क्यों नहीं करते?' और हम गूगल ही करते हैं– दिन में लगभग एक अरब बार।

यह आपकी सच्चाई है और आप इसे अच्छी तरह जानते हैं।

तो, मैं क्या दे सकती हूँ? दो चीज़ें। पहला है, जैसा कि 12.7 में दिखाया गया है, थोड़ा सा संशोधन। खोज करने के कुछ दाँव-पेंच हैं, खोज करते समय जिनके प्रति आप सजग नहीं हैं मगर जो आपकी खोज को कसने/परिसीमित करने में सचमुच मदद कर सकते हैं।

बॉक्स 12.7

अपनी ऑनलाइन डेटा को संशोधित करना

खोज के कई विकल्प हैं जो इंटरनेट के माध्यम से उतारे जाने में प्रभावकारी रूप में मदद कर सकते हैं। उदाहरण के लिए, गूगल के अंतर्गत आप कर सकते हैं:

- दो पदों में से किसी एक की खोज करने के लिए 'OR' का उपयोग करें
- आप अपने परिणाम में जो पद नहीं चाहते, उन्हें पहचानने के लिए '—'के चिह्न का उपयोग करें
- सटीक वाक्यांश खोज करने के लिए शब्द के अगल- बगल उद्धरण चिह्न ''लगाएँ
- किसी अज्ञात पद के लिए तारे के चिह्न * का उपयोग करें
- अपनी खोज को 'site' से शुरू करें: यह आपके खोज विशेष साइट या साइट के प्रकारों को सीमित करेगा (.ogr, .edu)
- 'फाइल का प्रकार '(filetype:) और तीन अक्षर का फाइल –शब्द-संक्षेप का उपयोग करें ताकि आपकी खोज फाइल के उसी प्रकार तक सीमित रहे, जैसे—DDF या PPT
- समान वेबसाइट ढूँढने के लिए वेब-पता के पहले 'related' टाइप करें
- शब्द के पहले 'define: 'लगाने से आपको शब्द की परिभाषा मिलेगी (परिभाषा की पूरी सूची पाने के लिए 'अधिक जानकारी' (moreinfo) पर क्लिक करें)
- गूगल के 'googlesapp' का इस्तेमाल करें और खोज को टाइप करने के बजाय उसके चित्र से खोज करें
- स्थानीय खोज के लिए खोज के अंत में ज़िप कोड/पिन कोड/ पोस्ट कोड लगाएँ
- पर्यायवाची पद के लिए खोज में पद से पहले ~ चिह्न लगाएँ।

दूसरा है, आपको विवेक की ज़रूरत है–इसकी याद दिलाना। इंटरनेट अच्छी चीजों (विश्वसनीय, प्रामाणिक, वैध, भरोसेमंद जानकारी), बुरी चीज़ों (गलत, त्रुटिपूर्ण, अनुपयुक्त, झूठी जानकारी) और कुरूप चीज़ों (भ्रामक/भटकानेवाला, छली, फ़र्जी, जाली, नकली जानकारी) से भरा है। और यह अनिवार्य है कि आप इससे आलोचनात्मक दृष्टि से गुजारें। रणनीतियाँ, जो संलग्न करने योग्य हैं:

- त्रिकोणीय दृष्टिकोण से जानकारी – एकल स्रोत पर भरोसा न करें; साक्ष्य के लिए विभिन्न स्रोतों को देखें।
- साथी/विशेषज्ञ की समीक्षा – दूसरे या अन्य लोग जानकारी के इस स्रोत के बारे में क्या कहते हैं?
- पृष्ठभूमि की जाँच—जो व्यक्ति साइट/जगह, संगठन – ये जानकारी दे रहे हैं, उनकी विश्वसनीयता क्या है?
- उनके द्वारा दी गई जानकारी के संदर्भों की छानबीन – क्या उनकी जानकारी का पूर्तिकर/ बैकअप है, या यदि मौलिक है, क्या वे अपनी विधियों को रेखांकित करते हैं?

उपभोक्ता द्वारा तैयार सामग्री के स्रोत के रूप में इंटरनेट

(DOMO) डोमो, एक कंप्यूटर सॉफ्टवेयर कंपनी, जो व्यापारिक सूचना में विशेषज्ञ है, के अनुसार, प्रत्येक मिनट हम:

- 204 मिलियन से अधिक ईमेल संदेश भेजते हैं
- 217 नए मोबाइल वेब उपभोक्ता को जोड़ते हैं
- दो मिलियन से अधिक सवाल गूगल को सौंपते हैं
- 48 घंटे के नए वीडियो डालते हैं
- 684,000 साम्रगियां फेसबुक पर डालते हैं
- 100,000 से अधिक ट्वीट भेजते हैं
- किसी खास ब्रांड को 34,000 फेसबुक पसंद (लाइक) भेजते हैं
- टंबलर पर 27,000 नए पोस्ट सार्वजनिक करते हैं
- 3600 नई तस्वीरें इन्स्टाग्राम पर साझा करते हैं
- 3,125 नई तस्वीरें फ्लिकर पर डालते हैं
- 350 नए ब्लॉग पोस्ट वर्ड प्रैस पर सार्वजनिक करते हैं।

मैं दोबारा कहूँगी। एक मिनट में। और यह 2012 की बात है; 3 से 5 वर्षों के समय में ये आँकड़े, जो कुछ चल रहा है, के अंश मात्र होंगे। और बेशक, जानकारी के सृजन के नए मंच भी होंगे जिसकी गहराई मैं अभी नहीं माप सकती। मैं विशेषज्ञ के साथ सहमति व्यक्त करती हूँ कि यह बड़ी जानकारी है, मगर आपके जीवन को जीने वाली घटना भी है, या कम से कम जीवन के एक हिस्से को ऑनलाइन जीना–ऑनलाइन समुदाय, ऑनलाइन डेटिंग, ऑनलाइन अधिगम, ऑनलाइन खेल/ऑनलाइन युद्ध।

तो शोधकर्ता के रूप में, कैसे हम न सिर्फ़ इस नई विश्व- व्यवस्था का नियंत्रण संभालते हैं, बल्कि इसका लाभ भी उठाते हैं? हम अध्ययन की रूपरेखा को कैसे बनाते हैं जो बड़ी सामाजिक जानकारियों का लाभ उठाता है? हम चुनौतियों में कैसे आगे बढ़ते हैं जो उस दुनिया में लाई गई है, जहाँ कर्ता बिना किसी मध्यस्थता, नियंत्रण या द्वारपाल के, जानकारी उत्पन्न करता है? और हम उन समुदायों को समझना कैसे शुरू कर सकते हैं जो आभासी दुनिया में मौजूद है? हम खुद को किसी ऐसी चीज़ में कैसे तल्लीन करें जिसे हम छू नहीं सकते। हम तकनीक के साथ और उसके जो प्रभाव हमारे मेलजोल और सम्प्रेषण पर पड़ रहे हैं, उनके साथ अपनी गति बनाए रख सकते हैं।

काश! मेरे पास इन सभी के उत्तर होते, मगर उत्तर बदलते रहते हैं और निश्चित रूप से पुस्तक प्रकाशित होने की गति से तेज़ बदल रहे हैं। मैं जो सबसे अच्छा कर सकती हूँ, वह है इस दुनिया से सम्बद्ध सुअवसर और चुनौतियों को उजागर करना और समझ बनाना और बनाए रखने की कोशिश में अपनाए गए और अनुकूल बनाए गए दृष्टिकोण को रेखांकित करना।

'बड़े डेटा' की खोज

शब्दावली

बड़े डेटा

बहुत बड़े डेटा का समुच्चय, जिसे पारंपरिक डेटाबेस या डेटा प्रोसेसिंग आवेदन का उपयोग कर विश्लेषित नहीं किया जा सकता।

सामाजिक डेटा

डेटा, जिसे लोग बनाते हैं और जानबूझकर और स्वेच्छा से साझा करते हैं। उदाहरण हैं – ट्विटर, फेसबुक और यू ट्यूब पर साझा किए गए ट्वीट, पोस्ट और वीडियो। इन माध्यमों के अभूतपूर्व उपयोग का अर्थ है, अधिक सामाजिक डेटा भी बड़ा डेटा है।

सामाजिक डेटा की सबसे महत्वपूर्ण बात है कि यह बहुत व्यापक और सामयिक/मौजूदा है। इसके पास हमें अभी के आशुचित्र और भविष्य में देखने - दोनों की योग्यता है। दरअसल, अनुप्रयोग, जैसे कि यात्रा की योजना को समझना, फ्लू का प्रकोप, राजनीतिक विचार, सामाजिक आपदा की प्रतिक्रियाएँ और वास्तव में कोई भी चीज़ इंटरनेट समुदाय मौजूदा हाल में विमर्श कर रही है, उसे समझना, बहुत ही विशाल/बड़े नमूने का उपयोग करने और प्राथमिक जानकारी के संग्रह पर भरोसा करनेवाले अध्ययन को लागू करने से जुड़े समय और लागत को संभावित/सशक्त रूप से उपेक्षा करने की क्षमता का प्रतिनिधित्व करता है। बड़ी सामाजिक जानकारी का अर्थ है – विविधता, आयतन और वेग। हम जानकारी की संख्या से भ्रमित हो सकते हैं और यह भूल जाते हैं कि हमारे पास प्रतिनिधि नमूने नहीं हैं। और हम न सिर्फ़ बारीकी से परिभाषित आबादी के अंतर्गत प्रतिनिधिकता की कमी की बात कर रहे हैं; हम वैश्विक आबादी को गलत प्रतिनिधित्व की योग्यता की भी बात कर रहे हैं। उदाहरण के लिए, यदि अंतर्राष्ट्रीय नीति के निर्णय को सामाजिक जानकारियों से प्रभावित होना है तो विकासशील देश, जिनके पास कंप्यूटर और इंटरनेट की पहुँच सीमित है, सूचित निर्णय बनाने के लिए मज़बूत स्थिति में नहीं होंगे।

एकांतता/निजता दूसरा बड़ा मुद्दा है। क्या कोई भी चीज़ सार्वजनिक मानी जाएगी, सिर्फ इसलिए कि उसे ब्लॉग या फेसबुक पर डाल दिया गया है? सार्वजनिक और निजी क्षेत्र सचमुच धुँधले/गड़बड़ हो सकते हैं। साथ ही इंटरनेट डेटा की पता लगाने की क्षमता का अर्थ है, शोधकर्ता अनामिता सुनिश्चित करने की स्थिति में नहीं होते। इसके विपरीत जब शोध विषय की विश्वसनीयता सुनिश्चित करने के लिए उसके परिचय को जाँचने की ज़रूरत होती है, यह भी उतना ही कठिन हो सकता है।

बदलाव की दर और पूर्ण विस्तार क्षेत्र भी शोधकर्ता के लिए विशाल चुनौतियाँ खड़ी कर सकती है। परंपरागत सामाजिक विज्ञान की विधियाँ, इंटरनेट जो अभी दे रहा है और निश्चित रूप से जो भविष्य में देगा, उसकी रूपरेखा कभी उसके लिए नहीं बनाई गई थी। शोध अध्ययन की हमारी वित्त पोषण, रूपरेखा और संचालन, लेखन और प्रकाशन की प्रक्रियाएँ बेशक धीमी हैं। संभवत: अभी संग्रह किए गए डेटा अध्ययन में अगले तीन – चार वर्षों तक प्रकाशित नहीं होंगे और उतने समय में इंटरनेट हमारी कल्पना के परे बदल चुका होगा।

उपभोक्ता द्वारा सामाजिक जानकारी (डेटा) स्वाभाविक रूप से दोषपूर्ण होते हैं। हम ट्विटर के अनुगामी, फेसबुक के लाइक और यू ट्यूब के हिट का पता लगाना चाहते हैं, मगर इन्हें खरीदा जा सकता है। नकली यातायात वास्तविकता है। यदि ऐसी जानकारियों को गलत सिद्ध करने के लिए वित्तीय प्रोत्साहन है, तो ऐसा ज़रूर होगा। हमें गूगल के ब्याज को भी देखना होगा जो विज्ञापन करने और पैसे बनाने के लिए है। हाँ, भले ही यह हमें पता लगाता हो, मगर उस पता लगाने और लक्ष्य किए गए विज्ञापन लगाने के माध्यम से हम क्या करते हैं, उसे भी प्रभावित करता है। गूगल के लाभ निहित हैं जिसका प्रभाव जानकारियों पर पड़ता है।

तो इन सारी चुनौतियों के बीच कौन से शोध के तरीके गंदे, भरोसेमंद से कम डेटा के ढेर गुज़रने में मदद कर सकते हैं? और परिणाम की विश्वसनीयता सुनिश्चित करने के लिए हम किस रणनीति का उपयोग कर सकते हैं?

कुछ रणनीतियाँ हैं जो उपयोग की जा रही हैं और यह विकसित होती जा रही है। हालाँकि मज़ेदार यह है कि इस जगह में कार्यप्रणाली संबद्ध विकास शिक्षण संस्थानों द्वारा आगे बढ़ाए जा रहे हों, यह ज़रूरी नहीं है। बाज़ार शोधकर्ता और विज्ञापन एजेंसियाँ, जो आँकड़े के खनन से होनेवाले लाभ को पहचानते हैं, वे इसके लिए सामने आते हैं। उदाहरण के लिए, कंपनियाँ, जैसे – DataSift.com और Gnip.com संशोधित जानकारी का स्रोत देती है ताकि उपभोक्ता को सही समय पर सोशल मीडिया से उनके प्रश्नों का उत्तर मिल सके। और हालाँकि वे निश्चित रूप से फुटकर क्षेत्र पर सूचना देते हैं, ख़ासकर ब्रांडों पर भी वे राजनैतिक विचार, स्वास्थ्य के उभरते मुद्दे, प्रभावी लोगों का भी पता लगाते हैं - स्वास्थ्य, समाज और राजनीति से संबद्ध विज्ञान के परंपरागत शैक्षणिक क्षेत्रों में बहुत अधिक व्यापना दिखाते हैं। शिक्षण संस्थानों के बजाय निजी उद्यम वेब के खनन के लिए ज़रूरी उपकरण विकसित करती है।

अब, थोड़ी देर वेब के खनन पर बात करेंगे।

शब्दावली

वेब–खनन

वेब पर आधारित बड़े डेटा के समुच्चय में नमूना खोजने की प्रक्रिया, जिसमें कृत्रिम बुद्धिमत्ता, यान्त्रिकी अधिगम, सांख्यिकी और डेटाबेस तंत्रों का उपयोग करनेवाली विधियाँ शामिल हैं।

जब बात वेब की आती है, वास्तव में तीन भिन्न भिन्न चीज़ें हैं जिसका हम खनन कर सकते हैं: वेब का उपयोग, जो उपभोक्ता के इतिहास को देखता है और हमें बताता है कि लोग इंटरनेट पर क्या ढूँढते हैं या क्या देखते हैं। वेब–सामग्री, जो वेब पेज सामग्री से जानकारी उद्धृत करता है और एकीकृत करता है; और वेब संरचना जो हाइपर लिंक (पुराने संदर्भों के साथ जोड़ने) की छानबीन से वेबसाइट के संपर्क की संरचना को विश्लेषित करता है। संरचनात्मक विविधता और विस्तृत हो रहे स्रोतों के कारण वर्तमान खोजी उपकरणों के साथ प्रभावी रूप में खनन कर पाना अधिक से अधिक कठिन होता जा रहा है। इस कारण से बुद्धिमान एजेन्टों की खोज हो रही है- बुनियादी तौर पर जटिल/परिष्कृत, कृत्रिम, खुफ़िया प्रणालियाँ जो स्वायत्त रूप में वेब पर आधारित जानकारी का पता लगा सके और उसे व्यवस्थित कर सके।

यहाँ वे लाभकारी जानकारियाँ हैं जो लक्ष्य किए गए विपणन में मदद कर सकती हैं। हालाँकि क्लासिक अनुप्रयुक्त समाजविज्ञान शोध नहीं है, फिर भी मैं इसका ज़िक्र इसलिए कर रही हूँ क्योंकि शोध के इस क्षेत्र में यह बड़ा चालक है जो अधिक पारंपरिक शोध विषयों/अध्ययनों को लाभ देता है। उदाहरण के लिए, सरकारी एजेंसियाँ इस तकनीक का उपयोग आपराधिक गतिविधियों की पहचान करने और यहाँ तक कि आतंक/आतंकवाद की आशंका/धमकी को वर्गीकृत करने के लिए करते हैं। सार्वजनिक क्षेत्र में, वेब खनन जनता की धारणा और जरूरतों को दुरुस्त करने में मदद कर सकती है। स्वास्थ्य की देखभाल में यह प्रकोपों, साथ ही स्वास्थ्य के प्रति आशंकाओं को भी उजागर कर सकती हैं।

हालाँकि शोध–रणनीति के रूप में जानकारी की गुणवत्ता और प्रातिनिधिकता से संबद्ध कार्यप्रणाली से जुड़ी चिंताएँ हैं जिन तक पारदर्शिता/निष्पक्षता से पहुँचने की ज़रूरत है, साथ ही नीति से संबद्ध चिंताएँ भी हैं। उदाहरण के लिए, खनन उपयोग गुप्तता/एकांतता पर आक्रमण है। वेब पर बहुत सी जगहें हैं जहाँ हम जाते हैं, मगर यह नहीं चाहते कि दूसरे इसके बारे में जाने और अवैयक्तिकरण की प्रक्रिया सरल नहीं है। जैसे जैसे शैक्षणिक शोध इस दुनिया में और भी अधिक सामान्य होते जाएँगे, नीति समितियों को उनकी अपनी नीतियों को विकसित और पुनर्विकसित करने की ज़रूरत होगी।

बॉक्स 12.8 शैक्षणिक शोध, जो इन चुनौतियों को लेते हैं, उनके उदाहरण प्रस्तुत करता है।

बॉक्स 12.8

अध्ययन जो बड़े/सामाजिक डेटा का उपयोग करते हैं

इस क्षेत्र में शैक्षणिक शोध अपने शैशव अवस्था में है। ब्लूमबर्ग समाचार ने हाल ही में रिपोर्ट किया कि 'फेसबुक आत्महत्या पर किए गए शोध की रिपोर्ट देने के लिए साइट खोल रहा है'। आलेख में एलिज़ाबेथ लुपाट्टो ने रिपोर्ट लिखा कि फेसबुक शोधकर्ताओं को सोसाइट प्रिवेंशन ग्रुप SAVE.Org पर पहुँच दिलाकर उनलोगों के पोस्ट तक उपलब्ध करा देता है, जिन लोगों ने आत्महत्या का ख्याल मन में आने वाले दिन अपनी भावनाएँ/ विचार पोस्ट किए थे। शोधकर्ता पूर्व आत्मघाती संकेतों पर जानकारी एकत्र करने के लिए सामग्री, लहजा, प्रयुक्त भाषाशैली, पोस्ट के मध्यांतर की खोज कर पाएँगे।

हालाँकि आत्मघात की चेतावनी के संकेत के लक्ष्यों को बेहतर तरीके से पहचानने का लक्ष्य बहुत ही प्रशंसनीय है, बहुत बड़ा मुद्दा गुप्तता है। फेसबुक के नए उपकरण पर पहले से ही बहुत बड़े भाई जैसा डर है जो इसके सोशल नेटवर्क पर की गई जानकारी को खोज निकालता है।

थोड़ा कम विवादास्पद उदाहरण मिलता है, विकिपीडिया के उपभोक्ता द्वारा तैयार की गई सामग्री के अध्ययन से:

लीतारू, के. एच. 2012) 'मानविकी, कला और समाज विज्ञान की ओर बड़ी जानकारी की पहुँच: उत्कृष्ट संगणन (सुपरकम्प्यूटिंग) के माध्यम से विकिपीडिया का दुनिया को देखने का नज़रिया', रिसर्च ट्रेंड्स, 30 सितंबर।

इस अध्ययन में, विकिपीडिया के विश्व-इतिहास की सामग्री की छानबीन की गई और स्थान विषयक, लौकिक और भावनात्मक जानकारियों के खनन द्वारा दृश्य बनाया गया। बड़ी जानकारी सामग्री के खनन के तरीक़ों का उपयोग कर 80 मिलियन जगहों से अधिक और 2012 ई. के बीच 42 मिलियन तारीखों का पता लगाया गया। तात्विक जानकारियों पर आधारित जानकारियों का खनन पर रुकावट और ऐसी रुकावटों पर क़ाबू पाने के लिए पूरे विषय का विश्लेषण और स्थांविषयक और लौकिक विश्लेषण की योग्यता पर चर्चा की गई है। लेखक मानविकी, कला और समाज विज्ञानों में प्रस्तुत कर रही बड़ी जानकारियों के विश्लेषण की चुनौतियों और सुअवसरों की छानबीन भी करता है जिसमें अभिकलनात्मक जटिलता (कंप्यूटेशनल) के दृष्टिकोण, आँकड़ा अधिग्रहण का कार्य-प्रवाह, आधार- सामग्री का भंडारण/आँकड़ा भंडारण, अर्ध- आँकड़ा निर्माण और विषय-ज्ञान में तब्दील करना शामिल है।

ऑनलाइन समुदायों की छानबीन

तोवास्तवमेंऑनलाइनसमुदायकिससेबने होते हैं, और हम इसकी छानबीन कैसे कर सकते हैं?

नियमित पुराने समुदाय, जैसा कि आप जानते होंगे, पुराने दिनों में भौगोलिक दृष्टि से सम्बद्ध लोगों का समूह होता था-एक पड़ोस, गाँव या स्थानीय चर्च- समूह। समुदाय के अंतर्गत लोग सामाजिक व्यवस्था में मिलते-जुलते थे और आमने-सामने संवाद करते थे। समुदाय लोगों को संदर्भ के साझे बिंदु, समर्थन, थोड़ी गपशप, दोस्ती, संबद्ध साथ, मानदंड, निर्णय और यहाँ तक कि सामाजिक प्रतिबंध देते थे।

ऑनलाइन समुदाय भी उसी की तरह सामाजिक लाभ दे सकते हैं, मगर वे भौगोलिक दृष्टि से बंधे हुए नहीं होते। भौतिक- सामाजिक व्यवस्था, जैसे- शहर के चौक, स्थानीय पार्क या चर्च के मैदान-गपशप का कमरा/चैटरूम; समाचार समूहों, ईमेल, बुलेटिन बोर्ड, मंचों और कभी कभी, जैसा कि खेल के मामलों में होता है-आभासी दुनिया से प्रतिस्थापित हो गया है। इसका अर्थ है कि ऑनलाइन समुदाय के अंतर्गत लोगों का कहीं भी पता लगाया जा सकता है और निकटता अब मुख्य समानता नहीं रही है। ऑनलाइन समुदाय किसी भी प्रकार की साझी रुचि तैयार कर सकता है, फिर चाहे वह फेसबुक, डेटिंग, साइट, सीखने का परिवेश या खेल की दुनिया हो, नए आभासी

साइट हैं जो हमारी सामाजिक दुनिया का विकासशील हिस्सा बन रहे हैं। और ऑनलाइन संचार/ सम्प्रेषण, ऑनलाइन समुदाय में नवाचारों के निरंतर सुधार संभावित रूप से बढ़ रहे हैं और नए आयाम ले रहे हैं।

हम इस घटना को सबसे अच्छी तरह कैसे अध्ययन कर सकते हैं? जब बात समुदायों की आती है, पहली कार्यप्रणाली जिसे कोई भी समाजविज्ञानी शोधकर्ता, खासकर कोई मानवविज्ञानी सोचेगा, वह है मानवजाति विज्ञान। अब, मानवजाति विज्ञान, जैसा कि अध्याय 8 में बताया गया है, अपने भागीदारों के दृष्टिकोणों से जीवन-शैली को समझने, खोजकर निकालने, वर्णन करने और व्याख्या करने के लिए सांस्कृतिक समूह की छानबीन करता है। इसमें छानबीन किए जा रहे समूह में भागीदारों के प्रेक्षण लंबे समय तक संलग्नता और अच्छी तरह तल्लीन होना शामिल है। प्रश्न है कि ऑनलाइन दुनिया में इस तरीके को बनाए रख सकते हैं या बनाए रखना चाहिए या नहीं।

जो इसे अपनाने और बनाए रखने के पक्ष का समर्थन करते हैं, प्राय: ऑनलाइन मानवजाति विज्ञान का हवाला देते हैं। मगर, कुछ लोग हैं जो यह मानते हैं कि ऑनलाइन समुदाय यथार्थ दुनिया के समुदाय से प्रकृति में स्वभावत: अलग होते हैं, और मानवजाति विज्ञान की पारंपरिक विधियाँ ऑनलाइन दुनिया के लिए अनुकूल नहीं है। 'नेटनोग्राफी' पद का परिचय एक विकल्प के रूप में कराया गया था जो ऑनलाइन समुदाय की अद्वितीय प्रकृति और उनके अध्ययन मानक पहुँच की ज़रूरत को पहचानता है।

शब्दावली

ऑनलाइन मानवजाति विज्ञान

क्लासिक मानवजाति विज्ञान संबंधी मान्यताओं पर आधारित, समुदाय के सदस्यों के दृष्टिकोण से ऑनलाइन समुदाय को समझने की कोशिश करता है। शोधकर्ता व्यक्तिगत रूप में कार्यप्रणाली से संबद्ध दृष्टिकोण विकसित करते हैं जिसमें सामान्यत: वेबसाइट, ब्लॉग, निर्णय करनेवाला समूह और सामाजिक नेटवर्किंग का निरीक्षण करना और इसमें भाग लेना शामिल होता है।

नेटनोग्राफी

यह सहमति प्राप्त मानकीकृत तरीकों से वेबसाइट, ब्लॉग्स, डिस्कशन बोर्ड्स और सोशल नेटवर्किंग का प्रेक्षण कर कम्प्यूटर की मध्यस्थता वाले ऑनलाइन समुदायों की अनोखी प्रकृति को समझने का प्रयास करती है।

अभ्यास में, ऑनलाइन मानवजाति विज्ञान और नेटनोग्राफी बहुत समान हो सकते हैं। हालाँकि नेटनोग्राफी के समर्थक तर्क करते हैं कि 'समुदाय' के नए रूप के लिए नए दृष्टिकोण को परिभाषित करना सही है। वे तर्क करते हैं कि यह आवश्यक है (और अधिकतर ऑनलाइन मानवविज्ञानी सहमत होंगे) क्योंकि ऑनलाइन समुदाय:

- एक ग़ैर भौतिक वातावरण में है जिसमें सामाजिक संकेत अनुपस्थित हो सकते हैं;
- निजी और सार्वजनिक के बीच में होता है;
- समुदाय से जुड़ना आसान है, पहुँच बनाना कम समस्यात्मक है;
- एक जगह जहाँ सामाजिक मेलजोल को समेटा जाता है और संग्रहीत भी, जिससे अभूतपूर्व डेटाबेस तैयार होता है। अब शब्दावली की परवाह किए बिना ऑनलाइन मानवजाति विज्ञान और नेटनोग्राफी संबंधी अध्ययन करने के लिए बहुत से माध्यम और रास्ते हैं। इनमें शामिल हैं :

1. नीति के माध्यम से काम करना – बिना पूरा खुलासा के प्रतिभागियों के निरीक्षण के लिए नीति- अनुमोदन मिल पाना असंभव है। और यह एक बाधा बन सकती है - ज़रूरी नहीं कि आपका एजेंडा सभी सदस्यों द्वारा सराहा जाये। मगर यह अस्पष्ट है कि सूचित सहमति का गठन किससे हुआ है। वास्तव में किसकी सहमति चाहिए और आपको कितनी बार उन्हें याद दिलाना होगा कि आप कौन हैं। यह नीति समिति के लिए एक नई और विवादास्पद जगह है।
2. आप जिस ऑनलाइन समिति की छानबीन कर रहे हैं, उस तक पहुँच बनाना और स्वीकृति पाना – इसमें समुदाय कैसे काम करता है, उसे समझना और मंचों, ब्लॉग, बुलेटिन बोर्ड, बातचीत, त्वरित संदेश, खेल की दुनिया और जो भी समुदाय को बाँधता है, उन सब में भागीदारी करना।

3. जानकारी एकत्र करना – यह वह है जिसे मंचों, ब्लॉग, बुलेटिन बोर्ड, बातचीत, त्वरित संदेश आदि में समेटा जाता है और शोधकर्ता द्वारा जर्नल में लिखने (एक क्लासिक मानवजाति विज्ञान की पहुँच) में प्रतिबिम्बित होता है। लक्ष्य है, दीर्घलीन जुड़ाव पर आधारित समृद्ध समझ होना।
4. जानकारी का विश्लेषण करना – यह सामग्री की जानकारी के खनन से कुछ अधिक है। मानवजाति विज्ञान संबंधी पहुँच सांस्कृतिक प्रसंग की माँग करती है जो लंबे समय से जुड़ाव और तल्लीनता से ही आ सकती है। यह विशेषकर ऑनलाइन में महत्वपूर्ण है जहाँ दृश्य और सामाजिक संकेत सीमित होते हैं।

बॉक्स 12.9

ऑनलाइन समुदाय पर मानवजाति विज्ञान संबंधी शोध

ब्लेविंस, के. आर. और हॉल्ट, टी. जे. (2009) 'जोन्स की आभासी उपसंस्कृति का परीक्षण करना 'जर्नल ऑफ कंटेम्परारी एथेनोग्राफी, 38 (5): 619–648।

यह अध्ययन जोन्स की उपसंस्कृति को सार्वजनिक मंचों (पब्लिक वेब फोरम) के 6, 899 पोस्ट के नमूने को एकत्र और विश्लेषित करके परीक्षण करता है जो महिला वेश्याओं को मिलने के लिए पुरुष उपभोक्ता द्वारा और के लिए चलाया जाता है। हालाँकि मानवजाति विज्ञान की तकनीक प्रतिभागी के निरीक्षण की महत्ता पर ज़ोर देता है, इस अध्ययन की प्रकृति शोधकर्ता से सिर्फ़ कठोर - निरीक्षण प्रोटोकॉल में संलग्न होने की माँग करता है। शोधकर्ता ने खुले मंचों की छानबीन की और भागीदार के साथ मेलजोल नहीं किया। मंचों के पोस्ट के ज़मीनी सिद्धान्त के विश्लेषण के अध्ययन से गहन समझ की भावना संचित की गई।

नेल्सन, एम. आर. और ऑटनेस, सी. सी. (2005) 'संकर और सांस्कृतिक दुविधा की छानबीन: अंतर्सांस्कृतिक विवाह के संदेश बोर्ड की नेटनोग्राफी', जर्नल ऑफ बिजनेस रिसर्च, 58 (1): 89–95.

इस अध्ययन में, संकर संस्कृति की दुविधा और संकर संस्कृति में विवाह की योजना बनाती हुई दुल्हन बननेवाली लड़की पर इसके प्रभाव की छानबीन की जाती है। नेटनोग्राफी दृष्टिकोण/तरीक़े का उपयोग किया गया जिसमें पहला लेखक संकर संस्कृति की दुल्हनों के बीच ऑनलाइन संवाद में भाग लेता है और उसका निरीक्षण करता है। 16 देशों में से भावी दुल्हनों की ओर से लगभग 400 पोस्ट विश्लेषित किए गए। लेखक ने फिर ज़मीनी सिद्धांत की तुलनात्मक विधि का निरंतर उपयोग किया, जिससे संकर संस्कृति की दुविधा से संबद्ध विषय/प्रसंग तैयार हो सके और रणनीतियों की प्रतिलिपि बनाई जा सके।

पाठ सारांश

- गौण जानकारी/डेटा मौजूदा जानकारी है जिसे दस्तावेजों, डेटाबेस और इन्टरनेट पर पा सकते हैं – इनमें से कुछ भी शोधकर्ता द्वारा अपने शोध- उद्देश्य के लिए नहीं बनाया जाता है।
- गौण जानकारी के साथ काम करना समय और स्रोत बचा सकता है, साथ ही शोधकर्ता के पूर्वाग्रहों/प्रभावों को खत्म कर सकता है। मगर, चूँकि गौण जानकारी को किसी अन्य प्रयोजन से एकत्र किया जाता है, इसलिए इसमें कम प्रासंगिकता, कम समसामयिकता और कार्यप्रणाली से संबद्ध त्रुटियाँ हो सकती हैं।
- सामाजिक गतिविधियों के चिह्न हमारे चारों ओर हैं। रिपोर्ट, कानून, नीति, डायरी, जर्नल, आलेख, वीडियो, ब्लॉग, चित्र, कविता, गीत, पत्र और फेसबुक के पोस्ट – सभी दस्तावेज़ हैं या व्यापक जानकारी हैं जिनकी शोध-प्रक्रियाओं द्वारा छानबीन की जा सकती है।

- अच्छी संभावना है कि आपके शोध प्रश्न पर पहले ही छानबीन हो चुकी होगी। आप गौण जानकारियों के विश्लेषण, व्यवस्थित समीक्षाओं और तात्विक विश्लेषण शुरू करके मौजूदा अध्ययन और मौजूदा जानकारी – दोनों का लाभ उठा सकते हैं।
- जानकारी की अभूतपूर्व राशि/संख्या अभी ऑनलाइन मौजूद है। यह छानबीन के लिए इन्टरनेट को सक्रिय पुस्तकालय के रूप में उपयोग करने की संभावना के द्वार खोलता है। इन्टरनेट उपयोगकर्ता द्वारा तैयार की गई सामग्री के निर्माण और आभासी समुदायों के लिए भी एक साइट है। यहाँ पर शोध की क्षमता को उजागर करने के लिए, तार्किक प्रणाली से संबद्ध नए दृष्टिकोण लगातार विकसित करने की ज़रूरत है।

संदर्भित पुस्तकें

गौण जानकारियों के साथ काम करना एक चुनौती है। जानकारियों के प्रकार की विविधता को सिर्फ़ विधियों की विविधता से मिलान किया जा सकता है। निम्नलिखित पुस्तकें आपके लिए यह द्वार खोलेंगी, मगर याद रखें, ऑनलाइन जानकारी से संबद्ध विधियाँ निरंतर विकसित होती रहती हैं। वर्तमान में जो चल रहा है, उसे देखने के लिए ऑनलाइन खोज करना अधिक उचित होगा।

'विषय' और दस्तावेज़

Danto, E. A. (2008) *Historical Research*, Oxford: Oxford University Press

हालाँकि इसमें सामाजिक कार्य और सामाजिक कल्याण की खुशबू है, यह पुस्तक विषय और जानकारी के अन्य रूपों की छानबीन के लिए व्यावहारिक और व्यवस्थित पहुँच देती है जो रुचि की ऐतिहासिक अवधि को उजागर कर सकता है।

Halabi, S., Smith, W., Collins, J., Baker, D and Bedford (2012)' A document analysis of HIV/AIDS education interventions in Ghana, *Health Education Journal* published online 10 July 2012

देखें बॉक्स 12.4

Prior, L. (ed) (2011) *Using Documents and Records in Social Research*, London: Sage

मुझे लेखक के सामाजिक शोध में, दस्तावेज़ द्वारा मूल्य को विज्ञापित करने का तरीका पसंद आया। अपराध विज्ञान, स्वास्थ्य, शिक्षा, संगठनात्मक शोध, विज्ञान और तकनीकी से संबद्ध उदाहरणों का उपयोग कर लेखिका दस्तावेज़ की महत्ता को उजागर करती है जो समाज के प्रति हमारी समझ बढ़ा सकता है।

Rapley, T. (2008) *Doing Conversation, Discourse and Document Analysis*, London: Sage

मुझे लगता है, यह संवाद और दस्तावेज़ को एकत्र और विश्लेषित करने की चुनौतियों और वायदे पर अच्छा परिचय देता है। समझने में स्पष्ट और आसान।

Sofalvi, A. (2011) 'Health education films of the silent era: A historical Analysis' *International Electronic Journal of Health Education*. 14: 135–141

देखें बॉक्स 12.4

Wales, E. and Brewer, B. (1976) 'Graffiti in the 1970s', *Journey of Social Psycology*, 99(1): 115–123

देखें बॉक्स 12.4

Webb, E. J., Campbell, D. T., Schwartz, R. D., and Sechrest, L. (1998) *Unobstructive measures: Nonreactive Research in Social Sciences.* Dallas: Houghton Mifflin.

यह एक क्लासिक पुस्तक है और शोध के प्रति हमारी आँखें खोलती है। मानव गतिविधियों के चिह्न और कैसे यह अधिक पारंपरिक शोध की जानकारी को विकल्प दे सकता है, इसपर नज़र डालता है। इसके अद्भुत चित्रण/दृष्टांत तर्क निर्विवाद बनाने में मदद करते हैं।

मौजूदा अध्ययन और जानकारियों का समुच्चय

Cooper, H. M. (2009) *Research Synthesis and Meta-analysis: A Step-by-Step Approach*. Thousand Oaks, CA: Sage.

सामाजिक, व्यावहारिक और चिकित्सा विज्ञानों में व्यवस्थित समीक्षा तात्विक विश्लेषण पर अच्छी सलाह अनुसरण करने के लिए सात चरणों की एक प्रक्रिया और बहुत सारे बुनियादी उदाहरण दिए गए हैं।

Doucouliagos, H. and Ali Ulubaşoğlu, M. (2008) 'Democracy and economic growth: A meta-analysis', American Journal of Political Science, 52(1): 61–83.

देखें बॉक्स 12.6

Gough, D., Oliver, S. and Thomas, J. (eds) (2012) *An Introduction to Systematic Reviews*. London: Sage

मुझे यह पुस्तक पसंद है। यह छोटी है और सुलभ है और गुणात्मक दृष्टिकोणों, जैसे- तात्विक मानव जाति विज्ञान और सांख्यिकीय दृष्टिकोण, जैसे–तात्विक विश्लेषण की चर्चा करी है। एक अच्छा उपयोगकर्ता–मैत्रीपूर्ण परिचय।

Higgins, J. P. T. and Green, S. (2008) *Cochrane Handbook for Systematic Reviews of Interventions*. New York: Wiley-Interscience

कोकरेन कोलाबोरेशन (देखें बॉक्स 12.5) व्यवस्थित समीक्षाओं के संचालन में विश्व- नेता है, खासकर स्वास्थ्य के क्षेत्र में। यह पुस्तिका कोकरेन समीक्षा करने के लिए ज़रूरी कार्यप्रणाली से संबद्ध प्रोटोकॉलों को रेखांकित करती है, मगर इसे आसानी से हर तरह की व्यवस्थित समीक्षाओं पर भी लागू किया जा सकता है।

Jeynes, W. H. (2001) 'A meta-analysis of the relation of parental involvement to urban elementary school student academic achievement', *British Journal of Cancer*, 85(11): 1700–1705.

देखें बॉक्स 12.6

Myatt, G. J. (2006) *Making Sense of Data: A Practical Guide to Exploratory Data Analysis and Data Mining*. New York: Wiley-Interscience

मौजूदा जानकारियों के समुच्चय के मौजूदा जानकारियों के समुच्चय के साथ काम करने का व्यावहारिक तरीका। मुख्य मुद्दों पर अच्छी तार्किक पकड़ और मौजूदा जानकारियों के साथ काम करने के लिए ज़रूरी चीजों पर बेहतरीन चरण दर चरण व्याप्ति।

Vartanian, T. (2010) *Secondary Data Analysis*. Oxford: Oxford University Press.

मुझे इस पुस्तक का, छात्रों को विचार कराने का यह तरीक़ा पसंद आया कि गौण जानकारियों का समुच्चय क्या है और कौन सा समुच्चय उसकी परियोजना के लिए सही रहेगा। गौण जानकारी को डाउनलोड, विलय और विश्लेषण कैसे करें, इसपर अच्छी पकड़।

ऑनलाइन डेटा

Blevins, K. R. and Holt, T. J. (2009) 'Examining the virtual subculture of johns', *Journal of Contemporary Ethnography*, 38(5): 619–648.

देखें बॉक्स 12.7

Markham, A. N. and Baym, N. K. (eds) (2008) *Internet Inquiry: Conversations about Method*. Thousand Oaks, CA: Sage

गुणात्मक ऑनलाइन जानकारियों के साथ काम करने की चुनौतियाँ और सुअवसरों का बेहतर परिचय। मुझे अच्छा लगा कि सभी योग्दानकर्ताओं ने इस जगह पर काम किया है। दृष्टिकोणों का अच्छा विस्तार।

Russell, M. A. (2011) *Mining the Social Web: Analyzing Data from Facebook, Twitter, LinkedIn, and Other Social Media Sites.* Sebastopol, CA: O'Reilly Media.

हालाँकि मैं आपसे कहती रहती हूँ कि इस जगह के बारे में नवीनतम जानकारी के लिए इन्टरनेट की मदद लें। 2011 की इस पुस्तक ने मेरी समझ बेहतर बनाने में बहुत मदद की। यह वेब के सामाजिक परिदृश्य पर अपनी बुद्धि लगाने में मदद करता है और अपनी सामग्री को विश्लेषण करने की कुछ रणनीतियाँ देता है। नवीनतम संस्करण को ही देखें।

Hine, C. M., (ed) (2012), *Virtual Research Methods*. Thousand Oaks, CA: Sage

चार खंडों का यह संदर्भ संग्रह निश्चित रूप से ऑनलाइन शोध दुनिया को वैसे ही व्याप्ति करता है, जैसा अभी मौजूद है, और नई खोज पर विचार करता है जो क्षितिज पर हो सकती है। इसमें सैद्धान्तिक और व्यावहारिक– दोनों मुद्दे शामिल हैं। us$995.00/ 600 में आप इस सेट को खरीदना तो नहीं चाहेंगे मगर इसे अपनी पुस्तकालय में ढूँढना उचित होगा।

Kozinets, R. V (2009) *Netnography: Doing Ethnographic Research*. London: Sage

कोई भी जो ऑनलाइन मानवजाति विज्ञान पर काम करना चाहता है, उसे यह पुस्तक पढ़नी चाहिए। यह आभासी समुदायों के लिए मानवजाति विज्ञान को पुनर्परिभाषित करने के पूरे प्रयास में से एक है और इस जगह की नैतिक खोज के लिए स्पष्ट प्रोटोकॉल स्थापित करता है।

Lopatto, E. (2013) 'Facebook opens up site data to suicide research'. Bloomberg News, 27 January

देखें बॉक्स 12.8

Leetaru, K. H. (2012) 'A Big Data approach to the humanities arts, and social sciences: Wikipedia's view of the world through supercomputing' *Research Trends*, 30/ September

देखें बॉक्स 12.8

Nelson, M. R. and Otnes, C. C (2005) 'Exploring cross –cultural ambivalence: A netnography of intercultural wedding message boards' *Journal of Business Research*, 58(1): 89–95

देखें बॉक्स 12.7

13

परिमाणात्मक डेटा का विश्लेषण

– अध्याय का पूर्वावलोकन –

- असंसाधित डेटा को सार्थक परिणाम में बदलना
- डेटा का प्रबंधन व चर वस्तुओं को परिभाषित करना
- वर्णनात्मक सांख्यिकी
- आनुमानिक सांख्यिकी
- परिमाणात्मक डेटा को प्रस्तुत करना

असंसाधित डेटा को सार्थक परिणाम में बदलना

हमें मालूम है कि, सभी अर्थ, उनकी व्याख्या पर निर्भर हैं।

जॉर्ज इलियट

यह सोचना कि शोध में डेटा का संग्रह करना ही सबसे बड़ी बाधा है इस जाल में फंसना बहुत आसान है। हाँ, जैसा कि हमने पिछले अध्यायों में देखा, विश्वसनीय डेटा इकट्ठा करना वास्तव में एक चुनौती है- और उनका अर्थ निकालना दूसरी चुनौती है। यह डरा देने वाला इतना सारा डेटा जो आपने एकत्रित कर लिया है आपको कुछ नहीं बता पायेगा जब तक आप क्रमबद्ध तरीके से उसकी जांच और व्याख्या नहीं करते। वास्तव में, जैसा कि अंग्रेजी के उपन्यासकार जॉर्ज इलियट ने कहा है, 'व्याख्या' में ही अर्थ छुपा है।

पूरी परियोजना का मायने बनाये रखना

मेरे विचार से परिमाणात्मक डेटा की व्याख्या में सबसे बड़ी चुनौती विश्लेषण तक उस पर नियंत्रण बनाये रखना होता है। एक बार एल्विन टोफ्फलर ने प्रख्यात रूप से कहा था, 'आप को मिले सारे डेटा का आप प्रयोग कर सकते हैं, लेकिन फिर भी आपको उस पर अविश्वास कर अपनी बुद्धि व विवेक का पयोग करना होगा।' बल्कि, हो सकता है कि आपको यह लालच हो कि सारे डेटा को कंप्यूटर के हवाले कर दिया जाए, और वास्तव में, अब सांख्यिकी के ऐसे कई शक्तिशाली और उपभोक्ता के अनुकूल प्रोग्राम आ गए हैं जो आपको अपने डेटा के प्रबंधन व विश्लेषण

में मदद कर सकते हैं। लेकिन यहाँ यह याद रखना जरूरी है कि इस प्रक्रिया के प्रबंधन में अंतर्दृष्टि, कुशाग्र और व्यावहारिक बुद्धि का कोई विकल्प नहीं है। कंप्यूटर प्रोग्राम के माध्यम से विश्लेषण व अन्य 'कार्य' करने में सुविधा जरूर हो जाए, लेकिन शोधकर्ता को ही चतुराई, रचनात्मकता व अंतर्ज्ञान से डेटा की 'नब्ज' समझनी होती है, डेटा व वर्तमान के सिद्धांत के बीच घूमते हुए अपने आभासों पर अमल करना चाहिए जिनसे कभी-कभी बहुत महत्वपूर्ण, अपेक्षित व अनपेक्षित दोनों, परिणाम सामने आते हैं। शोधकर्ता डेटा की संख्या में गुम हो कर, अपने लक्ष्य को खो नहीं सकते। यह अनिवार्य है कि वे प्रोजेक्ट के प्रति अपनी चेतना बनाये रखें।

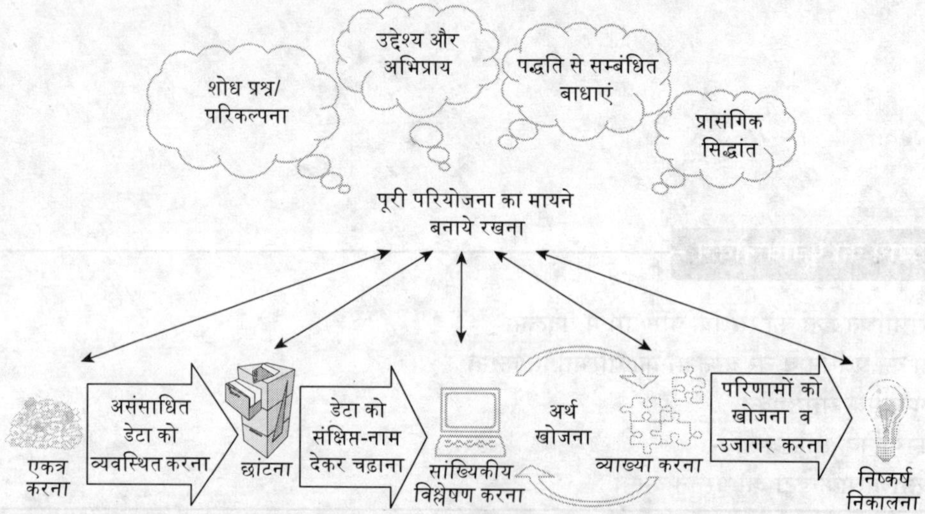

चित्र 13.1 चिंतनशील विश्लेषण की प्रक्रिया

चित्र 13.1 में विश्लेषण को एक प्रक्रिया के रूप में दर्शाया गया है जो कि केवल कंप्यूटर में नम्बर चढा देने से कहीं ज्यादा व्यापक और जटिल है। निजवाचक विश्लेषण में डेटा से जितना हो सके करीबी बनाये रखनी होती है- एकत्र किये जाने की शुरुआत से लेकर अंतिम निष्कर्ष पर पहुँचने तक। इस प्रक्रिया में आपको: असंसाधित डेटा का प्रबंधन व व्यवस्थापन करना होता है; योजनाबद्ध तरीके से डेटा को संक्षिप्त-नाम देकर चढ़ाना होता है; सांख्यिकीय विश्लेषण करना होता है; अर्थ की व्याख्या करनी होती है; परिणामों को खोजना व उजागर करना होता है; और अंत में, प्रासंगिक निष्कर्षों तक पहुंचना होता है, और इस दौरान पूरे प्रोजेक्ट का मायने बनाए रखना होता है, जिसमें आप बराबर अपने आकड़ों और शोध प्रश्नों, अभिप्रायों और उद्देश्यों, सैद्धांतिक आधार और पद्धतियों से जुड़ी बाधाओं का निरीक्षण करते रहते हैं।

यहाँ यह याद रखना आवश्यक है कि यदि आपको अपने शोध निष्कर्षों के तात्पर्य को पूरे शोध के सन्दर्भ में समझने में संघर्ष करना पड़ रहा है तो बहुत गूढ़ विश्लेषण भी बेकार है। ऐसा करने के लिए आपको अपने विश्लेषण का आलोचनात्मक, निजवाचक और दोहराए जा सकने वाले तरीके से संचालन करना होगा जो कि आपके डेटा व रूपरेखाओं के अनुरूप हो। कंप्यूटर प्रोग्राम को अपनी सोच सौंप देने की अपेक्षा, विश्लेषण प्रक्रिया में आप लगातार अपने डेटा और उससे निकलने वाले निष्कर्षों की पूछताछ करें। डेटा के साथ लगे रहें। बहुधा ऐसा होता है कि 'निष्कर्षों' का अद्भुत विन्यास नजर आता है, लेकिन उनका अर्थ नहीं पता होता। बाक्स 13.1 में प्रश्नों की श्रृंखला दी गई है जो कि आपको डेटा की पूछताछ करने से पहले और उसके दौरान प्रयोग करने चाहिए। यह प्रश्न (शोध) के बड़े स्वरूप को देखने में आपकी मदद करने के लिए बनाये गये हैं।

बाक्स 13.1

(शोध के) बड़े स्वरुप को देखने में मदद करने के लिए बनाये गए प्रश्न

आपकी अपनी अपेक्षाओं से जुड़े प्रश्न

- मुझे क्या पाने की उम्मीद है, अर्थात् क्या मेरी परिकल्पना साबित होगी?
- मुझे क्या न मिल पाने की आशंका है, और मैं उसे कैसे खोजूं?
- क्या मेरे परिणामों की कोई और व्याख्या भी हो सकती है? उसके क्या निहितार्थ हैं?

शोध प्रश्न, उद्देश्य और अभिप्राय से सम्बंधित प्रश्न

- शोध प्रश्नों के सबसे अच्छे उत्तर पाने के लिए मैं अपने डेटा का क्या करूँ?
- मेरे परिणाम मेरे शोध प्रश्नों, उद्देश्यों और अभिप्रायों से कैसे सम्बंधित हैं?

सिद्धांत से सम्बंधित प्रश्न

- क्या मेरे परिणामों से मेरे सिद्धांत साबित हो रहे हैं? कैसे? क्यों? क्यों नहीं?
- क्या मेरे सिद्धांतों मेरे परिणामों को समझने में मदद कर रहे हैं? किस तरह?
- क्या मेरे अनपेक्षित परिणाम वैकल्पिक सिद्धांतों द्वारा समझाए जा सकते हैं?

पद्धतियों से संबधित प्रश्न

- क्या मेरे आंकड़े एकत्र करने और/या विश्लेषण करने के तरीकों से मेरे परिणाम प्रभावित हुए हैं? यदि हाँ, तो किस तरह?
- मेरी पद्धति में कमियों से मेरे परिणामों पर क्या असर पड़ा हो एकता है?

सांख्यिकीय विश्लेषण करना

कुछ समय पहले तक ही सांख्यिकी 'करने' का मतलब फार्मूलों के साथ काम करना होता था, लेकिन मैं नहीं मानती कि शोध करने का प्रयास करने वाले सभी व्यक्तियों को फार्मूलों में माहिर होना जरूरी है। इक्कीसवीं सदी में सांख्यिकी करने का ज्यादा तात्पर्य सांख्यिकीय साफ्टवेयर का प्रयोग करने की क्षमता से है न कि औसत, बहुलक, माध्यिका और मानक विचलन की गणना करने की क्षमता- और किताब के पीछे दिए गए पी-परिमाण को ढूंढ पाने की क्षमता से है।

मैं मानती हूँ कि इन सभी प्रोग्रामों के लिए सांख्यिकी की भाषा व उसके पीछे छुपे तर्क की बुनियादी समझ होना जरूरी है। लेकिन फार्मूलों पर ध्यान केंद्रित करना साइकिल बनाना सीख कर साइकिल चलाना सीखने जैसा है। यह सही है कि प्रक्रिया की समझ होने से आपको उसके प्रयोग के तर्क समझने में मदद मिलेगी (और उस ज्ञान को बढ़ाने में मदद के लिए बहुत से उत्कृष्ट संसाधन उपलब्ध हैं), लेकिन यदि, प्रोजेक्ट करने वाले अन्य विद्यार्थियों की तरह, आपका प्राथमिक लक्ष्य अपेक्षाकृत साधारण डेटा का विश्लेषण कर पाने से है, आपको 1) डेटा का प्रबंधन; 2) चर की प्रकृति; 3) वर्णनात्मक और आनुमानिक डेटा की भूमिका और कार्य; 4) सांख्यिकीय परीक्षणों के उपयुक्त प्रयोग; और 5) डेटा की प्रभावी प्रस्तुति करने की समझ होना जरूरी है।

हालाँकि यह अध्याय आपको उपरोक्त सभी कार्य सीखने में मदद करेगा, लेकिन अच्छा होगा यदि आप इस अध्याय को पढ़ने के साथ-साथ कुछ व्यावहारिक अभ्यास भी कर लें (चाहे आप सांख्यिकी प्रोग्राम में दिए गए नकली डेटा से ही खेलें)। बहुत कम विद्यार्थी डेटा की मदद के बिना सांख्यिकी को समझ पाते हैं- इसलिए संख्यिकीय प्रोग्रामों पर हाथ साफ़ करने में ही आपकी सफलता निर्भर है। इस तरह की ज्ञान को कायम रखने के लिए, इसका प्रयोग करना आवश्यक है।

आपके लिए दूसरा सुझाव है कि मदद मांगें। जैसे-जैसे आप सांख्यिकी के रहस्यों में गहराते जायेंगे, खासकर आनुमानिक सांख्यिकी और बहुचर विश्लेषण में, बहुत अनुभवी शोधकर्ताओं को भी आगे का रास्ता आसानी से नहीं सूझता है। यदि आपका विश्लेषण इतना गूढ़ होने की संभावना है, तो किसी सांख्यिकी विशेषज्ञ की मदद लेना अच्छा होगा। वास्तव में, कई विश्वविद्यालयों में उच्च स्तरीय सांख्यिकी का प्रयोग करने वाले डॉक्टरेट उम्मीदवारों को न केवल अनुमति दी जाती है, बल्कि कभी-कभी, उन्हें अपने डेटा का विशेषज्ञों से विश्लेषण करवाने के लिए प्रोत्साहित किया जाता है। लकिन यदि आप डेटा का विश्लेषण बाहर से भी करवा रहे हैं (जिसके लिए ज्यादातर पूँजी की जरूरत होती है), तो भी आपको मूल बातें तो आनी ही चाहियें। तब भी आपको अपना प्राथमिक विश्लेषण तो करना ही पड़ेगा, विश्लेषण करने के लिए बाहर देने पर उसके लिए निर्देश भी देना होगा, परिणामों को समझना व उनकी व्याख्या करनी होगी, और इतना ज्ञान रखना होगा कि महत्वपूर्ण प्रश्न पूछ सकें।

डेटा का प्रबंधन व चर को परिभाषित करना

आपने जो असंसाधित परिमाणात्मक आंकडें एकत्रित किये हैं और उनके सांख्यिकीय विश्लेषण करने की आपकी क्षमता के बीच दो महत्वपूर्ण कदम हैं। यह हैं प्रभावी ढंग और निपुणता से डेटा का प्रबंधन ताकि आप एक भरपूर डाटाबेस बना सकें, और डेटा को चर के अनुसार कारण और प्रभाव और माप तराजुओं के सन्दर्भ में परिभाषित कर सकें।

डेटा का प्रबंधन

आंकड़े बहुत जल्द ही इकट्ठे हो जाते हैं, और आपको हैरानी होगी की आपने कितना सारा आंकड़ा इकट्ठा कर लिया| डेटा के प्रबंधन में चुनौती यही है कि एक कठोर और व्यवस्थित पद्धति अपनाई जाये जिससे कि एक ऐसा डेटा सेट बने जिसका विश्लेषण की पूरी प्रक्रिया में प्रबंधन व उपयोग हो सके| बॉक्स 13.2 में पांच उपाय दिए गए हैं जो मेरे विचार से डेटा के प्रभावी प्रबंधन के लिए अनिवार्य हैं|

बाक्स 13.2

डेटा का प्रबंधन

उपाय 1: उपयुक्त साफ्टवेयर के अभ्यस्त हों

इसके लिए प्रोग्राम का उपयोग करना होगा और जरूरी प्रशिक्षण का इंतजाम करना होगा। ज्यादातर विश्वविद्यालयों के पास ऐसे साफ्टवेयर के लाईसेंस उपलब्ध होते हैं जिससे विद्यार्थी उस साफ्टवेयर का उपयोग कर सकें और कई विश्वविद्यालय उनके अनुरूप (प्रशिक्षण हेतु) छोटे कोर्स मुहैया कराते हैं। कई प्रोग्राम में भी बनावटी डेटा सेट के साथ विस्तृत ट्यूटोरियल भी उपलब्ध होते हैं। जिन प्रोग्रामों से आपका वास्ता पड़ सकता है उनमें से कुछ हैं-

- आईबीएम एसपीएसएस सांख्यिकी- सुविज्ञ और प्रयोक्ता-अनुकूल (www.spss.com);
- एसएएस- अक्सर संस्थाओं में मान्य, लेकिन कई लोगों को लगता है कि एसपीएसएस की अपेक्षा कम प्रयोक्ता-अनुकूल (www.sas.com);

- मिनिटैब- ज्यादा परिचयात्मक, नए सीखने वालों व छोटे डेटासेट के लिए उपयोगी (www.minitab.com);
- एक्सेल- हालांकि यह पूर्णतया एक सांख्यिकीय प्रोग्राम नहीं है, इसमें मूल कार्य किये जा सकते हैं और ज्यादातर पीसी (कंप्यूटरों) पर उपलब्ध है (माइक्रोसाफ्ट ऑफिस का उत्पाद);
- आर- सांख्यिकीय गणना व ग्राफिक्स के लिए नि:शुल्क साफ्टवेयर वातावरण (www.r-project.org)।

उपाय 2: अपने डेटा का रिकॉर्ड रखें

पूरे शोध के दौरान अलग-अलग समय पर कई स्त्रोत से आंकड़े आ सकते हैं, इसलिए जैसे-जैसे आंकड़े एकत्रित हों, उनका रिकॉर्ड रखना जरूरी है। यह याद रहे कि असली डेटा को उचित समय तक रखना चाहिए; शोधकर्ताओं के लिए अपने परिणाम को मूल स्त्रोत तक दोबारा पहुँच पाना संभव होना चाहिए।

उपाय 3: किसी भी संभावित समस्या के लिए अपने डेटा की जाँच कर लें

इसमें डेटा की स्पष्टता और पूर्णता के लिए उसकी प्राथमिक जांच शामिल है। यदि शुरू में ही कर लिया जाए तो, डेटा की संभावित समस्याएं उजागर हो सकती हैं जो कि आरंभिक जांच में नजर नहीं आईं, और आंकड़े एकत्रित करने के तरीकों में सुधार कर सकते हैं।

उपाय 4: डेटा को दर्ज करना

डेटा को दर्ज करने में दो कार्यवाई शामिल हैं। इसमें पहला है चर को परिभाषित करना। चित्र 13.2 में एसपीएसएस चर अवलोकन विंडो दर्शाया गया है, जिसमें आपको चर जानकारी जैसे नाम, माप प्रकार, लेबल, परिमाण, आदि प्रविष्ट करना होता है।

दूसरी (कार्यवाई) है, डेटा की डेटाबेस में प्रविष्टि करना। जबकि, प्रारंभिक जांच के अलावा, आंकड़े जैसे-जैसे एकत्रित हों, प्रविष्ट किये जा सकते हैं लेकिन उनका पूर्ण विश्लेषण सारे डेटा की प्रविष्टि के बाद ही किया जाता है। चित्र 13.3 में एसपीएसएस आंकडा प्रविष्टि स्क्रीन दर्शाया गया है।

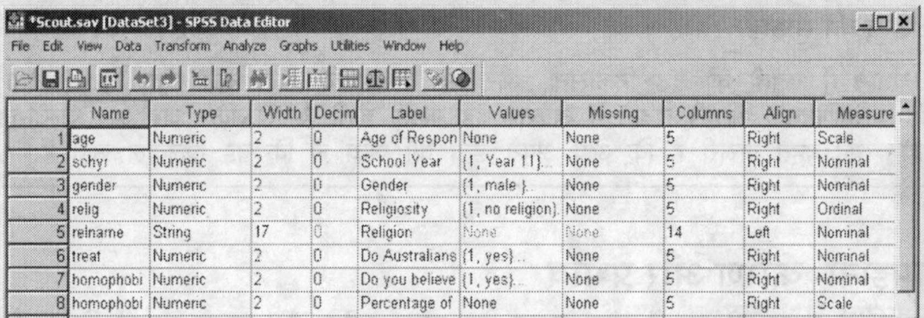

	Name	Type	Width	Decim	Label	Values	Missing	Columns	Align	Measure
1	age	Numeric	2	0	Age of Respon	None	None	5	Right	Scale
2	schyr	Numeric	2	0	School Year	{1, Year 11}...	None	5	Right	Nominal
3	gender	Numeric	2	0	Gender	{1, male }...	None	5	Right	Nominal
4	relig	Numeric	2	0	Religiosity	{1, no religion}.	None	5	Right	Ordinal
5	relname	String	17	0	Religion	None	None	14	Left	Nominal
6	treat	Numeric	2	0	Do Australians	{1, yes}...	None	5	Right	Nominal
7	homophobi	Numeric	2	0	Do you believe	{1, yes}...	None	5	Right	Nominal
8	homophobi	Numeric	2	0	Percentage of	None	None	5	Right	Scale
9	diffcult	Numeric	2	0	Difficulty in bei	{1, easy}...	None	5	Right	Ordinal
10	open	Numeric	2	0	Should student	{1, yes}...	None	5	Right	Nominal
11	friendsame	Numeric	2	0	Would you be f	{1, yes}...	None	5	Right	Nominal
12	friendsdiff	Numeric	2	0	Would you be f	{1, yes}...	None	5	Right	Nominal
13	comfclass	Numeric	2	0	Are you comfo	{1, absolutely}.	None	5	Right	Ordinal
14	hardtime	Numeric	2	0	Have you ever	{1, yes}...	None	5	Right	Nominal
15	parents	Numeric	2	0	Parents reacti	{1, positive}...	None	5	Right	Nominal
16										
17										
18										
19										
20										
21										

चित्र 13.2 एसपीएसएस वेरियबल व्यू

(जारी)

(जारी)

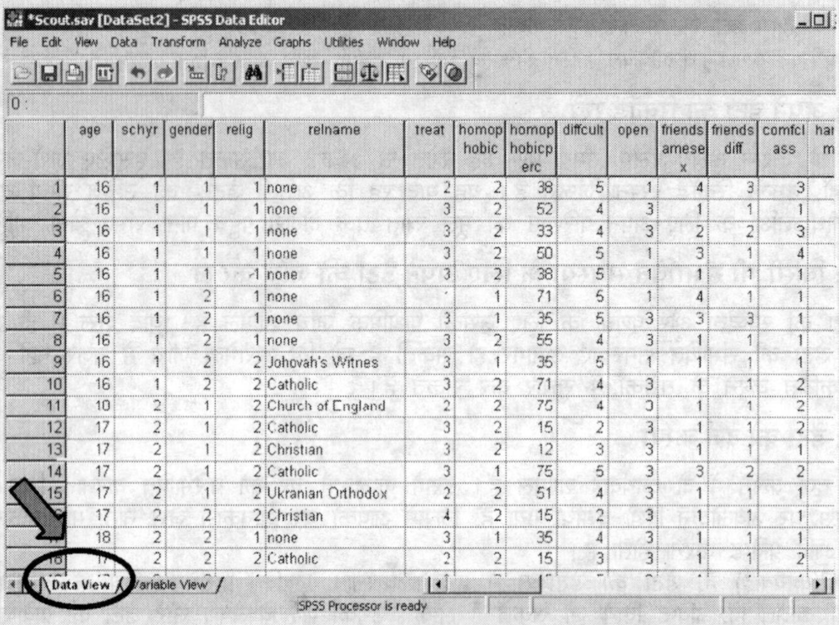

चित्र 13.3 एसपीएसएस डेटा व्यू

उपाय 5: डेटा की सफाई

डेटा को चढ़ाने में गलती को ढूंढ निकालना, और यह देखना कि डेटा सेट ठीक दिखाई देता है इसमें शामिल हैं। परिमाणात्मक आंकड़े चढ़ाने में अक्सर यह गलती होती है- खासकर जब आप जल्दी-जल्दी काम कर रहे हों। यह बहुत जरूरी है कि आप अपने डेटा को जांच लें कि वह बिलकुल सही हैं।

चर को समझना- कारण और प्रभाव

कारण और प्रभाव के माध्यम से चर में अंतर करना एक प्रमुख तरीका है। इसका तात्पर्य निर्भर और स्वतंत्र चर को पहचानना और उनके बीच अंतर करना है।

- निर्भर चर- जिन विषयों का आप अध्ययन कर रहे हैं या जिनको मापने का प्रयास कर रहे हैं। उदाहरण के लिए, शायद आप जानना चाहते हों कि किन कारणों से जीर्ण सर दर्द, ज्यादा आय के साधन, या माध्यमिक विद्यालय में उपलब्धि के स्तर होते हों- सर दर्द, आय, और उपलब्धि तीनों यहाँ निर्भर चर होंगे।
- स्वतन्त्र चर- जिन परिस्थितियों की वजह से उन विषयों पर प्रभाव पड़ रहा हो जिन्हें आप समझने का प्रयास कर रहे हैं। उदाहरण के लिए, पढ़ने से सर दर्द होता हो; आय निर्धारित करने में लिंग की भी भूमिका हो; उपलब्धि के स्तर पर माता पिता का प्रभाव हो। यहाँ पढ़ना, लिंग, और माता पिता का प्रभाव स्वतन्त्र चर हैं।

हालाँकि सैद्धांतिक रूप से निर्भर व स्वतंत्र चर के बीच अंतर समझना ज्यादा कठिन नहीं है, दोनों प्रकार की पहचान कर पाना अभ्यास से आता है। इसे कर पाने का एक तरीका तो केवल यह पूछना है कि क्या किस पर निर्भर है: उपलब्धि माता पिता के प्रभाव पर निर्भर है; आय लिंग पर निर्भर है। जैसा कि मैं अक्सर अपने विद्यार्थियों से कहती हूँ, यह कहना कि लिंग आय पर निर्भर है उचित नहीं होगा जब तक आप लिंग-परिवर्तन आपेरशन के लिए पैसा न बचा रहे हों!

चर को समझना- माप स्केल

माप स्केल का तात्पर्य उस विशेष चर के बीच होने वाले भिन्नता की प्रकृति से है जिसका आप अध्ययन कर रहे हैं। चार मूलभूत माप स्केल हैं जो कि क्रमश: और अधिक सूक्ष्म होते जाते हैं: सांकेतिक, क्रमसूचक, अंतराल, और अनुपात (तालिका 13.1 देखें)। प्रत्येक की सूक्ष्मता का सीधा सम्बन्ध उन पर हो सकने वाले सांख्यिकीय परीक्षणों से है। माप तराजू जितना सूक्ष्म होगा, आप उतना ही गूढ़ सांख्यिकीय विश्लेषण कर सकेंगे।

तालिका 13.1 माप स्केल

	सांकेतिक	क्रमसूचक	अंतराल	अनुपात
वर्गीकृत करता है	√	√	√	√
व्यवस्थित करता है		√	√	√
समान दूरी की इकाइयां			√	√
परम शून्य				√

- सांकेतिक- श्रेणियों को द्योतित करने के लिए संख्याओं को स्वेच्छा से बाँट दिया जाता है और वे बगैर किसी संख्यात्मक सार्थकता के कोडिंग योजना होते हैं (और इसीलिए गणितीय गणना करने के लिए प्रयोग में नहीं लाये जा सकते हैं)। उदाहरण के लिए, लिंग के मामले में आप स्त्रीलिंग के लिए एक नंबर का प्रयोग करेंगे, जैसे कि 1, और पुल्लिंग के लिए दूसरा, 2। इसी अध्याय में बाद में दिए गए उदाहरण में, 'स्नातक पढ़ाई के बाद की योजना' चर भी सांकेतिक है, जिसमें संख्याओं को स्वेच्छा से बांटा गया है जैसे 1= व्यावसायिक/तकनीकी प्रशिक्षण, 2= विश्वविद्यालय, 3= कर्मचारियों की संख्या, 4= विदेश यात्रा, 5= अनिश्चित, और 6= अन्य। सांकेतिक माप में, कोड एक दूसरे को ढँकने नहीं चाहिए (वे परस्पर अनन्य होने चाहिए) और कुल मिलाकर सारी संभावनाओं को सम्मिलित करना चाहिए (सामूहिक रूप से सम्पूर्ण होना चाहिए)। सांकेतिक डेटा का मुख्य कार्य शोधकर्ताओं को उत्तर मिलाने में मदद करना है ताकि वे जनसँख्या वंटन समझ सकें।
- क्रमसूचक- यह माप श्रेणियों को सार्थक तरीके से क्रम-बद्ध करता है; कोडिंग में क्रम होता है। लेकिन, अंतर का विस्तार, नहीं दर्शाया जाता है। उदाहरण के लिए, सामाजिक-आर्थिक स्थिति लें (निम्न, मध्य, और उच्च वर्ग)। निम्न वर्ग बाकी दोनों वर्गों से निचली स्थिति दर्शाता है लेकिन उनके बीच का अंतर नहीं परिभाषित होता है। अन्य उदाहरण हैं हवाई यात्रा (इकोनॉमी, बिजनेस और प्रथम श्रेणी), और जहाँ उत्तरदाताओं को चुने गए विकल्पों को क्रम-बद्ध करने के लिए कहा जाता है (विकसित देशों में सबसे बड़ी पर्यावरण सम्बन्धी समस्याएं)। लाइकर्ट की तरह के माप, जिनमें उत्तरदाताओं को बिंदु पैमाने पर उत्तर का चयन करना होता है (उदाहरण के लिए- मुझे काम पर जाना अच्छा लगता है: 1= बिलकुल असहमत, 2= असहमत, 3= कोई प्रतिक्रिया नहीं, 4= सहमत, 5= पूरी तरह से सहमत), क्रमसूचक हैं क्योंकि इन (उत्तरों) के विस्तार में अंतर निर्धारित नहीं किया जा सकता। लेकिन बहुत से शोधकर्ता लाइकर्ट माप को अंतराल (माप) की तरह प्रयोग करते हैं क्योंकि इससे उन्हें ज्यादा सूक्ष्म सांख्यिकीय परीक्षण करने में मदद मिलती है। ज्यादातर छोटे-स्तर के अध्ययनों में इसे समस्यात्मक नहीं माना जाता है।
- अंतराल- डेटा को क्रम-बद्ध करने के साथ-साथ, अंतर दर्शाने के लिए यह माप सामान दूरी की इकाइयों का प्रयोग करता है। लेकिन, इस माप में परम शून्य नहीं होता है। इसका एक उदाहरण है तारीख: वर्ष 2009 वर्ष 1965 से 44 साल बाद आता है, लेकिन 1 ईसवी से समय की शुरुआत नहीं हुई थी। बौद्धिक स्तर को भी अंतराल माप का हिस्सा माना जाता है जबकि यहाँ कुछ मतभेद हैं कि माप के बिंदु समान दूरी पर माने जा सकते हैं या नहीं।
- अनुपात- अनुपात माप में न केवल हर बिंदु सामान दूरी पर होता है, इसमें परम शून्य भी होता है। अनुपात डेटा के उदाहरण में उम्र, लम्बाई, दूरी, और आय शामिल हैं। चूंकि अनुपात आंकड़े 'वास्तविक' नंबर हैं, सभी गणितीय कार्य किये जा सकते हैं।

वर्णनात्मक डेटो

जैसा कि नाम से ही पता चल जाता है, वर्णनात्मक डेटा का प्रयोग डेटा सेट के मौलिक रूपकों का वर्णन करने के लिए किया जाता है और वे चर को संक्षिप्त रूप से प्रस्तुत करने के लिए मुख्य. हैं। इसका लक्ष्य परिमाणात्मक

वर्णनों को प्रबंधनीय व बोधगम्य रूप में प्रस्तुत करना होता है। विशेष रूप से वर्णनात्मक आंकड़े केन्द्रीय प्रवृत्ति के माप, परिक्षेपण, और वंटन आकार प्रदान करते हैं। इस तरह के माप डेटा के प्रकार (सांकेतिक, क्रमसूचक, अंतराल, अनुपात) के अनुसार भिन्न होते हैं और सांख्यिकी प्रोग्राम में मानक गणना होते हैं।

केन्द्रीय प्रवृत्ति को मापना

सबसे मूलभूत प्रश्न जो आप अपने डेटा में खोज अकते हैं वे केन्द्रीय प्रवृत्ति के होते हैं। उदाहरण के लिए, एक परीक्षा में औसत अंक क्या थे? गर्भपात के मुद्दे पर ज्यादातर लोगों का झुकाव वाम या दक्षिण किस तरफ होता है? या ज्यादातर लोगों के अनुसार हमारी स्वास्थ्य प्रणाली में मुख्य समस्या क्या है? सांख्यिकी में, केन्द्रीय प्रवृत्ति को मापने के लिए तीन प्रकार हैं: औसत, माध्यिक, और बहुलक- और ऊपर दिए गए प्रश्न क्रमश: इन तीनों मापों से सम्बंधित हैं (उदाहरण के लिए तालिका 13.2 देखें)। हालाँकि केन्द्रीय प्रवृत्ति के मापों की गणना हाथ से भी की जा सकती है, सभी सांख्यिकीय प्रोग्राम इन डेटा की स्वत: गणना कर सकते हैं।

तालिका 13.2 'प्रतिभागियों की उम्र'* की केन्द्रीय प्रवृत्ति

स्थानीय युवा समूह के प्रतिभागियों की उम्र सम्बन्धी आंकड़े	
असंसाधित आंकड़े	12, 12, 10, 9, 12, 15, 11, 12, 11, 11, 15, 16, 17, 12, 13, 13, 14, 11, 10, 9, 9, 8, 13, 14, 12, 14, 15, 13, 13,10, 9, 13, 14, 13, 9
एन (केसों की संख्या)	35
औसत (औसत)	12.11
माध्यिका (मध्य बिंदु)	12
बहुलक (सबसे आम मूल्य)	13

* एसपीएसएस द्वारा उत्पन्न आंकड़े।

- औसत- गणितीय औसत। औसत की गणना करने के लिए, आप सभी केसों के मूल्यों को जोड़ लें और केसों की संख्या से उसका भाग कर दें। चूंकि, औसत एक गणितीय गणना है, इसका प्रयोग अंतराल व अनुपात डेटा की केन्द्रीय प्रवृत्ति को मापने के लिए किया जाता है, और सांकेतिक और क्रम-सूचक डेटा के लिए नहीं किया जा सकता जहाँ नम्बरों का 'कोड' की तरह प्रयोग होता है। उदाहरण के लिए, क्रिश्चियनों, बौद्धों और मुसलामानों को दिए गए 1, 2, और 3 नंबरों का औसत निकालने का कोई अर्थ नहीं होगा।
- माध्यिका- किसी श्रेणी का मध्य बिंदु। माध्यिका निकलने के लिए आप सभी मूल्यों को आरोही (अथवा अवरोही) क्रम में लगा लें और मध्य बिंदु खोज लें। इस माप का प्रयोग ज्यादातर क्रम-सूचक डेटा में किया जाता है, और इसके प्रयोग से चरम मूल्यों का प्रभाव कम हो जाता है (जैसे $ 1 मिलियन की चरम आय के एक मूल्य की वजह से औसत आमदनी का स्तर बढ़ जाएगा- लेकिन इससे मध्य बिंदु पर कोई फर्क नहीं पड़ेगा)। यह जरूर है कि, इसकी भी एक सीमा है क्योंकि चरम मूल्य भी किसी शोध के लिए महत्वपूर्ण हो सकते हैं।
- बहुलक- किसी भी चर के लिए जो मूल्य सबसे ज्यादा पाए गए हों। चूंकि सांकेतिक आंकड़ा श्रेणीगत होता है और गणितीय तरीकों से इसमें जोड़-तोड़ नहीं किया जा सकता, यह केन्द्रीय प्रवृत्ति के माप के लिए बहुलक पर निर्भर रहता है।

परिक्षेपण को मापना

जबकि डेटा का विवरण व सरलीकरण के लिए केन्द्रीय प्रवृत्ति के माप बहुत उपयोगी हैं, उनके साथ प्रतिक्रिया परिवर्तनशीलता की जानकारी भी पूरित करनी पड़ती है। मान लीजिए आपके पास एक छात्रों का समूह है जिनकी बौद्धिक स्तर 100, 100, 95, और 105 है, और दूसरे समूह के छात्रों की बौद्धिक स्तर 60, 140, 65, और 135 है। तब केन्द्रीय प्रवृत्ति, इस स्थिति में, दोनों समूहों का औसत 100 होगा। लेकिन औसत के प्रति परिक्षेपण के लिए आपको पाठ्यक्रम डिजाईन करना होगा और दोनों समूहों के साथ भिन्न तरीके से संलग्न होना होगा। परिक्षेपण को समझने के कई तरीके हैं, जो कि अलग-अलग चर प्रकारों के लिए उपयुक्त हैं। केन्द्रीय प्रवृत्ति की तरह ही सांख्यिकी प्रोग्राम इसमें भी अपने आप आंकड़े उत्पन्न कर सकते हैं (तालिका 13.3)।

- श्रेणी- परिक्षेपण मापने का यह सबसे आसान तरीका है, और यह सबसे बड़े मूल्य में से सबसे छोटे मूल्य को घटाने से मिलता है। उदाहरण के लिए, यदि आपके प्रतिभागियों की उम्र 8 से 17 वर्ष के बीच है, श्रेणी 9 वर्ष होगी। हालाँकि इस माप की गणना करना आसान है, यह केवल दूरतम मूल्यों पर निर्भर है, और मध्यमवर्ती मूल्यों को नजरअंदाज करता है।

तालिका 13.3 'प्रतिभागियों की उम्र'* का परिक्षेपण

स्थानीय युवा समूह के प्रतिभागियों की उम्र सम्बन्धी आंकड़े	
असंसाधित आंकड़े	12, 12, 10, 9, 12, 15, 11, 12, 11, 11, 15, 16, 17, 12, 13, 13, 14, 11, 10, 9, 9, 8, 13, 14, 12, 14, 15, 13, 13,10, 9, 13, 14, 13, 9
एन (केसों की संख्या)	35
श्रेणी (डेटा का फैलाव)	8 से 17= 9
अन्तःचतुर्थक श्रेणी (25वें और 75वें शतमक के बीच फैले हुए)	10 से 14= 4
प्रसरण (औसत के आस-पास फैला हुआ)	4.93
मानक विचलन (प्रसरण का वर्ग-मूल)	2.22

* एसपीएसएस द्वारा उत्पन्न आंकड़े।

- चतुर्थक- इसमें श्रेणी को चार बराबर भागों या 'चतुर्थकों' में बांटा जाता है और यह क्रम-सूचक डेटा के परिक्षेपण को मापने के एक आम तरीका है, या उन डेटा को जिनकी केन्द्रीय प्रवृत्ति माध्यिका से मापी जाती है। इससे शोधकर्ताओं को विभिन्न चतुर्थांश में तुलना करने या अंदर के 50% को परिक्षेपण माप के रूप में पेश करने का मौका मिलता है। इसे अन्तःचतुर्थक श्रेणी कहा जाता है।
- प्रसरण- यह माप औसत के आसपास के फैलाव की गणना करने के लिए सारे मूल्यों का प्रयोग करता है, और वास्तव में 'मध्य के वर्ग अंतर का औसत' होता है। अनुपात और अंतराल डेटा से इसकी गणना करनी होती है और यह परिक्षेपण का अच्छा संकेत देता है। लेकिन, शोधकर्ताओं द्वारा प्रसरण के वर्ग-मूल, जिसे मानक विचलन के नाम से जाना जाता है, के रूप में प्रयोग करना व प्रस्तुत करना ज्यादा आम है।
- मानक विचलन (मा. वि.)- यह प्रसरण का वर्ग-मूल होता है, और अंतराल और अनुपात डेटा के लिए कई आम सांख्यिकीय परीक्षणों में प्रयोग किया जाता है। जैसा कि नीचे बताया गया है, जो आंकड़े सामान्य वक्र में आते हैं उनमें इसकी शक्ति सामने आती है।

डेटा के आकार को मापना

किसी डेटा सेट को पूरी तरह समझने के लिए, केन्द्रीय प्रवृत्ति और परिक्षेपण को डेटा के आकार, या आंकड़े किस तरह वंटित हैं, इस सन्दर्भ में देखा जाना चाहिए। जैसा कि चित्र 13.4 में दर्शाया गया है, सामान्य वक्र 'घंटी के आकार' का होता है; डेटा का वंटन सममित होता है, जिसमें औसत, माध्यिका और बहुलक सभी वक्र के उच्चतम बिंदु पर मिलते हैं। यदि डेटा का वंटन सममित नहीं होता है, उसे विषम माना जाता है। विषम डेटा में औसत, माध्यिका और बहुलक अलग-अलग बिंदुओं पर पाए जाते हैं।

बारंबारता-आवृत्ति वक्र रेखा दर्शाता है कि 'सामान्य' की अपेक्षा कोई वंटन कितना चोटीदार या सपाट है। सकारात्मक बारंबारता-आवृत्ति वक्र रेखा अपेक्षाकृत चोटीदार वंटन दर्शाता है, जबकि नकारात्मक बारंबारता-आवृत्ति वक्र रेखा सपाट वंटन दर्शाता है।

वंटन के आकार को समझने का महत्त्व उससे निकलने वाले सांख्यिकीय निष्कर्ष में है। जैसा कि चित्र 13.5 में दिखाया गया है, मानक विचलन का महत्त्व सामान्य वंटन के कुछ विशेष नियमों के तहत आता है, जो कि निम्न हैं:

- 68.3% केस औसत के एक मानक विचलन के तहत आयेंगे;
- 95.4% केस औसत के दो मानक विचलन के तहत आयेंगे;
- 99.7% केस औसत के तीन मानक विचलन के तहत आयेंगे।

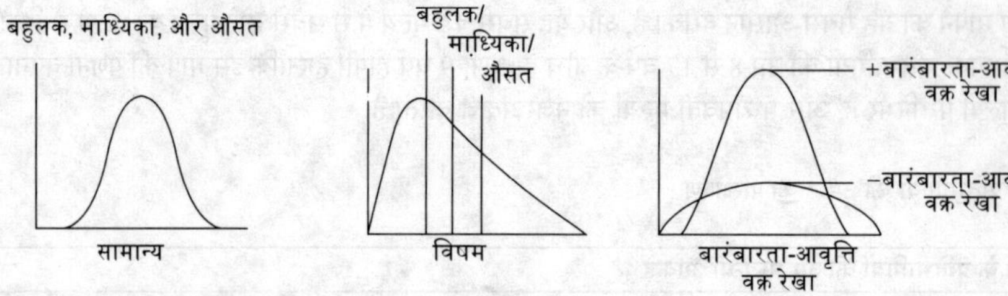

चित्र 13.4 डेटा का आकार

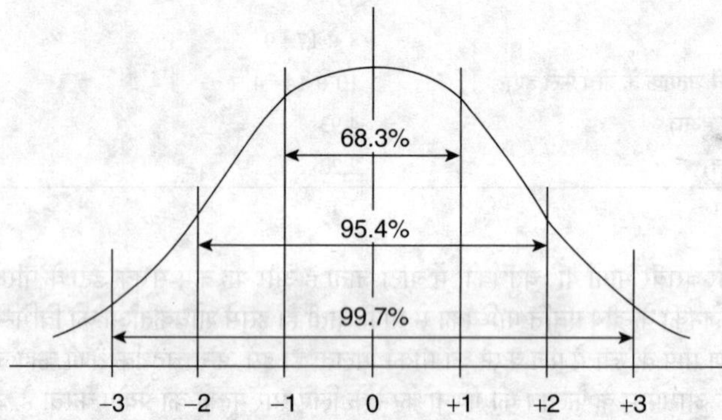

चित्र 13.5 सामान्य वक्र के अतर्गत क्षेत्र

तो यदि हमारे पास 'प्रतिभागियों की उम्र' से सम्बंधित नमूना आंकड़े के लिए सामान्य वक्र है [औसत= 12.11, मा. वि.= 2.22; तालिका 13.2 और 13.3 देखें], 68.3% प्रतिभागियों की उम्र 9.89 और 14.33 वर्ष के बीच पड़ेगी [12.11 - 2.22 और 12.11 + 2.22]। तालिका 13.4 में हमारे नमूना डेटा सेट के वास्तविक वक्र, विषमता, और बारंबारता-आवृत्ति वक्र रेखा दिखाए गए हैं।

सामान्य वक्र के इन नियमों से बहुत शक्तिशाली सांख्यिकीय परीक्षण का प्रयोग संभव हो पाता है और अक्सर इनका प्रयोग अंतराल और अनुपात डेटा के साथ किया जाता है (कभी-कभी प्राचालिक परीक्षण भी कहा जाता है)। जो आंकड़े सामान्य वक्र (नामिक व क्रमसूचक डेटा) की मान्यताओं को नहीं मानते, शोधकर्ता को निष्कर्ष निकालने के लिए गैर-प्राचालिक सांख्यिकीय परीक्षणों का प्रयोग करना चाहिए।

आनुमानिक सांख्यिकी

जबकि वर्णनात्मक सांख्यिकी का लक्ष्य आपके नमूने का वर्णन करना व संक्षेप में प्रस्तुत करना है, आनुमानिक सांख्यिकी का लक्ष्य निष्कर्ष निकालना है जो कि आपके निकतम आंकड़े/नमूने से परे है। उदाहरण के लिए, आनुमानिक सांख्यिकी का प्रयोग विभिन्न चरों के बीच के संबंधों, या, इससे भी महत्वपूर्ण नमूना डेटा में जनसँख्या की विशेषताओं के बारे में कई परिकल्पनाओं का परीक्षण करने के लिए किया जा सकता है। दूसरे शब्दों में, आनुमानिक सांख्यिकी से आपको सामान्यीकरण में मदद मिलती है।

तालिका 13.4 'प्रतिभागियों की उम्र'* के डेटा का आकार

स्थानीय युवा समूह के प्रतिभागियों की उम्र सम्बन्धी आंकड़े	
असंसाधित आंकड़े	12, 12, 10, 9, 12, 15, 11, 12, 11, 11, 15, 16, 17, 12, 13, 13, 14, 11, 10, 9, 9, 8, 13, 14, 12, 14, 15, 13, 13, 10, 9, 13, 14, 13, 9
एन (केसों की संख्या)	35
हिस्टोग्राम (वंटन)	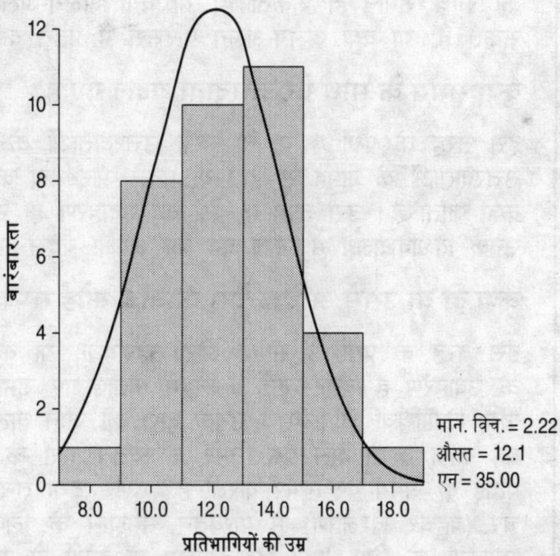
विषमता (सममितता)	0.070
बारंबारता-आवृत्ति वक्र रेखा (समतलता)	-0.562

* एसपीएसएस द्वारा उत्पन्न आंकड़े व हिस्टोग्राम।

आनुमानिक सांख्यिकी के लिए उपयुक्त प्रश्न

तो आनुमानिक सांख्यिकी हमें क्या बता सकता है? अच्छा, आनुमानिक सांख्यिकी से, जैसा कि बाक्स 13.3 में दिखाया गया है, हम अपने डेटा से कई स्तरों पर पूछताछ कर सकते हैं।

बाक्स 13.3

आनुमानिक सांख्यिकी के प्रयोग से परिमाणात्मक डेटा की पूछताछ करने के लिए प्रश्न

मेरे शोध के प्रतिभागी बाकी जनसँख्या की तुलना में कहाँ आते हैं?

इस तरह के प्रश्न एक नमूने की पूरी जनसँख्या से तुलना करते हैं। मान लीजिए आप विश्वविद्यालय के किसी विशेष पाठ्यक्रम के विद्यार्थियों पर शोध कर रहे हैं। इसमें आप पूछ सकते हैं कि क्या सांख्यिकीय तौर पर आपके नमूने में पुरुषों या महिलाओं का प्रतिशत, या उनकी औसत उम्र, या उनकी रूचि देश भर के विश्वविद्यालयों के बाकी विद्यार्थियों के समान है। इस तरह के प्रश्नों का उत्तर पाने के लिए आपको इस बड़ी श्रेणी के विद्यार्थियों कि जनसँख्या के आंकड़े उपलब्ध होने चाहियें।

(जारी)

(जारी)

क्या दो या उससे ज्यादा उत्तरदाताओं के समूहों के बीच फर्क हैं?

दो या ज्यादा समूहों के बीच तुलना करने वाले प्रश्न बहुत आम हैं और अक्सर उन्हें 'विषयों के बीच' कहा जाता है। विद्यार्थियों के प्रसंग पर ही चर्चा करते हुए, आप पूछ सकते हैं कि क्या पुरुष व महिला विद्यार्थियों की रूचि समान हो सकती है; या क्या अलग-अलग मानवजातियों के विद्यार्थी अलग-अलग पाठ्यक्रम कर सकते हैं; या क्या अलग-अलग परिसरों में पढ़ने वाले विद्यार्थियों के ग्रेड पॉइंट औसत अलग होते हैं।

क्या समय के साथ मेरे उत्तरदाता बदल गए हैं?

इस तरह के प्रश्नों में या तो उसी उत्तरदाताओं के समूह या पहले समूह के समान विशेषताओं वाले दूसरे उत्तरदाताओं के समूह से डेटा के पहले और बाद के सवाल पूछे जाते हैं। इन्हें अक्सर 'विषयों के अंतर्गत' कहा जाता है। इस तरह के प्रश्न का उदाहरण हो सकता है 'क्या अंतिम-वर्ष के छात्रों' की पढ़ाई की आदतें उनके विश्वविद्यालय में पहले वर्ष की अपेक्षा बदल गईं हैं?

क्या दो या उससे अधिक चरों के बीच कोई सम्बन्ध है?

इस तरह के प्रश्नों से संबंधों और सहसंबंधों, या कारण और प्रभाव देखा जा सकता है। सम्बन्ध के प्रश्नों के उदाहरण हैं 'क्या पढ़ाई करने में बिताए गए समय व विश्वविद्यालय से संतुष्टि में कोई सम्बन्ध है?' और 'क्या विद्यार्थियों के लिंग व उनके द्वारा की जाने वाली पाठ्येतर गतिविधियों में सहसंबंध है?' कारण व प्रभाव की खोज करने वाले प्रश्न निर्भर व स्वतंत्र चरों के बीच अंतर करते हैं। उदाहरण के लिए, 'क्या संतुष्टि पढ़ाई के समय पर निर्भर करती है?' और 'क्या तनाव कोर्स पर निर्भर है?' कारण-और-प्रभाव सम्बन्ध, निर्भर चर (बहुचर विश्लेषण) में परिवर्तन समझाने के लिए एक से ज्यादा स्वतंत्र चरों को भी देख सकते हैं। उदाहरण के लिए, 'क्या विश्वविद्यालय के कोर्स से संतुष्टि पढ़ाई की आदत की अवधि, उम्र, और आजीविका की आकांक्षाओं इनके सम्मिश्रण पर निर्भर है?'

सांख्यिकीय महत्त्व

जैसे पहले चर्चा की जा चुकी है, आनुमानिक सांख्यिकी का लक्ष्य है एक नमूने से आगे भी व्यापक परिणाम निकालना है। लेकिन क्योंकि आंकड़े एक नमूने तक ही सीमित होते हैं, 100% विश्वास से यह कहना नामुमकिन है कि किसी भी व्यापक परिणाम में त्रुटि की कोई संभावना नहीं है। लेकिन आनुमानिक सांख्यिकी में यह जरूर करने की अनुमति होती है कि किसी भी देखे गए अंतर की संभाव्यता की जांच की जा सके कि वह केवल एक संयोग या मौका था या वास्तव में उसका कोई सांख्यिकीय महत्त्व है।

सांख्यिकीय महत्त्व अक्सर 'पी-मूल्य' से तात्पर्य रखता है, जो कि वास्तविक संभाव्यता का आकलन करता है कि आपके निष्कर्ष केवल एक संयोग मात्र ही नहीं हैं। पारंपरिक पी-मूल्य 0.05, 0.01, और 0.001 हैं, जो आपको बताते हैं कि आपके निष्कर्षों के संयोग से होने की संभाव्यता क्रमशः 5/100, 1/100, और 1/1,000 है। मूल रूप से, जितना पी-मूल्य कम होगा, उतना शोधकर्ता आश्वस्त हो सकते हैं कि उनके निष्कर्ष प्रामाणिक हैं। ध्यान रहे कि शोधकर्ता अक्सर 0.05 से ज्यादा पी-मूल्य के निष्कर्षों को नहीं मानते हैं क्योंकि इसकी सम्भावना बहुत बढ़ जाती है कि निष्कर्ष या तो संयोग हैं या फिर प्रतिचयन में त्रुटि की वजह से हुए हैं।

उपयुक्त सांख्यिकीय परीक्षण समझना व चुनना

बाक्स 13.3 में दिए गए प्रश्नों के उत्तर खोजने में मदद के लिए बहुत सारे सांख्यिकीय परीक्षण उपलब्ध हैं। और जबकि ज्यादातर सांख्यिकीय परीक्षणों का तर्क समझना जरूरी है (तालिका 13.5 देखें), एसपीएसएस और एसएएस जैसे प्रोग्राम आपके उन परीक्षणों के गणितीय सञ्चालन जाने बगैर इस तरह के परीक्षणों को चलाने में सक्षम हैं। लेकिन

इसमें, आपके लिए कौन-सा परीक्षण ज्यादा उपयुक्त है यह जानने की समस्या रह जाती है। सौभाग्यवश, आजकल इन्टरनेट पर उपलब्ध बहुत से परीक्षण चयनकर्ताओं की आप मदद ले सकते हैं (बिल त्रोखिम का परीक्षण चयनकर्ता www.socialresearchmethods.net/kb/index.htm देखें) और मोडस्टाट और एसपीएसएस जैसे प्रोग्राम की मदद से।

लेकिन इन चयनकर्ताओं की मदद के बाद भी (तालिका 13.5 में मेरे द्वारा दिए गए सारणी से भी), आपको फिर भी अपने चरों की प्रकृति (स्वतंत्र/निर्भर), माप के स्केल (सांकेतिक, क्रम-बद्ध, अंतराल, अनुपात), वंटन आकार (सामान्य या विषम), जिस तरह के प्रश्न आप पूछना चाहते हैं, और जिस तरह के निष्कर्षों पर आप पहुंचना चाहते हैं यह सब जानना होगा।

बाक्स 13.4 में एक-चर (एक चर का), द्विचर (दो चर का), और बहुचर (तीन या उससे ज्यादा चरों का) विश्लेषणों के बीच का अंतर समझाया गया है, जबकि तालिका 13.5 में इस तरह के विश्लेषणों को करने के लिए आम परीक्षणों के बारे में बताया गया है। तालिका 13.5 के पहले कालम को एक चर डेटा के लिए पढ़ा जा सकता है (इस कालम में डेटा के प्रकार, केंद्रीय प्रवृत्ति के माप, परिक्षेपण, और इस तरह के चर का जनसँख्या से तुलना के लिए उपयुक्त परीक्षण इन सब के उदाहरण दिए गए हैं)। इस (कालम) को दो या उससे ज्यादा के चरों के बीच के संबंधों की खोज के लिए भी एक ग्रिड की तरह पढ़ा जा सकता है। जब आपको पता चल हाय कि कौन-सा परीक्षण करना है, आपका सांख्यिकीय सॉफ्टवेयर विश्लेषण और सांख्यिकीय महत्ता का आकलन कर पायेंगे।

बाक्स 13.4

एक-चर, द्विचर, और बहुचर विश्लेषण

एक-चर

एक-चर विश्लेषण का लक्ष्य एक बार में एक चर का परीक्षण कर डेटा की स्पष्ट तस्वीर मुहैया कराना है। यह वर्णनात्मक शोध की आधारशिला है और इसमें केन्द्रीय प्रवृत्ति के माप, परिक्षेपण और वंटन व शामिल हैं, जिनकी वर्णनात्मक सांख्यिकी में चर्चा की गई। जबकि एक-चर विश्लेषण में सहसम्बन्ध, कारण और प्रभाव, और प्रतिरूपण से सम्बन्ध नहीं होता है, यह सभी प्रकार व स्तर के सांख्यिकीय विश्लेषण के लिए अनिवार्य प्रारंभिक अवस्था है।

द्विचर

द्विचर विश्लेषण का लक्ष्य दो चरों के बीच के संबंधो का निरीक्षण करना है; उदाहरण के लिए, क्या शिक्षा के स्तर व टेलीविजन देखने की आदतों में, या लिंग और आय में कोई सम्बन्ध है। जैसा कि तालिका 13.5 में दर्शाया गया है, इस तरह के संबंधों की जांच करने के लिए परीक्षणों की संख्या बहुत है और चर के अनुसार बदलती है। सबसे आम परीक्षण हैं प्रति-तालिका बनाना (ची-वर्गफल निकालना जो कि दो या उससे ज्यादा चरों के लिए प्रयोग किया जाता है), अनोवा (एक सांकेतिक व एक अनुपातिक चर के लिए प्रयोग किया जाता है), और सहसंबंध (दो अनुपातिक चर के लिए प्रयोग किया जाता है)।

बहुचर

बहुचर विश्लेषण का लक्ष्य तीन या उससे ज्यादा चरों के बीच के संबंधो की जांच करना है। इससे शोधकर्ताओं को गूढता का एक स्तर मिलता है जिसमें वे कारण और प्रभाव की जांच कर सकते हैं, साथ ही सिद्धांतों का भी परीक्षण कर सकते हैं और प्रतिरूप बना सकते हैं व उनका परीक्षण कर सकते हैं। बहुचर विश्लेषण के साथ शोधकर्ता न केवल यह जांच कर सकते हैं कि निर्भर चर दो या उससे ज्यादा स्वतंत्र चरों पर निर्भर है (जैसे लिंग और शिक्षा प्राप्ति दोनों पर आय निर्भर है), इसके साथ ही निर्भर चरों के बीच संबंधों को भी स्वीकार सकते हैं (जैसे लिंग और शिक्षा प्राप्ति के बीच सम्बन्ध)। बहुचर विश्लेषण

(जारी)

(जारी)

में प्रयोग किये जाने वाले कुछ तरीके हैं गुणक विश्लेषण, विस्तरण, संरचनात्मक समीकरण प्रतिरूपण, मानोवा, गुणज समाश्रयण, प्रामाणिक सहसंबंध, और पथ विश्लेषण। यहाँ यह ध्यान रखने की जरूरत है कि विश्लेषण के इस स्तर पर अक्सर सांख्यिकीय विशेषज्ञों की मदद ली जाती है।

परिमाणात्मक डेटा को प्रस्तुत करना

जब परिमाणात्मक डेटा को प्रस्तुत करने की बात होती है, उस समय अपने शोध के प्रत्येक चर के लिए ग्राफ़, नक्शों व तालिकाओं को प्रस्तुत करने का प्रलोभन हो सकता है। लेकिन यह जरूरी है कि इस प्रलोभन का विरोध कर यह तय किया जाये कि आपके काम में सबसे जरूरी क्या है। आपके निष्कर्षों से आपके उद्देश्यों, अभिप्रायों और शोध प्रश्नों की कहानी पता चलनी चाहिए।

जब यह सवाल उठता है कि डेटा को किस तरह प्रस्तुत किया जाये, मेरे विचार से एक सुनहरा नियम है: आपकी प्रस्तुति पाठक के लिए मेहनत का कारण नहीं बनना चाहिए। डेटा के नाम पर ज्यादातर लोगों की आँखें पथरा जाती हैं, इसलिए आपके आंकड़े समझने में मुश्किल नहीं होने चाहिए। इसे समझने के लिए आपको सांख्यिकीविद न बनना पड़े। आपकी चुनौती है अपने डेटा को लेखाचित्रित व मौखिक रूप से इस तरह प्रस्तुत करना कि उनके अर्थ साफ़ हों। जो भी ग्राफ़ व तालिकाएं आप प्रस्तुत करें वे पाठक को पढ़ने में मदद करने वाले होने चाहियें। इसलिए जहाँ एक तरफ आपको पर्याप्त जानकारी देनी है, वहीं दूसरी तरफ अत्यधिक जानकारी नहीं देनी है। बाक्स 13.5 में लेखाचित्रीय प्रस्तुतीकरण की मुख्य बातें दी गई हैं, और वहीं बाक्स 13.6 में परिमाणात्मक डेटा को तालिकों में प्रस्तुत करने पर विचार किया गया है।

तालिका 13.5 सांख्यिकीय परीक्षण चुनना

एक-चर		**द्वि-/बहुचर**	
	सांकेतिक	**क्रमसूचक**	**अंतराल/अनुपात (प्रसमता की मान्यता- यदि सामान्य नहीं है तो क्रमसूचक परीक्षणों का प्रयोग करें)**
सांकेतिक			
2-बिंदु माप, उदाहरण- लिंग: 1=स्त्री, 2=पुरुष	दो या उससे ज्यादा समूहों की तुलना करें: **ची-वर्गफल निकालना**	दो समूहों की तुलना करें: मान-व्हिटनी तीन या उससे ज्यादा समूह: **क्रुस्कल-वालिस**	दो या उससे ज्यादा समूहों की तुलना करें: **अनोवा उसके बाद टी-परीक्षण**
3-बिंदु माप, उदाहरण- धर्म: 1=कथोलिक, 2=प्रोटेस्टेंट, 3=यहूदी केन्द्रीय प्रवृत्ति: **बहुलक** परिक्षेपण: **बारंबारता**	उसी समूह में समयानुसार तुलना करें: 2 पॉइंट: **म्कनेमार परीक्षण** **3+पॉइंट: कोचरान'स क्यू**	उसी समूह में समयानुसार दो बार से ज्यादा तुलना करें: 2 पॉइंट: **विलकॉक्स द्वारा हस्ताक्षरित श्रेणी परीक्षण** 3+पॉइंट: कोचरान'स क्यू तीन या उससे ज्यादा बार (2+पॉइंट): **फ्रीडमैन'स परीक्षण**	उसी समूह में समयानुसार ज्यादा तुलना करें (2+पॉइंट): **अनोवा उसके बाद टी-परीक्षण**

एक-चर		द्वि-/बहुचर	
नमूने से जनसँख्या की तुलना करें: **ची-वर्गफल निकालना**	दूसरे चरों के साथ सम्बन्ध: हाँ/नहीं: ची-वर्गफल निकालना संबंधो की शक्ति: 2 पॉइंट: **फाई** 3+ पॉइंट: **लैम्बडा**	दूसरे चरों के साथ सम्बन्ध: हाँ/नहीं: ची-वर्गफल निकालना संबंधो की शक्ति: 2+ पॉइंट: **लैम्बडा**	दूसरे चरों के साथ सम्बन्ध: हाँ/नहीं: पियर्सन'स उत्पाद पल सहसंबंध संबंधो की शक्ति: एफ-परीक्षण दो या उससे ज्यादा स्वतंत्र व 1 निर्भर चर के साथ: मानोवा 2+ निर्भर चर और 3+ समूह: गुणज समाश्रयण और पथ विश्लेषण
क्रमसूचक			
टीवी देखना, वरीयता क्रम में: 1=सिटकॉम, 2=ड्रामा, 3=मूवी, 4=समाचार, 5=रियलिटी टीवी अथवा लाईकर्ट माप: 1=बिलकुल असहमत, 2=असहमत, 3=कोई प्रतिक्रिया नहीं, आदि केन्द्रीय प्रवृत्ति: माध्यिका परिक्षेपण: अन्तःचतुर्थक श्रेणी		छोटा नमूना, <10: केंडल'स ताऊ बड़ा नमूना: स्पीयरमैन'स हों	जस्पेन'स गुणांक के बहुक्रमांक सहसंबंध जहाँ अंतराल/अनुपात चर निर्भर हैं: अनोवा
नमूने से जनसँख्या की तुलना करें: **कोल्मोगोरोव-स्मर्नोव**		जहाँ एक चर निर्भर है: **सोमर'स डी**	
अंतराल/अनुपात			
अंतराल, उदाहरण: **बौद्धिक स्कोर** अनुपात, उदाहरण: वास्तविक संख्या, उम्र, लम्बाई, वजन केन्द्रीय प्रवृत्ति: औसत परिक्षेपण: मानक विचलन नमूने से जनसँख्या की तुलना करें: **टी-परीक्षण**			दूसरे चरों के साथ सम्बन्ध- निर्भर/स्वतंत्र के बीच अंतर नहीं: **पियर्सन'स उत्पाद पल सहसंबंध** एक स्वतंत्र व एक निर्भर चर के साथ: **पियर्सन'स रैखिक सहसंबंध** दो या उससे ज्यादा स्वतंत्र व 1 निर्भर चर के साथ: **गुणज समाश्रयण** दो या उससे ज्यादा स्वतंत्र व दो या उससे ज्यादा निर्भर चर के साथ: **प्रामाणिक सहसंबंध**

बाक्स 13.5

प्रचुर संख्या में ग्राफ

जैसे कहावत है कि, एक चित्र हजार शब्दों से बढ़कर होती है, उसी तरह एक ग्राफ आपके परिणामों बखूबी संप्रेषित कर सकता है।

नमूना आंकड़े

परिमाणात्मक शोध में सबसे ज्यादा प्रयोग में आने वाले ग्राफ आपको दिखाने के लिए हाई स्कूल से स्नातक होने वाले 60 विद्यार्थियों (30 पुरुष व 30 महिलाओं) पर किये गए एक काल्पनिक सर्वेक्षण का उदाहरण लेकर मैंने चार-चरों का डेटा सेट एसपीएसएस में डाला:

(जारी)

(जारी)

लिंग	ग्रेड पॉइंट औसत (संभावित 4 में से)	स्नातक होने के बाद की योजना	विश्वविद्यालय का महत्व
1= स्त्री 2= पुरुष		1= व्यावसायिक/ तकनीकी प्रशिक्षण 2= विश्वविद्यालय 3= कर्मचारी 4= यात्रा 5= अनिश्चित 6= अन्य	1= बिलकुल महत्वपूर्ण नहीं, से लेकर 7= अनिवार्य
1	3.10	2	7
2	2.60	3	2
1	1.30	3	2
2	3.60	5	6
2	1.50	1	1

'स्नातक होने के बाद की योजना' की छान-बीन करना

'स्नातक होने के बाद की योजना' एक सांकेतिक चर है, इसलिए स्तंभ और वृत्त ग्राफ़ अच्छी तरह काम आते हैं। लेकिन, पंक्ति ग्राफ काम नहीं आता है क्योंकि यह समय के साथ हुए बदलाव को दर्शाने के लिए ज्यादा अनुकूल है- जो कि हम नहीं करना चाह रहे।

स्तंभ ग्राफ

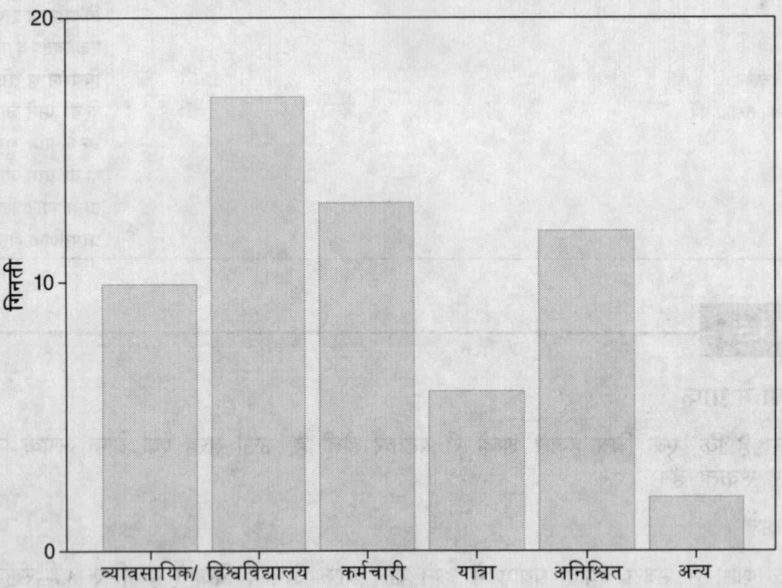

वृत्त ग्राफ

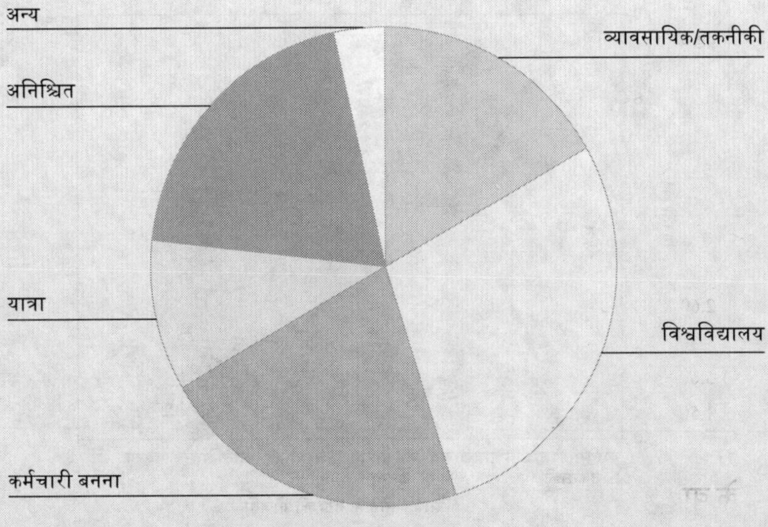

रेखा ग्राफ

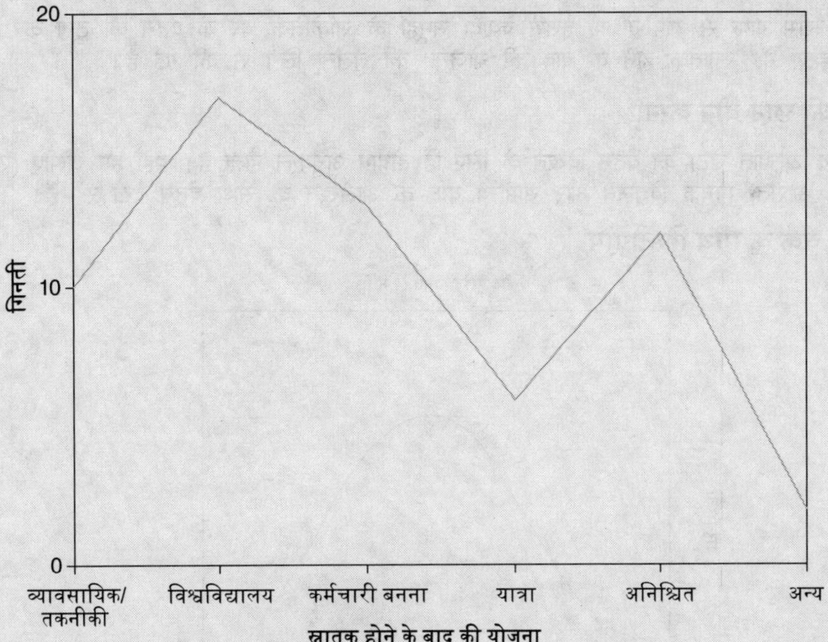

इस तरह का ग्राफ उन आकड़ों के लिए बेहतर होगा जहाँ विद्यार्थी के हाई स्कूल के दौरान ग्रेड पॉइंट औसत (जीपीए) में बदलाव दिखाई देगा। (जीपीए एक धुरी पर होगा और पढाई का वर्ष दूसरी पर)।

(जारी)

(जारी)

गुच्छेदार स्तंभ ग्राफ

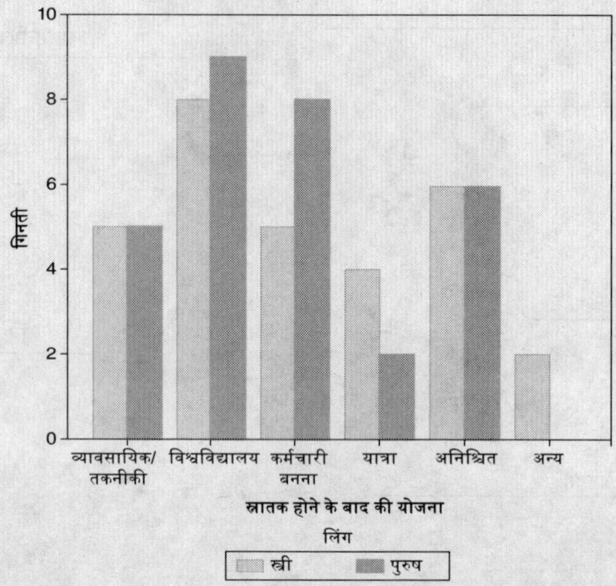

गुच्छेदार स्तंभ ग्राफ से आप दो या इससे ज्यादा समूहों के सांकेतिक चर के वंटन की टूना कर सकते हैं। इस उदाहरण में, 'स्नातक होने के बाद की योजना' की तुलना लिंग से की गई है।

जीपीए की छान-बीन करना

अंतराल व अनुपात डेटा का वंटन दिखने के लिए हिस्टोग्राम अनुकूल होता है। यहाँ हम जीपीए (एक अनुपात चर) का, औसत, मानक विचलन और सामान्य वक्र के आलेखन के साथ वंटन देख रहे हैं।

सामान्य वक्र के साथ हिस्टोग्राम

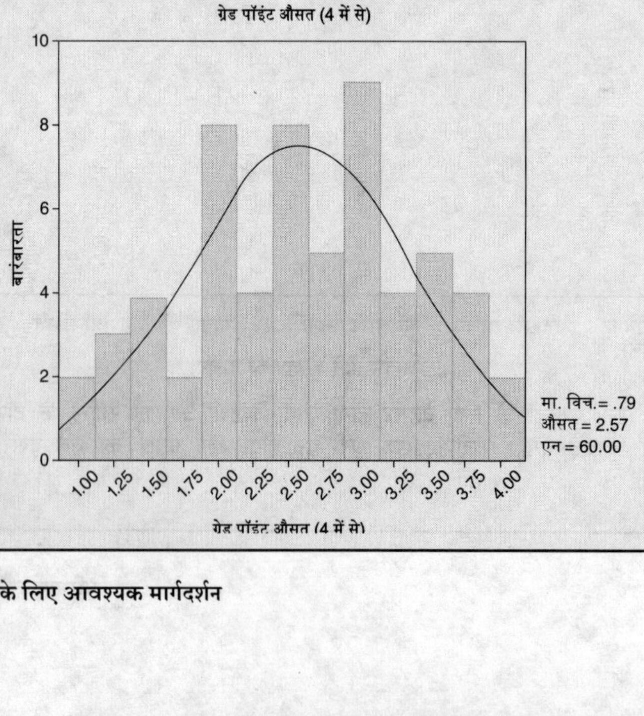

जीपीए और 'विश्वविद्यालय का महत्व' के सम्बन्ध की छान-बीन करना

इस उदाहरण में, अनुपात चर (जीपीए) को क्रमसूचक चर (विश्वविद्यालय का महत्व) के साथ दिखाने के लिए स्कैटर ग्राफ का प्रयोग किया गया है। ग्राफ में जीपीए और विश्वविद्यालय का महत्व की समझ में सकारात्मक सहसंबंध दिखाई दे रहा है: अर्थात्, जबकि दोनों के बीच सम्बन्ध उत्तम नहीं हैं, लेकिन, जैसे जीपीए ऊपर जाता है महत्व भी बढ़ा लगता है। एकदम सही स्तर जानने के लिए आप पियर्सन'स सहसंबंध चला सकते हैं, जो कि 0.773 का सहसंबंध दिखा रहा है, जो कि 0.01 स्तर पर महत्वपूर्ण है (आप 99% निश्चित हो सकते हैं कि यह प्रतिमान अनायास नहीं है)।

स्कैटर ग्राफ

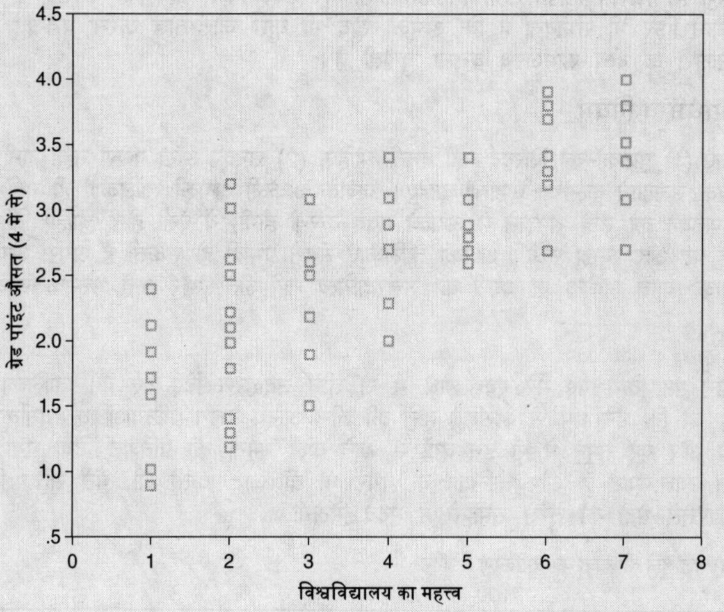

ग्राफ बनाना

ओके - आप किस प्रकार इस तरह के ग्राफ बन सकते हैं? इसके दो तरीके हैं और दोनों में ही कंप्यूटर से काम लेना होता है। पहला है कि आप किसी ऐसे व्यक्ति से, जिसे यह काम आता हो, सीखें और फिर खुद अभ्यास करें। दूसरा तरीका है कि आप खुद किसी सांख्यिकीय प्रोग्राम के साथ खिलवाड़ करें। ज्यादातर के पास बहुत अच्छे ऑनलाइन ट्यूटोरियल हैं जो कि आपको शुरू से आखिर तक पूरी प्रक्रिया सीखा सकते हैं। हालाँकि पढ़ने से आपको अच्छी जानकारी मिल जायेगी, मेरा मानना है कि इस तरह का काम कर के ही सीखा जा सकता है।

बाक्स 13.6

तालिका बनाना

जटिलता को सरलता से पेश करना

तालिकाएं अक्सर ग्राफ से ज्यादा जटिल होती हैं क्योंकि यहाँ आप कई चरों के बीच के संबंधों को संक्षिप्त रूप से प्रस्तुत करने का प्रयास करते हैं (बहुचर विश्लेषण)। और चूंकि इस सार में कई सांख्यिकीय प्रक्रियाएं प्रयुक्त हो सकती हैं, सांख्यिकीय प्रोग्राम बहुत कम ही प्रयोग-के-लिए-तैयार स्थिति में तालिकाएं देते हैं। अब आप एक स्वत: तालिका बनाने वाला (प्रोग्राम) प्रयोग कर सकते हैं (यह इन्टरनेट पर उपलब्ध हैं- एक उदाहरण है www.bagism.com/tablemaker पर टेबलमेकर, और यह वास्तव में आपकी मदद कर सकता है, लेकिन फिर भी संभावना है कि आपको खुद भी कुछ जोड़-तोड़ करना पड़ेगा। यहाँ पर्याप्त और अत्यधिक जानकारी के बीच सामंजस्य बनाना चुनौती है।

अनुभव पर आधारित नियम

आपकी तालिकाएं (1) पाठकों का सिरदर्द नहीं बननीं चाहिए, (2) उनकी आँखें पथरा नहीं जानीं चाहिए, और (3) उन्हें और अधिक उलझाने वाली नहीं होनीं चाहिए। जबकि अकेली आपकी तालिकाएं ही नहीं प्रस्तुत की जानी चाहिए (अपने पाठकों को उन्हें समझने में आपको मदद करनी होगी) वे ऐसी होनीं चाहिए कि एक गैर-विशेषग्य व्यक्ति भी उन्हें पढ़ और समझ सके। आपकी तालिकाएं सबसे प्रभावी हो सकती हैं अगर: आप स्पष्ट व पर्याप्त जानकारी दे सकें; बहुत अधिक जानकारी का उत्तरदायित्व नहीं लेते; और उन्हें भरसक साधारण ही रखें।

कुछ उदाहरण

नीचे धर्म छोड़ने पर किये गए मेरे एक शोध में से तीन उदाहरण दिए गए हैं। तालिका 1 में केवल वे मानदंड दिए हैं जो कि मैंने धर्म से असंबद्ध होने की तीन अलग-अलग प्रक्रियाओं को वर्गीकृत करने के लिए प्रयोग किये थे और पूरे नमूने में से इन वर्गों में आने वाले नमूनों का प्रतिशत दिया गया है। जबकि यह जानकारी बहुत स्वत:स्पष्ट है और तालिका के बगैर भी दी जा सकती थी, मैंने सोचा कि इससे पाठकों को मेरे द्वारा प्रस्तुत भेदों को तुरंत समझने में मदद मिलेगी।

तालिका 1 असंबद्ध होने की यात्रा का वर्गीकरण व वंटन

असंबद्ध होने की यात्रा का प्रकार	वर्गीकरण मानदंड
गुस्से में विद्रोह 30%	थकान; गुस्सा; चिढ़ी हुई घृणा, शायद जीवन से नहीं, लेकिन कम-से-कम ईश्वर या धर्म से; प्रतिक्रिया या विद्रोह की यात्रा
असंतोषजनक संदेह 29%	निरर्थक, विषादपूर्ण, अवसादग्रस्त बुद्धिवाद भ्रांत अनासक्ति जहाँ धर्म के प्रति परस्पर-विरोधी संदेह और खालीपन की हद तक भावनाएं घर कर जाएँ
प्रकट रूप से छान-बीन 14%	प्रतिक्रियात्मक आधार, अथवा भ्रांत बुद्धिवाद के बिना तात्कालिक अनुभव व सन्दर्भ से परे आध्यात्मिक संभावना के क्षेत्रों को विकसित करने की तत्परता

तालिका 2 ज्यादा जटिल है क्योंकि इसमें बारंबारता वंटन (संकर-सारणीयन) दोनों लिंगों व धर्मों द्वारा इन तीन प्रकार की असंबद्धता यात्रा को दर्शाया गया है। इसमें, ची-वर्गफल निकालने की प्रक्रिया के माध्यम से यह भी दिखाया गया है कि धर्म विशिष्ट है, अर्थात् वंटन बराबर नहीं है। यहाँ आप यह मान्यता नहीं रख सकते कि आपके पाठकों को इसका अर्थ समझ आ जायेगा, इसलिए आपको उन्हें तालिका से अवगत कराना होगा। इस तरह की अवगत करने की एक प्रक्रिया (तिरछे टाईप में) नीचे दी गई है।

जैसा कि इस तालिका में दर्शाया गया है, इन असंबद्धता यात्रा से गुजरने वाले पुरुष या स्त्री दोनों के ही होने की सम्भावना हो सकती है। लेकिन, धर्म सम्बन्धी परिणाम ज्यादा रोचक हैं। कैथोलिक व प्रोटेस्टेंट दोनों ही असंतुष्ट असंदेह और प्रकट रूप से छान-बीन की यात्रा से समान अनुपात में गुजरते हैं। लेकिन जिनकी यात्रा ज्यादा विद्रोहपूर्ण रही हो उनकी कैथोलिक परंपरा से होने की ज्यादा संभावना है।

तालिका 2 जनसँख्या विषयक चरों का यात्रा के प्रकार से बारंबारता वंटन

	विद्रोह	संदेह	छान-बीन	विशिष्टता
लिंग				
पुरुष	50.0	45.8	46.9	
स्त्री	50.0	54.2	53.1	
	100.0	100.0	100.0	
धर्म				
प्रोटेस्टेंट	29.2	50.0	46.9	*
कैथोलिक	70.8	50.0	53.1	
	100.0	100.0	100.0	

*- विशिष्टता के लिए ची-वर्गफल परीक्षण पी<0.05।

सभी नंबर प्रतिशत के रूप में दिए गए हैं।

तालिका 3 की जटिलता और भी ज्यादा है क्योंकि मैंने तीनों असंबद्धता यात्राओं की कुछ विशेषताओं की तुलना करने का प्रयास किया है। दूसरे शब्दों में, मैं दिखाना चाहती हूँ कि क्या सांख्यिकीय तौर पर इन यात्राओं में इन मुद्दों पर कोई महत्वपूर्ण अंतर है: अपने विश्वास पर पहली बार संदेह के समय व्यक्तियों की उम्र क्या थी; इस प्रक्रिया में कितना समय लगा; क्या इंटरव्यू के समय यह प्रक्रिया चल रही थी; और यह प्रक्रिया कितनी तीव्र थी। इस तालिका की जटिलता की वजह से मुझे अपने पाठकों को इसे समझाने में मदद करने की अवश्य जरूरत थी।

तालिका 3 औसत अंक और यात्रा के प्रकार के अनुसार रेखाचित्र चरों की विशिष्टता

	विद्रोह	संदेह	छान-बीन	वि-सन	वि-छा	सं-छा
पहले संदेह के समय उम्र	20.88	19.58	16.94		*	*
प्रक्रिया की अवधि	4.42	10.83	5.62	*		
प्रक्रिया अभी चल रही है	0.08	0.35	0.15	*		*
तीव्रता	0.70	0.42	0.32	*	*	

*- एक-तरफ़ा अनोवा पी < 0.05

इस तालिका में दिए गए अंक प्रत्येक तरह की यात्रा की असंबद्धता की भिन्न व विशिष्ट मिसाल देते हैं। विद्रोह के पथ पर चलने वाले अपनी आस्था से बहुत तीव्रता से थोड़ी देर में ही हट जाते हैं। लेकिन, जिनकी यात्रा असंतोषजनक संदेह से भरी है, उनके लिए यह प्रक्रिया बहुत लंबी हो जाती है, औसतन करीब 11 वर्ष तक चलती है, इंटरव्यू के समय एक-तिहाई धर्म से अलग होने की प्रक्रिया में ही थे। लेकिन इस असंतुष्ट समूह के लिए यह प्रक्रिया उतनी तीव्र नहीं थी जितनी कि विद्रोही दस्ते के लिए। दूसरी तरफ, जिनके लिए धर्म से अलग होने की प्रक्रिया खुली छान-बीन की होती है, उनकी असंबद्ध होने की प्रक्रिया, जीवन में पहले शुरू होती है, थोड़ी देर ही रहती है और जल्द ही अंतिम रूप पा जाती है। यह असंबद्धता की भावना उतनी तीव्र भी नहीं होती है।

अंतिम शब्द

अच्छी तालिकाएं बनाने में समय लगता है और यदि आपको शब्द प्रक्रमण में मुश्किल होती है, तब तालिकाएं बनाने में विशेष रूप से हतोत्साहित होंगे। यदि आप अच्छी तरह निर्मित और समझायी हुई तालिकाएं बनाने में सफल हो जाते हैं, तो वे सम्प्रेषण का एक बहुत महत्वपूर्ण और प्रभावी उपकरण हो सकती हैं।

पाठ सारांश

- किसी भी शोध अध्ययन में डेटा की व्याख्या करना एक बहुत बड़ी बाधा होती है। डेटा का प्रभावी विश्लेषण में सम्मिलित है: मुख्य मुद्दों पर नजर रखना; डेटा का प्रबंधन; डेटा का विश्लेषण करना; और प्रभावी ढंग से डेटा को पेश करना।
- डेटा के प्रबंधन में: उपयुक्त सॉफ्टवेयर से खुद का परिचय कराना; नियमित रूप से सॉफ्टवेयर में लॉग इन कर अपने डेटा की जांच करना; डेटा को किसी प्रोग्राम में दर्ज करना; और अपने डेटा की 'सफाई' करना। इसमें कारण और प्रभाव (निर्भर और स्वतंत्र) चरों में; और उनके माप तराजुओं (सांकेतिक, क्रमसूचक, अंतराल, और अनुपात) में अंतर कर पाना शामिल है।
- केन्द्रीय प्रवृत्ति के माप (औसत, माध्यिका, और बहुलक), परिक्षेपण (श्रेणी, चतुर्थक, प्रसरण और मानक विचलन), और वंटन (विषमता और बारंबारता-आवृत्ति वक्र रेखा) के माध्यम से डेटा की मूल विशेषताओं के सार को प्रस्तुत करने के लिए वर्णनात्मक सांख्यिकी का प्रयोग किया जाता है।
- आनुमानिक सांख्यिकी से शोधकर्ताओं को अपने तात्कालिक डेटा से भी परे निष्कर्ष निकालने की क्षमता का आकलन करने में मदद मिलती है। उदाहरण के लिए, यदि एक नमूना किसी जनसँख्या का प्रतीक है; यदि दो या ज्यादा समूहों में भिन्नताएं हैं; यदि समय के साथ बदलाव हैं; या फिर दो या उससे अधिक चरों में सम्बन्ध हैं।
- परिमाणात्मक डेटा को प्रस्तुत करने के लिए अक्सर ग्राफ और तालिकाएं बनानी पड़ती हैं। इन्हें (1) चुन कर बनाया जाना चाहिए ताकि उनसे प्रासंगिक तर्क पेश हो, और (2) शिक्षाप्रद लेकिन सरल होना चाहिए ताकि वे पाठक की समझ को बढ़ावा दें।

संदर्भित पुस्तकें

सामान्य सामाजिक विज्ञान सांख्यिकी

Hardy, M. A. and Bryman, A. (eds) (2009) *Handbook of Data Analysis*. London: Sage.

एक व्यापक संपादित खंड जिसमें मूल वर्णनात्मक तकनीकों से लेकर जटिल प्रतिरूपण तक सांख्यिकीय विकल्पों की व्याख्या की गई है। अच्छी सन्दर्भ संदर्शिका।

Jackson, S. L. (2011) *Research Methods and Statistics: A Critical Thinking Approach*. Belmont, CA: Wadsworth.

मुझे अच्छा लगता है कि इस पुस्तक में शोध पद्धतियों के तर्क और सांख्यिकी को सम्मिलित करने का प्रयास किया गया है। केवल गणितीय दृष्टिकोणों का शोध में प्रयोग करने के बजाय, इस पुस्तक से आपको सांख्यिकीय विश्लेषण को अर्थ निकालने का हिस्सा मानने में मदद मिलेगी।

Rumsey, D. (2011) *Statistics for Dummies.* Hoboken, NJ: John Wiley & Sons.

तो क्या 'मूर्खों के लिए' संदर्शिका उपयुक्त है? वैसे, मुझे पसंद हैं। ये बहुत स्पष्ट, उपभोक्ता के अनुकूल, और उदाहरणों से भरपूर होती हैं- और ये शिक्षाविदों द्वारा लिखी जाती हैं। डेबोरा रमसे अमरीकी सांख्यिकी संघ की

सदस्या हैं और ऑहियो राजकीय विश्वविद्यालय में प्रोफ़ेसर हैं। यदि आपको सांख्यिकी का परिचय चाहिए, यह शुरुआत के लिए बुरी नहीं है।

प्रोग्राम के लिए विशिष्ट

Argyrous, G. (2011) *Statistics for Research: With a Guide to SPSS.* London: Sage.

आजकल सांख्यिकी सीखना (पहले की अपेक्षा) जब मैं विद्यार्थी थी उससे कहीं अलग है। अब शारीरिक रूप से गणना नहीं होती। अब केवल सांख्यिकी के तर्क को प्रयोग में लाये जाने वाले सांख्यिकीय प्रोग्राम से जोड़ने पर विचार करना होता है। यह काम अब बहुत आसानी व स्पष्टता से होता है। यदि आप पहली बार सांख्यिकी के संपर्क में आये हैं और एसपीएसएस का प्रयोग करना चाहते हैं तो इस पुस्तक को जरूर पढ़ें।

Field, A. and Miles, J. (2010) *Discovering Statistics Using SAS.* London: Sage.

यदि आपको एसएएस का प्रयोग करना है, लेकिन आपको लगता है कि आपको सांख्यिकी का आवश्यक ज्ञान नहीं है, एसएएस प्रोग्राम के बारे में जानकारी तो छोड़ ही दें, तो यह एक उत्कृष्ट खोज है। मूल सिद्धांतों से लेकर गूढ़ विश्लेषण तक, एसएएस प्रोग्राम में लेखकों ने पूरी जानकारी दी है।

Field, A., Miles, J. and Field, Z. (2012) *Discovering Statistics Using R.* London: Sage.

आर एक मुफ्त सांख्यिकीय सॉफ्टवेयर है- इसलिए इसकी प्रयोग संदर्शिका बहुत काम की है। यह बहुत विस्तृत है और इसमें पूरे हल किये उदाहरण हैं। आप मानें या न मानें, यह करीब 1000 पृष्ठों की किताब बहुत उपभोक्ता-अनुकूल है।

Salkind, N. J. (2012) *Statistics for People Who (Think They) Hate Statistics: Excel 2010 Edition.* London: Sage.

मैं नहीं कह सकती कि मैं सांख्यिकी के लिए एक्सेल के प्रयोग की फैन हूँ। ज्यादातर मैं एसपीएसएस जैसे प्रोग्राम को प्रयोग करने की सिफारिश करूंगी। लेकिन करीब्करीब सभी विद्यार्थियों के कंप्यूटर पर एक्सेल होता है, सांख्यिकी का पैक मुफ्त होता है, और स्प्रेडशीट से वे परिचित होते हैं। इसलिए यहाँ इसे पढ़ने की सिफारिश करना तर्कसंगत है। इस काम के उपभोक्ता-अनुकूल होने की वजह से यह एक उत्तम पसंद है।

Wagner, W. E. (2012) *Using IBM® SPSS® Statistics for Research Methods and Social Science Statistics.* Thousand Oaks, CA: Sage.

हाँ, एसपीएसएस में ट्यूटोरियल होते हैं, लेकिन कभी-कभी वह बहुत अच्छे नहीं होते। यदि आप को कुछ समझ नहीं आ रहा या आप इस स्थिति से बचना चाहते हैं, तो यह एक अच्छी पसंद है। यह आपको मूल तथ्यों से परिचय कराती हुई ज्यादा गूढ़ एसपीएसएस विशेषण तक पहुंचायेगी।

14

गुणात्मक डेटा का विश्लेषण

अध्याय का पूर्वावलोकन

- गुणात्मक डेटा का आश्वासन
- क्यूडीए का तर्क
- क्यूडीए की पद्धतियाँ
- विशेष क्यूडीए योजना
- गुणात्मक डेटा को प्रस्तुत करना

गुणात्मक डेटा का आश्वासन

वह सब जो गिना जा सकता है वह गिनने योग्य नहीं होता, और जो गिनने योग्य होता है वह गिना नहीं जा सकता।

अल्बर्ट आइंस्टाइन

आप आइंस्टाइन को आदर्श 'वैज्ञानिक' कह सकते हैं, लेकिन, जैसा कि मैंने पाया, उन्हें आदर्श तभी कहा जा सकता है अगर आदर्श होने का अर्थ असाधारण रूप से हाजिर जवाब, अंतर्दृष्टिपूर्ण, राजनीतिक, सर्जक और उदारमति होना है। जो कि, रुढ़ि के विरुद्ध, मेरा मानना है कि विज्ञान में परिवर्तनकारी प्रगति के लिए बहुत जरूरी है। इसलिए जब आइंस्टाइन खुद परिमाणन की सीमाएं मानते हैं, तो यह गुणात्मक डेटा के साथ काम करने का एक शक्तिशाली समर्थन है।

यह जरूर है कि, परिमाणात्मक डेटा और सांख्यिकी, डेटा को घटाने और संक्षिप्त करने के स्पष्ट रूप से पारिभाषित और प्रभावी तरीके हैं। लेकिन सांख्यिकी में नम्बरों में ही अर्थ छुपा है। और यदि अर्थ दुर्बोध और जटिल हैं (जो कि प्राय: होता है) तो, (डेटा को) घटाना अविश्वसनीय रूप से मुश्किल होता है। इस प्रक्रिया में 'बहुमूल्यता' को खो जाने की आशंका रहती है।

इसी कारण बहुत-सी गुणात्मक डेटा के विश्लेषण (क्यूडीए - क्वालिटेटिव डेटा एनालिसिस) की पद्धतियों का विकास हुआ है जिनका उद्देश्य, परिमाणन की मदद बिना, इंटरव्यू, सामूहिक चर्चाओं, अवलोकन, पत्रिकाओं और पुरालेखीय दस्तावेजों जैसे सूत्रों से प्राप्त जटिल डेटा की छान-बीन करना व व्याख्या से नई समझ बनाना है।

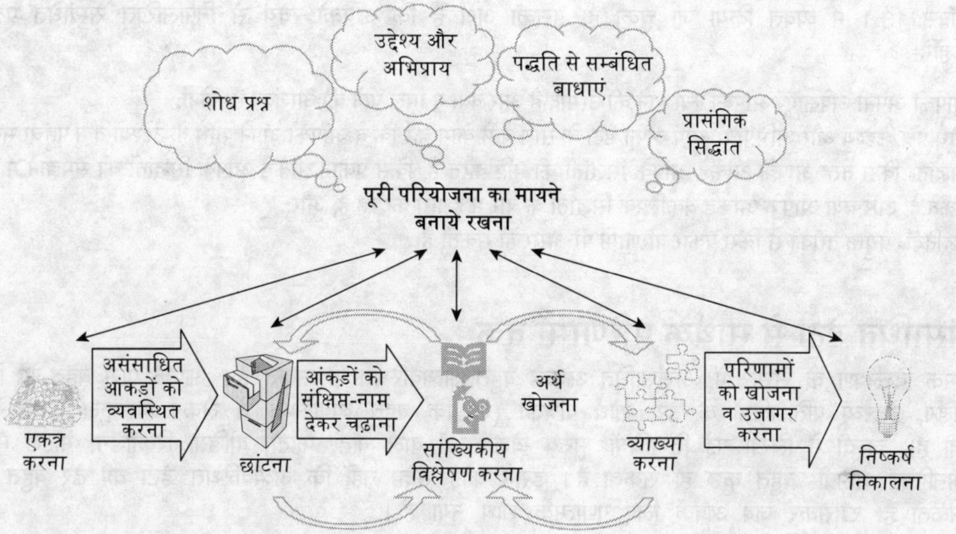

चित्र 14.1 चिंतनशील विश्लेषण की प्रक्रिया

लेकिन इन पद्धतियों से सम्बंधित बहुत सारा साहित्य है, और इन सबमें से उपयुक्त और प्रभावी योजना खोजना बहुत बड़ी चुनौती हो सकता है। इससे बहुत से विद्यार्थी: (1) इन पद्धतियों और उनसे जुड़े साहित्य को ही पढ़ने में बहुत-सा समय व्यतीत कर देते हैं; (2) अविचारित किसी भी पद्धति का चुनाव कर लेते हैं चाहे वह उनकी परियोजना के लिए उपयुक्त न हो; (3) किसी ठीक-से परिभाषित नियमों के बगैर ही विश्लेषण कर लेते हैं; या (4) इन में से किसी भी सम्मिश्रण का प्रयोग कर लेते हैं।

इसलिए हालाँकि हमें पता है कि शब्दों और चित्रों में शक्ति निहित है, गुणात्मक डेटा के प्रबंधन और विश्लेषण की बहुमूल्यता को बनाए रख कर उनके अर्थ को भी निश्चित आकार दे सकने वाले विकल्पों का चुनाव कर पाना एक चुनौती है। मेरे विचार से इस काम को करने के लिए क्यूडीए की पद्धतियों के आधार के तर्क और तरीके को समझना सबसे अच्छा तरीका है। जब यह नींव तय हो जाती है तो विशिष्ट पद्धतियों के साथ काम करना ज्यादा आसान हो जाता है।

पूरी परियोजना का मायने बनाये रखना

पद्धतियों के साहित्य में, हम गुणात्मक और परिमाणात्मक विश्लेषण को द्विभाजित करते हैं। लेकिन पास से देखा जाये तो, इन दोनों के पीछे छुपा तर्क बहुत समान है। जैसा कि चित्र 14.1 में दर्शाया गया है, चिंतनशील विश्लेषण की प्रक्रिया में शोधकर्ताओं को: (1) असंसाधित डेटा को व्यवस्थित करना; (2) डेटा को संक्षिप्त-नाम देकर चढ़ाना; (3) विषयगत विश्लेषण के माध्यम से अर्थ खोजना; (4) अर्थ की व्याख्या करना; और (5) परिणाम निकालना होता है- और इस पूरी प्रक्रिया में बड़ी छवि, अर्थात्, शोध प्रश्नों, अभिप्रायों और उद्देश्यों, पद्धतियों से जुड़ी बाधाओं का निरीक्षण और सिद्धांतों को ध्यान में रखना होता है। जबकि यह सब परिमाणात्मक विश्लेषण में भी किया जाता है, इन दोनों के बीच मुख्य अंतर विषयगत विश्लेषण (सांख्यिकीय विश्लेषण के बजाय) का प्रयोग, डेटा को संक्षिप्त-नाम देकर चढ़ाने में ज्यादा करीबी और गुथे हुए सम्बन्ध, डेटा के विश्लेषण और व्याख्या करने में होता है। तीन पृथक व व्यवस्थित उपायों की बजाय, गुणात्मक शोध एक ज्यादा संघटित प्रकिया मांगता है जिसमें यह सभी उपाय एक दूसरे को प्रभावित करते हैं और अंशछादित चक्रों में काम करते हैं।

परिमाणात्मक विश्लेषण की ही तरह, यहाँ भी विवरणों में खो कर फोकस खो देने का डर रहता है। इसलिए स्वयं से प्रश्न पूछते रहने से आप अपना अति महत्वपूर्ण परिप्रेक्ष्य बनाये रख सकते हैं। जैसा कि पिछले अध्याय

के बॉक्स 13.1 में व्यक्त किया जा चुका है, इसका अर्थ है कि आपको स्वयं से निम्नलिखित सम्बंधित प्रश्न करते रहने होंगे:

- आपकी अपनी अपेक्षाएं- आपको क्या पाने की उम्मीद है और क्या न मिल पाने की आशंका है- दोनों;
- शोध प्रश्न, उद्देश्य और अभिप्राय- आप अपने डेटा के साथ कैसे काम करें कि वे आपको अपने शोध के उद्देश्यों तक पहुंचा सकें;
- सिद्धांत- किस तरह आपके आंकड़े आपके सिद्धांतों की पुष्टि करते हैं, किस प्रकार आंकड़े आपके सिद्धांतों को समझाने में मदद कर सकते हैं, और क्या आपके आंकड़े वैकल्पिक सिद्धांतों के बारे में इशारा कर रहे हैं, और;
- पद्धतियाँ- प्रयुक्त तरीकों से किस प्रकार परिणामों पर असर हो सकता है।

असंसाधित डेटा से सार्थक परिणामों तक

गुणात्मक विश्लेषण के संसार में, असंसाधित आंकड़े बहुत अव्यवस्थित हो सकते हैं। आपके पास बहुत-सी डिजिटल रिकॉर्डिंग, इंटरव्यू प्रतिलिपियों के ढेर, शोध पत्रिका (जो कि बहुत व्यवस्थित से लेकर बिलकुल अव्यवस्थित हो सकती हैं), जल्दी में लिखी गईं टिप्पणियां, मुख्य विशेषताओं वाले नोट, फोटो, वीडियो रिकॉर्डिंग, माईंड मैप, और भी अनगिनत सामग्री- बहुत कुछ हो सकता है। इसमें कोई संदेह नहीं कि अव्यवस्थित डेटा का ढेर बहुत डरावना हो सकता है, खासकर जब आपके लिए गुणात्मक शोध नया हो।

जैसा कि बॉक्स 14.1 में दिया गया है, व्यवस्थित होना ही सबसे अच्छी सलाह है। आप चाहे कितना भी चाहें कि आपका विश्लेषण चिंतनशील और पुनरावृतीय हो, फिर भी आपको अपने डेटा का व्यवस्थित सख्ती से प्रबंधन करना होगा।

बॉक्स 14.1

गुणात्मक डेटा का प्रबंधन

जबकि गुणात्मक डेटा का प्रबन्धन आवश्यक है, यहाँ यह ध्यान रखना बहुत जरूरी है कि थोडा भी विश्लेषण किये बगैर, गुणात्मक डेटा का 'प्रबंधन' करना लगभग असंभव ही है। डेटा को व्यवस्थित करने के तरीकों में (उदाहरण के लिए, डेटा को कैसे समूह करेंगे इसका निर्णय करना) आप अपने डेटा के साथ जो काम करेंगे या निर्णय करेंगे उसका आपके विश्लेषण पर प्रभाव पड़ेगा, और इसलिए विश्लेषण का हिस्सा माना जाना चाहिए।

उपाय 1: उपयुक्त साफ्टवेयर के अभ्यस्त हों

जैसा कि अगले भाग में चर्चा की गई है, शोध विद्यार्थियों द्वारा क्यूडीए जैसे विशिष्ट सॉफ्टवेयर के प्रयोग के बारे में कुछ विवाद जरूर है, लेकिन उपलब्ध साधनों से परिचित होना अच्छा रहेगा। जिन प्रोग्रामों को देखा जा सकता है उनमें निम्न शामिल हैं:

- एनवीवो, एमएएक्सक्यूडीए, द एथ्नोग्राफ- मूलपाठ का अनुक्रमण करने, ढूँढने और सिद्धांत बनाने में प्रयोग होते हैं;
- एटलस.टी- चित्रों व शब्दों के लिए प्रयोग किया जा सकता है;
- कांकोरडेंस, एचएएमएलईटी (हैमलेट), डीआईसीटीआईओएन (डिक्शन)- सामग्री के विश्लेषण के लिए प्रचलित;
- सीएलएएन (क्लैन)- वार्तालापों के विश्लेषण के लिए प्रचलित।

(उपरोक्त सभी पर जानकारी www.textanalysis.info पर उपलब्ध है)।

परिमाणात्मक साफ्टवेयर की तरह ही, ज्यादातर विश्वविद्यालयों के पास लाईसेंस होते हैं जिससे विद्यार्थियों को कुछ गुणात्मक प्रोग्राम उपलब्ध कराये जा सकते हैं। विश्वविद्यालय उनके प्रसंग में छोटी अवधि के प्रशिक्षण भी करा सकते हैं।

उपाय 2: अपने डेटा का रिकॉर्ड रखें

ऐसा बहुत कम ही होता है कि सारे गुणात्मक आंकड़े एक साथ ही प्राप्त हों, या एक ही स्वरूप में प्राप्त हों, और प्रश्नावलियों के ढेर की अपेक्षा ज्यादा अव्यवस्थित हो सकते हैं, इसलिए जैसे-जैसे आंकड़े एकत्र हों उनका हिसाब रखें। इसमें उत्तरदाताओं/सूत्रों के बारे में जानकारी, आंकड़े एकत्र करने के तरीके, एकत्र करने की तिथि, या कोई और शार्ट-हैंड लिख कर रखना उपयोगी हो सकता है।

उपाय 3: डेटा के अपने सूत्रों को व्यवस्थित करें

इसमें सूत्रों के समूह बनाना, जरूरती प्रतियाँ बनाना, और लिए गए विवरणों, टिप्पणियों को, जो कि विश्लेषण के लिए प्रासंगिक नहीं हों, प्रारंभिक रूप में लिखना शामिल है। इस प्रक्रिया से, डेटा को अलग-अलग करने के अलावा, आपको डेटा की जांच करने का भी मौका मिलता है। यदि शुरुआत में ही कर लिया जाए, तो आपको वे संभावित समस्याएं नजर आ सकती हैं जो कि प्रारंभिक जांच में न दिखाई दी हों, और डेटा को एकत्र करने की प्रक्रिया में बदलाव करने का मौका मिलता है।

उपाय 4: पूरा पढ़ें और व्यापक टिप्पणियाँ लिखें

यह बहुत जरूरी है कि गुणात्मक डेटा की टोह ली जाए। इससे अभिप्राय है कि जैसे-जैसे आंकडें उपलब्ध हों, उन्हें पढ़ें और उन पर तरह-तरह की टिप्पणियां लिखें ताकि आपको इकट्ठे किये गए डेटा को अलग-अलग करने और श्रेणीबद्ध करने में आसानी हो। यहाँ पर डेटा के प्रबंधन और विश्लेषण में अंतर धुंधला पड़ जाए क्योंकि उभरते विषयों पर टिप्पणियां विश्लेषण ही तो हैं।

उपाय 5: डेटा को विश्लेषण/प्रतिरूपण के लिए तैयार करना

यदि आप कोई विशिष्ट क्यूडीए प्रोग्राम का प्रयोग कर रहे हैं, तो आपको अपने आकंडों का प्रतिरूपण/स्कैन करना होगा ताकि वह प्रोग्राम में डालने के लिए तैयार हो। यदि आप खुद अपने डेटा का विश्लेषण करना चाहते हैं, तो भी आपको यह उपाय करना ही होगा ताकि आप अपने इंटरव्यू, फोटो आदि के प्रिंटआउट ले सकें। आपको वास्तविक रूप से डेटा पर हाथ डालना ही होगा।

उपाय 6: डेटा को दर्ज करें/ विश्लेषण के साधन तैयार करें

यदि आप क्यूडीए सॉफ्टवेयर का प्रयोग कर रहे हैं तो आपको अपने इलेक्ट्रॉनिक डेटा को प्रोग्राम में 'दर्ज' करना होगा। यदि आप खुद डेटा का प्रबंधन कर रहे हैं, आपको अपने डेटा को 'दर्ज' नहीं करना पड़ेगा, लेकिन आपको गुणात्मक विश्लेषण के उपकरण जैसे सूचकांक कार्ड, व्हाइटबोर्ड, स्टिकी नोट्स, और हाईलाईटर इकट्ठे करने होंगे। दोनों ही स्थितियों में विश्लेषण बराबर होता रहता है और प्राय: डेटा का विश्लेषण उनके इकट्ठा होने/दर्ज होने के पहले ही शुरू हो जाता है।

क्यूडीए सॉफ्टवेयर

थोड़े समय पहले तक ही क्यूडीए को बहुत विस्तृत तरीके से फ़ाइल करने, काटने, स्टिकी नोट्स और मार्कर्स आदि की मदद से 'हाथ से' ही किया जाता था। लेकिन अब बहुत-से उच्च कोटि के सॉफ्टवेयर (जैसा कि बाक्स 14.1 में दर्शाया गया है) उपलब्ध हैं, और अब 'हाथ से करने' की जरूरत नहीं है। क्यूडीए प्रोग्राम संग्रह करना, कोड बनाना, सूची बनाना, नक्शा बनाना, वर्गीकृत करना, संकेत-चिन्ह बनाना, खोजना, डेटा को मिलाना,

गिनना, छान-बीन करना और ग्राफ बनाना- ये सभी कार्य कर सकते हैं। मूल रूप से, (1) वह सब कर सकते हैं जो आप हाथ से कर सकते हैं, अपितु और कुशलता से; और (2) वे सब भी कर सकते हैं जो कि डेटा सेट को हाथ से करना संभव नहीं है। हालांकि इस तरह के सॉफ्टवेयर के प्रयोग में प्रवीण होने के लिए समय (और कभी धन) का निवेश करना पड़ सकता है, लेकिन यदि आप बड़े डेटा सेट के साथ काम कर रहे हैं तो संभव है कि वह समय वापस मिल जाये।

लेकिन यदि क्यूडीए इतने कुशल व प्रभावी हैं तो गुणात्मक शोध में काम करने वाले शोधकर्ता इतने असंगत रूप से इनका प्रयोग क्यों करते हैं? इसमें यहाँ तीन उत्तर हैं। पहला, परिचय न होना: शोधकर्ता इन प्रोग्रामों के बारे में जानते न हों, और यह भी कि वे क्या कर सकते हैं। दूसरा, इसे सीखने के लिए पैसे का निवेश बहुत ज्यादा या/और मुश्किल लगे। तीसरा, हो सकता है शोधकर्ता निर्णय करें कि वे गुणात्मक शोध का उतना प्रयोग न करना चाहते हों; वे उसका प्रयोग केवल परिमाणात्मक शोध की पूर्ति करने के लिए करें।

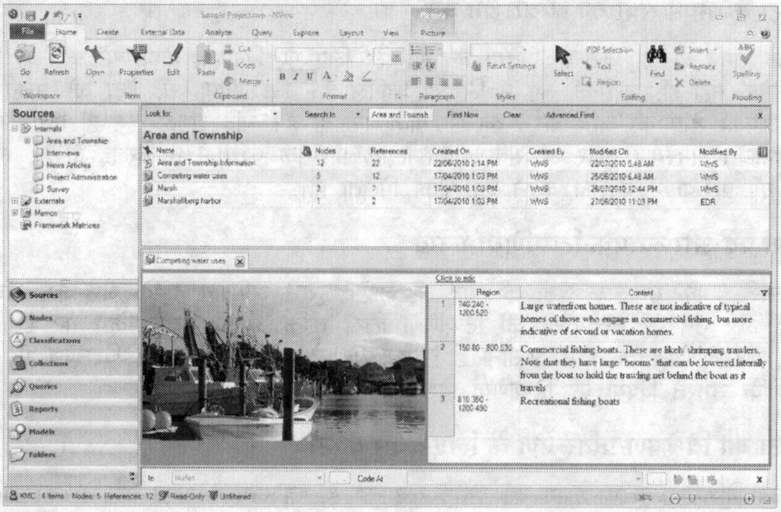

चित्र 14.2 एनवीवो स्क्रीन शॉट

मेरा सुझाव? हाँ, आपको यहाँ पक्ष-विपक्ष दोनों के बारे में सोचना होगा। अगर आप छोटे डेटा सेट के साथ काम कर रहे हैं और आपको नहीं लगता कि आप भविष्य में क्यूडीए पर काम करेंगे, तो आप सोच सकते हैं कि इस रास्ते जाना आपके लिए उपयोगी होगा- हाथ से काम कर लेने से बात बन जायेगी। लेकिन अगर आप (1) गहरे स्तर के यथातथ्य गुणात्मक विश्लेषण करना चाहते हैं, (2) बहुत बड़े डेटा सेट का प्रबंध करना है, या (3) आपको लगता है कि गुणात्मक डेटा के साथ भविष्य में काम करने की आवश्यकता पड़ सकती है, तब शायद आपको इसे सीखने का प्रयास कर लेना चाहिए। इससे न केवल आपकी शोध प्रक्रिया बहुत यथातथ्य हो सकती है, बल्कि अंतत: आप समय की काफी बचत भी कर पाएंगे।

क्यूडीए सॉफ्टवेयर में शुरुआत करने के लिए, मेरा सुझाव यही है कि आप अपने सुपरवाईजर/लेक्चरर से बात करें कि आपके डेटा/ लक्ष्यों के लिए कौन-से प्रोग्राम सबसे उपयुक्त रहेंगे। मेरा यह भी सुझाव है कि आप कुछ अन्य उपयुक्त सॉफ्टवेयर की वेबसाइट भी देख सकते हैं (बॉक्स 14.1 देखें); इसमें बहुत-सी जानकारी दी गई है और कई साईट ट्रायल प्रोग्राम भी देती हैं। अंत में, मेरी यही सलाह है कि आप उपयुक्त प्रशिक्षण लें। एनवीवो (चित्र 14.2 देखें) बहुत लोकप्रिय है और इसके छोटे ट्रेनिंग कोर्स आसानी से मिल जाते हैं।

क्यूडीए का तर्क

चाहे आप परिमाणात्मक या गुणात्मक डेटा के साथ काम कर रहे हैं, किसी भी तरीके के विश्लेषण का मुख्य उद्देश्य असंसाधित डेटा से सार्थक ज्ञान तक पहुंचना है। परिमाणात्मक डेटा में, यह कोडेड डेटा के सांख्यिकीय परीक्षणों से किया जाता है जो कि निष्कर्षों की सार्थकता को जांचते हैं; किसी भी आंकड़े के विश्लेषण और व्याख्या का प्रारंभ कोडिंग से ही होता है। गुणात्मक विश्लेषण में, असंसाधित डेटा में निहित विषयों की खोज करने व उन्हें उजागर करने, और इन विषयों का शोध प्रश्नों से तात्पर्य को समझने के ज्यादा पेचीदा और रचनात्मक तरीके से ज्ञान का विकास होता है।

रचनात्मकता और फोकस को संतुलित करना

इसमें कोई शक नहीं है कि एक अच्छे गुणात्मक शोध के लिए उदारता, अत्यधिक जिज्ञासा, और धाराप्रवाहिकता को स्वीकारने की तत्परता होना बहुत जरूरी है। गुणात्मक शोध के लिए आवश्यक है कि आप विश्लेषण करें और डेटा पर काम करें ताकि उससे सार्थक अर्थ निकल सके। लेकिन हो सकता है यह अर्थ आपको चांदी की थाली में परोसा हुआ न मिले। जैसा कि एक बार आइजैक असिमोव ने कहा था, ''विज्ञान में सबसे ज्यादा उत्तेजक वाक्य जो सुनने को मिलता है, जिससे नए आविष्कारों की घोषणा होती है, ''यूरेका!'' (मैंने खोज लिया) नहीं, बल्कि ''कितना अजीब है...'' है।'

लेकिन, साथ ही, हम यहाँ किसी चंचल आध्यात्मिक अनुसंधान की बात नहीं कर रहे हैं। हम विज्ञान की बात कर रहे हैं, उसके सभी नियमों और कठिनाइयों के साथ। जैसा कि बॉक्स 14.2 में दर्शाया गया है, बहुत जरूरी है कि शोधकर्ता रचनात्मकता और कठोरता से काम करें। रचनात्मकता में कामयाब होने की जरूरत है। विश्वसनीयता खो कर रचनात्मकता नहीं प्राप्त की जा सकती।

बॉक्स 14.2

रचनात्मकता और कठोरता का संतुलन बनाए रखना

हटकर सोचें.... लेकिन लक्ष्य पर बने रहें।

मौलिक, अभिनव व कल्पनाशील बनें.... लेकिन आपको कहाँ जाना है यह सोचें।

अपने अंतर्ज्ञान का प्रयोग करें.... लेकिन उस अंतर्ज्ञान के तर्क को समझा सकने वाले बनें।

धाराप्रवाह और लचीला बने रहें.... लेकिन साथ ही सावधान व सुव्यवस्थित भी।

प्रेरित, कल्पनाशील और प्रवीण बनें.... लेकिन यथार्थवादी और व्यावहारिक भी।

आगमिक व निगमनिक तर्क के बीच सामंजस्य बनाए रखना

असंसाधित डेटा, जैसे कि प्रतिरूप, चित्र, पत्रिकाएं, वीडियो और दस्तावेजों से सार्थक अर्थ निकलने की प्रक्रिया प्रासंगिक विषयों के उत्पादन/छान-बीन पर निर्भर है; और यह विषय या तो (आगमिक तर्क के माध्यम से) आविष्कृत किये जा सकते हैं या उजागर किये जा सकते हैं (निगमनिक तर्क के माध्यम से)। मेरा इससे क्या तात्पर्य है?

हो सकता है आप अपने डेटा की नीचे से उपर आगमिक छान-बीन करना चाहें। दूसरे शब्दों में, बगैर किसी पूर्व-निर्धारित विषय या सिद्धांत को ध्यान में रखे आप अपने डेटा की छान-बीन करना चाहें। हो सकता है आपका लक्ष्य डेटा में से निकलने वाले विषयों की खोज करना या सिद्धांतों के परिणाम तक पहुंचना हो। इसे प्राय: जमीनी सिद्धांत का उत्पादन कहा जाता है या 'वह सिद्धांत कहा जाता है जो कि उन डेटा से उत्पन्न हैं जिसे शोध प्रक्रिया के माध्यम से योजनाबद्ध तरीके से निकाला और विश्लेषित किया जाता है' (कोर्बिन और स्ट्रॉस, 2007:12)।

जमीनी सिद्धांत उत्पन्न करने के लिए, शोधकर्ता डेटा को एकत्रित करने के कठोर और पुनरावृत्तीय प्रकिया में और 'सतत तुलनात्मक' विश्लेषण में संलग्न रहते हैं जिसमें असंसाधित डेटा को पृथक्करण के नए स्तरों तक ले जाते हैं जब तक उसमें से सिद्धांत न निकल आयें। सिद्धांत उत्पन्न करने की इस प्रक्रिया (जिसका नाम इससे उत्पन्न उत्पाद के समान है- जमीनी सिद्धांत) में डेटा के विश्लेषण की बहुत अच्छी तरह से परिभाषित और स्पष्ट रूप से उच्चरित तकनीकें अंत:स्थापित हैं (इस अध्याय के अंत में दिए गए पाठ देखें)। और जमीनी सिद्धांतों की इन्हीं तकनीकों के स्पष्ट उच्चरण की वजह से वे बहुत-सी क्यूडीए योजनाओं का केंद्र बन गए हैं।

लेकिन, जो विद्यार्थी केवल जमीनी सिद्धांत साहित्य पढ़ते हैं, वे इस गलत धारणा का शिकार हो सकते हैं कि क्यूडीए हमेशा आगमिक ही होता है। परन्तु ऐसा जरूरी नहीं है। विषयों की खोज ही केवल क्यूडीए का विकल्प नहीं है। उदाहरण के लिए, आपके मस्तिष्क में पूर्वनिर्धारित (निगमनिक) विषय या सिद्धांत हों- वे आपके उससे सम्बंधित साहित्य को पढ़ने से; आपके पूर्व अनुभवों से; आपके शोध प्रश्न के स्वरूप से; या फिर आंकड़े एकत्र करते हुए आपकी अंतर्दृष्टि से उत्पन्न हो सकते हैं। इस स्थिति में आप डेटा को निगमनिक रूप से उजागर करने का प्रयास करते हैं। यहाँ आप छान-बीन की पूर्वनिर्धारित श्रेणियों के द्वारा 'सिद्धांतों' का समर्थन करने के लिए अपने डेटा का खनन कर रहे हैं। असंसाधित डेटा में से सिद्धांतों के उभरने के बजाय, सिद्धांतों की उत्पत्ति प्रगतिशील जांच-पड़ताल पर निर्भर होती है।

आगमिक तरीके से सिद्धांत का उत्पादन → निगमनिक तरीके से सिद्धांत की जांच करना → परिकल्पना की पुष्टि होना (ON THE RIGHT)/परिकल्पना की पुष्टि न होना (ON THE LEFT- Curving back towards आगमिक तरीके से...)

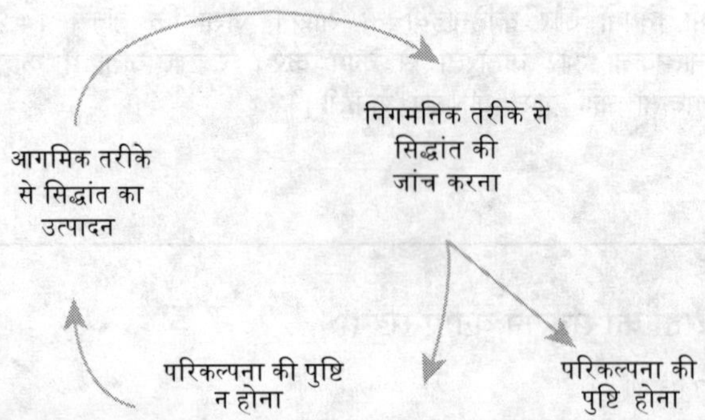

चित्र 14.3 आगमिक व निगमनिक तर्क के चक्र

जैसा कि चित्र 14.3 में दर्शाया गया है, एक और उपयुक्त संभावना हो सकती है कि आप आगमिक वा निगमनिक तर्क के चक्र में उलझ जाएँ। उदाहरण के लिए, हो सकता है आप अपने अध्ययन की इस तरह संरचना करें कि सिद्धांत आगमिक, मूल प्रक्रियाओं से निकलें, लेकिन जैसे-जैसे डेटा से सिद्धांतों की उत्पत्ति होगी, यह संभव है कि आप निगमनिक पुष्टि की प्रक्रिया की ओर बढ़ें। दूसरी तरफ, निगमनिक सत्यापन की प्रक्रिया से परिकल्पना की जांच करने वालों की विश्वसनीयता डेटा में से असंभावित के निकलने पर उसे स्वीकारने की उनकी तत्परता पर निर्भर हो सकती है। शोधकर्ताओं को आगमिक तरीके से वैकल्पिक व्याख्या करना भी आना चाहिए।

क्यूडीए की पद्धतियाँ

जब क्यूडीए की बात होती है, तो जो बात पहचानना सबसे जरूरी है वह यह कि जो दस्तावेज, प्रतिरूप, चित्र और पाठ आपके असंसाधित डेटा का हिस्सा हैं उनसे लगातार संपर्क बनाये रखना बहुत जरूरी है। इसके लिए डेटा को इकट्ठा करने की प्रक्रिया की शुरुआत से ही आपको बहुत पढ़ना होगा और बार-बार पढ़ना होगा और यह

प्रकिया डेटा के प्रबंधन, उनके विश्लेषण, और यहाँ तक कि निष्कर्ष निकलने तक जारी रहनी चाहिए। जैसा कि नीचे व्यक्त किया गया है और बॉक्स 14.3 में भी दर्शाया गया है, विश्लेषण करने में शामिल हैं: (1) पूर्वाग्रहों की पहचान करना व कुल प्रभाव पर ध्यान देना; (2) घटाना (मुझे मालूम है कि यह खराब शब्द है, लेकिन यह कदम अव्यवस्थित असंसाधित डेटा से भरपूर समझ तक पहुंचने के लिए अनिवार्य कदम है), व्यवस्थित करना, और डेटा को कोड करना; (3) बनावट और अंत:सम्बन्ध खोजना; (4) मानचित्र व विषय बनाना; (5) सिद्धांतों को बनाना व जांचना; और (6) निष्कर्ष निकालना।

यहाँ दो महत्वपूर्ण चीजों पर ध्यान देने की जरूरत है। पहली कि हालाँकि हमारा लक्ष्य असंसाधित डेटा से सैद्धांतिक समझ तक पहुंचना है, यह प्रक्रिया रेखीय नहीं है। गुणात्मक डेटा में पुनरावृत्तीय विश्लेषण चक्र मांग होती है। किसी भी दिलचस्प चीज की खोज होने पर आपको एक कदम पीछे जाना पड़ता है जिसमें दोबारा पढ़ना, समीक्षा और डेटा के साथ दोबारा संलग्न होना पड़ता है। दूसरी ध्यान देने योग्य बात घटाने की धारणा से सम्बंधित है। कई बार विद्यार्थी परेशान हो जाते हैं जब मैं उन्हें बताती हूँ कि 'घटाना' प्रक्रिया का हिस्सा है। उन्हें लगता है कि यह क्यूडीए की प्रचुरता बनाए रखने के लक्ष्य के विरुद्ध है।

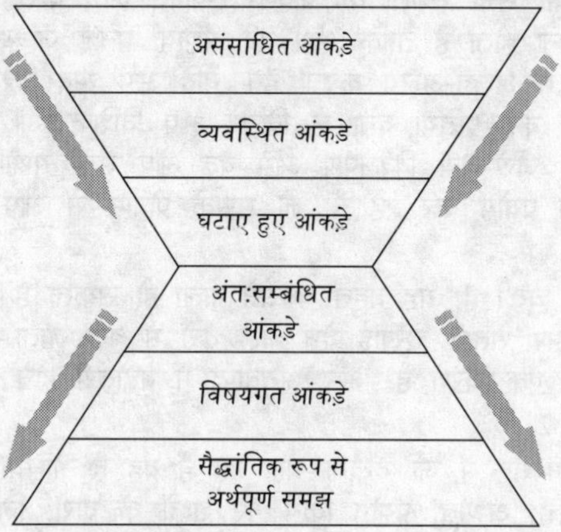

चित्र 14.4 गुणात्मक डेटा के साथ काम करना: वेधन और संक्षेप करना

ठीक है कि प्रचुरता महत्वपूर्ण है, लेकिन गुणात्मक विश्लेषण में केवल प्रचुरता बनाये रखने से ज्यादा अन्य बातें भी शामिल हैं। उत्तम गुणात्मक विश्लेषण में वास्तविक जरूरत है कि उसका निर्माण किया जाए। इसे इस तरह भी देखा जा सकता है: असंसाधित आंकड़े प्रचुर हो सकते हैं, लेकिन साथ ही वे अव्यवस्थित होते हैं और प्रकाशित होने लायक नहीं होते हैं। उदाहरण के लिए, आप यदि किसी पत्रिका में प्रकाशित करने जा रहे हैं, तो आपको 1,000 पृष्ठों के असंसाधित डेटा को 10 पृष्ठों के लेख में परिवर्तित करना होगा, और ऐसा करने में आपको जरूर ही डेटा पर घटाने की प्रक्रियाएं प्रयुक्त करनी पड़ेंगीं ताकि आंकड़े प्रबंधन लायक और समझ में आने लायक हों। लेकिन साथ ही आपको आंकड़े अर्थपूर्ण भी बनाने होंगे। इसलिए घटाने की प्रक्रियाओं के बाद, आपको अंत:सम्बन्ध खोजने होंगे, विषयों का विकास करना होगा और सिद्धांत बनाने होंगे। जैसा कि चित्र 14.4 में दर्शाया गया है अर्थपूर्ण समझ तक पहुँचने का मतलब अपने डेटा को दोबारा अलग-अलग करना पड़ता है ताकि वह एक भरपूर और शक्तिशाली कहानी पेश कर सके जिसका सिद्धांतों से मायने निकल सके।

पूर्वाग्रहों की पहचान करना व कुल प्रभाव पर ध्यान देना

चूंकि आंकड़े एकत्रित करने की प्रक्रिया को विश्लेषण से पूरी तरह अलग नहीं किया जा सकता (आपके पास यह क्षमता नहीं होती कि आप दूसरों की कहानियाँ सुनते हुए अपनी सोच प्रक्रियायों को बिलकुल बंद कर दें), विश्लेषण की प्रक्रिया चलती रहती है। लेकिन यह जोखिम भरा हो सकता है, क्योंकि व्याख्याएं हमेशा शोधकर्ता की प्रवृत्तियों, पूर्वाग्रहों, विश्वदृष्टि और प्रतिमानों से ग्रथित होती हैं- चाहे स्वीकृत हों या अस्वीकृत, चेतन हों या अवचेतन।

इन प्रवृत्तियों की वजह से, विश्लेषण शुरू करने का एक अच्छा तरीका है कि आप जितना हो सके अपनी मान्यताओं और पूर्वाग्रहों की सूची बना लें। इससे न केवल वे प्रवृत्तियां सामने आएँगी जिन्हें आपको विश्लेषण प्रक्रिया के माध्यम से संभालना होगा, इससे आपको संभावित श्रेणियों को भी छान-बीन के लिए प्रकाश में लाने में मदद मिलेगी।

दूसरा कदम है सारे एकत्रित डेटा को ध्यानपूर्वक पढ़ना, साथ ही उस दौरान सभी 'सामान्य प्रभावों' की टिप्पणियों को भी लिखते जाना। इसका अभिप्राय डेटा को महसूस करना है और डेटा के अलग-अलग स्त्रोतों के समग्र स्वरूप को एक व्यापक कहानी के रूप में देखना है। इस प्रक्रिया में, विभिन्न विषयों के साथ-साथ भावनाओं और उमंगों को भी पहचानना शामिल है। उदाहरण के लिए, यदि आप तलाक सम्बन्धी अनुभवों की छान-बीन कर रहे हैं, तो क्रोध, निराशा, और आघात की भावनाओं को समझना उतना ही जरूरी होगा जितना कि संपत्ति का विभाजन या अभिरक्षा व्यवस्था।

घटाना, और विषयों में कोड करना

विश्लेषण का अगला स्तर डेटा के सभी स्त्रोतों की पंक्ति-दर-पंक्ति जांच करना है। इसके लिए असंसाधित डेटा का व्यवस्थित रूप से वेधन करना होता है ताकि अर्थ की श्रेणियाँ बनाई जा सकें। इसके पीछे विचार डेटा को घटाना और उन्हें विभिन्न विषयों में अलग-अलग करना है। यदि आप खुद विश्लेषण कर रहे हैं तो, एक अच्छा तरीका है कि आप प्रतिरूपों की कई प्रतियां बना लें जिनमें आप विशिष्टताओं पर निशान लगा सकें, काट कर उचित ढेरों में बाँट सकें, ताकि जैसे-जैसे विश्लेषण आगे बढ़े आप उन्हें यथोचित तरीके से प्रयोग कर सकें। यदि आप क्यूडीए सॉफ्टवेयर का प्रयोग कर रहे हैं, तो उसके प्रोग्राम से आप इसी तरह का काम इलेक्ट्रॉनिक रूप से कर पायेंगे।

जैसा कि पहले चर्चा की जा चुकी है, यह बहुत घबराने वाला हो सकता है। एकदम से इतना विस्तृत आंकड़ा अलग-अलग होकर ऊपरी तौर पर सतही दिखाई देने वाले ढेरों में बंट जाता है। लेकिन खुद को याद दिलाते रहें कि यह विश्लेषण का केवल एक चरण है- और अंतर्दृष्टि में बढ़ोतरी होने पर आप इस चरण पर वापस आ सकते हैं।

आप इस पंक्ति-दर-पंक्ति छान-बीन में जो देखना चाह रहे हैं वह है श्रेणियाँ और विषय, लेकिन इस पर कई तरह से संकेत दिए जा सकते हैं: अर्थात्, प्रयोग किये गए शब्दों के द्वारा; जिन धारणाओं पर चर्चा की गई है; जिन भाषाई उपकरणों को प्रयोग में लाया जा रहा है; और शोधकर्ता द्वारा जो अशाब्दिक संकेत लिखे गए हैं:

- शब्दों की छान-बीन- शब्दों को दोहराए जाने द्वारा उनकी छान-बीन, या प्रसंग और प्रयोग (जिसे कभी-कभी प्रसंग में संकेत शब्द भी कहा जाता है) द्वारा छान-बीन। ख़ास शब्दों के विशिष्ट सांस्कृतिक अर्थ भी महत्वपूर्ण हो सकते हैं। पैटन (2001) इसका 'स्वदेशी श्रेणियाँ' के नाम से उल्लेख करते हैं, जबकि कोर्बिन और स्ट्रॉस (2007) 'इन वीवो' कोडिंग के नाम से इसका उल्लेख करते हैं। शब्दों के साथ काम करते हुए, शोधकर्ता प्राय: किसी भी शब्द (या वाक्यांश) के सभी उदाहरण खोजने के लिए, उसके सन्दर्भ/अर्थ को ध्यान में रखते हुए, पाठ की व्यवस्थित ढंग से जांच करते हैं (तालिका 14.1 में सन्दर्भ विश्लेषण देखें)। कई सॉफ़्टवेयर पैकेज जैसे डीआईसीटीआईओएन या कॉनकोरडेंस बहुत आसानी और दक्षता के साथ विशिष्ट शब्दों की पहचान और मिलान कर लेते हैं व इन परिणामों को परिमाणात्मक तरीके से भी पेश करते हैं।
- धारणाओं की छान-बीन- धारणाओं की छान-बीन करने के लिए, शोधकर्ता प्राय: प्रतिरूपों को पंक्ति-दर-पंक्ति या अनुच्छेद-दर-अनुच्छेद पढ़ते हैं, (और) इस कार्यवाई में संलग्न होते हैं जिसे जमीनी सिद्धांत के समर्थक 'सतत तुलना' कहते हैं। दूसरे शब्दों में, प्रत्येक पाठ में सन्दर्भ व अर्थ की जांच की जाती है और पहले विश्लेषण किये गए पाठ से तुलना कर समानताएं व असमानताएं निकाली जाती हैं। जिन धारणाओं की आप छान-बीन करते हैं वे साहित्य, आपके शोध प्रश्नों, अंतर्ज्ञान, या पिछले अनुभवों से उत्पन्न हो सकते हैं। धारणाएं छान-बीन की 'सामान्य' सामाजिक विज्ञान की श्रेणियों से भी व्युत्पन्न की जा सकती हैं (उदाहरण- सत्ता, जाति, वर्ग, लिंग)। इन्हें खोजने के लिए आप पाठ को पढ़ते हैं और निगमनिक रीति से विषयों को उजागर करते हैं। दूसरा विकल्प है कि आप बगैर किसी पूर्वाग्रही विचारों के डेटा से आगमिक रीति से धारणाओं का उभरना खोजें (जमीनी सिद्धांत की प्रथा)। पूर्व निर्धारित श्रेणियों के साथ, शोधकर्ताओं को अपने आंकडों को अपनी अपेक्षाओं के अनुरूप 'ढालने', और वैकल्पिक व्याख्याओं को न देख पाने से सावधान रहने की जरूरत है। लेकिन, विशुद्ध आगमिक तरीकों में भी पूर्वाग्रह होने की संभावना होती है क्योंकि डेटा में से निकलने वाले विषय

अस्वीकृत आत्मपरकताओं से प्रभावित हो सकते हैं। जैसे कि पहले चर्चा की जा चुकी है, सार्थक अर्थ निकालने के लिए प्राय: आगमिक व निगमनिक दोनों प्रक्रियाओं की जरूरत होती है।

- भाषाई उपकरणों की छान-बीन- प्राय: रूपकों, उपमाओं, और यहाँ तक कि लोकोक्तियों की भी छान-बीन की जाती है क्योंकि वे शब्दों को समृद्धि, कल्पना, व समानुभूतिक समझ प्रदान करते हैं। यह उपकरण प्राय: वक्ताओं व श्रोताओं के बीच संपर्क स्थापित कर विचारों को व्यवस्थित करते व समझ को सरल बनाते हैं। एक बार आप इस तरह के भाषाई उपकरणों को खोजना शुरू कर देते हैं, आप पायेंगे कि वे बोलचाल की व लिखित भाषा दोनों में बहुतायत में उपलब्ध हैं। गुणात्मक डेटा के विश्लेषक प्राय: विशिष्ट धारणाओं के अर्थों के अलग-अलग अर्थों को श्रेणीबद्ध करने के लिए इस तरह के उपमा-समृद्ध विवरणों का प्रयोग करते हैं।
- अशाब्दिक संकेतों की छान-बीन- असंसाधित डेटा से समृद्ध अर्थ की तरफ बढ़ने की प्रक्रिया में जो कुछ खो जाता है वह एक प्रमुख समस्या है। और गुणात्मक डेटा को एकत्र करने व विश्लेषण करने में लहजों व भावनाओं, शब्दों के पीछे छुपे शारीरिक हाव-भावों, और यहाँ तक कि अनकहे शब्दों की बजाय शब्दों पर ध्यान देने की प्रवृत्ति ज्यादा होती है। लेकिन अशाब्दिक का यह संसार विषयगत छान-बीन के लिए बहुत अहम हो सकता है। यदि आपके असंसाधित डेटा, टिप्पणियों, या प्रतिरूपों में अशाब्दिक संकेत हैं, तो उनसे सामग्री व विषयों को सार्थक अर्थ मिलता है: स्वर, प्रबलता, स्वरमान, और बोली की गति; स्वस्थ या उत्तेजित हंसी की प्रवृत्ति; चेहरे व शारीरिक हाव-भावों; और इन सब में उतार-चढ़ाव सब सार्थक अर्थ के लिए महत्वपूर्ण हो सकते हैं।

बनावट और अंत:सम्बन्ध खोजना

एक बार जब आपके पाठों की विषयों के लिए छान-बीन हो चुकी हो, तब सार्थक अर्थ निकालने की प्रक्रिया से हटकर विभिन्न विषयों के बीच के संबंधों की छान-बीन की शुरुआत होती है। उदाहरण के लिए, हो सकता है आप कुछ शब्दों या/और धारणाओं के प्रयोग का सहसंबंध दूसरे शब्दों या/और धारणाओं से देखना चाहें। या आप देखना चाहें कि क्या कुछ शब्द/धारणाएं किन्ही विशिष्ट अशाब्दिक संकेतों या भावनात्मक स्थितियों से तो नहीं जुड़ी हैं। आप कुछ उपमाओं व अशाब्दिक संकेतों के प्रयोग के बीच सम्बन्ध भी देखना चाह सकते हैं। और, साथ ही, आप यह भी देखना चाह सकते हैं कि किस तरह कुछ ख़ास विशेषताओं वाले व्यक्ति इन आयामों पर भिन्न होते हैं।

परस्पर संयोजन को विविध व जटिल दोनों ही माना जाता है, और शर्तों और परिणामों के बीच सम्बन्ध की तरफ, या किसी व्यक्ति के अनुभव किस तरह वैश्विक विषयों से सम्बंधित हो सकते हैं, इस तरफ इशारा कर सकते हैं ।

मानचित्र व विषय बनाना

जैसे-जैसे आपके बनावट और अंत:सम्बन्ध की सीमा बढ़े, अपने डेटा का मानचित्र बनाना लाभकारी होगा। तकनीकी तौर पर, जब आप निगमनिक रीति से निगमनिक विषयों के डेटा को उजागर करते हैं, उसमें मानचित्र पूर्वनिर्धारित होगा। लेकिन, जब आप जमीनी सिद्धांत पद्धति के प्रयोग से आगमिक रीति से विषयों को उजागर करते हैं, जैसे-जैसे आप अपने डेटा पर काम करते जाते हैं, वैसे-वैसे मानचित्र बनता है। लेकिन, वास्तव में, दोनों में अंतर इतना स्पष्ट नहीं होता है, और समृद्ध मानचित्र बनाने के लिए शायद दोनों योजनाओं की जरूरत हो।

चित्र 14.5 में छोटी लड़कियों में हीन भावना के बारे में छान-बीन को दर्शाता हुआ मानचित्र दिया गया है जो कि आगमिक व निगमनिक दोनों पद्धतियों से बनाया गया है। अर्थात्, शुरू में कुछ विचारों को नोट किया गया था, पर जैसे-जैसे आंकड़ा निमज्जन हुआ अन्य धारणाओं को जोड़ा व मिलाया गया। यहाँ ध्यान देने की जरूरत है कि इस तरह के माईंड मैप को आसानी से 'वृक्ष संरचना' में परिवर्तित किया जा सकता है जो कि कई क्यूडीए सॉफ्टवेयर प्रोग्रामों के विश्लेषण का मूल होता है (चित्र 14.6 देखें)।

इस स्तर पर, (शोध से सम्बंधित) साहित्य, पुराने शोध व व्यापक सैद्धांतिक लेखन दोनों को दोबारा पढ़ना अच्छा रहेगा, और यह देखना कि अपने डेटा से उभर रही समझ की श्रेणियों पर उन का क्या प्रभाव है। अपने शोध के पाठ व मौजूदा साहित्य को साथ-साथ संलग्न करने से आपकी समझ बढती है। इससे न केवल आप अपने डेटा की सामग्री की छान-बीन कर पाते हैं, बल्कि वह सामग्री सिद्धांतों से क्यों और कैसे सम्बंधित है यह भी जान पाते हैं।

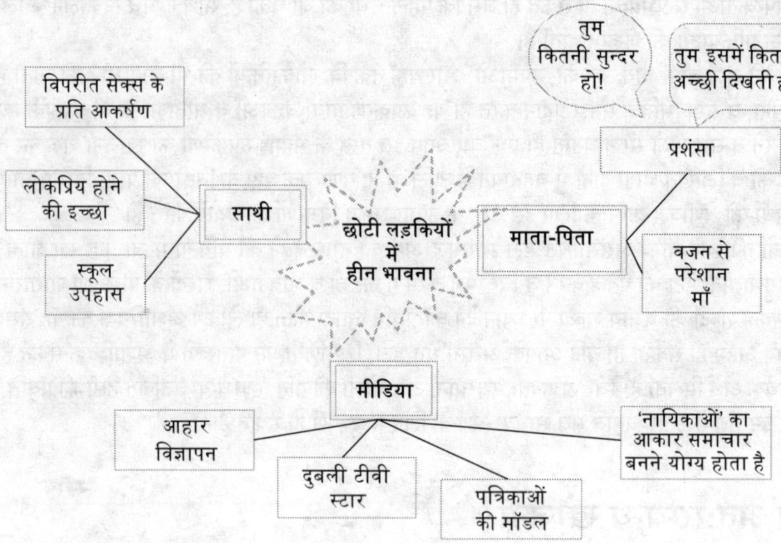

चित्र 14.5 अपने विषयों का मानचित्र बनाना

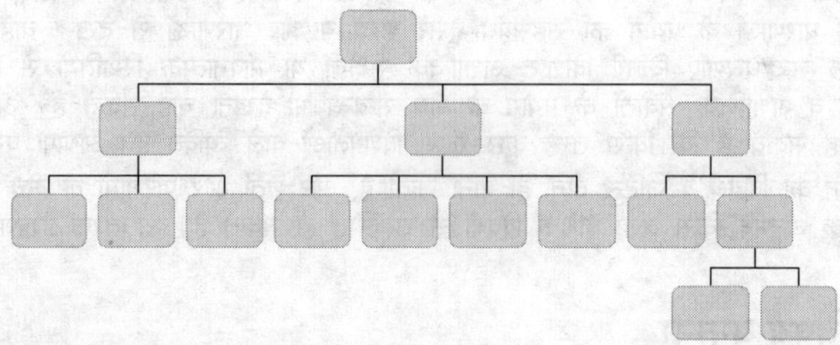

चित्र 14.6 क्यूडीए 'वृक्ष संरचना'

इससे आपके आंकड़े जो कि अभी तक घटाने की सामान्य श्रेणियों के ढेर में रखे हुए थे, अब ज्यादा सार्थक विषयों की समझ में गिने जायेंगे। मानचित्र बनाना संवाद और विषयों (साथ ही उन विषयों के बीच तनाव) को प्रासंगिक शोध और सैद्धांतिक रूप से उन्मुख साहित्य के साथ-साथ रखने की प्रक्रिया बन जाता है। इस तरह लघुकारक प्रक्रियाएं ज्यादा गूढ़ स्तर तक पहुँच गई हैं।

सिद्धांतों का विकास

जबकि आपका विश्लेषण का समापन विषयगत मानचित्र बनाने से हो जाए, इसमें शामिल सम्प्रत्ययीकरण और पृथक्करण बहुत विकसित हो सकता है और प्रतिरूप निर्माण से सिद्धांत निर्माण में परिवर्तित हो सकता है। दूसरे शब्दों में, समृद्ध मानचित्र बनाने की प्रक्रिया में नए विचारों के विकास में बढोतरी हो सकती है- वह 'अरे, तुम्हें मालूम है यहाँ क्या हो रहा है' क्षण। यह बहुत उत्तेजित कर देने वाला विचार होता है जब आप पाते हैं कि आप न केवल साहित्य से ले रहे हैं, बल्कि वापस योगदान भी देने को तैयार हैं।

निष्कर्ष निकालना

निष्कर्ष निकालना आपके सारे महत्वपूर्ण जांच-परिणामों को इकठ्ठा करने व यह विचार करने के लिए कि वह क्यों और कैसे महत्वपूर्ण हैं यह जानने के लिए एक अवसर है। इसमें आप स्पष्टता से अपने डेटा का संक्षिप्त विवरण दे सकते हैं और अपने शोध के प्रमुख प्रश्नों, अभिप्राय और उद्देश्यों के साथ संलग्न कर सकते हैं। आपके निष्कर्षों को वर्तमान के साहित्य व आपके शोध प्रक्रिया की बाधाओं, दोनों के सन्दर्भ में देखा जाना चाहिए और आपके व्यापक तर्क को इंगित करना चाहिये। याद रखें: स्पष्टता महत्वपूर्ण है, लेकिन विश्व को बगैर किसी अस्पष्टता और जटिलता के रूप में दिखाने के लिए लिए अपने निष्कर्षों को जबरदस्ती फिट करने का प्रयास न करें।

सारांश के अलावा, आप अपने निष्कर्ष, अंतर्ज्ञान, और विचारों को भी एक मूल ढाँचे या मॉडल के रूप में प्रस्तुत करने के लिए सोच सकते हैं। इस तरह के उपाय न केवल आपकी रिपोर्ट को एक स्पष्टता प्रदान करते हैं, बल्कि एक ऐसे शोधकर्ता के रूप में अपनी विश्वसनीयता सिद्ध करने में मदद करते हैं जिसने (शोध सबंधित) साहित्य में मौलिक योगदान दिया है।

बॉक्स 14.4 में क्यूडीए और विषयगत विश्लेषण का प्रयोग करने वाले अध्ययनों के उदाहरण दिए गए हैं

बॉक्स 14.3

प्रभावी क्यूडीए के लिए आवश्यक कदम

मैंने सोचा कि उपरोक्त उपाय वास्तविक शोध में किस तरह व्यक्त होते हैं इसका एक छोटा उदाहरण आपको दिखाना उचित रहेगा। इसलिए चलिए संगीत के वीडियो देखते हैं। इस अभ्यास के लिए कल्पना कीजिए कि आप एक ऐसा शोध करना चाहते हैं जिसमें पिछले तीन साल के संगीत वीडियो की छान-बीन की गई है और आप उस समय के 30 प्रमुख विडियो रिकॉर्ड कर सके हैं। इसका विश्लेषण कुछ इस तरह हो सकता है।

उपाय 1: पूर्वाग्रहों की पहचान करना व कुल प्रभाव पर ध्यान देना

हम सब के पास (पूर्वाग्रह) होते हैं। उदाहरण के लिए, हो सकता है आप सोचते हों कि संगीत वीडियो महिलाओं को मूर्त रूप में व्यक्त करते हैं, कि उनके बोल तुच्छ होते हैं, और लोक गीत विडियो बहुत निरर्थक होते हैं। पूरी तरह से ऐसा करना बहुत महत्वपूर्ण है। यदि आप अपने पूर्वाग्रहों को नहीं स्वीकारते हैं और उन्हें बेअसर बनाने के लिए काम नहीं करते हैं तो, हो सकता है आपको वही निष्कर्ष मिले जो आप खोजना चाह रहे थे!

दूसरा कदम होगा सभी 30 वीडियो को देखना व उनसे होने वाले प्रभावों को नोट करना, जो कि सामग्री, बोल, नर्तकों, चल, हाव-भाव, शैली से संबद्ध हो सकते हैं (यह श्रेणियाँ आपके अपनी रुचियों, अंतर्ज्ञान या साहित्य से उत्पन्न हो सकती हैं)।

उपाय 2: घटाना, और विषयों में कोड करना

इसमें हरेक वीडियो को देखना व उपाय 1 में दी गईं सभी श्रेणियों/ या अन्य कोई श्रेणी जो कि आप बाद में आगमिक रीति से उजागर करते हैं, सभी के बारे में जितना हो सके टिप्पणियों को नोट करना शामिल है। उदाहरण के लिए, जब आप वीडियो 1 के बोल पर ध्यान दें तो उनमें शायद आप धोखाधड़ी, मनोव्यथा, और विश्वास के विषय पायें। इस तरह, आप श्रेणियों व उप-श्रेणियों का निर्माण कर सकेंगें जो कि, जैसे-जैसे आप एक-एक वीडियो देखेंगे, और विस्तृत होती जायेंगी ।

उपाय 3: बनावट और अंत:सम्बन्ध खोजना

हो सकता है सभी 30 वीडियो में अंशछादित विषय हों- इसलिए इस उपाय में आप समानताएं व मतभेद खोजेंगे। उदाहरण के लिए, हो सकता है कि आप पाएं कि सबसे अधिक प्रकट करने वाली सामग्री उन वीडियो में मिलें जो कि बैंड को दिखा रहे हैं, न कि महिला कलाकारों को, या फिर लोक वीडियो में सबसे ज्यादा नर्तक हों।

(जारी)

(जारी)

उपाय 4: मानचित्र व विषय बनाना

प्रारंभिक मानचित्र का एक छोटा भाग निम्न की तरह हो सकता है। यहाँ से आप: (1) सभी मुख्य विषयों (शैली, लिंग आदि) को मानचित्र में शामिल करते जायेंगे; (2) जैसा उचित हो और अधिक उपश्रेणियों का विकास करेंगे (उदाहरण- स्वतंत्रता के अंतर्गत आप पुरुष/महिला शामिल करना चाहें) और (3) विभिन्न अंत:संबंधों को मानचित्र में डालें। यह सब कार्य करते हुए (सम्बंधित) साहित्य से सम्बन्ध रखना न भूलें।

अब अगर शुरुआत में ही आपके पास अपने शोध की स्पष्ट सीमाएं नहीं थीं, तो शायद आपको एहसास हो कि संगीत वीडियो के सभी पहलुओं पर गुणात्मक विश्लेषण करना एक बहुत बड़ा कार्य है जो कि नियंत्रणीय नहीं हो- इसलिए आप केवल एक या दो विशेष दिलचस्पी वाले क्षेत्रों पर ही काम करना चाहें, जैसे, लिंग। याद रखें: बड़े स्तर पर खराब काम करने के बजाय छोटे स्तर पर बहुत कठोर काम करना ज्यादा अच्छा है।

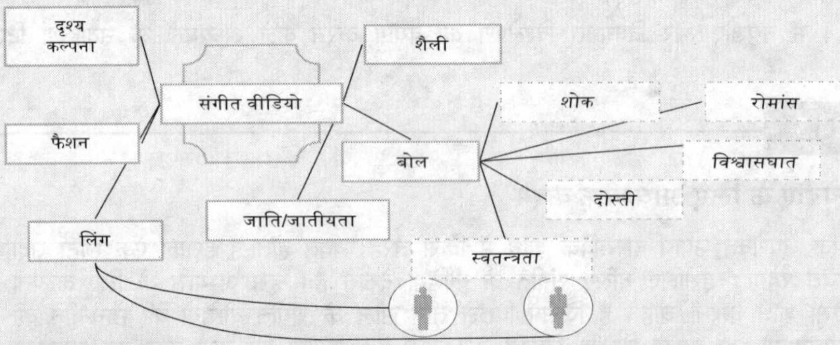

उपाय 5: सिद्धांतों को बनाना व जांचना

यह आपका 'अरे, तुम्हें मालूम है यहाँ क्या हो रहा है' क्षण है जिसके बारे में हो सकता है आपको तब सूझे जब आप 103वीं बार वीडियो देख रहे हों या अपने मानचित्र के साथ 72वीं बार छेड़खानी कर रहे हों। किसे मालूम है? हो सकता है कि आप ऐसे अचरज-भरे सिद्धांत बनाएँ जो कि सारे संगीत उद्योग को प्रभावित कर दे।

उपाय 6: निष्कर्ष निकालना

हो सकता है इन प्रक्रियाओं से इतनी जानकारियां मिलें जो कि सभी आप बाँट न पाएं, इसलिए आपको निर्णय करना होगा कि इनमें से कौन-सी बातें महत्वपूर्ण/जरूरी हैं और आपके शोध प्रश्नों, उद्देश्यों व अभिप्रायों के साथ शक्तिशाली रूप में सम्बंधित हैं।

चित्र 14.7 संगीत वीडियो शब्द मानचित्र

बॉक्स 14.4

क्यूडीए व विषयगत विश्लेषण प्रयोग करने वाले अध्ययन

बोरेल, ज. (2008) 'थीमैटिक अनालिसिस आइडेंटीफाईंग कॉन्सेप्ट्स ऑफ प्रॉब्लम गम्ब्लिंग एजेंसी: विद प्रीलिमनरी एक्स्प्लोरेशन ऑफ डिस्कोरसेस इन सेलेक्टेड इंडस्ट्री एंड रिसर्च डोकुमेंट्स', जर्नल ऑफ गम्ब्लिंग इशूस, 22: 195–218।

यह अध्ययन विषयानुसार शोध निकायों की वार्षिक रिपोर्ट और पेपर की छान-बीन करता है, और उन उदाहरणों का उल्लेख करता है जिनमें जुआ और समस्यात्मक जुआ के सम्बन्ध में एजेंसी को इंगित किया गया है। इसमें आधारभूत विचारों, धारणाओं, सम्प्रत्ययीकरण, और विचारधाराओं की छान-बीन करने के लिए अर्थ सामग्री से भी कहीं आगे विषयगत विश्लेषण किया गया।

बिस्कोफ, जी. एच., वार्नार, बी. एल., बाराजास, एम. एस., एंड धालीवाल, एच. के., (2011) 'थीमेटिक अनालिसिस ऑफ द एक्स्पीयैंसेस ऑफ वाईव्स हू स्टे विद हस्बंड्स हू ट्रांसिशन मेल-टू-फिमेल', मिशिगन फैमिली रिव्यू, 15(1): 16–33।

इस गुणात्मक अध्ययन में पुरुष-से-स्त्री लिंगपरिवर्ती (ट्रांससेक्सुअल) व्यक्तियों की पत्नियों के 14 केसों का विश्लेषण किया गया। जो पत्नियां अपने पुरुष-से-स्त्री लिंगपरिवर्ती (ट्रांससेक्सुअल) साथी के साथ रह गईं उनके अनुभवों को पहचानने व उनके मुख्य विषयों को व्यवस्थित करने के लिए विषयगत विश्लेषण का प्रयोग किया गया। तीन मुख्य क्षेत्रों में विषयों का समूह बना: अंत:व्यक्तिगत, दम्पति के सम्बन्ध, और पारिवारिक और सामाजिक सम्बन्ध।

पहल्के, टी. ए., II, हेन्रोन, सी. बी., रादिना, एम. ई. एंड कुवालंका, के. ए. (2009) 'डज़ फादर स्टिल नो बेस्ट? एन इन्डक्टिव थीमेटिक अनालिसिस ऑफ पोपुलर सिटकौम्स', फादरिंग, 7(2): 114–139।

इस अध्ययन में छह बड़े नेटवर्क के 12 प्रोग्रामों को रिकॉर्ड किया गया और पिताओं की भागीदारी से सम्बंधित विषयों पर विशेषण किया गया। आगमिक विषयगत विश्लेषण से तीन विषयों की पहचान की गई: विभिन्न तरीके जिनसे पिता बच्चों के साथ बातचीत करते हैं (अच्छा समय बिताना, भावनाओं पर आधारित व्यवहार, और जिंदगी के पाठ पढ़ाना); किस तरह विभिन्न जातिगत/जातीय समूहों और आर्थिक-सामाजिक स्तरों के पिता का चित्रण किया जाता है; और पिता के कार्य से सम्बंधित नकारात्मक सन्देश (मूर्ख या अपरिपक्व व्यवहार और परिवार के सदस्यों के मजाक का पात्र बनना)।

विशिष्ट क्यूडीए योजनाएं

अभी तक, मैं क्यूडीए को तर्क और पद्धति पर आधारित एकरूप दृष्टिकोण की तरह प्रस्तुत कर रही थी, और मैंने जो भिन्न अनुशासनात्मक और प्रतिमानात्मक दृष्टिकोण हैं उनके बारे में बात नहीं की है। लेकिन जैसी इस खंड के शुरू में ही चर्चा की गई थी, पिछले दशकों में बहुत-से पृथक दृष्टिकोणों का विकास हुआ है। प्रत्येक की अपनी विशिष्ट लक्ष्य, सिद्धांत, और पद्धति है- और आपकी शोध के लिए प्रत्येक की उपयुक्तता का परिवर्ती स्तर होगा। हालाँकि मैं जरूर यही परामर्श दूँगी कि आप उन पद्धतियों को खोजें जो आपको उपयुक्त लगती हैं, लेकिन यह भी ध्यान रखना अच्छा होगा कि आपको केवल एक पद्धति को अपनाने की जरूरत नहीं है। ऐसी पद्धति का विकास भी संभव है जो विभिन्न पद्धतियों से अंतर्दृष्टि प्राप्त कर आपके डेटा और शोध के कार्यक्रम दोनों का सबसे अच्छा मेल बैठाए।

तालिका 14.1 को इतना विस्तृत नहीं बनाया गया है कि वह आपको क्यूडीए की किसी विशिष्ट शाखा में निपुण बना दे, लेकिन उसमें सबसे अधिक प्रयोग में आने वाली योजनाओं का एक तुलनात्मक सारांश दिया गया है। अध्याय के अंत में दी गई अतिरिक्त वाचन के लिए लेखों की सूची से आप इन योजनाओं में आगे भी छान-बीन कर सकते हैं।

गुणात्मक डेटा की प्रस्तुति

ज्यादातर पुस्तकें गुणात्मक डेटा की प्रस्तुति के बारे में पर्याप्त जानकारी नहीं देती हैं, जो कि उन्हें देनी चाहिए। इससे विद्यार्थियों को बहुत संघर्ष करना पड़ता है और अंत में वे जो सबसे ज्यादा जानते हैं या अपनी पद्धति की पुस्तकों में दिए गए (उन तरीकों पर) निर्भर करते हैं। इसलिए हालांकि गुणात्मक शोध पर काम कर रहे विद्यार्थियों के पास केवल तीन केस, पांच दस्तावेज, या आठ इंटरव्यू हैं, अंत में हो सकता है वे कोई कृत्रिम-विश्लेषण बनाएँ जिसमें चक्र चार्ट, स्तंभ ग्राफ, और दशमलव सब हों। उदाहरण के लिए, वे कह सकते हैं कि 50% महसूस करते हैं कि.... 25% सोचते हैं कि ....., जबकि वे केवल चार लोगों के बारे में ही बात कर रहे हों।

तालिका 14.1 विशिष्ट क्यूडीए योजनाओं की तुलना

सामग्री का विश्लेषण	
'कथन का अर्थ निकालना'	• इसमें भाषाई 'परिमाण' शामिल हो सकते हैं जहाँ शब्द और 'शोध की लिखी हुई सामग्री' विश्लेषण की इकाइयां होती हैं जिनका मेल किया जाता है • यह कोडिंग के माध्यम से किये जाने वाले विषयगत विश्लेषण से भी संदर्भित हो सकता है • इसे उन शोध में प्रयोग किया जाता है जहाँ उपस्थिति महत्वपूर्ण प्रवृत्तियों का संकेत माना जाता है। उदाहरण के लिए, किसी विशिष्ट विषय की सामयिकता का विश्लेषण करना, या किसी व्यक्ति के किसी विशिष्ट धारणा के प्रति अवचेतन सन्दर्भों को देखना
संभाषण विश्लेषण	
'भाषा का सामाजिक-ऐतिहासिक सन्दर्भ में अनुवाद'	• केवल कहे हुए शब्दों पर ध्यान केंद्रित करने के बजाय, संभाषण विश्लेषण में भाषा के गठन और सत्ता और ज्ञान के तहत सामाजिक-ऐतिहासिक सन्दर्भ अनुसार छान-बीन होती है • विश्लेषण में 'अहम' डेटा की छान-बीन होती है; दूसरे शब्दों में प्रमुख विचारधारा को चुनौती देता है • उन अध्ययनों में प्रयुक्त होता है जहाँ माना जाता है कि 'शोध कि लिखी हुई सामग्री' में असल राजनीतिक सत्ता है और सामाजिक चेतना पर प्रभाव है
वर्णनात्मक विश्लेषण	
'व्यक्तियों की ''कहानियों'' की व्याख्या'	• डेटा को इकट्ठा करना व उनकी व्याख्या प्राय: पुनरावृत्तीय होती है, जिसमें कहानी गढ़ना केन्द्र होता है • रूपक महत्वपूर्ण माने जाते हैं • उन अध्ययनों में शामिल किया जाता है जहां यह धारणा होती है कि यह व्यक्ति की कहानी बताने में मददगार है। प्राय: इसमें नमूना छोटा होता है और घटना-क्रिया-विज्ञान सम्बन्धी शोध में प्रयुक्त होता है
संवाद विश्लेषण	
'किसी संवाद की संरचना और निर्माण को समझने के लिए'	• बहुत मेहनत से प्रतिरूपित किये गए वार्तालापों में भाषा के संरचनात्मक गठन की छान-बीन की जाती है • वार्तालाप समझने में वक्ताओं के बीच बारी-बारी बोलने और कथनों के अनुक्रमिक क्रम खास महत्वपूर्ण हैं • प्राय: जातीय-प्रणाली-विज्ञान अध्ययनों में प्रयुक्त होता है जहाँ यह शोध किया जाता है कि संवाद के माध्यम से व्यक्ति किस तरह अर्थ की रचना करते हैं
लाक्षणिकता	
'संकेतों और प्रतीकों के अर्थ का अनुवाद करने के लिए'	• इसमें 'संज्ञानात्मक क्षेत्र'- या अर्थ बनाने में प्रयोग होने वाले सीखने के कौशल और मानसिक प्रक्रियाओं की पहचान करना शामिल है • समझ को दोबारा बनाने के लिए विशेष अर्थों को अलग करने का प्रयास किया जाता है • भाषा विज्ञान और मानव विज्ञान में प्रयुक्त होता है- लाक्षणिकता का प्रयोग करने वाले सामाजिक शोधकर्ता प्राय: यह समझने की कोशिश करते हैं कि संकेत किस तरह बनाये जाते हैं और सामाजिक चेतना को प्रभावित करने के लिए प्रयोग किये जाते हैं

भाष्यविज्ञान	
'पाठ की संवाद रीति से व्याख्या करने के लिए'	• 'भाष्यविज्ञान सर्पिल' या अन्य किसी प्रक्रिया का प्रयोग करते हुए पाठ में से अंदर-बाहर होना जो कि दृष्टिकोण को बदलने से समृद्ध समझ देता है • वैकल्पिक दृष्टिकोण पर केंद्रित- वैश्विक बनाम विस्तृत, परम्परागत बनाम विवेचनात्मक, इत्यादि • प्राय: साहित्य के अध्ययन में प्रयोग होता है जिसमें ऐतिहासिक दस्तावेज, उपन्यास, गीतों के बोल, कलाकृतियों, और थियेटर शामिल हैं। वहाँ प्रयोग होता है जहाँ यह मान्यता होती है कि लेखकों और पाठकों के बीच सम्बन्ध से अर्थ अर्थ उत्पन्न होता है
जमीनी सिद्धांत	
'डेटा से सीधे सिद्धांत उत्पन्न करना'	• बहुत आगमिक (विश्लेषणात्मक आगमन) • पहले विश्लेषण किये गए डेटा के सन्दर्भ में प्रत्येक आंकड़े के स्रोत की छान-बीन के लिए 'सतत तुलनात्मक पद्धति' का प्रयोग • उन शोधकर्ताओं द्वारा प्रयोग किया जाता है जो यह मानते हैं कि सभी पूर्वाग्रहों को एक तरफ कर केवल डेटा को अपनी कहानी बताने देना महत्वपूर्ण है
दृश्य विश्लेषण	
'अचल और चल चित्रों की व्याख्या करना'	• इसमें ऊपर दिये गए सभी योजनाओं के तर्क शामिल हो सकते हैं, अंतर सिर्फ शब्दों के बजाय चित्रों के विश्लेषण में है • इसमें विशेष चित्रों, क्लिप, कलाकृतियों इत्यादि के बारे में अन्य व्यक्तियों की राय लेना भी शामिल है। जब फोटो का प्रयोग होता है उसे फोटो निष्कर्ष कहते हैं। • उन शोधकर्ताओं द्वारा प्रयोग किया जाता है जो कि सम्पूर्ण सामाजिक समझ पाने के लिए चित्रों को महत्वपूर्ण मानते हैं- जो कि आज के समय में फेसबुक, यूट्यूब, टीवी, और डीवीडी से तेजी से मान्यता प्राप्त कर रहे हैं

गुणात्मक डेटा की शक्ति केवल यहीं नहीं है। गुणात्मक डेटा की शक्ति वास्तविक शब्दों में और चित्रों में है- इसलिए मेरा सुझाव है कि उनका प्रयोग करें। यदि लक्ष्य शब्दों का धनी उपयोग है, तो अनुचित परिमाणन से बचें और भाषा को पूँजी की तरह प्रयोग करें। मेरे विचार से शब्दों और चित्रों को पूंजी की तरह प्रयोग करने का सबसे अच्छा तरीका कहानी कहना है। यहाँ आपको एक स्पष्ट सन्देश, तर्क या कहानी चाहिए, और उन शब्दों या/और चित्रों का चुनिन्दा प्रयोग इस तरह करना चाहिए कि आपकी कहानी को बल मिले। जो गुणात्मक आंकड़े आप प्रस्तुत कर रहे हैं वे इतने शक्तिशाली और सारगर्भित होने चाहियें कि पाठक को आकर्षित कर सकें।

शायद उदाहरण से इसे अच्छी तरह समझाया जा सकता है। धर्म से असंबद्धता के बारे में मेरे पुराने उदाहरण को फिर से देखते हैं। इस शोध के लिए, वास्तव में मैंने 80 'धर्म परित्यागियों' (जिन लोगों ने धार्मिक आस्था त्याग दी थी) से गहराई से इंटरव्यू किये, इसलिए मैं डेटा को तालिका के रूप में परिमाणित और प्रस्तुत कर सकी (बॉक्स 13.6 देखें)। लेकिन जबकि यह परिमाणन वास्तव में एक अच्छा सारांश बना, धर्म परित्यागियों के शब्द और कथाएं ज्यादा सम्मोहक थीं।

बॉक्स 14.5

गुणात्मक डेटा की प्रस्तुति का एक उदाहरण

यह उदाहरण उन व्यक्तियों पर केंद्रित है जिनकी धार्मिक असंबद्धता की प्रक्रियाओं को गुस्से में विद्रोह या प्रकट रूप से छान-बीन से नहीं, बल्कि असंतोषजनक संदेह से ज्यादा अच्छी तरह से वर्णित किये जा सकते हैं। मेरे शोध में इस तरह के व्यक्तियों को 'अहंकारी धर्मत्यागी' नाम दिया गया था, तीन में से एक तरह का धर्म परित्यागी जिनकी शोध द्वारा पहचान की गयी थी (धर्म परित्यागी वे व्यक्ति होते हैं जिन्होंने धार्मिक आस्था छोड़ दी हो)।

(जारी)

(जारी)

अहंकारी धर्म परित्यागी

सामान्य रास्ता

अहंकारी धर्म परित्यागियों को धर्म और संसार की स्थिति या खुद की स्थिति की धर्म से संधि कराने में बहुत कठिनाई होती है। असंबद्धता की प्रक्रिया आत्मनिरीक्षण, नकारात्मक आत्म-चिंतन, और एक खालीपन से अंकित होती है जिसकी वजह से ईश्वर, धर्म, और कई बार स्वयं से मोहभंग हो जाता है। धर्म परित्याग करना उलझन और अनासक्ति में एक बहुत तीक्ष्ण बौद्धिक अभ्यास है। निम्नलिखित वर्णन अहंकारी असंबद्धता का सार प्रस्तुत करता है:-

> मेरा बहुत मुश्किल समय होने लगा था; मेरे ख्याल से यह मेरे आठवें साल की बात है। मेरे माता-पिता बहुत झगड़ने लगे थे और ... ईश्वर मदद करने के लिए तैयार नहीं लगता था। मेरा जीवन आसान नहीं रहा... मैं अवसाद-ग्रस्त रहा हूँ, मेरा कुछ समय बहुत खराब रहा और युवाकाल में इस खराब समय में मैं ईश्वर पर संदेह करने लगा। जब आप खुद पर विश्वास न करते हों तो किसी भी चीज पर विश्वास करना बहुत कठिन होता है और मैं ईश्वरोन्मुख होना चाहता था, लेकिन उसने हाथ नहीं बढ़ाया। मुझे प्राय: ऐसा लगता था कि वह मेरे लिए नहीं था.... इस से मैं प्राय: सोचता था कि वह था भी या नहीं; मैं इस बारे में हमेशा सोचता रहता था। क्या वह था? क्या उसे मेरी परवाह नहीं थी? (इंटरव्यू न. 13)

इस अहंकारी अनुच्छेद में स्पष्ट रूप से ईश्वर और धर्म दोनों से वर्णित मोहभंग बहुत भावपूर्ण है। इन वाक्यों में 'ईश्वर मदद करने के लिए तैयार नहीं लगता था' और 'उसने हाथ नहीं बढ़ाया' दोनों से पारिवारिक धर्म से मोहभंग और एक व्यक्तिगत सम्बन्ध के ईश्वरीय बहिष्करण का कष्टदाई समावेशन का वर्णन है। स्व पर ध्यान केंद्रित है और धार्मिक संदेहों से संबद्ध खालीपन का स्पष्ट संकेत है।

अहंकारी धर्म परित्यागियों के लिए, असंबद्धता की प्रक्रिया संदेह और प्रश्नों से भरी आत्मविश्लेषी यात्रा निराशा की व्यकितगत भावना से उत्पन्न होती है। अहंकारी यात्रा का प्रमाण-चिन्ह चिंतनशील और बौद्धिक फोकस के साथ विमुखता भरी हानि की भावना है। निम्नलिखित वर्णन इस बात को और अधिक दर्शाता है:

> बचपन में मैं अलग-अलग जैसा था, मैं अज्ञानेता के सुरक्षित कोकून में रहता था, मैं नहीं सोचता था कि मेरे माता-पिता वास्तव में.... कि मुझे कभी ऐसा लगा हो कि वे जो करते थे या सोचते थे वह सही था, लेकिन मुझे पता नहीं क्यों (ऐसा लगता था)। जब मैं विश्वविद्यालय गया और वहाँ कुछ लोगों से मिला जिनकी वजह से मैं पहली बार चीजों पर सवाल करने लगा। चर्च के साथ जो भी विसंगतियाँ जुड़ी हैं। मैंने कभी धर्म को निष्पक्षता से नहीं देखा था; मुझे नहीं लगता मैंने कभी देखा भी था। खैर, यह बहुत निराशाजनक है। मेरा मतलब आप केवल चर्च की धन-संपत्ति को उन गरीब लोगों की तुलना में देखें जिनकी वे कहते हैं कि वे मदद करना चाहते हैं, और आपको, आह, एहसास होता है कि शायद ईश्वर की परिकल्पना में कोई समस्या है। मैं वास्तव में .... मुझे इस एहसास से बहुत कष्ट हुआ; मेरा मतलब कि मैं बस सोचता हूँ कि वैसे किसी चीज का कोई अर्थ नहीं है। मुझे नहीं मालूम। (इंटरव्यू न. 67)

यह अनुच्छेद ईश्वर की धारणा और धर्म से मोहभंग की भावना साफ़ दर्शाता है। चर्च की 'असंगतियों' ने इस अहंकारी धर्म परित्यागी में मोहभंग की अंदरूनी भावना भर दी है। चर्च में अनुभव किये गए पाखण्ड से धर्म की हानि बहुत शोकपूर्ण है। इस वाक्य 'मैं वास्तव में .... मुझे इस एहसास से बहुत कष्ट हुआ' में एक खोई हुई उलझन की भावना दिखाई देती है जिसका समाधान मुश्किल है; ईश्वर और धर्म पर संवेदनशील अनिश्चितता की हद तक सोच-विचार किया गया है।

अलग-अलग रास्ते

हालाँकि खोया हुआ और उलझन भरा आत्मविश्लेषण अहंकारी यात्राओं में आस्था से दूर होने का एक आम विषय है, यह यात्रा फिर भी अलग-अलग रास्ते ले सकती है। उदाहरण के लिए, अहंकारी उत्तरदाता की यात्रा के अवसाद-भरे आत्म-विश्लेषण को प्रतिक्रियावादी दर्द और गुस्से से जोड़ा जा सकता है:

> मैं 16 साल का था जब मैं पारंपरिक चर्च और पारंपरिक ईश्वर पर संदेह करने लगा। संसार में इतना कष्ट है। ऐसा कौन-सा ईश्वर है जो कि इतने लोगों की मृत्यु या बच्चों का कष्ट देख सकता है? ... ऐसे संसार का क्या अर्थ निकाला जा सकता है यदि कोई ईश्वर है जो इतना शक्तिशाली पिता है, फिर भी इतना घटिया है? ईश्वर का कोई अर्थ नहीं निकलता। या तो वह नीच और प्रतिशोधी है या फिर कोई ईश्वर नहीं है। मैं खुद यह समझता हूँ कि कोई पुरुष ईश्वर नहीं है। मैंने ऐसे किसी धर्म के बारे में नहीं सुना जिसमें इस संसार का सार हो। धर्म से, और जो मुझे यह देने की कोशिश करता है, उससे मेरा पूरा मोहभंग हो गया है... मैंने जितना देखा उतना ही मुझे एहसास हुआ कि सभी ईसाई आस्था लालच और अत्याचार के गढ़ हैं। इसलिए मैं नास्तिक बन गया। (इंटरव्यू न. 38)

इस उत्तरदाता के लिए, 'संसार में पीड़ा' की आक्रोशपूर्ण पहचान का नतीजा अहंकारी असंबद्धता है। उसके द्वारा समझे गये ईसाई धर्म के 'लालच और अत्याचार' से उसमें गुस्सा और मनमुटाव पैदा हुआ है। उदाहरण के लिए, 'नीच', 'प्रतिशोधी', और 'घटिया' जैसे शब्दों से गुस्से की प्रतिक्रिया झलकती है, जबकि व्यतिगत रूप से पृथक होने की भावना और खालीपन का अहंकारी एहसास इन वाक्यों में दिखाई देता है '[य]ह कितनी बर्बादी है' और 'मैं बिलकुल मोहभंग हो गया था'। इस तरह यह उत्तरदाता एक साथ शोक और गुस्से की भावना को व्यक्त कर रहा है।

लेकिन, केवल गुस्सा ही अहंकारी धर्म परित्याग की भावना को नहीं दर्शाता है। वास्तव में बहुत-सी अहंकारी धर्म परित्याग की यात्राओं में तर्कसंगत और तार्किक घटक भी होते हैं। इस केस में, मोहभंग पारिवारिक आस्था पर तर्कसंगत विचार के साथ सम्मिश्रित है। नीचे दिया गया वर्णन इसे दर्शाता है:

> मुझे नहीं मालूम मैं कैसे इस पथ पर चला, पर मुझे लगता है कि यह सिर्फ सांसारिक समस्याओं के कारण है। धर्म युद्ध हमेशा मुझे चकरा देता था। सम्राट आर्थर और वह सब। मेरा मतलब है, धर्म युद्ध, क्या यह विरोधाभास नहीं है? खैर, मैंने ईश्वर की धारणा को ही त्याग दिया, पहले ईश्वर। इस संसार में कोई ईश्वर नहीं हो सकता, और फिर, मेरा मतलब है इसे देखो। बूढ़े लोग उपदेशकों को फोन पर पैसा दे रहे हैं और लोग फिर भी युद्ध के लिए जा रहे हैं। यह मुझे समझ नहीं आता, कभी नहीं आएगा; कैसे आप धर्म और ईश्वर के प्रति कोई गंभीर सवाल नहीं रख सकते, कैसे आप उससे अपने को अछूता रहने दे सकते हैं? मेरा मतलब है मेरे लिए यह बहुत चिंता का विषय था... जब मैंने एक बार ईश्वर को छोड़ दिया, तब आप धर्म को उसके असली स्वरूप में देखने लगते हैं कि वह क्या है... वह बहुत गड़बड़ है। हाँ, यह मुश्किल हो सकता है, लेकिन जब आप इसके बारे में तर्क लगाएं, तो आप धर्म छोड़ देने के अलावा और कर भी क्या सकते हैं? (इंटरव्यू न. 68)

इस उत्तरदाता के लिए, इस प्रक्रिया के अहंकारी, भावात्मक घटक तर्क की अनुभूति से संतुलित है। अहंकार मौजूद है, खासकर धर्म परित्याग करने की यात्रा की शुरुआत में। लेकिन इस अहंकार का बुद्धि के तर्क से कम भावात्मक समझौता किया है; अर्थात्, 'इसके बारे में तर्क से सोचें'।

समापन टिप्पणियाँ

अहंकारी धर्म परित्याग को, सबसे ज्यादा एक यात्रा जिसमें ईश्वर और धर्म दोनों का ही निजी स्तर पर निरीक्षण और अलग-अलग किया गया है जिससे बहुत ज्यादा मोहभंग, हानि, उलझन, और खालीपन की भावना महसूस की गई है, के रूप में देखा जा सकता है। लेकिन, इस आम आधार से, यात्राएं अलग-अलग राह ले सकती हैं, जिनमें क्रोध-भरा प्रतिक्रियावाद शामिल हैं, और वे यात्राएं जो विवेक और तर्क की भावनाओं को शामिल करती हैं।

अंतिम शब्द

जब हम सामाजिक विज्ञान, स्वास्थ्य विज्ञान और अनुप्रयुक्त विज्ञान कहते हैं, इनमें सामाजिक, स्वास्थ्य और अनुप्रयुक्त शब्द एक प्रकार के विज्ञान का वर्णन करने के विशेषण हैं। हमारी शोध परम्पराएं इसे दर्शाती हैं। शोध करने और उसे रिपोर्ट करने की प्रक्रियाएं विज्ञान परम्पराओं से ही उत्पन्न होती हैं- वह परंपरा जहाँ निष्पक्षता का आधिपत्य है और रिपोर्ट लेखन डेटा पर आधारित है और, इसका सामना करें तो, प्राय: शुष्क होता है। लेकिन इस बात को थोड़ी देर यदि छोड़ दें और यह सोचें कि हम क्या प्राप्त करना चाहते हैं। वास्तव में शोध के माध्यम से हम प्रमाण पर आधारित निर्णय लेने की क्षमता, बदलाव को प्रभावित करने में योगदान देना चाहते हैं- और ऐसा करने के लिए हमें दूसरों को प्रभावित करना होगा। और जबकि कोई विश्वसनीय, ठोस शोध की शक्ति को नकार नहीं रहा है- यह अत्यावश्यक है- शायद अब यह समय है कि हम अपनी कहानियों, अपनी चुनौतियों और अपने जोश के बांटने पर उत्पन्न होने वाली शक्ति को भी नकारना बंद करें। यह गुणात्मक डेटा की शक्ति है। मानव स्थिति के बारे में बताने वाली यह वह शक्ति है जो कि परिमाणात्मक अनुभवों के सांख्यिकीय विश्लेषण से नहीं पाई जा सकती। इसलिए अगर आपने यह (गुणात्मक आंकड़ा) इकट्ठा किया है, इसका प्रयोग करें, बाँटें, और जो अनुभव आपने हासिल किये हैं उनके प्रति निष्ठावान रहें। आपको यह जानकर हैरानी होगी कि आपकी 'रिपोर्टिंग' कितनी शक्तिशाली हो सकती है।

पाठ सारांश

- गुणात्मक शोध विश्लेषण (क्यूडीए) आलोचनात्.क्र और परावर्तक छान-बीन और इंटरव्यू, सामूहिक चर्चाओं, अवलोकन, पत्रिकाओं और पुरालेखीय दस्तावेजों से प्राप्त जटिल डेटा की व्याख्या से, परिमाणन की मदद के बिना ही, नई समझ पैदा करता है।
- क्यूडीए के तर्क में रचनात्मकता और फोकस में, आगमिक और निगमनिक रीति से विषयों को, जो कि असंसाधित डेटा में पाए जाते हैं, उजागर करते हुए संतुलन बनाना होता है। इस प्रक्रिया में शोधकर्ताओं को डेटा से संबद्ध रहना होता है।
- क्यूडीए में प्राय: (यह प्रक्रियाएं) शामिल होती हैं: पूर्वाग्रहों की पहचान करना व कुल प्रभाव पर ध्यान देना; घटाना, व्यवस्थित करना, और (डेटा को) कोड करना; बनावट और अंत:सम्बन्ध खोजना; मानचित्र व विषय बनाना; सिद्धांतों को बनाना व जांचना; और निष्कर्ष निकालना।
- क्यूडीए के लिए बहुत-सी प्रतिमान/विशेष विद्या पर आधारित योजनायें हैं जिनमें यह शामिल हैं: सामग्री, वर्णनात्मक और संवाद विश्लेषण; लाक्षणिकता; भाष्यविज्ञान; और जमीनी सिद्धांत। दृश्य विश्लेषण इन सभी के साथ प्रतिच्छेद करता है और शोधकर्ताओं को चित्रों की महत्ता के बारे में याद दिलाता है।
- गुणात्मक डेटा की प्रभावी प्रस्तुति आपके रिपोर्ट लेखन को असली शक्ति दे सकती है। इसमें चुनौती यही है कि एक स्पष्ट कहानी बनाई जाये और कहानी को दमदार बनाने के लिए चुनिन्दा शब्दों और/या चित्रों का प्रयोग किया जाये।

संदर्भित पुस्तकें

सामान्य गुणात्मक विश्लेषण

Bazeley, P. (2013) *Qualitative Data Analysis: Practical Strategies.* London: Sage.

मेरे विचार से क्यूडीए के लिए यह अति महत्वपूर्ण परिचय है। यह स्पष्ट और सुलभ है और विश्लेषण के सभी आवश्यक स्तरों के बारे में आपको बताता है। कई विषयों से अच्छे उदाहरण दिए गये हैं।

Bischof, G. H., Warnaar, B. L., Barajas, M. S. and Dhaliwal, H. K. (2011) 'Thematic analysis of the experiences of wives who stay with husbands who transition male-to-female', *Michigan Family Review*, 15(1): 16–33.

ऊपर बॉक्स 14.4 देखें

Borrell, J. (2008) 'Thematic analysis identifying concepts of problem gambling agency: With preliminary exploration of discourses in selected industry and research documents', *Journal of Gambling Issues*, 22: 195–218.

ऊपर बॉक्स 14.4 देखें

Grbich, C. (2012) *Qualitative Data Analysis: An Introduction*. London: Sage.

कुछ अच्छे सिद्धांत, अच्छी व्यावहारिक योजनायें और अच्छे उदाहरण। यदि आप गुणात्मक के तर्क और उसकी योजनाओं में रूचि रखते हैं तो एक ठोस पुस्तक।

Guest, G. S., MacQueen, K. M. and Namey, E. E. (2011) *Applied Thematic Analysis.* Thousand Oaks, CA: Sage.

मेरे विचार से इस तरह की संदर्शिका बहुत जरूरी है यदि आप गुणात्मक डेटा के विश्लेषण का प्रयास कर रहे हैं। यह एक जमीनी कदम-दर-कदम पद्धति देती है जो कि योजनाबद्ध होने के साथ कठोर भी है। देखने लायक है।

Miles, M. B., Huberman, M. and Saldana, J. (2013) *Qualitative Data Analysis: A Methods Sourcebook*. London: Sage.

क्यूडीए पर एक उत्कृष्ट पाठ जो कि आपको विश्लेषण के पांच अलग तरीकों से परिचय कराएगा: छान-बीन करना, वर्णन करना, व्यवस्थित करना, समझाना और भविष्यवाणी करना। क्यूडीए की कला से कमाल का परिचय।

Pehlke, T. A., II, Hennon, C. B., Radina, M. E. and Kuvalanka, K. A. (2009) 'Does father still know best? An inductive thematic analysis of popular TV sitcoms', *Fathering*, 7(2): 114–139.

ऊपर बॉक्स 14.4 देखें

Saldana, J. (2012) *The Coding Manual for Qualitative Researchers*. London: Sage.

डेटा को कोड करना, खासकर जमीनी सिद्धांत विचारधारा से, क्यूडीए की एक प्रमुख तकनीकों में से है। यह पुस्तक ऐसा करने के लिए 32 विभिन्न तरीके बताती है, इतने विस्तृत तरीके से कि सभी प्रकार के गुणात्मक विश्लेषण में प्रयोग किया जा सके।

Silverman, D. (2011) *Interpreting Qualitative Data: Methods for Analysing Talk, Text and Interaction*. London: Sage.

यह पुस्तक इस विषय पर आधुनिक क्लासिक है और इसमें डेटा को इकट्ठा करने और साथ ही विशेषण की योजनाओं के बारे में बात की गई है। काम किये हुए उत्तम उदाहरण।

Wertz, F., Charmaz, K., McMullen, L., Josselson, R., Anderson, R. and McSpadden, E. (2011) *Five Ways of Doing Qualitative Analysis: Phenomenological Psychology, Grounded Theory, Discourse Analysis, Narrative Research, and Intuitive Inquiry*. New York: Guilford Press.

ऐसी एक ही पुस्तक पाना मुश्किल है जिसमें क्यूडीए योजनाओं की विभिन्न तकनीकों की तुलना, भेद और प्रतिपादन हुआ हो- लेकिन इसमें है। इस कदम में एक ही वर्णन की पांच तरह से की गई व्याख्या मुझे बहुत पसंद है।

सामग्री विश्लेषण

Krippendorf, K. (2003) *Content Analysis: An Introduction to Its Methodology*. London: Sage.

कदम-दर-कदम प्रक्रिया देने के साथ-साथ, यह किताब सामग्री विश्लेषण की प्रासंगिकता के बारे में भी शक्तिशाली तर्क प्रस्तुत करती है। इससे आजकल के बाजार, राजनीतिक प्राथमिकता और उद्‌गामी विचारों के बारे में समझने में मदद मिलती है।

Schreier, M. (2012) *Qualitative Content Analysis in Practice*. London: Sage.

सामग्री विश्लेषण का एक अच्छा कदम-दर-कदम वर्णन जिसमें कोडिंग के फ्रेम को बनाने और उसका परीक्षण करने, सामग्री को व्यवस्थित करने और मुख्य कोडिंग करने के बारे में बताया गया है। प्रत्येक कदम पर उदाहरणों का अच्छा प्रयोग किया गया है।

संभाषण विश्लेषण

Gee, J. P. (2010) *An Introduction to Discourse Analysis: Theory and Method*. London: Routledge.

जब संभाषण विश्लेषण की बात आती है तो आपको अपनी पद्धतियों का प्रयोग करने के लिए थोड़े सिद्धांतों की आवश्यकता होती है। 'बातचीत' के सामाजिक-ऐतिहासिक प्रसंग को समझना, जब आप उसी सामाजिक-ऐतिहासिक काल में रमे हुए हों, आसान नहीं है। यह एक सुलभ पुस्तक है जो कि आपको सामान्य चुनौतियों का सामना करने में मदद कर सकती है।

Wodak, R. and Meyer, M. (eds) (2009) *Methods of Critical Discourse Analysis.* London: Sage.

इस संपादित खंड में कई शोधकर्ताओं को इकट्ठा किया गया है जो कि संभाषण विश्लेषण में अपने विभिन्न तरीकों के बारे में बता रहे हैं। कई समकालीन विषयों से लिए गए उदाहरणों का अच्छा प्रयोग।

वर्णनात्मक विश्लेषण

Holstein, J. A. and Gubrium, J. F. (eds) (2011) *Varieties of Narrative Analysis.* London: Sage.

एक सम्पादित खंड जो कि पढ़ कर देखने लायक है। इस विस्तृत पुस्तक में काफी व्यवहारिक फोकस है और योगदानकर्ताओं द्वारा इस पुस्तक में कहानियों और कहानी सुनाने के विश्लेषण पर कई विभिन्न पद्धतियों का वर्णन किया गया है।

Clandinin, D. J. (ed.) (2006) *Handbook of Narrative Inquiry: Mapping a Methodology*. London: Sage.

इस सम्पादित खंड में वर्णनात्मक विश्लेषण के विशेषज्ञों को एकत्रित किया गया है जिन्होंने इस क्षेत्र के ऐतिहासिक विकास, तात्त्विक आधारों और कई प्रकार की योजनाबद्ध तरीकों के बारे में बात की है।

संवाद विश्लेषण

Sidnell, J. (2010) *Conversation Analysis: An Introduction.* Chichester: Wiley-Blackwell.

एक उत्कृष्ट शुरुआती विद्यार्थी संदर्शिका जिसमें संवाद विश्लेषण के इतिहास, पद्धति और तकनीक की, असली उदाहरणों और कदम-दर-कदम स्पष्टीकरण के साथ व्याख्या की गई है।

Sidnell, J. and Stivers, T. (eds) (2013) *The Handbook of Conversation Analysis*. Chichester: Wiley-Blackwell.

सहयोगी लेखकों की प्रभावशाली सूची, जिन्होंने न केवल संवाद विश्लेषण, बल्कि संभाषण विश्लेषण, भाषाई नृविज्ञान, पारस्परिक संचारण, तार्किक साईकोलोजी और समाजभाषाविज्ञान पर भी विस्तृत जानकारी दी है। थोड़े उच्च स्तर की पुस्तक जो कि कई प्रकार के विषयों व क्षेत्रों के बारे में है।

लाक्षणिकता

Chandler, D. (2007) *Semiotics: The Basics.* London: Routledge.

काफी स्पष्ट, संक्षिप्त, और अपेक्षाकृत विशिष्ट शब्दों से मुक्त। (इस पुस्तक में) बुनियादी चीजों दी गई हैं, जिसमं चिन्हों के बारे में, और कैसे हम उनका विश्लेषण कर सकते हैं और पाठ के विश्लेषण में उन्हें अंत:स्थापित कर सकते हैं शामिल हैं। बुरा विकल्प नहीं।

Hall, S. (2012) *This Means This, This Means That: A User's Guide to Semiotics*. London: Laurence King Publishers.

एक प्रारंभिक संदर्शिका के तौर पर, मुझे इस पुस्तक में जिस तरह से लाक्षणिकता के रहस्यों को गैर-सैद्धांतिक तरीके से हटा दिया गया है वह बहुत पसंद है- (लाक्षणिकता को) प्राय: अत्यधिक जटिल और तात्त्विक तरीकों से प्रस्तुत किया जाता है। बहुत उपयोगी चाक्षुष प्रदर्शन।

भाष्यविज्ञान

Friesen, N., Hendriksson, C. and Saevi, T. (eds) (2012) *Hermeneutic Phenomenology in Education: Method and Practice*. Boston: Sense Publishers.

जबकि भाष्यविज्ञान विश्लेषण सजीव अनुभवों की विचारशील व्याख्याएं प्रस्तुत करने का प्रयास करता है और शिक्षा, स्वास्थ्य की देख-रेख और समाज कार्य (के क्षेत्रों) में प्रयुक्त होता है, ऐसी पुस्तक, जो इस तरह के विश्लेषण को करने के लिए उपयोगी राय दे, कठिनाई से मिलती है। शिक्षा में भाष्यविज्ञान पद्धतियों का विवरण देकर यह सम्पादित खंड इस कमी को दूर करने का प्रयास करता है।

Rettig, S. and Hayes, T. (2012) *Hermeneutics and Discourse Analysis in Social Psychology*. Hauppauge, NY: Nova Science Publishers.

भाष्यविज्ञान विश्लेषण में साथियों में विवेकपूर्ण सर्वसम्मत किस प्रकार लागू किया जाता है इस पुस्तक में दिया गया है। सामाजिक बातचीत के अध्ययन में रूचि रखने वालों के लिए यह पुस्तक उपयोगी है।

जमीनी सिद्धांत

Bryant, A. and Charmaz. K. (eds) (2010) *The Sage Handbook of Grounded Theory*. London: Sage.

पूरे विश्व के प्रमुख शोधकर्ताओं और इसके प्रयोग करने वालों को इस सम्पादित खंड में एकत्रित किया गया है, जो कि गुणात्मक डेटा के विश्लेषण की इस लोकप्रिय पद्धति के सम्पूर्ण सिद्धांतों, तकनीकों और विवादों के बारे में जानकारी दे रहे हैं।

Corbin, J. and Strauss, A. (2007) *Basics of Qualitative Research: Techniques and Procedures for Developing Grounded Theory*. London: Sage.

यह शायद जमीनी सिद्धांत पद्धतियों की स्पष्टीकरण पर सबसे प्रसिद्ध पुस्तक है। यह बहुत व्यावहारिक है और गुणात्मक शोध के आगमिक विश्लेषण और उससे सिद्धांतों के निर्माण पर बहुत स्पष्ट जानकारी देती है। जमीनी सिद्धांत पर काम करने वालों के लिए अनिवार्य।

Glaser, B. and Strauss, A. (1967) *Discovery of Grounded Theory*. Chicago: Aldine.

उत्कृष्ट पुस्तक। डेटा से सिद्धांतों की खोज गुणात्मक प्रतिमान में बहुत महत्वपूर्ण योगदान है। इस पुस्तक को पढ़े बगैर जमीनी सिद्धांतों का अध्ययन न करें। आज भी उपयुक्त।

दृश्य विश्लेषण

Spencer, S. (2011) *Visual Research Methods in the Social Sciences: Awakening Visions*. London: Routledge.

दस्तावेज और पाठ, दस्तावेज और पाठ- पर फोटो, रेखाचित्रों, मानचित्रों और विडियो का क्या? यदि आप अपने विश्लेषण में चाक्षुष चित्रण के ज्यादा प्रकार डालना चाहते हैं तब यह पुस्तक पढ़ने लायक है। अच्छी, स्पष्ट योजनाएं और प्रासंगिक उदाहरण।

Van Leeuwen, T. and Jewitt, C. (eds) (2001) *Handbook of Visual Analysis*. London: Sage.

एक सम्पादित खंड जो कि चाक्षुष विश्लेषण की पद्धतियाँ पेश करता है, जिसमें सामग्री विश्लेषण, ऐतिहासिक विश्लेषण, संरचनात्मक विश्लेषण, प्रतिमा विज्ञान, मनोविश्लेषण, सामाजिक लाक्षणिकता, फिल्म विश्लेषण, और जातीय कार्यप्रणाली दी गईं हैं। बहुत विस्तृत।

क्यूडीए प्रोग्राम

Bazeley, P. and Jackson, K. (2013) *Qualitative Data Analysis with NVivo.* London: Sage.

बड़े स्तर पर गुणात्मक विश्लेषण करने वालों के लिए, खासकर उनके लिए जो जमीनी सिद्धांत पद्धति का प्रयोग कर रहे हैं, एनवीवो एक बहुत उपयोगी प्रोग्राम है। लेकिन इस प्रोग्राम के बारे में जानकारी ले लेना अच्छा रहेगा। जब मैं पीएचडी कर रही थी, पैट बज़ले ने ही मुझे एनयूडी*आईएसटी (एनवीवो का अग्रगामी) से गुणात्मक विश्लेषण सिखाया था। उन्हें इस निपुणता को लिखित रूप में सिखाते हुए देख कर अच्छा लगता है।

Friese, S. (2012) *Qualitative Data Analysis with ATLAS.ti.* Thousand Oaks, CA: Sage.

एटलस.टी एक क्यूडीए प्रोग्राम है जो कि आपको पाठ और चित्रों को व्यवस्थित करने और विश्लेषण करने में मदद करेगा। यह पुस्तक इस प्रोग्राम का कदम-दर-कदम प्रयोग सिखाती है। अभ्यासों और उदाहरणों का अच्छा प्रदर्शन।

Lewins, A. and Silver, C. (2007) *Using Software in Qualitative Research: A Step-by-Step Guide*. London: Sage.

यह पुस्तक बहुत अच्छी तरह से कंप्यूटर की मदद से गुणात्मक शोध का विश्लेषण (कंप्यूटर अस्सिस्टेड क्वालिटेटिव डेटा अनालिसिस) (सीएक्यूडीएएस) पैकेज का अवलोकन कराती है जिससे आपको विश्लेषण में मदद हो सकती है। इसे आपको सही प्रोग्राम के चयन में मदद करने और चयन के बाद उससे सबसे अधिक लाभ लेने में मदद के लिए बनाया गया है। इस तरह की पुस्तक में ताजे संस्करण ही देखने चाहियें।

15

लेखन की चुनौती

अध्याय का पूर्वावलोकन

- लेखन की चुनौती
- लेखन प्रक्रिया
- सशक्त प्रस्तुति की रचना
- प्रदर्शन की ज़रूरत
- अंतिम शब्द

लेखन की चुनौती

मैं हमेशा प्रथम पंक्ति अच्छी लिखता हूँ, लेकिन बाकी पंक्तियां लिखने में मुझे कठिनाई होती है।

मोल्येर

मैं ऐसे बहुत से छात्रों के संपर्क में नहीं आई जो लेखन को सरल या कठिनाई से मुक्त प्रक्रिया मानते हों। वस्तुत: लेखन को हमेशा से शंका और सावधानी की नज़र से देखा जाता रहा है। और कई तरह से यह न्यायसंगत भी है। एक चीज़ यह कि यह शैक्षणिक लेखन का एक अंश हो सकता है जिसकी आपने कभी कोशिश की हो। दूसरे, आपके लेखन की गुणवत्ता से सम्बद्ध कई प्रमुख परिणाम होते हैं – प्राय: शोध का मूल्यांकन केवल इस बात से नहीं होता कि आपने क्या किया है? बल्कि रिपोर्ट करने की आपकी इस योग्यता से होता है कि आपने क्या किया है। अंतत: संभवत: आप शोध रिपोर्ट लिखने की कला से उतने अभ्यस्त न हों। यह संभवत: नया क्षेत्र हो।

इसलिए मैं जानती हूँ, यह एक अच्छी संभावना है कि आप चाहेंगे कि शोध कार्य बग़ैर लिखे ही पूरा हो जाये। लेकिन यह वास्तविकता नहीं है। यह ऐसी चीज़ है जिसे आपको काबू में करना है। सौभाग्यवश, कुछ ऐसी व्यावहारिक कार्यनीतियाँ हैं जिनके माध्यम से आप लेखन प्रक्रिया को इसप्रकार व्यवस्थित कर सकते हैं कि वह परियोजना की समग्र गुणवत्ता को बढ़ाए और इस कार्य को कम चुनौतीपूर्ण बनाए। यदि आप (1) प्रारम्भ कर सकें, (2) लेखन को शोधयात्रा का विवरण मात्र मानने की अपेक्षा उस यात्रा के एक अंग और खंड के रूप में देख सकें, (3) एक अच्छी कहानी बुन सके जिससे दूसरे आपके शोध के प्रति आकर्षित हो सके, और (4) आप मसविदा और पुन: मसविदा की ज़रूरत को स्वीकार करें तो आप ऐसी शोध रिपोर्ट तैयार और प्रस्तुत कर सकते हैं जो आपके परीक्षकों को प्रभावित करे और साथ ही साहित्य के लिए भी एक वास्तविक योगदान हो सके।

बॉक्स 15.1

लिखने के जोखिम और आनंद

यह सरल नहीं है :

अधिकांशत: लेखन, मंद अध्यवसाय और नियमित धुन वाला प्रयास है।

सैमुअल जॉनसन (1709 — 84), अंग्रेज़ी लेखक

कलम नहीं, स्याही नहीं, मेज़ नहीं, कमरा नहीं, समय नहीं, चैन नहीं, झुकाव नहीं।

जेम्स जॉयस (1882 — 1941), आइरिश लेखक

लेखन –गड्ढा खोदने , पहाड़ चढ़ने, चक्की चलाने और बच्चे को जन्म देने का सम्मिश्रण

एडना फरवर (1887 — 1968), अमरीकी लेखक

लेकिन पुन:

लेखन विकट मेहनत का काम है, फिर भी इतना विकट नहीं, जितनी अकर्मण्यता

थॉमस कार्लाइल (1795 — 1881) स्कॉटिश निबंधकार और इतिहासकार

लेखन एक मृदु, आश्चर्यजनक पारितोषिक है।

फ्रांज काफ़्का (1883 — 1924) जर्मन लेखक

सम्प्रेषण के रूप में शोध

अगर मुझे किसी को केवल एक सलाह देनी हो जो कि लेखन परियोजना पर काम कर रहा हो तो वह यह होगा कि वह लेखन को सम्प्रेषण के एक अभ्यास के रूप में देखे। अब आप यह सोच सकते हैं कि आपकी परियोजना के लेखन का परम लक्ष्य केवल अपने किए हुए और पाए हुए का विवरण देना है, लेकिन वह इससे कहीं अधिक है।परम लक्ष्य है – समझाना, उजागर करना और अपने शोध को दूसरे के साथ साझा करना। ज़रूरत इस बात की है कि आपके पाठक आपकी शोध यात्रा को समझें और इसके परिणामों की सराहना करें।

जब आप लेखन को सम्प्रेषण प्रक्रिया के रूप में देखते हैं, आप स्वीकार करते हैं कि अच्छा लेखन आपके पाठकों के विचार की माँग करता है। यह याद रखना ज़रूरी है कि बहुत कम लोग (संभवत: आप उसमें शामिल हों) में यह योग्यता होती है कि वे नीरस एकालाप में बैठे रहें या शुष्क और आडंबरी लेखन में उलझे रहें – वे चाहते हैं कि वे मानसिक, बौद्धिक और भावात्मक रूप से शामिल रहें। आप जो कुछ कहते हैं, उसकी सराहना करने के लिए एक श्रोता / पाठक वर्ग हो, इसके लिए ज़रूरत है कि आप उनके चिंतन को आकर्षित करें, उनके प्रश्नों का पूर्वानुमान करें, और उनकी पूछताछ का उत्तर दें। वे पुनरावृतीय रूप से उत्तर देने के योग्य नहीं हो सकते, लेकिन यह उनकी प्रतिक्रिया ही है जो आपकी सफलता को मापती है।

अपने पाठक/श्रोता को जानना और उन्हें संलग्न करना

प्रभावशाली शोध सम्प्रेषण का एक प्रमुख कारक है अपने पाठकों के साथ जुड़ सकने की योग्यता और यह वे कौन हैं, यह जानने के साथ शुरू होता है:

- **मैं किसके लिए लिख रहा हूँ?** – लेखन, अपने पाठकों के साथ एक सम्प्रेषण की प्रक्रिया के रूप में होना चाहिए; और इसका अर्थ है, अपने पाठकों को ध्यान में रखकर लेखन। विचार करें कि क्या आपके पाठक केवल शिक्षणसंस्थानों तक सीमित हैं या दूसरे समूहों द्वारा भी आपकी पुस्तक पढ़ी जाने वाली है, जैसे कि समुदाय के नेता, समुदाय के सदस्य, प्रबन्धक, राजनेता और व्यावसायी।
- **वे क्या जानते हैं?** – लेखन के अधिकांश रूपों में चुनौती प्रारम्भ करने की है, जहाँ पाठक किसी दबाव में नहीं हैं। इसका अर्थ यह विचार करना है कि आपके पाठक संभवत: आपके विषय के बारे में जानते हों , साथ ही यह भी कि वे शोध प्रणालियों के बारे में क्या जानते हैं। ज़रूरत है, लोग जिसे पहले से जानते हैं,उसमें 'मूल्य जोड़ना' और इस प्रक्रिया में उन्हें खोए बग़ैर यह कार्य करना। छात्रों के लेखन के मामले में चुनौती थोड़ी भिन्न है। इस मामले में , आपके पाठक आपके विषय के बारे में संभवत: उतना जानना चाहेंगे जितना आप जानते हैं, यहाँ तक कि उससे भी अधिक – और संभवत: आपके कार्य के मूल्यांकन का उत्तरदायित्व भी लेना चाहे।यहाँ उपाय यह है कि 'विशेषज्ञ' न बनें, बल्कि अपने लेखन को इस तरह रखें कि आपके पाठक आपकी संलग्नता , तर्कशीलता और अंतर्दृष्टि से प्रभावित हों।
- **उनकी अपेक्षाएँ क्या हैं?** – शैक्षणिकों, मूल्यांकनकर्ताओं या परीक्षकों की अपेक्षाएँ ऐसी नहीं हैं जिन्हें आप अपने अतुल्य ज्ञान से किनारे कर देंगे (हालाँकि यह अच्छा होगा), बल्कि आप सक्षम हैं कि आप प्रासंगिक साहित्य के साथ अपनी संलग्नता प्रदर्शित करें, साथ ही तर्कपूर्ण गंभीर शोध प्रणाली को। दूसरी चीज़, जिसकी वे अवश्य आशा करेंगे, वह है परिष्कृत कार्य। आप केवल वर्तनी की त्रुटियों, गलत टंकण और छूटे हुए संदर्भों से उन्हें प्रभावित नहीं कर सकते।

उपयुक्त संरचना और शैली प्राप्त करना

रिपोर्ट लेखन की सबसे बड़ी चुनौती यह जानना है कि इसे सबसे अच्छी तरह कैसे संघटितकिया जाए। इसे बहुत से कारकों द्वारा निर्धारित किया जाएगा, जिनमें आपके सुपरवाइज़र की राय, सुविधा की आपकी समझ और सबसे महत्वपूर्ण है, वे मानदंड जिनके अंतर्गत आप काम कर रहे हैं। जो अध्ययन प्रत्यक्षवादी छतरी के अंतर्गत आते हैं, जैसे कि परिमाणात्मक कार्यप्रणाली सामान्यत: एक पारंपरिक कार्यरूप और औपचारिक शैली का उपयोग करती है। मगर अपेक्षाकृत अधिक गुणात्मक कार्यप्रणाली के साथ कुछ वाद-विवाद हैं कि जो कुछ आपने किया है और एक आवाज़ पाई है; जो उस मानदंड को उत्कृष्ट ढंग से उजागर करती है, उसे बेहतर तरीके से कैसे पकड़ा जाए।

पारंपरिक प्रारूप

बात जब शोध रिपोर्ट की आती है तो निश्चित रूप से उसकी एक पारंपरिक संरचना है जो कि मान्यताप्राप्त, स्वीकृत, अपेक्षित है और प्राय: जिसकी वकालत की जाती है। यह 'भूमिका, साहित्य समीक्षा, प्रविध, खोज, विचार, विमर्श, निष्कर्ष' प्रारूप है जो कि साहित्य पर वर्चस्व रखता है। और यह पता लगाना बहुत ही सरल है कि इतने अधिक शोधकर्ता क्यों इस पद्धति को अपनाते हैं। यह न केवल अपेक्षित होने की ओर प्रवृत्त होता है बल्कि यह पाठकों के प्रश्न का उत्तर एक क्रम में देता है जिससे सामान्य बातचीत का प्रवाह काफ़ी स्वाभाविक होता है।जैसा कि तालिका 15.1 में बताया गया है, परियोजना पर आधारित प्रश्न और उससे संबंधित उत्तर सरलता से एक रिपोर्ट या शोधप्रबंध तैयार करते हैं जो सहज रूप में एक पारंपरिक प्रारूप के अंतर्गत आते हैं।

तालिका 15.1 मानक संवाद

प्रश्न	उत्तर, जो परंपरागत अध्यायों / खंडों की रचना करते हैं
तो मुझे बताएँ कि आपका शोध किसके बारे में है ?	शीर्षक सार परिचय • शोध प्रश्न /प्रश्नों • सिद्धांत (जो उपयुक्त हो)
और आपने यह विशेष विषय /प्रश्न क्यों चुना?	परिचय • लक्ष्य और उद्देश्य

(जारी)

तालिका 15.1— *(जारी)*

प्रश्न	उत्तर, जो परंपरागत अध्यायों / खंडों की रचना करते हैं
आप क्या पाने की आशा करते हैं?	परिचय • लक्ष्य और उद्देश्य
मैं इस बारे में सचमुच अधिक नहीं जानती, क्या आप मुझे संतुष्ट कर सकते हैं?	पृष्ठभूमि • साहित्य समीक्षा (तत्कालीन साहित्य और पुरानी • समीक्षा) • सिद्धांत (वर्तमान और मौलिक, जो उपयुक्त हो) • संदर्भ (सामाजिक, सांस्कृतिक, ऐतिहासिक और • भौगोलिक
आप किसप्रकार ठीक –ठीक अपना शोध करेंगे ?	शोध की रूपरेखा / पद्धति • *प्रणाली संबंधी पद्धति (ढाँचा) • *प्रविधियाँ (तकनीक / प्रक्रिया) • सीमाएँ
और आपने क्या पाया है?	निष्कर्ष/ परिणाम / अप्रत्याशित कहानी • पाठ/ तालिकाएँ / ग्राफ/ चार्ट/ विषय / उद्धरण आदि • विचार विमर्श • विश्लेषण , व्याख्या और खोज का अर्थ
आपने जो किया है, उसकी प्रासंगिकता / महत्व को आप कैसे समझाएँगे?	निष्कर्ष • निहितार्थ • महत्व • अनुशंसाएँ (विशेषत: व्यावहारिक शोध में महत्वपूर्ण)

हालाँकि यह प्रारूप शोध की सभी पद्धतियों के लिए उपयुक्त नहीं हो सकता, निस्संदेह यह ऐसा प्रारूप है जो कार्य को परिसीमित करता है। पाठकों को आवश्यकता होती है कि वे आपके लेखन को समझ सके और इसलिए आपका शोध – ऐसी चीज़ है जिसे कम करके नहीं आँका जाना चाहिए, भले ही आपका लक्ष्य परीक्षा हो, प्रकाशन हो, व्यापक प्रसार हो। यह एक ऐसा प्रारूप भी है जो कुछ लचीलेपन की छूट देता है। उदाहरण के लिए, आप जो अभिव्यक्ति अपनाते हैं और प्रत्येक खंड पर जो बल देते हैं, वह आपकी परियोजनाओं की विशेषताओं के अनुरूप विविधतापूर्ण होती है।

वैकल्पिक प्रारूप

उस मानदंड की प्रकृति, जिसके अंतर्गत आप काम कर रहे हैं, आपका सुविधा- क्षेत्र, आपका शोध विषय आपकी प्रविधियाँ और आपके पाठक – इनपर निर्भर रहकर आप निर्णय करेंगे कि एक वैकल्पिक संरचना किस तरह आपके संदेश को एक सिरे से दूसरे सिरे तक ले जाएगी। शोध रिपोर्ट लिखने के लिए आपकी वैकल्पिक संरचना आधारित हो सकती है:

- *कालक्रम पर* – कालक्रम बताता है कि आपकी शोध परियोजना के भीतर घटनाएँ किस तरह अधिक समय तक उजागर होती हैं।
- *सिद्धांत निर्मिति पर* – यह वर्णन करता है कि सिद्धांत किसप्रकार विवेचनात्मक रूप में जन्म लेता है; और छूट देता है कि आपके रिपोर्ट में हर जगह सिद्धांत निर्मित हो।
- *पूर्व निष्कर्षों पर* – आपके निष्कर्ष पाठकों को पहले से उपलब्ध कराते हुए , और फिर यह वर्णन करते हुए कि आपने उनको वहाँ कैसे पाया।

इन प्रारूपों में से किसी एक का सम्मिश्रण अथवा वस्तुत: कुछ ऐसा जो पूरी तरह मौलिक हो और आपकी परियोजना के अधिक अनुरूप हो। मगर, यह विचार करना महत्वपूर्ण है कि क्या आपके पाठक इसके साथ घनिष्ठ होंगे और/ या कुछ ऐसा स्वीकार करेंगे जिसे वैकल्पिक माना गया हो।

दो मामले जहाँ वैकल्पिक प्रारूप के 'जोखिम' को कम से कम किया है और यहाँ तक कि पुरस्कृत किया गया, वे हैं :

- जब आप एक प्रारूप का उपयोग कर रहे हैं, जिसे आपके विशेष प्रतिमानात्मक,विषयगत अथवा कार्यप्रणालीगत दृष्टिकोण के लिए स्वीकार किया गया है; उदाहरण के लिए , अध्ययन हेतु 'सिद्धांत निर्मिति संरचना' जिसे आधारभूत सिद्धांत के दृष्टिकोण से अपनाया गया है या शायद मामले के अध्ययन की छानबीन में बदलाव के लिए 'कालक्रम का ढाँचा 'के रूप में।
- जब आप जानते हैं (अथवा आश्वस्ति के साथ मान सकते हैं)कि आपके पाठक संरचनात्मक संरचना के प्रति कुछ अधिक उदार होंगे। यदि आपके लेखन का मूल्यांकन किया जाना है , विचार करें कि क्या आपके परीक्षक विकल्प के प्रति उदार होंगे। इन वैकल्पिक तरीकों में , संभवत: लिखित को पास रखना है या उस छात्र को जिसने लिखा है।अगर वे दृढ़ता के साथ प्रत्यक्षवादी परंपरा से आबद्ध हैं तो आप अपने तरीके पर पुनर्विचार करना चाह सकते हैं या अगर संभव हो तो आपके पर्यवेक्षक भी। यदि आपका लक्ष्य अपने शोध को प्रकाशित कराना है , तो आपको मूलत: वैकल्पिक मानक के रूप में एक शोध पत्रिका की तलाश करनी होगी।

यदि आप व्यवस्था अथवा तंत्र का विरोध करने का निर्णय लेते हैं और एक ऐसी संरचना को अपनाते हैं जो आपके पाठकों के लिए नई है तो आपको बहुत ही अधिक सावधानी बरतने की ज़रूरत होगी ताकि जैसे जैसे आपके पाठक आपके विवरण से गुज़रते हुए आगे बढ़ें, आपकी संरचना स्पष्ट होती जाए। जैसे ही आप उन्हें अपनी शोध परियोजना के माध्यम से साथ लेते हैं, आप उन्हें अलग होने या 'साथ छोड़ने' नहीं कह सकते। दरअसल, यह बहुत महत्वपूर्ण है अन्यथा आपके पाठक अंत तक अपना सिर खुजलाते और आपकी समूची परियोजना की विश्वसनीयता पर प्रश्न उठाते रहेंगे।वह भी इसलिए, क्योंकि जिस तरीके को आपने अपने लेखन के लिए चुना है, वे उससे परिचित नहीं हैं या वह उनके लिए असुविधाजनक है।

लेखन प्रक्रिया

पारंपरिक रूप में, शोध तीन चरणों वाली एक प्रक्रिया रही है : (1) शोध प्रस्ताव लिखना और प्रस्तुत/ जमा करना, (2) शोध का संयोजन करना, (3) रिपोर्ट लिखना। और हालाँकि कम और कम शिक्षण संस्थान इसका समर्थन करते हैं, यह एक ऐसी प्रक्रिया है जिसकी विरासत अनेक पर्यवेक्षकों और उनके छात्रों पर टिकी हुई प्रतीत होती है।अनुभवहीन शोधकर्ताओं के लिए यह जोखिम भरा हो सकता है। बहुतों के लिए 'लेखन एक बड़ी कठिनाई हो सकती है। यदि आप इसे अंत तक छोड़े रखते हैं तो आप लेखक के अवरोध का ख़तरा मोल लेते हैं जिससे अनावश्यक विलंब को बढ़ावा मिलता है, यहाँ तक कि काम की पूर्णता भी ख़तरे में पड़ जाती है।

सामान्यत: यह सलाह अधिक दी जाती है (भले ही वह पूरी तरह व्यवहार में न लाई जाती हो) कि लेखन एक ऐसी प्रक्रिया के रूप में देखा जाए जो कि शोधयात्रा के प्रत्येक चरण का केंद्र हो। लेखन को एक ऐसी गतिविधि के रूप में समझना चाहिए जिसका विकास मानो शोध का विकास हो। उदाहरण के लिए, यदि आप अपने प्रारम्भिक विचारों को लिखित रूप में विन्यस्त करते हैं तो आपको अपनी 'भूमिका' और 'विधियों' के प्रथम प्रारूप के लिए नोट बनाना शुरू करना होगा; और व्याख्या करनी होगी कि आपके स्रोत आपकी 'साहित्य समीक्षा' के प्रारम्भिक मसौदे तक ले जा सकें। इसके बाद जब आप डेटा/आंकड़ा संग्रह की प्रक्रिया में जाते हैं तो इन अनुभागों को फिर से प्रारूपित किया जा सकता है। इसी प्रकार पूरी जानकारी के संग्रह के दौरान प्रारम्भिक विश्लेषण, नोट लेना और लिखना आपको निष्कर्ष के लिए एक अच्छी शुरुआत प्रदान करेंगे।

ध्यान रखें, चाहे आप काम को टालते हों और अपने लेखन को उस गति से आगे नहीं बढ़ाते जिस गति से आप बढ़ते हैं तो जब आप अपने डेटा-संग्रह और विश्लेषण का काम पूरा करने पर अपने लेखन की शुरुआत टुकड़े में करते जाएँ, लेखन की चुनौतीपूर्ण संभावना का सामना करने की अपेक्षा आकर्षक विकल्प है कि जैसे जैसे आप शोध कार्य में आगे बढ़ें, लिखते जाएँ और अंतिम समय तक टालने से बचें। यदि आप अपने लेखन को शोधप्रक्रिया का विवरण-मात्र मानने की अपेक्षा उसे इसके अवयवभूत अंश के रूप में देखें तो आपको कभी भी एक दुर्गम बाधा के रूप में इसका सामना करना नहीं पड़ेगा।

विश्लेषण के रूप में लिखना

इसी प्रकार, रिपोर्ट के बनने पर शुरुआतीबढ़त केसाथ साथ 'आगे बढ़ने के साथ साथ लिखना' वस्तुत: विश्लेषण का एक अंग हो सकता है। बहुत कम लोग अपने विचारों/ सुझावों को बिना कागज पर उतारे, दिमाग में ही अंतिम रूप दे सकते हैं। जैसे जैसे आप लिखते हैं, विचार विकसित होते चलते हैं और इसप्रकार, आपके लेखन का प्रत्येक प्रारूप आपके विचारों को क्रमिक विकास की ओर ले जाएगा। उदाहरण के लिए, लेखन अर्थ की संरचना और व्याख्या के लिए केंद्रीय हो सकताहै। यह आपको व्यापक संश्लेषण के माध्यम से विशेष वर्णनात्मक समझ की प्रस्तुति से हटाकर महत्वपूर्ण, प्रासंगिक, तर्कपूर्ण और संगत कथानक की ओर ले जा सकता है। वस्तुत: बहुत से लोग लेखन और पुनर्लेखन को कथानक को केंद्र में लाने की कुंजी मानते हैं।

अब, जबकि यह सभी प्रकार के शोध के लिए सच है (वास्तव में यदि अवधारणाएँ मस्तिष्क में गहरी जड़ जमा चुकी हों तो उन अवधारणाओं को विकसित करना असंभव है), ख़ासकर यह शोध के लिए प्रासंगिक है जो कि उत्तर निदर्शनात्मक (आत्मवादी, व्याख्यावादी या संरचनावादी) मानदंडों के अंतर्गत आते हैं, जो आख्यान, विमर्श और / या पाठ के साथ संवादमूलक अनुबंध की माँग करते हैं। आप जैसे-जैसे हरएक मसौदे के साथ काम करते जाते हैं, समझ बढ़ती जाती है और आपके विश्लेषण में पहले से अधिक गहराई आ जाती है।

अपनी 'कहानी' की रचना करना

तो मैं क्यों 'कहानी' शब्द का प्रयोग कर रही हूँ? ख़ैर, मैं इसका प्रयोग इसलिए कर रही हूँ क्योंकि अच्छी कहानियाँ पाठक की रुचि को जाग्रत करती हैं और उसे बनाए रखती हैं, उनके पास एक सशक्त कथानक होता है और वे पाठक को लंबी यात्रा पर ले जाती हैं और उन्हें एक तर्कसंगत, फिर भी कभी कभी आश्चर्यजनक निष्कर्षों तक ले जाती हैं। कहानियों का इतर निहितार्थ यह है कि अगर वे उबाऊ, अरोचक, शब्दाडंबरपूर्ण और भड़कीली हों तो लोग उन्हें पढ़ना नहीं चाहेंगे। यह ज़रूरी है कि आपका लेखन आपके शोध की जानकारी दे, मगर इससे भी अधिक ज़रूरी है कि यह स्पष्ट हो, संलग्न हो और एक आकर्षक कहानी कह सके। अब, 'कहानी' के लेखक के रूप में बहुत से ऐसे कार्य हैं जिन्हें करने की ज़रूरत है :

1. *अपने शोध विवरणको एक 'संवाद' के रूप में सोचें* – मैं मानती हूँ कि संवाद दोनों ओर से होता है, मगर आप इसे लेखनकार्य में भी लागू कर सकते हैं। आप प्रतिक्रिया देखने-सुनने के लिए वहाँ नहीं भी हो सकते हैं। मगर आप अपने पाठक को इसप्रकार जोड़ने की कोशिश करें ,मानो वे आपको सुन रहे हों। वस्तुत: यदि आप उन्हें प्रासंगिक सूचना, प्रश्नों का पूर्वानुमान और उत्तर दे सकें तो आपका लेखन 'संवादमूलक' हो जाएगा। याद रखें, जो पाठक ख़ुद को सम्बद्ध महसूस करते हैं, वे सबसे अधिक जुड़े हुए हैं।
2. *शिल्प के साथ सुपरिचित हों* – बहुत कम लेखक हैं जो पाठकों के लिए लालायित नहीं रहते। सबसे अधिक प्रभावी चीजों में से एक यह कि जो आप लिखना चाहते हैं, उसके 'अच्छे 'उदाहरण तलाश सकें। अपने साहित्य का अध्ययन करके, न केवल उसके विषयवस्तु को लिखें बल्कि उसकी शैली और संरचना पर भी टिप्पणी लिखें। उन शोध प्रबंधों और रिपोर्टों पर भी नज़र डालें, जिनका अच्छा स्वागत हुआ हुआ। ये उदाहरण प्रतिकृति नहीं हो सकते, मगर ये निश्चित रूप से आपके अंतिम कार्यरूप की थोड़ी समझ दे सकते हैं।
3. आवाज़ तलाशें — 'कहानी से जोड़े रखना' और 'रिपोर्टों को गंभीरता से लेना' संभवत: इनके बीच तनाव हो। आप किस तरह इस तनाव से निबटेंगे , यह आपपर, आपके उद्देश्यों और आपके पाठकों की अपेक्षाओं पर निर्भर करेगा। इन तत्वों के बारे में आप जितना अधिक जानेंगे, प्रभावी आवाज़ को पाने के लिए उतनी ही बेहतर स्थिति में होंगे। सामान्य नियम है कि प्रथम पुरुष के प्रयोग से बचना चाहिए , ताकि आपका शोध व्यक्तिगत पूर्वाग्रहों या व्यक्तिवाद / आत्मवाद के दाग से दागदार न हो। मगर यहाँ तक कि प्रत्यक्षवादी प्रतिमानों के अंतर्गत भी संवाद शिथिल हो रहे हैं (अर्थात, व्यक्तिगत सुझाव देने के लिए भी प्रथम पुरुष का प्रयोग भली भाँति मान्य नहीं होगा, लेकिन जो चीज़ें आपने की , उसकी तथ्यात्मक रिपोर्ट करने के लिए अब इसे आमतौर पर स्वीकार किया जाता है)। वस्तुनिष्ठता को अब शोधकर्ता की भूमिका ग्रहण करने पर निर्भर नहीं माना जाता। उत्तर प्रत्यक्षवादी मानदंडों के अंतर्गत शोधकर्ता की भूमिका की पहचान प्रमुख है, इसलिए प्रथम पुरुष के प्रयोग के विरुद्ध कोई कठोर नियम नहीं हैं।वस्तुत: बहुत से 'गुणात्मक' शोधकर्ता अत्यधिक पूर्वसंबंधीप्रथम पुरुष भाषा का उपयोग अपनी व्यक्तिगत कथा, कार्यसूची , पूर्वाग्रह आदि को अपनी रिपोर्ट / शोध प्रबंध में बहुत पहले ही दर्शाने के लिए करते हैं। फिर भी औपचारिकता से समझौता करने के लिए कुछ संघर्ष पैदा कर सकती है, क्योंकि ये तनावमुक्त संवाद

और एक तर्कसंगत एवं विस्तृत शोध विवरण के बीच स्थानांतरित होते हैं। इसका समाधान है – एक निश्चित और सुसंगत शैली, जो आपकी परियोजना के लिए उपयुक्त प्रतीत हो।

4. अपनी संरचना विकसित करें – एक संरचना के बारे में सुनिश्चित करें और शीघ्र एक रूपरेखा विकसित करें। आप अधिक जानते हैं कि आपकी इच्छा कहाँ जाने की है। सुगम राह यह है कि आप एक कार्यप्रणाली निर्धारित करें जो आपको वहाँ ले जाने में मदद कर सके। याद रखें, जैसे- जैसे आपका चिंतन विकसित होता है, आपकी संरचना संशोधित होती जाती है।
5. कथानक को रूप दें – चाहे आप पारंपरिक संरचना अपनाएँ या वैकल्पिक , ज़रूरत होगी कि आपकी रिपोर्ट आपके पाठकों को एक स्पष्ट, संगत और उम्मीदत: एक ऐसा कथानक संकलित करे,जिसका आरंभ ,मध्य और अंत क्रमबद्ध हो। इसे आपके पाठकों को जोड़ने, उनमें रुचि उत्पन्न करने और इस तरह अपनी शोध यात्रा से होकर लेजाने की ज़रूरत है जो कहानी उजागर कर सके और तर्कसहित आपके निष्कर्ष तक पहुँचाए।यदि आपकी कहानी आपके पाठकों द्वारा पूछे जाने वाले संभावित प्रश्नों का तर्कसम्मत उत्तर दे दे तो जाँचसूची के रूप में तालिका 15.1 में उपयोग का अच्छा सुझाव बताया गया है जो कि मूल्यांकन में मदद कर सकती है। इस प्रक्रिया को शुरू करने के कुछ अच्छे नुस्खे शामिल हैं : एक कार्य सूचक शीर्षक को रचनात्मक तरीके से लिखना , एक या अधिक मसौदे की रूपरेखा बनाना, और एक पृष्ठ का भावार्थ लिखना (एक ऐसा कार्य जिसमें अनेक शोधकर्ता अपवादस्वरूप कठिनाई तलाश सकते हैं ,मगर यह बहुत अधिक ध्यान देने योग्य है)।
6. तर्क को विश्वसनीय बनाने के लिए तैयार रहें --- यह आवश्यक है कि आप उद्देश्यपूर्ण ढंग से लिखें। आपके लेखन की गुणवत्ता और विश्वसनीयता बहुत कुछ आपकी बहसों के तर्कपूर्ण और विश्वसनीय होने पर निर्भर है। भले ही हम आपके अध्ययन के औचित्य, साहित्य की समीक्षा की बात कर रहे हों या विधियों , खोज और निष्कर्षों की प्रस्तुति की , शोध प्रक्रिया सहज सारांश और रिपोर्ट करने की अपेक्षा कुछ अधिक की माँग करती है।यह प्रक्रिया लेखक द्वारा किसी मामले में परितुष्ट करने , कारण बताने और तर्क देने की योग्यता पर निर्भर है – इसी तरह उपयुक्त जानकारी और संदर्भों के साथ आपके तर्क- वितर्क को परिपुष्ट करने की योग्यता पर भी।
7. अपना पहला मसौदा लिखें / बनाएँ – आप इसके बारे में सोच सकते हैं और इसके बारे में सोचते रह सकते हैं। और आप इसके बारे में कुछ अधिक भी सोच सकते हैं, मगर यह तबतक नहीं होगा जबतक आप इसे करेंगे नहीं। अगर आपने लेखन को उत्पाद बनाने की अपेक्षा शोध प्रक्रिया का अंग बना दिया तो आपके पहले मसौदे का ढाँचा वही होगा जिसे आप साथ रख सके और इसमें अतिरिक्त ब्योरा जोड़ सकें। हालाँकि आपने 'लेखन बाद में' का तरीका अपनाया है तो आपको अपने नोट्स उतारने और उसे कागज पर उतारने की ज़रूरत है। इस दृष्टिकोण/ तरीके को न अपनाएँ तो भी छात्रों को लिखने में अपेक्षाकृत अधिक समय की ज़रूरत होती है जितना उन्होंने पहला मसौदा लिखने के आरंभ में सोचा था।
8. उपयुक्त प्रतिक्रिया / परिपुष्टि प्राप्त करें – पाठकों की अपेक्षाएँ व्यापक रूप में भिन्न हो सकती हैं, इसलिए यह जानने के लिए समयसीमा के अंतिम मिनट तक इंतज़ार न करें कि आपका दृष्टिकोण / तरीक़ा अनुपयुक्त है। अपने लेख का एक प्रारूप किसी ऐसे व्यक्ति को देना सुनिश्चित करें जिसके पास शोध का कुछ अनुभव हो या पाठक की अपेक्षाओं के प्रति अंतदृष्टि रखता हो।
9. पुन: प्रारूपण के लिए तैयार रहें – ऐसी अपेक्षा होनी चाहिए। वस्तुत: बहुत कम लोग पहले मसौदे के अतिरिक्त दूसरा मसौदा यहाँ तक कि तीसरा भी प्रस्तुत करने के लिए तैयार हो सकते हैं।

प्रत्येक अनुभाग/अध्याय को विकसित करना

विशिष्ट रूप में पाएँ और आपकी परियोजना के लेखन के अंतर्गत शामिल प्रत्येक अनुभाग / अध्याय को लिखने की आवश्यकता के बारे में बात करें। अब, मैंने 'पारंपरिक' ढाँचे पर केन्द्रित होने का निर्णय लिया है, क्योंकि यह सबसे महत्वपूर्ण परियाजना में से एक है जिसे अपनाया जाएगा और अपनाया जाता रहेगा और यहाँ तक कि यदि आप किसी एक वैकल्पिक संरचना को चुनते हैं तो भी इसके अंतर्निहित अनुभाग कुछ रूपों में प्रकट होंगे। जहाँ तक आपके दस्तावेज़ की बात है – इस बात की परवाह किए बिना कि भले ही उम्मीद 20 या 350 पृष्ठों की है, अपेक्षित अनुभाग मूलत: वही रहेंगे। ज़ाहिर है गहराई बहुत ही नाटकीय रूप में भिन्न होगी, मगर प्रभावशाली निर्मिति के लिए वास्तविक संरचना और दिशा निर्देश बहुत ही कम होंगे।

अग्रसिरा

अध्याय 5 में, मैं शोध प्रस्ताव में अपेक्षित प्रत्येक अनुभाग में गई। अब, जबकि यह आपकी परियोजना लेखन के अग्रसिरे पर आता है, तो आप अपने अंतिम लेख में अपेक्षित विभिन्न खंडों / अनुभागों को बनाने के काम को रेखांकित कर सकते हैं:

- *शीर्षक* – यह कुछ ऐसा है कि मुझसे फिर तबतक काम नहीं होगा जबतक कि आप पूरी परियोजना को लिख न लें। इस स्थिति में , आप अपने प्रस्ताव के लिए संरचित , स्पष्ट, संक्षिप्त और साफ-सुथरे शीर्षक पर एक नज़र डाल सकते हैं और देखें कि अब भी उपयुक्त है या अपनी परियोजना से बेहतर मिलान के लिए इसपर फिर से काम किया जा सकता है।
- *सारांश / सार* – सार इतने संघनित / घनीभूत होते हैं कि उन्हें पूरी तरह समझना कठिन है। मगर आपकी प्रक्रियाओं में वे बहुत ही ज्ञानवर्धक होते हैं यदि आपने अपने प्रस्ताव के लिए इसे लिखा तोअब एक निगाह डालें। अगर आपका अध्ययन इतना समृद्ध है कि इसे आपके शोध के पाठ्यक्रम के ऊपर होना चाहिए , तो आप इसका सम्पूर्ण पुनर्लेखन करना चाह सकते हैं। मैं अपने छात्रों को सलाह देती हूँ कि वे इसे अपनी परिचर्चा और निष्कर्ष लिखने से पहले करें ताकि वे निरंतर विचार कर सकें कि अपने तर्क पर वे स्वयं को कैसे केन्द्रित करें। लेकिन, मैं यह भी सुझाव देती हूँ कि अंतिम चरण में पहुँचकर वे एक बार फिर इनसे होकर गुजरे,ताकि विधियों, खोज , विमर्श और निष्कर्षों के द्वारा अपने कार्यक्षेत्र से पूरी तरह और सर्वथा मिलान कर सकें।
- *शोध प्रश्न / परिकल्पना* – इस पुस्तक में एक सुपरिभाषित शोध प्रश्न के महत्व पर बल दिया गया है। मुझे आशा है कि यह ऐसी ऐसी चीज़ है जो आपकी समूची शोध परियोजना के दौरान आपके बहुत निकट रही है। अब,जिसे ढूँढ निकालने का आपने प्रयत्न किया है, उस अभिव्यक्ति को जड़ने का यह अंतिम अवसर है।
- *परिचय / औचित्य* – यदि आपने इसे अपने प्रस्ताव के लिए लिखा है तो आपको फिर से देखने, सुदृढ़ करने और विस्तार देने की ज़रूरत होगी। ध्यान रखें, जैसा कि अध्याय 15 में उजागर किया गया है , इस खंड का प्रमुख कार्य पाठक को आपके विषय से परिचित कराना और यह विश्वास दिलाना है कि जिस समस्या की ओर ध्यान दिलाना चाहते हैं, वह महत्वपूर्ण और छानबीन के योग्य है।(इसी कारण समस्या के विस्तार / गहराई से सम्बद्ध कुछ उपलब्ध आँकड़े प्रभावी हो सकते हैं)। यह अनुभाग समस्या से जुड़े कुछ प्रसंग / संदर्भ दे सकता है(और यहाँ तक कि एकाधिक मानविकी-उन्मुख लेखन समस्या से आपके संबंध का कुछ संकेत दे सकते हैं) । और अपने पाठकों को 'इसप्रकार' के एक निष्कर्ष तक ले जाए जो आपके लक्ष्य और उद्देश्य को स्थापित करे।तरक़ीब है सोद्देश्य लेखन।
- *लक्ष्य / उद्देश्य* – यदि आप इन्हें पहली बार लिख रहे हैं तो एक बार अध्याय 5 में दी गई सलाह पर नज़र डालें ।अगर आपने पहले ही इनकी व्याख्या कर दी है तो अब यह मिलान करने का अच्छा अवसर है कि आपने क्या करने जा रहे हैं और अंतत: आपने क्या किया। आपको इन्हें दोबारा लिखने की ज़रूरत पड़ सकती है (विशेषकर तब ,जब आपकी परियोजना अनपेक्षित दिशा की ओर मुड़ जाये) या इसे केवल संशोधित करें और कसें।
- *अध्ययन का विहंगावलोकन* – किसी शोध –लेखन में यह आम चलन है कि प्रत्येक अध्याय का संक्षिप्त और स्पष्ट अवलोकन किया जाए। आमतौर पर इसे प्रति अध्याय एक या दो अनुच्छेद में पूरा कर दिया जाता है और न केवल अंतर्वस्तु को, बल्कि प्रयोजन और तर्क को भी अपने दायरे में समेटता है।अनुच्छेद इस तरह आरंभ हो सकते हैं : अध्याय एक परिचय कराता है ... अध्याय दो विचार-विमर्श करता ह ... इस अध्याय का प्रयोजन दोहरा है ... अध्याय तीन रूपरेखा प्रस्तुत करता है ... यह तर्क की ओर जाता है... ।

उपर्युक्त सभी सामान्यत: प्रारम्भिक पृष्ठों(शीर्षक और सार) और प्रथम खंड / अध्याय में अवस्थित होते हैं।

- *साहित्य समीक्षा* – उम्मीद है कि आप साहित्य समीक्षा का एक प्रारूप के साथ लेखन के चरम अवस्था तक पहुंचेंगे।यदि नहीं तो अभी शुरू करें ! और अध्याय 6 में दिए गए व्यापक सुझाव का उचित अनुसरण करें। यदि आपके पास एक प्रारूप है तो इसकी समीक्षा करे, कोई नया शोध जोड़ें, और तर्क की लीक पर उसे पाने और कसने का प्रयास करें। याद रखें , यहाँ लक्ष्य पिछले शोध की समीक्षा करना है ताकि आप अपनी शोध प्रक्रियाओं के लिए जगह दिखा सकें। यक आपकी परियोजना की प्रकृति पर निर्भर है ,साथ ही साथ पिछले शोध को समेटती हुई आपकी साहित्य समीक्षा अवधारणात्मक या सैद्धान्तिक ढाँचे में स्थित आपके अध्ययन का एक हिस्सा हो सकती है।
- *पृष्ठभूमि* – निष्पक्ष रूप से यह एक स्पष्ट / सरल अध्याय / खंड है जो आपके शोध विन्यास , संस्कृति, राजनीतिक रन्गभूमि आदि के बारे में प्रासंगिक जानकारी देता है। उदाहरण के लिए, यदि आपका अध्ययन पलाउ की पारंपरिक संस्कृति पर पर्यटन के खतरे के बारे में है तो आपको अपने पाठकों को पलाउ के भूगोल, पर्यटन की संभावना, इतिहास और संस्कृति के विषय में ,साथ ही पर्यटन की प्रवृत्तियों बताने की ज़रूरत होगी। याद रखें, आपके शोध प्रबंध को माध्यम बनाकर काम करने के लिए पाठक को जिन बातों की ज़रूरत हो, उन्हें ही शामिल करें। यदि यह आवश्यक नहीं है तो न करें।

शोध-अभिकल्प खंड

आपके शोध प्रबंध का शोध-अभिकल्प खंड सचमुच आपके रिपोर्ट का सार है यह आपकी परियोजना को एक सच्चे शोध अध्ययन के रूप में परिभाषित करता है। यह आपकी परियोजना की विश्वसनीयता और समाजविज्ञानी के रूप में आपकी विश्वसनीयता – दोनों के प्रति निर्णय लेता है।

- *कार्यप्रणाली* – समाजविज्ञान के अधिकांश शोध रूपरेखा विभाग निश्चित रूप से मानविकी आलेख अथवा विज्ञान के मानदंडों के अंतर्गत अपने अध्ययन को स्थान देने के लिए जिस व्यापक संरचना का उपयोग किया है, वे कार्यप्रणाली के साथ संलग्न होने की माँग करेंगे। अब यह खंड काफ़ी सैद्धान्तिक हो सकता है और आप अध्याय 1 में उल्लिखित मानदंडों पर बहस करने में तल्लीन हो सकते हैं। इस स्तर पर कार्यप्रणाली सत्य, वस्तुनिष्ठता और ज्ञान की निर्मिति की समझ को समाहित करती है और शोधकर्ता बहस का अभिन्न अंग हो सकता है। यह वहाँ है जहाँ आप अपने अध्ययन को 'गुणात्मक' और 'परिमाणात्मक दृष्टिकोण के परिप्रेक्ष्य में रखते हैं—क्रियात्मक शोध अभिकल्प और घटना क्रिया विज्ञान में।
- *विधियाँ* – सभी शोध अभिकल्प खंड उन विधियों को शामिल करते हैं जिससे यह जानकारी मिलती है कि किसप्रकार आपने प्रतिवादियों (आबादी और नमूना / नमूना लेने की प्रक्रिया), आँकड़ा/ डेटा संग्रह विधियों (सर्वेक्षण, साक्षात्कार और दस्तावेज़ विश्लेषण) और विश्लेषण की विधियों (सांख्यिकीय अथवा विषयगत विश्लेषण) को पाया। ये खंड अपेक्षाकृत आपके द्वारा किए गए कार्यों की स्पष्ट रिपोर्ट हैं (आपके प्रस्ताव के साथ जैसी तुलना की गई है , जो वह है और जिसे आप करने जा रहे हैं)।
- *सीमाएँ / परिसीमाएँ* – अध्याय 5 में जैसी चर्चा की गई है, उन सभी कारकों के विषय में स्पष्ट चर्चा की आवश्यकता होगी जिन्होंने आपनी शोध प्रक्रियाओं और निष्कर्षों पर प्रभाव डाला हो। हालाँकि यह महत्वपूर्ण है कि आप यहाँ पूर्ण रहस्योद्घाटन करें और बहुत अधिक क्षमाप्रार्थी होने से बचें। आपको अपने किए गए कार्यों को और अवरोधों के बावजूद अपनी जानकारियाँ विश्वसनीय हैं, इसका औचित्य प्रबल रूप में सिद्ध करना होगा।
- *नीतिगत विचार / प्रक्रियागत अनुमोदन* – अंतत: आपको सभी नीतिगत विचारों की समीक्षा करने की ज़रूरत होगी : अपने अध्ययन से सम्बद्ध प्रतिभागियों के भावनात्मक, भौतिक और बौद्धिक कल्याण को सुनिश्चित करने के लिए जो प्रक्रियाएँ अपनाई गई हैं, और अनुमोदन की वे प्रक्रियाएँ, जिनसे आप गुजरे होंगे।

पिछला सिरा

- *जाँच परिणाम / परिणाम* – जाँच परिणाम उत्तरों की प्रस्तुति है जिसे आपने मुख्य प्रश्नों से प्राप्त किया है। वे मूल और प्रारम्भिक डेटा नहीं हैं , न ही आपके सिद्धांतपरक तथ्यों का पूर्ण संक्षेपण। इसकी अपेक्षा यह डेटा का योगात्मक वर्णन है जिसे आप सबसे अधिक महत्वपूर्ण पाएँगे। इसलिए अपनी शोध प्रक्रिया के दौरान आपने जो प्रश्न पूछे हैं, उन प्रश्नों में से हरएक के उत्तर को प्रतिरोधक रूप में संक्षेप में प्रस्तुत करना महत्वपूर्ण है। आपको सर्वाधिक बुनियादी , रुचिकर, शिक्षाप्रद और सूचनापरक तत्वों को प्रस्तुत करने की ज़रूरत है जो आपके शोधप्रश्न / परिकल्पना के संबंध में मामले को अच्छी तरह तैयार करे। मगर, जानकारी के साथ बहुत कुछ करने से बचे। संक्षेपण सामान्यत: विचार- विमर्श के विभाग तक प्रतीक्षा करता है। परिमाणात्मक और गुणात्मक जानकारियों की प्रस्तुति को क्रमश: पाठ 13 एवं 14 में बताया गया है।
- *विचार –विमर्श* – यह वह जगह है जहाँ आप अपनी जानकारी का कुछ बना पाते हैं।यहाँ आपकी जानकारी से तैयार संरचना अधिकांशत: हमेशा विषयगत होती है और कहानी से जुड़ी होती है।आपके लिए यह अवसर है कि अपनी खोज से आपने जो प्राप्त किया,उसपर विचार करें और उसके निहितार्थों एवं महत्व पर तर्क-वितर्क करें। इसप्रकार,जाँच परिणाम –खंड हालाँकि बहुत कुछ सरल रिपोर्टिंग हो सकता है, मगर विचार-विमर्श खंड / अध्याय के उद्देश्यपूर्ण तर्क से बना होता है; आपकी खोज से उपजे तर्क दिखाते हैं कि आपने अपना प्रयोजन और उद्देश्य सिद्ध कर लिया है।

वस्तुत: तीन तरीके हैं जिनसे आप अपने जाँच परिणाम और विचार- विमर्श खंडों / अध्यायों को सुव्यवस्थित कर सकते हैं। पहला है, एक (या अधिक) जाँच परिणाम खंड का अनुसरण एक (या अधिक) विचार- विमर्श खंड करे। यानी कि आप पहले सारे परिणाम प्रस्तुत करते हैं, फिर सभी विचार-विमर्श द्वारा उनका अनुसरण किया जाता है। दूसरी पद्धति है–एक खंड / अध्याय के अंतर्गत पाई जाने वाली विशिष्ट विषयवस्तु से संबद्ध खोज के परिणाम और विचार विमर्श के साथ विषयगत व्यवस्थापन। आपके पास जितनी महत्वपूर्ण विषयवस्तु हो सकती है, उन सबके लिए इसे दुहराया जाता है। तीसरी पद्धति भी विषयगत है, लेकिन इसमें खोज के परिणाम और विचार-विमर्श में कम अंतर है।इस तरह के अध्याय सामान्यत: मानविकी उन्मुख परियोजनाओं में अधिक पाए जाते हैं और ये अपने संघटन अत्यधिक विषयगत है।

- *निष्कर्ष* – आपकी शोध प्रक्रिया ने जो कुछ उद्धाटित किया , उसे संक्षिप्त करने और पुन: इसे अपनी परियोजना के मुख्य प्रश्नों, प्रयोजन और उद्देश्यों को बेहद सम्मोहक और विश्वसनीय रूप में जोड़ना – निष्कर्ष निकालना है। सामान्यत: यह एक कठिन खंड / अध्याय है (और आपके विचार –विमर्श से जो उपजा , उसे दिया जाना चाहिए)। एक मौलिक संरचना या मॉडल की संभावना के अतिरिक्त निष्कर्ष में नई सामग्री समाविष्ट करने की ओर प्रवृत्त नहीं हो सकते। अगर आप अधिक परिष्कृत ढंग से वृहत्तर संदर्भों में संकल्पना करना शुरू किया हो तो ऐसा करना उचित होगा।
- *अनुशंसाएँ* – समाज विज्ञान से संबंधित शोध में प्राय: अनुशंसाएँ 'भावी शोध के लिए अनुशंसाओं' तक सीमित होती हैं जो अध्ययन की सीमाओं और परिसीमाओं के कारण और आगे की छानबीन की ज़रूरत के आधार पर की जाती है : एक मुद्दे को समझने में अगला तर्कपूर्ण चरण ; या साहित्य में मौजूदा अंतर / खाई की पहचान । ऐसी अनुशंसाएँ सामान्यत: निष्कर्ष में अंतर्निहित होती हैं। हालाँकि अनुशंसाएँ किसी रिपोर्ट के पिछले सिरे का आवश्यक अंग है और प्राय: अपने विभाग को प्रामाणिक ठहराती है, शोध विज्ञान में लागू होती है। ऐसी अनुशंसाएँ स्पष्ट रूप से जाँच-परिणाम से जुड़ी होनी चाहिए; अत्यधिक व्यावहारिक और करणीय होनी चाहिए। समय-सीमा, लागत, कठिनाई और हितधारक की भागीदारी के अनुसार इन्हें कार्यान्वयन की सुगमता की दृष्टि से समूहों में बाँटने का विचार करें।
- *संदर्भ* – पूर्णता! इससे कम की न तो आशा की जाती है, न स्वीकार किया जाता है। इसे अच्छी तरह करने के लिए समय लें—मूल (anal) हो जाने का यह अच्छा समय है।

प्रथम से अंतिम प्रारूप तक

प्रयास रहित लेखन सामान्यत: आनंदरहित वाचन है।

सैमुअल जॉनसन

यदि आप इस तरह लिखने का निर्णय लेते हैं कि वह औपचारिक या आकस्मिक, पारंपरिक या वैकल्पिक, शुष्क या भावपूर्ण हो, वहाँ एक सामान्य विभाजक होता है। प्रारूप, शैली या भाषा की परवाह किए बिना, आपका अंतिम कार्य अत्यधिक परिष्कृत या विवादरहित व्यावसायिक होना चाहिए – एक शौकिया के रूप में सामने आना आप बर्दाश्त नहीं कर सकते न केवल आपके शोध की गुणवत्ता से आपका अधिकार बढ़ सकता है या समाप्त हो सकता है, बल्कि उसकी प्रस्तुति से भी। और ईमानदारी से, मैं ऐसे किसी व्यक्ति को नहीं जानती जो अनेक प्रारूपों के माध्यम से काम किए बग़ैर इसे पूरा कर सका हो। निर्णायक घटक? (1) सलाह मांगना और लेना और (2) प्रारूप तैयार करना, पुन: प्रारूप तैयार करना और पुन: पुन: प्रारूप तैयार करना।

माँग और प्रतिपुष्टि/प्रतिक्रिया का उपयोग

सचमुच इसके इर्द-गिर्द कोई रास्ता नहीं है। यदि आप प्रथम से लेकर अंतिम प्रारूप तक जाना चाहते हैं तो आपको कभी-कभी गुणवत्तापूर्ण प्रतिपुष्टि माँगने का असुविधाजनक क़दम उठाने की ज़रूरत हो सकती है। अब आप सोच सकते होंगे कि यह एक सरल प्रक्रिया होगी, लेकिन ऐसा हमेशा नहीं होता। उदाहरण के लिए, मेरे एक पीएचडी प्रार्थी ने अपने सह पर्यवेक्षक को टीका टिप्पणी के लिए अपने एक अध्याय का पहला प्रारूप सौंपा। लगभग दो माह की व्यग्रता पूर्ण प्रतीक्षा के बाद, हमने पाया कि समग्र विषयों पर उनकी अंतिम टिप्पणियाँ बहुत कम सम्पादन के साथ समाप्त की गई थीं – वर्तनी, व्याकरण और यहाँ तक कि उद्धरणों के लिए उचित हाशिये पर। और जबकि इसे चरम प्रारूप के लिए सचमुच सहायक होना चाहिए था, जहाँ विचार, अवधारणाएँ और तर्क ऐसी चीज़ें थी जिनकी समीक्षा किए जाने की ज़रूरत थी।

दरअसल, यह सलाह के लिए सही लोगों से पूछने की ज़रूरत बताती है और विशेष रूप से आपके अनुरोधों में। आपको यह जानने की ज़रूरत है कि प्रक्रिया में आप कहाँ हैं और अपनी तात्कालिक आवश्यकताओं से संबद्ध टीका-टिप्पणी के लिए किससे पूछें । यहाँ अच्छी रणनीति यह है कि आप अपने पाठकों से उन्हीं प्रश्नों पर टिप्पणी करने कहें, जिन्हें आपको खुद से पूछने की ज़रूरत है,क्योंकि आप अपने दस्तावेज़ के विभिन्न प्रारूपों को माध्यम बनाकर काम करते हैं (अगले खंड में प्रश्न देखें) । यह पहला प्रारूप है, संभवत: तर्क- वितर्क, विमर्श और संरचना इन सभी पर आप सलाह चाहते हैं, जबकि बाद के चरणों में आप निरंतरता, सुसंगति, पठनीयता और अंतत: कॉपी एडीटिंग पर सुझाव लेते दिखाई पड़ेंगे।

इसका अर्थ यह हुआ कि आप हमेशा एक ही व्यक्ति के पास राय लेने नहीं जाएँगे। उदाहरण के लिए, जिस प्रोफेसर के साथ मैं काम करती हूँ, वे विचारों को विस्तार देने में श्रेष्ठ हैं मगर बेहद लापरवाह हैं। मुझे नहीं लगता कि वे बच्चों की चित्र-पुस्तक संपादित कर सकेंगे। अन्य लोग महत्वपूर्ण पहलुओं को विस्तार देने के लिए महान होंगे, मगर ज़रूरी नहीं कि वे वृहत्तर कार्य से जुड़ने के योग्य हों। अब, जबकि आपके पर्यवेक्षक का सुझाव अमूल्य हो सकता है, तो आपके सहकर्मियों और परिवार की राय भी। वस्तुत: किसी चरण में, किसी ग़ैर विशेषज्ञ को अपनी कृति महज इसलिए पढ़ने के लिए कहना ताकि यह देख सके कि तर्क उसके लिए कोई अर्थ देता है या नहीं ,क्योंकि उसे अर्थ देना चाहिए। समय सीमा का हमेशा ध्यान रखने की कोशिश करें क्योंकि कुछ पाठक इसे वापस करने में महीनों लगा सकते हैं।

अब, यह जानना कि किससे पूछना है और क्या पूछना है, एक बात है, लेकिन अपने लिखे को किसी अन्य को सौंपने का इच्छुक होना दूसरी बात।क्या हो, अगर बहुत अच्छा न होने का गुप्त भय पुष्ट हो जाये? किसी को सौंपना हमेशा मामला उजागर करनेवाला होता है, लेकिन ध्यान रखें कि अक्षमता का भय प्राय: आत्मविश्वास का संकट है – न कि योग्यता की कमी का। और इसके अतिरिक्त यदि आप रास्ते से हटकर हैं तो बेहतर है कि आप अनिश्चित दिशा में बहुत अधिक समय गंवाने तक प्रतीक्षा करने की अपेक्षा इसे शीघ्र जान लें।

ठीक है, मान लीजिए कि आपने प्रश्न पूछने के लिए सही व्यक्ति का प्रबंध कर लिया और आपको अपना प्रारूप वापस मिल गया। यदि आप भाग्यशाली हुए तो यह रचनात्मक, प्रासंगिक और विचारोत्तेजक टिप्पणियाँ होंगी।आपको खुश होना चाहिए, न केवल इसलिए कि किसी ने अपना बहुत सा समय दिया और प्रयास किया है, बल्कि इसलिए कि उन्होंने आपको जाने का दिशा निर्देश भी दिया है।लेकिन,बेशक आप इंसान हैं। इसलिए, खुश होने के बदले स्तब्ध हैं। दरअसल, आप खुद को अपमानित कुंठित और यहाँ तक कि स्वयं को अक्षम भी महसूस कर सकते हैं। यहाँ आप अकेले नहीं हैं। व्यक्तिगत रूप में, मैं अपने काम के बारे में जो प्रतिपुष्टि चाहती थी, वह केवल इस मान्यता / अभिपोषण के लिए नहीं कि मैं कितनी चतुर हूँ। मगर मुझे जो सचमुच ज़रूरत थी – पसंद किया जाना या नहीं किया जाना निर्णायक मोड़ पर होने की। केवल अभिपोषण आपको आगे नहीं ले जाता। ज़रूरत है कि आप सलाह को मानें और इसे व्यक्तिगत आलोचना के रूप में न लें। यदि आप ऐसा करते हैं तो लेखन एक भावुकतापूर्ण बारूदी सुरंग हो जाएगा (भावुकतावश स्थिति विस्फोटक हो जाएगी)।

तो अब, जबकि आपके पास सलाह है, आप इसके साथ क्या करते हैं? ठीक है,निर्बंध समावेश उतना ही बुरा है जितनी कि व्यापक उपेक्षा।आवश्यकता है कि आप फीडबैक को फ़लक पर स्वीकारें, स्रोत के आलोक में इसपर विचार करें, आप जो कहने की कोशिश कर रहे हैं उसके लिए सलाह पर अमल करते हुए काम करें। और यदि आप स्वयं से परस्पर विरोधी सलाह पाते हैं तो यह निश्चित ही विशेष रूप से महत्वपूर्ण हो है।अपने पर्यवेक्षक/ व्याख्याता से बात करें और ध्यान रखें कि यह आपका काम है और आपको ही इसे अंतिम रूप देना है।

प्रारूपण और पुन: प्रारूपण

इसमें कोई संदेह नहीं पहले प्रारूप से लेकर (शोधप्रबंध) जमा करने तक की यात्रा लंबी और चुनौतीपूर्ण हो सकती है। वस्तुत: अपने निकाय के प्रत्येक तंतु / तंत्रिका के विषय में अन्यथा लेने की इच्छा से आप पा सकते हैं कि आपका अंतिम दस्तावेज़, आपके पहले प्रारूप से बहुत प्रतिधारित (retain) नहीं है। विडम्बना यह है कि निस्संदेह बिना पहले प्रारूप और उसके बाद के प्रारूपों के आप अंतिम या चरम प्रारूप तक नहीं पहुँच सकते।

चूँकि अब आप विभिन्न प्रारूपों के माध्यम से काम कर रहे हैं, आप अपने लेखन के विभिन्न पक्षों से दृढ़ रूप से जुड़े होंगे। (देखें बॉक्स 15.2)। मगर आप कई रास्तों से इसतक पहुँच सकते हैं। कुछ लोग वाक्य दर वाक्य करके धीमी गति और एकाग्रचितता से काम करना पसंद करते हैं, जबकि दूसरे, चेतना-प्रवाह भंग करना नहीं चाहते – वे नए विचारों को तत्काल लिख लेने का प्रयास करते हैं, बाद में परिमार्जन करना। जबतक आप ऐसी प्रक्रिया पाते हैं जो आपके लिए काम करती है, तो अपनी पद्धति के साथ विकास करना / आगे बढ़ना कुछ भी गलत नहीं है। अंतिम परिणाम की ही गणना होती है।

बॉक्स 15.2 आपको चरम गुणवत्तापूर्ण परिणाम पाने में आपकी मदद करने के लिए अनेक जाँच सूचियाँ प्रस्तुत करता है। हालाँकि यह कुछ ग़ैर दिलचस्प / थकानेवाला लग सकता है कि लगभग सभी अच्छे लेखक इस प्रक्रिया के कुछ प्रकारांतर से होकर ही जाते हैं (देखें बॉक्स 15.3)।

बॉक्स 15.2

पुन: प्रारूपण प्रक्रिया के लिए जांच सूचियाँ

पहले प्रारूप पर पुन: काम करना

अच्छा हो यदि आपका पहला प्रारूप ही रहे। मगर यह इस तरह बहुत कम ही काम करता है। जब आप पीछे मुड़ते हैं और निरीक्षण करते हैं, आप पाते हैं कि लेखन की प्रक्रिया ने स्वयं विचारों को विकसित किया है, और आरंभ में जो आपने लिखा था, आपके विचार उससे परे चले गए हैं। आप जब अपने पहले प्रारूप के माध्यम से काम करें तो स्वयं से पूछें:

- ☑ क्या इससे कोई अर्थ निकलता है? क्या यह तर्कसंगत है? क्या मुझे इस संरचना को बदलने की ज़रूरत है?
- ☑ क्या मैं ऐसी भाषा का प्रयोग कर रही हूँ जो मेरे लिए सुविधाजनक है ?
- ☑ क्या मुझे अधिक सामग्री / विचारों को समाविष्ट करने की ज़रूरत है – अथवा क्या खंड सचमुच दुहराए गए हैं?
- ☑ क्या मैं अपने सभी तर्कों से खुश हूँ, और क्या ये निरंतर आ रहे हैं?
- ☑ क्या प्रत्येक अध्याय या खंड का एक निश्चित और स्पष्ट बिंदु या तर्क है?
- ☑ क्या मैंने फीडबैक माँगा और उसपर प्रतिक्रिया दी ?

दूसरे प्रारूप पर पुन: काम करना

एक बार यदिआप समस्त विचारों,तर्कों, वितर्कों और संरचना से प्रसन्न हैं, तो यही समय है कि आप अपने वितर्कों के पूर्ण विवरण में जाएँ और सुसंगति और सामंजस्य के लिए प्रयास करें। ऐसा करते हुए आप स्वयं से पूछें:

- ☑ किसप्रकार मैं अपने मुद्दों और तर्कों को अधिक स्पष्ट कर सकता हूँ? क्या मैं किसी बिन्दु पर हिचकिचा रहा हूँ? क्या मैं बहुत अधिक शब्दजाल /निरर्थक बकवाद और परिवर्णी शब्द (acronyms) का प्रयोग कर रहा हूँ? क्या मुझे कुछ / अधिक उदाहरणों को शामिल करना चाहिए?
- ☑ क्या मुझे कुछ / अधिक रेखाचित्रों, चित्रों, नक्शों को शामिल करना चाहता हूँ?
- ☑ क्या ढाँचा सुसंगत है? क्या अध्यायों/ खंडों के बीच स्पष्ट और तर्कसम्मत संबंध हैं?
- ☑ क्या अध्यायों / खंडों के अंतर्गत और उनके मध्य संगति है?
- ☑ क्या किसी बिंदु पर मैं अपना ही खंडन करता दिखाई देता हूँ?
- ☑ क्या मेरे स्वर निरंतर काम के दौरान प्रयुक्त हैं? क्या(कार्य की)लंबाई / विस्तार लक्ष्य के अनुरूप है? क्या मैंने फीडबैक माँगा और उसपर प्रतिक्रिया दी ?

अंत से पहले के प्रारूप की ओर बढ़ना

अंत से पहले प्रारूप की तरफ बढ़ने का अर्थ है कि आप अपने दस्तावेज़ में उल्लिखित संरचना और आलोच्य विषयों के तर्क से समुचित रूप से प्रसन्न हैं। प्रवाह, स्पष्टता और सम्पूर्ण पठनीयता की ओर अब ध्यान दिया जा सकता है। स्वयं से पूछें:

- ☑ किस तरह मैं आगे और स्पष्टता बढ़ा सकता हूँ? क्या मैंने पारिभाषिक शब्दों का लगातार प्रयोग किए हैं? क्या मैं अनावश्यक शब्दजाल से छुटकारा पा सका हूँ?
- ☑ किस तरह मैं अधिक धाराप्रवाह से पढ़ सकता हूँ? क्या मैं अपने लंबे वाक्यों को तोड़ सकता हूँ? क्या मैं एक वाक्य के अनुच्छेदों पर पुन: काम कर सकता हूँ?
- ☑ क्या ऐसा कोई मार्ग है कि मैं इसे अधिक दिलकश बना सकता हूँ ? क्या मैं कर्मवाच्य के प्रयोग को सीमित कर सकता हूँ?क्या मैं क्षमाप्रार्थी की तरह मिलता हूँ? क्या मेरे वितर्क मज़बूत और विश्वसनीय हैं?

- ☑ क्या मैं आश्वस्त हूँ कि मैंने अपने प्रतिवादियों / प्रतिभागियों की गोपनीयता की रक्षा की है?क्या मैं किसी साहित्यिक चोरी के आरोप के विरुद्ध सतर्क रहा हूँ ? क्या मैंने पाठ और संदर्भों या ग्रंथ-सूची –दोनों में अपने स्रोतों की जांच और पुन: जांच की है?
- ☑ क्या मैंने कोई प्रारम्भिक और अंतिम पृष्ठों को लिखाऔर संपादित किया है; जैसे, मुखपृष्ठ, विषय सूची, आंकड़ों की सूची, अभिस्वीकृति , सारांश, प्रस्तावना, परिशिष्ट और संदर्भ ?
- ☑ क्या मैंने अपनी वर्तनी और व्याकरण की पूरी तरह जाँच की है ?
- ☑ क्या मैंने शब्द गणना पूरी की है?
- ☑ क्या मैंने प्रतिपुष्टि की माँग की और उसपर अपनी प्रतिक्रिया दी?

अंतिम मसौदा तैयार करना

आप सोचते होंगे कि आपने पहले (ऊपर लिखा)सब कुछ कर लिया तो आपका दस्तावेज़ अंतिम रूप में तैयार हो जाएगा। पूरी तरह नहीं; अब आपको इसे अंतिम रूप से संपादित करने की ज़रूरत होगी। यह एक बड़ा काम है और आप इसके लिए धन खर्च कर सकते हैं। आप इसपर विचार करने के लिए एक कॉपी एडिटर रखना चाहते होंगे ,भले ही आपने इसे दर्जनों बार अच्छी तरह देखा हो, यह आश्चर्यजनक है कि संपादकीय त्रुटियों को अपनी विशेषज्ञता के कौशल से पकड़ लेता है शोधप्रबंध जमा करने से पहले आप कुछ बातें पूछना चाह सकते हैं:

- ☑ क्या मैंने टंकण संबंधी सभी गलतियों पर ध्यान दिया है?
- ☑ क्या मैं वर्तनी की तीन बार जाँच की है (विशेषकर,उन वर्तनियों की जिसपर वर्तनी जाँचकर्ता ध्यान नहीं देता, जैसे फ्रोम की जगह फॉर्म के टंकण की गलती)?
- ☑ क्या मैंने पंक्तियों के बीच के अंतराल, फॉन्ट / लिपि , हाशिये, आदि की जाँच की है?
- ☑ क्या मैंने आरंभिक पृष्ठ से लेकर अंतिम पृष्ठ तक ,बीच के सभी पृष्ठों पर क्रमानुसार संख्या लिखी है? क्या मैंने जाँच कर ली है कि वे सभी उचित क्रम में हैं?
- ☑ क्या मैंने अंतिम दस्तावेज़ के माध्यम से यह सुनिश्चित कर लिया है कि मुद्रण संबंधी कोई गड़बड़ी नहीं है?

बॉक्स 15.3

मेरी इच्छा है कि मैं भी आपकी तरह लिख सकूँ ...

छात्र जब मेरा लिखा हुआ कुछ पढ़ते हैं तो वे कुछ इस तरह कहते हैं, 'मेरी इच्छा है कि मैं भी आपकी तरह लिख सकूँ, लेकिन मैं अच्छा लेखक नहीं हूँ 'या आपका लेखन इतना सहज और स्वाभाविक है – मेरा लेखन पूरी तरह गड्ड-मड्ड है'।

अच्छी बात है, अब मैं अपनी सहज स्वाभाविक लेखन-शैली के बारे में कुछ बताऊँ।

इस पुस्तक को एक उदाहरण के रूप में लें।प्रत्येक अध्याय शुरू करने से पहले मुझे चार या पाँच बार प्रयास करना होता है, ताकि मैं इसे शुरू कर सकूँ और संतोष का अनुभव कर सकूँ (और यह सामान्यत: उद्धरण और कुछएक अनुच्छेद के बारे में है)। एक बार मैं निश्चित कर लूँ की मुझे किस तरह शुरुआत करनी है, मैं इसे वाक्य दर वाक्य तीन – चार बार लिखती हूँ, जबतक यह न लगे कि यह काफ़ी अच्छा है। इसके बाद ही मैं अगले खंड की ओर बढ़ती हूँ।

अगली बार जब मैं लिखने बैठती हूँ, उस अंश को फिर से पढ़ती हूँ और कई बार इसपर काम करती हूँ। केवल जिस चरण पर आकर मुझे लगता है कि यह सहज और स्वाभाविक लगेगी, मैं आगे बढ़ती हूँ। यह श्रमसाध्य धीमी प्रक्रिया पूरे अध्याय में दुहराई जाती है, जबतक कि मैं इसे पूरी न कर लूँ।

(जारी)

(*जारी*)

जब अध्याय का पूरा मसौदा / प्रारूप समाप्त हो जाता है, मैं पुन: इसकी समीक्षा करती हूँ, कुछ और सुधार करती हूँ और जब संतुष्ट हो जाती हूँ तब ऐसे पाठक को सौंपती हूँ जो कठोर है मगर जिसकी सम्मति का मैं आदर करती हूँ। निस्संदेह उसके द्वारा टिप्पणियाँ की जाएँगी, जिनपर मैं विचार करूंगी और उचित लगा तो उसके अनुरूप सुधार करूँगी।

अब, जब सम्पूर्ण पुस्तक पूरी हो जाएगी,मैं फिर से सभी पाठों को देखूँगी और सुनिश्चित करूँगी कि सभी चीज़ें प्रसंग / संदर्भ के अनुरूप सही जगह पर रखी गई हैं। एक बार फिर संशोधन के प्रति आश्वस्त होऊंगी। फिर मैं इसकी प्रतिलिपि संपादित करूँगी और अपने प्रकाशक के पास भेज दूँगी। काम पूरा हुआ? पूरी तरह नहीं ... वहाँ से सेज़ पब्लिकेशन मेरी मदद करेगा ... अधिक समीक्षाओं (संभावित संशोधन) व्यावसायिक प्रतिलिपि सम्पादन, खाका और रूपरेखा और अंतिम अशुद्धि-शोधन में मेरी मदद करेंगे ... और यह वह होगा, जो आप वास्तव में देखना चाहेंगे।

यदि केवल एक आसान और स्वाभाविक शैली आसानी और स्वाभाविकता के साथ आई!

सशक्त प्रस्तुतियाँ तैयार करना

तो, आपने अपने अध्ययन को लिख लिया है। अब आपके पास एक रिपोर्ट , शोध प्रबंध या शोध निबंध है, जिसे आप दुनिया के सामने प्रस्तुत कर सकते हैं। और जहाँ तक मौखिक प्रस्तुतियों की बात है, आप पावर पॉइंट के भीतर सहसा/ चटाके से मुख्य बिन्दुओं पर चले जाएँ।

नहीं, कृपया ऐसा न करें। ज़ाहिर तौर पर फिसलन की अनंत शृंखला के भीतर आपके अध्ययन की बहुलता जैम के पैक के रूप में है और तब सरल रूप में लोगों को बताएँ कि आपने जो किया और आपने जो पाया, वह आपके पाठक की अनावश्यक पीड़ा के बड़े सरोकार का कारण है। उनमें से एक, फिसलपट्टी /स्लाइड संख्या 7 पर टिका मुझे सुन्न मन से देख रहा था। तब मैंने ध्यान दिया, फिसलपट्टी का किनारा बहुत छोटा था – क्या आप इसके लिए तैयार हैं? 132 का 7वाँ न.। मुझे लगता है, मैं बाहरी कराह सुन सकती हूँ/ मैं इस श्रव्य कराह से बाहर निकल सकती हूँ।

मुझपर विश्वास करें, आप इसकी अपेक्षा बेहतर कर सकते हैं। शुष्क, कठिन/ थकाऊ, प्रेरणाशून्य / उत्साहरहित प्रस्तुतियों का मानक बनना ज़रूरी नहीं। आखिरकार, हम सभी प्रेरणादायक वक्ता और उनकी बेहतरीन प्रस्तुतियों के बारे में तभी जानते हैं, जब उन्हें सुनते हैं। हम जानते हैं,क्योंकि हम कई जगह जाते हैं. हम जानते हैं क्योंकि हम दूसरे को इसके बारे में बताना चाहते हैं। हम जानते हैं क्योंकि हम स्वयं को प्रेरित महसूस करते हैं। यह सोत्साह अनुसरण हो सकता है – और ज़रूरत भी। शोध प्रस्तुतियाँ बदलाव लाने के उद्देश्य से जानकारियों को साझा करने के सभी इच्छुकों के बारे में है। तो यहाँ आपको प्रस्तुति देने और अपने श्रोताओं/दर्शकों को कार्य के लिए प्रेरित करने की ओर बढ़ने की ज़रूरत है।

सशक्त प्रस्तुतियों के तत्व

हाँ, वे आपसे विशेष आकार प्रकार में प्रस्तुति की अपेक्षा कर सकते हैं। यहाँ तक कि वे आपको अलग-अलग खंडों की ओर संकेत देंगे जिसे आपको पूरा करने की ज़रूरत होगी। मगर जब वहाँ कोई प्रतिबंध हो, वहाँ किसी एक तरीके से प्रस्तुति देने का अवसर स्थिर रहेगा जिससे आप अपने श्रोता से जुड़े रहेंगे और उनकी परवाह करते रह सकेंगे। याद रखें, यदि प्रस्तुति दोनों ओर से संवाद के रूप में है, आपको अपने श्रोताओं को जोड़े रखने की और क्रियाशील रहने की ज़रूरत होगी।यहाँ आप उनकी प्रतिकृया तलाशना है।

विचारणीय बातें अंतर्निहित हैं:

- *विशेषज्ञता और जानकारी* — बिना किसी संदेह के आपको अपनी सामग्री को जानना ज़रूरी है। यदि आप नहीं जानते कि इस बारे में क्या कहना है तो आपके पास प्रस्तुति का अधिकार नहीं है। आपको अपनी सामग्री की जानकारी विश्वसनीयता और आत्मविश्वास देती है। मगर यहाँ इसे ठोकर मारें। आपको उनसे यह कहने की ज़रूरत नहीं है कि आप सबकुछ जानते हैं! अपनी जानकारी के प्रति स्पष्ट

रहे। यह ज़ाहिर होने दें कि आप अपने लचीलेपन से ; आत्मविश्वास से ; सम्मोहक तत्वों से आवश्यक सत्व/ सार निकाल सकते हैं । यह आपका अहंकार नहीं है। यह लोगों को दिखाने के बारे में नहीं है कि आप कितना जानते हैं। यह आपके श्रोता/दर्शक के बारे में है और इस बारे में भी कि क्या वे आपके साथ चले जा रहे हैं ।

- *आपका लक्ष्य* — निस्संदेह आपके पास अध्ययन से संबद्ध एक लक्ष्य होगा। मान लें, यह 'आपके अध्ययन का खाका और निष्कर्षों का संवाद ' है। मगर फिर भी रुकें, और सोचें कि आप अपने श्रोताओं तक क्या पहुँचाना चाह रहे हैं । यदि अपने श्रोता के लिए आपका लक्ष्य यह है कि वे आपकी शोध प्रक्रिया की भीतरी और बाहरी – सभी बातों को जानें और यह भी जाने कि वास्तव में आपने क्या खोज निकाला ? या यह भी कि आप उन्हें आश्चर्यचकित होने, प्रेरित होने, व्यवहार बदलने को तत्पर होने, बोर्ड पर लिखने को तत्पर होने , बदलाव एजेंट होने देना चाह सकते हैं? मेरा विचार है, ये चीज़ें इस बात पर निर्भर करती हैं कि हम कब प्रस्तुति दे रहे हैं – और ऐसी चीज़ें हम प्राय: भूल जाते हैं , मगर यदि आप लक्ष्य से संबद्ध श्रोता के प्रकार की व्याख्या कर सकते हैं तो इसमें बदलाव होगा कि आप कैसे संरचना करते और इसी बदलाव तक पहुंचाते हैं। आपके पास विकल्प नहीं है, मगर रिपोर्ट करने से लेकर प्रेरणा देने तक का रास्ता तय कर सकते हैं।
- *कहानी वाचन* — प्रस्तुतकर्ता बिना कसी संशय के जानता है कि कहानी कैसे कहना है। वे एक कथा कहते हैं, वे संभावनाएँ व्यक्त करते हैं, वे 'आहा' कहे जानेवाले पल के लिए कार्य करते हैं,वे छोटी कहानी या किसी घटना के संक्षिप्त विवरण का उपयोग करते , और वे भावों के उपयुक्त खंडों/ टुकड़ों में बुनने का भय नही रखते हैं।
- *आपकी शक्ति* — यहाँ तत्व है। लोग लोग से प्रेरित होते हैं। विश्वविद्यालय व्याख्यान पर आधारित पसंदीदा विषय के साथ अपने सबसे घृणित विषय की तुलना करें। मैं शर्त लगाती हूँ कि अंतर्वस्तु उस विभेदीकरण/ भेदभाव में एक छोटा खिलाड़ी मात्र है।ये व्याख्याता ही हैं जो प्रेरणा देते और उत्साहित करते हैं। और इसका मतलब है कि आप भी गिनती में हैं। आपकी प्रस्तुति को इसपर मुहर लगाने की ज़रूरत है, आपको 'रहस्य खोलने' की ज़रूरत है। अब इसका मतलब यह नहीं कि आपको मसखरा या विचित्र होना चाहिए , यदि आप नहीं हैं (वह नाकामी होगी !) या प्रामाणिक होने का प्रयास करें, यदि आप नहीं हैं (यह आपको अधिक नर्वस बना सकता है), लेकिन आप अपनी गर्मजोशी की अनूठी छाप छोड़ें। मैं अपने छात्रों को कहती हूँ, वे सोचें कि उनके अपने सबसे अच्छे मित्र, जीवन साथी, या माता-पिता उनके सर्वोत्तम गुण — आधिकारिक / प्रामाणिक निष्कपटता, विनोद प्रवृत्ति, सौहार्द्र और बुद्धिमत्ता — के बारे में क्या कहते हैं।तब मैं इसप्रकार की प्रस्तुति की चुनौती देती हूँ , जिसप्रकार कि उनके दर्शक देखना चाहते हैं जो गुणवत्ता प्रस्तुति में प्रतिबिम्बित हो।
- *श्रव्य-दृश्य एड्स* — आपको इसे समर्थन देना चाहिए न कि बदल देना। यदि आप पावर पॉइंट का उपयोग करते हैं तो निम्नतम की ओर जाएँ। यदि संभव हो तो मैं अनुशंसित करती हूँ कि कम चरण रखें और प्रत्येक चरण पर, 2 मिनट के एक स्लाइड शो से अधिक न दिखाएँ। पाठ – आधारित स्लाइड से अधिक सशक्त दृश्यों की ओर बढ़ने का प्रयास करें । वीडियो के बारे में विचारें , जैसे द्रवीभूत इन्टरनेट / इन्टरनेट की लहर आज आज वैसी समस्यात्मक रूप में नहीं जैसी कभी थी । अपने को उत्तेजित करने / जीवित रखने के बारे में भी सोचें। मैं हमेशा गोद में रखे जाने योग्य एक माइक्रोफोन और टाररहित माइक्रोफोन साथ रखती हूँ मैं कहीं भी आ-जा सकूँ और रेखांकित कार्य पर केन्द्रित रह सकूँ ।मंच के पीछे छिपना संलग्न होने की संभावना को कम करती है।

प्रदर्शन की ज़रूरत

यह बहुत महत्वपूर्ण है कि आम जनता को पूरी सजगता और बौद्धिकता के साथ वैज्ञानिक शोध के श्रम और परिणाम का अनुभव लेने का मौका दिया जाये। ज्ञान को एक छोटे समूह तक सीमित कर देने से लोगों की दार्शनिक आत्मा खत्म हो जाती है, जो आध्यात्मिक निर्धनता की ओर ले जाती है।

अलबर्ट आइंस्टाइन

प्रयास की बहुत अधिक राशि कठिन और विश्वसनीय शोध के संचालन में जाती है। इसलिए जो अंतिम चीज़ आप चाहते हैं, वह है समग्र शोध प्रक्रिया द्वारा जाना और अपनी उपलब्धि को पूँजी की तरह बरतना। लेकिन वास्तव में यह उम्मीद के विपरीत हो सकता है। शोध की एक अविश्वासनीय राशि का समापन ताक़ पर रखी थीसिस/रिपोर्ट से

अपेक्षाकृत अधिक नहीं होता। सच है, एक छात्र शोधकर्ता के रूप में, आपका तात्कालिक लक्ष्य एक दर्ज़ा या उपलब्धि हो सकती है, मगर, यह न भूलें कि शोध का वैकल्पिक लक्ष्य ज्ञान के निकाय को सहयोग देना है और यदि वे प्रचारित नहीं हैं तो आपके खोज परिणाम ज्ञान के निकाय में जुड़ नहीं सकते।

दुर्भाग्यवश शोध प्रोजेक्ट, भले ही यह कितना भी अच्छा हुआ हो, को जरूरी नहीं कि पर्याप्त प्रचार-प्रसार मिले। उदाहरण के लिए, पीएचडी शोध प्रबंध, संभवत: शैक्षिक लेखन के अधिक प्रतिष्ठित अंश हैं।

पर दुःख की बात है कि इसका भी प्रचार-प्रसार काफी बुरी तरह से हुआ हो। अधिकांशत: शोधप्रबंधों को लेखक, समीक्षक या संपादक, पर्यवेक्षक या पर्यवेक्षी पैनल और परीक्षकों द्वारा पढ़ा जाता है। ज्यादा से ज्यादा यह सात-आठ लोगों के बारे में होता है और उस कार्य को ज्यादा प्रचार-प्रसार नहीं मिलता जिसे करने में चार या अधिक वर्षों का समय लगा है। अब, इसका यह अर्थ नहीं है कि शोध का फैलाव नहीं हुआ होगा, लेकिन यह हमें याद दिलाता है कि इस बारे में हमें कुछ ठोस कदम उठाने की आवश्यकता है।

सम्मेलन में शामिल होना

यहाँ सम्मेलन में शामिल होने के तीन अच्छे कारण है। पहला यह कि खुद को उजागर करें, अग्रणी शोध और शोधकर्ता की अविश्वसनीय सरणी के सामने खुद को अभिव्यक्त करें। वेब ने प्रासंगिक सम्मेलनों की खोज को सचमुच बहुत आसान बना दिया है। संभवत: आप विचार विमर्श हो रहे विषयों की गहराई और फैलाव को देखकर चकित रह जाएँगे। दूसरा कारण है, नेटवर्क बनाना। चाहे आप नौकरी या ऊँची उपाधि पाने की योजना बना रहे हैं, यह जानना कि बाहर कौन है और उनसे मिल पाने का सुअवसर होना आपके भविष्य के लिए अमूल्य हो सकता है। तीसरा कारण है, कौतुक / मज़ा करने का सुअवसर है (और यह मेरे पसंदीदा में से एक है)। मित्र बनाना और उनसे मिलना; राज्य, देश या पूरे विश्व के नए प्रदेशों की छानबीन करना; जब आप सबकुछ इकट्ठा कर लेते हैं वहाँ से जाना, ऐसे अवसर पाने का अवसर गँवाना नहीं चाहिए।

प्रस्तुतियाँ (प्रेजेंटेशन) देना

तो आप सशक्त प्रस्तुतियाँ देने के लिए तैयार हैं, अब आप इसे दे दें। और जबकि यह भयभीत करने वाला हो सकता है, यह बेहद प्रतिफल देने वाला भी हो सकता है। प्रतिपुष्टि पाना और साथ ही अपने काम के संभावित प्रभाव की समझ पाना एक अद्भुत अवसर है। अधिकांश छात्र प्रस्तुति के पहले व्याकुल होते हैं, मगर आमतौर पर इसके बाद वे खुश होते हैं। प्रस्तुति हो सकते हैं:

- *विश्वविद्यालय के तंत्र के अंतर्गत* – यह एक कक्षा के अंतर्गत हो सकता है, इसी तरह संगोष्ठी की शृंखला का हिस्सा या स्नातकोत्तर समूह के एक भाग के रूप में हो सकता है।
- *सम्मेलनों में* — सम्मेलनों में प्रस्तुतियाँ आपको और आपके काम को एक ऊँची / बड़ी प्रोफाइल बना सकता है। वे न केवल आपके काम को फैलाव की अनुमति देते हैं , बल्कि वे इस तरह की गोष्ठी में अनुभव और आत्मविश्वास भी देते हैं जो आपको शोध के लिए नए विचार / सुझाव उत्पन्न करने में मदद करता है और बेशक , और यहाँ तक कि जब बात नेटवर्किंग की होती है,आपको कई रास्ते देता है।
- *विभिन्न हितकारक समूहों में* — यदि आपका अध्ययन सामुदायिक समूह, स्थानीय सरकारी अधिशासी या विशेष कार्यस्थल के लिए प्रासंगिक है, आपके खोज परिणाम को साझा करना अच्छा है। अपने शोध को वहाँ ले जाने के साथ-साथ फिर से नेटवर्किंग एक बोनस है।

प्रकाशित होना/करना

यदि आपने बड़ा प्रोजेक्ट लिया है, आप प्रकाशन पर विचार करना चाहेंगे। दरअसल, यदि आप पीएचडी कर रहे हैं, आगे बढ़ने के साथ साथ ही अपने काम को प्रकाशित कराने की कोशिश करना अच्छा होगा। न सिर्फ यह आपके शोध पर ध्यान दिला सकता है, बल्कि आपके करियर के लिए अमूल्य भी होगा। अब प्रकाशन हेतु अंतिम है अंतर्राष्ट्रीय स्तर पर अनुशंसित शोध पत्रिका में एक लेखक द्वारा किया गया कार्य, और यह एक योग्य लक्ष्य है। मगर यह ग़ैर अनुभवी शोधकर्ता के लिए प्राप्त बहुत कठिन हो सकता है। दूसरा विकल्प है–सहलेखन। आपके

पर्यवेक्षक प्राय: आपके साथ कार्य में सहलेखन के इच्छुक होंगे, जो आपको विशेषज्ञतापूर्ण सलाह देंगे और आपके प्रस्तुतीकरण को वजनदार बनाएगा। बस, केवल आरंभिक साहित्यिक कार्य के मुद्दों पर खुला विमर्श करना निश्चित करें।

यहाँ आपके शोधालेख को प्रकाशित कराने के कुछ मुख्य चरण हैं:

1. आपकी विशेषज्ञता के क्षेत्र से सीधे तौर पर अनुकूल अकादमिक शोध पत्रिका ढूँढें – अधिकांश शोध पत्रिकाएँ अपनी वेबसाइट पर अपना केंद्र बिंदु और संभावना वर्णित करते हैं। आपका कार्य आपकी कार्यसूची से जितना निकट होगा, स्वीकार किए जाने की उतनी ही अधिक संभावना होगी।
2. प्रस्तुतीकरण की निर्देशिका फिर से देखें और उसी का अनुसरण करें। इसका अर्थ है , आलेख को संशोधित करना ताकि यह सिद्धांत की दृष्टि से ज़रूरी स्वरूपण, शब्द-विस्तार और संदर्भित तंत्र का अनुसरण करें।
3. अपने प्रारूप पर फीडबैक लें। यह देखना कठिन हो सकता है कि आपके अपने काम में किस तरह से सुधार किया जा सकता है।
4. औपचारिक आवरण पत्र लिखें, जिसमें सभी प्रासंगिक जानकारियाँ, संपर्क विवरण में शामिल होंगे।
5. यदि आपसे समीक्षकों की अनुशंसा के लिए कहा जाए , इसे हाथ से जाने न दें। अवसर का लाभ उठाएँ। संभव है, यहाँ आपके पर्यवेक्षक प्रसंग / संदर्भ के अच्छे स्रोत होंगे।
6. जब आपकी समीक्षा आए तो लंबी सांस लें। यदि आप निराशा महसूस करें – कुछ समय के लिए उससे दूर जाएँ और बाद में दोबारा पढ़ें। मैं यकीन दिलाती हूँ कि यह उतना बुरा नहीं होगा, जितना आपने पहली बार पढ़ते समय सोचा होगा
7. यदि आपके पास फिर से प्रस्तुत / जमा करने का अवसर हो , अपने आवरण पत्र में समीक्षकों के निदेशित बिन्दुओं को दोबारा पढ़ें और उसपर प्रतिक्रिया दें। यदि आप अस्वीकृत हो जाते हैं, अधिक फीडबैक लें, फिर से लिखें और दूसरी शोध पत्रिका में प्रयास करें।

काम ढूँढना

नौकरी ढूँढने के समय अपने शोध के अनुभव से लाभ उठाने पर कुछ शब्द। आखिरकार, आप हमेशा बने रहना तो नहीं चाहेंगे ना ! अब, आप सोच रहे होंगे, आप अपनी नई प्राप्त जानकारी का उपयोग जल की पुनरावृत्ति में या इन्टरनेट पर तंग करने में या राजकोषीय संयम के समय में लोकमूल्य तक पहुँचने में कर सकते हैं।और हर तरह से यह करें। मगर, बेचने पर भी विचार करें कि कैसे आपकी शोध प्रक्रियाओं ने आपकी व्यापक क्षमता को बढ़ाया, उदाहरण के लिए:

- समस्या की पहचान करने में आपका अनुभव ;
- समस्यामूलक अधिगम में जुड़ने की आपकी योग्यता ;
- कमीशन शोध और मूल्यांकित अध्ययन की आपकी योग्यता ;
- सहयोगी प्रमाणों से लेकर प्रमाणों पर आधारित निर्णय लेने में आपका अनुभव :
- आपकी अनोखी श्रवण क्षमता :
- एक जटिल परियोजना को समय पर प्रतिबंधित और पूरा करने की योग्यता :

अपने शोध प्रोजेक्ट में आई सभी चुनौतियों का सामना कर, उसपर काबू पाना आपकी बुद्धिमत्ता का परिचायक है। प्रत्येक चुनौती आपकी क्षमता के विकास की ओर इशारा करती है जो एक सक्षम कर्मचारी द्वारा संभवत: अधिक मूल्यवान है।

अंतिम शब्द

तो आप यात्रा के अंतिम पड़ाव पर पहुँच गए हैं – या कम से कम इस पुस्तक के अंत तक। आशा है, आपकी शोध यात्रा निरंतर जारी रहेगी। तो क्या मेरे पास बुद्धिमत्ता का अंतिम शब्द है? ठीक है, मुझे नहीं लगता कि मैं वह खुद पर लूँगी। दरअसल, मैं सोचती हूँ कि मैं इसे अलबर्ट आइंस्टाइन पर छोड़ दूँ :

यात्रा की निरंतरता पर आइंस्टाइन :

- महत्वपूर्ण यह है कि प्रश्न करना कभी नहीं छोड़ना चाहिए।

चुनौतियों पर क़ाबू पाने पर आइंस्टाइन :

- अवसर कठिनाइयों के बीच में मिलते हैं।

शोध प्रक्रिया में कभी-कभी संशयग्रस्त होने पर आइंस्टाइन :

- यदि हम जानते होते कि हम क्या कर रहे हैं, तो उसे शोध नहीं कहते, है न?

एक व्यावसायिक शोधकर्ता होने के आनंद पर आइंस्टाइन :

- यदि मुझे पहले से पता होता, मैं ताला बनाने वाला या मरम्मत करने वाला होता।

आपकी परियोजना के लिए शुभकामनाएँ। आशा है कि आप शोध करने के आदी हो चुके होंगे और अधिक (शोध) के लिए लौटेंगे!

पाठ सारांश

- चूँकि आपका लेखन अपनी गुणवत्ता से वृहत्त परिणामों सहित शैक्षिक कार्य का हिस्सा विचारणीय होगा; लेखन डरानेवाला हो सकता है। हालाँकि वहाँ व्यावहारिक रणनीतियाँ हैं जो आपके काम की गुणवत्ता को बढ़ा सकती हैं और साथ ही , काम की चुनौतियों को कम कर सकती है।
- प्रभावशाली लेखन के लिए आपको अपने पाठक को जानना, संरचना पर निर्णय लेना , कहानी के सम्पादन का एक शिल्प व लेखन का उद्देश्य जानना और पुन: प्रारूपण और पुन: पुन: प्रारूपण के लिए तैयार होना ज़रूरी है।
- मौखिक प्रस्तुति न केवल आपके काम को साझा करने , बल्कि दूसरे की संभावनाओं के बारे में उत्साहित होने का सुअवसर है जो आपके शोध से दिखता है। यह एक अच्छी प्रस्तुति रचता है जो श्रोता / पाठक को प्रेरित करती है।
- किसी भी शोध परियोजना का वैकल्पिक लक्ष्य ज्ञान के निकाय से जुड़ना है। (यदि)एक बार आपका प्रोजेक्ट पूरा (हो गया) है। यह व्यापक प्रचार-प्रसार , सम्मेलन में शामिल होने सहित , प्रस्तुति देने, पर्चा लिखने और जमा करने पर विचार करना उचित है।
- शोध प्रक्रिया का संचालन आपको आपके संभावित एहसास से अधिक सीख देता है। आपने खोज की एक चुनौतीपूर्ण यात्रा पूरी की है – खोज सामाजिक दुनिया के बारे में, साथ ही अपने बारे में भी।यह इसपर प्रतिक्रिया देने और मूल बनाने में समर्थ है।

संदर्भित पुस्तकें

लेखन

यहाँ अध्ययन के तीन प्रकार हैं, मैं इन्हें उनको अनुशंसित करना चाहूंगी जो प्रोजेक्ट के अंतिम/चरम चरण में हैं। पहला है, आपके विश्वविद्यालय द्वारा निर्मित आंतरिक दस्तावेज़।आपके संस्थान या कार्यक्रम द्वारा / और उसके लिए विषय कोर्स का रेखांकन, शैली निर्देशिका एवं नियमावली कठोर मानदंड के साथ न केवल आपको देते हैं, बल्कि सही दिशा में संभावित मार्गदर्शन भी देता है जो अधिक सामान्य उम्मीदों से मिलता है। दूसरा है, अध्ययन जो उदाहरण की तरह काम करता है। यदि आप जानते हैं, क्या 'निर्मिति' आप निर्माण करने के प्रयास में है, कुछ प्रभावशाली उदाहरणों की खोज आपको सीखने की। सीख की पूरी दुनिया देती है। अंतत: पढ़ने का तीसरा प्रकार (नीचे अनुशंसा की गई है) वास्तविक लेखन प्रक्रिया की व्यवस्था से संबद्ध है।

Booth, W. C., Colomb, G. C. and Williams, J. M. (2008) *The Craft of Research*. Chicago: University of Chicago Press.

अच्छे लेखन पर स्पष्ट मार्गदर्शन सहित सबसे अधिक बिकने वाली पुस्तक। पाठक को यह स्पष्ट कराने में अनूठी है कि आपके दावे के सिवाय कैसे मज़बूत तर्क-वितर्क निर्मित किए जाएँ। मैंने भी इसकी एक प्रति ली है।

Joyner, R. L., Rouse, W. A. and Glatthorn, A. A. (2013) *Writing the Winning Thesis or Dissertation: A Step-by-Step Guide.* Thousand Oaks, CA: Corwin Press.

मेरे विचार से यह पुस्तक आपको इस थोड़ी व्यग्रता से बाहर निकालने में मददगार होगी जो वृहत्त शोध प्रबंध के लेखन के साथ साथ चलती है। यह पुस्तक कदम- दर- कदम आगे बढ़ाती है और व्यावहारिक है। इससे आपको अंधेरी सुरंग के अंत से कुछ रोशनी देखने मिल सकेगी।

Pyrczak, F. and Bruce, R. R. (2011) *Writing Empirical Research Reports: A Basic Guide for Students of the Social and Behavioral Sciences*. Glendale, CA: Pyrczak.

मैं सरल, स्पष्ट निर्देशिका पसंद करती हूँ जो यहाँ पाती हूँ। यह प्रयोगसिद्ध / अनुभवजन्य रिपोर्ट के प्रत्येक अपेक्षित विभागों को रेखांकित करती है और संरचना हेतु ज़रूरी तर्क- वितर्क करती है। यह आपको ज़रूरत के अनुरूप संरचना देगी।

Wolcott, H. F. (2008) *Writing Up Qualitative Research*. London: Sage.

इसमें गुणात्मक रिपोर्ट लेखन स्वयं एक कला है। यह पुस्तक बहुत ही सुलभ और उपयोगकर्ता से मैत्रीभाव रखती है। आधारभूत उदाहरण गुणात्मक कार्य की बेहतरीन प्रस्तुति के लिए कई सुझाव देंगे।

प्रस्तुतियाँ

Altman, R. (2012) *Why Most PowerPoint Presentations Suck*. Seattle: Create Space.

एक पालतू पर मेरा निवेश बुरा पावर पॉइंट प्रदर्शन या प्रस्तुतियाँ हैं – इसलिए यह शीर्षक मुझे साजिश जैसा लगता है ।अबतक हमारे पास काफी समय के लिए पवार पॉइंट होंगे, यह जान लेना अच्छा होगा कि किसप्रकार प्रभावशाली तरीके से इसका निर्माण करें।

Donovan, J. (2012) *How to Deliver a TED Talk: Secrets of the World's Most Inspiring Presentations*. Seattle: CreateSpace.

यह कुछ महत्वाकांक्षाओं के लिए TED पर वार्ता कराने में सक्षम है। यदि आप TED से अपरीचित हैं तो गूगल पर "top 10 TED talks" लिखें और प्रभावित होने के लिए तैयार रहें। प्रेरणादायक सामग्री। यह पुस्तक आपको किसी भी प्रस्तुति के बारे में सुधार के लिए बेहतर मार्गदर्शन देती है।

प्रकाशित कराना

Hartley, J. (2008) *Academic Writing and Publishing: A Practical Handbook*. London: Routledge.

एक व्यावहारिक निर्देशिका जो आपको सभी प्रासंगिक प्रकाशन के चरणों से ले जाएगी। यहाँ बहुत अच्छे उदाहरण दिए गए हैं।

Thomson, P. and Kamler, B. (2012) *Writing for Peer Reviewed Journals: Strategies for Getting Published*. London: Routledge.

यह पूरी तरह से सर्वग्राही / व्यापक निर्देशिका है जो दुविधा में धँसे और प्राय: संघर्ष का सामना करते लेखकों को सरल चरणों द्वारा इनसे परे ले जाती है। सिद्धान्त का एक अच्छा सम्मिश्रण और उदाहरणों की व्यापक परिधि में आधारभूत अभ्यास।

शब्दकोष

अनुभववाद (Empiricism)

ज्ञान वहीं सीमित है जहाँ तक हम अपनी ज्ञानेन्द्रियों से जान सकते हैं। यही वैज्ञानिक विधि की आधारशिला है।

अनुपात (Ratio)

अनुपात माप में न केवल हर बिंदु सामान दूरी पर होती है, इसमें परम शून्य भी होता है| चूंकि अनुपात आंकड़े 'वास्तविक' नंबर हैं, जैसे उम्र, ऊंचाई और दूरी, इसलिए इनके साथ सभी गणितीय गणनाएं की जा सकती हैं।

अर्ध प्रयोगात्मक डिजाइन (Quasi-experimental design)

एक प्रयोग जिसमें नियंत्रण और लक्ष्य समूहों को विषय यादृच्छिक ढंग से नहीं दिये जाते।

अन्त-चतुर्थक (Inter-quartile)

एक चतुर्थक विस्तार के दो भीतरी चतुर्थक – अक्सर परिक्षेपण मापने के लिए प्रयुक्त होते हैं क्योंकि यह माध्य के विचलन को लुप्त कर देता है।

अंतराल (Interval)

आंकड़ों को क्रम-बद्ध करने के साथ-साथ, अंतर दर्शाने के लिए यह माप सामान दूरी की इकाइयों का प्रयोग करता है। लेकिन, इस माप में परम शून्य नहीं होता है| इसका एक उदाहरण है तारीख: वर्ष 2018 वर्ष, 2000 से 18 साल बाद आता है, लेकिन 1 ईसवी से समय की शुरुआत नहीं हुई थी।

अनिच्छित साक्ष्य (Unwitting evidence)

दस्तावेज़ से संबद्ध कोई भी पृष्ठभूमि की जानकारी इसमें शामिल हो सकती है। इस तरह दस्तावेज़ के प्रकार, लहज़ा, शैली, लेखक के बारे में जानकारी या दस्तावेज़ की शैली आदि।

अवलोकन/प्रेक्षण (Observation)

डाटा संग्रह की व्यवस्थित प्रविधि जो अपनी समझ से डाटा एकत्र करने की शोधकर्ता की योग्यता पर निर्भर करती है।

ऑनलाइन मानवजाति विज्ञान (Online ethnography)

क्लासिक मानवजाति विज्ञान संबंधी मान्यताओं पर आधारित, समुदाय के सदस्यों के दृष्टिकोण से ऑनलाइन समुदाय को समझने की कोशिश करता है। शोधकर्ता व्यक्तिगत रूप में कार्यप्रणाली से संबद्ध दृष्टिकोण विकसित करते हैं

जिसमें सामान्यत: वेबसाइट, ब्लॉग, निर्णय करनेवाला समूह और सामाजिक नेटवर्किंग का निरीक्षण करना और इसमें भाग लेना शामिल होता है।

आत्मवाद (Subjectivity)

इसका मतलब यह है निष्कर्ष एक व्यक्ति के अनुभवों, विचारों, इंप्रेशन, विश्वासों और भावनाओं के बजाय नमूदार घटना से प्रभावित हैं।

आगमनात्मक तर्क (Inductive logic)

विशिष्ट व्यक्तिगत तथ्यों का उपयोग करते हुए एक समग्र निष्कर्ष, सिद्धांत या परिकल्पना तैयार करना।

आनुमानिक सांख्यिकी (Inferential statistics)

यह सांख्यिकीय उपाय है जो आबादी के बारे में इस आबादी से तैयार नमूनों के आधार पर अनुमान बनाने के लिए प्रयोग किया जाता है।

आम चलनवाले सर्वेक्षण (Trend surveys)

आम चलनवाले सर्वेक्षण में समान प्रति-वर्ग से समय पर दो या अधिक बिंदुओं पर समान प्रश्न पूछे जाते हैं। इसका उद्देश्य यह देखना है कि क्या समय के साथ व्यक्तियों का वर्गीकरण परिवर्तित होता है।

इंडेक्सीकैलिटी (Indexicality)

आचरण और बात की प्रासंगिक प्रकृति, विशेष रूप से ऐसे संकेत जो एक पहचानने योग्य पैटर्न बनाने में मदद करते हैं, जिसका उपयोग हम अर्थ बनाने में करते हैं।

उल्लंघन के प्रयोग (Breaching Experiments)

प्रतिदिन के नियमों को तोड़कर, अपने और साथ ही दूसरों की प्रतिक्रिया को अंकित करके उन नियमों को प्रकाश में लाना।

उद्‌गामी डिजाइन (Emergent design)

एक अनुसंधान डिजाइन, जिसमें अनुसंधान प्रक्रिया की प्रगति के साथ-साथ पूर्ण संलेख का विकास होता है।

उद्देश्य (Objectives)

इस का सार, अध्ययन के द्वारा क्या हासिल करना है, और आपको क्या करना है और किन उद्देश्यों के लिए करना है। उद्देश्य सबसे अच्छा काम करते हैं अगर वे स्पष्ट, ठोस और बारीकी से अपने अनुसंधान प्रश्न से जुड़े हैं।

उत्तरदाता (Respondents)

जो व्यक्ति आपकी शोध परियोजना के लिए डेटा उपलब्ध कराने के लिए सहमत हो।

उत्तर-प्रत्यक्षवादी (Post-positivism)

यह दृष्टिकोण कि दुनिया को समझने का मतलब है अराजकता, जटिलता, अज्ञात, अपूर्णता, बहुलता, विखंडन, कई वास्तविकताओं और अर्थ के निर्माण की स्वीकृति।

एकल समूह की रूपरेखा (Single group design)

एक अनुसंधान डिजाइन, जिसमें एक समूह हस्तक्षेप से पहले और हस्तक्षेप के बाद देखे गए। वहाँ कोई कंट्रोल ग्रुप तक नहीं होगी।

एक-चर का विश्लेषण (Univariate analysis)

एक-चर विश्लेषण का लक्ष्य एक बार में एक चर का परीक्षण कर आंकड़ों की स्पष्ट तस्वीर मुहैया कराना है। यह वर्णनात्मक शोध की आधारशिला है और इसमें केन्द्रीय प्रवृत्ति के माप, परिक्षेपण और वंटन व शामिल हैं, जिनकी वर्णनात्मक सांख्यिकी में चर्चा की गई।

ऐतिहासिक विश्लेषण (Historical analysis)

तथ्यों को स्थापित करने, पूर्व घटनाओं से निष्कर्ष निकालने के लिए डेटा के विभिन्न रूपों को एकत्रित करना, समीक्षा करना, पूछताछ करना और विश्लेषण करना।

औसत (Mean)

गणितीय औसत। इसकी गणना करने के लिए, आप सभी केसों के मूल्यों को जोड़ लें और केसों की संख्या से उसका भाग कर दें।

क्रमसूचक (Ordinal)

यह माप श्रेणियों को सार्थक तरीके से क्रम-बद्ध करता है; कोडिंग में क्रम होता है। लेकिन, अंतर का विस्तार, नहीं दर्शाया जाता है।

कई चरणों के क्लस्टर नमूने (Multi-stage cluster sampling)

आबादी के भीतर पूरे समूहों का सर्वेक्षण जो कई चरणों में किया जाता है। उदाहरण के लिए, अगर आपकी जनसंख्या थी ऑस्ट्रेलियाई हाई स्कूल के छात्र, आप (1) ऑस्ट्रेलिया भर में क्षेत्रों का चयन करने के लिए एक नमूना रणनीति का उपयोग करें, उस के बाद (2) इन क्षेत्रों के भीतर उच्च विद्यालयों की एक संख्या का चयन करने के लिए एक नमूना रणनीति का उपयोग करें, फिर (3) उन स्कूलों से छात्रों का चयन करने के लिए एक अतिरिक्त नमूना रणनीति का उपयोग करें।

क्रमवार नमूने (Non-random sampling)

जिस प्रक्रिया में नमूने के अंदर चयनित कोई विशेष मामला ज्ञात होने की संभावना नहीं है।

क्रियात्मक शोध (Action Research)

शोध की रणनीति, जो चक्रीय प्रक्रिया के माध्यम से एकीकृत रूप में कार्य और ज्ञान के उत्पादन के लिए भागीदारी और सहयोगी तरीके से असली दुनिया की समस्या का निराकरण करे। क्रियात्मक शोध में प्रक्रिया, परिणाम और प्रयोग आपस में जुड़े होते हैं।

क्रिस्टलीकरण (Crystallization)

दुनिया को इसकी पूरी विषमताओं के साथ देखते हुए स्थितियों या घटनाओं की समृद्ध और विविध समझ विकसित करने की प्रक्रिया।

केंद्रीय प्रवृत्ति (Central tendency)

इसका माप वितरण के केंद्र या मध्य को प्रदर्शित करता है: मीन, मीडियन और मोड।

कॉपीराइट (Copyright)

एक कानूनी अवधारणा, सरकारों द्वारा अधिनियमित, आम तौर पर एक सीमित समय के लिए यह निर्माता को एक मूल काम के लिए अनन्य अधिकार देती है।

गुमनाम (Anonymity)

इसका संदर्भ पहचान छुपाने से है, यहां तक कि शोधकर्ताओं से भी।

गौण डेटा का विश्लेषण (Secondary data analysis)

ऐसे प्रश्न जिन्हें पहले या फिर पर्याप्त रुप से संबोधित नहीं किया गया था, उनका उत्तर देने के लिए पहसे से उपलब्ध डेटा के समुच्चयों का संग्रहण, समीक्षा, जांच और विश्लेषण करना।

गौण तथ्य (Secondary data)

वह तथ्य जो शोधकर्ता के प्रश्न करने, बढ़ावा देने और जाँच-पड़ताल करने की परवाह किए बिना मौजूद है।

ग़ैर प्रतिक्रिया की त्रुटि (Non-response bias)

यह तब होता है जब नमूने में रहने के लिए सहमत लोग, नमूने में रहने से मना करनेवालों से स्वाभाविक रूप से अलग होते हैं।

गोपनीयता (Confidentiality)

गोपनीयता के अंतर्गत प्रदान किए जा रहे शोध-आंकड़ों की पहचान सुरक्षित रखना शामिल है; पहचान के डेटा शोधकर्ताओं के साथ ही रहते हैं।

गटमैन मापन (Guttman scaling)

एक मापन है जो एक विशेष विषय के बारे में अनुकूलता के अनुसार बयानों की व्यवस्था करता है, यह ऐसा है कि अगर आप चौथे बयान से सहमत हैं, तो इसका अर्थ है कि आपने पिछले तीन के साथ सहमति व्यक्त की। उदाहरणार्थ, (1) 'पालतू कुत्तों को आंगन में आने की अनुमति दी जानी चाहिए'; (2) 'पालतू कुत्तों को घर में अनुमति दी जानी चाहिए'; (3) 'पालतू कुत्तों को बेडरूम में अनुमति दी जानी चाहिए'; और (4) 'पालतू कुत्तों को बिस्तर पर सोना चाहिए'।

गैर पैरामीट्रिक परीक्षण (Non-parametric tests)

डेटा के लिए सांख्यिकीय परीक्षण जिसमें इस बात का कोई अनुमान नहीं होता है कि प्रासंगिक जनसंख्या सामान्य वितरण के अंतर्गत आता है।

गुणात्मक तथ्य (Qualitative data)

शब्दों, चित्रों, चिह्नों, वीडियो या आइकन के माध्यम से प्रदर्शित डेटा।

गुणात्मक डेटा विश्लेषण (Qualitative data analysis)

गुणात्मक डेटा से बढ़कर जांच में शामिल लोगों और परिस्थितियों को समझने और व्याख्या करने की प्रक्रिया।

गुणात्मक अनुसंधान प्रतिमान (Qualitative research paradigm)

ऐसी दुनिया को समझने और अध्ययन करने का तरीका जो प्रत्यक्षवाद के 'नियमों' को नकारती है,

घटना विज्ञान (Phenomenology)

घटनाओं का अध्ययन, जो कि स्वंय को किसी व्यक्ति की सीधी जागरूकता और अनुभव के रूप में प्रस्तुत करती हैं। इसमें सामाजिक-ऐतिहासिक संदर्भ या किसी वस्तु की तथाकथित 'वास्तविकता' के बजाय जांच का केंद्र दृष्टिकोण होता है।

चतुर्थक (Quartile)

इसमें श्रेणी को चार बराबर भागों या 'चतुर्थकों' में बांटा जाता है और यह क्रम-सूचक आंकड़ों के परिक्षेपण को मापने का तरीका है।

चर (Variables)

वे रचनाएं जिनके एक से अधिक मूल्य होते हैं; चर 'ठोस' (उदाहरण के लिए लिंग, ऊंचाई या आय) या 'लचीली' (उदाहरण के लिए आत्मसम्मान, योग्यता, राजनीतिक राय) हो सकते हैं।

जनगणना (Census)

ऐसा सर्वेक्षण जो एक नमूने पर भरोसा नहीं करता, दूसरे शब्दों में ऐसा सर्वेक्षण जो एक सुपरिभाषित आबादी में हर तत्व को शामिल करता है।

जनसंख्या (Population)

परिभाषित लोगों के वर्ग, वस्तुओं या घटनाओं की कुल सदस्यता।

जमीनी सिद्धांत (Grounded theory)

गुणात्मक डेटा विश्लेषण का एक रूप जो उत्पादक प्रक्रियाओं का उपयोग करके डेटा से सीधे सिद्धांत उत्पन्न करते हैं।

जातिवृत्यात्मक विज्ञान (नृवंशविज्ञान) (Ethnography)

यह सांस्कृतिक समूह का अध्ययन है जिससे प्रतिभागियों के दृष्टिकोण से जीवनशैली समझी, वर्णित और व्याख्यायित की जाती है।

तटस्थता (Neutrality)

व्यक्तिपरकता को स्वीकार किया जाता है और इस तरह से संभालने का प्रयास किया जाता है कि परिणाम/निष्कर्ष पूर्वग्रह आधारित न हों।

तात्विक विश्लेषण (Meta-analysis)

सांख्यिकीय विश्लेषण और दो या अधिक प्राथमिक अध्ययनों के परिणामों का संश्लेषण, जो समान परिकल्पना को उसी तरह संबोधित करता है – जो कि व्यवस्थित समीक्षा में सामान्य है।

त्रिभुजन (Triangulation)

प्रत्येक स्रोत की उपयुक्तता की पुष्टि के लिए डेटा के एक से अधिक स्रोतों का उपयोग करना।

थर्सटन मापन (Thurstone scaling)

एक मापन जो उत्तरदाताओं को एक विशेष निर्माण के बारे में अलग-अलग बयानों से सहमत या असहमत होने के लिए पूछता है। प्रत्येक बयान को एक भारांक (1 से 11 के बीच) विशेषज्ञों के एक पैनल द्वारा आवंटित किया जाता है।

द्विचर विश्लेषण (Bivariate analysis)

इसका लक्ष्य दो चरों के बीच के संबंधों का निरीक्षण करना है; उदाहरण के लिए, क्या शिक्षा के स्तर व टेलीविजन देखने की आदतों में, या लिंग और आय में कोई सम्बन्ध है।

दस्तावेज विश्लेषण (Document analysis)

शोध तथ्य के प्राथमिक स्रोत के रूप में लिखित विषय के विभिन्न रूपों को एकत्र करना, समीक्षा करना, पूछताछ करना और विश्लेषण करना।

दस्तावेजी विधि (Documentary method)

सामाजिक मेलजोल से संकेत चुनना जो पहचानने योग्य स्वरूप की पुष्टि करे और फिर उसके अनुसार उस स्वरूप का अर्थ निकाले।

दरम्यानी परिवर्तनशील चर (Intervening variable)

एक चर जो स्वतंत्र और निर्भर चर के बीच मूल रिश्ते को संशोधित करता है, लेकिन आसानी से प्रत्यक्ष नहीं है। उदाहरणार्थ, आपका अपने बच्चे के लिए एक गीत गाना और उसे शांत करने के बीच एक संबंध है। गायन शांत बनाता है। दरम्यानी चर, तथापि, पूरा ध्यान देना हो सकता है - पूरा ध्यान शांत करने के लिए है, तो बस एक गीत रिकॉर्डिंग का उपयोग पूर्ण वांछित प्रभाव नहीं दे सकता है।

दीर्घकालीन संलग्नता (Prolonged engagement)

संस्कृति के बारे में जानने, संदर्भ समझने और/या भरोसा बढ़ाने करने तथा घनिष्ठता बनाने के लिए पर्याप्त समय निवेश करना।

दृश्य विश्लेषण (Visual analysis)

गुणात्मक डेटा विश्लेषण का एक रूप जो शब्दों का विश्लेषण करने के बजाया छवियो का विश्लेषण करके अर्थ की व्याख्या करता है।

निरंतर अवलोकन (Persistent observation)

संभावित रूप से प्रारम्भिक स्तर से परे परिस्थिति के बारे में अवलोकन करना।

नमूना (Sample)

जनसंख्या का उपसमुच्चय।

नमूने का ढाँचा (Sample frame)

एक सूची जिसमें जनसंख्या के प्रत्येक सदस्य को शामिल किया जाता है, जिससे कि नमूना लेना है।

निगमनात्मक तर्क (Deductive logic)

एक अति महत्वपूर्ण सिद्धांत का प्रयोग कर एक विशिष्ट तथ्य या घटना के बारे में एक निष्कर्ष निकालना।

निर्भरता (Dependability)

यानी विधियां व्यवस्थित, अच्छी तरह प्रलेखित हैं और अनुसंधान आत्मवाद की व्याख्या करने के लिए बनाई गई हैं।

निर्भर चर (Dependent variables)

वे वस्तुएं जिनका आप अध्ययन करने का प्रयास कर रहे हैं या आप जिसका आंकलन करने का प्रयास कर रहे हैं; उदाहरणार्थ, 'आय शिशा के स्तर पर निर्भर है' इस परिकल्पना में आय निर्भर चर होगी।

नीति (Ethics)

अनैतिक प्रक्रिया से जिसपर शोध किया जा रहा है उसकी रक्षा, और बदले में कानूनी उत्तरदायित्व से शोधकर्ता की रक्षा के लिए बनाया एक पेशेवर 'अभ्यास का कोड'। महत्वपूर्ण नैतिक कारणों में सूचित सहमति, नुकसान न पहुंचाना और गोपनीयता के लिए अधिकार शामिल हैं।

निष्पक्ष व्यवहार/उचित उपयोग (Fair dealing/fair use)

कॉपीराइट कानून द्वारा सिर्फ रचानात्मक कार्य के लेखक को दिये गए सीमा और अपवाद संबंधित अधिकार।

नेटनोग्राफी (Netnography)

यह सहमति प्राप्त मानकीकृत तरीकों से वेबसाइट, ब्लॉग्स, डिस्कशन बोर्ड्स और सोशल नेटवर्किंग का प्रेक्षण कर कम्प्यूटर की मध्यस्थता वाले ऑनलाइन समुदायों की अनोखी प्रकृति को समझने का प्रयास करती है।

नामिका अध्ययन (Panel study)

एक नामिका अध्ययन में समय के दो या अधिक बिंदुओं पर उन्हीं (समान नहीं) प्रतिवादियों के नमूने से वही प्रश्न पूछना। इसका उद्देश्य यह देखना है कि क्या समय के साथ व्यक्ति खुद परिवर्तित हो गए हैं।

प्रत्यक्षवाद (Positivism)

यह दृष्टिकोण कि सच्चा ज्ञान विज्ञान आधारित होता है और इसे वैज्ञानिक विधियों से ही प्राप्त किया जा सकता है।

प्रामाणिकता (Authenticity)

अनुभवों की गहरी संरचना और घटना की इस तरह से व्याख्या करने से संबंधित कि यह अनुभव का 'सच' बताये।

परिकल्पना (Hypothesis)

सम्बन्धों की प्रकृति का तार्किक अनुमान दो या दो से अधिक परिवर्तनशील चरों की परीक्षण योग्य बयान के रूप में अभिव्यक्ति परिकल्पना कहलाती है।

परिकल्पित निगमनात्मक विधियाँ (Hypothetico-deductive methods)

वैज्ञानिक विधि है जिसमें एक सामान्य परिकल्पना को अनुमान लगाकर उसके बाद प्रयोगात्मक परीक्षण किया जाता है।

परिसीमन (Delimitations)

एक अध्ययन की सीमाएं, उदाहरण के लिए, आपकी निर्धारित जनसंख्या में से सचेत अपवर्जन।

परिसंचरण गलती (Coverage error)

यह तब होता है जब आपके नमूने का ढाँचा अपूर्ण होता है और आपके द्वारा लक्ष्य की गई जनसंख्या का पर्याप्त रूप में प्रतिनिधित्व नहीं करता।

प्रति-वर्गीय सर्वेक्षणों (Cross-sectional surveys)

ऐसे सर्वेक्षण जो उत्तरदाताओं का एक नमूना या प्रतिवर्ग का उपयोग करते हैं। इसका उद्देश्य है आपकी लक्ष्यीकृत जनसंख्या का प्रतिनिधित्व करना और निष्कर्ष को पुनः उस जनसंख्या के संदर्भ में सामान्यीकृत करना।

परिणामात्मक मूल्यांकन (Outcome evaluation)

योगात्मक मूल्यांकन, जिसे परिणाम का मूल्यांकन भी कहा जाता है, का लक्ष्य प्रश्न में आए बदलाव की रणनीति (प्रश्न कि क्या लक्ष्य, उद्देश्य और ध्येय प्राप्त हो चुके हैं) और उसकी निपुणता से संबद्ध तथ्य और जानकारी देना है।

पैरामीट्रिक परीक्षण (Parametric tests)

डेटा के लिए सांख्यिकीय परीक्षण जिसमें अनुमान होता है कि प्रासंगिक जनसंख्या एक सामान्य वितरण के अंतर्गत आती है।

पैमाने (Measurement scales)

चरों की बीच अंतर को नापने के तरीके, जिननें शामिल है वर्गीकरण (सामान्य चर), श्रेणीकरण (क्रमसूचक चर), बिंदुओं के बीच दूरी (अंतराल चर) एवं पूर्ण शून्य से बिंदुओं की दूरी (अनुपात चर) शामिल हैं।

प्रतिभागी प्रेक्षण (Participant observation)

शोधकर्ता उस टीम, समुदाय अथवा सांस्कृतिक दल का हिस्सा हैं या हिस्सा हो जाते हैं, जिसका वे प्रेक्षण कर रहे हैं।

प्रतिनिधि नमूना (Representative sample)

यह एक नमूना है जो पर्याप्त रूप से विशेषताओं जैसे उम्र, लिंग, जाति, सामाजिक-आर्थिक स्थिति, और शिक्षा के मामले में अनुसंधान आबादी का प्रतिनिधित्व करता है।

प्रतिलिपि प्रस्तुत करने की योग्यता (Reproducibility)

यह इससे संबंधित है कि यदि समान कार्यप्रणाली किसी समान/मिलते-जुलते संदर्भ वाले दूसरे अध्ययन के लिए इस्तेमाल की गई थी तो क्या परिणाम/निष्कर्ष समर्थित होंगे।

प्रतिचयन (Sampling)

शोध के अध्ययन में शामिल करने के लिए जनसंख्या के तत्वों को चुनने की प्रक्रिया।

परिपूर्णता (Saturation)

जब डेटा का संग्रहण सिद्धांत के निर्माण के लिए और अधिक समझ देना या मदद करना बंद कर देता है।

प्रयोगात्मक रूपरेखा (Experimental design)

कारण और प्रभाव के लिए एक कठोर और नियंत्रित खोज। शोधकर्ता स्वतंत्र परिवर्तनशील चर को बदलते हैं - यह देखने के लिए कि उसका प्रभाव उनके निर्भर चर पर पड़ता है या नहीं।

पाठ का विश्लेषण (Textual analysis)

दस्तावेजों के साथ ही ब्लॉग, वीडियो, तस्वीरें, पोस्ट्स, मीम्स, कविता, गीत, ट्वीट्स, आदि सहित सामाजिक गतिविधि के प्रभावों को अन्वेषण।

प्रसरण (Variance)

यह माप औसत के आसपास के फैलाव की गणना करने के लिए सारे मूल्यों का प्रयोग करता है, और वास्तव में 'मध्य के वर्ग अंतर का औसत' होता है।

प्रारंभिक डेटा (Primary data)

वह आँकड़ा जो शोधकर्ताओं द्वारा विशेष रूप से अपने शोध प्रयोजनों के लिए एकत्र किया जाता है।

प्रक्रियात्मक मूल्यांकन (Process evaluation)

रचनात्मक मूल्यांकन (जिसे प्रक्रिया का मूल्यांकन भी कहा जाता है) का लक्ष्य किसी विशेष बदलाव की पहल के आगे के विकास के लिए ज़रूरी तथ्य और जानकारी उपलब्ध कराना है।

प्रोत्साहन और जाँच (Prompts and probes)

तकनीकें जिन्हें साक्षात्कार को आसान बनाने के लिए उपयोग किया जाता है। प्रोत्साहन ऐसे संकेत है जो उत्तरदाता को उत्तर देने में मदद करते हैं। जांच (प्रोब्स) ऐसे अतिरिक्त सवाल हैं जो उत्तरदाता को और गहराई में ले जाने में मदद करते हैं।

बड़ा डेटा (Big Data)

बहुत बड़ी और जटिल जानकारी/जानकारियों का समुच्चय, जिसे पारंपरिक डेटाबेस या डेटा प्रोसेसिंग का उपयोग कर विश्लेषित नहीं किया जा सकता।

बारंबारता (Kurtosis)

आवृत्ति वक्र रेखा दर्शाता है कि 'सामान्य' की अपेक्षा कोई वंटन कितना चोटीदार या सपाट है। सकारात्मक बारंबारता-आवृत्ति वक्र रेखा अपेक्षाकृत चोटीदार वंटन दर्शाता है, जबकि नकारात्मक बारंबारता-आवृत्ति वक्र रेखा सपाट वंटन दर्शाता है।

बदलने की योग्यता (Transferability)

यह देखना कि एक सेंपल, सेटिंग या समूह से प्राप्त परिणाम और/या निष्कर्ष से कोई ऐसा ज्ञान प्राप्त हुआ है या नहीं, जिसे बड़ी जनसंख्या, अलग सेटिंग या किसी अन्य समूह पर लागू किया जा सके।

बहुलक (Mode)

किसी भी चर के लिए जो मूल्य सबसे ज्यादा पाए गए हों।

बहुचर विश्लेषण (Multivariate analysis)

बहुचर विश्लेषण का लक्ष्य तीन या उससे ज्यादा चरों के बीच के संबंधों की जांच करना है| इससे शोधकर्ताओं को गूढ़ता का एक स्तर मिलता है जिसमें वे कारण और प्रभाव की जांच कर सकते हैं।

बेखबर पूर्वग्रह (Unwitting bias)

यह बिना अभिप्राय के कार्य करने की प्रवृत्ति है, उन तरीकों से जो पहले से संदिग्ध वस्तुओं को सुनिश्चित करते हों।

भाष्यविज्ञान (Hermeneutics)

गुणात्मक डेटा विश्लेषण का एक रूप है जो एक सार्थक वार्तालाप के रूप में किसी विषय व्याख्या करता है, जिसमें लेखक और दर्शकों दोनों के व्याख्यात्मक सृष्टि शामिल है।

भागीदारी क्रियात्मक शोध (Participatory action research)

शोध जिसके लक्ष्य उत्थान संबंधी होते हैं लेकिन उन्हें क्रियात्मक शोध के निर्देशों के अंतर्गत किया जाता है, जिसमें ज्ञान और क्रिया के चक्रों को जमीनी बदलाव लाने के लिए उपयोग किया जाता है। भागीदारी क्रियात्मक शोध को कभी-कभी मुक्ति-संबंधी क्रियात्मक शोध या 'दक्षिणी' भागीदारी क्रियात्मक शोध भी कहा जाता है।

महत्ता (Criticality)

यह ज्ञान के महत्वहीन माने जाने वाले तरीक़े को चुनौती देना है। न सिर्फ़ यह पूछना कि यह क्या है, बल्कि यह कि यह क्यों है, कौन लाभान्वित होता है और क्या वैकल्पिक संभावनाएँ हो सकती हैं।

महत्वपूर्ण उत्थान (Critical emancipation)

तत्कालीन अभ्यासों, स्थितियों, संस्थानों या विचारधाराओं में मूलभूत या क्रांतिकारी बदलाव लाना जो प्रमुख सामाजिक संरचना की मजबूरी से लोगों को मुक्त कर सके जो प्राय: स्व-विकास और स्व-निर्धारण को सीमित करते हैं।

महत्वपूर्ण नृवंशविज्ञान (Critical ethnography)

महत्वपूर्ण नृवंशविज्ञान प्रतिभागियों के दृष्टिकोण से सामाजिक समूहों का विश्लेषण करने के साथ ही सार्थक बदलाव लाने का रास्ता उपलब्ध कराने के लिए हाशिये पर मौजूद समूहों के साथ हो रहे भेदभाव, अन्याय और दमनकारी प्रभावों को सामने लाने का प्रयास करता है।

मानव जातीय कार्यप्रणाली (Ethnomethodology)

नियमों, मानदंडों, और पैटर्न, कोड और सम्मेलनों का अध्ययन जो लोग खुद के लिए और दूसरों के लिए सामाजिक जीवन और समाज को सुगम बनाने में लागू करते हैं।

मूल्यांकन करनेवाले शोध (Evaluative research)

शोध, जो किसी पहल के मूल्य को निर्धारित करने का प्रयास करता है। मूल्यांकन करनेवाला शोध पहल के परिणामों की पहचान करता है, साथ ही साथ संशोधन और उन्नत होने का अवसर देता है।

मुख्य सूचनाप्रदाता/जानकार(Key informants)

वे लोग जिनकी भूमिका या अनुभव उन्हें प्रासंगिक सूचना या जानकारी का केंद्र बना देते हैं, जिसे वे शोधकर्ता के साथ साझा करना चाहते हैं।

माध्यिका (Median)

किसी श्रेणी का मध्य बिंदु। माध्यिका निकलने के लिए आप सभी मूल्यों को आरोही (अथवा अवरोही) क्रम में लगा लें और मध्य बिंदु खोज लें।

मिश्रित कार्यप्रणाली (Mixed methodology)

एक अध्ययन में मात्रात्मक (परिमाणात्मक) और गुणात्मक दृष्टिकोण को प्रयोग।

मात्रात्मक डेटा (Quantitative data)
परिमाणात्मक तथ्य, अंकों द्वारा प्रस्तुत और सांख्यिकी उपयोग द्वारा विश्लेषण।

मानक विचलन (Standard deviation)
यह प्रसरण का वर्ग-मूल होता है, और अंतराल और अनुपात आंकड़ों के लिए कई आम सांख्यिकीय परीक्षणों में प्रयोग किया जाता है, जो आंकड़े सामान्य वक्र में आते हैं।

मामला (Case)
एक स्थल या कोई ख़ास उदाहरण या तत्त्व जिसे पहचानने योग्य सीमाओं द्वारा परिभाषित किया जा सके।

मामले का अध्ययन (Case study)
यह किसी एक स्थिति या मामले के व्यापक वर्णन और विश्लेषण के माध्यम से हमारे सामाजिक ताने-बाने के तत्वों के अध्ययन की एक विधि है।

मूलभूत या शुद्ध अनुसंधान (Basic research)
स्थिति में सुधार की इच्छा से नहीं बल्कि ज्ञान का विस्तार करने की इच्छा से प्रेरित अनुसंधान।

यथार्थवाद (Realism)
यह दृष्टिकोण कि बाहरी दुनिया का अस्तित्व अनुभूति से पूरी तरह स्वतंत्र है। दूसरे शब्दों में सत्य बाहरी दुनिया में मौजूद है, चाहे हम उसे देख और समझ सकें या नहीं।

यादृच्छिक नमूना (Random sampling)
वह प्रक्रिया जिसमें जनसंख्या के प्रत्येक तत्त्व के पास नमूने का हिस्सा बनने के लिए चयनित होने का बराबर मौका होता है।

योगात्मक मूल्यांकन (Summative evaluation)
यह परिणाम मूल्यांकन के रूप में भी जाना जाता है जो प्रश्न में परिवर्तन की रणनीति की प्रभावशीलता और कार्यकुशलता से संबंधित डेटा और जानकारी प्रदान करता है।

रचनात्मक मूल्यांकन (Formative evaluation)
रचनात्मक मूल्यांकन (जिसे प्रक्रिया का मूल्यांकन भी कहा जाता है), का लक्ष्य किसी विशेष बदलाव की पहल के आगे के विकास के लिए ज़रूरी तथ्य और जानकारी उपलब्ध कराना है।

रूपावाली / प्रतिमान (Paradigm)
एक वैश्विक दृष्टिकोण जो किसी विशिष्ट विषय या वैज्ञानिक विषय की कार्यप्रणाली को आधार देता है।

लेखा परीक्षा की योग्यता (Auditability)
उन विधियों की पूर्ण व्याख्या जिससे सभी देख सकें कि शोधकर्ता कैसे और क्यों अपने निष्कर्षों तक पहुंचे।

लिकर्ट मापन (Likert scaling)

एक पैमाना जो उत्तरदाताओं से एक सातत्य में से अपनी स्थिति चुनने के लिए कहता है, जैसे 'पूर्णतः सहमत' या 'पूर्णतः असहमत'। आमतौर पर सातत्य में 5 से 7 बिंदुएं होती हैं।

व्यापक नमूने लेना (Snowball sampling)

निर्दिष्ट नमूनों के द्वारा नमूनों की श्रृंखला तैयार करना। उदाहरण के लिए आप शुरुआती प्रतिभागियों से अन्य संभावित प्रतिभागियों को नामित करने को कहते हैं, जो आगे जाकर और भी प्रतिभागियों को नामित करते हैं।

वेब–खनन (Web mining)

वेब पर आधारित बड़े डेटा के समुच्चय में नमूना खोजने की प्रक्रिया, जिसमें कृत्रिम बुद्धिमत्ता, यान्त्रिकी अधिगम, सांख्यिकी और डेटाबेस तंत्रों का उपयोग करनेवाली विधियाँ शामिल हैं।

वर्णनात्मक आँकड़े (Descriptive statistics)

वितरण की सारांश विशेषताएं, उदाहरण के लिए, आकार, केंद्रीय प्रवृत्ति और फैलाव।

व्याख्यात्मक सर्वेक्षण (Explanatory surveys)

इसका लक्ष्य है यह सुस्पष्ट करना कि चीज़ें जैसी हैं, वैसी क्यों हैं, दूसरे शब्दों में कारण और प्रभाव का निर्धारण।

वर्णनात्मक सर्वेक्षण (Descriptive survey)

एक सर्वेक्षण जिसका उद्देश्य जनसांख्यिकी, ज्ञान और दृष्टिकोण के बारे में जानकारी इकट्ठा कर आपके नमूने की व्याख्या करना होता है।

विश्वसनीयता (Credibility)

विश्वास प्राप्त करने के गुण, क्षमता या शक्ति।

विषयगत विश्लेषण (Thematic analysis)

इसमें डेटा में खोज कर विवेचनात्मक रूप से अंतःसंबंधों और स्वरूपों को पहचानना शामिल है। फिर स्वरूपों का विश्लेषण कर संभावित विषय की खोज की जाती है। जैसे-जैसे ठोस विषय प्राप्त होते हैं पृथक्कन के अगले स्तर पर सिद्धांत बनाने की उम्मीद की जाती है।

वार्तालाप के विश्लेषण (Conversation analysis)

गुणात्मक डेटा विश्लेषण का एक प्रकार जिसमें बातचीत की संरचना और निर्माण को समझने का प्रयास किया जाता है।

वर्णनात्मक विश्लेषण (Narrative analysis)

गुणात्मक डेटा विश्लेषण का एक रूप है जो व्यक्तियों की कहानियों की व्याख्या करने का प्रयास है।

विषम (Skewed)

आंकड़ों का वंटन सममित नहीं होता है, उसे विषम माना जाता है| विषम आंकड़ों में औसत, माध्यिका और बहुलक अलग-अलग बिंदुओं पर पाए जाते हैं।

विश्वसनीयता (Reliability)

आंतरिक संगति से संबद्ध, यानी कि मापे, संग्रहित या उत्पन्न किए गए डेटा/परिणाम परिक्षण दोहराने पर भी समान रहते हैं।

व्यवस्थित समीक्षा (Systematic reviews)

किसी खास विषय पर प्राथमिक अध्ययन का अवलोकन, जो पता लगाने, आलोचनात्मक रूप में आँकने, और विश्वसनीय अध्ययन की खोज या निष्कर्ष को संश्लेषित करने के लिए पारदर्शी/निष्पक्ष प्रतिलिपि प्रस्तुत करने योग्य विधियों पर निर्भर करता है।

व्यवस्थित रूप में नमूने तैयार करना (Systematic sampling)

इसमें परिभाषित जनसंख्या के अंदर प्रत्येक n वें मामले को चुनना शामिल है। जैसे, प्रत्येक दसवें घर में जाना या सूची में से प्रत्येक बीसवें व्यक्ति को चुनना।

वस्तुनिष्ठता / तटस्थता (Objectivity)

इसका अर्थ है कि निष्कर्ष भावनाओं, व्यक्तिगत पूर्वग्रह और व्यक्तिपरकता पर आधारित न होकर प्रेक्षण योग्य घटनाओं पर आधारित होते हैं।

वैज्ञानिक विधि (Scientific method)

सिद्धांत निर्माण का व्यवस्थित तरीका जिसमें प्रेक्षणों के बार-बार किये गए परिक्षण, परिकल्पना निर्माण, परिकल्पना परिक्षण और मूल्यांकन शामिल है।

वैधता (Validity)

सच्चाई आधारित मूल्य से संबंधित, उदाहरण के लिए क्या निष्कर्ष 'सही' हैं? साथ ही इसका भी ख्याल रखना कि क्या विधियां, तरीके और तकनीक वास्तव में जो खोजा जा रहा है उससे संबंधित है।

श्रेणी (Range)

परिक्षेपण मापने का यह सबसे आसान तरीका है, और यह सबसे बड़े मूल्य में से सबसे छोटे मूल्य को घटाने से मिलता है|

शोध/अनुसंधान (Research)

शोध उपयुक्त सामग्री एवं स्त्रोतों के द्वारा तथ्यों को स्थापित करने और नए निष्कर्षों तक पहुँचने का माध्यम है।

शोध उपकरण (Research tools)

शोध डेटा को इकट्ठा करने में उपयोगी उपकरण। जैसे-प्रश्नावली, अवलोकन जाँच-सूची एवं साक्षात्कार-तालिका।

सटीक ग्रंथ सूची (Annotated bibliography)

उद्धत स्त्रोतों की प्रासंगिकता, यथार्थता और गुणवत्ता को ध्यान में रखने के लिए महत्वपूर्ण साहित्य की व्यवस्थित समीक्षा।

समूह के नमूने को चुनना (Cluster sampling)

नमूना चुनने की रणनीति, जिसमें जनसंख्या के अंतर्गत आने वाले एक पूरे समूह का सर्वेक्षण किया जाता है; समूह (क्लस्टर) में क्षेत्र, सरकारी विभाग या शॉपिंग कॉम्प्लेक्स जैसी चीजों को शामिल कर सकते हैं।

साभिप्राय साक्ष्य (Witting evidence)

जानकारी जो एक दस्तावेज का मूल लेखक दर्शकों के साथ साझा करना चाहता था।

संभाषण विश्लेषण (Discourse analysis)

यह एक विशेष सामाजिक-ऐतिहासिक संदर्भ में स्थित भाषा की व्याख्या करने के लिए गुणात्मक डेटा विश्लेषण का एक रूप है।

सहसम्बन्ध (Correlation)

एक सांख्यिकीय तकनीक जो यह दर्शा सकती है कि चरों के जोड़ों का आपस में संबंध है या नहीं या वे कितनी मजबूती से जुड़े हैं।

सीमाएँ (Limitations)

सीमाओं का संदर्भ उन स्थितियों या रूपरेखा की विशेषता से है जो सामान्यीकरण की योग्यता और खोज/निष्कर्ष की उपयोगिता को प्रभावित करे, जैसे कि छोटा सा नमूना या अभिलेख (रिकॉर्ड) तक प्रतिबंधित पहुँच।

साहित्य-समीक्षा (Literature review)

औपचारिक 'साहित्य-समीक्षा' ज्ञान के क्षेत्र की गंभीर आलोचनात्मक समीक्षा है, जिसमें खोज, सैद्धांतिक और प्रणाली आधारित विधि का सहयोग शामिल है।

सामग्री के विश्लेषण (Content analysis)

गुणात्मक डेटा विश्लेषण का एक रूप जो शब्दों या वाक्यांशों के दोहराव को देखकर बोलचाल (स्पीच) में शब्दों के उपयोग को समझने का प्रयास करता है, उदाहरण के लिए पिछले पांच वर्षों में 'क्लाइमेट चेंज' शब्द खबरों के प्रसारण में कितनी बार उपयोग में आया?

सांस्कृतिक कलाकृति विश्लेषण (Cultural artefact analysis)

वस्तु के निर्माता और उपभोक्ता की संस्कृति के बारे में जानकारी का पता लगाने के लिए मानव- निर्मित विविध वस्तुओं को एकत्र करना, समीक्षा करना, पूछताछ करना और विश्लेषण करना।

स्त्रीवादी कार्यप्रणाली (Feminist methodology)

एक नारीवादी दृष्टिकोण से अनुसंधान के संचालन। जब दृष्टिकोण विविध रहे हैं, एक महत्वपूर्ण परिप्रेक्ष्य, पितृसत्तात्मक पूर्वाग्रहों पर काबू पानो, सामाजिक परिवर्तन दिशा में काम करना, हाशिए पर आवाज को सशक्त करना, साथ ही साथ शोधकर्ता की स्थिति को स्वीकार करना आम विशेषताओं में शामिल हैं।

संकेन्द्रित समूह (Focus group)

एक विशिष्ट मुद्दे या मुद्दों की जांच के उद्देश्य के लिए प्रतिभागियों के एक समूह के बीच योजनाबद्ध और निर्देशित चर्चा।

सांकेतिकता (Semiotics)

गुणात्मक डेटा विश्लेषण का एक रूप जो संकेतों और प्रतीकों के अर्थ की व्याख्या करना चाहता है।

संवेदनशीलता का विश्लेषण (Sensitivity analysis)

उस सीमा तक जहाँ अध्ययन के परिणाम समान रहते हैं, कुल मिलाकर जानकारी तक विभिन्न रास्तों से पहुँचना।

सरल याद्दच्छिक नमूनाकरण (Simple random sampling)

नमूमा बनाने की एक प्रक्रिया जिसमें जनसंख्या के प्रत्येक तत्त्व के पास चयनित होने का समान अवसर हो।

सर्वेक्षण करना (Surveying)

आँकड़ा-संग्रह की प्रक्रिया जिसमें एक प्रश्नावली के माध्यम से व्यक्तियों के एक व्यापक समूह से उनकी विशेषताओं, गुणों, कैसे वे रहते है या उनके विचार से संबद्ध समान प्रश्न पूछे जाते हैं।

सदस्यों की जाँच (Member checking)

यह जाँचना कि वृत्तान्त, परिस्थिति और घटना की व्याख्या 'अंदरूनी सूत्रों' की व्याख्या से मेल खा रही है या नहीं।

स्वतन्त्र चर (Independent variables)

जिन परिस्थितियों की वजह से उन विषयों पर प्रभाव पड़ रहा हो जिन्हें आप समझने का प्रयास कर रहे हैं। उदाहरण के लिए, परिकल्पना में 'आय शिक्षा के स्तर पर निर्भर करता है', शिक्षा स्वतंत्र चर होगा।

सामान्यीकरण की योग्यता (Generalizability)

एक सेंपल, सेटिंग या समूह से प्राप्त परिणाम और/या निष्कर्ष सीधे तौर पर किसी बड़ी जनसंख्या, अलग सेटिंग या किसी अन्य समूह पर लागू किए जा सकते हैं या नहीं।

साक्षात्कार (Interview)

डेटा संग्रह की एक प्रविधि, जिसमें साक्षात्कारकर्ता बहुत से प्रश्नों, विषय क्षेत्र और विषयवस्तु से जुड़े खुले अंत वाले उत्तरों की तलाश में होते हैं।

सूचित सहमति (Informed consent)

शोधकर्ताओं के अनुरोध पर जब प्रतिभागियों को भागीदारी की समझ होगी तब प्रतिभागी शोध-अध्ययन से जुड़े रहने के लिए सूचित सहमति दे सकते हैं। इसमें शामिल हैं: समय की प्रतिबद्धता, गतिविधि के प्रकार, उसमें शामिल विषय और सारे संभावित शारीरिक और भावनात्मक जोखिम।

सांख्यिकीय महत्त्व (Statistical significance)

अक्सर 'पी-मूल्य' से तात्पर्य रखता है, जो कि वास्तविक संभाव्यता का आकलन करता है कि आपके निष्कर्ष केवल एक संयोग मात्र ही नहीं हैं।

स्तरीकृत नमूने को चुनना (Stratified sampling)

इसमें अपनी जनसंख्या को विभिन्न उपसमूहों में बाँटना और हर एक में से एक आकस्मिक नमूना लेना शामिल है।

स्वयंसेवक द्वारा नमूने लेना (Volunteer sampling)

इसमें स्वयंसेवक की माँग करके नमूने को चुनना शामिल है। उदाहरण के लिए, सामाचार पत्र में विज्ञापन देकर या स्थानीय संगठनों, जैसे - विद्यालय या सामुदायिक समूहों में जाकर।

सामाजिक निर्माणवाद (Social constructionism)

ज्ञान के सिद्धांत इस तथ्य पर बल देते हैं कि यह संसार मानव-निर्मित है, क्योंकि वे एक-दूसरे को परस्पर प्रभावित करते हैं और इसके विवेचन में संलग्न हैं।

सामाजिक जानकारी (Social data)

जानकारी, जिसे लोग बनाते हैं और जानबूझकर और स्वेच्छा से साझा करते हैं। ट्विटर, फेसबुक और यू ट्यूब पर साझा किए गए ट्वीट, पोस्ट और वीडियो।

सांकेतिक (Nominal)

श्रेणियों को द्योतित करने के लिए संख्याओं को स्वेच्छा से बाँट दिया जाता है और वे बगैर किसी संख्यात्मक सार्थकता के कोडिंग योजना होते हैं और इसीलिए गणितीय गणना करने के लिए प्रयोग में नहीं लाये जा सकते हैं|

सहकर्मी द्वारा समीक्षा (Peer review)

शोध प्रक्रिया पर बाह्य जाँच जिसमें सहकर्मी कार्यप्रणाली के सभी पहलुओं के संबंध में दोषदर्शी की भूमिका अदा करते हैं।

सामान्य वक्र (Normal curve)

यह 'घंटी के आकार' का होता है; आंकड़ों का वंटन सममित होता है, जिसमें औसत, माध्यिका और बहुलक सभी वक्र के उच्चतम बिंदु पर मिलते हैं|

सापेक्षवाद (Relativism)

कुछ भी सार्वभौमिक नहीं है; और सत्य, नैतिकता एवं संस्कृति जैसे तत्वों को उनके अपने सामाजिक ऐतिहासिक सामग्री के संबंधों में ही समझा जा सकता है।

सत्वशास्त्र (Ontology)

क्या अस्तित्व में है, और जो अस्तित्व में है, उसे कैसे समझें और वर्गीकृत करें।

संचालन की अवधारणा (Operationalizing concepts)

परिचालन की अवधारणाएँ सूक्ष्म अवधारणा को औसत दर्जे के चरों में परिवर्तित करने से संदर्भित हैं।

साहित्यिक चोरी (Plagiarism)

जब दूसरे व्यक्ति के शब्द, विचार या आँकड़ों का संदर्भ उल्लेख नहीं किया जाता और इसे अपना कहकर आगे बढ़ा दिया जाता है, उसे 'साहित्यिक चोरी' कहते हैं।

SMART उद्देश्य (SMART objectives)

SMART 'स्मार्ट', विशिष्ट (Specific), मापने योग्य (Measurable), पाने योग्य (Achievable), प्रासंगिक/परिणाम पर केंद्रित/यथार्थवादी (Relevant) और समय (Time) का संक्षिप्त रूप है।

हितकारकों (Stakeholders)

व्यक्ति और समूह जो प्रभावित करते हैं और/या एक संगठन और इसकी गतिविधियों से प्रभावित होते हैं।

हिस्टोग्राम (आयतचित्र) (Histogram)

एक ग्राफ जो डेटा के वितरण का प्रतिनिधित्व करने के लिए अलग ऊंचाइयों की अनुलंब सलाखों का उपयोग करता है।

हाथ से चुने गए नमूने लेना (Hand-picked sampling)

इसमें दिमाग में ख़ास उद्देश्य रखते हुए नमूने को चुनना शामिल है जैसे कि प्रारूपण/ठेठपन, बहुत अधिक अंतर, 'विशेषज्ञता' की शर्तें पूरी करता है

ज्ञानवाद (Epistemology)

हम विश्व के तर्कसंगत ज्ञान तक कैसे पहुँचे; जानने के नियम।

ग्रन्थसूची

Altman, R. (2012) *Why Most PowerPoint Presentations Suck*. Seattle, WA: CreateSpace.

Andrews, R. (2003) *Research Questions*. London: Continuum International.

Argyrous, G. (2011) *Statistics for Research: With a Guide to SPSS*. London: Sage.

Atkinson, P., Coffey, A., Delamont, S., Lofland, J. and Lofland, L. (eds) (2007) *Handbook of Ethnography*. London: Sage.

Audi, R. (2010) *Epistemology: A Contemporary Introduction to the Theory of Knowledge*. London: Routledge.

Balatti, J., Gargano, I., Goldman, M., Wood, G. and Woodlock, J. (2004) *Improving Indigenous Completion Rates in Mainstream TAFE – An Action Research Approach*. Leabrook, South Australia: NCEAR.

Bazeley, P. (2013) *Qualitative Data Analysis: Practical Strategies*. London: Sage.

Bazeley, P. and Jackson, K. (2013) *Qualitative Data Analysis with NVivo*. London: Sage.

Berger, P. L. and Luckmann, T. (1967) *The Social Construction of Reality: A Treatise in the Sociology of Knowledge*. New York: Anchor.

Bischof, G. H., Warnaar, B. L., Barajas, M. S. and Dhaliwal, H. K. (2011) 'Thematic analysis of the experiences of wives who stay with husbands who transition male-to-female', *Michigan Family Review*, 15(1): 16–33.

Blevins, K. R. and Holt, T. J. (2009) 'Examining the virtual subculture of johns', *Journal of Contemporary Ethnography*, 38(5): 619–648.

Bloom, H. (2006) *Learning More from Social Experiments: Evolving Analytic Approaches*. New York: Russell Sage Foundation Publications.

Boghossian, P. A. (2006) *Fear of Knowledge: Against Relativism and Constructivism*. Oxford: Oxford University Press.

Bogner, A. Littig, B. and Menz, W. (eds) (2009) *Interviewing Experts*. Basingstoke: Palgrave Macmillan.

Booth, W. C., Colomb, G. C. and Williams, J. M. (2008) *The Craft of Research*. Chicago: University of Chicago Press.

Borrell, J. (2008) 'Thematic analysis identifying concepts of problem gambling agency: With preliminary exploration of discourses in selected industry and research documents', *Journal of Gambling Issues*, 22: 195–218.

Bronowski, J. (1971) 'An interview with Jacob Bronowski', *Encounter Magazine*, June: 8–9.

Brown, S. G. and Dobrin, S. I. (eds) (2004) *Ethnography Unbound: From Theory Shock to Critical Praxis*. Albany: State University of New York Press.

Bryant, A. and Charmaz, K. (eds) (2010) *The Sage Handbook of Grounded Theory*. London: Sage.

Bryman, A. (2012) *Social Research Methods*. Oxford: Oxford University Press.

Burr, V. (2003) *Social Constructionism*. New York: Psychology Press.

Carey, S. S. (2011) *A Beginner's Guide to Scientific Method*. Belmont, CA: Wadsworth.

Cavana, R. L., Delahaye, B. L. and Sekaran, U. (2001) *Applied Business Research: Qualitative and Quantitative Methods*. New York: John Wiley & Sons.

Chakravartty, A. (2010) *A Metaphysics for Scientific Realism: Knowing the Unobservable*. Cambridge: Cambridge University Press.

Chandler, D. (2007) *Semiotics: The Basics*. London: Routledge.

Clandinin, D. J. (ed.) (2006) *Handbook of Narrative Inquiry: Mapping a Methodology*. London: Sage.

Coghlan, D. and Brannick, T. (2009) *Doing Action Research in Your Own Organization*. London: Sage.

Conee, E. and Sider, T. (2007) *Riddles of Existence: A Guided Tour of Metaphysics*. Oxford: Oxford University Press.

Cooper, H. M. (2009) *Research Synthesis and Meta-analysis: A Step-by-Step Approach*. Thousand Oaks, CA: Sage.

Corbin, J. and Strauss, A. (2007) *Basics of Qualitative Research: Techniques and Procedures for Developing Grounded Theory*. London: Sage.

Creswell, J. W. (2013) *Research Design: Qualitative, Quantitative and Mixed Methods Approaches*. London: Sage.

Creswell, J. W. and Plano Clark, V. L. (2010) *Designing and Conducting Mixed Methods Research*. London: Sage.

Cryer, P. (2006) *The Research Student's Guide to Success*. Buckingham: Open University Press.

Daniel, J. (2011) *Sampling Essentials: Practical Guidelines for Making Sampling Choices*. London: Sage.

Danto, E. A. (2008) *Historical Research*. Oxford: Oxford University Press.

de Certeau, M. (2002) *The Practice of Everyday Life*. Berkeley: University of California Press.

Denzin, N. K. and Lincoln, Y. S. (eds) (2007) *Strategies of Qualitative Inquiry*. Thousand Oaks, CA: Sage.

Denzin, N. K. and Lincoln, Y. S. (eds) (2011) *The Sage Handbook of Qualitative Research*. Thousand Oaks, CA: Sage.

DeWalt, K. M. and DeWalt, B. R. (2010) *Participant Observation: A Guide for Fieldwork*. Lanham, MD: AltaMira Press.

Dillman, D. A. (2006) *Mail and Internet Surveys: The Tailored Design Method*. Hoboken, NJ: John Wiley & Sons.

Donovan, J. (2012) *How to Deliver a TED Talk: Secrets of the World's Most Inspiring Presentations*. Seattle: CreateSpace.

Dorofeev, S. and Grant, P. (2006) *Statistics for Real-Life Sample Surveys: Non-Simple-Random Samples and Weighted Data*. Cambridge: Cambridge University Press.

Double, R. (2006) *Metaethical Subjectivism*. Aldershot: Ashgate Publishing.

Doucouliagos, H. and Ali Ulubaşoğlu, M. (2008) 'Democracy and economic growth: A meta-analysis', *American Journal of Political Science*, 52(1): 61–83.

Ferguson, S. S. (2008) 'Nicotine patch therapy prior to quitting smoking: A meta-analysis', *Addiction*, 103(4): 557–563.

Fetterman, D. (2009) *Ethnography: Step-by-Step*. London: Sage.

Feynman, R. (1997) *Surely You're Joking, Mr. Feynman!* New York: W. W. Norton.

Field, A. and Miles, J. (2010) *Discovering Statistics Using SAS*. London: Sage.
Field, A., Miles, J. and Field, Z. (2012) *Discovering Statistics Using R*. London: Sage.
Fink, A. (2008) *How to Conduct Surveys: A Step-by-Step Guide*. Thousand Oaks, CA: Sage.
Fink, A. (2009) *Conducting Research Literature Reviews: From the Internet to Paper.* Thousand Oaks, CA: Sage.
Fitzpatrick, J. L., Sanders, J. R. and Worthen, B. R. (2010) *Program Evaluation: Alternative Approaches and Practical Guidelines.* New York: Allyn & Bacon.
Fitzpatrick, K. (2011) 'Stop playing up!: Physical education, racialization and resistance', *Ethnography*, 12(2): 174–197.
Fowler, F. J., Jr (2008) *Survey Research Methods*. London: Sage.
Francis, D. and Hester, S. (2004) *An Invitation to Ethnomethodology.* London: Sage.
Freire, P. (1970) *Pedagogy of the Oppressed*. New York: Herder & Herder.
Friese, S. (2012) *Qualitative Data Analysis with ATLAS.ti*. Thousand Oaks, CA: Sage.
Friesen, N., Hendriksson, C. and Saevi, T. (eds) (2012) *Hermeneutic Phenomenology in Education: Method and Practice.* Boston: Sense Publishers.
Galvan, J. L. (2012) *Writing Literature Reviews: A Guide for Students of the Social and Behavioral Sciences.* Glendale, CA: Pyrczak.
Garfinkel, H. (1967) *Studies in Ethnomethodology.* Englewood Cliffs, NJ: Prentice Hall.
Gee, J. P. (2010) *An Introduction to Discourse Analysis: Theory and Method.* London: Routledge.
Geertz, C. ([1973] 2000) *The Interpretation of Cultures*. New York: Basic Books.
Gellner, E. (1987) *Relativism and the Social Sciences.* Cambridge: Cambridge University Press.
Gerring, J. (2006) *Case Study Research: Principles and Practices.* Cambridge: Cambridge University Press.
Gillham, B. (2008) *Observation Techniques: Structured to Unstructured*. London: Continuum International.
Giorgi, A. (2009) *The Descriptive Phenomenological Method in Psychology: A Modified Husserlian Approach*. Pittsburgh: Duquesne University Press.
Girden, E. and Kabacoff, R. (2010) *Evaluating Research Articles from Start to Finish*. Thousand Oaks, CA: Sage.
Glaser, B. and Strauss, A. (1967) *Discovery of Grounded Theory.* Chicago: Aldine.
Glucksmann, M. (2009) *Women on the Line.* London: Routledge.
Gorard, S. (2003) *Quantitative Methods in Social Science.* London: Continuum International.
Gough, D., Oliver, S. and Thomas, J. (eds) (2012) *An Introduction to Systematic Reviews*. London: Sage.
Grbich, C. (2012) *Qualitative Data Analysis: An Introduction*. London: Sage.
Greene, J. C. (2007) *Mixed Methods in Social Inquiry.* San Francisco: Jossey-Bass.
Greenwood, D. and Levin, M. (2006) *Introduction to Action Research: Social Research for Social Change.* Thousand Oaks, CA: Sage.
Groves, R. M., Fowler, F. J., Jr, Couper, M. J., Lepkowski, J. M., Singer, E. and Tourangeau, R. (2009) *Survey Methodology.* Hoboken, NJ: John Wiley & Sons.
Gubrium, J. F., Holstein, J. A., Marvasti, A. B. and McKinney, K. D. (eds) (2012) *The Sage Handbook of Interview Research: The Complexity of the Craft*. London: Sage.
Guest, G. S., MacQueen, K. M. and Namey, E. E. (2011) *Applied Thematic Analysis.* Thousand Oaks, CA: Sage.
Halabi, S., Smith, W., Collins, J., Baker, D. and Bedford, J. (2012) 'A document analysis of HIV/AIDS education interventions in Ghana', *Health Education Journal*, published online 10 July 2012.

Hall, G. and Longman, J. (2008) *The Postgraduate's Companion*. London: Sage.
Hall, S. (2012) *This Means This, This Means That: A User's Guide to Semiotics*. London: Laurence King Publishers.
Hancock, D. R. and Algozzine, R. (2011) *Doing Case Study Research: A Practical Guide for Beginning Researchers*. New York: Teachers College Press.
Hardy, M. A. and Bryman, A. (eds) (2009) *Handbook of Data Analysis*. London: Sage.
Hartley, J. (2008) *Academic Writing and Publishing: A Practical Handbook*. London: Routledge.
Herr, K. G. and Anderson, G. L. (2005) *The Action Research Dissertation: A Guide for Students and Faculty*. London: Sage.
Higgins, J. P. T. and Green, S. (2008) *Cochrane Handbook for Systematic Reviews of Interventions.* New York: Wiley-Interscience.
Hine, C. M. (2012) *Virtual Research Methods.* Thousand Oaks, CA: Sage.
Holstein, J. A. and Gubrium, J. F. (eds) (2011) *Varieties of Narrative Analysis.* London: Sage.
Hood, S., Mayall, B. and Oliver, S. (eds) (1999) *Critical Issues in Social Research: Power and Prejudice.* Buckingham: Open University Press.
Hume, L. and Mulcock, J. (eds) (2004) *Anthropologists in the Field: Cases in Participant Observation*. Irvington, NY: Columbia University Press.
Hurston, Z. N. (1942) *Dust Tracks on a Road*. New York: Harper Collins.
IMNRC (2002) *Integrity in Scientific Research: Creating an Environment that Promotes Responsible Conduct*. Washington, DC: National Academies Press.
International Labour Organization (2005) *Facts on Safe Work*. Geneva: ILO. Web page at http://www.ilo.org/wcmsp5/groups/public/---dgreports/---dcomm/documents/publication/wcms_067574.pdf.
Israel, M. and Hay, I. (2006) *Research Ethics for Social Scientists.* London: Sage.
Jackson, S. L. (2011) *Research Methods and Statistics: A Critical Thinking Approach*. Belmont, CA: Wadsworth.
Jacquette, D. (2003) *Ontology*. Montreal: McGill-Queen's University Press.
Janesick, V. (2007) 'The dance of qualitative research design: Metaphor, methodolatry, and meaning', in N. K. Denzin and Y. S. Lincoln (eds), *Strategies of Qualitative Inquiry*, pp. 35–55. Thousand Oaks, CA: Sage.
Jeynes, W. H. (2001) 'A meta-analysis of the relation of parental involvement to urban elementary school student academic achievement', *British Journal of Cancer*, 85(11): 1700–1705.
Joyner, R. L., Rouse, W. A. and Glatthorn, A. A. and (2012) *Writing the Winning Thesis or Dissertation: A Step-by-Step Guide.* Thousand Oaks, CA: Corwin Press.
Kaplan, D. (ed.) (2004) *The Sage Handbook of Quantitative Methodology for the Social Sciences*. Thousand Oaks, CA: Sage.
Kindon, S. (2008) *Participatory Action Research Approaches and Methods: Connecting People, Participation and Place.* London: Routledge.
Kolb, D. A. (1984) *Experiential Learning: Experience as the Source of Learning and Development*. Englewood Cliffs, NJ: Prentice Hall.
Kozinets, R. V. (2009) *Netnography: Doing Ethnographic Research*. London: Sage.
Krathwohl, D. R. and Smith, N. L. (2005) *How to Prepare a Dissertation Proposal: Suggestions for Students in Education and the Social and Behavioral Sciences.* Syracuse, NY: Syracuse University Press.
Kripppendorf, K. (2003) *Content Analysis: An Introduction to Its Methodology.* London: Sage.
Kvale, S. and Brinkman, S. (2008) *InterViews: Learning the Craft of Qualitative Research Interviewing.* London: Sage.

Lee, R. M. (2011) '"The most important technique …": Carl Rogers, Hawthorne, and the rise and fall of nondirective interviewing in sociology', *Journal of the History of the Behavioral Sciences*, 47(2): 123–146.
Leedy, P. D. and Ormond, J. E. (2009) *Practical Research: Planning and Design*. Englewood Cliffs, NJ: Prentice Hall.
Leetaru, K. H. (2012) 'A Big Data approach to the humanities, arts, and social sciences: Wikipedia's view of the world through supercomputing', *Research Trends*, 30/September.
Lehmann, E. L. and Romano, J. P. (2010) *Testing Statistical Hypotheses.* New York: Springer.
Letherby, G., Scott, J. and Williams, M. (2012) *Objectivity and Subjectivity in Social Research*. London: Sage.
Levy, P. S. and Lemeshow, S. (2008) *Sampling of Populations: Methods and Applications.* New York: Wiley-Interscience.
Lewin, K. (1946) 'Action research and the minority problems', *Journal of Social Issues*, 2: 34–36.
Lewins, A. and Silver, C. (2007) *Using Software in Qualitative Research: A Step-by-Step Guide.* London: Sage.
Locke, L. F., Spirduso, W. W. and Silverman, S. J. (2007) *Proposals that Work: A Guide for Planning Dissertations and Grant Proposals.* London: Sage.
Lofland, J., Snow, D. A., Anderson, L. and Lofland, L. H. (2005) *Analyzing Social Settings: A Guide to Qualitative Observation and Analysis.* Belmont, CA: Wadsworth.
Lopatto, E. (2013) 'Facebook opens up site data to suicide research', *Bloomberg News*, 27 January.
Lynch, M. and Sharrock, W. (eds) (2009) *Ethnomethodology.* London: Sage.
Machi, L. A. and McEvoy, B. (2012) *The Literature Review: Six Steps to Success.* Thousand Oaks, CA: Corwin Press.
Macrina, F. L. (2005) *Scientific Integrity: Text and Cases in Responsible Conduct of Research.* Herndon, VA: ASM Press.
Madden, R. (2010) *Being Ethnographic: A Guide to the Theory and Practice of Ethnography.* London: Sage.
Madison, D. S. (2011) *Critical Ethnography: Method, Ethics, and Performance.* London: Sage.
Markham, A. N. and Baym, N. K. (2008) (eds) *Internet Inquiry: Conversations about Method.* Thousand Oaks, CA: Sage.
Marshall, C. and Rossman, G. B. (2010) *Designing Qualitative Research*. London: Sage.
Martin, R. (2010) *Epistemology: A Beginner's Guide.* London: Oneworld Publications.
Mayo, E. (1933) *The Human Problems of an Industrial Civilization*. New York: Viking Press.
McIntyre, A. (2007) *Participatory Action Research*. London: Sage.
McIver, J. P. and Carmines, E. G. (1981) *Unidimensional Scaling.* London: Sage.
McNiff, J. and Whitehead, J. (2011) *All You Need to Know About Action Research.* London: Sage.
Mertens, D. M. and Ginsberg, P. E. (2008) *The Handbook of Social Research Ethics.* London: Sage.
Miles, M. B., Huberman, M. and Saldana, J. (2013) *Qualitative Data Analysis: A Methods Sourcebook*. London: Sage.
Mitchell, M. L. and Jolley, J. M. (2012) *Research Design Explained*. Belmont, CA: Wadsworth.
Myatt, G. J. (2006) *Making Sense of Data: A Practical Guide to Exploratory Data Analysis and Data Mining.* New York: Wiley-Interscience.
Nagy Hesse-Biber, S. J. and Leavy, P. L. (eds) (2006) *Feminist Research Practice: A Primer.* London: Sage.
Nelsen, M. R. and Otnes, C. C. (2005) 'Exploring cross-cultural ambivalence: A netnography of intercultural wedding message boards', *Journal of Business Research*, 58(1): 89–95.

Neuman, W. L. (2005) *Social Research Methods: Qualitative and Quantitative Approaches*. Boston: Allyn & Bacon.

Nichols-Casebolt, A. (2012) *Research Integrity and Responsible Conduct of Research*. Oxford: Oxford University Press.

Ogden, T. E. and Goldberg, I. A. (eds) (2002) *Research Proposals: A Guide to Success*. New York: Academic Press.

O'Leary, Z. (2001a) 'Conversations in the kitchen', in A. Bartlett and G. Mercer (eds), *Postgraduate Research Supervision: Transforming (R)Elations*. New York: Peter Lang. pp. 195–198.

O'Leary, Z. (2001b) *Reaction, Introspection and Exploration: Diversity in Journeys out of Faith*. Kew, Victoria: Christian Research Association.

Oliver, P. (2003) *The Students' Guide to Research Ethics*. Buckingham: Open University Press.

Oxford English Dictionary (2007) Oxford: Oxford University Press.

Pan, M. L. (2008) *Preparing Literature Reviews: Qualitative and Quantitative Approaches*. Glendale, CA: Pyrczak.

Patton, M. Q. (2001) *Qualitative Research and Evaluation Methods*.Thousand Oaks, CA: Sage.

Pehlke, T. A., II, Hennon, C. B., Radina, M. E. and Kuvalanka, K. A. (2009) 'Does Father still know best? An inductive thematic analysis of popular TV sitcoms', *Fathering*, 7(2): 114–139.

Phelps, R., Fisher, K. and Ellis, A. H. (2007) *Organizing and Managing Your Research: A Practical Guide for Postgraduates*. London: Sage.

Prior, L. (ed.) (2011) *Using Documents and Records in Social Research*. London: Sage.

Punch, K. (2006) *Developing Effective Research Proposals*. London: Sage.

Pyrczak, F. and Bruce, R. R. (2011) *Writing Empirical Research Reports: A Basic Guide for Students of the Social and Behavioral Sciences*. Glendale, CA: Pyrczak.

Ramazanoğlu, C. with Holland, J. (2002) *Feminist Methodology: Challenges and Choices*. Thousand Oaks, CA: Sage.

Rapley, T. (2008) *Doing Conversation, Discourse and Document Analysis*. London: Sage.

Reason, P. and Bradbury, H. (2006) *Handbook of Action Research*. London: Sage.

Rescher, N. (2005) *Reason and Reality: Realism and Idealism in Pragmatic Perspective*. Lanham, MD: Rowman & Littlefield.

Rettig, S. and Hayes, T. (2012) *Hermeneutics and Discourse Analysis in Social Psychology*. Hauppauge, NY: Nova Science Publishers.

Rhoades, E. A. (2011) 'Literature reviews', *The Volta Review*, 111(3): 353–368.

Ridley, D. (2012) *The Literature Review: A Step by Step Guide for Students*. London: Sage.

Robinson, D. (2013) *Introducing Empiricism*. New York: Totem Books.

Robson, C. (2011) *Real World Research*. Oxford: Blackwell.

Roethlisberger, F. J. and Dickson, W. J. (1939) *Management and the Worker: An Account of a Research Program Conducted by the Western Electric Company, Hawthorne Works*. New York: John Wiley & Sons.

Rosenbaum, P. R. (2010) *Observational Studies*. New York: Springer.

Rossi, P. H., Freeman, H. E. and Lipsey, M. W. (2003) *Evaluation: A Systematic Approach*. Thousand Oaks, CA: Sage.

Roulston, K. (2010) *Reflective Interviewing: A Guide to Theory and Practice*. Thousand Oaks, CA: Sage.

Royse, D., Thyer, B. A., Padgett, D. K. and Logan, T. K. (2009) *Program Evaluation: An Introduction*. Florence, KY: Brooks Cole.

Rubin, H. J. and Rubin, I. S. (2004) *Qualitative Interviewing: The Art of Hearing Data*. Thousand Oaks, CA: Sage.

Rudestam, K. E. and Newton, R. R. (2007) *Surviving Your Dissertation: A Comprehensive Guide to Content and Process*. London: Sage.

Rumsey, D. (2011) *Statistics for Dummies.* Hoboken, NJ: John Wiley & Sons.

Russell, M. A. (2011) *Mining the Social Web: Analyzing Data from Facebook, Twitter, LinkedIn, and Other Social Media Sites*. Sebastopol, CA: O'Reilly Media.

Saldana, J. (2012) *The Coding Manual for Qualitative Researchers*. London: Sage.

Salkind, N. J. (2012) *Statistics for People Who (Think They) Hate Statistics: Excel 2010 Edition*. London: Sage.

Saris, W. E. and Gallhofer, I. N. (2007) *Design, Evaluation, and Analysis of Questionnaires for Survey Research*. New York: Wiley-Interscience.

Schick, T. (ed.) (1999) *Readings in the Philosophy of Science: From Positivism to Postmodern.* Columbus, OH: McGraw-Hill.

Schreier, M. (2012) *Qualitative Content Analysis in Practice.* London: Sage.

Shulman, J. and Asimov, I. (eds) (1988) *Isaac Asimov's Book of Science and Nature Quotation.* New York: Weidenfeld & Nicolson.

Sidnell, J. (2010) *Conversation Analysis: An Introduction*. Chichester: Wiley-Blackwell.

Sidnell, J. and Stivers, T. (eds) (2011) *The Handbook of Conversation Analysis.* Chichester: Wiley-Blackwell.

Silverman, D. (2011) *Interpreting Qualitative Data: Methods for Analysing Talk, Text and Interaction*. London: Sage.

Sinfield, M. (1995) 'Nursing women with AIDS: a phenomenological study', *Australasian Annual Conference, Society for HIV Medicine,* 16–19 November, 7: 61.

Smith, J., Flowers, P. and Larkin, M. (2009) *Interpretative Phenomenological Analysis: Theory, Method and Research*. London: Sage.

Sofalvi, A. (2011) 'Health education films of the silent era: A historical analysis', *International Electronic Journal of Health Education,* 14: 135–141.

Spencer, S. (2011) *Visual Research Methods in the Social Sciences: Awakening Visions.* London: Routledge.

Sprague, J. (2005) *Feminist Methodologies for Critical Researchers: Bridging Differences*. Lanham, MD: AltaMira Press.

Stake, R. E. (1995) *The Art of Case Study Research*. Thousand Oaks, CA: Sage.

Steinmetz, G. (ed.) (2005) *The Politics of Method in the Human Sciences: Positivism and Its Epistemological Others.* Durham, NC: Duke University Press.

Stoudt, B. G., Fox, M. and Fine, M. (2012) 'Contesting privilege with critical participatory action research', *Journal of Social Issues*, 68(1): 178–193.

Swanborn, P. (2010) *Case Study Research: What, Why and How?* Thousand Oaks, CA: Sage.

Tashakkori, A. and Teddlie, C. (eds) (2010) *SAGE Handbook of Mixed Methods in Social and Behavioral Research*. Thousand Oaks, CA: Sage.

Ten Have, P. (2004) *Understanding Qualitative Research and Ethnomethodology.* London: Sage.

Thomas, J. (1993) *Doing Critical Ethnography*. Newbury Park, CA: Sage.

Thomson, P. and Kamler, B. (2012) *Writing for Peer Reviewed Journals: Strategies for Getting Published*. London: Routledge.

Thompson, S. K. (2012) *Sampling.* Hoboken, NJ: John Wiley & Sons.

Tortu, S., Goldsamt, L. A. and Hamid, R. (eds) (2001) *A Practical Guide to Research and Services with Hidden Populations.* Boston: Allyn & Bacon.

Van Leeuwen, T. and Jewitt, C. (eds) (2001) *Handbook of Visual Analysis*. London: Sage.

Vartanian, T. (2010) *Secondary Data Analysis*. Oxford: Oxford University Press.

Wagner, W. E. (2012) *Using IBM® SPSS® Statistics for Research Methods and Social Science Statistics.* Thousand Oaks, CA: Sage.

Wales, E. and Brewer, B. (1976) 'Graffiti in the 1970s', *Journal of Social Psychology*, 99(1): 115–123.

Wallerstein, I. (2001) *Unthinking Social Science: The Limits of Nineteenth-Century Paradigms.* Philadelphia: Temple University Press.

Webb, E. J., Campbell, D. T., Schwartz, R. D. and Sechrest, L. (1998) *Unobtrusive Measures: Nonreactive Research in the Social Sciences.* Dallas: Houghton Mifflin.

Weber, M. ([1904] 1949) 'Objectivity in social science and social policy', in M. Weber, *The Methodology of the Social Sciences.* New York: Free Press.

Wertz, F., Charmaz, K., McMullen, L., Josselson, R., Anderson, R. and McSpadden, E. (2011) *Five Ways of Doing Qualitative Analysis: Phenomenological Psychology, Grounded Theory, Discourse Analysis, Narrative Research, and Intuitive Inquiry*. New York: Guilford Press.

White, P. (2009) *Developing Research Questions: A Guide for Social Scientists.* Basingstoke: Palgrave Macmillan.

Wholey, J. S., Hatry, H. P. and Newcomer, K. E. (eds) (2010) *Handbook of Practical Program Evaluation*. San Francisco: Jossey-Bass.

Willer, D. and Walker, H. (2007) *Building Experiments: Testing Social Theory.* Stanford, CA: Stanford University Press.

Witte, J. C. (2009) 'Introduction to the Special Issue on Web Surveys', *Sociological Methods & Research*, 37: 283–290.

Wodak, R. and Meyer, M. (eds) (2009) *Methods of Critical Discourse Analysis.* London: Sage.

Wolcott, H. F. (2008) *Writing Up Qualitative Research.* London: Sage.

Wolcott, H. F. (2008) *Ethnography: A Way of Seeing.* Lanham, MD: AltaMira Press.

Yin, R. K. (2008) *Case Study Research: Design and Methods*. Thousand Oaks, CA: Sage.